FASZINATION REISEN

Traumstraßen **Europas**

Traumstraßen **Europas**

Inhalt

Einführung

Großartige Naturschönheiten und weltberühmte Kulturlandschaften, pulsierende Metropolen und mittelalterliche Stadtkerne, prachtvolle Kirchen und Klöster, imposante Burgen und Schlösser – Europa bietet mit seinem reichen Kulturerbe und einigen der schönsten Landschaften der Erde eine Fülle faszinierender Reiseziele. Zudem ist das Reisen in Europa heute durch den Wegfall der meisten Passformalitäten und durch die Einführung des Euro in zwölf Ländern der Europäischen Union sehr viel leichter geworden.
26 sorgfältig recherchierte Reiserouten führen zu den landschaftlichen und kulturellen Highlights des Kontinents: ob auf der Nordkaproute in Norwegen, auf den Spuren der Hanse an der Ostsee oder auf der Via Appia in Italien, ob auf einer Rundreise durch Portugal, auf berühmten Passstraßen durch die Alpen oder auf dem Goldenen Ring in Russland.

Die Routenbeschreibungen:
Ein Einleitungstext zu jedem Kapitel gibt einen Abriss über die Reiseroute und stellt die jeweiligen Länder und Regionen sowie ihre landschaftlichen, historischen und kulturellen Besonderheiten vor. In der Folge werden – ergänzt durch eine Vielzahl brillanter Farbfotos – bedeutende Orte und Sehenswürdigkeiten unter Angabe von Routenverlauf und Straßenführung beschrieben. Die Nummern der Orte und Sehenswürdigkeiten findet man auch in den Karten am Ende des jeweiligen Kapitels wieder.

Wichtige Reiseinformationen über Zeitbedarf und Länge der Tour, nationale Straßenverkehrsregeln, Wetter und die beste Reisezeit sowie nützliche Adressen hält eine Infobox zu jeder Route parat. Interessante Aspekte zu Kultur und Natur werden in einer Randspalte erläutert. Auf lohnenswerte Abstecher weist zusätzlich eine farbig unterlegte Box in der Randspalte hin.

Die Stadtpläne:
Metropolen, die an einer Reiseroute liegen, werden auf Extraseiten mit einem Stadtplan und einer ausführlichen Darstellung ihrer Sehenswürdigkeiten präsentiert.

Die Tourenkarten:
Spezielle Tourenkarten am Ende eines jeden Kapitels zeigen den Verlauf der Reiseroute und die wichtigsten Orte und Sehenswürdigkeiten. Die Hauptroute ist dabei deutlich abgesetzt und wird durch Vorschläge für interessante Abstecher ergänzt.
Neu entwickelte Piktogramme (siehe nebenstehende Liste) kennzeichnen Lage und Art bedeutender Sehenswürdigkeiten entlang der Route. Zusätzlich werden herausragende Reiseziele durch Farbbilder und Kurztexte am Rand der Karte hervorgehoben.

Bilder:
Seite 2–3 oben: Altstadt von Bern in der Dämmerung; unten: Houses of Parliament und Big Ben in London, Seite 4–5: St. Ursanne bei Doubs im Schweizer Kanton Jura, Seite 6–7: Kettenbrücke über die Donau in Budapest

Naturlandschaften und Naturmonumente

- Gebirgslandschaft
- Vulkan aktiv
- Felslandschaft
- Canyon
- Höhle
- Gletscher
- Flusslandschaft
- Wasserfall/Stromschnelle
- Seenlandschaft
- Geysir
- Nationalpark (Fauna)
- Nationalpark (Flora)
- Nationalpark (Kultur)
- Nationalpark (Landschaft)
- Naturpark
- Küstenlandschaft
- Strand
- Zoo
- Fossilienstätte
- Wildreservat
- Whale watching

Kulturmonumente und Kulturveranstaltungen

- Vor- und Frühgeschichte
- Griechische Antike
- Römische Antike
- Etrusker
- Judentum
- Kirche/Kloster
- Phönikische Kultur
- Prähistorische Felsbilder
- Wikinger
- Kulturlandschaft
- Burg/Festung
- Palast
- Industriemonument
- Mahnmal
- Weltraumteleskop
- Historisches Stadtbild
- Skyline
- Feste und Festivals
- Museum
- Theater
- Weltausstellung
- Olympiastadt
- Denkmal/Monument
- Märkte
- Kriegsschauplatz/Schlachtfelder
- sehenswerter Leuchtturm
- herausragende Brücke

Bedeutende Sport- und Freizeitziele

- Rennstrecke
- Mineralbad/Therme
- Badeort
- Freizeitpark
- Spielcasino
- Pferdesport
- Seehafen
- Schiffsroute

Nordkap
ISLAND
Reykjavik
1
Norwegische See
ATLANTISCHER
OZEAN
NORWEGEN
SCHWEDEN
FINNLAND
7
5
Oslo
Helsinki
Tallinn
ESTLAND
3
Glasgow
Edinburgh
Nordsee
LETTLAN
6
VEREINIGTES
KÖNIGREICH
DÄNEMARK
Kopenhagen
Ostsee
IRLAND
2
Dublin
LITAUEN
zu RUSSL.
9
NIEDERLANDE
Amsterdam
Bremen
4
London
Berlin
POLEN
Brügge
14
DEUTSCHLAND
BELGIEN
Trier
12
15
Paris
10
Würzburg
TSCHECHIEN
11
SLOWAKEI
Nantes
Tübingen
Füssen
Salzburg
ÖSTERREICH
Budapest
16
FRANKREICH
SCHWEIZ
13
UNGARN
Genf
SLOWENIEN
Venedig
KROATIEN
18
Bayonne
San Sebastian
St-Jean-Pied-de-Port
Roncesvalles
BOSNIEN-
HERZEGOWINA
Menton
SERBIEN
UND MONTE-
NEGRO
17
Florenz
22
PORTUGAL
19
SPANIEN
24
ITALIEN
Madrid
Lissabon
21
Barcelona
Rom
MAKEDONIE
ALBANIEN
Brindisi
Sevilla
23
20
GRIECHENLA
Messina
26
25
MAROKKO
ALGERIEN
TUNESIEN
Mittelmeer

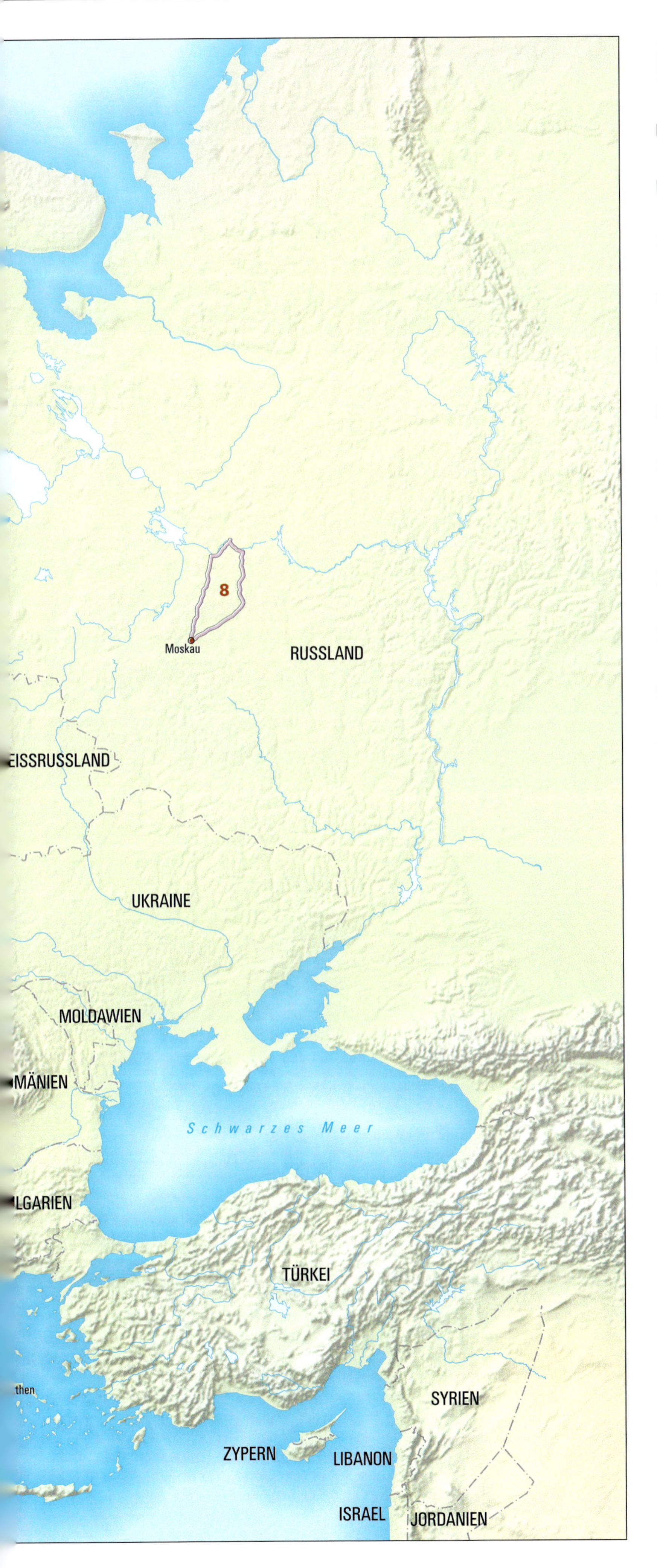

Routenübersicht

Islandponys im Sumpfgebiet bei Reykholt im Südwesten der Insel

Route 1

Island

Feuer und Eis: Archaische Landschaften auf der größten Vulkaninsel der Welt

Die sagenumwobene Insel im Nordatlantik verspricht Naturerlebnisse von elementarer Wucht: gewaltige Basaltberge und ausgedehnte Lavafelder, mächtige Gletscher, frei mäandrierende Gletscherflüsse, donnernde Wasserfälle und vieles mehr. Um so tröstlicher, wenn man am Rande der unendlichen, unberührten Weite auch auf Siedlungen und jahrhundertealte kulturelle Traditionen trifft.

Island, die größte Vulkaninsel der Erde, liegt nur knapp 300 km von Grönland, aber fast 1000 km von Westskandinavien entfernt. Das »trotzige Ende der Welt« nannten die Wikinger das unwirtliche Gestade nahe dem Polarkreis, als sie sich im 9. Jh. hier ansiedelten und einen ersten Freistaat schufen.
Heute zählt die gut 103 000 km² große Insel 270 000 Einwohner. Diese leben von der Fischerei, von der Schaf-, Rinder- und Pferdezucht, produzieren Aluminium und ziehen in thermisch geheizten Treibhäusern Gemüse. Island bietet seinen Besuchern einmalige Erlebnisse: die Begegnung mit einer Natur im Zustand der Entstehung, in der die Urgewalten noch ungehindert wirken.

Fischerboote im Hafen von Ólafsvik

Eine Reise rund um die »Insel aus Feuer und Eis« unternimmt man nicht der Städte wegen. Die Kapitale Reykjavík verströmt Charme und wartet mit einigen Sehenswürdigkeiten auf. Die wenigen anderen Städtchen, zum Beispiel Akureyri und Húsavík im Norden oder Egilsstadir im Osten der Insel, liegen sehr malerisch, aber ihre Bausubstanz ist in der Regel jung, oft sogar brandneu. Auf den verstreut liegenden Einzelgehöften haben Mauerwerk, Beton und Wellblech längst die alten Torfziegel und traditionellen Grasdächer abgelöst. Große Kulturdenkmäler sucht man auf der ganzen Insel vergebens. Islands alles überragende Attraktion ist seine grandiose Landschaft. Sie bietet freilich kein Bild bukolischer Beschaulichkeit, sondern ist dramatisch, extrem rau und ungeheuer abwechslungsreich.
Hier herrschen die vier Elemente mit atemberaubender Intensität. Die Luft ist frisch und so klar, dass man bei schönem Wetter – das häufiger herrscht, als allgemein angenommen wird – über 100 km weit sehen kann.
Wasser ist im Überfluss vorhanden und allgegenwärtig. Immer wieder trifft man auf mäandrierende Flüsse, gewaltige Wasserfälle, kalte wie warme Seen, auf Dampf- und Wasserquellen sowie die berühmten Geysire. Mehr als zehn Prozent der Insel sind mit Gletschern bedeckt, ein Viertel der Eisfläche entfällt alleine auf den größten Gletscher Europas, den

Typisch für Island sind die riesigen Schlammtöpfe, in denen heiße Erde vor sich hinblubbert, wie hier in Namarskard am Mývatn-See.

An der Südküste stürzt ein Gletscherfluss des Myrdalsjökull im Skógafoss auf 25 m Breite 62 m in die Tiefe.

Vatnajökull. Den Gletschern verdankt die Insel auch ihren Namen: Eisland – Iceland. Am spektakulärsten ist das Element Erde: Weite Flächen sind mit erst kürzlich erkalteter Lava bedeckt. Island gleicht einem erdgeschichtlichen Freilichtmuseum, in dem ganz offen zutage liegt, wie unser Planet in den verschiedenen Phasen seiner Frühzeit aussah.

Das bewohnbare Tiefland beschränkt sich auf einige Küstenregionen. Der Rest des Inselrandes ist geprägt von Steilklippen und weit ins Land hinein ragenden Fjorden. Das Landesinnere kennzeichnen schier endlose Hochflächen, Lavafelder, Stein-, Sand- und Aschenwüsten, aber auch Tafelberge, Gletscher und alte und junge Vulkane.

Faszinierende Spuren hinterlässt bis heute, über die ganze Insel verstreut, Surtur, der mythische Herrscher der Feuerriesen. Mit seinem Feuer, das er im Inneren des Erdballs beständig schürt, lässt er immer wieder glutflüssiges Magma aufsteigen, die Erdrinde schmelzen und explosiv zutage treten. Die Insel ist die Spitze eines untermeerischen Gebirges, des Mittelatlantischen Rückens, hier driften die amerikanische und eurasische Kontinentalplatte auseinander. Dem Besucher präsentiert sich die Insel als ein Musterkatalog geologischer Formen: Vulkankrater, Schlackenfelder, Maare und zahllose phantasievolle Lavagebilde wechseln sich ab. Geysire stoßen in regelmäßigen Intervallen ihre Wasserfontänen aus, Schlammtöpfe blubbern, Fumarolen und Solfatare kochen. Thermalquellen bieten den Isländern und ihren Gästen das ganze Jahr über Entspannung. Viele Häuser haben ein Badebecken mit vulkanisch aufgeheiztem Wasser gleich vor dem Haus.

Aus den Fumarolen von Haverarond in der Region des Mývatnsees steigt kochend heißer Dampf.

Leif Eriksson

Er blickt von seinem hohen Podest vor der Hallgrímskirche kühn über die Dächer Reykjavíks auf den Ozean: Leif Eriksson, der legendäre Seefahrer und Vorgänger von Christoph Kolumbus. Im Jahre 982 hatte sein Vater, der aus Norwegen verbannte, kaum minder berühmte Wikinger Erich der Rote von Island aus Grönland entdeckt und dort eine europäische Siedlung gegründet. Von dieser neuen Kolonie stach um 1000 der damals 30-jährige Leif mit 35 Mann zu seiner berühmten Entdeckungsreise in See. Die »Grönlandsaga« berichtet, dass er – vermutlich auf der Höhe von Baffinland, das er Helluland (»Flachstein-Land«) nannte – auf die Küste Nordamerikas stieß.

Statue von Leif Eriksson in Reykjavík

Von dort sei er, dem Labradorstrom südwärts folgend, bis nach Neuengland gesegelt. Das taufte er »Vinland«, weil er dort Reben vorfand.

Eine andere zeitgenössische Quelle behauptet allerdings, Leif, »der Glückliche«, wie ihn die Nachwelt nannte, habe vor seiner fabelhaften Fahrt durch einen Landsmann namens Bjarni Herjólfsson von der Existenz eines fremden Landes im Westen erfahren, das dieser während einer Irrfahrt im Sturm bereits 14 Jahre zuvor gesichtet habe.

Wie dem auch sei: Leif ging als erster Europäer auf amerikanischem Boden in die Geschichte ein und bekam 1930, zum 1000-Jahr-Jubiläum der ersten Versammlung des Althing, vom US-Kongress post mortem in Reykjavík sein imposantes Denkmal aufgestellt.

1

Islands Ringstraße: Wer die Insel aus Feuer und Eis auf der rund 1500 km langen, fast durchgehend asphaltierten Küstenstraße (Nr.1) umrundet, lernt die meisten Facetten dieses einzigartigen Naturparadieses kennen, doch lohnen sich immer wieder Abstecher von der Ringstraße in das fast menschenleere Landesinnere.

1 Reykjavík Islands Kapitale, die zugleich als Kultur-, Verkehrs- und Wirtschaftszentrum des Landes fungiert, liegt am nördlichen Rand einer Halbinsel an der klimatisch vom Golfstrom begünstigten Südwestküste. Als sie Ende des 18. Jhs. das Stadtrecht erhielt, siedelten in der »Rauchbucht« (isl. Reykjavík) gerade 200 Menschen. Heute ist sie mit ihren Vor- und Nachbarstädten zu einem Ballungsraum verschmolzen, in welchem rund 160 000 Einwohner – 60 % der Inselbevölkerung – leben.

Der Stadtrundgang beginnt am Hauptplatz Austurvöllur, an dem das älteste Parlament der Welt, die Domkirche und das altehrwürdige Hotel Borg liegen. Geprägt wird das Zentrum der Stadtlandschaft vom Tjörnin, dem Stadtteich. An seinem Ufer stehen das neue Rathaus, die Nationalgalerie sowie vornehme Villen. Südlich davon finden sich das Nationalmuseum und das Árni-Magnússon-Institut, das die mittelalterlichen Handschriften der Sagas aufbewahrt. Näher am Hafen stehen das ursprünglich als Gefängnis konzipierte Ministerratsgebäude und die Bronzestatue Ingólfur Arnarsons, des ersten Siedlers.

Auf einem Hügel im Südosten wacht die Hallgrímskirche als Wahrzeichen über die Stadt, daneben steht das Leif-Eríksson-Denkmal. Nebenan hat das Museum des Malers Ásgrímur Jónsson seine Pforten geöffnet. Besuchenswert sind außerdem das Naturhistorische Museum, die Sammlung des Bildhauers Einar Jónsson sowie das Freilichtmuseum Árbaer und das Schwimmbad Laugardalslaug.

2 Hraunfossar 25 km nördlich von Borganes lohnt ein Abstecher auf den Hálsasveitarvegur (Nr. 518) zu einem beeindruckenden Naturschauspiel unweit des Landguts von Húsafell: Die »Lava-Wasserfälle«, eine Vielzahl kleiner Quellen, ergießen sich in Kaskaden über eine Basaltstufe dem Gletscherfluss Hvítá entgegen. Ganz in der Nähe und von ähnlichem Reiz sind die Wasserfälle von Barnafoss.

3 Akureyri Die am Ende des Eyjafjördur gelegene »Perle des Nordens« ist mit 15 000 Einwohnern die drittgrößte Stadt des Landes und dank ihrer Schiffswerft, des Flug- und Seehafens das Versorgungszentrum der Nordküste.

Mit der Geschichte, Fauna und Flora der entlegenen Region machen das gut bestückte Naturkundliche und das Heimatmuseum sowie ein Botanischer Garten bekannt. Eine Attraktion für literarisch Interessierte bildet das Nonnáhús, eine Gedenkstätte für den auch in Deutschland bekannten Kinderbuchautor Jón Sveinsson alias Nonni. Außerdem dient die Stadt als Ausgangspunkt für Wanderungen und Bergtouren in das land-

Reiseinformationen

Routen-Steckbrief
Routenlänge: ca. 1400 km (ohne Abstecher)
Zeitbedarf: mind. 8–10 Tage
Start und Ziel: Reykjavík
Routenverlauf: Reykjavík, Akureyri, Mývatnsee, Egilsstadir, Stafafell, NP Skaftafell, Vík, Skogar, Thingvellir
Besonderheiten: Nebenstrecken sind häufig Schotterpisten. Beim Queren von Flüssen auf Untiefen achten.

Besondere Verkehrshinweise:
Generell gilt am Steuer 0,0 Promille; Höchstgeschwindigkeiten in Städten 50 km/h, auf Schotterpisten 80 km/h, auf Asphaltstraßen 90 km/h. Die meisten Pisten ins Landesinnere werden erst im Juli geöffnet. Auskunft über den Straßenzustand erhält man über *Tel. 0354/17 77* (tägl. 8–16 Uhr) oder unter *www.vegag.is*

Wer mit einem dieselbetriebenen Auto unterwegs ist, muss bei der Einreise Gewichtssteuer bezahlen. *www.icetourist.de*

Wetterauskunft
(in englischer Sprache):
Tel. 0902/06 00,
www.vedur.is

Weitere Auskünfte:
Isländisches Fremdenverkehrsamt
Frankfurter Str. 181
60789 Neu-Isenburg
Tel. 06 102 / 25 44 84
Fax 25 45 70
www.icetourist.de

2

schaftlich reizvolle Hinterland, etwa das bis zu 1200 m hohe Gebiet um den Hlidarfjall.

4 Goðafoss 40 Straßenkilometer östlich von Akureyri donnert der Fluss Skjálfandaðfljót auf seinem Weg von der Kieswüste des Sprengisandur Richtung Meer über eine 10 m hohe Geländestufe. Dank seiner Breite und Wassermasse zählt er trotz der vergleichsweise geringen Fallhöhe zu den beeindruckendsten und bekanntesten Wasserfällen der Insel.
Seinen Namen – »Götterfall« – verdankt er Thorgeir, dem Sprecher des Althing: Der soll hier im Jahr 1000 die Statuen seiner bisherigen Hausgötter in den Fluss geworfen haben. Grund dafür war die Entscheidung des isländischen Parlaments zum Übertritt der Isländer zum Christentum. Der norwegische König Olaf hatte ihnen mit einem Holzembargo gedroht, was einem Ende des für die Isländer lebenswichtigen Schiffbaus gleichgekommen wäre.

5 Mývatn Der 30 km östlich von Goðafoss gelegene »Mückensee« wurde erst vor ungefähr 3500 bzw. 2000 Jahren bei zwei Vulkanausbrüchen durch austretende Lava aufgestaut. Er ist 37 km² groß, aber nur 4–5 m tief und wird von warmen Quellen gespeist.
Kaum irgendwo sonst auf Erden findet sich so weit nördlich eine ähnliche Vielfalt an Fauna und Flora. Entlang der Ufer und auf den zahlreichen Inseln wachsen Moose, Gräser, Farne, Kräuter und Birken. Während der Sommermonate stehen über dem sich rasch erwärmenden Wasser riesige Mückenschwärme. Sie bilden gemeinsam mit den Insektenlarven im Wasser die Nahrungsgrundlage für reiche Fischbestände sowie für Wasservögel, die zu Abertausenden in den verästelten Buchten nisten und die Region zu einem Paradies für Ornithologen machen.
Als eine der spektakulärsten Landschaften Islands gilt der Mývatn aber auch durch seine Lage in einer bis heute vulkanisch höchst aktiven Zone. Entlang der bestens ausgeschilderten Wanderwege stößt man allerorten auf ungewöhnliche Lavaformationen. Besonders bizarr sind die Dimmuborgir (»Dunkle Burgen«) – phantasieanregende Gebilde mit kleinen Höhlen und Bögen. Den besten Überblick auf die Pseudo-Krater im und am Mývatn genießt man vom Ringwall des Explosionskraters Hverfjall, einem 170 m hohen Aschenkegel.

6 Krafla Die Landschaft um den nur wenige Kilometer nordöstlich des Mývatn gelegenen 818 m hohen Vulkan ist eine der tektonisch labilsten Zonen Islands. Nachdem die Krafla fast 2000 Jahre als erloschen gegolten hatte, erstickte der Vulkan Anfang des 18. Jhs. nach einer gewaltigen Explosion die gesamte Region unter einer dicken Lava- und Aschenschicht. Zurück blieb ein smaragdgrün schillerndes Maar, ein Kratersee mit 320 m Durchmesser.
1975 erwachte der Vulkan für fast ein Jahrzehnt erneut zum Leben. Seine seither blubbernden und dampfenden Schwefelquellen sind eine viel besuchte Attraktion und das sichtbarste Zeichen für einen nach wie vor aktiven Vulkanismus.

7 Húsavík/Tjörnes Statt östlich des M'yvatn auf kürzestem Weg der Ringstraße zu folgen, empfiehlt sich ein Abstecher rund um die insbesondere geologisch äußerst reizvolle Halbinsel Tjörnes. Gut 30 km nach dem Abzweiger bei Reykjahlið passiert man Grenjadarstadur, ein um 1870 erbautes und 1949 aufgelassenes Torfgehöft, das heute ein Volkskundemuseum beherbergt. Das Städtchen Húsavík, ein Zentrum des Fischfangs und der Fischverarbeitung, hat sich touristisch vor allem als Zentrum für das Whale Watching einen Namen gemacht. Nachdem der kommerzielle Walfang in Island seit etlichen Jahren ruht, nehmen die Fischer nun auf ihren Kuttern im Sommer seefeste Urlauber zu mehrstündigen Walbeobachtungen mit.

8 Jökulsárgljúfur und Dettifoss Bei Ásbyrgi, der »Burg der Götter«, ist das Klima außerordentlich mild, die Landschaft geradezu lieblich. Ein Birkenwald bedeckt das Tal, in dem, so will es die Sage, das sechsbeinige Pferd Odins mit seinem Huf eine mächtige, halbrunde Felsstufe hinterließ. Von den beiden Straßen, die von hier nahe dem Rand der Hochebene dem Verlauf des Canyon zum Dettifoss flussaufwärts folgen, ist die östliche besser ausgebaut, die westliche, buckligere dafür weniger befahren. Der 1973 gegründete Nationalpark Jökulsárgljúfur um-

1 Der den Goðafoss speisende Fluss hat seine Quelle weit im Süden.

2 Am Hraunfossar bei Húsafell liegen die Kaskaden unterhalb eines Lavafelds.

3 Die bizarre Felslandschaft von Dimmuborgir am Mývatnsee

4 Vulkanlandschaft bei Reykjahlið nordöstlich des Mývatnsee

5 Am Südrand des Vatnajökull kalbt der Breidamerkurjökull in die Gletscherlagune des Jökulsárlón

Abstecher

Herðubreið und Askja

Wer westlich des Flusses Jökulsá á Fjöllum kurz vor Grimsstadir nach Süden auf eine nur mit Allradfahrzeugen befahrbare Piste (F 88) abbiegt, lernt das Landesinnere kennen. Von der Raststation im Krater Hrossaborg an der Ringstraße südwärts führt die Strecke durch die Mývatnsöraefi (Mückenseewüste) und durch die Wüste Ódádahraun.

Oben: der Vulkan Herðubreið
Unten: in der Askja

Unendliche Lavafelder, kahle Kiesflächen, hier und da ein Schildvulkan säumen den Weg. Nur sehr selten stößt man auf Vegetationsinseln, die dort entstehen, wo das im vulkanischen Boden versickerte Wasser zum Vorschein kommt. Eine solche Oase ist Herðubreiðarlindir (50 km südlich von Hrossaborg). Hier, am Fuße des imposanten, 1682 m hohen Tafelvulkans Herðubreið, bietet eine spartanische Hütte Quartier. Bei guter Witterung sollte man weiter bis zum Vulkanmassiv Dyngjufjöll fahren. Schon die 40 km lange Anfahrt, vorbei an der Schlucht der Jökulsa, der Drachenschlucht (Drekagil) und dem Lavastrom des Vikrahraun, lohnt die Mühe.
Den krönenden Abschluss bildet, nach rund halbstündigem Fußmarsch, der Anblick der Askja, eines 45 km² großen Kraters, in dem sich Islands tiefster See befindet.

Gullfoss, der »goldene Wasserfall«, ist einer der schönsten und eindrucksvollsten Wasserfälle des Landes im Südwesten der Insel und liegt unweit des berühmten Geysirs. Die Wassermassen des Gletscherflusses Hvita, der unterhalb des Gletschers Langjökull entspringt, stürzen über zwei Katarakte 32 m tief in eine

schmale Schlucht. Die Hvita hat in den letzten 10 000 Jahren einen 35 m tiefen und insgesamt 2,5 km langen Canyon geschaffen. Die Wasserführung des Flusses liegt hier bei durchschnittlich 109 m^3/sec, die nach der Frühjahrsschneeschmelze auf 2000 m^3/sec ansteigen kann.

Abstecher

Hekla und Landmannalaugar

Die Fahrt auf der Straße Nr. 26 führt an Islands berühmtestem Vulkan, der schneebedeckten Hekla

Oben: Vulkan Hekla
Unten: Landmannalaugar

(1491 m), vorbei nach Landmannalaugar. In allen Farben schillern die Berge aus Ryolithgestein, Wege führen zu einigen spektakulären Schwefelquellen.

Geysir/Gullfoss

Das Thermalgebiet von Geysir erreicht man über Flúðir (15 km vor Selfoss Abzweigung auf die Straße Nr. 30). Der bis zu 60 m hohe »Große Geysir« erwachte erst 2000 wieder

Fontäne des Geysirs Strokkur

zu neuem Leben. Um so aktiver zeigt sich derzeit der Strokkur, der alle 5–10 Minuten seine Heißwasserläufe rund 25 m himmelwärts schießt. 10 km weiter nordöstlich ist der Gullfoss der wohl bekannteste Wasserfall Islands.

fasst den canyonartigen Talabschnitt des Jökulsá á Fjöllum zwischen Ásbyrgi und dem Wasserfall Dettifoss. Der »Gletscherfluss aus den Bergen«, so die wörtliche Übersetzung, ist mit 206 km Islands zweitlängster Fluss. Er wird vom nördlichen Eisrand des Vatnajökull gespeist und kreuzt bei Grímsstadir die Ringstraße. Etwa 20 km flussabwärts stürzt er sich im Dettifoss über fünf gewaltige Geländestufen in eine Schlucht.
Island besitzt eine Reihe grandioser Wasserfälle, aber keiner prägt sich dem Betrachter so unauslöschlich ins Gedächtnis wie der Dettifoss: Auf einer Breite von rund 100 m fallen die graubraunen Fluten des Jökulsá á Fjöllum hier 44 m tief in eine von senkrechten Basaltwänden begrenzte Schlucht. Im Sommer beträgt die Durchflussmenge bis zu 1500 m³/sec. Damit ist der Dettifoss der mit Abstand mächtigste Wasserfall Europas.
Ein lohnender Abstecher ist eine Fahrt zu den Vulkanen Herðubreið und der Caldera der Askja. Die Piste zweigt 36 km hinter Reykjahlid ab.

9 Egilstaðir / Fjorde Das Verwaltungs- und Versorgungszentrum Ost-Islands liegt an der Ringstraße inmitten eines landwirtschaftlich stark genutzten und teilweise regelrecht bewaldeten Tales. Ein lohnendes Ziel in seiner Umgebung ist der über 100 m hohe Wasserfall Hengifoss am Nordufer des lang gestreckten Sees Lögurinn. Ab Reydarfjördur verläuft die Ringstraße entlang der Küste und bietet immer wieder spektakuläre Ausblicke auf das Meer.

10 Stafafell Etwa 30 km vor Höfn, dem einzigen Hafen entlang der gesamten Südküste, steht am Rande des schottrigen Deltas des Jökulsá á Lóni ein historisches Gehöft. Der einstige Pfarrhof dient heute als Jugendherberge, von der aus man zu Wanderungen in die abwechslungsreiche Bergwelt der Lonsöraefi aufbricht.

11 Jökulsárlón 70 km hinter Höfn, wo die Eiszunge des Breidarmerkurjökull bis auf wenige hundert Meter an das Meer heranreicht, führt die Ringstraße direkt am Gletschersee der Insel vorbei.
Riesige, vom Gletscherrand abgebrochene Eisberge, die blauweiß schimmernd in der beeindruckenden Gletscherlagune treiben, verbreiten grönländische Atmosphäre.

12 Nationalpark Skaftafell Der 1967 gegründete Nationalpark Skaftafell erstreckt sich vom Kerngebiet des Vatnajökull, dem größten Gletscher Islands, nach Süden bis an die Ringstraße und bietet eine Vielfalt landschaftlicher Reize. Im Nationalpark führen gut markierte Wanderwege zu dichten Wäldern (etwa bei Núpstadaskogar), entlang ausgedehnter Sumpf- und Moorwiesen zu verfallenen, aber auch intakten Gehöften und zu einem von Basaltsäulen umgebenen Wasserfall, dem Svartifoss.
Die Ringstraße verläuft nun zwischen Fagurhólsmri und Kirkjubaejarklaustur durch die schwarze Sand- und Geröllfläche des Skeiðarársandur. Einem Vulkanausbruch des im Vatnajökull gelegenen Lóki folgte Gletscherlauf: Das unter der Eisdecke des Vatnajökull geschmolzene Gletschereis ergoss sich in einer riesigen Flutwelle in den Sander.

13 Vík Große Attraktion des »Südkaps« von Island ist der rund 20 km entfernte Vogelfelsen bei Dyrhólaey. Hier leben auf verschiedenen Stockwerken viele typisch nordatlantische Seevogelarten. Ganz oben Papageitaucher, die ihre Gänge in die Grasnarbe graben. Darunter auf Felsbändern Dreizehenmöwen und Eissturmvögel (isländisch *fulmar*). Auf den schwarzen Lavastrand gelangt man an Bord eines Amphibienbootes. Gut 100 m darüber markiert ein Leuchtturm einen berühmten Aussichtspunkt.

14 Skógafoss Das Einzugsgebiet des Flusses Skógar, der südöstlich des mächtigen Mýdalsjökull die Ringstraße quert, verdient aus zweierlei Gründen einen Zwischenstopp: zum einen wegen des Skógafoss, eines 62 m hohen, von Wiesen gesäumten Wasserfalls, den man, eine Besonderheit, sowohl an seinem Ende als auch auf Höhe seiner Oberkante besichtigen kann; zum anderen wegen des äußerst liebevoll gestalteten Volkskundemuseums in Skógar.
7 km hinter Hella lohnt sich ein Abstecher zum Vulkan Hekla und dem Thermalgebiet Landmannalaugar. Zurück auf der Ringstraße, bietet sich statt des direkten Rückweges nach Reykjavík ein Umweg über die Straße 30 an, die zum Wasserfall Gullfoss und dem Geysir Strokkur führt. Auf der Straße 35 geht es zurück auf die Ringstraße. Zuvor sollte man sich in Skálholt, das im Mittelalter ein Zentrum der Wikinger war, die Kirche mit ihren schönen Glasfenstern ansehen. Die Hauptroute führt am See Þingvallavat vorbei nach Þingvellir, der letzten Station.

15 Þingvellir Das berühmte Thingfeld liegt am Nordufer des Þingvallavatn. Die im Westen von der Allmännerschlucht begrenzte Lavaebene ist ein geologisch hochinteressantes Gebiet, das historische Herz des Landes. Auf dieser »heiligen Freistätte« wurde 930 der alte isländische Freistaat begründet. Hier tagte seit damals bis 1798 alljährlich das legendäre Althing, die älteste demokratische Volksversammlung der Welt. Hier riefen die Isländer am 17. Juni 1944 die Republik aus.

1 Gletscher spiegeln sich in einem See des Nationalparks Skaftafell.

2 Das Wasser des Svartifoss – »Schwarzer Wasserfall« – stürzt über ein eindrucksvolles Basaltkliff in der Form eines Amphitheaters.

3 Felsnadeln liegen vor der Steilküste bei Vík, dem südlichsten Punkt Islands.

Hraunfossar Vor Reykjavíks Toren tritt ein unterirdischer Fluss urplötzlich auf über 1 km Länge zutage und ergießt sich in wildrauschenden Kaskaden über eine Basaltstufe hinab in den Gletscherfluss Hvítá. Unweit flussaufwärts dieser »Lava-Wasserfälle« befindet sich der nicht minder reizvolle Barnafoss (»Kinderfall«), um den sich eine schaurige Sage rankt.

Goðafoss Östlich von Akureyri bildet der am Rande des Vatnajökull entspringende Fluss Skjálfandafljót auf seinem Weg zum Meer den »Götterfall«. Seine Wassermassen und seine Breite sind beeindruckend.

Mývatn Der See entstand vor wenigen tausend Jahren, als Lavadämme Quellwasser aufstauten. Er ist stolze 37 km² groß, extrem flach und mit einer ungewöhnlich reichen Flora und Fauna ausgestattet.

Herðubreið/Askja Westlich des Flusses Jökulsá á Fjöllum tut sich eine überwältigende Landschaft auf, die sich nur mit einem Allradfahrzeug entdecken lässt. Der Anblick von Feuerbergen ist atemberaubend.

Reykjavík In Islands kleiner Hauptstadt liegen alle Sehenswürdigkeiten nahe beisammen, beispielsweise die Nationalgalerie und das Nationalmuseum, das Árni-Magnússon-Institut, das einige Saga-Handschriften verwahrt, das älteste Parlament der Welt und der lebhafte Hafen.

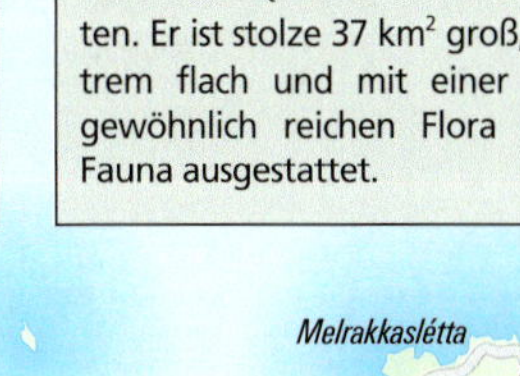

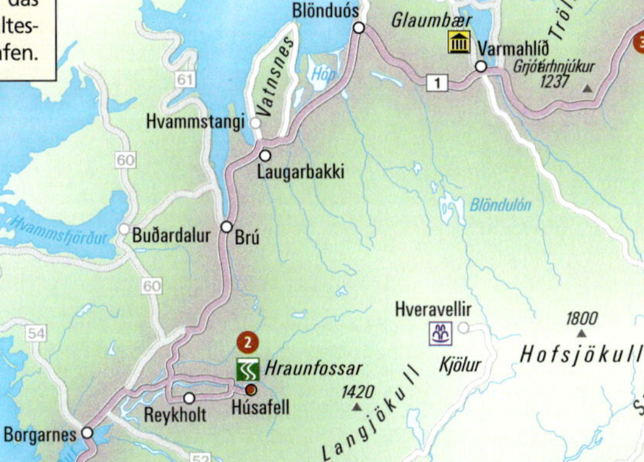

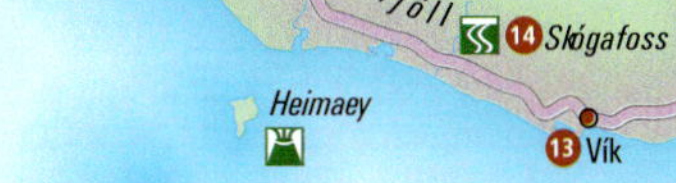

Svartifoss-Wasserfall Er ist zwar kein großer Wasserfall, durch seine herabhängenden Basaltsäulen aber sicher einer der ungewöhnlichsten Islands.

Dettifoss Mit einer gewaltigen Breite von etwa 100 m, einer Höhe von 44 m und einer Schüttung von bis zu 1500 m³/sec ist er der mit Abstand mächtigste Wasserfall in Europa.

Vulkan Hekla Islands wohl berühmtester Vulkan – die 1491m hohe »Kapuzenträgerin« – ist leicht zu erreichen. Dabei lohnt ein Stopp im Info-Zentrum von Leirubakki, wo man Erstaunliches über den Berg erfährt, der im Mittelalter als Symbol des Bösen galt.

Strokkur Im Thermalgebiet von Geysir (nach dem alle geothermischen Springquellen benannt sind) beeindruckt vor allem die Heißwasserfontäne Strokkur (»Butterfass«). Alle 5–10 Minuten bläst er eine bis zu 25 m hohe kochende Wassersäule in den Himmel.

Nationalpark Skaftafell Der Nationalpark wurde 1967 gegründet. Er umfasst Teile des Vatnajökull und reicht südlich bis zur Ringstraße. Auf 1600 km² bietet er vielfältige landschaftliche Reize – Moore, Sümpfe, Geröll- und Sanderflächen, Birkenwälder –, und dies vor der grandiosen Kulisse des Vatnajökull, der mehr Eismasse als alle Alpengletscher besitzt.

Der runde Wachturm von Doonagore an der Küste von Clare

Route 2

Irland

Unterwegs im Land der Kelten

Irland ist ein Naturerlebnis: Sandstrände, eindrucksvolle Klippen, Moorlandschaften, glitzernde Seen und grüne Hügel machen seinen besonderen Reiz aus. Doch Irland ist mehr als ein naturkundliches Museum – eine reiche Folklore zeigt die Lebendigkeit der grünen Insel.

Irland ist Insel und geteilter Staat in einem. Die Republik Irland (Éire) nimmt etwa vier Fünftel der Insel ein, das kleinere Nordirland gehört zu Großbritannien. Doch so unterschiedlich sie sein mögen – beide Teile haben ihre ganz eigenen Reize. Das Spektrum an Landschaften ist breit, die Natur zeigt sich unverfälscht. Das Tiefland im Zentrum wird von Bergketten umrahmt, die allerdings nur im Südwesten Höhen über 1000 m erreichen. Doch auch die niedrigen Massive wollen erst erklommen sein, ragen doch viele abrupt vom Meeresspiegel auf. Vom Gipfel des Carrauntoohil (1038 m) bietet sich ein grandioses Panorama: Die fjordartigen Buchten der Westküste scheinen im Spiel der rasch wechselnden Lichtverhältnisse immer neue Konturen zu gewinnen. Halbinseln laufen in felsigen Spitzen aus, auf denen Leuchttürme den peitschenden Wellen trotzen. In flacheren Küstenabschnitten bilden Sandstrände einen Kontrast zu den sie umrahmenden steilen Klippen. Hinter grünen Hügelketten im Hinterland reichen Moorgebiete und Seen bis zum Horizont. An der Ostküste zeigt Irland sein anderes Gesicht: Die Küstenlinie ist weniger stark gegliedert, die See ruhiger, die Brandung schwächer.

Irland trägt nicht umsonst den Beinamen »grüne Insel«, pompöser noch ist das Attribut Emerald Isle – Smaragdinsel. Irland verfügt zwar nicht über Edelsteinvorkommen, aber nach einem Regenguss scheint das Grün bei gleißendem Sonnenschein das gewisse leuchtende Schimmern anzunehmen.

Die Moorgebiete im Inselinneren sind durchsetzt von einzelnen Acker- und Wiesenflächen. Nach einem gälischen Sprichwort wächst auf den irischen Wiesen das Gras so schnell, dass ein liegen gelassener Stock schon am nächsten Tag nicht mehr zu finden ist. Seit jeher waren diese fruchtbaren Gebiete das Ziel von Er-

Einer von vielen Pubs in den kleinen Orten auf der Halbinsel Dingle

Sensationell sind die Blicke auf die Cliffs of Moher, die zu den beeindruckendsten Naturschönheiten Irlands zählen.

Im Hafen von Dingle auf der gleichnamigen Halbinsel warten Kutter auf das Auslaufen.

oberern. Rasch sprach es sich bis zum europäischen Festland herum, dass Rinder in Irland das ganze Jahr über genug Futter auf den Weiden finden und man deshalb keine Wintervorräte anlegen muss. Noch heute ist der Agrarsektor das Rückgrat der irischen Wirtschaft. Auf jeden der etwa 5,1 Millionen Einwohner kommt laut Statistik ein Schaf. Im Irish Folk zeigt sich die Seele des Volkes. Die irische Harfe ist das Nationalinstrument schlechthin. Nicht umsonst ziert sie alle irischen Euromünzen. Entsprechend der literarischen Tradition ist die Lesekultur hoch. Bibliotheken und Buchläden gibt es geradezu an jeder Straßenecke. Die Bibliothek des berühmten Trinity College in Dublin umfasst etwa 2,8 Millionen Bände. Einer der größten Schätze der Bibliothek ist das Book of the Kells aus dem 9. Jh., eines der schönsten mittelalterlichen Manuskripte Irlands.

Daneben ist die kulturelle Tradition Irlands von einer reichhaltigen Mythen- und Sagenwelt geprägt, in der sich zahlreiche Feen und Kobolde tummeln. Noch heute ranken sich Legenden um Giant's Causeway, eine Felsregion an der Küste Nordirlands. Davon kann man bei einem entspannten Gespräch in einem der urgemütlichen Pubs bei einem Guiness oder einem Gläschen Irish Whiskey mehr erfahren.

Ein besonderer Reiz der Insel liegt in den Gegensätzen: In abgelegenen Gegenden scheint die Zeit still zu stehen. Nur der verlässlich wehende Wind scheint hier für Bewegung zu sorgen. Doch was ein typisch irisches Cottage mit strohgedecktem Dach ist, hält auch der stärksten Böe stand. Ganz anders sind die Metropolen Dublin und Belfast. Hierher kommt, wer die Kultur der Insel kennen lernen will.

Im Süden und Westen Irlands ist die Küste vielfach steil und reich an Buchten.

Irish Pub

»A pint of …« ruft der Gast dem Mann hinter der Theke entgegen, wenn er sich im Pub bis in die erste Reihe vorgekämpft hat. Im Gegenzug erhält er 0,57 l Guiness, Harp, Kilkenny oder was auch immer er bestellt hat. Es gibt auch »a half« (0,28 l), doch ist das eines Iren nicht würdig. Generell ist ein echter Irish Pub eine Domäne der Männerwelt, wo es in ausgelassener Atmosphäre oft laut zugeht. Hier in den Pubs zeigen sich die Iren am irischsten. Einige Grundregeln sind unbedingt zu beachten: Bezahlt wird, sobald das Bier (oder der Whiskey) auf der Theke steht. Trinkgeld ist nicht üblich. Sperrstunde ist Sperrstunde, zumindest in der Nähe von Polizeirevieren.

Beliebter Treffpunkt: »The Stag's Head«, einer der ältesten Pubs Dublins

Einmal um die Insel: Die Rundreise verläuft über weite Strecken nahe der Küste, führt von Dublin aus im Uhrzeigersinn um die ganze Insel und schließt auch Nordirland mit ein. Faszinierende Landschaften, lebhafte Städte und historische Gebäude laden den Reisenden zum Verweilen ein.

1 Dublin siehe Seite 21

2 Powerscourt Estate Gardens Direkt vor den südlichen Toren von Dublin erstreckt sich eine beeindruckende Parkanlage mit italienischem Garten, japanischem Garten, naturbelassenen Flächen und künstlichen Seen. Das Ambiente wird von einem schlossähnlichen Landsitz, der nach einem Brand im Jahr 1974 vollständig restauriert wurde, unterstrichen.
Gut ausgeschildert ist der lohnende Abstecher zum Powerscourt Waterfall. Hier, am höchsten Wasserfall Irlands, stürzt der Dargle über einen Granitfelsen rund 130 m in die Tiefe.

3 Glendalough Etwa 30 km südlich des Wasserfalls blieb im »Tal der zwei Seen« eines der schönstgelegenen Klöster Irlands in reizvoller Umgebung erhalten. Der hl. Kevin gründete die Klosteranlage im 6. Jh.; bald folgten ihm andere Einsiedler, das Anwesen wuchs rasch. Mittelpunkt der ehemaligen Klostersiedlung ist der weithin sichtbare, 33 m hohe Rundturm – er war Aussichtsposten und Fluchtburg in einem. Die meisten Besucher nehmen lediglich die Ruinen am Lower Lake in Augenschein. Ruhiger, aber nicht minder interessant ist es bei den Ruinen am Upper Lake.

Von Glendalough führt eine Straße nach Westen in das Herz der bis 924 m hohen Wicklow Mountains. Reizvolle Wanderwege führen zu Bergseen wie Lough Dan und Lough Bray. Aus den Bergen geht es zurück zur Küstenstraße und von dort weiter gen Süden ins 50 km entfernte Enniscorthy.

4 Jerpoint Abbey In dem von einer mächtigen Burg überragten Ort Enniscorthy nahe der Südostspitze der Insel empfiehlt es sich , die Küstenstraße zu verlassen und eine Nebenstrecke nach Westen ins Landesinnere zu wählen.
Die Zisterzienserabtei Jerpoint Abbey (12. Jh.) am Ufer des Little Arrigle zählt zu den besterhaltenen Klosterruinen Irlands. Nach Nordwesten geht es weiter zur wohl schönsten Stadt des Binnenlandes, Kilkenny.

5 Kilkenny Die rund 17 000 Einwohner leben in einem Juwel des Mittelalters: Enge Gassen, wuchtige Steinhäuser und historische Bauwerke prägen das Stadtbild. Wahrzeichen ist der 65 m hohe Turm der Kathedrale St Mary (19. Jh.).
Hoch über dem River Nore thront Kilkenny Castle. Diese von den Normannen errichtete Festung zählt zu den berühmtesten der Insel. Pompös eingerichtet ist hier vor allem die Long Gallery mit antiken Möbeln und Porträts früherer Hausherren. Doch auch die Gebäude an den Hauptgeschäftsstraßen Kilkennys geizen nicht mit Pracht.
Einige Pubs scheinen mit ihren Buntglasfenstern den Kirchen Konkurrenz machen zu wollen. Von Kilkenny geht es weiter gen Westen nach Cashel.

6 Cashel Iren wissen um die Bedeutung des kleinen Marktstädtchens (2500 Einw.) für die Folklore ihres Landes. Die mit hochkarätigen Künstlern besetzten Musikveranstaltungen und Theateraufführungen im Brú Ború Heritage Centre haben in Irland einen guten Ruf.

Die meisten Irlandbesucher zieht es hingegen zum Rock of Cashel: Ein imposanter Kalkfelsen mit der Ruine einer Festungsanlage überragt die weite Ebene von Tipperary. Ab dem 5. Jh. war die Burg Sitz der Könige von Munster, deren Herrschaftsbereich sich jahrhundertelang über weite Teile Südirlands erstreckte. Ende des 11. Jh. ging die Anlage in den Besitz der Kirche über, 1647 wurde sie von den Truppen des englischen Heerführers Oliver Cromwell geplündert und etwa 100 Jahre später aufgege-

1 Das sanfte Hügelland spiegelt sich im Hafen von Ballycrovane im County Cork.

Reiseinformationen

Routen-Steckbrief
Routenlänge: ca. 1200 km
Zeitbedarf: 2–3 Wochen
Routenverlauf: Dublin, Kilkenny, Cashel, Cork, Killarney, Ring of Kerry, Limerick, Cliffs of Moher, Galway, Clifden, Westport, Ballina, Sligo, Donegal, Londonderry, Giant's Causeway, Belfast, Dublin

Wetter:
Getreu dem Motto »Das einzig Sichere am irischen Wetter ist der ständige Wechsel« sollte warme und regenfeste Kleidung mitgenommen werden. Das gemäßigte atlantische Klima lässt die Temperaturen im Winter nicht unter 5 °C sinken, im Juli und August sind es durchschnittlich 16 °C.

Besondere Verkehrshinweise:
Der Linksverkehr ist ein britisches Erbe. Nur für Fahrten in besonders abgelegene Gebiete ist ein Wagen mit Allradantrieb notwendig.

Übernachtung:
Bed-and-Breakfast-Pensionen sind eine beliebte Übernachtungsmöglichkeit und finden sich auch in den abgelegensten Winkeln.

Auskünfte
Nähere Auskünfte zu Reisen nach Irland erteilt das Irische Fremdenverkehrsbüro:
Untermainanlage 7, 60329 Frankfurt/Main, Tel. 069 / 92 31 85 50, www.irland-urlaub.de

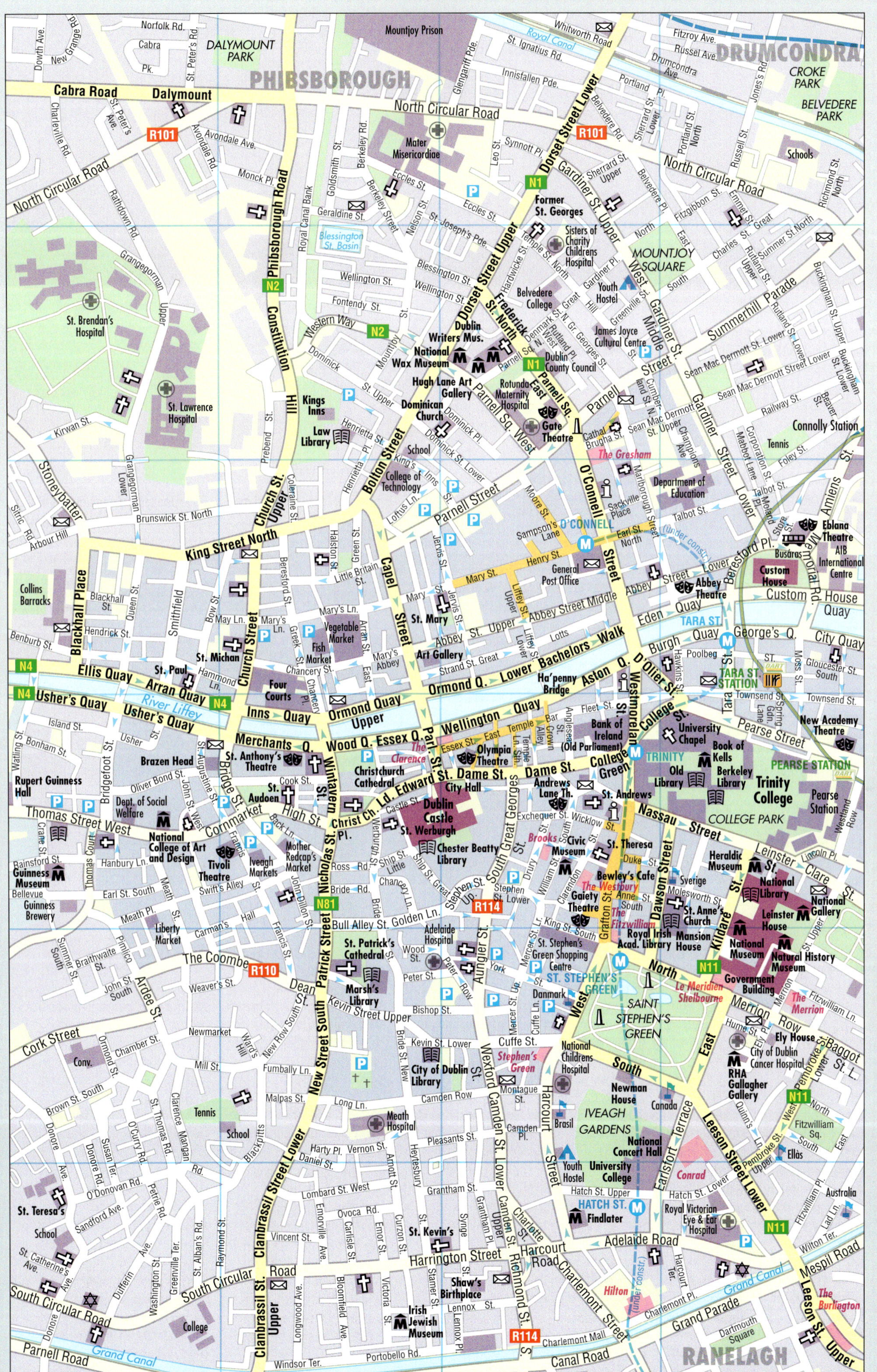

Dublin

Die über 1000 Jahre alte Hauptstadt der Republik Irland ist von jeher eine Reise wert. Allerdings fährt man nach Dublin nicht unbedingt wegen der Kunstschätze, sondern um das einzigartige Flair zu genießen.

Die Wikinger, die sich zuerst hier niederließen, nannten ihre Siedlung Dyfflin, was so viel heißt wie »schwarzer Pfuhl«. Ein schlechtes Omen? Tatsächlich war Dublin in seiner langen Geschichte größtenteils von außen bestimmt, vor allem von den Engländern, deren erste »Kolonie« Irland war. Dublin wurde das repräsentative Zentrum der anglo-irischen Verwaltung – und trotzdem im Herzen niemals wirklich britisch. Der Kampf um Irlands Unabhängigkeit begann 1916 in Dublin mit dem Osteraufstand. Gepflegt wurde auch die gälische Tradition, das Musische, Poetische, das Erzählen von Geschichten, das Miteinanderreden. Und obwohl das vitale, zukunftsorientierte Dublin vielen nicht mehr irisch genug ist, wird man es als überaus interessante Stadt erleben.

Das Zentrum der Metropole am Liffey wird von breiten Geschäftsstraßen geprägt. Unbedingt zu empfehlen ist die

Oben: die O'Connell-Brücke über den River Liffey in Dublin
Unten: die Bibliothek des 1592 gegründeten Trinity College, der ältesten irischen Universität

Fahrt mit einem Doppeldeckerbus – am besten außerhalb der Stoßzeiten. Besonders sehenswert sind: gotische Christ Church Cathedral; gotische Hauptkirche St. Patrick's Cathedral; historisches Stadtviertel Temple Bar; Trinity College im lebhaften Universitätsviertel; National Gallery mit Sammlungen irischer Malerei; National Museum zur irischen Kulturgeschichte; National Botanic Gardens mit Gewächshäusern aus dem 19. Jahrhundert.

Abstecher

Kloster Skellig Michael

Die Zellen des Klosters Skellig Michael sind ein gut erhaltenes Beispiel für die frühe irische Architektur. Auf von Steinwällen umschlossenen Terrassen stehen mehrere Steinhütten, deren Kuppeln sich wie Bienenkörbe über quadratischen Grundrissen erheben. Die Klosteranlage wurde ohne Mörtel errichtet und trotzt seither Sturm und Regen.
Vom Festland aus ahnt man nicht, welcher Schatz sich hier verbirgt. Der 217 m hohe gezackte Inselfelsen wirkt abweisend. Im 6. Jh. suchten Mönche einen abgeschiedenen Standort für ihr Kloster. Ihre Wahl fiel auf Great Skellig, die größte der Skellig-Inseln. Die Bedingungen auf der Insel forderten den Mönchen eine spartanische Lebensweise ab. Jeden Tag kletterten sie vom Kloster zum Meer hinab, um dort ihre Tagesration Fisch zu fangen. Einen Teil des Fangs tauschten sie mit vorbeifahrenden Seeleuten gegen Getreide und Werkzeug.
Auf den 670 in den Fels gehauenen Stufen gelangen Besucher noch heute recht beschwerlich zur Anlage, die bis zum 12. Jh. bewohnt

Skellig Michael ist ein 17 ha großer karger Felsen im Meer.

war. Lediglich einige Steinkreuze auf dem kleinen Friedhof erinnern an die frühen Bewohner des Klosters, in dem bedeutende Schriften verfasst wurden. Die beeindruckende Klosteranlage wurde von der UNESCO zum Weltkulturerbe erklärt.
Boote zur Insel verkehren nur zwischen April und September und auch nur bei ruhigem Seegang. Bei der etwa 90-minütigen Überfahrt von Portmagee wird die kleinere Insel Little Skellig umrundet. Als Vorbereitung und Einstimmung auf Skellig Michael dient die Ausstellung Skellig Experience auf Valentia Island.

ben. Im mächtigen Mauerring sind neben der Kathedrale auch Cormac's Chapel – eine Perle romanischer Baukunst – und der 28 m hohe Rundturm erhalten geblieben.
Eine weitere Attraktion von Cashel ist Folk Village, ein Freilichtmuseum, das die Geschichte der Region dokumentiert. Von Cashel geht es in südwestlicher Richtung ins 60 km entfernte Cork.

7 Cork Die nach Dublin zweitgrößte Stadt der Republik Irland zählt 125 000 Einwohner. Sie bietet ein auffallend »kontinentales« mitteleuropäisches Stadtbild und wird von einer Reihe architektonischer Schätze aus dem 18./19. Jh. geprägt.
Die Altstadt liegt auf einer Insel zwischen zwei Flussarmen des Lee. Enge Gässchen, von Bürgerhäusern gesäumte Kanäle und Brücken erinnern an niederländische Städte.
Das Wahrzeichen der Stadt ist St. Ann's Shandon, eine 1722 erbaute Kirche. Die in Form eines Lachses gestaltete Wetterfahne auf der Turmspitze ist von weitem zu sehen und ein guter Orientierungspunkt. Den Turmaufstieg belohnt ein Panoramablick.
Von Cork empfiehlt sich ein Abstecher ins 20 km östlich der Stadt gelegene Midleton oder nach Ballycrovane in Richtung Killarney.

8 Jameson Heritage Centre Bekannt ist Midleton vor allem als Standort der größten Whiskeydestillerie der Insel. Hier werden mehrere Sorten – darunter auch Jameson, Tullamore Dew und Hewitts – gebrannt. Eine Führung erläutert Geschichte und Kunst der Produktion von Whiskey .

9 Blarney Castle Ein zweiter Abstecher führt über die Umgehungsstraße nördlich von Cork nach Blarney Castle (1446). Besucher aus aller Welt strömen zu dieser Schlossruine 10 km nordwestlich von Cork, um den legendären Stein von Blarney zu sehen – viele kommen auch, um ihn zu küssen. Der Legende nach wird jeder, der die Steintafel küsst, mit Redegewandtheit und Überredungskunst eingesegnet. Der Name ist Programm, heißt »to blarney« in deutsch übersetzt doch »Süßholz raspeln«.
Das Dorf Blarney ist mit sehr vielen Kunsthandwerksläden und Souvenirgeschäften auf seine Besucher eingestellt. Der Weg zurück auf die nach Westen führende Hauptstraße N 22 verläuft stellenweise entlang dem Lee.

10 Killarney Die Stadt ist ein beliebter Ausgangspunkt für die Erkundung des südwestlichen Irland. Auffallend sind die vielen Kutschen auf den Straßen, die Besucher zu einer Rundfahrt einladen. An Sehenswürdigkeiten bietet Killarney im National Museum of Irish Transport eine Sammlung alter Autos sowie das lebensgetreue Modell einer Miniatureisenbahn.
Doch kaum ein Gast bleibt lange in der Stadt, locken doch die herrlichen Landschaften des rund 100 km² großen Nationalparks Killarney mit den drei reizvollen Seen Upper Lake, Muckross Lake sowie Lough Leane als größtem. Die vielen kleinen Inseln wirken wie grüne Farbtupfer im blauen Wasser. An den Ufern steigt das dicht bewaldete Hügelland sanft an. Nur an einigen Stellen steigen die umrahmenden Berge abrupt aus den Seen auf. Dort stürzen Bäche als rauschende Wasserfälle hinunter, darunter auch der Owengarriff River, der im Torc Waterfall 18 m tief in den Muckross Lake fällt.
In der Umgebung der Seenlandschaft sind einige Klosteranlagen und Burgruinen erhalten, darunter Muckross Abbey (1448) und Ross Castle (1420).
Manche dieser Bauten waren bis Mitte des 17. Jh. die letzten Bastionen der Iren im Kampf gegen die Engländer unter Oliver Cromwell.

Vom Seengebiet aus führen mehrere Wege in die Macgillycuddy's Reeks. In dieser Bergkette erhebt sich auch der 1041 m hohe Carrauntoohil.

11 Ring of Kerry Neben den landschaftlichen Eindrücken der Iveragh-Halbinsel lohnen auch einige malerische Orte der Grafschaft Kerry einen Zwischenstopp. Vor allem beim Anstrich der Häuser in Sneem nahe der Südküste wurde tief in die Farbeimer gegriffen.
Nur wenige Kilometer weiter nach Westen führt ein 3 km langer Weg von der Hauptstraße hinauf zum Staigue Stone Fort, einer keltischen Wehranlage aus dem 3./4. Jh.
Mittelmeerstimmung kommt am 3 km langen, von Dünen gesäumten Strand von Caherdaniel auf. Hier werden auch Boote verliehen. Das Derrynane House – ein feudales Landhaus im Derrynane National Historic Park – erinnert an Daniel O'Connell, der von den Iren als Nationalheld verehrt wird. Nachdem die Straße einen Bogen Richtung Norden gemacht hat, erwartet den Reisenden hinter dem Coomakista Pass ein bekanntes Postkartenmotiv: Eine einsame Häuserzeile trotzt in Waterville auf einer Klippe der steifen Brise, die vom Meer herüberweht.
Von der Hauptstraße führt eine Abzweigung nach Westen zum Fischerort Portmagee, von dem aus Boote zur Klosterinsel Skellig Michael verkehren. Eine Brücke verbindet den Hafenort mit der im Norden vorgelagerten Insel Valentia Island.
Typisch für den Hauptort der Insel, Knight's Town, sind Akkordeonklänge, die aus den Pubs herausströmen.
Zurück auf Iveragh erreicht man bald Cahersiveen, den Hauptort der Halbinsel. Er hat sich trotz touristischen Besucherandrangs viel von seiner Ursprünglichkeit bewahrt. Einen endlos scheinenden Sandstrand bietet das Dorf Glenbeigh. Über dem 5 km langen Rossbehy Beach weht die meerblaue Umweltflagge für besonders sauberes Wasser. Das nahe gelegene Kerry Bog Museum zeigt eine Ausstellung zur

Geschichte der heute aufgegebenen Torfstecherei.
Killorglin schließt die Fahrt auf dem Ring of Kerry im Nordosten ab. Das Dorf verfügt über mehr als 20 Pubs.

⓬ Dingle Peninsula Kaum weniger attraktiv als der Ring of Kerry ist eine Fahrt um die 48 km lange Dingle-Halbinsel, für die man mindestens einen halben Tag einplanen sollte. Der Wechsel von Felsklippen und Sandbuchten macht den besonderen Reiz dieser Küstenlandschaft aus. Vom Süden kommend, verlässt man die Hauptstraße bei Castlemaine in Richtung Westen. Die sandige Nehrung von Inch ist ein perfekter Badestrand. Im weiteren Verlauf passiert die Hauptstraße mehrere Festungen und Klöster. Die winzige Steinkirche Gallarus Oratory, deren Form an ein umgedrehtes Boot erinnert, ist die besterhaltene frühe Kirche Irlands. Vor der Küste liegen die Blasket Islands

⓭ Tralee Hauptattraktionen sind hier das Kerry County Museum und die gleich außerhalb der Stadt gelegene Blennerville Windmill, die größte noch arbeitende Windmühle Irlands.
Von Tralee geht es Richtung Norden nach Tarbet, von dort aus folgt die Straße dem Verlauf des Shannon. Auf dem Weg nach Limerick lohnt ein Zwischenstopp in Glin beim 1780 erbauten georgianischen Glin Castle.

⓮ Limerick Mehrere Brücken überspannen bei Limerick den breiten Shannon. Die Stadt wirkt auf den ersten Blick nicht gerade einladend, beherbergt aber einige Sehenswürdigkeiten. Ältestes Gebäude der im 9. Jh. von den Wikingern gegründeten Stadt ist die 1172 auf einem Hügel errichtete St Mary's Cathedral.
Nicht weniger imposant ist King John's Castle (1200) mit seinen fünf Rundtürmen und den mächtigen Festungswällen. Das Hunt Museum zeigt antike Funde aus ganz Irland.

⓯ Bunratty Castle und Folk Park Nordwestlich von Limerick steht mit Bunratty Castle ein weiteres »Muss« jeder Reiseplanung. Berühmteste Herren dieser Burg (15. Jh.) waren die O'Briens. Prunkvoll eingerichtete Räume mit alten Möbeln und Wandteppichen schaffen eine einzigartige Atmosphäre. Abends finden hier Bankette im Stil des Mittelalters statt. Von den Zinnen bis zu den Kerkerräumen vermittelt die gesamte Anlage ein anschauliches Bild des herrschaftlichen Lebens in Irland.
Vor dem Castle wurde ein vollständig rekonstruiertes irisches Bauerndorf aus dem Mittelalter im Folk Park wieder aufgebaut.
Bei der Weiterfahrt nach Norden erreicht man kurz vor Ennis die Augustinerabtei Clare Abbey (12. Jh.). Ennis Abbey (13./14. Jh.) zählte einst zu den größten Klöstern der Insel.
Verwinkelte Gassen und eine lebhafte Musikszene prägen das Städtchen – Folk Music scheint hier allgegenwärtig. Von Ennis verläuft die Straße weiter landeinwärts und erreicht erst kurz vor der Einmündung des Shannon ins Meer einen der größten Yachthäfen Irlands, Kilrush. Von hier geht es entlang der Westküste zu einer der Hauptattraktionen der Westküste.

⓰ Cliffs of Moher Ein Naturwunder der besonderen Art sind die Klippen von Moher. Die nahezu senkrecht abfallenden Felswände sind mehr als 200 m hoch und erstrecken sich über eine Länge von 8 km. Die erhabene Kulisse wird vom Stimmengeschwirr zahlloser Seevögel untermalt. Besucher können sich auf den Pfaden sogar bis an den Klippenrand vorwagen. Mangels Schutzvorkehrungen ist jedoch Vorsicht geboten.

Ring of Kerry

Ein Höhepunkt jeder Irlandreise ist die knapp 200 km lange eintägige Rundfahrt um die Iveragh-Halbinsel, die alle Reize Irlands innerhalb sehr überschaubarer Distanzen präsentiert. Die Südküste ist schroffer und stärker durch Buchten gegliedert als die Nordküste. Die Straße ist gut ausgebaut, an den interessanten Haltepunkten befinden sich Parkplätze.

1 Die im Südwesten gelegene Grafschaft Kerry ist ein Paradies für Botaniker und Ornithologen.

2 Der Bergzug der Kerry Macgillycuddy's Reeks liegt im Nordosten der Halbinsel Iveragh.

3 Vom Meer umspült: Die Halbinsel Dingle.

4 Die Inselgruppe der Blasket Islands ist der westlichste Punkt Europas.

5 Zu den viel besuchten Attraktionen des Westens gehören die Cliffs of Moher, die sich auf einer Länge von 8 km zwischen Hags Head im Süden und Aillensharragh im Norden erstrecken.

6 Durch den Shannon und den Abbey River wird das Stadtgebiet von Limerick in drei Teile gegliedert.

Abstecher

Klosteranlage Clonmacnoise

Das am Shannon gelegene Kloster ist ein Muss für jeden Besucher der irischen Midlands. Die religiöse Stätte, deren besonderer Reiz im Kontrast der verfallenen Klosteranlage mit ihrer Umgebung liegt, wurde Mitte des 6. Jh. vom hl. Ciarán gegründet. Das Kloster lag schon im Mittelalter verkehrsgünstig, verlief doch seinerzeit der einzige sichere Weg hier durch das berüchtigte Blackwater-Moor.
Im 7.–12. Jh. war Clonmacnoise ein bedeutendes Zentrum der Gelehrsamkeit wie der Handwerkskunst – zahlreiche wertvolle Schriften so-

Oben: die eindrucksvollen Ruinen des Klosters Clonmacnoise
Unten: irische Grabkreuze auf dem Friedhof von Clonmacnoise

wie Gold- und Silberarbeiten in keltischer Tradition entstanden in Clonmacnoise.
Gelang es den Mönchen lange Zeit, den Angriffen von Wikingern und Normannen sowie mehreren Bränden zu trotzen, so war 1552 jeder Widerstand gegen englische Soldaten zwecklos. Sie machten die Anlage für immer unbewohnbar.
Das etwa einen Hektar große Gelände umfasst die Ruinen einer Kathedrale und acht Kirchen sowie Kopien einiger Hochkreuze und Grabplatten. Die entsprechenden Originale sind im Besucherzentrum ausgestellt.
Eine audiovisuelle Präsentation zeigt Interessantes zur Lebensweise der Mönche und zur Bedeutung der einzelnen Bauten.

Oben: Küstenlandschaft von Connemara. Ein Teil der Halbinsel ist Nationalpark, in dem Moore und Sumpfland, die Berglandschaft der Twelve Ben und das Tal des Glanmore mit der Flusslandschaft des Polladirk unter Schutz stehen.

Unten: Atemberaubend ist die Landschaft am Doo Lough im County Mayo im Nordwesten der Insel. Der lang gestreckte Doo Lough liegt zwischen Mweelrea Mountains und den Sheffry Mountains eingebettet und wird von dichten Wäldern umgeben.

Belfast

Die nordirische Hauptstadt hat in den vergangenen Jahrzehnten zumeist negative Schlagzeilen geschrieben, doch wer nach Belfast kommt, vergisst diese schnell. Die Stadt liegt an der Mündung des Lagan River in die als Belfast Lough bezeichnete Bucht.
Belfast ist das politische, wirtschaftliche und kulturelle Zentrum der britischen Provinz Nordirland. Die lebendige Hafenstadt (300 000 Einw.) bietet alles, was eine pulsierende Großstadt zur Großstadt macht – ein reiches Angebot an Einkaufsmöglichkeiten, Restaurants, Theater und Kinos sowie architektonische Highlights.
Die offizielle Gründung von Belfast erfolgte 1177 mit dem Bau einer normannischen Burg. Doch eine größere Entwicklung wollte auch nach der Einnahme durch England nicht einsetzen – Mitte des 17. Jh. zählte die Stadt gerade einmal 150 Häuser. Doch ein paar Jahrzehnte später bauten aus Frankreich vertriebene Hugenotten eine prosperierende Leinenindustrie auf, die Verarbeitung von Tabak und

Die beleuchtete Skyline von Befast am Belfast Lough

der Schiffbau zogen weitere Arbeitsplätze nach sich. Eine rasante Zuwanderung aus England und Schottland setzte ein. 1922 wurde Belfast Hauptstadt Nordirlands.
Bedeutendster Platz im Zentrum ist der Donegall Square mit seinen imposanten Bauwerken aus der viktorianischen Zeit. Hier erhebt sich auch das Wahrzeichen der Stadt – das pompöse Rathaus (1906) mit seiner markanten Kupferkuppel. Das 1894 eröffnete Grand Opera House ist eine der wichtigsten Konzerthallen Großbritanniens. Einen Steinwurf entfernt lockt der Crown Liquor Saloon. Dieser im viktorianischen Stil eingerichtete Pub ist allein schon wegen seiner Buntglas- und Marmordekorationen sowie der Gaslampen einen Besuch wert.

⑰ The Burren In Lisdoonvarna führt eine Straße (R 476) Richtung Südosten zum Leamaneagh Castle (17. Jh.).
Auf dem Weg nach Norden durchquert man eine einzigartige Landschaft – The Burren, deren Name sich vom gälischen Wort für Felsland (*boireann*) ableitet. Im 17. Jh. wurde das von zahlreichen Spalten durchzogene Kalksteinplateau von einem englischen Heerführer wie folgt charakterisiert: »Kein Wasser zum Ertränken, kein Baum zum Hängen, keine Erde zum Begraben.« Steinkreise und andere Siedlungsspuren geben noch heute Rätsel auf.
Der Poulnabrone-Dolmen – eine Ansammlung mächtiger Steinplatten – diente von 2500 bis 2000 v. Chr. als Grabkammer, was Funde von Menschenknochen belegen. The Burren ist auch bekannt für seine Höhlen. Eine von ihnen, Aillwee Cave, etwas abseits der Straße gelegen, kann besichtigt werden. Die Temperatur in der Höhle beträgt allerdings das ganze Jahr über nur 10 °C.

⑱ Galway Mit etwa 66 000 Einwohnern ist Galway die größte Stadt Westirlands und Universitätsstadt. Steinhäuser mit hölzernen Fassaden und Gassen prägen die Altstadt. Für Autofahrer ist das Zentrum der Stadt am Corrib ein Alptraum, Fußgänger und Flaneure finden paradiesische Zustände vor. Bei schönem Wetter sind die Straßencafés bevölkert, Musiker und Artisten zeigen ihre Kunst.
Die sanierten Wohnviertel am Fluss zeugen von einem hohen Lebensstandard, für den auch der High-Tech-Boom der letzten Jahre sorgte. Zu den bekanntesten Bauwerken der Stadt gehört die normannische Stadtkirche St. Nicholas (1320). Sie stellt einen markanten Kontrast zur erst 1965 fertig gestellten Kathedrale St. Nicholas am Nordufer des Flusses dar.
Von Galway führt eine gut ausgebaute Straße nach Osten zum rund 65 km entfernten Kloster Clonmacnoise.

⑲ Aran Islands In Galway legen die Fähren zu den zerklüfteten Aran Islands ab. Ein Archipel, dessen Hauptinsel Inishmore ein wahres Dorado für Mountainbiker ist. Inselrundfahrten sind auch mit Minibussen oder Pferdewagen möglich. Stopps bieten sich bei steilen Felsklippen, Ruinen ehemaliger Klöster und Festungsanlagen wie Dun Aengus Fort an. Ein zeitgeschichtliches Dokument ist der Stummfilm *Men of Aran* aus den 1930er-Jahren, der die Fischer bei ihrer schon damals altertümlich anmutenden Arbeit zeigt.

⑳ Kylemore Abbey Die Landschaft westlich von Galway wird von felsigen Küsten, Bergen und kargem Moorland geprägt und ist in Teilen im Nationalpark Connemara geschützt. Die Route von Galway nach Westen und später nach Nordwesten verläuft unweit der durch zahlreiche Buchten gegliederten Küste und vorbei an Clifden Castle.
Märchenhaft wirkt Kylemore Abbey (19. Jh.), ein idyllisch am Kylemore Lough gelegenes Benediktinerinnenkloster. Teile des heutigen Nationalparks gehörten einst zum Kloster. Unterwegs nach Norden lohnt bei Bangor der Abstecher zum Blacksod Point.

㉑ Donegal Castle Mitten im kleinen Ort Donegal erhebt sich auf einem Felssporn eine mächtige Burg (15. Jh.), die nach mehrmaliger Umgestaltung nun eher den Charakter eines Schlosses hat. Allein schon die Bankett-halle lohnt das Eintrittsgeld. Sie ist im Zustand der jakobitischen Epoche erhalten und besitzt einen offenen Kamin aus jener Zeit. Bei Donegal verlässt man nun die Küstenstraße und quert die Nordspitze Irlands Richtung Londonderry.

㉒ Londonderry Kurz nach Passieren der Grenze nach Großbritannien erreicht man die Stadt Londonderry, die von den Protestanten Londonderry und von den Katholiken Derry genannt wird. Pastellfarbene Häuser prägen das Antlitz der Stadt. Die bis zu 9 m breiten Walls of Derry zählen zu den besterhaltenen Stadtmauern Europas. Das Tower Museum informiert über die Stadtgeschichte, das Bloody Sunday Centre über den Nordirland-Konflikt.

㉓ Giant's Causeway Unbestrittenes Highlight der landschaftlich sehr reizvollen Nordküste von Antrim sind die unzähligen Basaltsteine von Giant's Causeway, um den sich viele Legenden ranken. Eine erzählt von einem Riesen, der einen Damm angelegte, um seine auf der schottischen Insel Staffa lebende Geliebte trockenen Fußes nach Irland bringen zu können. Niemand kennt die genaue Zahl der meist sechseckigen, bis zu 25 m hohen Basaltsäulen.
Die weitere Route verläuft entlang der Nordostküste am Nordkanal, vorbei an Dunluce Castle, führt nach Belfast und verlässt südlich von Newry Großbritannien.

㉔ Belfast siehe Randspalte links

㉕ Bend of the Boyne Vor Dublin empfiehlt sich noch ein Stopp im Boyne Valley bei Slane mit seinen herausragenden Ganggräbern aus neolithischer Zeit. Bis 1960 blieb das 3200 v. Chr. errichtete Grab bei Newgrange unberührt. Ein 19 m langer Gang führt zur 6 m hohen Grabkammer mit drei Seitenkammern.

1 Giant's Causeway: Schätzungsweise 35 000 sechseckige Basaltsäulen ragen bis zu 25 m in den Himmel.

2 Prähistorischer Steinkreis bei Blacksod Point an der südlichen Spitze der Halbinsel The Mullet

3 Ungeschützt vor den Stürmen des Meeres liegt Dunluce Castle (13. Jh.) auf einer Klippe der Nordküste von Antrim.

Blacksod Point Über eine häuserbestandene Landenge ist die Halbinsel The Mullet mit dem nordwestlichen irischen Festland verbunden: eine flache, weite Felsplattform mit Kiesstränden, über die beständig die salzige Meeresgischt hinwegtreibt. Am Südzipfel der Insel, am Blacksod Point, steht ein Leuchtturm aus Granitgestein, und auch der Inselfriedhof an diesem »Ende der Welt« ist sehenswert.

Giants Causeway Nordirlands landschaftliches Highlight sind die rund 35 000 treppenartigen Basaltsäulen mit zumeist sechseckigem Querschnitt und bis zu 25 m sichtbarer Höhe. Um ihre Entstehung ranken sich viele Legenden. Tatsächlich handelt es sich um eine völlig natürliche Erstarrungsform dünnflüssiger Lava.

Dunluce Castle Nur etwa 10 km westlich von Giant's Causeway – auf einem hohen Felsplateau an der Nordküste von Antrim – liegt die gut erhaltene Schlossruine aus dem 13. Jh. So trutzig der ehemalige Hauptsitz der edlen MacDonnels und Herren von Antrim auch heute noch erscheinen mag: Gegen den rauen Küstenwind war er machtlos.

Bend of the Boyne Aufgrund seiner Ringbefestigungen und Gang- und Hügelgräber gilt das Flusstal in den Midlands bei Dublin als die Wiege der irischen Zivilisation. Bemerkenswert ist das 3200 v. Chr. entstandene Ganggrab von Newgrange.

Connemara Das Gebiet im Nordwesten des County Galway ist eine kahle, von Steinmauern und Mooren geprägte Landschaft, in der sich die alte bäuerliche Kultur bestens erhalten hat. Einen Kontrast stellen ihre weißen Strände dar. Der viktorianische Ferienort Clifden liegt ideal, um die Gegend zu erkunden.

Clonmacnoise Das besonders reizvoll in den Midlands und am Shannon gelegene Kloster wurde Mitte des 6. Jh. gegründet. Seit der Zerstörung durch englische Soldaten 1552 ist es eine Ruine.

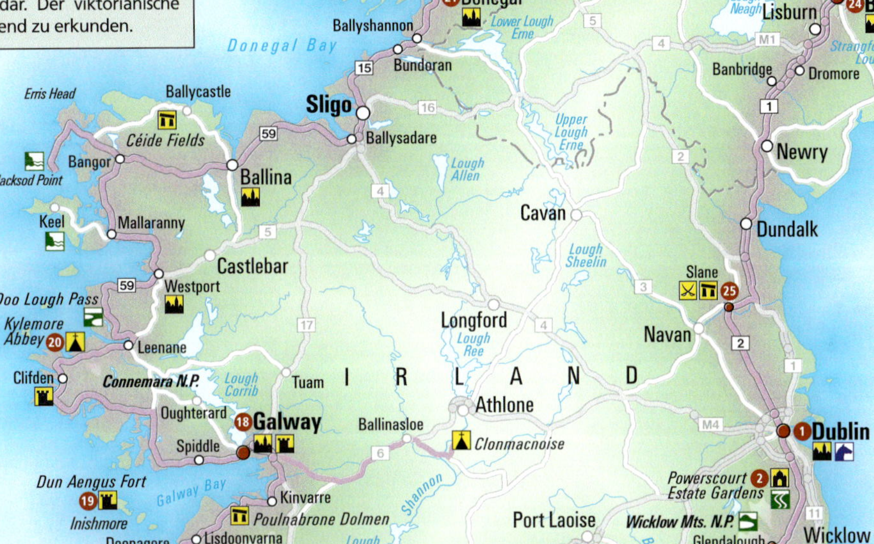

Belfast Zahlreiche Bauwerke im viktorianischen Stil machen die nordirische Hauptund Hafenstadt an der Lagan-Mündung sehenswert: Das Grand Opera House und das kuppelbekrönte Rathaus, um nur zwei zu nennen.

Dublin Sehenswerte Ziele in der irischen Hauptstadt sind die beiden Kathedralen Christ Church und St. Patrick's, Dublin Castel, Trinity College, die National Gallery und das National Museum.

Cliffs of Moher Die teils 200 m hohen Sandstein- und Schieferfelsen erstrecken sich über eine Länge von 8 km zwischen Hags Head und Ailllensharagh.

Rock of Cashel, County Tipperary Die Grafschaft Tipperary am Unterlauf des Shannon ist hügeliges Ackerland. Am Rock of Cashel soll St. Patrick 450 das dreiblättrige Kleeblatt gepflückt haben.

Skellig Michael Beispiele irischer Architektur sind die Mönchszellen auf der Insel Great Skellig. Wie beschwerlich das Klosterleben gewesen sein muss, deuten auch die 700 Stufen an.

Kerry County Die südirische Grafschaft ist für ihre prähistorischen und frühchristlichen Fundstätten sowie die Panoramastraße »Ring of Kerry« bekannt. Da man hier gerne die Anordnungen aus Dublin ignorierte, wurde sie auch »das Königreich« genannt.

Cork County Das Hinterland der beliebten südirischen Ferienregion ist seen- und hügelreich. Corks Felsenküste ist stark zerklüftet sowie reich an Inseln, Halbinseln, Buchten und idyllischen Hafenorten. Die Stadt Cork – die zweitgrößte Irlands – liegt auf einer Insel im River Lee und verströmt eine heitere Atmosphäre: eine typisch irische Stadt, mit zahlreichen Treppen, bunten Häuschen, netten Pubs und – einem Weinberg!

Der Gipfel Buchaille Etive Mor bei Glencoe in den Highlands ist eine Herausforderung für Bergsteiger.

Route 3

Schottland

Clansmen, Whiskey und die Einsamkeit der Highlands

Ob Romantiker, Naturfreund oder Kulturliebhaber – Schottlands herbe Schönheit berührt die Seele eines jeden Reisenden. Wer sich auf die raue, einsame Landschaft etwa der Highlands und die reiche Kultur und Geschichte des Landes mit allen Sinnen einlässt, wird mit unvergesslichen Eindrücken belohnt.

Schroffe Felsmassive, tiefe Seen und reißende Flüsse bestimmen das Bild der Highlands und ganz Schottlands. Dabei besteht Schottland nicht nur aus dem Hochland im Norden, sondern zeichnet sich vor allem im Westen durch eine interessante Inselwelt aus. In Glasgow und der Hauptstadt Edinburgh lockt das moderne Großstadtleben mit kulturellen Events, einem attraktiven Einkaufsangebot und namhaften Festivals, während auf den Western Isles einsame Traumstrände auf Entdecker warten. Bei den Cairngorm Mountains und am Loch Lomond wurden kürzlich die ersten schottischen Nationalparks eröffnet. Berühmte Schriftsteller wie Sir Walter Scott und der schottische Nationaldichter Robert Burns haben Schottlands spröde Schönheit besungen. Die Wiederentdeckung der gälischen Musik und Sprache hat längst die Grenzen Schottlands überschritten. Auf Außenstehende mögen schottische Bräuche wie Baumstammwerfen und das Tragen von Schottenröcken kurios wirken – für die Schotten sind sie Teil ihrer Identität.

»Clansmen« in schottischer Nationaltracht

Zu den Geheimtipps zählt die schottische Küche; wer einmal Angussteak, Moorhuhn oder Highland-Lamm probiert hat, wird nicht mehr nur vom schottischen Whisky schwärmen. In Schottland gibt es insgesamt etwa 110 Whiskybrennereien, meist verstreut in den Highlands und auf den Western Isles. Der weltberühmte Scotch Whisky reift bis zu 30 Jahre meist in alten Whisky- und Sherryfässern.

Schottland (78 080 km²) nimmt das nördliche Drittel Großbritanniens ein. Seine vielen Inseln werden größtenteils den Hebriden (Innere und Äußere Hebriden), den Orkneys und den Shetland-Inseln zugerechnet. Gletscher formten während der letzten Eiszeit tief eingeschnittene Täler, und hinterließen bei ihrem Abschmelzen Lochs (Seen) und Firths (Fjorde) entlang der 3700 km langen Küste.

Zu den Charakteristika der Highlands, der am dünnsten besiedelten Region Schottlands, zählen Steilklippen, Moorheide bewachsene Plateaus, tiefe Lochs und reißende Gebirgsbäche. Die Grabensenke Great Glen teilt die Highlands in zwei Teile. Südlich der Highlands erstrecken sich die Lowlands, eine fruchtbare und dicht besiedelte Region mit den beiden Groß-

Eilean Donan Castle liegt am Loch Duich im Glen Shiel und ist über einen Damm und eine Brücke mit dem Festland verbunden. Im vorigen Jahrhundert wurde die einstige Ruine wieder aufgebaut.

Das am nördlichen Ufer des Loch Awe gelegene Kilchurn Castle entstand im 15. Jh.

städten Glasgow und Edinburgh. Die Southern Uplands bilden die Grenzregion zu England.
Nur selten kommt es in Schottlands ozeanischem Klima zu Witterungsextremen. Dafür kann das Wetter innerhalb von Minuten zwischen Sonnenschein und Regenschauern wechseln. Schottland zeichnet sich in weiten Gebieten durch eine typische Flora (Heidekraut, Nadelbäume, Farne) und eine große Artenvielfalt aus. Die Schotten sind die Nachfahren unterschiedlichster Volksgruppen, u. a. der Pikten und Skoten, denen das Land seinen Namen verdankt, sowie der Skandinavier und Angelsachsen. Unter Kenneth MacAlpine entstand im 9. Jh. Alba, das erste keltisch-schottische Königreich. Die schottische Geschichte war stets vom Streben nach Unabhängigkeit und vom Widerstand gegen die englischen Machtansprüche geprägt. Nach der Herrschaft der Stuarts kam es 1707 schließlich zur Gründung des Vereinigten Königreichs von Großbritannien und damit zum vorläufigen Ende der Unabhängigkeit Schottlands.
Die für die schottische Landschaft so charakteristische Einsamkeit ist eine Folge der Highland Clearances: Ab dem 18. Jh. wurden die Kleinpächter der Highlands und der Inseln von ihren eigenen Clanchiefs und den adligen Grundbesitzern vertrieben, die das Land für die lukrative Schafzucht nutzen wollten.
Nach rund 300 Jahren hat Schottland heute wieder ein eigenes Parlament mit Sitz in Edinburgh. Etwa 5,1 Mio. Menschen leben in Schottland. Neben der Amtssprache Englisch sprechen viele in den Highlands und auf den Hebriden auch Gälisch, eine keltische Sprache.

Tobermory mit seinen bunten Häusern liegt am Nordende der Isle of Mull.

Abstecher

Blair Castle

Bei Abroath biegt die A 933 Richtung Westen ab. Nicht weit von Forfar leuchten zwischen den Bäumen die rosagrauen Mauern von Glamis Castle hervor, um das sich zahlreiche Geschichten ranken – von der Ermordung Duncans durch Macbeth über diverse Gespenstererscheinungen bis zu Kindheitsanekdoten der verstorbenen Queen Mum, die in Glamis Castle aufwuchs.
Der Abstecher führt weiter nach Nordwesten über den Pass von Killiecrankie, an dem im Jahre 1689 eine blutige Schlacht zwischen

Die Ursprünge von Blair Castle reichen bis ins 13. Jh. zurück.

Schotten und Engländern tobte, bis nach Blair Atholl. Dort zweigt eine alte Lindenallee ab, an deren Ende Blair Castle, der Sitz des Duke of Atholl, steht. Die prachtvoll ausgestattete, strahlend weiße Burg zählt zu den schönsten Gebäuden in ganz Schottland.
Ein Kuriosum sind die Atholl Highlanders, die Privatarmee des Duke of Atholl. Jedes Jahr Anfang Juni findet vor dem Schloss eine eindrucksvolle Parade mit Dudelsackuntermalung statt.

Schottlandrundreise: Altehrwürdige Burgen, geheimnisvolle Steinkreise und die eine oder andere Whiskydestillerie säumen die Strecke der Rundreise, die von Edinburgh mit Abstechern in die raue Landschaft der Highlands führt, diese umrundet und in Glasgow endet. Von den Hafenstädten lohnen sich Ausflüge zu den Orkneys und Hebriden.

❶ **Edinburgh** siehe Seite 31
Die Route beginnt in der Kulturmetropole Edinburgh, die Fahrt geht zunächst nach Nordwesten Richtung Stirling.

❷ **Stirling** Das 58 km westlich von Edinburgh an den Ufern des Forth gelegene Stirling wird von einer Burg dominiert. Der älteste Teil von Stirling Castle stammt aus dem 14. Jh. In der reizvollen Altstadt ist die Church of the Holy Rude eine kunsthistorische Besonderheit: Sie ist eine der wenigen erhaltenen mittelalterlichen Kirchen Schottlands.

❸ **Halbinsel Fife** Zwischen den Meeresarmen Firth of Forth und Firth of Tay erstreckt sich die Halbinsel Fife. Die Region war im 4 Jh. n. Chr. eines der sieben schottischen Königreiche. An der Nordküste des Firth of Forth entlang geht es zuerst nach Culross. Der kleine Ort erlebte seine Blütezeit als Handelszentrum im 16. Jh. Die reichen Bürgerhäuser blieben bis heute unbeschädigt erhalten und bilden ein zauberhaftes Ensemble. 11 km östlich von Culross liegt Dunfermline. Lange Zeit war die Stadt die Residenz der schottischen Könige. Auf einem Hügel im Südwesten sind noch die Ruinen des einstigen Schlosses, die Abtei und ein altes Kloster zu besichtigen.
Ein Stück weiter östlich, hinter der Landspitze Chapel Ness, reihen sich zwischen den Orten Elie und Crail pittoreske Fischerdörfer, Burgruinen und alte Kirchen aneinander.

❹ **St. Andrews** An der Ostküste der Region Fife, 10 km nörd-

1 **Blick vom Nelson Monument auf Edinburgh und das Edinburgh Castle**

2 **Das schottische Nationalspiel Golf wurde schon im 15. Jh. auf den Sandstränden von St. Andrews gespielt.**

3 **Clamis Castle wurde im 11. Jh. Stammsitz der englischen Königsfamilie.**

Reiseinformationen

Routen-Steckbrief
Routenlänge: ca. 1200 km
Zeitbedarf: 2–3 Wochen
Routenverlauf: Edinburgh, Stirling, Dundee, Dunottar Castle, Ballater, Inverness, John o'Groats, Durness, Fort William, Inveraray, Glasgow

Verkehrshinweise:
In Schottland herrscht Linksverkehr. Linien- und Postbusse verkehren nur selten (*www.citylink.co.uk*). Zu den Inseln gelangt man per Fähre (Orkneys: *www.northlink-ferries.co.uk;* Hebriden: *www.scottish-islands.com*).

Wetter:
Das Wetter ist generell unbeständig, die Sommer sind eher kühl, die Winter an der Küste relativ mild, in den Highlands dagegen bitterkalt.
Empfehlenswerte Reisezeit: April bis Oktober. Weitere Informationen finden sich unter: *www.onlineweather.com/v4/uk/overviews/Scotland1*

Übernachtung:
Bed & Breakfast in Privathäusern: *www.scotlandsbestbandbs.co.uk*

Auskünfte:
Britische Zentrale für Fremdenverkehr
Westendstraße 16–22
60325 Frankfurt/Main
Tel. 069/97 11 23 oder 01801/46 86 42
www.britain.de
www.visitbritain.com
www.visitscotland.com

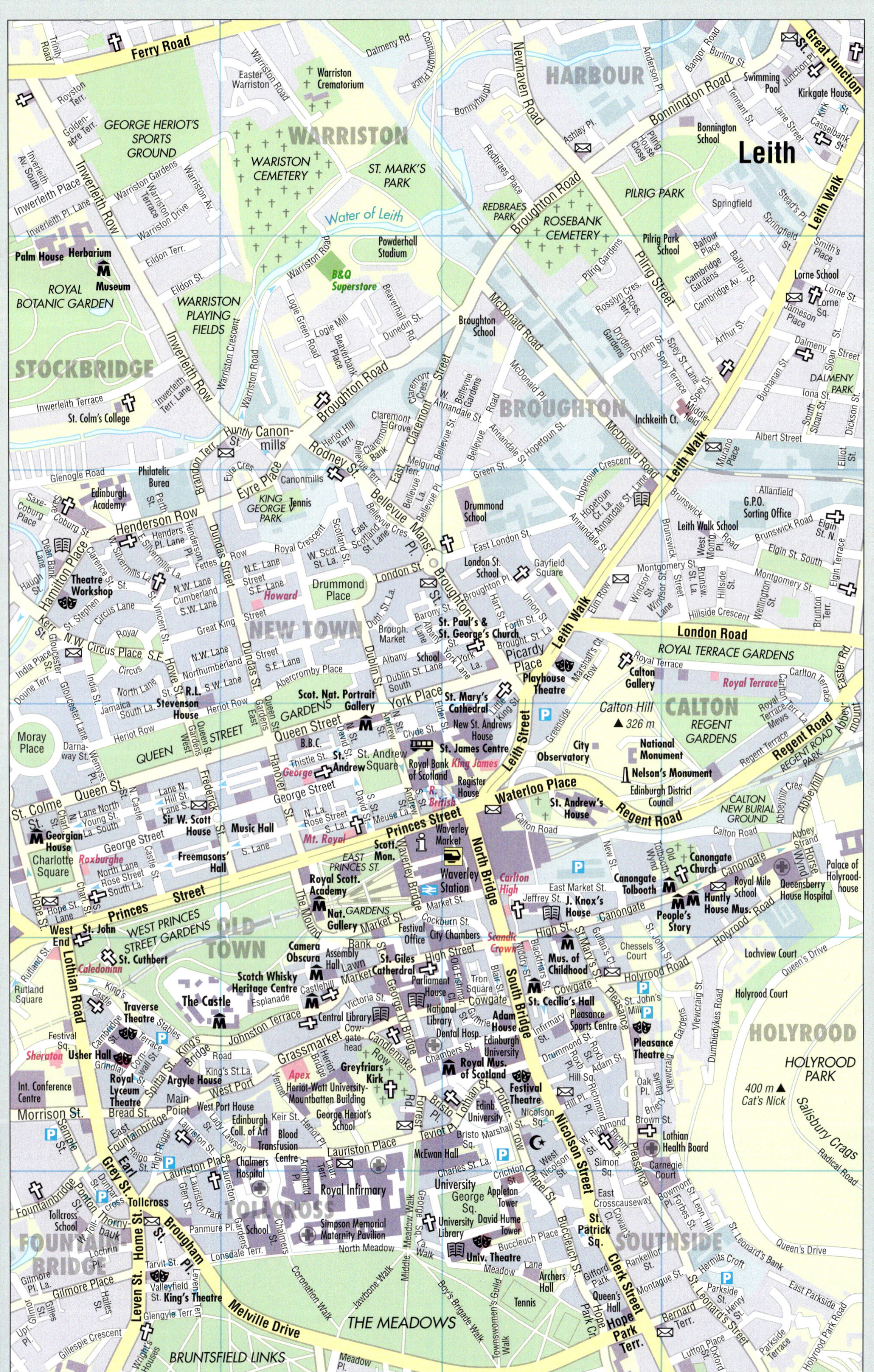

Edinburgh

Die schottische Hauptstadt, deren historisches Zentrum von der UNESCO zum Weltkulturerbe erklärt wurde, fasziniert durch ihre architektonische Geschlossenheit und ein höchst lebendiges Kulturleben – vor allem im Sommer während des berühmten Musik- und Theaterfestivals. Bereits während des 18. und 19. Jh. bildete Edinburgh das kulturelle Zentrum des Nordens. Berühmte Autoren wie Robert Burns und Sir Walter Scott lebten hier.

Der älteste, seit der Bronzezeit besiedelte Kern ist Castle Rock, ein Vulkanfelsen, auf dem im 7. Jh. König Edwin eine erste Burg errichten ließ. So entstand der Name Edinburgh. Bis heute ist das Castle Blickfang der Stadt. Wie Felszinnen ragen die grauen Hochhäuser aus dem 17. Jh. vor der Burg auf.

Besonders sehenswert in Old Town sind Edinburgh Castle, eine weitläufige Anlage mit Bauteilen unterschiedlicher Epochen, darunter St. Margaret's Chapel (11. Jh.) als ältestem Gebäude. Im Crown Room befinden sich die schottischen Königsinsignien. Holyroodhouse ist die offizielle schottische Residenz der Königin. Zwischen ihrer Residenz und dem Castle verläuft der historische Straßenzug Royal Mile, vor der 66 Gässchen ins mittelalterliche Edinburgh abzweigen. Ein Besuch in der Ende der 18. Jh. entstandenen New Town lohnen die National Gallery of Scotland mit einer der bedeutendsten Gemäldesammlungen Europas, das Museum of Antiques für Früh- und Kunstgeschichte sowie die Scottish National Gallery of Modern Art (Kunst des 20. Jh.).

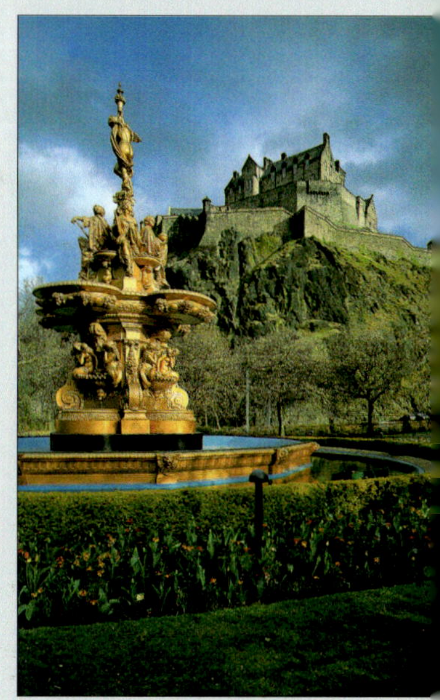

Edinburgh Castle diente als Burg, königliche Residenz und Gefängnis.

Abstecher

Balmoral Castle

Das königliche Schloss am Dee liegt in den Grampian Mountains und damit in den Parkgrenzen des Cairngorms National Park.
Prinz Albert, der Gemahl von Königin Victoria, erwarb Schloss Balmoral 1846 und ließ es später durch einen Granitbau im schottischen Prunkstil ersetzen. Persönlich widmete er sich der Ausgestaltung der Innenräume, die nach dem Vorbild schottischer Jagdhütten eingerichtet wurden. Großkarierte Muster und florale Ornamente auf Stoffbezügen zeugen vom ländlichen Stil. Die königliche Familie erholt sich hier vom höfischen Zeremoniell in London.
Der 2003 eröffnete Cairngorms National Park ist der größte Nationalpark Großbritaniens und zieht sich von Grantown am Spey bis zu den Angus Glens bei Glamis.
Im Schutzgebiet leben 25 % aller gefährdeten Tierarten Großbritanniens; zahlreiche seltene Pflanzen wachsen in dem nur zu Fuß zu erkundenden, zentralen Bergmassiv der Cairngorms (gälisch »Blauer Berg«). Typisch ist ein Wechsel von Heide- und Moorlandschaften sowie Waldgebieten. Entlang der Täler von Spey und Dee ziehen sich Felder und Weiden.
Steinzeitmonumente, mittelalterliche Burgen und traditionsreiche Städtchen belegen die historische Bedeutung der Region.

Oben: Die berühmten Hochland-Rinder weiden vor Balmoral Castle. Unten: königliche Gartenparty

lich von Crail, liegt St. Andrews, das Mekka des Golfsports. Hier wurde 1754 der erste Golfclub gegründet. Noch heute kann man auf dem berühmten Old Course spielen. Sehenswert sind die Ruinen der Blackfriars Chapel aus dem 16. Jh., einst die größte Kirche Schottlands. Vom St. Rule's Tower aus genießt man eine grandiose Aussicht.
Über Perth und Dundee führt die Strecke entlang der Küste in das 12 km nördlich von Arbroath gelegene Montrose. Von Arbroath aus empfiehlt sich ein Abstecher ins Landesinnere zum rund 65 km entfernten Blair Castle.

5 Montrose Wie ein Riegel ist die auf einer Halbinsel gelegene Hafenstadt einer Naturbucht vorgelagert. Am Ufer des Montrose Basin steht das georgianische Herrenhaus House of Dun, das 1730 errichtet wurde. Die Küstenlandschaft südlich und nördlich von Montrose beeindruckt durch kilometerlange Sandstrände und steile Klippen.

6 Dunnottar Castle Nordwärts der A92 folgend, erreicht man kurz vor Stonehaven eine der faszinierendsten Ruinen Schottlands: Das auf einem über 50 m hohen Felsen im Meer thronende Dunnottar Castle ist nur durch einen schmalen Grat mit dem Festland verbunden. In der Festungsanlage wurden im 17. Jh. die schottischen Reichsinsignien aufbewahrt. Von der trutzigen Burg sind noch die Ruinen des Turmhauses, einiger Wohngebäude und der Kapelle erhalten.

7 Aberdeen Die Stadt ist Europas Zentrum der Ölindustrie und einer der größten europäischen Häfen. Zu den historischen Sehenswürdigkeiten zählen das King's College, St. Andrew's Cathedral, die St. Machar's Cathedral und das Maritime Museum.
Von Aberdeen führt die Route ins Landesinnere nach Ballater. Von hier empfiehlt sich ein Abstecher ins knapp 50 km entfernte Balmoral Castle. Eine Bergstraße (939) führt von Ballater über Colnabaichin nach Tomintoul, dem Ausgangspunkt des Whisky Trails, und über Dufftown nach Keith. Von dort geht es westwärts im Tal des Spey nach Aviemore, hier trifft man auf die A9 nach Inverness.

8 Inverness Das moderne Industriezentrum am Nordende des Loch Ness ist der ideale Ausgangspunkt für Ausflüge zum Loch Ness (mit Urquhart Castle) und in die wildromantische Landschaft der Highlands. Inverness war aufgrund seiner exponierten Lage immer wieder in kriegerische Auseinandersetzungen verwickelt, sodass nur noch wenige der alten Gebäude stehen, die meisten Bauten

Abstecher

Orkneyinseln

Die Orkneyinseln, von denen nur 18 bewohnt sind, liegen rund 30 km vor der Nordostküste Schottlands. Man erreicht sie am besten von den Fährhäfen John o'Groats und Thurso. Mainland, Hoy und South Ronaldsay zählen zu den größeren Inseln des Archipels, dessen wellige Landschaft von den Gletschern der letzten Eiszeit geformt wurde. Trotz der Lage im hohen Norden genießen die Orkneys dank des warmen Golfstroms ein vergleichsweise mildes Klima.

Oben: historischer Leuchtturm
Mitte: prähistorischer Steinkreis »Standing Stones of Stennes«
Unten: eindrucksvolle Felsküste

Die von schottischen und skandinavischen Vorfahren abstammenden Einwohner leben heute überwiegend von Landwirtschaft, Fischerei und Tourismus. Nicht nur Felskletterer und Ornithologen sind von der höchsten Steilküste Großbritanniens (347 m) auf der Insel Hoy fasziniert. Die spektakuläre Landschaft und frühgeschichtliche Monumente wie das Steinzeitdorf Skara Brae oder der Steinkreis von Brodgar auf Mainland begeistern alle Besucher.

4

Der Whiskey Trail

Bei Tomintoul beginnt der berühmte 110 km lange Malt Whisky Trail of Speyside, eine gut ausgeschilderte Strecke, die an sieben Whiskybrennereien vorbeiführt – darunter finden sich so berühmte Namen wie Glenlivet, Glenfiddich und Glenfarclas.

stammen aus dem 19. Jahrhundert.

9 Ostküste der Northwest Highlands Ab Inverness schlängelt sich die Route nun auf der A9 bzw. A99 entlang der Ostküste gen Norden. Verschiedene Sehenswürdigkeiten wie Dunrobin Castle, Helmsdale Castle oder die geheimnisvollen Steinreihen aus der Bronzezeit bei Greg Cairns laden zu einem kurzen Stopp ein. Vom ehemaligen Fischerort Wick kann man einen längeren Spaziergang zu den malerischen Küstenklippen von Noss Head unternehmen. Ganz in der Nähe stehen die Burgruinen von Sinclair und Girnigoe, in denen es spuken soll.

10 John o'Groats Das Dorf John o'Groats liegt 17 km nördlich von Wick am Nordostzipfel von Caithness. Kurz davor bietet sich bei der Fahrt über den Warth Hill eine grandiose Aussicht. Von John o'Groats aus verkehren Fähren zu den Orkneys und zu den vor der Küste gelegenen Seehundkolonien.

11 Nordküste Auf der A836 geht es von John o'Groats entlang der Nordküste Richtung Bettyhill, vorbei an einsamen Stränden, die oft über einen nur kurzen Fußpfad zu erreichen sind. Dunnet Head ist der nördlichste Punkt des schottischen Festlands. Der beliebte Urlaubsort Thurso, von dem Fähren zu den Orkneyinseln ablegen, war 1040 Schauplatz einer denkwürdigen Schlacht zwischen Wikingern und Schotten.
Westlich des Dörfchens Bettyhill in der Grafschaft Sutherland führt die A836 über den beeindruckenden Fjord Kyle of Tongue weiter nach Durness. Kurz vor Durness liegt die Cave of Smoo, die schon von den Pikten genutzt wurde und später Wikingern und schottischen Schmugglern als Unterschlupf diente. Von Durness aus werden geführte Ausflüge zum Cape Wrath, der Felsnase im äußersten Nordwesten Schottlands, angeboten.

12 Nordwestküste bis Ullapool Der wilde Nordwesten Sutherlands ist keine typische Urlaubsregion, zu abgeschieden ist die Landschaft mit ihren steilen Bergen und Fjorden, den tief-

1 Die einstige strategische Bedeutung von Dunnottar Castle ist nicht zu übersehen: Eine tiefe Schlucht trennt das auf einem Felsvorsprung gebaute Schloss vom Landsockel.

2 Inverness ist die »Hauptstadt« der Highlands und deren Wirtschafts- und Verwaltungszentrum.

3 Blick vom Hafen auf Aberdeen

4 Mächtige Atlantikwellen rollen gegen die Klippen von Cape Wrath an der Nordküste Schottlands.

Abstecher

Die Äußeren Hebriden

Die westlich von Schottland im Atlantik gelegenen Inseln unterteilen sich in die südlichen Inneren Hebriden in der Nähe des schottischen Festlands und die Äußeren Hebriden (Western Isles) nordwestlich von Skye. Die Hauptinseln der Äußeren Hebriden sind von Norden nach Süden die Doppelinseln Lewis und Harris, die über einen Damm miteinander verbundenen Inseln North Uist und South Uist sowie Barra.

Man erreicht die Western Isles per Fähre von Ullapool oder von Skye, einer der Inseln der Inneren Hebriden, zu denen neben Skye noch die Inseln Rhum, Coll, Tiree, Mull, Jara und Islay zählen.

Die Hebriden blicken auf eine lange, wechselvolle Geschichte zurück. 563 gründete der irische Missionar Columban ein keltisches Kloster auf der kleinen Insel Iona und begann mit der Christianisierung Schottlands. Im 8. Jh. wurden die Inseln von den norwegischen Wikingern überfallen, die anschließend über mehrere Jahrhunderte die Vorherrschaft behielten. Erst nach 1266 gewannen die Schotten die Oberhand, fortan hatten v. a. die Clans der MacDougalls und MacDonalds das Sagen. Ihre Oberhäupter stellten jeweils den »Lord of the Isles«.

Den heutigen Besucher erwartet eine Welt, in der das Leben noch immer stark von den Naturgewalten und der Abgeschiedenheit im rauen Atlantik geprägt wird. Die Geschichte hat in teilweise hügeligen Moor- und Heidelandschaft deutliche Spuren hinterlassen. Steinzeitgräber, christlich-keltische Ruinen, Wikingersiedlungen und schottische Burgen finden sich überall auf den Hebriden.

Neben historischen Sehenswürdigkeiten ist es aber vor allem die grandiose Natur mit ihren Seen und einsamen Tälern, den weißen, unberührten Sandstränden und der reichen Tier- und Pflanzenwelt, die jedes Jahr Touristen zu einem Besuch verführt.

Isle of Lewis and Harris

Die beiden Inselteile von Lewis und Harris sind durch eine Landenge miteinander verbunden und bilden so die größte der Western Isles. Lewis und die Tweed-Insel Harris unterscheiden sich stark in ihrem Landschaftscharakter. Während auf Harris felsige Hügelketten, Fjorde und Buchten dominieren, ist Lewis von moorigem Heideland bedeckt. Vom Hauptort Stornoway führt die A859 nach Süd-Harris, das durch herrliche Sandstrände besticht. Auf Lewis sollte man keinesfalls die geheimnisvollen Steinkreise von Callanish versäumen, die wie Stonehenge vor Tausenden von Jahren vermutlich für kultische Riten errichtet wurden.

North Uist und South Uist

North und South Uist sowie die in der Mitte gelegene Insel Benbecula werden von unzähligen Seen überzogen. Tiefe Meeresbuchten gliedern die Ostküste, sodass das Land eher einer langen Kette aus zusammengewachsenen Inselchen gleicht. Sehenswert sind die steinzeitlichen Grabkammern auf North Uist sowie die niedrigen, reetgedeckten Crofter-Häuschen, die sich teils seit Jahrhunderten Wind und Wetter entgegen stemmen. Die A865 führt rund um North Uist und bis hinunter zum Südzipfel von South Uist an den schönsten Ecken der Inseln vorbei.

Barra

Von Ludag auf South Uist verkehren Schiffe zur nur 13 km langen Insel Barra, der südlichsten Insel der Äußeren Hebriden. Um Barra herum gruppieren sich kleinere Nachbarinseln, darunter Berneray mit seinem hohen Leuchtturm.

Die nach dem Heiligen Finbarr benannte Insel gilt als eine der schönsten Inseln der Äußeren Hebriden, da Tausende bunter Blumen hier wachsen. Kisimuil Castle, das alte Stammschloss der MacNeils, beherrscht den Hafen des Hauptorts Castlebay. Die interessante Rundstraße A888 zieht sich bis nach Cille Barra im Norden, mit der sehenswerten Ruine einer Klosteranlage, die im 12. Jh. errichtet wurde. Eine Kapelle, die auch aus dem 12. Jh. stammt, wurde restauriert und beherbergt sakrale Gegenstände. Ein Friedhof liegt hügelaufwärts.

1 Isle of Lewis: Die monumentalen Standing Stones of Callanish sind ein 13x11 m großer Steinkreis und wurden um 1800 v. Chr. errichtet.

2 Der Sound of Taransay trennt die Insel Taransay von der Südwestküste von Harris. Das Eiland mit dem schönen Strand ist unbewohnt.

3 Wer eine wilde, baumlose Landschaft liebt, der ist auf Isle of Lewis im Norden der Äußeren Hebriden genau richtig.

4 Der Meeresarm Loch Sealg an der Ostküste von Lewis in der Abenddämmerung. Die Naturschauspiele des Landstrichs inspirieren viele Künstler.

blauen Seen und glitzernden Wasserfällen. Unwegsame Täler und verlassene Küstenstriche wurden daher zum Paradies für Jäger, Angler und Wanderer. Hier können Naturliebhaber Seevögel, Robben und Delfine, manchmal auch Wale beobachten. Unzählige kleine Buchten laden zu einer Rast ein.

Eine enge Straße, die A838, zieht sich von Durness nach Südwesten; kurz vor Scourie zweigt die A 894 ab: Handa Island bei Scourie ist ein Seevogelschutzgebiet mit imposanten Klippen, auf denen Papageientaucher und Trottellummen nisten. Von Kylesku weiter im Süden kann man interessante Bootsausflüge zu Seehundbänken unternehmen und am Ende des Loch Glencoul den höchsten Wasserfall (200 m) des britischen Königreichs besichtigen.

Wer auf winzigen Straßen der Küste folgen will, zweigt hinter Kylesku auf die B 869 ab. Ansonsten geht es auf der breiteren A 837 und A 835 weiter Richtung Süden nach Ullapool. Die wunderschöne Strecke führt am Loch Assynt und der Ruine von Ardvreck Castle vorbei.

Von Ullapool am Loch Broom verkehren Fähren auf die Äußeren Hebriden nach Lewis sowie Dampfer zu den nahe gelegenen Summer Isles.

Nach Ullapool bleibt man zunächst auf der A835 und biegt kurz nach der Corrieshalloch Gorge (61 m), einer Schlucht mit Wasserfall, auf die A832 ab.

13 Inverewe Gardens Am Little Loch Broom und der Gruinard Bay vorbei geht es zum Loch Ewe, wo sich der 1862 angelegte Inverewe Gardens mit seinen herrlichen Rhododendron- und Hibiskusbüschen befindet. Am Ende des Loch Maree liegt Kinlochewe. Am Fuße des rauen Liathach-Massivs entlang führt die Route bis Shieldaig und zu der gleichnamigen Insel mit einer geschützten Seevögelkolonie. Abenteuerlustige können ab Shieldaig der winzigen Küstenstraße folgen.

14 Eilean Donan Castle Bis zum Eilean Donan Castle fährt man an der A 87 weiter. Malerisch erhebt sich die wuchtige Naturstein-Burg auf der Insel St. Donan im Loch Duich. Die in den Jakobitenkriegen schwer beschädigte Anlage wurde erst zu Beginn des 20. Jh. wieder aufgebaut.

Rund 5 km vor dem Schloss mündet die A890 in die A87, die nach Kyle of Lochalsh führt. Eine hier beginnende Mautstraße bringt Sie über eine Brücke auf die Insel Skye. Von Ardvasar im Südwesten Skyes geht es per Fähre zurück aufs schottische Festland nach Mallaig. Der »Road to the Isles« (A 830) 40 km ostwärts folgend, gelangt man nach Fort William.

Wer den Abstecher aus Zeitgründen auslässt, fährt von Eilean Donan Castle auf der A 87 Richtung Osten und biegt bei Invergarry auf die A 82 gen Süden nach Fort William ab.

15 Ben Nevis Der mit 1344 m höchste Berg der Britischen Inseln erhebt sich majestätisch in den Grampian Mountains. Während der Nordwesthang des Berges für Wanderer relativ einfach zu besteigen ist, bleibt der steile Nordosthang mit seiner 460 m hohen Felswand nur geübten Kletterern vorbehalten. Vor der Weiterfahrt nach Glencoe sollte man auf der A 828 einen rund 15 km langen Abstecher zum Castle Stalker bei Portnacroish unternehmen.

16 Loch Rannoch Fort William ist auch der Ausgangspunkt für einen kleinen Abstecher mit der Eisenbahn ins unwegsame Ran-

1 Als Jakobitenfestung wurde Eilean Donan Castle 1719 von englischen Kriegsschiffen zerstört.

2 Blick von Loch Eil Richtung Osten auf den Ben Nevis

3 Gebirgsbach im schneebedeckten Bergland von Clencoe

Abstecher

Isle of Skye

Skye, die größte Insel der Inneren Hebriden, gilt als eine der wildesten, schroffsten und zugleich schönsten Inseln Schottlands. Berge wie die 1009 m hohen Cuillin Hills oder die Quiraings und bizarre geologische Formationen wie der Old Man of Storr verleihen der Insel ihren typischen Charakter. Nebel, kurze Schauer und Regenbogen lassen eine Rundfahrt auf einsamen Küstenwegen zu einem unvergesslichen Abenteuer werden. Unterwegs laden Dunvegan Castle, Seehundbänke, die Talisker-Whisky-Brennerei, eine Otterkolonie und weitere Sehenswürdigkeiten zu einer Rast ein. Am Kaminfeuer eines der kleinen Restaurants, die schottische Spezialitäten wie Hirschsteak und Himbeerdessert anbieten, kann man bei einem Glas Whisky und gälischer Musik von vergangenen Zeiten träumen.

Oben: Beinn Edra (611 m) auf der Halbinsel Trotternish auf Skye
Mitte: Dunvegan Castle im Nordwesten von Skye ist seit dem 11. Jh. Stammsitz des MacLeod-Clans.
Unten: Die grünen Weiden der Rinder- und Schafherden konzentrieren sich auf den Süden der Insel Skye.

Oben: Lismore Island ist eine 14 km lange und nur 2,5 km breite Insel im Loch Linnhe nordwestlich von Oban. Der gälische Name lios-mór (»Großer Garten«) verweist auf den fruchtbaren Boden, auf dem 300 Wildblumenarten wachsen. Der Leuchtturm steht im äußersten Süden am Eingang zum Sound of Mull.

Unten: Das vierstöckige Castle Stalker (15. Jh.) in Argyllshire erhebt sich auf einer kleinen Insel im Loch Laich vor der Küste von Oban an der Südwestküste
Schottlands und war durch seine strategisch g[illegible]stige Lage hervorragend gegen feindliche Angriffe gesch[illegible]

Abstecher

Isle of Mull

Mull, eine der Inseln der Inneren Hebriden am Eingang von Loch Linnhe, übt mit ihrer zerklüfteten, hügeligen Landschaft und ihren Burgen auf Besucher von jeher einen außergewöhnlichen Reiz aus. Mit der Fähre ab Oban gelangt man schnell auf die Insel.
Landschaftlich besonders schön ist die Westküste, wo u. a. das Naturreservat The Burg liegt. Malerische Buchten findet man auf der Nordseite der Halbinsel Ross of Mull.
Der Halbinsel vorgelagert ist die legendäre Insel Iona, die Wiege des Christentums in Schottland. Der keltische Mönch Columban der Ältere gründete 563 hier das erste Kloster. Lange Zeit war auf Iona die Grabstätte für die schottischen, norwegischen und irischen Könige. Ionas Siedlungsgeschichte reicht jedoch bis in die Steinzeit zurück, wie archäologische Stätten belegen.
Ebenfalls westlich von Mull liegt die Insel Ulva, die bis zu den Highland Clearances Mitte des 19. Jh. bewohnt war. Damals wurden die Kleinbauern rücksichtslos von ihrem Land vertrieben, um Platz für die lukrativere Schafzucht zu schaffen.

Schiffswracks liegen an der Küste der Isle of Mull.

noch-Moor. Rannoch Station, ein winziges Häuschen in der weiten Landschaft des Moores, ist einer der entlegensten Bahnhöfe Großbritanniens. Kleine Tümpel und forellenreiche Bäche durchziehen die von zahllosen Felsen übersäte Moor- und Sumpflandschaft. Östlich des Moors liegt der beeindruckend ruhige Loch Rannoch.

17 Glencoe Rund Rund 16 km südlich von Fort William liegt in der spektakulären Landschaft des Glencoe-Tales einer der Schicksalsorte Schottlands. Nach den Jakobitenaufständen des 17. Jh. versuchte die englische Regierung, die schottischen Clans unter ihre Kontrolle zu bekommen und nutzte geschickt Zwistigkeiten zwischen den verschiedenen Clanchefs aus. So verübten 1693 Soldaten – angeführt von Mitgliedern des Campbell-Clans in Glencoe – ein Massaker an Mitgliedern des verfeindeten Clans der Macdonalds. An diese grausame Begebenheit erinnert heute eine eindrucksvolle Gedenkstätte.
Der A82 folgend, stößt man bei Tyndrum auf die A85. Wer einen Abstecher zur Isle of Mull plant, folgt der A85 nach Westen bis Oban, einem Hafen am Firth of Lorne, von hier laufen Fähren die Insel Mull und die anderen Inseln der Inneren Hebriden an.

18 Kilchurn Castle Wer von der A82 auf die A85 nach Osten abbiegt, erreicht an der Nordspitze von Loch Awe die Ruine von Kilchurn Castle, eine Wohnburg aus dem 15. Jh. Die Ruine wurde im 18. Jh. von einem Blitz getroffen. Restaurierte Dampfschiffe verkehren auf Loch Awe, der mit 40 km Länge einer der längsten Süßwasserseen Schottlands ist.

19 Inveraray Das 15 km südlich am Loch Fyne gelegene Städtchen Inveraray wurde im 18. Jh. nach Plänen des Duke of Argyll entworfen. Sein Schloss ließ er in einer künstlich angelegten Gartenlandschaft errichten. Interessant ist auch das Gefängnismuseum im alten Inveraray Jail. Man kann dort vor Gericht erscheinen und sich sogar einsperren lassen.

20 Loch Lomond Die A83 führt weiter nach Osten zum Ausflugsziel Loch Lomond, dem mit 38 km Länge größten Binnensee Schottlands. Die Gegend ist bei Wanderern ebenso beliebt wie bei Wassersportlern oder Familien, die eine Dampferfahrt zu einer der Inseln unternehmen. 2002 wurde östlich des Sees der Nationalpark Loch Lomond and the Trossachs eröffnet.

21 Glasgow Die Stadt gilt unter Kulturfans als eines der besten Reiseziele in Europa. Renommierte Museen und Galerien sowie unzählige Kulturprogramme wetteifern um die Gunst der Besucher. Zugleich ist die Millionenstadt am Clyde auch ein bedeutendes Industriezentrum. Um einen Überblick über Glasgows zahlreiche Sehenswürdigkeiten zu erhalten, kann man die Stadt zunächst im Doppeldeckerbus erkunden.
Nur wenige Gebäude in Schottlands größter Stadt stammen noch aus der Zeit vor dem 18. Jh., darunter die gotische St. Mungo's Cathedral und das klassizistische Pollok House. Einen Besuch lohnen das Hunterian Museum (u. a. mit Werken des Jugendstilkünstlers C. R. Mackintosh), die Burrell Collection (Kunst und Kunsthandwerk) sowie die Gallery of Modern Art. Etwas außerhalb der Stadt liegt die Textilfabriksiedlung New Lanark aus dem 18. Jh., die von der UNESCO zum Weltkulturerbe erklärt wurde. Die Museumsstadt vermittelt interessante Einblicke in das Fabrikleben Anfang des 19. Jh.

1 Kilchurn Castle im Schatten des 1125 m hohen Ben Cruachan

2 Das unzugängliche Rannoch Moor ist das größte zusammenhängende Moor Großbritanniens. Die Landschaft wird von Wildbächen, verkrüppelten Bäumen und Tausenden von Felsen, die ein Gletscher hierher transportiert hat, geprägt.

3 Blick über die traditionsreiche Industrie- und Hafenstadt Glasgow

Insel Skye Die größte der Inneren Hebrideninseln ist ein schroffes Refugium. Auf der Insel leben Schafe und Rinder, an der Küste Otter und Seehunde.

Hebriden Rau, einsam und mit einer ursprünglichen Flora und Fauna ausgestattet sind die meisten der westlich Schottlands gelegenen Atlantikinseln. Sie werden in die südlichen, festlandsnahen Inneren und die Äußeren Hebriden unterschieden. Auf der Insel Iona nahm die Christianisierung Schottlands ihren Anfang.

Orkneyinseln 18 der vor der Nordostküste Schottlands gelegenen 70 Inseln sind bewohnt. Der Golfstrom verschafft ihnen ein ungewöhnlich mildes Klima, das die Landwirtschaft, die Fischerei und den Tourismus gleichermaßen begünstigt. Bemerkenswert ist die Insel Mainlan mit zahlreichen prähistorischen Funden, darunter das Steinzeitgrab Maes Howe.

Eilean Donan Castle Trutzig liegt die Burg auf der Insel St. Donan im Loch Duich. 1719 wurde sie zerstört und erst im 20. Jh. wieder aufgebaut.

Fort William Mit allen touristischen Annehmlichkeiten ausgestattet, ist das Städtchen am Ufer des Loch Linnhe ein idealer Ausgangspunkt für Ausflüge zur Insel Skye oder zum Ben Nevis.

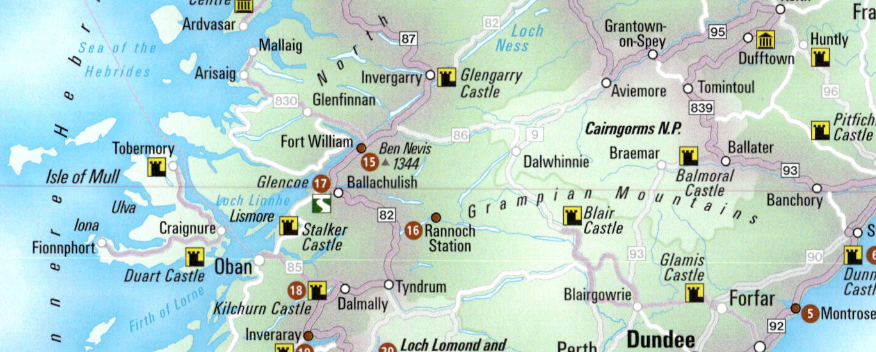

Stalker Castle Auf einer Insel im Loch Laich steht die im 15. Jh. erbaute Burg. Aufgrund ihrer Lage war sie vor Angriffen gut geschützt.

Glencoe Im weiten Glencoe-Tal wurde einst schottische Geschichte geschrieben: 1692 fand dort ein Massaker an Mitgliedern des MacDonald-Clans statt, an das die Gedenkstätte des Glencoe and North Lorn Folk Museum erinnert.

Dunrobin Castle Die Earls und Dukes of Sutherland zählten zu den mächtigsten Grundbesitzern in Europa, als sie Mitte des 19. Jh. »Schottlands Neuschwanstein« errichten ließen. Viele der 150 Räume sind zu besichtigen.

Inverness Die Industriestadt am Loch Ness ist der ideale Ausgangspunkt für Ausflüge zum See des berühmten Ungeheuers und in die wildromantische Landschaft der Highlands.

Dufftown Die bereits 566 n. Chr. erwähnte Stadt ist der Standort mehrerer namhafter Whisky-Brennereien, u. a. der Glenfiddich-Destillerie.

Dunottar Castle Das Schloss aus dem 14. Jh. war im 17. Jh. Aufbewahrungsort der schottischen Reichsinsignien. Obwohl sie als uneinnehmbar galt, ist die Trutzburg heute eine Ruine.

Rannoch In der weiten und unwegsamen Landschaft des Moors von Rannoch befindet sich mit Rannoch-Station einer der entlegensten Bahnhöfe der Insel. Im Osten des Moors liegt der ruhige Loch Rannoch.

Glasgow Museen wie die Hunterian Art Gallery, die Burrell Collection sowie die Gallery of Modern Art sind zu Aushängeschildern Glasgows geworden. Nur wenige Gebäude stammen aus der Zeit vor dem 18. Jh.

Edinburgh Schottlands Hauptstadt besticht mit architektonischer Geschlossenheit und kultureller Vielfalt. Edinburgh Castle (ab 11. Jh.), die Königsresidenz Holyrood Palace und das Gassengewirr um die Royal Mile herum sind nur drei Höhepunkte in der Stadt.

St. Andrews Die Stadt in der Region Fife ist die Heimat des Golfsports, hier wurde 1754 der erste Golfclub gegründet, dessen Platz heute noch bespielbar ist. Beliebt ist der Blick vom St. Rule's Tower der Kirchenruine Blackfriars Chapel, einst Schottlands größter Sakralbau. Die Stadt an der Nordsee ist auch Sitz der ältesten schottischen Universität (1410 gegr.).

Das berühmteste prähistorische Bauwerk Europas: das ca. 3000 v. Chr. entstandene Stonehenge

Route 4

England

Magische Orte im Süden Britanniens

Uralte Handelswege durchziehen Englands Süden, monumentale Steinkreise zeugen von den Anfängen der Besiedlung. Die Kelten, Römer, Angelsachsen und Normannen folgten den ersten »Engländern« nach und formten die grandiose Natur zu einer Kulturlandschaft mit Parks, Fischerdörfern und Herrensitzen.

Spricht man von »Englands Süden«, so meint man zumeist die Region entlang der Südküste. Für manche umfasst der Süden lediglich die Küstengrafschaften wie Sussex oder Dorset, manche denken an den Südosten einschließlich London, andere wiederum nur an den Südwesten mit Cornwall und Devon. In einigen Deutungen reicht der Süden gar bis weit über Mittelengland hinaus. Während manche Gegenden wie Greater London (rund 8 Mio. Einw.) dicht besiedelt sind, wirken andere wie das Dartmoor auf den ersten Blick menschenleer. »Steeped in history« – geschichtsträchtig – nennen die Briten diese Region, die berühmt für ihre Gegensätze ist: Malerische Klippenszenerien und kleine Fischerdörfer wechseln sich mit lebhaften Seebädern und modernen Hafenstädten ab. Grüne Parklandschaften gehen über in vom Wind zerzauste, öde Moorgegenden. Während die geschäftige Metropole London den Südosten beherrscht, ist der geruhsame Südwesten von Urlaubsatmosphäre bestimmt. Der Süden zog schon immer zahllose Künstler und Dichter an. Shakespeare und Jane Austen, Turner und Constable lebten hier oder gaben dem Süden in ihren Werken ein Gesicht. Zahlreiche Naturreservate und zauberhafte Gartenanlagen laden zum Wandern und Spazieren ein. Seit rund 7000 Jahren sind die Britischen Inseln durch den Ärmelkanal vom europäischen Festland getrennt. An der schmalsten Stelle, der Straße von Dover, beträgt der Abstand zwischen der Hauptinsel des Vereinigten Königreichs und dem Kontinent nur etwa 32 km.

Bodiam Castle bei Hastings

Hier an der Südküste haben sich die Britischen Inseln vor etlichen Jahrtausenden regelrecht vom Festland »losgerissen«. Durch das Ansteigen des Meeresspiegels nach dem Ende der letzten Eiszeit (um 10 000 v. Chr.) versank die ursprünglich bestehende Landbrücke im Wasser. Diese geologische Trennungslinie – eine weiße Kalksteinabbruchkante – ist an vielen Stellen der englischen Südküste noch deutlich zu erkennen, so z. B. bei Dover oder Eastbourne.

Während das West Country überwiegend aus Granitgestein besteht, sind Kalksteinformationen vor allem für den Südosten typisch.

Den Naturbogen von Durdle Door an der Jurassic Coast von Dorset hat das Meer aus dem Gestein herausgearbeitet.

Die Westfassade der Kathedrale von Wells schmücken unzählige mittelalterliche Skulpturen.

Unzählige Generationen formten die Natur zu einer einzigartigen Kulturlandschaft. Durch die geografische Nähe zum Kontinent war der Süden immer das Einfallstor für Siedler, Invasoren und Handelsleute. Um 3500 v. Chr. kamen nach den Nomaden der Altsteinzeit Viehzüchter und Ackerbauern auf die Insel. Der warme Golfstrom sorgte für ein mildes Klima und teils subtropische Vegetation. Auch Bodenschätze wie Zinn und Kupfer zogen die Eroberer an.

Seit 1066, als der Normanne Wilhelm der Eroberer aus der Schlacht von Hastings als Sieger hervorging, wurde England nicht mehr von einer feindlichen Macht erobert. Von der Verletzlichkeit der Küstenlinie zeugen zahllose Burgen und Festungen, aber auch Anlagen aus dem Zweiten Weltkrieg. Die wechselhafte Siedlungsgeschichte kommt ebenso im schier unerschöpflichen Vorrat an Geschichten und Mythen zum Ausdruck. König Artus und seine Ritter der Tafelrunde gehören zu den prominentesten Vertretern des Sagenschatzes. Schlösser, Kathedralen und ehrwürdige Universitäten belegen die historische Bedeutung des Südens. An der Küste entwickelten sich Fischernester zu großen Hafenstädten und läuteten Großbritanniens Aufstieg zur Seemacht ein. Das British Empire sandte seine Schiffe in alle Welt aus. Im Gegenzug kamen exotische Waren und fremde Menschen ins Land und veränderten die Lebensweise der traditionsbewussten Inselbewohner. Im 19. Jh. entdeckte die Highsociety die Küste und pilgerte fortan in mondäne Seebäder wie Brighton. Heute liegt der wirtschaftliche Schwerpunkt der Küstenregion im Dienstleistungs- und Tourismussektor.

Die Tower Bridge ist das Meisterwerk viktorianischer Ingenieure und wurde 1894 fertig gestellt.

1

Südengland-Rundfahrt: Die Traumroute durch Englands Süden beginnt in London, orientiert sich an der Küstenlinie, führt dann nach Norden ins Landesinnere und wieder zurück in die Metropole London. Mondäne Seebäder, römische Siedlungsreste und ehrwürdige Kathedralen säumen die reizvolle Strecke, die durch einsame Moore und über zerklüftete Klippen führt.

Brighton

Das berühmte königliche Seebad Brighton im Regency-Stil, das einst die mondäne Londoner Gesellschaft anzog, wird auch heute noch von zahlreichen Gästen besucht. Eine der Attraktionen ist der Royal Pavilion aus dem 19. Jh., ein Palast im indischen Mogulstil mit Minaretten, Säulen und prunkvoller Innenausstattung, der heute für Ausstellungen und Konzerte genutzt wird. Einst war die Stadt berühmt für ihren West Pier, der jedoch leider 2003 von Feuer und Sturm verwüstet wurde.

Oben: Der pseudo-orientalische Royal Pavilion ist Brightons Hauptattraktion. Unten: Kronleuchter im Bankettsaal des Royal Pavilion

1 London siehe Seite 44–47

2 Hastings Rund 40 km südöstlich von London (A21) liegt das Schlachtfeld von Hastings, auf dem 1066 der legendäre Kampf zwischen dem Normannen Wilhelm dem Eroberer und König Harold von England stattfand. Der Herzog der Normandie wurde nach seinem Sieg in Westminster zum König gekrönt und ließ als eines der ersten neuen Bauwerke Battle Abbey errichten. Sehr sehenswert ist auch Bodiam Castle, eine 1385 zur Zeit des hundertjährigen Krieges zwischen England und Frankreich fertiggestellte Wehrburg. Die von acht Türmen bewachte Burg liegt malerisch inmitten eines Teiches.

3 Eastbourne und Seven Sisters Das 17 km westlich gelegene, traditionsreiche Seebad Eastbourne besticht durch wunderbare Sandstrände und eine noble viktorianische Architektur. Kurz hinter Eastbourne beginnt der landschaftlich faszinierende Seven Sisters Country Park, benannt nach den sieben weiß leuchtenden Kalksteinklippen. Eine kleine Wanderung führt auf dem South Downs Way entlang der Küste über die markante Klippenlandschaft aus Kreide. Vom Beachy Head, der mit 163 m höchsten Kalksteinklippe Großbritanniens, hat man einen atemberaubenden Blick über den Ärmelkanal sowie auf den berühmten hundert Jahre alten Leuchtturm im Meer. Das Postkartenpanorama der Seven Sisters ist allerdings nur von der nächsten Klippe, dem South Hill, aus zu sehen.

4 Porthsmouth und Isle of Wight Vorbei am eleganten Seebad Brighton führt die kleine Küstenstraße nach Portsmouth. Die alte Hafen- und Handelsstadt ist Sitz der Königlichen Marine. Zu den Sehenswürdigkeiten zählen das Flaggschiff von Lord Nelson aus der Trafalgar-Schlacht, das Sea Life Center sowie das Geburtshaus von Charles Dickens.

Von Portsmouth aus verkehren Fähren zur Isle of Wight. Die kleinste Grafschaft des Landes (381 km²), die bereits von den Römern besiedelt wurde, beeindruckt durch ihre abwechslungsreiche Landschaft. Durch den Golfstrom genießt die Insel ein mildes Klima: Zwischen Palmen blühen hier bunte, subtropische Pflanzen. Der Westküste vorgelagert sind drei Kreideformatio-

2

Reiseinformationen

Routen-Steckbrief
Routenlänge: ca. 1200 km
Zeitbedarf: 2–3 Wochen
Start und Ziel: London
Routenverlauf: London, Hastings, Brighton, Portsmouth, Salisbury, Weymouth, Exeter, Torquay, St. Austell, Land's End, Barnstaple, Bridgwater, Bath, Stratford-upon-Avon, Oxford, Windsor, London

Verkehrshinweise:
In Großbritannien herrscht Linksverkehr. Die Grüne Versicherungskarte ist notwendig.
Infos über *www.britain.de*

Wetter:
Dank des Golfstroms ist das südbritische Wetter mit warmen Sommern und milden Wintern besser als sein Ruf. Beste Reisezeit ist zwischen April und Oktober.
Info: *www.onlineweather.com/v4/uk/overviews*

Übernachtung:
Neben Hotels und Guesthouses ist Bed & Breakfast (B & B) in Privathäusern zu empfehlen.
Nützliche Infos: *www.bedandbreakfast-nationwide.com* und *www.visit.britain.com*

Auskünfte:
Britische Zentrale für Fremdenverkehr
Westendstr. 16–22
60325 Frankfurt/ Main
Tel. 069/97 11 23
www.britain.de und
www.visitbritain.com

nen – The Needles. Am Fuß der letzten Felszinne trotzt ein Leuchtturm den anbrandenden Wellen.
Zurück auf dem Festland, geht es weiter über Winchester, das bis 1066 die Hauptstadt des Königreiches England war, ins Landesinnere nach Salisbury. 16 km nördlich der Stadt liegt Stonehenge.

5 Stonehenge Die bekannteste prähistorische Stätte der Britischen Inseln wurde von der UNESCO zum Weltkulturerbe ernannt. Stonehenge wurde vermutlich in vier Bauphasen zwischen 3100 und 1500 v. Chr. von einem Volk errichtet, das der Glockenbecher-Kultur angehörte. Die schier unglaubliche Bauleistung dieses Volkes der Jungsteinzeit ruft noch heute große Bewunderung hervor: Aus den walisischen Bergen transportierten sie wahrscheinlich auf Flüssen und über Land auf Rollen 82 gigantische Blausteine an diesen Platz. Zum Beginn der Bronzezeit ersetzte man diese Blausteine durch 7 m hohe Sandsteinblöcke.
Die Anlage wurde mehrfach verändert: Heute bilden zwei konzentrische Steinkreise den Mittelpunkt. 17 Trilithen und zwei aufrecht stehende Monolithen mit einem quer liegenden Stein bilden den äußeren Kreis mit einem Durchmesser von 30 m. Der innere Kreis besteht alleine aus Monolithen. Es ist umstritten, ob die Anlage als Kultstätte, als Sternwarte oder zur Sonnenbeobachtung diente. Am Tag der Sommersonnenwende geht die Sonne über dem Heel Stone genau auf der Achse des Eingangswegs auf und wirft ihr Licht durch ein Steinfenster. Seit Jahrtausenden ist Stonehenge ein magischer Ort. Auch keltische Druiden nutzten die Anlage für ihre Zwecke.

6 Shaftesbury 20 km westlich von Salisbury bezaubert eine der wenigen Hügelstädte Englands zahlreiche Reisende. Die Zeit scheint in Shaftesbury stehen geblieben zu sein: Uralte Stadtmauern und der Gold Hill erinnern an längst vergangene Tage. Die steile, mit Kopfstein gepflasterte Straße wird von kleinen, teils strohgedeckten Häuschen gesäumt und war einst der Pilgerweg zum Grab von König Edward dem Märtyrer, dessen Gebeine heute im Abbey Museum ruhen. Im Mittelalter stand hier ein reiches Benediktinerinnenkloster, das jedoch 1539 aufgelöst und zum Großteil abgetragen wurde. Das beliebte Fotomotiv Gold Hill gilt heute als die malerischste Straße Englands. Von oben schweift der Blick über das grüne, hügelige Weideland, das von dunklen Hecken durchbrochen wird.
Richtung Süden führt die A 357 zurück an die Küste, vorbei an Bournemouth bis zum Küstenstädtchen Swanage auf der Halbinsel Purbeck.

7 Corfe Castle und Swanage Auf dem Weg nach Swanage lohnt sich ein Zwischenstopp bei Corfe Castle, einer wildromantischen Burgruine auf hohem Fels. 1646 fiel die Burg im Bürgerkrieg durch Verrat an Oliver Cromwells Soldaten, die sie fast vollständig zerstörten. Das am Ende der kleinen Halbinsel gelegene Swanage ist ein hübscher Badeort. Auf einem Spaziergang lassen sich die Harry Rocks erkunden. Diese Kreidefelsen entstanden wie die Needles vor der Isle of Wight bei der Auffaltung der Alpen vor rund 30 Millionen Jahren.

8 Jurassic Coast Die Küste zwischen Swanage und Weymouth wird Jurassic Coast genannt und ist nur an einigen Stellen mit dem Auto zugänglich. 2001 wurde dieser Küstenstreifen als UNESCO-Weltnaturerbe ausgezeichnet, da er etwa 185 Millionen Jahre Erdgeschichte dokumentiert. Die Strände und Felsen geben Zeugnis vom Mesozoikum, dem geologischen Erdmittelalter. Die Gegend genießt unter Fossiliensammlern einen legendären Ruf: Seit dem spektakulären Fund eines Ichthyosaurus, eines riesigen Fischsauriers, im 19. Jh. wimmelt es hier von begeisterten Hobbysaurierjägern.
Doch auch für Spaziergänge mit atemberaubenden Ausblicken eignet sich diese Region. Kurz vor Weymouth liegt die zauberhafte Bucht Lulworth Cove, ein Naturhafen mit steilen Felsen und goldenem Sand. Ein Fußpfad führt am Klippenrand entlang zum eindrucksvollen Felsportal Durdle Door.
Über einen steilen Steig gelangt man in die St. Oswald's Bay mit ihrem feinen Sandstrand.
Zwischen Weymouth und Exeter bieten sich mehrere kleine Küstenorte für einen Zwischenstopp an. Beim verträumten Dörfchen Abbotsbury lohnt sich ein Besuch der Swannery, einer Schwanenkolonie mit annähernd 1000 Schwänen. Chesil Bank ist eine mehr als 80 000 Jahre alte Kiesbank, die sich über 29 km erstreckt und einer Stranddüne aus Kieseln gleicht. Dahinter bildete sich eine zum Vogelschutzgebiet erklärte Brackwasserlagune.

9 Torquay Etwa 40 km südlich von Exeter liegt Torquay an der Englischen Riviera. Diesen Namen verdankt der etwa 30 km lange Küstenstreifen mit seinen zahlreichen idyllischen Buchten und von Palmen gesäumten Stränden dem milden Klima und der urbanen Atmosphäre. Drei Städtchen – Torquay, Paignton und Brixham – sind hier zu Torbay zusammengewachsen, haben sich aber ihre frühere Eigenart bewahrt. Elegante Hotels, viktorianische Villen, zahllose Bars und Restaurants rund um den kleinen Hafen sorgen für Urlaubsatmosphäre.
Nach der eindrucksvollen Bergstraße durch den Dartmoor National Park (mit Steigung bis zu 25 %) führt die A390 ab Liskeard wieder Richtung Küste nach St. Austell.

1 Der weiße, auf einem Felsen thronende Leuchtturm von Godrevy liegt unweit von Gwithian in Cornwall. Virginia Woolf ließ sich durch den Leuchtturm zu ihrer Novelle »To The Lighthouse« inspirieren.

2 Eine der berühmtesten Straßen Englands: Gold Hill in Shaftesbury

3 Die weithin leuchtenden weißen Kreideklippen Seven Sisters zwischen Seaford und Eastbourne

4 The Needles und der Leuchtturm im Westen der Isle of Wight

5 Der Yachthafen von Torquay an der »englischen Riviera« in Devon

Die Kathedralen von Salisbury, Exeter und Winchester

Salisburys frühgotische Kathedrale entstand zwischen 1220 und 1258. Diese Sonderform der englischen Gotik, die sich durch kargen Schmuck auszeichnet, nennen die Engländer »Early English«.
Die Silhouette der Bischofsstadt Exeter wird von der St. Peter's Cathedral beherrscht, die vom 11. bis ins 14. Jh. im »Decorated Style« errichtet wurde. Englands größte erhaltene Skulpturengruppe aus dem 14. Jh. schmückt die Westfassade mit ihren Engeln, Königen und Aposteln. Der reichverzierte Innenraum besitzt ein überaus eindrucksvolles gemeißeltes Gewölbe. Winchester war bis 1066 Englands erste Hauptstadt. Von der normannischen Kathedrale (1079) stehen noch Querschiff und Turm, das Hauptschiff und der Chor im Perpendicular-Style (mit senkrechtem Stabwerk an den Fenstern) stammen aus dem 14. Jh. Mit 170 m ist die Kathedrale der längste mittelalterliche Kirchenbau Europas.

Oben: die Kathedrale von Exeter Unten: das eindrucksvolle Hauptschiff der Kathedrale von Salisbury

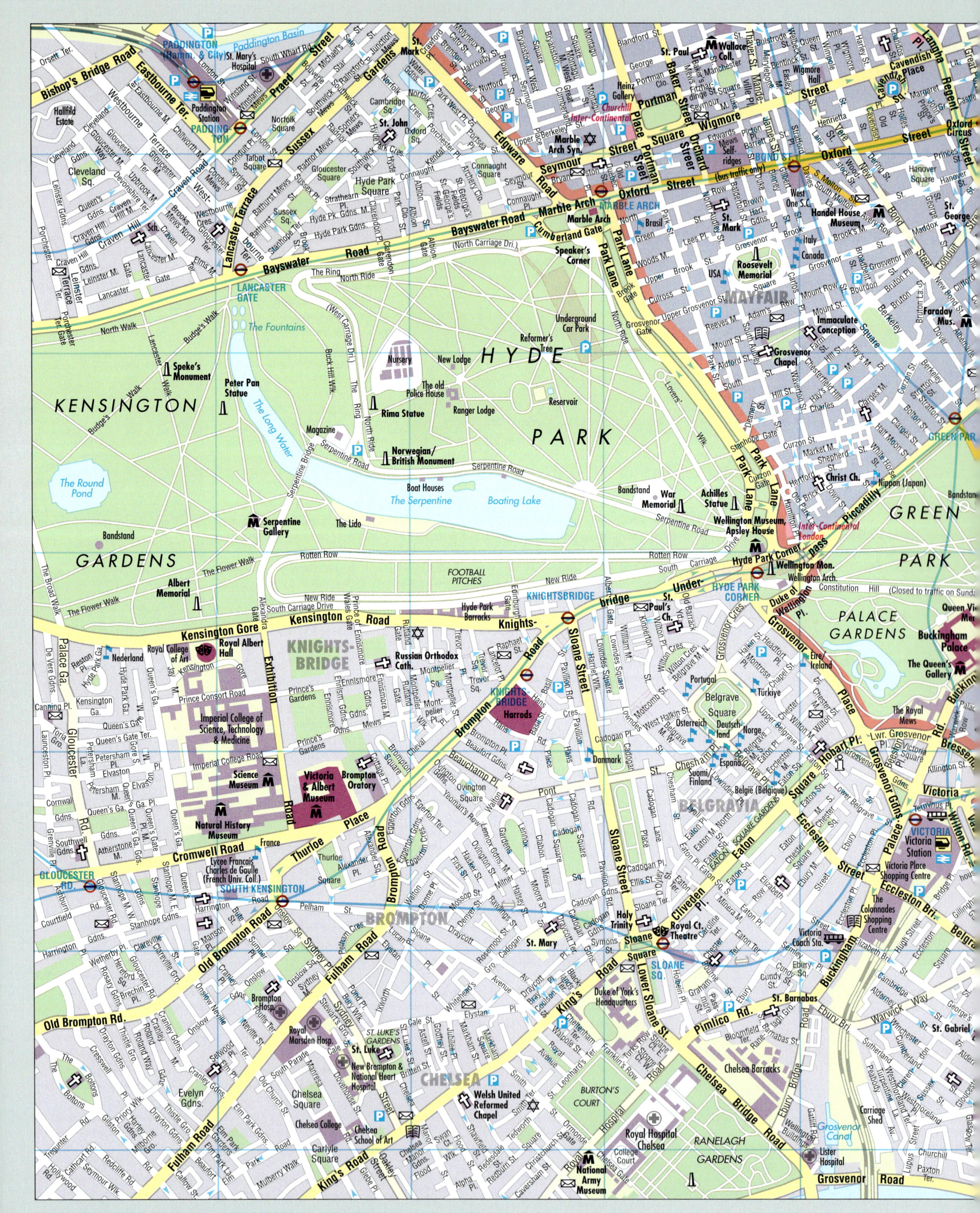
HYDE PARK
KENSINGTON GARDENS
GREEN PARK
PALACE GARDENS
MAYFAIR
KNIGHTSBRIDGE
BELGRAVIA
BROMPTON
CHELSEA
PADDINGTON
MARBLE ARCH
LANCASTER GATE
HYDE PARK CORNER
SOUTH KENSINGTON
GLOUCESTER RD.
SLOANE SQ.
VICTORIA
BOND ST.
GREEN PARK
Paddington Station
Paddington Basin
St. Mary's Hospital
Bayswater Road
Bayswater
Praed Street
Sussex Gardens
Edgware Road
Oxford Street
Wigmore Street
Park Lane
Marble Arch
Speaker's Corner
The Serpentine
The Long Water
Boating Lake
The Round Pond
The Fountains
Serpentine Gallery
Peter Pan Statue
Speke's Monument
Albert Memorial
Royal Albert Hall
Royal College of Art
Kensington Gore
Kensington Road
Knightsbridge
Harrods
Imperial College of Science, Technology & Medicine
Science Museum
Natural History Museum
Victoria & Albert Museum
Brompton Oratory
Cromwell Road
Exhibition Road
Brompton Road
Sloane Street
Belgrave Square
Wellington Museum, Apsley House
Wellington Arch
Buckingham Palace
The Queen's Gallery
The Royal Mews
Victoria Station
Victoria Coach Sta.
Victoria Place Shopping Centre
The Colonnades Shopping Centre
Eccleston Street
Buckingham Palace Road
Pimlico Rd.
King's Road
Fulham Road
Old Brompton Road
Chelsea Barracks
Chelsea Bridge Road
Royal Hospital Chelsea
Ranelagh Gardens
National Army Museum
Burton's Court
Duke of York's Headquarters
Royal Marsden Hosp.
Chelsea Square
Chelsea College
Chelsea School of Art
Welsh United Reformed Chapel
Holy Trinity
Royal Ct. Theatre
Lycée Français Charles de Gaulle (French Univ. Coll.)
Russian Orthodox Cath.
Grosvenor Chapel
Roosevelt Memorial
Handel House Museum
Wallace Coll.
Faraday Mus.
Reformer's Tree
Rima Statue
Norwegian/British Monument
The Lido
Achilles Statue
Grosvenor Road
Grosvenor Canal
Lister Hospital

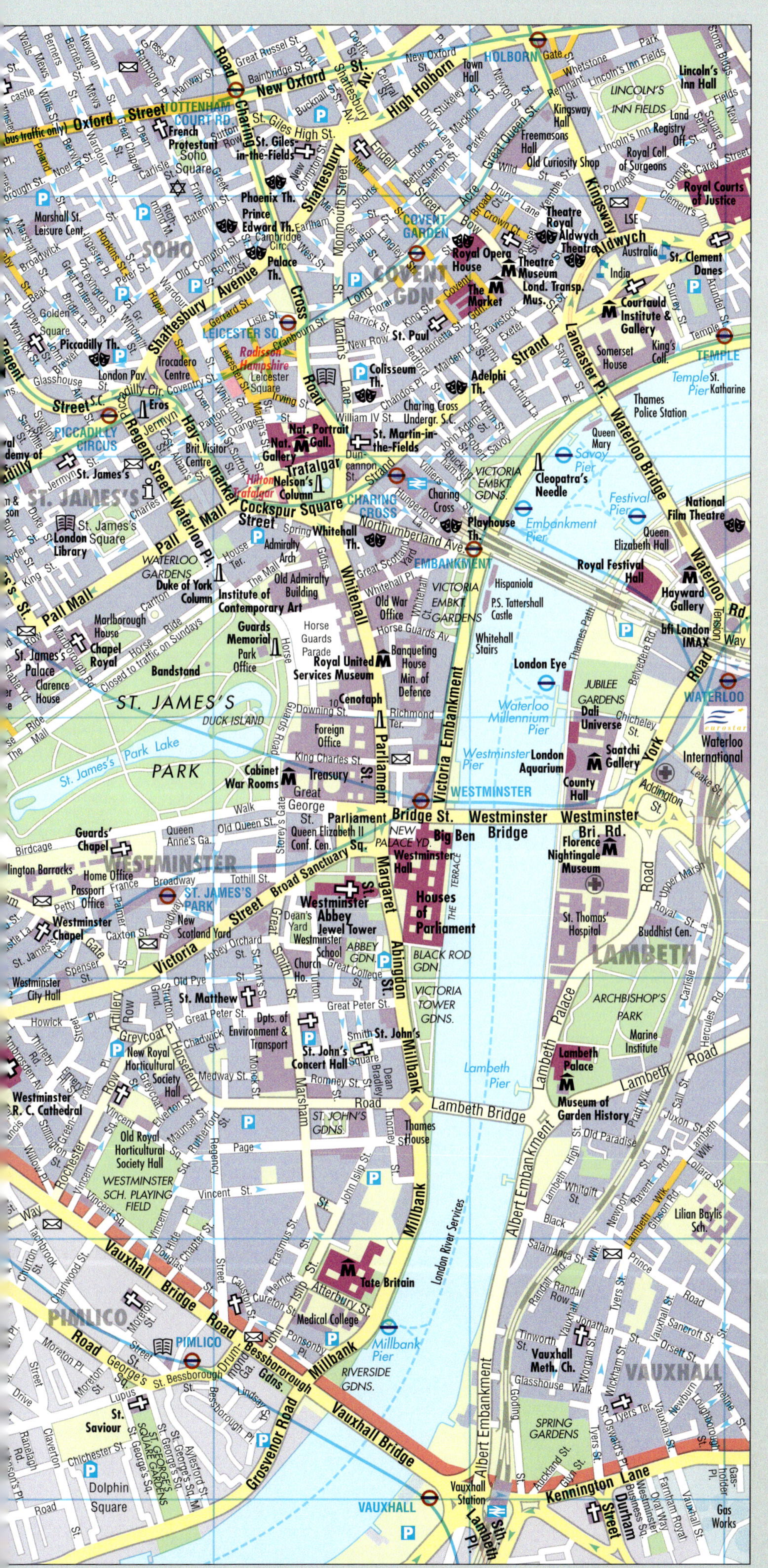

London

Die Haupt- und Residenzstadt London ist Sitz der britischen Regierung und internationale Finanzmetropole, vor allem jedoch eine Weltstadt im wahrsten Sinne des Wortes. Denn bis vor einigen Jahrzehnten war London das Zentrum des British Empire was sich auch heute noch in der Atmosphäre niederschlägt. Aufgrund von zahlreichen Beschränkungen für den Autoverkehr in der Innenstadt empfiehlt es sich, als Besucher das gut ausgebaute Netz der öffentlichen Verkehrsmittel zu nutzen oder eine Rundfahrt im roten Sightseeing-Doppeldeckerbus zu buchen.

Der traditionsreiche Regierungsbezirk Whitehall in dem geschichtsträchtigen Stadtteil Westminster, noble Wohn- und Geschäftsviertel wie etwa Knightsbridge und Belgravia, turbulente Plätze wie Piccadilly Circus und Trafalgar Square sowie herrliche Parkanlagen im typisch englischen Stil machen die Vielfalt der östlichen Londoner Innenstadt aus.

Königin; Green Park und St. James's Park; Tate Gallery mit einer erstklassigen Sammlung englischer Malerei.

Whitehall: Downing Street No. 10, der Wohnsitz des Premierministers; Banqueting House im palladianischen Stil, gegenüber die Kaserne der Horse Guards mit Wachwechsel, Trafalgar Square mit Nelson's Column; National Gallery mit Werken der Malerei des

Oben: Buckingham Palace – Londoner Wohnsitz der Queen
Mitte: der lebhafte Trafalgar Square mit dem Nelson-Denkmal
Unten: Houses of Parliament mit Big Ben

Westminster: Westminster Abbey, die prächtige gotische Krönungs- und Begräbniskirche der englischen Könige (nicht zu verwechseln mit Westminster Cathedral, einer katholischen Kirche aus dem 19. Jh.), UNESCO-Welterbe wie auch die Houses of Parliament, die neugotischen Parlamentsgebäude an der Themse; einziger Teil des ursprünglichen, mittelalterlichen Baukörpers ist Westminster Hall, daneben Uhrturm Big Ben (1858) und Westminster Bridge über die Themse; Buckingham Palace (Anfang 18. Jh.), die Stadtresidenz der englischen

16. bis 20. Jh., National Portrait Gallery; Hyde Park, seit dem 17. Jh. öffentlicher Park mit Speaker's Corner; in der Nähe Madame Tussaud's Wachsfigurenkabinett.

Knightsbridge: Victoria & Albert Museum, das größte Kunstgewerbemuseum der Welt; Natural History Museum, bekannte Dinosaurier-Abteilung, damit verbunden das technisch-naturwissenschaftliche Science Museum; das Kaufhaus Harrods, ein riesiger Konsumtempel und trotzdem gediegen britisch; jung und unkonventionell dagegen das Kaufhaus Harvey Nichols.

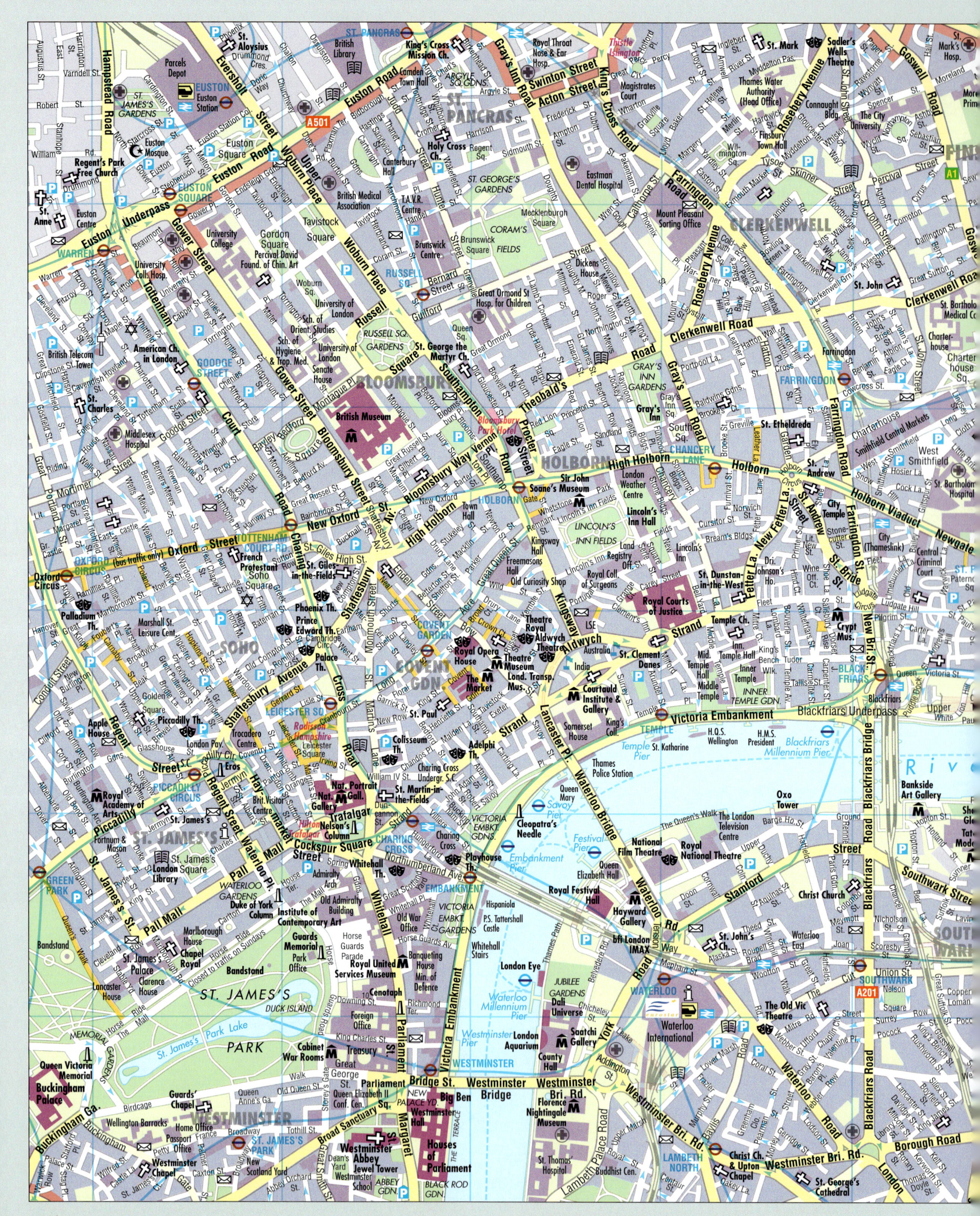
ST. PANCRAS
King's Cross
British Library
Euston Road
Euston Station
EUSTON
EUSTON SQUARE
Euston Square
Hampstead Road
Eversholt Street
Woburn Place
Gray's Inn Road
Swinton Street
Acton Street
King's Cross Road
Farringdon Road
Rosebery Avenue
Goswell Road
CLERKENWELL
Clerkenwell Road
St. George's Gardens
Coram's Fields
Mecklenburgh Square
Brunswick Square
Tavistock Square
Gordon Square
University College
Gower Street
Tottenham Court Road
WARREN ST.
GOODGE STREET
RUSSELL SQ.
Russell Square
BLOOMSBURY
British Museum
Southampton Row
Theobald's Road
Gray's Inn Gardens
Gray's Inn
CHANCERY LANE
High Holborn
HOLBORN
Holborn
Holborn Viaduct
FARRINGDON
Smithfield Central Markets
Charterhouse
St. Andrew
Newgate
City (Thameslink)
Central Criminal Court
Sir John Soane's Museum
Lincoln's Inn Fields
Lincoln's Inn Hall
Royal Courts of Justice
Fetter La.
New Fetter La.
Fleet
Temple
Temple Ch.
Strand
Aldwych
Kingsway
COVENT GARDEN
Royal Opera House
Theatre Museum
London Transp. Mus.
Courtauld Institute & Gallery
Somerset House
TEMPLE
Victoria Embankment
Blackfriars Underpass
BLACKFRIARS
Blackfriars Bridge
Blackfriars Road
Oxford Street
Oxford Circus
OXFORD CIRCUS
New Oxford Street
TOTTENHAM COURT RD.
Charing Cross Road
Shaftesbury Avenue
SOHO
Soho Square
Regent Street
Piccadilly
PICCADILLY CIRCUS
LEICESTER SQ.
Leicester Square
Haymarket
Royal Academy of Arts
ST. JAMES'S
Pall Mall
St. James's Square
GREEN PARK
St. James's Palace
Nat. Portrait Gall.
Nat. Gallery
Trafalgar Square
Nelson's Column
Cockspur Street
CHARING CROSS
Charing Cross
EMBANKMENT
Northumberland Ave.
Whitehall
Horse Guards Parade
Waterloo Bridge
National Film Theatre
Royal National Theatre
Royal Festival Hall
Hayward Gallery
London Eye
WATERLOO
Waterloo
Waterloo International
The Old Vic Theatre
Stamford Street
Southwark Street
Union St.
SOUTHWARK
London Aquarium
County Hall
Westminster Bridge
Westminster Bri. Rd.
WESTMINSTER
Big Ben
Houses of Parliament
Westminster Abbey
Parliament Square
Treasury
Cabinet War Rooms
Downing St.
ST. JAMES'S PARK
ST. JAMES'S PARK
St. James's Park Lake
Buckingham Palace
Queen Victoria Memorial
The Mall
Birdcage Walk
Victoria Street
Lambeth Palace Road
LAMBETH NORTH
Borough Road
Bankside Art Gallery
Oxo Tower
Thames

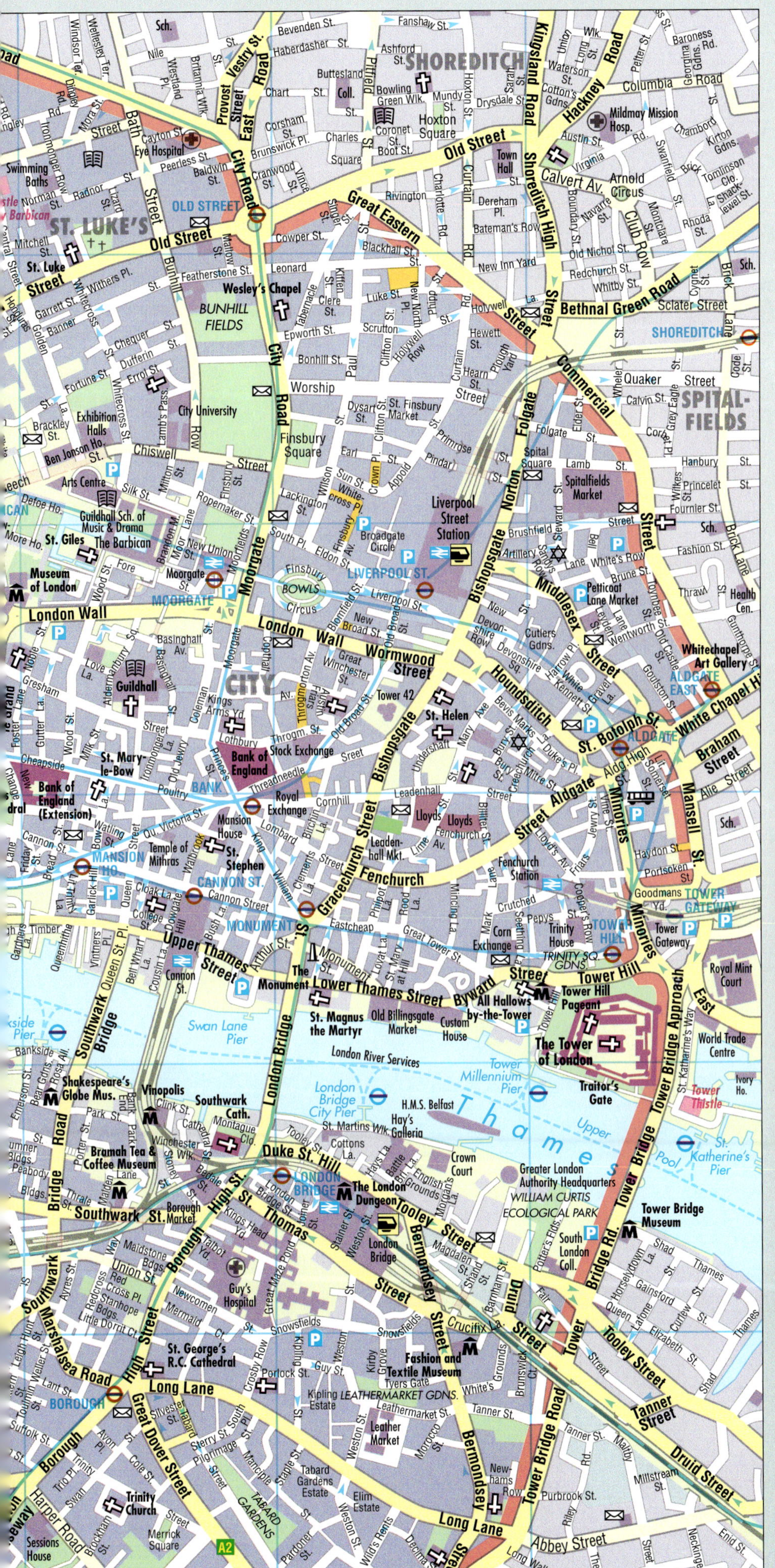

London

1851, als Großbritannien auf dem Höhepunkt seiner imperialistischen Macht stand und sich in einer Weltausstellung selbst feierte, hatte London rund eine Million Einwohner. Heute leben im gesamten Ballungsraum mehr als zwölf Millionen Menschen.

Dabei begann es ganz bescheiden vor fast 2000 Jahren, als die Römer die Insel eroberten und an der Themse Londonium gründeten. Mehrmals setzten sich fremde Völker in Britannien fest, aber seit Wilhelm der Eroberer 1066 London zu seinem Hauptsitz machte, blieb die Stadt an der Themse ununterbrochen das Herrschaftszentrum des britischen Reiches – nicht zuletzt wegen seiner günstigen Lage: dem Kontinent zugewandt und dennoch geschützt in einer Flussmündung liegend. Den Grundstein zum Tower, dem ehrwürdigsten Gebäude der Stadt, legte Wilhelm der Eroberer 1078.

Besonders sehenswert nördlich der Themse: Tower of London, weiträumige Festungsanlage und mittelalterliche Königsresidenz, die sich um den White Tower (11. Jh.), den ältesten Bauteil, gruppiert, im Jewelhouse die Ausstellung der Kronjuwelen. Ein Wahrzeichen Londons ist die zweitürmige, 66 m hohe Tower Bridge (1894) mit ihrer markanten Klappbrücke.

Sehenswertes in der City of London: St. Paul's Cathedral (1674–1710), eine Renaissancekirche mit begehbarer Kuppel; nördlich der St. Paul's Cathedral das futuristische Hochhausviertel Barbican sowie die alte Londoner Börse von 1773, die London Stock Exchange.

Im Westend: unzählige Theater, Kinos, Pubs und Restaurants rund um Piccadilly Circus, Londons buntestem Platz; Covent Garden, einst Markthallen, heute Flaniermeile, Royal Opera House, British Museum mit weltberühmten Sammlungen.

Interessantes die Themse abwärts: Southwark Cathedral, älteste gotische Kirche Londons mit Denkmal für William Shakespeare, dessen Globe Theatre in der Nähe originalgetreu wieder aufgebaut wurde; Tate Modern, Museum zeitgenössischer Kunst im stillgelegten Kraftwerk, über die Themse die Fußgängerbrücke Millennium Bridge; die ehemaligen Hafenanlagen Docklands mit hochmoderner Architektur (Canada Tower); Canary Wharf, modernes Wohn- und Geschäftsviertel mit Canary Wharf Tower (244 m), dem höchsten Gebäude Großbritanniens; Millenium Dome, Ausstellungshalle.

Sehenswürdigkeiten in Greenwich: Royal Maritime Museum zur Geschichte der Seefahrt, historischer Tee-Clipper Cutty Sark, Observatorium, durch das der Nullmeridian verläuft.

Oben: St. Paul's Cathedral liegt im Herzen der London City.
Unten: Zwei Ringmauern aus dem 13. Jh. schützen den Tower of London.

Durch den Dartmoor National Park

Ab Torquay führt die Route durch den 945 km² großen Dartmoor National Park, eine weitgehend unberührte Wald- und Moorgegend an der Südwestküste Englands.
Das Gebiet liegt knapp 500 m über dem Meeresspiegel und zählt zu den größten europäischen Naturparks. Das Dartmoor ist keine Urlandschaft, sondern wurde seit Jahrtausenden kultiviert. Zahlreiche archäologische Stätten – Überreste von Steinzeitdörfern, Steinalleen und -kreise, Monumente sowie Grabanlagen – belegen die lange Siedlungsgeschichte.
Ein rund 800 km langes Wanderwegenetz durchzieht die Landschaft, an manchen Stellen ragt der anstehende

Mit Erika bewachsene Moorlandschaft im Dartmoor National Park

Granit als Steinkuppen (Tors) aus der Landschaft hervor. Rotbraune Farnwedel, Heidekraut, vom Wind zerzauste Bäumchen und zottige Dartmoor-Ponys bestimmen in weiten Teilen das Bild des Nationalparks, besonders im kargen Westen. Verwinkelte Landstraßen und kleine Dörfchen prägen den stärker besiedelten Osten.
Von Ashburton, einer hübschen Kleinstadt in der Nähe des idyllischen Widecombe-in-the-Moor, geht die Fahrt durch eine hügelige Landschaft nach Two Bridges, vorbei an Princetown mit dem berüchtigten Dartmoor Prison. Tavistock, das frühere Zentrum des Zinn- und Kupferbergbaus, war über Jahrhunderte für sein reiches Benediktinerkloster berühmt.

10 St. Austell mit Eden Project Die wirtschaftliche Grundlage der Stadt ist seit der Entdeckung von Kaolin im 18. Jh. der Abbau des für die Porzellanherstellung wichtigen Grundstoffs. Die Geschichte des China Clay oder »Weißen Goldes« kann man im Museum von St. Austell nachvollziehen.
Eden Project bei Bodelva wurde auf einem 14 ha großen Gelände in einer stillgelegten Kaolingrube verwirklicht. In zwei gigantischen Gewächshäusern bildeten Gärtner zwei Klimazonen nach – die tropische Regenwaldzone und die mediterrane Zone. Die Häuser sind dicht mit Pflanzen dieser Regionen bewachsen, sodass sich ein natürliches Ökosystem entwickeln konnte. In einem weiteren, nicht überdachten Areal wurde eine kühlgemäßigte Klimazone geschaffen, in der einheimische britische sowie die exotischen Pflanzen im milden Klima Cornwalls gedeihen. Das größere der beiden Treibhäuser ist mit 15 000 m² und 50 m Höhe weltweit einzigartig.

11 Mevagissey Ebenso faszinierend wie Eden Project sind die Lost Gardens of Heligan nördlich von Mevagissey – prähistorisch anmutende, umgestürzte Baumstämme liegen inmitten einer subtropischen Landschaft mit gigantischem Bambus, urzeitlichen Baumfarnen und geheimnisvollen Tümpeln. Die Gärten wurden ursprünglich im 18. und 19. Jh. angelegt, schlummerten aber danach in einem langen Dornröschenschlaf. Erst 1990 durchtrennte der Unternehmer Tim Smit die 5 m langen Dornenranken und entdeckte ein Gelände, das beinahe ein Jahrhundert lang vergessen war. Bei der behutsamen Wiederherstellung der einmaligen Anlage blieb die verzauberte Atmosphäre des Ortes erhalten. Das 32 ha große Gelände umfasst eine Schlucht, einen zauberhaften italienischen Garten, eine Grotte und uralte Rhododendronbüsche. Lost Valley, eine Dschungellandschaft mit Blick auf Mevagissey, ist ein weiterer Höhepunkt der Gartenanlage.

12 Penzance Knapp 50 km westlich liegt die größte Stadt Cornwalls, von der sich eine Fahrt über die Penwith-Halbinsel nach Land's End empfiehlt. Die Gegend wird wegen ihres milden Klimas auch »Cornish Riviera« genannt. Penzance war ein bedeutender Zinnumschlagplatz für das römische Weltreich und das mittelalterliche Europa.

Das Ortszentrum bildet das alte Viertel zwischen Chapel Street und Market Jew, in dem noch die längst vergangene Seefahrerzeit zu spüren ist. Sehenswert sind das ehemalige Lagerhaus Barbican sowie das Ägyptische Haus (1830).
Vor der Stadt in der St. Michael's Bay thront stolz auf einer Granitinsel die alte Burg St. Michael's Mount. Das einstige Benediktinerkloster ging 1535 in den Besitz der Krone über und wurde in eine Festung umgewandelt. Historiker datieren die Klostergründung auf das 8. Jh. In jener Zeit errichteten keltische Mönche auf dem Mont St. Michel in der Bretagne ein Kloster, das seinem Pendant in Cornwall verblüffend ähnlich sieht. Bei Ebbe lässt sich die Bucht zu Fuß überqueren, ansonsten verkehren Boote. Der 70 m hohe Felsberg belohnt den Aufstieg mit einem grandiosen Ausblick über die Penwith-Halbinsel. Von Penzance führt eine rund 35 km lange Straße rund um die Halbinsel nach Land's End und weiter nach St. Ives.

13 Land's End Den westlichsten Punkt Englands prägt eine offene Heide- und Moorlandschaft, die von archäologischen Stätten geradezu übersät ist: Grabmale aus der Eisen- und Bronzezeit, Steinkreise, keltische Kreuze und ganze Dörfer aus der Zeit vor Christi Geburt zeugen von der jahrtausendealten Siedlungsgeschichte. Unentwegt branden die Wogen des Atlantiks gegen die mächtigen Felsen, die von den Römern Belerion – Sitz der Stürme – genannt wurden.

14 Isles of Scilly 40 km vor der Küste liegen im Südwesten die 140 Scilly Isles, die per Fähre von Penzance aus zu erreichen sind. Die rund 2000 Einwohner, die überwiegend vom Tourismus und Blumenexport leben, verteilen sich auf fünf bewohnte Inseln. Zu Fuß oder per Fahrrad lassen

5

6

sich die Inseln mit ihren schroffen Granitfelsen, weißen Sandstränden und türkisfarbenen Buchten bestens erkunden. Im milden Klima gedeihen Palmen und exotische Pflanzen, eine Sammlung der typischen Scilly-Flora findet sich im Abbey Garden von Tresco. Die steigungsreiche Küstenstraße führt nun an der Atlantikküste weiter nach St. Ives. Ornithologen suchen hier nach seltenen Ausnahmegästen, etwa Drosseln, Waldsängern und Vireos, die sich mit dem Westwind von Amerika herüberverirrt haben. Eine sehr gute Beobachtungsstelle sind Leuchttürme.

15 St. Ives Graue Granithäuschen prägen das ehemalige Fischerdorf mit einem der schönsten Strände Cornwalls.
Fasziniert von Licht und Landschaft kamen seit dem vergangenen Jahrhundert zahlreiche Maler und Bildhauer nach St. Ives. Inzwischen hat die Tate Gallery hoch über dem nördlichen Porthmeor Beach ein Museum eröffnet, in dem die Werke der Künstler von St. Ives zu bewundern sind, darunter die Bilder von Patrick Heron oder Ben Nicholson, der mit seiner Frau, der Künstlerin Barbara Hepworth, hier lebte. Sehenswert ist auch das Dorf Gwithian.
Etwas abseits der A30 liegt der winzige Fischerhafen von Port Isaac, der noch weitgehend vom Massentourismus verschont geblieben ist.
Wahrscheinlich haben die extrem steilen Straßen so manchen Besucher abgeschreckt: Am besten parkt man das Auto oberhalb des Dorfes und läuft zu Fuß zur Küste zum Kellan Head.

16 Tintagel Die legendenumwobenen Ruinen auf Tintagel Head gelten als der Geburtsort von König Artus. Hinter dem kleinen Ort Tintagel führt ein Weg über die Klippen zu einer von bröckelnden Mauern gekrönten, grünen Felskuppe im Atlantik, die über steile Treppen zu erreichen ist. Wie Ausgrabungen belegen, stand hier im 5. Jh. ein Kloster keltischer Mönche mit Bibliothek, Kapelle, Gästehaus, Mensa und Badehäusern. Die Burg, deren Überreste heute noch zu sehen sind, stammt dagegen aus dem 13. Jh., was die Spekulationen um den Geburtsort des mythischen Britenkönigs fragwürdig erscheinen lässt.
Doch wer an einem nebligen Tag hoch oben auf den Klippen steht und hinunter auf die windgepeitschten Wellen und die dunkel gähnende Merlin's Cave blickt, kann sich leicht in die Zeiten von König Artus zurückversetzt fühlen. Auf dem Friedhof der normannischen Kirche stehen halb versunkene Granitgrabsteine, die von toten Seemännern und trauernden Witwen erzählen.
Von Tintagel zieht sich die A39 weiter nach Norden entlang der Küste und führt zwischen Blackmoor Gate und Dunster durch den Exmoor National Park. Um die grandiose Küste in ihrer ganzen Schönheit und die Moorlandschaft genießen zu können, sollte man eine Strecke auf dem Somerset & Devon Coastal Path entlangwandern, etwa ab Bossington.

17 Glastonbury und Wells Bei Bridgwater zweigt die Küstenstraße A39 schließlich ins Landesinnere ab und führt nach Glastonbury, einem legendären Ort der Mythen, der zahllose Esoteriker anzieht. Für die Konzentration an Mythisch-Übersinnlichem gibt es mehrere Gründe: Unter den Ruinen von Glastonbury Abbey sollen die Gebeine von König Artus ruhen, außerdem wird Glastonbury immer wieder mit dem Feenreich Avalon gleichgesetzt.
Historische Fakten belegen die Gründung der ersten Klosterkirche im 7. Jh., den Bau der größten Abteikirche Englands um 1000, sowie die Auflösung des Klosters 1539.
Die Kleinstadt Wells rühmt sich dagegen lediglich ihrer Kathedrale, dem ersten gotischen Bau auf englischem Boden. Der Hauptteil wurde bereits 1240 fertig gestellt, die Westtürme und die Marienkapelle bedeutend später. An der Westfassade zeugten ursprünglich annähernd 400 Figuren von der Qualität mittelalterlicher Steinmetzkunst: ein steinernes Bilderbuch biblischer und weltlicher Geschichte. Direkt neben der Kathedrale befindet sich der Bischofspalast.
Bath, das kulturelle Zentrum der Grafschaft Avon schlechthin, liegt knapp 30 km nördlich von Wells an der A367.

18 Bath Als Aquae Sulis war die Stadt der heißen Quellen bei den Römern bekannt. Diese legten prachtvolle Schwimmbecken, türkische Bäder und Saunen an und verwandelten den Ort in einen Treffpunkt der römischen Elite. Die einzigartigen Badeanlagen wurden erst im 18. Jh. entdeckt. Baths Aufstieg zum mondänen Heilbad begann mit dem 19. Jh.: Grandiose Architektur im georgianischen Stil, Konzerte und Bälle lockten das verwöhnte Londoner Publikum an. Die Gäste bewunderten die aus Kalkstein errichteten Bauwerke wie Queen Square, Royal Crescent und Pulteney Bridge. Im Pump Room kann man heute das Heilwasser probieren und die Atmosphäre genießen.
Über Chippenham führt ein kurzer Abstecher (ca. 12 km) zu den archäologischen Stätten nach Avebury in Wiltshire. Dort stehen die Reste der mit über 100 Steinen eindrucksvollen und größten englischen Steinkreisanlage, die vor ungefähr 3500 Jahren errichtet wurde.
Der in der Nähe gelegene, rund 40 m hohe Silbury Hill erinnert zwar an eine Pyramide, wurde jedoch nicht als Grabstätte genutzt.

19 Cotswolds Die A 429 durchzieht das Gebiet der Cotswolds mit ihren tiefen, bewaldeten

1 Kellan Head an der Nordwestküste von Cornwall

2 Straßenzug im Künstlerstädtchen St. Ives

3 Im ländlichen Wiltshire beginnt der Westen Englands.

4 Ein mächtiger Stein bei Lower Slaughter in den Cotswolds

5 Der Hafen von Port Isaac an der Westküste von Cornwall

6 Land' End – die steilen, von den Atlantikwellen umspülten Klippen an Großbritanniens westlichster Spitze

Die Römer in England

Als Provinz Britannia stand England etwa von 55 v. Chr. bis 410 n. Chr. unter römischer Herrschaft. Nach Julius Caesars missglücktem Versuch eroberte erst Kaiser Claudius 43 n. Chr. die Insel bis zur Grenze nach Schottland, dem damaligen Caledonia. Gut 400 Jahre lang blieben die Römer im Land. Sie wählten Londonium als Hauptstadt und gründeten zahlreiche weitere Städte.

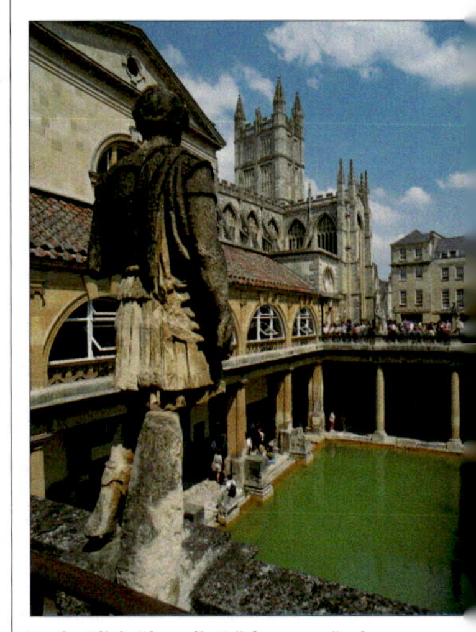

Bath: Blick über die Bäder aus römischer Zeit auf die Kathedrale

Noch heute zeugen die Nachsilben für Kastell, -caster oder -chester, in Ortsnamen von einer römischen Vergangenheit. Auch das Straßennetz wird teilweise noch genutzt, beispielsweise der Fosse Way durch die Cotswolds. Als der Widerstand der Pikten und Skoten zu übermächtig wurde, zogen sich die Römer zurück. Doch die Ruinen römischer Kultur blieben als Baudenkmäler erhalten.

1

2

Tälern und sanften Hügeln, eine Gegend, die seit prähistorischer Zeit besiedelt war. Nach den Römern erlebten die Cotswolds im Mittelalter dank der Wollverarbeitung eine Blütezeit. Danach versanken die Hügel mit ihren romantischen Dörfchen in einem Dornröschenschlaf, aus dem sie erst der Tourismus wieder erweckte.
Der typische Cotswolds-Baustil und sein märchenhafter Charme lassen sich in Bourton-on-the-Water bewundern. Goldfarbene Steinhäuschen drängen sich aneinander, kleine Brücken spannen sich über das von Weiden gesäumte Flüsschen.
Das Städtchen Stow-on-the-Wold mit seiner steinernen Markthalle thront auf einem Hügel und war einst der Schauplatz großer Schafmärkte. Jenseits des Hügels verstecken sich die winzigen Dörfer Upper Slaughter und Lower Slaughter, deren miniaturhafte Erscheinung sie zum beliebten Fotomotiv macht.

20 Stratford-upon-Avon Die Geburtsstadt von William Shakespeare (1564) bildet den nördlichsten Punkt der Rundreise: Um 1594 zog es den berühmten Dramatiker nach London, wo er seinen legendären Ruf als Schauspieler und Stückeschreiber einer führenden Schauspieltruppe festigen konnte. Um 1610 kehrte er dann in seine Heimatstadt Stratford zurück und starb dort im Jahr 1616.
Obwohl Abertausende von Touristen jedes Jahr auf den Spuren des Dichters wandeln, konnte sich Stratford an manchen Stellen die Atmosphäre aus der Zeit Shakespeares bewahren. Besucher können das Geburtshaus des Dramatikers besichtigen, sich im Shakespeare Centre über Leben und Werk informieren oder im Swan Theatre eines der von der Royal Shakespeare Company aufgeführten Stücke ansehen. Eine Bootsfahrt auf dem Avon und ein Einkaufsbummel runden den Besuch ab.
Die A 44 Richtung Oxford führt bei Moreton-in-Marsh am beeindruckenden Blenheim Palace vorbei.

21 Blenheim Palace Das imposante Schloss nahe Oxford wurde 1722 fertig gestellt und ist das größte Privathaus in Großbritannien. Es war ein Geschenk der Königin für John Churchill, den Herzog von Marlborough, der 1704 beim bayerischen Blenheim (eigentlich Blindheim bei Höchstädt an der Donau im Landkreis Dillingen) Ludwig XIV. besiegt hatte. Blenheim Palace empfiehlt sich für einen entspannten Nachmittagsspaziergang mit anschließendem Tee.
Viele Gartenliebhaber kommen hierher, um den von dem berühmten Landschaftsgärtner Ca-

Wells Der Ort in Wessex beeindruckt mit einer Kathedrale aus dem 12./13. Jh. und einem wasserburgartigen Bischofspalast (1230–1240).

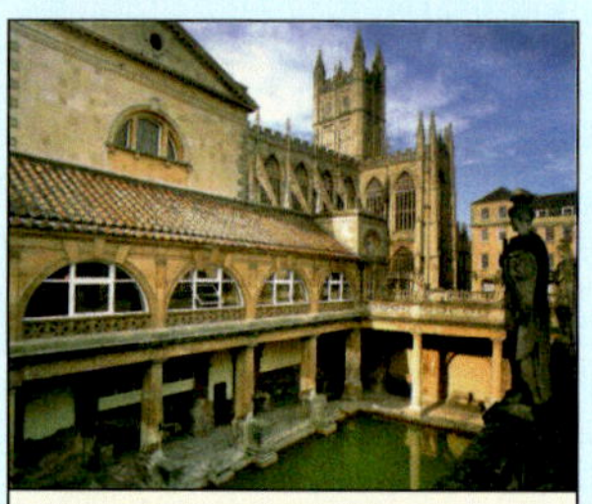

Bath Vor 2000 Jahren errichteten die Römer einen Bäderkomplex, der 1870 wieder entdeckt wurde. Bereits im 18. Jh. wurde Bath zum heute mondänen Kurort.

Stonehenge Die weltbekannte prähistorische Stätte wurde zwischen 3100 und 1500 v. Chr. von einem jungsteinzeitlichen Volk errichtet und in der Bronzezeit ausgebaut. Manche der kunstvoll behauenen Gesteinsblöcke stammen aus dem walisischen Bergland.

Blenheim Palace Das gigantische Schloss – ein Meisterwerk des Barock aus dem Jahre 1722 – war ein Geschenk der Königin Anne an den Duke of Marlborough für die siegreiche Schlacht von Blenheim (1704). 1874 erblickte Winston Churchill hier das Licht der Welt.

Scilly Isles Traumhafte Buchten und ein ausgesprochen mildes Klima machen die Isles of Scilly zu einer beliebten Urlaubsregion. Allerdings sind nur fünf der insgesamt etwa 140 Inselchen bewohnt.

Cotswold Typisch für die bewaldete Hügelkette sind Bauten aus dem gleichnamigen Gestein, wie Brücken, Kirchen, Cottages, Herrenhäuser und Mauern, die man u.a. in Bourton-on-the-Water, Stow-on-the-Wold, Upper Slaughter bewundern kann.

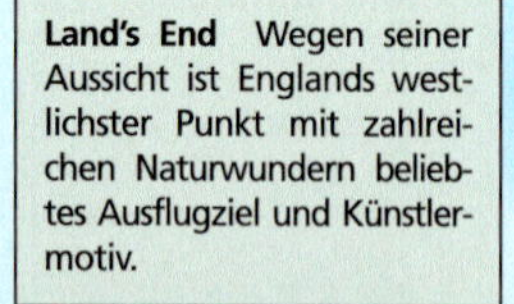

Land's End Wegen seiner Aussicht ist Englands westlichster Punkt mit zahlreichen Naturwundern beliebtes Ausflugziel und Künstlermotiv.

St. Ives Zwei Museen zeigen Werke einer landschaftsinspirierten Künstlergruppe, die Ende der 1920er Jahre das Fischerdorf »entdeckt« hat.

St. Michael's Mount Aufgrund der großen Ähnlichkeit wurde das Eiland nach dem französischen Original benannt.

East Devon Coast Die Küsten dieser Region sind endlos lang, abwechslungsreich und mit Ferienorten nur so gespickt.

Shaftesbury Reste eines Klosters und Gold Hill, die wohl malerischste Straße Englands, schmücken das Hügelstädtchen.

pability Brown geschaffenen Schlosspark im typisch englischen Stil zu besichtigen.

22 Oxford Die Türme Oxfords, vor allem der Tom und Magdalen Tower der Christ Church Cathedral, sind bei der Anfahrt schon von weitem zu erkennen. Oxford genießt weltweit einen Ruf als traditionsreiche und ehrwürdige Universitätsstadt.
Empfehlenswert sind ein Besuch der Kathedrale und der Picture Gallery, die Meisterwerke aus Renaissance und Barock beherbergt. Nicht entgehen lassen sollte man sich das Ensemble von Radcliffe Camera, Sheldonian Theatre und Bodleian Library mit rund 5 Mio. Büchern. Eine Kaffee- und Lesepause mit Blick auf die Radcliffe Camera kann man in der Buchhandlung Blackwell einlegen.
Ein Klassiker ist die College-Tour, die u. a. durch die Gebäude des Merton College, Corpus Christi und New College führt. Ein kleiner Spaziergang durch den sehr schönen Botanischen Garten und seine alten Gewächshäuser sorgt für Entspannung.

23 Windsor und Ascot Im Themsetal nahe London liegt Windsor Castle, seit dem Mittelalter die Hauptresidenz der englischen und britischen Herrscher.
Die aus dem 12. und 13. Jh. stammende Festung wurde immer wieder umgebaut und erweitert. Windsor Castle, eines der größten bewohnten Schlösser der Welt, ist der Öffentlichkeit heute in weiten Teilen zugänglich.
Es lohnt sich aber auch ein Besuch der St. George's Chapel sowie der Albert Memorial Chapel, in der die Gebeine mehrerer Monarchen ruhen. Der Round Tower bietet einen wunderbaren Blick auf das Schloss und den Great Park.
Gegenüber von Windsor Castle steht das Eton College, das bereits 1440/1441 gegründet wurde. In dieser Public School oder höheren Privatschule wird die typisch englische Gemeinschaftserziehung mit klassischen Fächern und Sport gepflegt.
Nach Ascot sind es von Windsor aus nur wenige Kilometer. Die 1711 von Königin Anne gegründete Pferderennbahn zählt zu den berühmtesten der Welt. Von 1825 bis 1945 fand in Ascot nur das vier Tage während Royal-Meeting-Rennen statt, heute werden jährlich 25 Renntage veranstaltet.
Den krönenden Abschluss der Fahrt durch Englands Süden bildet London mit seinen historischen Monumenten, den beeindruckenden Museen und weltberühmten Kirchen.

1 Stratford-upon-Avon: Turm der Holy Trinity Church mit dem Grab von William Shakespeare

2 In Blenheim Castle, einem Meisterwerk des Barock, wurde Winston Churchill 1874 geboren.

3 Unzählige Türme von Kirchen und Colleges sowie die Rotunde von Radcliffe Camera geben der Skyline von Oxford ihr unverwechselbares Gesicht.

3

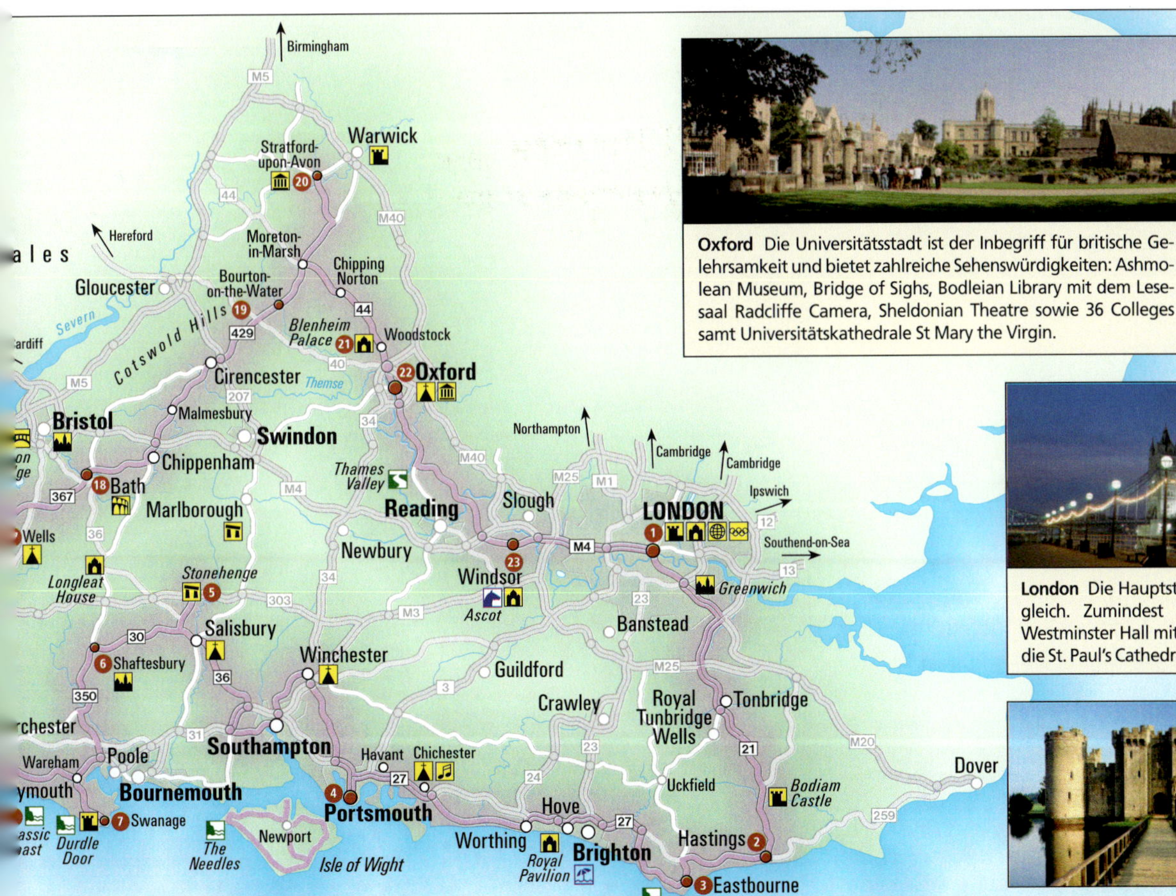

Oxford Die Universitätsstadt ist der Inbegriff für britische Gelehrsamkeit und bietet zahlreiche Sehenswürdigkeiten: Ashmolean Museum, Bridge of Sighs, Bodleian Library mit dem Lesesaal Radcliffe Camera, Sheldonian Theatre sowie 36 Colleges samt Universitätskathedrale St Mary the Virgin.

Windsor Das 1070 begonnene, häufig erweiterte Schloss im Tal der Themse war schon im Mittelalter die Hauptresidenz der englischen Herrscher und ist es heute noch. Das Schloss ist in weiten Teilen zugänglich.

London Die Hauptstadt des Königreiches ist altmodisch und modern zugleich. Zumindest Westminster Abbey, die Houses of Parliament, Westminster Hall mit Big Ben, Buckingham Palace, den Tower of London, die St. Paul's Cathedral und das British Museum muss man gesehen haben.

Bodiam Castle Die von Burggräben umgebene Festungsanlage aus dem 14. Jh. ist ein Märchenschloss im Herzen Südostenglands. Von den runden Türmen des Wasserschlosses bietet sich ein herrlicher Blick.

Durdle Door Das Felsengebilde an der Küste von Dorset entstand durch den Wellenschlag des Meeres, der den Kalkstein ausspülte.

Brighton Obwohl 2003 sein berühmtes Wahrzeichen »West Pier« zerstört wurde, erfreut sich das Seebad vieler Besucher.

Seven Sisters Beachy Head ist mit 163 m Großbritanniens höchster Kalksteinfelsen. Er befindet sich im Seven Sisters Country Park, der nach sieben markanten Kreidefelsen benannt ist.

Route 5

Norwegen

Herbstlich verfärbte Tundra in der Provinz Finnmark im Norden des Landes

Über Fjord und Fjell: Großartige Naturwunder im Norden Europas

Norwegen grenzt an Russland, Finnland und Schweden und wird vom Eismeer, der Nordsee und dem Skagerrak umbrandet: ein Königreich mit unvergleichlich schönen Landschaften – mal wild, mal lieblich. Für die gewaltigen Distanzen sollte man allerdings genügend Zeit einplanen.

Das norwegische Festland ist erstaunlich gut mit einem weitgehend asphaltierten Straßennetz erschlossen. Selbst dort, wo die Landesnatur so schroff und kühn ist, dass scheinbar gar nichts mehr weitergeht, verkehrt eine Fähre, verläuft ein Tunnel, steht eine Brücke. Sogar kleinste Weiler und entlegenste Küstenorte sind in der Regel gut erreichbar. Und dennoch dauert das Vorankommen in diesem lang gestreckten Land wegen der außergewöhnlichen Morphologie und der vorgeschriebenen Höchstgeschwindigkeiten in der Regel länger, als man es sich bei der Reiseplanung daheim so vorgestellt hat. Dafür sind Staus und rote Ampeln eine Seltenheit.

Legendär ist die seit 110 Jahren bestehende Hurtigrute: eine 2500 Seemeilen lange Schiffsverbindung zwischen Bergen und Kirkenes an der russischen Grenze, die ursprünglich zur Post- und Warenversorgung eingerichtet wurde. Inzwischen hat sich die permanente Verbindung, die als »Reichsstraße 1« bezeichnet wird, als eine der schönsten Schiffsreisen der Welt herumgesprochen.

Aus geografischer Sicht ist das Königreich Norwegen vollkommen anders als alle anderen europäischen Nationen. Kein Land unseres Kontinents ist länger (1752 km), kaum eines ist so schmal wie Norwegen, das (ohne seine Polarbesitzungen) etwa die Größe Deutschlands hat. Fast die Hälfte Norwegens liegt oberhalb 500 m Höhe. Seine Berge sind nicht sehr hoch – der höchste Berg erreicht nicht einmal 2500 m –, doch fast ein Viertel des Landes liegt in alpinen bis hochalpinen, zum Teil vergletscherten Zonen oder nimmt weite, baumlose Ebenen oberhalb 1000 m Höhe ein. Die meist kargen, einen Großteil des Jahres mit Schnee bedeckten Hochflächen – die Fjelle – sind vielfach von Mooren und Seen bedeckt.

Berglandschaft in Kjerringøy in Nordland

Jenseits des Polarkreises und in den Hochlagen des Binnenlandes lebt oft so weit das Auge reicht keine Menschenseele. Mit Ausnahme von Oslo, Bergen, Trondheim und Stavanger gibt es keine Städte mit mehr als 100 000 Einwohnern

Der Blick vom Hausberg Aksla auf Ålesund geht über das Stadtzentrum bis hin zum Hafen mit seinen unzähligen Schiffen.

Historische Lagerhäuser in Bergen, das vom 14. bis 16. Jh. Mitglied der Hanse war

in dem riesigen Lande, in dem vier von fünf Menschen am offenen Meer oder den Fjorden leben.
Norwegens stark gegliederte Küstenlinie ist mitsamt den Fjordküsten 28000 km lang – mehr als die Hälfte des Erdumfangs. Sie ist kaum verbaut und durch den Golfstrom ganzjährig eisfrei.
Wenn es die warme Meeresströmung indes nicht gäbe, wäre das norwegische Festland vom Eis überkrustet, wie es weite Teile der norwegischen Polarbesitzungen sind. Norwegens Fjorde – am bekanntesten sind Geiranger-, Hardanger- und Sognefjord – sind seine Touristenattraktion schlechthin: Die von Gletschern ausgeschürften meist dramatischen, mal schmalen, mal breiten, oft verästelten Täler und Buchten wurden beim nacheiszeitlichen Meeresspiegelanstieg überflutet. Der warme Golfstrom ist auch für die reichlichen sommerlichen Niederschläge verantwortlich, mit denen häufig zu rechnen ist. Die kurzen Sommermonate sind mild und nördlich des Polarkreises – im »Reich der Mitternachtssonne« – auch nachts taghell: Die besondere Stimmung zu dieser Zeit ist häufig Anlass für ausgelassene Feiern. Die kalte Jahreshälfte dagegen ist schneereich und dunkel.
Die etwa 4 Mio. Norweger sind keine EU-Bürger und zahlen weiterhin mit Kronen und Öre. Nach jahrhundertelanger Fremdherrschaft und Bevormundung durch Dänen, Schweden und Deutsche haben sie sich diese Exklusivität »verdient«. Auch ohne die Anweisungen und Gelder aus Brüssel geht es dem Land blendend: Der Fischfang, reiche Erdölvorkommen in der Nordsee und der Tourismus haben das wunderschöne »Reich der Riesen und Trolle« wohlhabend gemacht.

Fischerboote im Hafen Hamnøy auf der Lofoteninsel Moskenesøya

Nordkap-Route: Auf der rund 4000 km langen Reise zum Nordkap erlebt man Norwegens faszinierende Natur mit ihren Gletschern, Wasserfällen, Hochgebirgen und Hochebenen, der Küste und den zahlreichen Fjorden hautnah. Zu den kulturellen Höhepunkten zählen alte Hafen- und Bergbaustädte, interessante Felszeichnungen und die Stabkirchen.

1 Oslo siehe Randspalte links Von Oslo geht es zunächst entlang der Küste nach Kongsberg.

2 Kongsberg An die Zeit des Silberbergbaus, der 1957 nach über 330 Jahren eingestellt wurde, erinnert das Bergwerksmuseum. In den alten Gruben Saggrenda können Sie das vielleicht erste Aufzugssystem der Welt erleben, das aus sich auf und ab bewegenden Leitern besteht.

3 Heddal und Eidsborg In der Telemark steht die ursprünglichste Stabkirche Norwegens (1147) mit einem Svalgang, der sowohl als Witterungsschutz als auch zur Waffenaufbewahrung diente. Zur Stabkirche von Eidsborg zweigt bei Ofte die Straße 45 (Richtung Dalen) ab. Die Kirchenwände sind ungewöhnlich mit Holzschindeln gedeckt. 4 km hinter Rødal zweigt die Straße 13 nach Stavanger ab.
Im weiteren Verlauf durchquert die E134 die südliche Hardangervidda.

4 Hardangervidda Europas größte Hochebene ist ein faszinierendes Wandergebiet und Lebensraum seltener Tierarten. Ab Skarsmo folgt die Route gen Norden der Fernstraße 13. Direkt an der Straße liegt der wild schäumende Låtefossen. Einer der schönsten Wasserfälle lohnt von Kinsarvik einen kleinen Abstecher (50 km) entlang dem Eidfjord nach Fossli: Hier stürzt am Rande der Vidda der Vøringfoss 170 m in die Tiefe.
Von Kinsarvik verkehren Fähren über Utne nach Kvanndal am Hardangerfjord. Der »König der Fjorde« greift weit verzweigt ins Hinterland, er ist 179 km lang und bis zu 830 m tief. Über das

Oslo

Am Ende des gleichnamigen Fjords – etwa 100 km ins Landesinnere versetzt und von herrlichen bewaldeten Hügeln umgeben – liegt Norwegens Hauptstadt Oslo, deren Ursprünge ins 11. Jh. zurückreichen. Oslo hieß zwischenzeitlich Kristiania (bis 1925) und hatte unterschiedliche politische und auch wirtschaftliche Bedeutung. Obwohl die Stadt nur knapp eine halbe Million Einwohner zählt, ist sie flächenmäßig eine der größten Europas. Die größte Hafenstadt ist zugleich Norwegens wichtigstes Handels- und Industriezentrum.
Sehenswert in der Innenstadt: Neues Rathaus (1931–1950), Wahrzeichen der Stadt, mit reicher Innenausstattung und der größten Turmuhr Europas;

Oben: Rathaus von Oslo
Unten: Schloss Akershus

Festung Akershus (ab 1300), eines der bedeutendsten mittelalterlichen Gebäude des Landes; Nasjonalgalleriet, die größte Gemälde- und Skulpturensammlung Norwegens; Königliches Schloss (Wachablösung 13.30 Uhr).
Außerhalb des Stadtzentrums: Holmenkollen, Wintersportstätte samt Skimuseum; Munch-Museet; Vigelandpark (Frognerpark) mit 200 Monumentalwerken von Gustav Vigeland aus Bronze und Stein; Museumshalbinsel Bygdöy mit dem Vikingskipshuset (drei Schiffe aus dem 9. Jh.); Kon-Tiki Museet mit den Flößen Thor Heyerdahls (Kon-Tiki, RA I, RA II); Fram-Museet.

Reiseinformationen

Routen-Steckbrief
Routenlänge: ca. 4000 km (einfach, ohne Abstecher)
Zeitbedarf: mind. 4 Wochen, ideal 6 – 8 Wochen
Start: Oslo
Ziel: Nordkap
Routenverlauf: Oslo, Kongsberg, Bergen, Jotunheimen, Trondheim, Fauske, Narvik, Tromsø, Alta, Nordkap
Besonderheiten: Die Route erfordert fahrerisches Geschick und eine gute Reiseplanung, da die Fähren vor Ort häufig ausgebucht sind.

Verkehrshinweise:
Norwegens Zollbestimmungen werden streng überwacht (Botschaft: *www.norwegen.org*). Die Mitnahme der Grünen Versicherungskarte wird empfohlen. Eingeschaltetes Abblendlicht ist auch tagsüber vorgeschrieben; Brücken, Tunnel, Passstraßen sind meist gebührenpflichtig. Hochgebirgsstrecken sind oft erst ab Juni/Juli geöffnet.

Wetter:
Die beste Reisezeit sind die Monate Juni bis August. Auch in diesen Monaten muss man auf den Hochplateaus und in Nordnorwegen mit Schneefällen rechnen.

Unterkünfte:
Reizvoll sind Berggasthöfe (Fjellstue/Fjellstove) und Miethütten (siehe Auskünfte)

Auskünfte:
Norwegisches Fremdenverkehrsamt, *Tel. 0180/500 15 48; www.visitnorway.com*

Hochplateau Kvamskogen führt die Route weiter nach Bergen.

5 Bergen Der berühmteste Straßenzug der alten Hansestadt ist Bryggen mit den malerischen alten Speicherhäusern (UNESCO-Weltkulturerbe). Sehenswert sind außerdem der Fischereihafen, der Dom und die Marienkirche aus dem 12. Jh. und das Freilichtmuseum Gamle Bergen.

6 Viksøyri Die E16 führt an mehreren Seen vorbei nach Voss mit dem ältesten Holzhaus Norwegens, dem »Finneloftet« aus dem 13. Jh. Auf der Weiterfahrt lohnt sich bei Vinje ein Abstecher zum Sognefjord (40 km). Bei Viksøyri (Stabkirche) sieht man Norwegens mächtigsten Fjord: Er ist 180 km lang, stellenweise nur 5 km breit und bis zu 1200 m tief.

7 Stalheimskleiva und Nærøyfjord 13 km hinter Oppheim führt eine Straße zum Hotel Stalheim mit fantastischen Ausblicken. Norwegens steilste Straße führt über 13 Serpentinen zum Nærøyfjord hinab. Er ist der schmalste des Landes, die Wände sind bis zu 1200 m hoch. Zwei eindrucksvolle Wasserfälle liegen an der Strecke, der Stalheimfoss (126 m) und der Sivlefoss (240 m). Die Hauptroute führt von Gudvangen nach Kaupanger und weiter nach Songdal; die Fjordfahrt durch Nærøyfjord, Aurlandsfjord und Sognefjord zählt zu den schönsten ganz Norwegens.

8 Borgund Die besterhaltene Stabkirche des Landes kann man besichtigen, wenn man über die E16 nach der Passage des neuen,

1 UNESCO-Weltkulturerbe: die malerischen Holzhäuser von Bryggen, der hanseatischen Hafenstadt von Bergen

2 Ein einsames Gehöft in karger Fjell-Landschaft – Telemark in Südnorwegen

3 Der Vøringfossen stürzt von der Hardangervidda in das enge, tiefe Måbøtal.

4 Die 800 Jahre alte Stabkirche von Borgund bei Borlaug im inneren Lærdal

Abstecher

Stavanger und Lysefjord

Neben der E134 Richtung Süden bietet sich von Røldal eine spektakuläre Bergstraße (13) nach Stavanger an. Auf dieser Fahrt müssen jedoch mehrere Fjorde überquert werden.
Noch vor drei Jahrzehnten galt das fast 900-jährige Stavanger am Boknefjord als Zentrum der Herings- und Fischkonservenindustrie.
1970 machten reiche Funde im Ekofisk-Feld Norwegens drittgrößte Stadt in der Provinz Rogaland zur

Oben: die bunte Altstadt am Hafen
Unten: Ölmuseum von Stavanger

reichen Ölhauptstadt. Trotz zahlreicher protziger Bauten erinnert jedoch noch vieles an die beschaulichen Zeiten vor dem Ölrausch, etwa das Konservendosenmuseum. Gamle Stavanger heißt die Altstadt mit 173 denkmalgeschützten, kleinen Holzhäusern in kopfsteingepflasterten Gassen. Bemerkenswert ist der gotische Dom (1125–1300), der als stilreinster mittelalterlicher Kirchenbau in Norwegen gilt. Spartanisch wirkt dagegen der Kongsgaard, in dem die Dänenkönige vom 14. bis zum 19. Jh. auf ihren Reisen logierten. Eine gute Aussicht auf die Stadt bietet der Valbergturm, ein alter Feuermeldeturm und Wahrzeichen der Stadt.
Der schmale und lange Lysefjord zählt zu den schönsten des Landes: Er ist über 400 m tief und 40 km lang, die Felswände links und rechts ragen bis zu 1000 m hoch auf. Eine eindrucksvolle 446 m lange Hängebrücke ermöglicht am Westende des Fjords die Querung mit dem Auto. Ein Muss ist ein Bootsausflug zum Lysefjord mit der Felskanzel Prekestolen.

Der Lysefjord mit seiner majestätischen Felskanzel Prekestolen (»Predigtstuhl«) ist eine der größten Naturattraktionen Südwestnorwegens. Der 40 km lange, schmale Meeresarm erstreckt sich östlich von Stavanger und wird von steilen, bis zu 1000 m hohen Felswänden begrenzt. Vom Prekestolen aus, dessen ungesi-

cherte, 25 x 25 m große Plattform zu Fuß oder per Auto zu erreichen ist, kann man 600 m senkrecht in die Tiefe blicken. Allerdings sollte man das nur schwindelfrei tun! Der Wanderweg zur Felskanzel führt durch eine urtümliche Felslandschaft und gilt als einer der schönsten in Skandinavien.

Abstecher

Ålesund und die Vogelinsel Runde

Der ca. 120 km lange Abstecher (einfache Fahrt) führt zunächst nach Ålesund, einer Inselstadt mit für Norwegen untypischen Steinhäusern, die nach einem verheerenden Stadtbrand 1904 von Jugendstilarchitekten aus ganz Europa errichtet wurden. Gerade das einheitliche Stadtbild macht einen Besuch der Hafenstadt so lohnenswert.
Zu den größten Attraktionen der Stadt zählt ein Besuch des 189 m hohen Hausbergs Aksla: Von der Terrasse bietet sich ein grandioser Panoramablick über die auf Inseln liegende Stadt, den Schärengürtel und die Sunmøre-Berge im Westen. Vom Stadtpark sind es rund 400 m zur Aussichtsterrasse. Das Aquarium

Oben: Schafe an der Steilküste
Unten: Gehöft auf dem Kløfjellet

Atlanterhavsparken zeigt Meeresflora und -fauna der norwegischen Küste. Östlich der Stadt liegt mit über 40 alten Wohn- und Bauernhäusern das Sunnmøren-Freilichtmuseum.
Ein Muss für Naturfreunde ist die nur 6,4 km² große Insel Runde, auf der nur 150 Menschen, jedoch zeitweilig bis zu 700000 Seevögel leben. Den besten Eindruck von der gigantischen »Vogelstadt« mit Papageitauchern, Lummen, Tordalken und Dreizehenmöwen erhalten Sie bei einer Bootsrundfahrt. Doch nicht nur unter Ornithologen, auch bei Tauchern gilt Runde als Geheimtipp: 1725 sank ein mit 19 Kisten Gold- und Silbermünzen beladenes holländisches Schiff vor der Insel. Und 1588 ist ein spanisches Schatzschiff vor Runde untergegangen!

1

2

über 20 km langen Lærdalstunnel einen kurzen Abstecher ins Landesinnere macht.
Um 1150 wurde die Kirche errichtet und ist für ihre überreichen Schnitzereien bekannt. Der pagodenförmige Glockenturm steht neben dem Gotteshaus.

9 Jotunheimen und Sognefjell-Straße Zwischen Sogndal und Lom verläuft Norwegens höchste und spektakulärste Passstraße. Sie führt in einer steilen Serpentinenfahrt hinauf in die Berge von Jotunheimen: Mehr als 200 bizarre Zweitausendergipfel ragen ringsum auf, darunter die beiden höchsten: Galdahøppigen (2469 m) und Glittertind (2452 m). Das Sognefjell ist eine von Seen durchsetzte Hochfläche. Westlich der Straße erstreckt sich der größte der europäischen Festlandsgletscher, der ungefähr 100 km lange Jostedalsbreen.

10 Urnes Eine kleine Stichstraße führt von Skjolden am Ostufer des Lustrafjord zur Stabkirche (11. Jh.) der ältesten der 29 norwegischen Stabkirchen (UNESCO-Weltkulturerbe). Außen fasziniert sie durch ihre robuste Bautechnik, innen durch ihre Verzierungen mit Fabelwesen.

11 Geirangerfjord Auf landschaftlich schöner Strecke geht es weiter nach Geiranger am Geirangerfjord, einem 15 km langen Seitenarm des Sunnylvsfjord. Seine Seitenwände ragen bis zu 800 m auf, viele Wasserfälle ergießen sich in den Fjord. Fantastisch ist auch der Blick vom Aussichtspunkt Dalsnibba vor Geiranger.
Die Serpentinenstraße Orneveien (Adlerweg) führt hinauf ins Gebirge und bietet immer wieder schöne Ausblicke auf den Fjord. Nach Überquerung des Nordalsfjord bietet sich eine erste Möglichkeit, nach Ålesund abzubiegen (80 km).
Die Hauptroute führt durch die Gudbrandsschlucht zur Passstraße Trollstigen und weiter nach Åndalsnes. Hier bietet sich eine zweite Möglichkeit, nach Ålesund zu fahren (ca. 120 km auf der E 136). Die E 136 verläuft im Romsdalen Richtung Osten nach Dombås, von hier geht es durch hügeliges Bergland auf das Dovrefjell.

Trollstigen

Von Wasserfällen, tiefen Tälern und bis zu 1760 m hohen Bergen eingekeilt, schlängeln sich die Serpentinen des berühmten Trollstigen, Norwegens meist fotografierter Passstraße zwischen Langdal und Åndalsnes, bis auf 850 m Höhe hinauf: Elf enge Kehren mit 10 % Steigung sind zu bewältigen. 1936 wurde die an fast senkrechten Wänden verlaufende Straße angelegt. Für Wohnwagen ist sie allerdings gesperrt.

⑫ **Dovrefjell** Auf der Hochebene thront die Snøhetta (2286 m), auf die man vom höchsten Punkt der Straße auf 1026 m einen schönen Blick hat. Der raue Nationalpark gilt als einzig verbliebenes intaktes Hochgebirgsökosystem Europas. Durch das Drivdalen führt die Straße nach Oppdal mit einem Freilichtmuseum.
Auf dem Weg nach Trondheim (E06) bietet sich ein Abstecher nach Røros an (120 km).

⑬ **Trondheim** Die über 1000-jährige Stadt war lange Zeit norwegische Hauptstadt. Noch immer finden alle Krönungen im Nidarosdom statt Das mächtige Bauwerk wurde 1070 über dem Grab Olavs des Heiligen errichtet. Besonders interessant ist die Westfassade mit ihrem reichen Skulpturenschmuck.
Vom Tyholt-Fernsehturm, der Festung Kristiansen oder vom Turm des Doms bieten sich herrliche Blicke auf Trondheims Häuserdächer.
Von Trondheim führt die landschaftlich schöne E16 bis Grong über weite Strecken am Ufer mehrerer Fjorde entlang. In Grong stellt die Straße 760 die Verbindung zur R 17, der Kystriksveien, her.
Die E 06 verläuft für die, die es eilig haben, geradeaus weiter nach Norden Richtung Fauske. Die Strecke führt durch das bewaldete, reizvolle Namdalen.

⑭ **Kystriksveien** Die Kystriksveien ist das festländische Gegenstück zu der legendären Hurtigruten. Die 560 km lange Strecke zählt zu den Traumstraßen Europas, zahlreiche Fähren überbrücken Fjorde und Seen, die abwechslungsreiche Landschaften bieten. Allerdings muss man für die Küstenstraße viel Zeit und Geld mitbringen: Für die Fähren müssen Wartezeiten eingeplant werden, außerdem summieren sich die Fährkosten zu einem erheblichen Betrag.
Wenige Kilometer hinter Sjona besteht die Möglichkeit, über die kleine Straße 12 nach Mo I Rana zurück auf die E 06 und auf dieser zum Nationalpark Saltfjellet-Svartisen zu fahren.

1 Der Nationalpark Jostedalsbreen, das »Reich der Riesen« in Südnorwegen, schützt den größten Festlandsgletscher Europas. Der Plateaugletscher hat insgesamt vier Gletscherzungen.

2 Malerische Fischerboote spiegeln sich im Lusterfjord, einem nördlichen Seitenarm des Sognefjord.

3 Südlich von Oppdal liegt der Dovrefjell-Nationalpark mit der 2286 m hohen Snøhetta (Schneemütze), dem höchsten Berg Norwegens außerhalb von Jotunheimen.

4 Typische Gebirgs- und Fjordlandschaft im Nordland, der norwegischen Provinz nördlich und südlich des Polarkreises.

Abstecher

Røros

Zahlreiche Gebäude, Anlagen, Gruben und Halden erinnern an Røros' große Zeit als Bergwerksort. Die älteste Kupferhütte des Ortes (UNES-

Die 1780–1884 erbaute Kirche Bergstaden Zir

CO-Weltkulturerbe) stammt von 1644. Sehenswert ist auch die steinerne Barockkirche Bergstaden Zir von 1784 im von Holzbauten geprägten Stadtzentrum. Das Gotteshaus ist mit 2000 Plätzen die drittgrößte Kirche des Landes. Es war den Bergleuten vorbehalten, die neben den Schlackenhalden oder in den Seitengassen des Gebirgsortes in Hütten lebten. Reiche Bürger, Beamte und Bergwerksdirektoren bewohnten die feinen Viertel und Gassen von Røros.

1

Abstecher

Lofoten und Vesterålen-Inseln

Seit dem 19. Jh. sind die Lofoten und die Vesterålen, ihre nördliche Fortsetzung, beliebte Reiseziele vieler Norwegenreisender. Das grandiose Zusammenspiel aus Hochgebirgs- und Meereskulisse, die darin eingestreuten bunten Siedlungen und das milde Klima machen beide Archipele selbst unter den spektakulären norwegischen Landschaften zu Besonderheiten. Ihre touristische Infrastruktur ist hervorragend: Alle Hauptinseln sind durch Brücken oder Tunnel miteinander und mit dem Festland verbunden, Fähren verkehren zu den kleineren Eilanden.

Wie eine wild gezackte Felswand – mit schneebetupften Zinnen und sattgrünen Tälen – ragen beide Inselgruppen rund 250 km ins Nordmeer vor. Wegen ihrer meist steilen Hänge sind sie oft nur entlang der schmalen Küstensäume besiedelt. Typisch sind die auf »Stelzen« über das Wasser ragenden, bunten Holzhäuser: Rorbuer werden sie genannt. In den Buchten und Fjorden finden sich vereinzelt traumhafte weiße Sandstrände – etwa an der Küste Austvågøys –, wie man sie im hohen Norden gar nicht vermuten würde. Beeindruckend ist die Vogelwelt der Inseln: Neben See- und Zugvögeln fühlen sich auch Seeadler hier heimisch. Die Pflanzenwelt der einst bewaldeten Inseln ist kleinwüchsig, aber artenreich. Berg-, Strand- und Wiesenpflanzen treten dicht benachbart auf. Obwohl sich die Lofoten und die Vesterålen 150 bis 300 km jenseits des Nördlichen Polarkreises befinden, sinken die Lufttemperaturen wegen des mildernden Einflusses des Golfstroms selbst im Winter nur sehr selten unter den Gefrierpunkt. Die permanent warme Strömung macht den Vestfjord zum bevorzugten Laichplatz für Dorsch und Hering und begünstigt die Lachs- und Forellenzucht in den Buchten und Fjorden. Als Delikatesse gelten der

2

Stock- und Klippfisch. Von März bis Juni kann man sie massenhaft an hölzernen Trockengerüsten im Wind baumeln sehen. »Dörrfisch-Chips« und die ebenfalls lange haltbaren und stark Vitamin-C-haltigen Moltebeeren, die ein wenig an Himbeeren erinnern, sind beliebte Mitbringsel der jährlich rund 200 000 Lofoten-Touristen. Der Abstecher zu den Lofoten ist stolze 587 Fahrkilometer lang – doch der Aufwand lohnt sich. Die beste Jahreszeit liegt zwischen Ende Mai und Mitte Juli, dann ist das Zusammenspiel aus Mitternachtssonne und der Bergkulisse einmalig!

Nachfolgend einige der besuchenswerten Sehenswürdigkeiten auf den Lofoten: Harstad auf Norwegens größter Insel Hinnøya kann mit der nördlichsten mittelalterlichen Kirche der Welt aufwarten. Orcas und Schweinswale sind im Vestfjord ein häufiger Anblick, doch ein unvergessliches Erlebnis sind die Walsafaris, die in Andenes an der Nordspitze der nördlichsten Versteråleninsel Andøya angeboten werden: Von Juni bis September finden sich in den Gewässern vor dem einstigen Walfängerstützpunkt Pottwale ein.

In Stokmarknes auf der Vesterålen-insel Hadseløya informiert ein Muse-

um über die Hurtigruten, die hier 1881 »erfunden« wurde. Hadseløya besitzt keine Fjorde und Buchten – ist aber aus Sportlersicht spektakulär, denn sie hat einen Umfang von 42,195 km, die der klassischen Marathonlänge entspricht. Jedes Jahr im August findet daher ein Volkslauf rund um die Insel statt. Svolvær, die Hauptstadt der Lofoten auf Austvågøya, wird von der Svolværgeita, einem skurrilen ziegenförmigen Felsgebilde, überragt. Ausflüge zum höchsten Lofotengipfel Higravstindan (1146 m), zum Raftsund mit der zweitlängsten frei tragenden Brücke der Welt, aber vor allem die Schifffahrt zum Raftsund in den Trollfjord dürfen Sie nicht versäumen: Stellenweise nur 100 m breit und von fast 1146 m hohen Felswänden gesäumt, gehört er unbestritten zum Besten, was Norwegen landschaftlich zu bieten hat!

Von Februar bis April ist Kabelvåg Nordnorwegens Zentrum des Kabeljaufangs, wenn tausende Fischkutter in den Vestfjordgewässern vor Austvågøya ihr Netze auswerfen. Auf Vestvågøya lebten um 600 n. Chr. Wikinger. Im rekonstruierten einstigen Häuptlingssitz im Lofotr-Museum des Ortes Borg lohnt vor allem die 83 m lange Versammlungshalle der Normannen einen Besuch. Als schönste Lofotenkirche gilt die des nahen Örtchens Flakstad (Ende 18. Jh.) auf Flakstadøya, und ein besonders ursprünglicher Fischerort ist noch immer Hamnøy unweit Lofotodden auf der Insel Moskenesøya.

Von Moskenes besteht eine regelmäßige Fährschiffverbindung zurück aufs Festland nach Bodø und von dort weiter auf dem Landweg nach Fauske an der E06.

1 **Typisch für den Archipel: Kleine Fischerdörfer vor eindrucksvoller Felskulisse ducken sich auf den wenigen flachen Küstenstreifen.**

2 **Geschützt an der Mündung des Reinefjords gelegen, ist Hamnøy einer der ältesten Fischerorte der Lofoteninsel Moskenesøya.**

3 **Mittsommernacht: Auf der West- und Nordseite der Lofoten geht die Sonne in der Zeit vom 27. Mai bis zum 17. Juli auch um Mitternacht nicht unter.**

4 **Der Fischerort Reine i Lofoten, umrahmt von der Kulisse steiler Berge, zählt zu den schönsten unter den Lofotendörfern. Typische, rot angemalte *Rorbuer*, die das Ufer säumen, werden seit dem 12. Jh. von den Fischern zum Übernachten genutzt.**

5 **Die *Hjeller* genannten Holzgestelle zum Trocknen von Fisch (vor allem Dorsch) sieht man auf den Lofoten immer wieder.**

Klassischer Dreiklang in der unbewohnten, rauen Landschaft der Vesterålen vor der Küste Nordnorwegens: Himmel, Gebirge und Fjorde. Der Steinlandsfjord liegt auf der zum offenen Atlantik hin weisenden Westseite Langøyas, der mit 860 km^2 drittgrößten Insel Norwegens. Der Fjord inmitten einer atemberauben-

den, weitgehend vegetationslosen Gebirgswelt ist eine Fortsetzung des Prestfjords und reicht tief ins Inselinnere hinein. Die Insel ist eine der bergigsten der Vesterålen, die Gipfel erheben sich zum Teil bis zu 1000 m aus dem Meer. Rund um Langøya lassen sich Wale beobachten.

Fauna und Flora in der Finnmark

Lange kalte Winter mit Temperaturen bis -40 °C und kurze Sommer prägen die Tundrengebiete Nordnorwegens. In den wenigen schneefreien Wochen scheint die kleinwüchsige Flora in diesen Gebieten vor Blüten und Beeren zu explodieren und bietet den arktischen Tieren wie Rentier, Polarhase, Polarfuchs, Lemming, Schneeeule, Wolf, Bär und Luchs direkt oder indirekt reichlich Nahrung. In den Küstengewässern leben verschiedene Walarten. Am häufigsten begegnet man jedoch dem Rentier und der Stechmücke!

Oben: ausgesetzte Moschusochsen
Unten: Rentiere kommen hier wild vor.

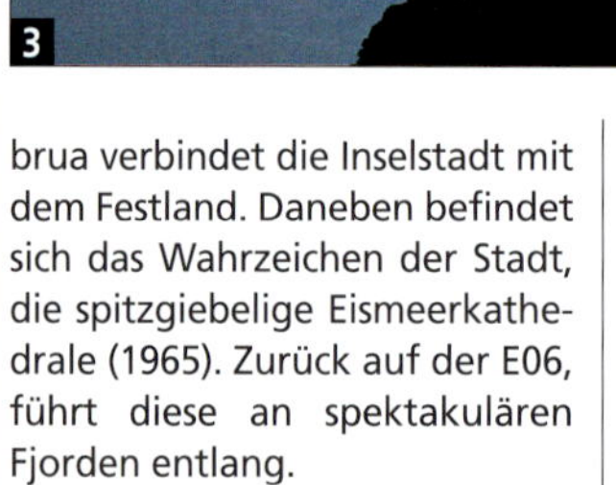

Nördlich der Abzweigung gen Mo I Rana heißt dieser Teil der Küstenstraße Helgeland-Salten, die »grüne Straße«. Ein besonderes Naturschauspiel ist kurz vor Løding der Saltsraumen, ein Gezeiten- oder Malstrom. Alle sechs Stunden bahnt sich das am »Nadelöhr« gestaute Wasser seinen Weg durch die Meerenge. Von Løding sind es 43 km zurück auf die E 06 bei Fauske. Eine interessante Alternative ist der Weg durch den Saltfjellet-Svartisen Nasjonalpark.
In Höhe des Polarkreises liegt Norwegens zweitgrößter Gletscher. Der mächtige Gletscher ist nur sehr schwer zu erreichen: Bei Skonseng zweigt eine unbefestigte Straße nach Svartisdalhytta ab. Jenseits des Polarkreises und der Baumgrenze wachsen hier nur noch niedrige Sträucher und Moose. Durch das karge Hochtal des Saltfjells geht es nach Rognan am Saltdalsfjord, die Straße folgt dem Ostufer nach Fauske. Nun führt die E 06 strikt Richtung Norden nach Ulsvåg, wo die Möglichkeit zum Abbiegen nach Skutvik, dem wichtigsten Hafen der Lofotenfähren, besteht.

15 Narvik Vom ständig eisfreien Hafen am Ofotenfjord wird das schwedische Eisenerz aus Kiruna in alle Welt verschifft. Die Lager und Transportanlagen lassen sich vom Aussichtsberg Fagernessfjell (656 m) besonders gut überblicken. Auch von Narvik laufen Fähren die Lofoten an. Bei Nordkjosbotn zweigt die E 08 nach Tromsø ab.

16 Tromsø Nordnorwegens größte Stadt besitzt ein mildes Klima. Im Polarmuseet kann man Interessantes über die internationalen Polarexpeditionen erfahren. Die 1036 m lange Tromsøbrua verbindet die Inselstadt mit dem Festland. Daneben befindet sich das Wahrzeichen der Stadt, die spitzgiebelige Eismeerkathedrale (1965). Zurück auf der E06, führt diese an spektakulären Fjorden entlang.

17 Alta Der Ort am gleichnamigen Fjord ist ein Zentrum samischer Kultur. Besonders sehenswert sind die über 2000–6000 Jahre alten Felsritzzeichnungen von Hjemmeluft. Sie stellen Tiere, Jagd- und Alltagsszenen dar und sind Weltkulturerbe. Beeindruckend ist auch der bis zu 500 m tiefe und 15 km lange Alta-Canyon. Durch die Tundrenlandschaft der Finnmarksvidda geht es zur Hafenstadt Hammerfest, zu der bei Skaidj eine kleine Straße nach Westen abzweigt. Die E06 durchquert eine Hochebene, bei Olderfjord zweigt die E69 zum Nordkap ab.

18 Nordkap Die Straße führt entlang des Porsangerfjords zur Fährstation Kåfjord, die Fähren fahren nach Honningsvag auf der Nordkapinsel Magerøy. Neuerdings führt auch ein Tunnel zur Insel. Durch kahle Landschaft geht es zum Nordkapplateau, dem Ziel unserer Reise.

1 Der über 10 km breite Lyngenfjord ist einer der schönsten Fjorde Nordnorwegens.

2 Die Finnmark, eine wild-herbe Landschaft, wird von tief eingeschnittenen Fjorden, schroffer Felsenküste und weiten Hochebenen geprägt.

3 Am Nordkap scheint vom 14. Mai bis 30. Juli die Mitternachtssonne, doch oft liegt das Kap in dichtem Nebel, Regen oder Schneesturm. Eine Weltkugel dokumentiert den nördlichsten Punkt Europas.

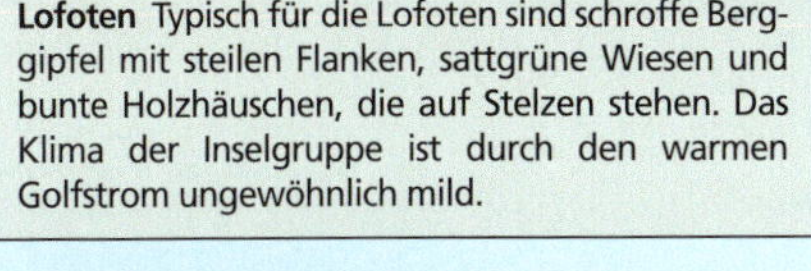

Lofoten Typisch für die Lofoten sind schroffe Berggipfel mit steilen Flanken, sattgrüne Wiesen und bunte Holzhäuschen, die auf Stelzen stehen. Das Klima der Inselgruppe ist durch den warmen Golfstrom ungewöhnlich mild.

Lyngenfjord Das Gebirgspanorama ist eines der schönsten in ganz Norwegen. Man fühlt sich in die Alpen versetzt.

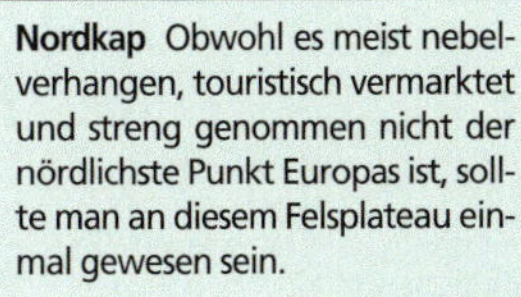

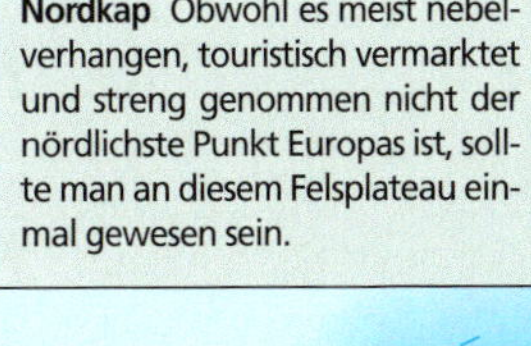

Nordkap Obwohl es meist nebelverhangen, touristisch vermarktet und streng genommen nicht der nördlichste Punkt Europas ist, sollte man an diesem Felsplateau einmal gewesen sein.

Ålesund Die nach einem verheerenden Brand neu errichtete Inselstadt ist von (für Norwegen untypischen) Steinhäusern geprägt. Ein Aquarium zeigt Norwegens Meeresfauna. Der Blick vom Berg Aksla auf die einheitlich im Jugendstil erbaute, für ihr mildes Klima gerühmte Stadt ist ebenfalls lohnend.

Geirangerfjord 15 km lang und von bis zu 800 m hohen Felswänden und Wasserfällen flankiert zählt dieser Fjords zu den Naturschönheiten des Landes.

Trondheim Der ungewöhnlich reich verzierte Nidarosdom ist der imposanteste Kirchenbau Skandinaviens und der traditionelle Krönungsort der norwegischen Könige. Von seinem Turm hat man einen weiten Blick.

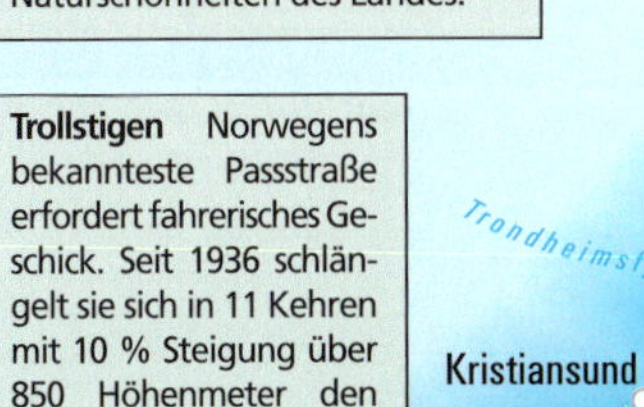

Trollstigen Norwegens bekannteste Passstraße erfordert fahrerisches Geschick. Seit 1936 schlängelt sie sich in 11 Kehren mit 10 % Steigung über 850 Höhenmeter den Hang hinauf.

Samen Rentierzucht und Fischerei sind die wichtigsten Erwerbszweige der etwa 25000 norwegischen Samen. Der Ort Alta ist ein Zentrum ihrer Kultur.

Finnmark Strenge Winter und kurze Sommer prägen die fast menschenleeren Tundrengebiete Nordnorwegens, in denen eine niedrigwüchsige Vegetation vorherrscht.

Sognefjord Norwegens mächtigster Fjord ist 180 km lang, oft nur 5 km breit und bis zu 1200 m tief. Hier verläuft der längste Straßentunnel der Welt (24,5 km).

Røros Vieles in dem von Holzbauten geprägten Stadtzentrum erinnert an Røros' große Zeit als Kupferbergwerksort. Das steinerne Gotteshaus (1784) war allein den Bergleuten vorbehalten.

Bergen Der Straßenzug Bryggen mit zahlreichen historischen Speicherhäusern, der Fischereihafen, der Dom, die Marienkirche (12. Jh.), das Freilichtmuseum Gamle Bergen und eines der größten Meerwasseraquarien in Europa machen die alte Hansestadt sehenswert, obwohl sie regenreich ist.

Urnes Am Lustrafjord befindet sich die älteste norwegische Stabkirche mit reichen Verzierungen und einer außergewöhnlichen Bautechnik.

Vøringfossen Europas größte Hochebene, die Hardangervidda, liegt auf etwa 1200 m Höhe. Ein spektakulärer Wasserfall am Rande des 7500 km² großen Plateaus ist der 170 m hohe Vøringfoss.

Prekestolen Die 600 m hohe Felskanzel »Predigtstuhl« ist eine Sehenswürdigkeit ersten Ranges in Südnorwegen.

Oslo Weltbekannte Museen und eine Menge Wasser und Grün machen die weitläufige Stadt zu einem Erlebnis. Wahrzeichen der Hauptstadt ist das Neue Rathaus am Hafen.

Wie hier am Runnsee bei Falun besitzen viele Schweden an der Schären-

Route 6

Dänemark, Schweden

Wo Nord- und Ostsee sich verbinden: Reise rund ums Kattegat

Seitdem Dänemark und Schweden durch die kühne Öresundbrücke miteinander verbunden sind, lassen sich die beiden »vereinigten Königreiche« noch einfacher bereisen. Es gibt viele Gemeinsamkeiten, aber auch Unterschiede zu entdecken: Das kleine Dänemark steht für Urlaub am Meer, das größere Schweden vor allem für unberührte, weite Natur.

Die vielleicht skurrilste und treffendste Reiseempfehlung für Dänemark stammt aus dem Munde seiner viel geliebten und volksnahen Königin Margrethe II.: »Es gibt ja kein anderes Land, das so sehr Dänemark ist wie Dänemark«. Doch was ist Dänemark? Zunächst einmal ein Inselreich, bestehend aus der zweigeteilten Halbinsel Jütland, den großen Inseln Fünen, Seeland, Falster, Møn, Lolland und Bornholm sowie etwa 400 kleineren Inselchen und Eilanden, von denen aber nur knapp 100 bewohnt sind.

Darüber hinaus ist Dänemark ein kleines Land, dass sich an einem Tag leicht durchqueren lässt. Vor allem für Liebhaber der See ist es das optimale Reiseland: Wo sonst kann man unter 7400 km meist unverbauter, frei zugänglicher Küste wählen, zwischen blau schimmerndem Kattegat und milder Ostsee, dem rauen Skagerrak oder der von Gezeiten bestimmten Nordsee? Dänemarks von Seen, Feldern, Wäldern und Mooren geprägtes Landesinnere ist im allgemeinen hügelig. »Hyggelig«, so lautet das dänische Wort für »gemütlich«, sind die meisten Städte und Dörfer mit bunt getünchten, oft schief erbauten Fachwerkhäusern. Dänemarks kulturelle Zeugnisse reichen von Bodendenkmälern der Bronze- und der Wikingerzeit über prachtvolle Herrensitze und Schlösser bis zu wegweisender moderner Architektur und weltberühmten Museen und Sammlungen.

Nationalpark Blå Jungfrun westlich von Öland

Über das Kattegat, die Ostsee und den Öresund hinweg lockt das zehnmal größere Königreich Schweden mit abwechslungsreichen Landschaften und stiller Weite. Im Süden des Landes, wo die wunderbare Reise des kleinen Nils Holgersson mit den Wildgänsen hinauf nach Lappland ihren Anfang nahm, wird sich der Reisende noch ein wenig an Dänemarks Wiesen- und Felderlandschaften erinnert fühlen. Nördlich von Göteborg wird die Landschaft »typisch schwedisch« und er-

küste ein Ferienhaus.

Wachablösung vor Schloss Amalienborg in der Hauptstadt Kopenhagen

Stockholm: Riddarholmskyrka auf Riddarholmen. Das schwedische Ehrengotteshaus ist die letzte Ruhestätte der schwedischen Könige.

innert an die Buchverfilmungen Astrid Lindgrens: Hinter jeder Kurve könnte Michels Holzschuppen auftauchen, stehen »ochsenblutrot« gestrichene Schwedenhäuser inmitten sattgrüner Wiesen, breiten sich lichte Birken- und Nadelwälder aus. Vänern und Vättern, die beiden fast binnenmeergroßen Seen des Landes, finden sich ebenfalls in dieser Gegend. Ab Stockholm wird die Natur immer ursprünglicher, die Besiedelung geringer, die Flüsse reißender und die Wälder immer dichter. Schwedisch-Lappland schließlich, das nördlichste Drittel des Landes, ist von beinahe melancholischer Schönheit und fast menschenleerer Weite. Nur die Rentierherden der Samen finden im kargen Reich der Mitternachtssonne ausreichend Nahrung.
Touristen sollten es den frischluftfanatischen Schweden gleich tun, sich ein paar Sommertage lang in einer möglichst einsam gelegen stuga einmieten und zu Streifzügen in die Landschaft aufbrechen. Vielleicht wird ihnen dabei einer der 500 000 schwedischen Elche begegnen, die eher ungefährlich sind. Seien Sie jedoch immer auf der Hut vor den Trollen, die in den schwedischen Wäldern hausen, denn Schweden ist ein Land der Sagen, Mythen und Märchen.
Diese Volksglaube drückt sich auch in zahlreichen Festen und Bräuchen aus, die uns Mitteleuropäern unbekannt sind. Am schönsten ist das »magische« Mittsommernachtsfest, das im Juni im ganzen Land abgehalten wird. Der längste Tag (mit der kürzesten Nacht) ist neben Weihnachten der populärste schwedische Feiertag: Man trifft sich zu einem abendlichen Heringsessen und trinkt Aquavit und »Öl« (schwedisch für Bier).

Schloss Egeskov zählt zu den schönsten dänischen Renaissance-Wasserburgen.

1 Das Schloss von Kalmar war 1397 Schauplatz der Vertragsunterzeichnung der Kalmarer Union. Im 16. Jh. wurde das Schloss von den Wasa-Königen Erik XIV. und Johann III. im Renaissancestil umgebaut.

2 Die Kathedrale im schwedischen Lund wurde ab 1103 unter Mitwirkung von Steinmetzen aus dem Rheinland erbaut. Die Krypta wurde 1123 eingeweiht, 1145 folgte die Weihe der Kathedrale.

3 Die barocke Kathedrale von Kalmar wurde zwischen 1660 und 1703 errichtet. Die »Domkyrka« ist eine der bedeutendsten schwedischen Barockkirchen.

Abstecher

Bornholm

40 km vor der südschwedischen Küste – fernab vom dänischen Festland – liegt die Insel Bornholm. Fährschiffe verkehren ab Kopenhagen und dem schwedischen Ystad zur

Bornholm: beliebtes Segelrevier

Insel, die wegen ihres fast südländischen Klimas auch »Perle der Ostsee« genannt wird. Die Insel ist ein 600 km² großes »Skandinavien en miniature« mit kilometerlangen Sandstränden, Seen und Mooren, Laub- und Nadelwäldern, Heideflächen und Dünengürteln und einem für ganz Dänemark einmaligen felsigen Untergrund.
Zahlreich sind die Zeugnisse der Vorzeit. Ein besonderes Erlebnis ist ein Besuch der Backsteinburg Hammerhus (errichtet 1260), der größten und schönsten Ruine in ganz Dänemark, die anmutig und zugleich unheimlich auf einem Granitfelsen thront. Rønne ist die größte Stadt auf der Insel. In dem Städtchen sind viele der alten Häuser, darunter auch schöne Fachwerkbauten, erhalten. Typisch für die malerischen Küstendörfer sind die weiß getünchten Heringsräuchereien.

Südskandinavien-Rundreise: Zunächst geht es entlang der südschwedischen Ostseeküste nach Stockholm. Vorbei an unzähligen Seen und durch schier endlose Wälder führt die Route nach Göteborg. In Dänemark folgt eine Bilderbuchreise durch Jütland, Fyn und Seeland mit malerischen Hafen- und Handelsstädten bis nach Kopenhagen.

1 Kopenhagen siehe Seite 69
Von Kopenhagen aus gelangt man per Fähre oder über die Öresundbrücke nach Malmö.

2 Malmö Kanäle durchziehen die malerische Altstadt, die man zu Fuß oder per Ausflugsboot entdecken kann. Der Stortorget wird von zahlreichen Prachtbauten gesäumt. Die Route geht weiter nach Lund, einer malerischen Universitätsstadt mit der ältesten romanischen Kirche in Schweden, dem Dom.

3 Ystad Zahlreiche herrliche Fachwerkbauten machen Ystad zu einer der schönsten Städte Schonens. Der Heringsfang hat den Kloster- und Fischerort einst zur Hansezeit reich gemacht. Hinter Ystad lohnt bei Tomelilla ein Abstecher zur einzigen im originalen Zustand erhaltenen Burganlage Schwedens (1499). Wälle und meterdicke Mauern machten sie einst uneinnehmbar. Von Ystad bestehen regelmäßige Fährverbindungen zur dänischen Insel Bornholm.

4 Karlskrona Zahlreiche Anlagen in der nach militärischen Gesichtspunkten ab Ende des 17. Jh. gestalteten Stadt zählen zum Weltkulturerbe der UNESCO. Karlskronas Stortorget ist einer der größten Plätze Nordeuropas; auch die Admiralitätskirche aus dem Jahr 1685 und die Dreifaltigkeitskirche von 1714 lohnen einen Besuch.

5 Kalmar 1397 vereinigte die Kalmarer Union Dänemark, Norwegen und Schweden. Das Schloss und der Dom der Stadt am Kalmarsund sind ebenso sehenswert

Öresundbrücke

Seit 2000 sind Dänemark und Schweden durch die Öresundbrücke miteinander verbunden: Das Bauwerk besteht aus einem 4 km langen Tunnel ab dem Kopenhagener Flughafen, der 4 km langen künstlichen Insel Peberholm und einer 8 km langen Brücke zum schwedischen Festland nach Malmö. Die Fahrzeit verkürzt sich von 60 auf 15 Minuten.

Reiseinformationen

Routen-Steckbrief
Routenlänge: ca. 2500 km (ohne Abstecher)
Zeitbedarf: 4 Wochen
Routenverlauf: Kopenhagen, Malmö, Karlskrona, Stockholm, Falun, Göteborg, Århus, Odense, Kopenhagen

Verkehrshinweise:
Die Grüne Versicherungskarte ist ratsam. Auf die Fahrbahn gemalte »Haifischzähne« ersetzen in Dänemark das Vorfahrtsschild. Öresund- und Storebæltbrücke sind mautpflichtig. In Schweden muss man immer auf Wildwechsel achten, auch tagsüber ist deshalb Abblendlicht in Schweden und Dänemark Pflicht.

Beste Reisezeit:
Mai bis Oktober (Dänemark), Juni bis September (Schweden)

Unterkünfte:
Alle Preisklassen und Kategorien, vor allem Ferienhäuser, sind beliebt und vorbildlich. Typisch dänisch: Kros – königlich lizenzierte Landgasthöfe/-hotels *(www.dansk-kroferie.dk).*

Auskünfte:
Dänisches Fremdenverkehrsamt, *Glockengießerwall 2, 20095 Hamburg, Tel. 040/32 02 10; www.visitdenmark.com;*
Schweden: Sveriges Rese- och Turistråd, *Box 3030, Kungsgatan 36, S-103 61 Stockholm; www.visit-sweden.com* und *www.sweden.se*

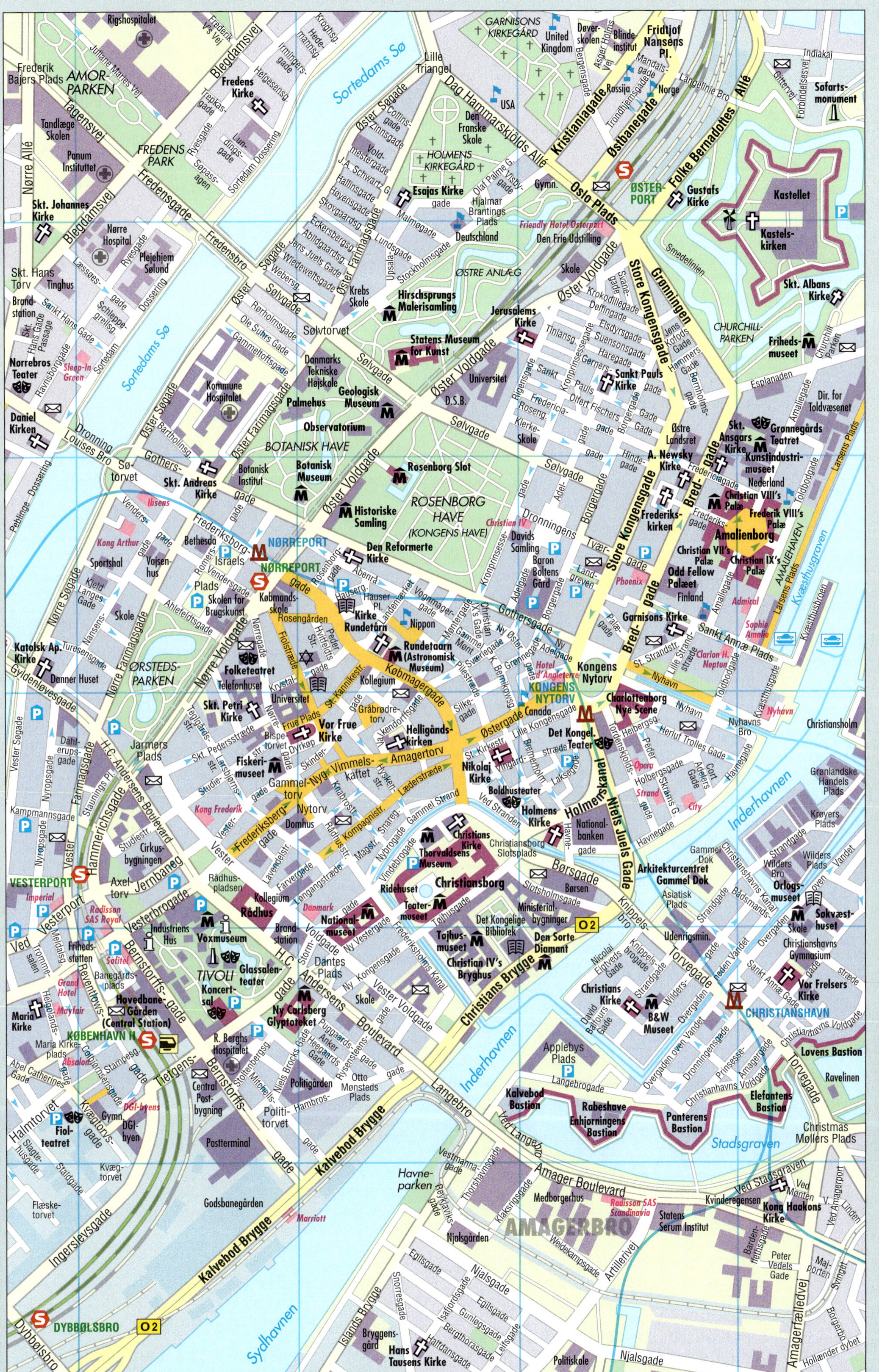

Kopenhagen

Geschichte und Tradition begegnen dem Reisenden in der dänischen Haupt- und Residenzstadt am Öresund auf Schritt und Tritt. Die Atmosphäre ist weltoffen, aber trotzdem angenehm beschaulich. Und die meisten Sehenswürdigkeiten lassen sich bequem zu Fuß erreichen.

Eine erste Blütezeit erlebte die Stadt am Öresund, die seit 1443 Hauptstadt von Dänemark ist, im späten Mittelalter als Handelshafen, einen neuerlichen Aufschwung dann im 16. und 17. Jh., vor allem unter König Christian IV., der seine Stadt erweitern und ausbauen ließ.

Besonders sehenswert: der romantisch-nostalgische Vergnügungspark Tivoli; die Hafenpromenade am Kanal Nyhavn mit alten Holzsegelschiffen und vielen Cafés; von hier Kanal- und Hafenrundfahrten und Boote zu der populären kleinen Meerjungfrau (Lille Havfrue) an der Uferpromenade der Langelinie; königliche Residenz Schloss Amalienborg im Stil des Rokoko; Zoologischer Garten, die grüne Oase der Stadt; die Insel Slotsholm mit Schloss Christiansborg; Thorvaldsenmuseum mit Werken des berühmten dänischen Bildhauers; die Antikensammlung der Ny Carlsberg Glyptotek;

Oben: die kleine Meerjungfrau
Mitte: Nyhavn, heute der älteste Hafen der Stadt, wurde von 1671 bis 1673 angelegt.
Unten: der Vergnügungspark Tivoli

Rådhus Pladsen, zentral in der Innenstadt mit Rathaus (vom Turm aus herrliche Aussicht); der denkmalgeschützte Teil der Carlsbergbrauerei; das Nationalmuseet mit historischen und ethnographischen Sammlungen sowie wechselnden Ausstellungen.

Abstecher

Öland und Gotland

Schwedens größte Inseln waren bereits von den Wikingern besiedelt. Zur Hansezeit war Gotlands Haupt-

Öland: Steinzeitfriedhof, im Hintergrund eine typische Windmühle

stadt Visby ein wichtiger Handelsplatz – zeitweilig sogar der wichtigste im gesamten Ostseeraum – und weitaus größer als heute. Besonders eindrucksvoll sind der Dom und die kilometerlange Stadtmauer aus dem

Oben: Felsformationen auf Gotland am Strand von Fårø
Unten: die Altstadt von Visby

13. Jh., die das UNESCO-Weltkulturerbe allseits umgibt. Viel gerühmt werden Gotlands mildes Klima und seine Landschaften: Wiesen, Wälder, Strände und Steilküsten mit zum Teil recht eigentümlichen Felsgebilden, die wie Menschenwerk aussehen.
Öland, über eine Brücke mit Småland verbunden, ist Sommersitz des schwedischen Königshauses. Da der Kalkstein im Untergrund alle Niederschläge versickern lässt, sind weite Inselbereiche karge Gras- und Dünensteppe: Paradiese für vielerlei seltene Tierarten und Orchideen. Öland verfügt über große Laubwälder und ist für seine herrlichen Strände und die etwa 400 Windmühlen bekannt.

wie die barocken und renaissancezeitlichen Hafen- und Altstadtgebäude. Von Kalmar überspannt eine 6 km lange Brücke den Sund zur Insel Öland. Die Route folgt der Küstenstraße E 22 Richtung Norrköping. Unterwegs bestehen von Oskarshamn und Västervik Fährverbindungen nach Gotland. Wer Zeit hat, sollte bei Västervik oder südlich von Norrköping bei Valdemarsvik/Fyrudden oder St. Anna Abstecher zur schwedischen Schärenküste unternehmen.
Bei Norrköping führt die Strecke weiter schnurstracks nach Norden – vorbei am Hjälmaren bis zur Kreuzung mit der E 20, dort folgt man der E 20 bis Gripsholm 20 km hinter Strängnäs.

6 Schloss Gripsholm Dem Schloss am buchtenreichen Mälaren setzte Kurt Tucholsky ein literarisches Denkmal. Im nahen Örtchen Mariefred liegt er begraben.
Die Straße folgt von Schloss Gripsholm dem Südostufer des Mälaren bis zur schwedischen Hauptstadt.

7 Stockholm siehe Seite 71

8 Uppsala Wahrzeichen der Stadt sind die 1477 gegründete älteste Universität des Nordens und Skandinaviens größtes Gotteshaus, die Domkyrka (119 m lang und hoch). In ihrem Inneren befinden sich die Gebeine des Nationalheiligen Erik und König Gustav Wasas. Das Schloss aus dem 16. Jh. und die »Carolina Redviva«, die größte Bibliothek Schwedens, sind weitere Sehenswürdigkeiten der Stadt am Frysån-Fluss.
Nördlich liegt Gamla Uppsala mit Königsgrabhügeln und einer Kirche aus dem 11. Jh. Bis ins 13. Jh. war es das politische Zentrum des Landes.
Von Uppsala führt die Fahrt zur Hafenstadt Gävle. Hier beginnt die Fernstraße 80, der man nun bis Falun folgt.

9 Falun Vermutlich bauten schon die Wikinger Kupfer in Falun ab. Faluns Blütezeit als Weltzentrum der Kupferförderung endete mit einer Katastrophe: Beim Stolleneinbruch 1687 entstand Stora Stöten, das angeblich größte Loch der Welt (65 m tief, 370 m lang und 220 m breit). Die historische Kupfergrube des Ortes ist UNESCO-Weltkulturerbe.
Auf der Schnellstraße 70 geht es nun zunächst weiter Richtung Nordwesten zum Siljansee, der auf der Route fast vollständig umrundet wird.

10 Siljansee Dalarna ist eine waldreiche Provinz und bekannt für die hölzernen geschnitzten Dalarnapferde. Bei einer Fahrt rund um den See lohnt ein Stopp in Mora am Nordufer.
Die Stadt ist Endpunkt des Wasalaufs (86 km). Museum und Gut »Zorngaarden« des Künstlers Anders Zorn und das Freilichtmuseum »Zorns Gammelgaarden« können ebenfalls besichtigt werden. Von Leksand am Südende des Sees folgt man zunächst der Schnellstraße 70 bis Borlänge, dort wechselt man auf die 60 nach Örebro.

11 Örebro Markante Sehenswürdigkeiten der alten, an Skulpturen und Denkmälern reichen mittelschwedischen Stadt sind das fast 800 Jahre alte Schloss (12.–16. Jh.) auf einer Flussinsel, die Nikolaikirche aus dem 13. Jh. und der moderne Wasserturm Svampen.
Von Örebro folgt nun die Route der E4 über den Ort Askersund zum Vättern.

12 Vättern Der Vättern ist Schwedens zweitgrößtes Binnengewässer. Planen Sie Stopps ein am Götakanal in Motala, der Vättern und Vänern verbindet, und in der Gartenstadt Vadstena mit sehenswerter Klosterkirche und Schloss .
Am Südende des Sees liegt Jönköping, von hier geht es strikt nach Westen zur Hafenstadt Göteborg.

13 Göteborg Schwedens zweitgrößte Stadt besitzt eine von Kanälen gesäumte, charmante Altstadt. Besonders zu empfehlen sind ein Bummel über den Prachtboulevard Kungsportsavenyn, ein Besuch des Vergnügungsparks Lieseberg und der futurischen neuen Oper sowie Bootstouren durch Hafen, Kanäle und Schären. Von Göteborg ist es nicht weit nach Bohuslän. Von Göteborg setzen Fähren über den Kattegat nach Frederikshavn auf der dänischen Halbinsel Jütland über, die Fahrzeit liegt bei drei Stunden.

14 Frederikshavn Wahrzeichen der größten Stadt Nordjütlands ist der Krudttårnet, ein trutziger Pulverturm (Ende 17. Jh.) mit einer Waffensammlung aus drei Jahrhunderten.
Bevor die Fahrt nach Süden fortgesetzt wird, lohnt sich ein kleiner Abstecher zur sehenswerten Nordspitze der Halbinsel nach Skagen.

15 Skagen Vor 150 Jahren ließen sich zahlreiche Künstler an

1 Ansicht vom Strand in Mariefred: Schloss Gripsholm liegt in der Provinz Södermanland. Das Schloss beherbergt seit 1822 die Nationale Porträtsammlung.

2 Schloss Drottningholm (1662 bis 1699) auf der Insel Lovø im Mälarsee wurde nach dem Vorbild von Versailles erbaut und ist seit 1981 Wohnsitz der königlichen Familie.

3 Dorf bei Göteborg an der westschwedischen Küste in Västergötland

Stockholm

Die 1,6 Mio. Einwohner zählende Metropole liegt verstreut über 14 Inseln am Südende des Mälarsees an der schärenreichen Ostseeküste zwischen Süß- und Salzwasser. 1252 gegründet und seit 1634 Hauptstadt, entwickelte sich Stockholm zu einer pulsierenden, abwechslungsreichen Stadt. Herrliche Gebäude und Grünanlagen, zahlreiche Wasserläufe und Brücken machen sie unverwechselbar.

Besonders sehenswert: Königliches Stadtschloss (Kungliga Slottet), mit rund 600 Räumen eine der größten Residenzen der Welt; Stockholms ältestes Gotteshaus, die innen gotische Storkyrkan; Tyska Kyrkan, Gotteshaus der deutschen Gemeinde mit einem beeindruckenden Altar; Riddarholmkyrkan, königlicher Bestattungsort seit dem Dreißigjährigen Krieg; barockes Reichsständehaus Riddarhuset; pittoreskes Hafengassenviertel zwischen Österlanggatan und Skeppsbron; Stadshus (1911–1923), Wahrzeichen mit grandiosem Turmausblick; Konserthuset, alljährlich Verleihungsort der Nobelpreise. Bemerkenswerte Museen: Nationalmuseet (bedeutendste Kunstsammlung des Landes) und Moderna Museet (zeitgenössische Kunst); Skansen, das älteste Freilichtmuseum der Welt; Vasamuseet mit dem 1628 beim Stapellauf gesunkenen Flaggschiff Vasa von Gustav II. Adolf. Ebenfalls sehenswert: Dutzende Stockholmer U-Bahn-Stationen mit kunstvoller Ausstattung (»Die längste Galerie der Welt«); Prachtstraße Strandvägen; Stockholms Schärengarten und der Wohnsitz der königlichen Familie, Schloss Drottningholm, mit einem funktionstüchtigen Rokokotheater.

Oben: Stockholm im Winter
Unten: Altstadthäuser aus dem 17. Jh.

Abstecher

Bohuslän

Namensgeber der Region nördlich von Göteborg ist die Festungsruine Bohus (13. Jh.) bei Kungälv. Bohusläns an Fjorden und Schären reiche Küste wird wegen seiner pittoresken Fischersiedlungen und den exklusiven Badeorte häufig mit Südfrankreichs Küste verglichen. Eine der schönsten Routen in ganz Schweden ist die Fahrt nach Tjörn und Orust, Bohusläns größte Inseln, die durch Brücken untereinander und mit dem Festland verbunden sind. Tierfreunde begeistert Schwedens größtes Meeresaquarium Havets Hus in Lysekil und der auf nordische Arten spezialisierte Tierpark Nordens Ark bei Smøgen.

Oben: Küstenlandschaft bei Malmö
Unten: prähistorische Felsbilder von Tanum

Beindruckend sind die Felszeichnungen bei Tanumshede, der einzigen unter den zahlreichen bronzezeitlichen Fundstätten Bohusläns, die auf der UNESCO-Weltkulturerbeliste verzeichnet ist. Entstanden sind die Ritzungen um 1800–800 v. Chr. Ihre heutigen Ausmalungen dienen der besseren Erkennbarkeit.
Krönung des ca. 200 km langen Ausfluges ist die schiffsförmige Steinsetzung der Wikinger bei Blomsholm und die 420 m lange und 60 m hohe Svinesundbrücke an der Grenze nach Norwegen.

der nördlichsten Spitze von Jütland nieder, gründeten eine Künstlerkolonie und schufen »Ikonen« der dänischen Malerei, die in Skagens Museum und im Michael & Anna Ancher Hus zu bewundern sind. Sehenswert ist die Tilsandede Kirke, die 1795 wegen des ständigen Flugsandes aufgegeben wurde.

16 Sæby Mit seinen Fachwerkfischerhäusern, einem Kutterhafen und seiner Klosterkirche (Fresken des 15. Jh.) ist der Badeort ein besonderes Idyll. Sehenswert ist auch der Herrensitz Saebygaard (ältester Teil von 1576). Im nahen Renaissanceschloss Voergaard befindet sich eine Kunst- und Pozellansammlung von Weltrang.

17 Aalborg Limfjord und Stadt können Sie am besten vom Aalborgtårnet (105 m) überblicken. Die Budolfi Domkirke ist dem Schutzpatron der Seeleute geweiht. Beachtung verdienen auch Jens Bangs Stenhus, das 1624 erbaute Wohnhaus eines reichen Kaufmannes, und Nordjyllands Kunstmuseet.

18 Viborg Der Dom in Dänemarks ältester Stadt musste im 19. Jh. völlig neu errichtet werden. Seine Deckenfresken und das mittelalterliche Domviertel verdienen dennoch Beachtung, ebenso die in den 1950er Jahren nach fast 1000jährigem Abbau stillgelegten Kalkstollen vor den Toren der Stadt.

19 Århus Dänemarks zweitgrößte Stadt ging aus einer Wikingersiedlung hervor. Die 1200 begonnene St. Clemens Kirke ist Dänemarks größter Dom; »Den Gamle By« ist das erste Freilichtmuseum für dänische Stadtkultur. Stararchitekt Arne Jacobsen plante das Raadhuset (vollendet 1942) mit. Eine 2000 Jahre alte

Moorleiche ist die Hauptattraktion des Moesgård Museum.

20 Vejle Die »Bergstadt« liegt wunderschön am gleichnamigen Fjord. St. Nicolai Kirke ist das älteste Gebäude der Stadt und birgt Gruseliges: eine 2500 Jahre alte Moorleiche und die eingemauerten Schädel von 23 Räubern. Sehenswert sind die Grafiken im Kunstmuseum und das Wahrzeichen der Stadt, eine Windmühle. Nordwestlich von Vejle liegt das UNESCO-Weltkulturerbe Jelling mit beeindruckenden Grabhügeln und zwei königlichen Runensteinen aus dem 10. Jh., die als »Dänemarks Taufscheine« gelten. Das jütländische Festland ist mit einer Eisenbahn-Straßenbrücke und einer Autobahnbrücke (Storebæltsbro) mit der Insel Fyn verbunden, hier ist die Inselhauptstadt der nächste Haltepunkt.

21 Odense Hans Christian Andersen hat die Inselhauptstadt weltbekannt gemacht. Sein Kindheitshaus und das ihm gewidmete Museum erinnern an ihn, das Carl-Nielsen-Museum, die Altstadt und die gotische St.-Knuds-Kirche sind weitere Attraktionen. Von Odense führt die Fernstraße 9 zur nächsten Sehenswürdigkeit, Egeskov.

22 Egeskov Das Schlösschen (16. Jh.) ist mit seinem Burggraben und der Zugbrücke eine der bekanntesten Wasserburgen Europas, es besitzt einen sehenswerten barocken Landschaftspark und ein beliebtes Oldtimermuseum.
Vom Süden der Insel geht es nach Nyborg an der Ostküste, hier überspannt die 18 km lange Storebæltbro den Großen Belt zwischen Fyn und Sjælland.

23 Trælleborg Unweit von Slagelse steht die Wikingerfestung Trælleborg, die streng geometrisch erbaut wurde und dem König Harald Blauzahn (10. Jh.) zugesprochen wird.

24 Roskilde Die Domkirke der Stadt steht unter dem Schutz der UNESCO. 38 dänische Regenten sind hier bestattet worden. Bemerkenswert sind die fünf original erhaltenen Wikingerschiffe, die man im angrenzenden Roskilde Fjord entdeckte. Sie werden im modernen Vikingeskibs Museet präsentiert. Zum Abschluss geht es vorbei am Schloss Frederiksborg zum Nordende Sjællands nach Helsingör.

25 Helsingør Hauptsehenswürdigkeit der am Öresund gelegenen Stadt ist Schloss Kronborg. Etwa 50 km sind es entlang der Küste zurück nach Kopenhagen, dem Ausgangspunkt der Reise.

1 Renaissanceschloss Kronborg bei Helsingør an der Meerenge zwischen Dänemark und Schweden

2 Ein Spaziergang durch das Freilichtmuseum Den Gamle By in Århus zeigt das alte Dänemark.

3 Vom 11. bis zum 15. Jh. war Roskilde Sommerresidenz der dänischen Könige. In der romanisch-gotischen Kathedrale sind viele der dänischen Herrscher begraben.

4 Schloss Frederiksborg bei Hillerød nördlich von Kopenhagen beherbergt das Nationalhistorische Museum.

Seenlandschaft bei Strängnäs In der Stadt am Mälaren wurde Gustav Wasa 1523 zum schwedischen König gewählt.

Schärenküste vor Stockholm Die Felsinseln, die sich in einem 150 km langen Gürtel erstrecken, sind ein beliebtes Wochenendrefugium.

Stockholm Herrliche Gebäude und Grünanlagen, Wasser und Brücken machen Schwedens Hauptstadt einzigartig. Sie erstreckt sich über 14 Inseln zwischen der Ostsee und dem Mälaren.

Schloss Vadstena In dem Ort am Vättern lebte die hl. Birgitta. Sehenswert: die Blaue Kirche.

Schloss Drottningholm Das von der königlichen Familie bewohnte Schloss liegt auf einer Insel im Mälaren. Es besitzt ein voll funktionstüchtiges Rokokotheater.

Uppsala Die älteste Universitätsstadt des Nordens (1477) kann mit Skandinaviens größter Kirche aufwarten: 120 m lang und ebenso hoch ist die Domkyrka, in der berühmte Schweden bestattet sind.

Bohuslän Die Region, die sich nördlich von Göteborg bis hinauf an die norwegische Grenze erstreckt, besitzt eine überaus buchtenreiche Küste.

Tanumshede Herausragend unter den bronzezeitlichen Funden Bohusläns sind die Alltagszenen und Kultdarstellungen in den Felsen.

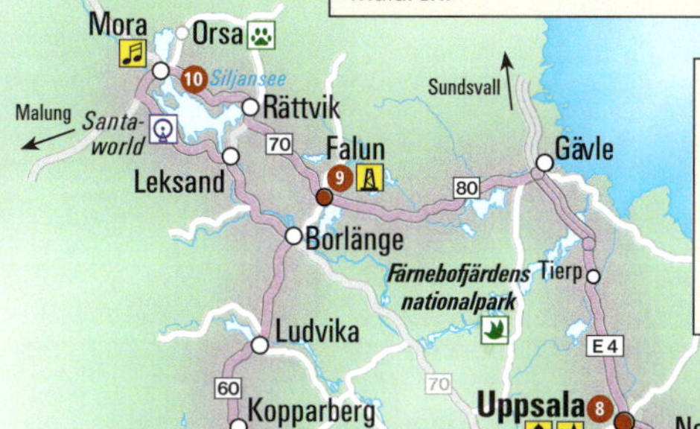

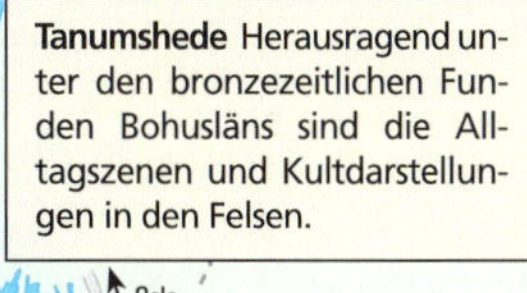

Gripsholm Zu den größten Sehenswürdigkeiten im Stockholmer Hinterland zählt das Schloss am Mälaren. Kurt Tucholsky liegt in Mariefred bestattet. Sein Roman hat das Schloss bekannt gemacht.

Århus In Dänemarks zweitgrößter Stadt befindet sich das mächtigste Gotteshaus des Landes, die St. Clemens Kirke. Das Freilichtmuseum »Den Gamle By« ist das größte seiner Art in Europa.

Gotland Schwedens größte Insel ist per Fährschiff erreichbar und hat ein ausgesprochen mildes Klima. Entlang der Küste lassen sich überaus bizarre Felsgebilde bestaunen.

Öland Die per Brücke mit dem schwedischen Festland verbundene Insel ist Sommersitz des schwedischen Königshauses. Sie ist reich an Badestränden und für ihre Windmühlen bekannt.

Schloss Egeskov Die Wasserburg wird von dichten Eichenwäldern umgeben, auf die der Name zurückgeht. Der Schlosspark und das Oldtimermuseum sind ebenfalls sehenswert.

Kopenhagen Dänemarks Hauptstadt ist geschäftig und gemütlich zugleich. Zu den Highlights zählen »Die kleine Meerjungfrau« und das Tivoli. Im Bild: das königliche Schloss Amalienborg.

Landschaft bei Ystad Der Fischfang (besonders Hering) hat die traditionell von Landwirtschaft geprägte Region rund um Ystad reich gemacht.

Bornholm Die fern von Dänemark gelegene »Ostseeperle« bietet fast alle Landschaftstypen Skandinaviens und viele Sehenswürdigkeiten.

Schloss Kalmar 1397 erfolgte in Kalmars prachtvollem Schloss die Vereinigung Dänemarks, Schwedens und Norwegens zur Kalmarer Union. Ebenfalls sehenswert ist der Dom.

Sankt-Petersburg: Smolni-Kathedrale und Auferstehungskloster

Route 7

Finnland, Russland

Vom Zarenreich ins Land der tausend Seen

Finnland ist ein stilles Land mit unzähligen Seen und endlosen Wäldern, ideal für Reisende auf der Suche nach Ruhe und Abgeschiedenheit. Von Helsinki bietet sich zudem ein Abstecher nach Russland an in das nur wenige Stunden entfernte Sankt-Petersburg.

Das Symboltier des Nordens, der Elch, ist in Finnland weit verbreitet, die Umrisse des Landes haben Ähnlichkeit mit dem Kopf einer Elchkuh. Auf jeder Finnlandkarte wird deutlich, warum der »Elchkopf« als das »Land der Tausend Seen« gilt, denn ein verzweigtes Labyrinth aus 50 000 bis 60 000 Binnengewässern prägt die gesamte Südhälfte des Landes. Etwa 12 % der Landesfläche sind mit Süßwasser bedeckt, darüber hinaus kann »Suomi« mit einem Waldanteil von 70 % aufwarten. Ständig neue, schlichte, aber immer wieder atemberaubende Kombinationen aus Seen und endlosen Wäldern machen Finnland zu einem Traumziel für alle Erholungssuchenden, doch auch die finnische Ostseeküste entlang des Bottnischen und des Finnischen Meerbusens mit ihren vorgelagerten Schäreninseln, den zahlreichen Buchten und Sandstränden, pittoresken Bade- und Fischerörtchen und einem fruchtbaren Hinterland sowie die melancholischen Fjell- und Tundrenregionen nördlich des Polarkreises sind bemerkenswerte Großlandschaften.

In Finnland herrschen ideale Wintersportbedingungen von November bis Mai. Die eisige Kälte und die winterliche Dunkelheit der Polarnacht sind möglicherweise die Gründe, dass die 5,2 Millionen Finnen gemeinhin als etwas schwermütig und wortkarg gelten. Dass sie im Grunde jedoch lustige, ausgelassene Familienmenschen sind, beweisen sie, sobald der Sommer anbricht und sie jede freie Minute Beeren pflückend, Pilze sammelnd, fischend, badend, paddelnd oder einfach faulenzend in der freien Natur verbringen. Sie »tanken« Licht und Wärme für die langen Winter, vergessen Zeit und Raum und feiern ausgelassen. Für 1,5 Millionen Rock-, Klassik-, Film-, Literatur-, Jazz-, Chor-, Theater- und Tanzfreunde aus aller Welt sind die finnischen Sommerfestivals Highlights im Jahreskalender. Sie finden – gemessen an der geringen Bevölkerungszahl – zahlreich wie in kaum einem anderen Land der Welt statt. Fast jeder Urlauber kommt wegen der

Ikone von Konevitsa, 19. Jh. (Kuopio, Finnland)

Die 150 Jahre alte Domkirche und die Statue von Zar Alexander II. am Senatsplatz in Helsinki; eine gewaltige Treppe führt zum Dom, der im Inneren unter anderem mit einer Statue von Agricola, dem Reformator Finnlands, aufwartet.

Sankt-Petersburg: Prachtvoller Barockbau der Nikolaus-Marine-Kathedrale am Gribojedow-Kanal

landschaftlichen Reize nach Finnland, selten nur wegen der Städte, die aber ebenfalls sehenswert sind. Dies gilt nicht nur für die klassizistisch geprägte Hauptstadt Helsinki und für Turku, die ehemalige Hauptstadt am Bottnischen Meerbusen. An Finnlands Küste finden sich viele pittoreske Fischer- und Badeorte. Dort ist auch die schwedische Kultur und Sprache weit verbreitet, während man sich in Karelien, Finnlands »Wildem Osten«, an Russland erinnert fühlt. Überaus interessant sind die Siedlungen der Samen jenseits des Polarkreises, etwa am Inarisee. Die eigentümlich vokalreiche Sprache sollte kein Hinderungsgrund sein: Finnisch ist die einzige Sprache der Welt, die das leidige Problem ein Laut, ein Zeichen weitgehend gelöst hat. Das heißt, man kann »suomalainen« unmittelbar lesen und richtig aussprechen, ohne ein umständliches Regelwerk zu benötigen. Finnen verstehen zumeist Deutsch und Englisch, und nur ein finnischer Begriff ist unverzichtbar: das Wörtchen Sauna. Das »wahre« Finnland hat nämlich nur erlebt, wer an diesem über 2000 Jahre alten urfinnischen Körperpflegeritual teilgenommen hat.
Von Helsinki oder einem der Küstenorte am Finnischen Meerbusen lohnt sich während der legendären »Weißen Nächte« eine Fahrt ins russische Sankt-Petersburg und in das südlich gelegene Novgorod. Beides sind alte Hansestädte mit einzigartigen architektonischen und kulturellen Schätzen. Der historische Kern von Sankt-Petersburg mit den wunderschönen Kirchen, den prächtigen Stadtpalästen, Museen, Kanälen und Brücken wurde ebenso wie die Kirchen Novgorods von der UNESCO als Weltkulturerbe unter Schutz gestellt.

Die Mehrzahl der finnischen Seen, die durch Flüsse und Kanäle verbunden sind, liegt im Süden.

Helsinki: Architektur der Moderne

Dass Helsinki reich an weltbekannten Beispielen moderner Architektur ist, liegt an den verheerenden Feuersbrünsten, die die einst mit Holz erbaute Stadt immer wieder verwüsteten: 1812 - nach Helsinkis Erhebung zur Hauptstadt - beauftragte Zar Alexander I. den Berliner Carl Ludwig Engel (1778-1840) mit der Errichtung steinerner und feuerfester Repräsentationsbauten im klassizistischen Stil wie den Dom und die Universität am Senatsplatz. Anfang des 20 Jh. entwickelte sich eine »Nationalromantik« genannte finnische Variante der Jugendstilarchitektur (Nationalmuseum, Hauptbahnhof), aus der in den 1920er-Jahren der rationale (Parlamentsgebäude) und ab den 1930er Jahren der ästhetisch-funktionale Architekturstil Alvar Aaltos (1898-1976) hervorging. Seine Finlandia-Halle (vollendet 1970) und Bauten in aller Welt haben ganze Architektengenerationen beeinflusst, darunter die Brüder Suomalainen (Felsenkirche, 1996). Aaltos Prinzip des »organischen« Bauens – die reiche Verwendung natürlicher Stoffe und Formen – prägt die finnische Architektur bis heute.

Oben: Nationaloper in Helsinki
Mitte: Felsenkirche im Untergrund
Unten: die Finlandia-Halle – ein Hauptwerk Alvar Aaltos

Finlandia-Route: Sie können auf einer – allerdings langen – Reise das wunderschöne Finnland, Sankt-Petersburg und das Nordkap erleben: Folgen Sie unserer Rundreise durch das abwechslungsreiche Südfinnland (Route I) bis hinauf an den Saimaasee und kombinieren Sie diese mit Route II, die durch Kareliens Wälder bis ans Nordende Europas führt.

Route I Südfinnland

1 Helsinki siehe Seite 77
Die Reise durch den Süden Finnlands beginnt in der Hauptstadt des Landes.

2 Sankt-Petersburg siehe Seite 78–79 sowie Reiseinformationen

3 Ekenäs/Tammisaari Die »Stadt der Eichen« ist für den Schären-Nationalpark bekannt, der sich vor ihrer Küstenlinie erstreckt. In der historischen Altstadt stehen Holzhäuser aus dem 17. und 18. Jh. – für moderne Architektur steht Alvar Aaltos Sparkassenbau. Kurios ist die außerhalb von Ekenäs gelegene Burg Raasepori: Zum Zeitpunkt ihrer Erbauung im 14. Jh. war sie nur per Schiff erreichbar. Nun aber befindet sie sich im Landesinneren.

4 Hangö/Hanko Die Landzunge von Hangö ist der Ausläufer des Salpausselkä-Höhenrückens und ist größtenteils dicht bewaldet. Finnlands südlichster Festlandspunkt ist das Segel-, Bade- oder Angelparadies der Finnen, die inmitten des Schärengartens oder an den Sandstränden Erholung suchen. Um die Jahrhundertwende wurden die Jugendstilvillen im Kurpark erbaut. Zurück in Ekenäs, führt die Straße 184 nach Salo am Lappdalsfjärden, von dort kehrt die Straße an die einzigartige Schärenküste zurück.

5 Turku/Åbo Der Turku vorgelagerte Schärengarten zählt über 20 000 Inseln und Eilande und ist eine der Hauptsehenswürdigkeit Finnlands. Nur wenige Gebäude der einstigen finnischen Hauptstadt haben die größte skandinavische Feuersbrunst 1827 überdauert: Schloss Turunlinna, ein trutziges Feldsteingebäude (Ende des 13. Jh.), und Turkus 1290 geweihter Backsteindom.

6 Naantali Der Ort hat sich den Charme der vorletzten Jahrhundertwende erhalten können, zu den Sehenswürdigkeiten gehören die hübsche Altstadt, die Klosterkirche und das Schloss

1 Helsinki: Die Uspensky-Kathedrale überragt den Hafen.

2 Im Schärengarten vor der südfinnischen Küste bei Tammisaari

Reiseinformationen

Routen-Steckbrief
Routenlänge:
Route I 1350 km,
Route II (ab Juva) 1400 km
Zeitbedarf:
jeweils mind. zwei Wochen, Rückfahrt bedenken!
Start- und Ziel:
Helsinki

Verkehrshinweise:
Die grüne Versicherungskarte wird empfohlen; Videogeräte müssen deklariert werden. KfZ-Nationalitätskennzeichen und eingeschaltetes Abblendlicht tagsüber sind Vorschrift, häufige Wildwechsel.

Beste Reisezeit:
Juni – September (Route I);
Juli – Ende August (Route II)

Unterkünfte: Typisch finnisch sind Ferienhäuser (»mökkis«) mit Sauna.

Auskünfte: Finnische Zentrale für Tourismus,
Tel. 069 / 719 19 80,
www.finland-tourism.de
Wissenswertes unter
www.ratgeber-finnland.de

Sankt-Petersburg und Novgorod
Sinnvoll ist die Anreise per Fährschiff von Helsinki oder anderen finnischen Hafenorten oder per Bus ab Lappeenranta. Akzeptable Bus- oder Bahnverbindungen in Richtung Russland existieren auch von anderen finnischen Orten aus.

Helsinki

Rund eine halbe Million Menschen leben in Helsinki, Finnlands überschaubarer Hauptstadt, die der Schwedenkönig Gustav Vasa 1550 gründen ließ. Nach schweren Bränden beauftragte Zar Alexander II. den Berliner Architekten Carl Ludwig Engel, Helsinki im neuklassizistischen Stil wieder aufzubauen. Zwanzig der zwischen 1820 und 1850 errichteten Monumentalbauten sind noch erhalten und verleihen der Metropole am Finnischen Meerbusen – gemeinsam mit weltbekannten Bauten vom Jugendstil bis zur Moderne – ein besonderes Stadtbild.

Sehenswürdigkeiten: Engels Senatsplatz mit dem Dom, dem Regierungspalais, dem Universitäts-Hauptgebäude und der Universitätsbibliothek gilt als einer der schönsten Plätze der Welt. In der Platzmitte: die Statue Zar Alexanders II.; Marktplatz und historische Markthallen am Südhafen, Fähranleger der Schiffe nach Suomenlinna, eine alte schwedische Inselfestung und UNESCO-Weltkulturerbe, und zu den Schäreninseln; Halbinsel Katajanokka, bester Panoramablick auf Helsinki; die schöne Orthodoxe Uspenski-Kathedrale (1868), reiche Innenausstattung;

Hafen mit Blick zum Dom

Luotsikatu, eine der prachtvollsten Straßen Helsinkis mit zahlreichen Jugendstilbauten; Esplanade, Helsinkis parkgesäumte Flaniermeile; Kaufhaus Stockmann, das größte seiner Art in Skandinavien. Lohnende Museen: Ateneum (Finnische Kunst); Kiasma (Moderne Kunst); Sinebrychoff-Kunstmuseum (Ausländische Kunst). Architektonische Highlights: der monumentale Hauptbahnhof mit einem 48 Meter hohen Uhrenturm; die in den Untergrund gesprengte Felsenkirche (1969) der Suomalainen-Brüder; Alvar Aaltos Finlandia-Halle (1970), in der 1975 die KSZE-Schlussakte unterzeichnet wurde. Einen fantastischen Blick über Helsinki bietet der Aussichtsturm des Olympiastadions.

1

Abstecher

Sankt-Petersburg

Zar Peter der Große hatte seine erst 1703 gegründete Stadt als russisches »Fenster zum Westen« bis in das kleinste Detail geplant. Hier, an den Ufern der Newa, wurde seine Vision von Klarheit und Fortschritt realisiert, und zwar, auch das war eine Neuerung, ganz aus Stein. Seitdem hat sich die Stadt zu einem bedeutenden kulturellen, politischen und wirtschaftlichen Zentrum Russlands entwickelt. Dreimal wurde sie umbenannt: Petrograd, Leningrad und schließlich wieder Sankt-Petersburg, hier nahm die Oktoberrevolution ihren Ausgang. Am schönsten ist ein Besuch während der »Weißen Nächte« im Juni, wenn es selbst um Mitternacht noch hell ist.

Besonders sehenswert sind: Schlossplatz mit Alexandersäule (1832) vor dem Winterpalast, der prachtvoll ausgestatteten, mehrfach erweiterten Zarenresidenz; im Winterpalast und seinen Nebengebäuden das Eremitagemuseum mit einer der bedeutendsten Kunstsammlungen der Welt. In der Umgebung des Schlossplatzes: Alexanderpark mit der architektonisch einzigartigen Admiralität (UNESCO-Weltkulturerbe), deren vergoldete Spitze ein Wahrzeichen der Stadt ist; Senatsplatz mit Denkmal Peters des Großen; die Isaaks-Kathedrale (19. Jh.), die größte und am prunkvollsten ausgestattete Kirche Russlands mit goldener Kuppel; Jussupowpalais am Moika-Ufer; Nikolaus-Marine-Kirche mit den leuchtenden Goldkuppeln (18. Jh.); Mariinskijtheater, das weltberühmte Opern- und Balletttheater.

Historisches Stadtzentrum (UNESCO-Weltkulturerbe): die Peter-Paul-Fes-

2

tung (18. Jh.) mit Petertor; Grablege des Zaren in der Peter-Paul-Kathedrale; Kronwerk mit Artilleriemuseum; Kriegsmarinemuseum in der ehemaligen Börse; Kunstkammer mit der Raritätensammlung Peters des Großen und Lomonossowmuseum; Akademie der Wissenschaften aus dem 18. Jh.; der rot-weiße Gebäudekomplex der Zwölf Kollegien (1721), heute Universität; das barocke Menschikowpalais mit Museum der Kultur zu Zeiten Peters des Großen.

Rund um die Prachtstraße Newskij Prospekt: Kasaner Kathedrale; Auferstehungskirche (1907); Stroganowpalast von 1754; Platz der Künste mit Michaelispalais, darin das Russische Museum; Ethnografisches Museum; Anitschkowpalais mit angrenzender Anitschkowbrücke; barockes Palais Belosselskij-Beloserskij.

Außerdem sehenswert: Sommergarten, der älteste Park der Stadt, mit Sommerpalast von 1710, Marmorpalais (18.Jh.); Alexander-Newskij-Kloster, Sitz des Metropoliten, mit klassizistischer Dreifaltigkeitskathedrale; Tilchwiner und Lazarus-Friedhof sowie Smolni-Auferstehungskloster mit der barocken Auferstehungskathedrale; Puschkintheater und Puschkinmuseum, Dostojewskimuseum in der Wohnung des Dichters; Scheremetewpalais mit Anna-Achmatowa-Museum.

Versäumen Sie nicht, von Sankt-Petersburg aus das UNESCO-Weltkulturerbe Novgorod zu besuchen: Die »Neue Stadt« liegt etwa 200 Kilometer südwestlich am Ilmensee, an der Hauptstraße nach Moskau. Trotz ihres Namens ist Novgorod eine der ältesten Städte Russlands. Gegründet wurde sie im 9. Jahrhundert, sie hatte engen Kontakt mit der Hanse, die ein eigenes Kontor in Novgorod unterhielt. Imposant ist der mauerbewehrte, mit neun Festungstürmen versehene Kreml der einstigen Stadtrepublik, die vom 12. bis zum 17. Jh. bestand. Berühmt sind Novgorods Kirchen, die vom 12. bis 14. Jh. in den unterschiedlichsten Baustilen ausgeführt worden sind. Fast jeder Straßenzug und jede Zunft ließ sich damals ein eigenes prächtiges Gotteshaus errichten.

1 Der Sommerpalast im winterlichen Sankt-Petersburg

2 Die St.-Isaak-Kathedrale ist die prächtigste und größte Kirche Sankt-Petersburgs.

3 Die Sommerresidenz der Zaren befand sich in Puschkin (Zarskoje Selo) bei Sankt-Petersburg. Der Große Palast für Katharina, Gemahlin Peters I., wurde 1724 vollendet.

4 Prächtig verspielter Mittelpunkt der Sommerresidenz Peters I. ist der im barocken Stil errichtete große Palast bei Sankt-Petersburg.

Abstecher

Savonlinna

Savonlinna liegt inmitten des unüberschaubaren Labyrinths der tausend Seen des Saimaa-Seengebietes. Zu den Sehenswürdigkeiten der hübschen Stadt zählen das Provinzmuseum, das sich in einem ehemaligen Getreidespeicher auf der Insel Riihisaari vor den Toren der Burg befindet, die Museumsschiffe Mikko, Savonlinna und Salama, der Marktplatz mit dem Bootsanleger für Ausflüge ins Saimaa-Seengebiet sowie die hundertjährige Holzvilla Rauhalinna, die etwas außerhalb der Stadt liegt.
Die über eine Pontonbrücke erreichbare Trutzburg Olavinlinna aus dem Jahre 1475 gilt als die schönste und besterhaltene mittelalterliche Burganlage Finnlands. Sie ist seit über

Olavinlinna war die erste finnische Burg, die im Zeitalter der Feuerwaffen erbaut wurde.

30 Jahren der Austragungsort der Savonlinna-Opernfestspiele. Dieses Festival ist die größte regelmäßig stattfindenden Kulturveranstaltung Finnlands. Der 330 km von Helsinki entfernt gelegene Ort bezeichnet sich gern als das »Bayreuth des Nordens«, die Veranstaltung wird häufig in einem Atemzug mit den Salzburger Festspielen genannt.
Viele Aufführungen zwischen Juli und Anfang August finden in dem mit Segeltuch überdachten Innenhof der Burg oder der für ihre gute Akustik gerühmten Konzerthalle von Savonlinna statt. Detaillierte Informationen erhält man über www.operafestival.fi

Kultarnata, der Sommersitz des Staatspräsidenten. Wer den Schärengarten hautnah erleben will, der kann einer kleinen Stichstraße nach Pulkkalla folgen. Die N8 führt nach Rauma am Bottnischen Meerbusen.

7 Rauma Finnlands drittälteste Stadt ist eine Hochburg der Spitzenklöppelei. Die historische Altstadt, die in den vergangenen 320 Jahre von Bränden komplett verschont geblieben ist, wurde zum Weltkulturerbe erklärt: 600 Holzgebäude bilden das größte zusammenhängende Stadtviertel dieser Art in ganz Skandinavien. Von Pori an der N8 führt die N2 nach Forssa und von dort nach Hämeenlinna.

8 Hämeenlinna Das Geburtshaus von Jean Sibelius (1865–1957) zählt ebenso wie die Backsteinburg Häme (13. Jh.) und der Aulanko-Park zu den Sehenswürdigkeiten der Stadt.

9 Lahti Der an einem mächtigen Moränenbuckel und an zwei Seen gelegene weltbekannte Wintersportort beeindruckt durch seine sechs Skisprungschanzen und das Skimuseum. Als architektonische Leckerbissen gelten die Kirche des Kreuzes (1978 nach Entwürfen Alvar Aaltos) und die Sibeliushalle. Lahti ist das Eingangstor zur Seenlandschaft Finnlands, der Salpausselkä-Höhenzug und die Seen Vesijärvi und Päijänne bieten vielfältige Freizeitmöglichkeiten. Die Landschaft entlang der N5 nach Mikkeli entspricht allen Vorstellungen vom »Land der 1000 Seen«.

10 Mikkeli Die Stadt liegt in einer sanft gewellten Hügellandschaft. Der Ort wurde 1838 auf Befehl Zar Nikolaus I. gegründet, war aber schon im Mittelalter der Zentralpunkt Ostfinnlands, eine kleine steinerne Kapelle von 1320 am Marktplatz erinnert daran. Im Stadtzentrum steht der größte finnische Pfarrhof aus Holz: Kenkävero. 700 Seen und Teiche umgeben die Stadt. Nördlich der Stadt erstreckt sich ein Sumpfgebiet. Dunkle grüne Wälder, glitzernde Seen, einsame Ferienhäuschen und wenige Dörfer liegen an der Strecke nach Savonlinna und Kerimäki.
Wer weiter zum Nordkap fahren will, bleibt zunächst auf der N5 und biegt nicht Richtung Savonlinna ab.

11 Kerimäki Im kleinen Örtchen Kerimäki nördlich Savonlinnas steht die weltgrößte Holzkirche.

Ihr Stifter – ein Auswanderer, der in Amerika zu Vermögen kam – lieferte die Baupläne in Fuß, der finnische Architekt führte sie jedoch in Metern aus. Die Höhe von 27 m und die nunmehr 3000 Sitzplätze waren ursprünglich also gar nicht beabsichtigt – zumal die Gemeinde nur wenige Seelen hatte!

12 Retretti und Punkaharju Hinter Savonlinna lohnt ein Stopp bei dem teils oberirdisch, teils in Höhlen untergebrachten Kunstzentrum Retretti und an dem kilometerlangen Moränenhügel Punkaharju, der sich zwischen dem Pihlajavesi- und dem Puruvesi-See erstreckt. Die Weiterfahrt auf der N6 ab Sääkjsalmi verläuft zwischen dem Seengebiet und der russischen Grenze.

13 Imatra am Saimaasee Imatra, eine lebendige Gartenstadt an der Staatsgrenze zu Russland, liegt am Hauptbecken des Saimaasees, dem größten Seensystem Finnlands. Der »See der tausend Inseln« ist bekannt für seine Ringelrobbenpopulation, die im Süßwasser lebt. In Imatra lohnt ein Besuch des von Alvar Aalto geplanten Gemeindezentrums im Ortsteil Vuoksenniska und der meist für ein Kraftwerk »gebändigten« Wasserfälle des Vuoksa.

14 Lappeenranta Die alte Garnisonsstadt liegt am 50 km langen Saimaa-Kanal, der die Seenplatte über die russische Grenze hinweg mit dem Finnischen Meerbusen verbindet. Von Finnlands größtem Binnenhafen beginnen (auch mehrtägige) Fahrten über den Saimaasee. Die meisten Sehenswürdigkeiten der Stadt liegen innerhalb des ältesten Teils von Lappeenranta, dem Festungsgelände Linnoitus, dessen Wälle teilweise rekonstruiert worden sind.
Auch die orthodoxe Kirche, die älteste des Landes (1785), lohnt einen Besuch. Bei Luumäki führt die Landstraße 26 nach Haminia an den Golf von Finnland.

15 Hamina/Vehkalahti Die sehenswerten Schwedenwälle aus dem frühen 18. Jh. sollten als Ersatz für die an die Russen gefallene Festung Vyborg dienen, wurden aber schon vor ihrer Fertigstellung von den Russen eingenommen. Ein städtebauliches Kleinod ist Haminas achteckiger Marktplatz, in dessen Mitte sich das Rathaus von 1789 befindet.

16 Kotka Hauptsehenswürdigkeiten in Finnlands größtem Exporthafen sind die außen schlichte, innen jedoch mit einer aufwändigen Ikonenwand ausgestalteten orthodoxe Nikolaikirche (1795) und die zum Teil monumentalen Bauten aus dem letzten Jahrhundert (Gewerkschaftshaus, Rathaus, Sparkasse). Von der Küstenstraße nach Porvoo bieten sich immer wieder atemberaubende Ausblicke auf die tief ins Land reichenden Fjorde und die Schärenküste.

17 Porvoo/Borgå Die Stadt besitzt zwei alte Viertel: eine kopfsteingepflasterte Altstadt mit einem gotischen Backsteindom und eine »jüngere« mit klassizistischen Steinbauten. Sehenswert sind die roten Magazinschuppen am Ufer des Porvoonjoki aus dem 18. und 19. Jh., den besten Blick auf die zweitälteste Stadt des Landes hat man von der alten Brücke aus. Nach Helsinki, Ziel und Endpunkt der Route I, sind es von hier noch 51 km.

Route II Juva – Nordkap
18 Kuopio Wie tief der russisch-orthodoxe Glaube bei den Kareliern verwurzelt ist, vermittelt das Orthodoxe Kirchenmuseum der Stadt. Es besitzt die bedeutendste Sammlung dieser Art in Westeuropa.
Unweit des Museums beginnt ein Wanderweg zum 232 m hohen Puijo. Dort bietet sich von einem 75 m hohen Aussichtsturm ein spektakulärer Blick über die Universitätsstadt und Kareliens Seen und Wälder.

1 Historisches Zentrum von Rauma, 1991 von der UNESCO zum Weltkulturerbe erklärt

2 Ein farbenprächtiges Rapsfeld auf der Fahrt durchs südliche Finnland

Blick über die Seenplatte bei Kuopio in der Provinz Savo. Finnlands Beiname »Land der tausend Seen« ist eher eine Untertreibung: Mehr als 50 000 große und kleine Seen, die oft miteinander verbunden sind, bedecken ungefähr ein Zehntel des Landes.

Die Samen

In Lappland, das den nördlichsten Teil Skandinaviens und einen Teil Russlands umfasst, lebt etwa eine halbe Million Menschen. Ein Zehntel der dortigen Bevölkerung sind Sami oder Samen, die sich selbst Samek nennen und fälschlicherweise oft noch als Lappen bezeichnet werden. Vermutlich lebten die Samen bereits vor etwa 4000 Jahren in den südlicheren Regionen der skandinavischen Halbinsel als Nomaden und betrieben Jagd und vorwiegend Fischerei, bevor sie im 10. Jh. von anderen Völkern immer weiter in Richtung des Polarkreises abgedrängt wurden. Schon damals lieferte ihnen das wild lebende Rentier Nahrung und zahlreiche Materialien für Gebrauchsgegenstände. Erst im 17. Jh. begannen die Samen mit der Zucht der Tiere. Laut historischen Verträgen dürfen sie den Zügen ihrer halbwilden Renherden folgen, doch kommt es immer wieder zu Konflikten mit privaten Weidelandbesitzern. 1956 gründeten finnische, norwegische und schwedische Samen den Nordischen Sami-Rat als ihre Länder übergreifende Interessenvertretung.

Je nach Zählweise leben zwischen 5000 und 17 000 Samen im finnischen Teil Lapplands; der Grad der Assimilierung mit den Finnen wird dabei statistisch unterschiedlich bewertet. Etwa die Hälfte der finnischen Samen sprechen ihre zu den finno-ugrischen gehörende eigene Sprache, die staatlicherseits nun wieder verstärkt gefördert wird. Unsere romantischen Vorstellungen von den Samen sind seit Jahrzehnten

Samen domestizierten das Rentier.

längst überholt. Viele haben dem Nomadentum schon abgeschworen und diejenigen, die weiterhin als Halbnomaden Rentiere züchten, gehen der Tätigkeit mit allradgetriebenen Jeeps und Motorschlitten nach. Kaum ein Same lebt mehr in Zelten, die farbenfrohen Trachten und Mützen werden meist nur noch für Folkloreveranstaltungen getragen. Dennoch werden die traditionellen Legenden und Lieder – etwa die reimlosen, meist improvisierten Joika-Gesänge – gerne an die Jugend weitergegeben, und die kunstvolle Verarbeitung von Fell, Holz und Horn wird intensiv gepflegt.

19 Kajaani Vor allem wegen seiner Burg Kajaaninlinna (17. bis 20. Jh.) und des winzigen Rathauses ist die Industriestadt am Oulujärvi sehenswert. Lohnend sind Abstecher zu den Fresken der Holzkirche (1725) im nahen Paltaniemi.

Die Straße führt im weiteren Verlauf um den Oulujärvi herum, nördlich der Straße beginnt ein ausgedehntes Sumpfgebiet – Käinuunselkä –, das sich bis weit in den Norden Finnlands zieht. Im Rokuagebiet ragen alte Dünen 80 Meter über die Ebene Nordfinnlands.

20 Oulu Wie so viele andere finnische Städte wurde auch Oulus mittelalterliches Stadtbild bei einem Großbrand zerstört. Sehenswert in der zweitwichtigsten Exporthafenstadt Nordeuropas am Bottnischen Meerbusens sind der Dom und die Museen, darunter das Wissenschaftszentrum Tietomaa. Oulu vorgelagert liegt die Urlaubsinsel Hailuoto mit reizvollen Fischerdörfern, reetgedeckten Häusern, Windmühlen, schönen Sandstränden und einer überaus reichen Vogelwelt. Im Gebiet von Oulu geht die Sonne im Hochsommer um 3 Uhr morgens auf und versinkt erst nach 13 Uhr. Entsprechend lang sind die Beobachtungszeiten, etwa für die Lapplandmeise oder den Prachttaucher mit seinen wirklich schaurigen Rufen.

21 Kemi Der Seehafen Lapplands an der Mündung des Kemijoki ist ein wichtiger Holzhandelshafen mit Sehenswürdigkeiten wie dem Eisbrecher Sampo und dem Isohaara-Kraftwerk.

22 Rovaniemi Lapplands Verwaltungszentrum liegt knapp südlich des Polarkreises. Nachdem die Stadt 1944 dem Erdboden gleich gemacht wurde, plante Alvar Aalto den Wiederaufbau der Stadt. Die Hauptstraßen ließ er im Grundriss eines Rentiergeweihs anlegen, von ihm stammt auch das »Lappia-Haus«. Die 320 m lange Jätkänkynttilä-Brücke ist Wahrzeichen der Universitätsstadt; bemerkenswert ist das 172 m lange gläserne »Arktikum« mit dem Arktischen Zentrum und dem Lappländischen Provinzmuseum.

23 Sodankylä Das Dorf rühmt sich der ältesten Holzkirche Lapplands (1689) und dem Ruf als kältester Ort Finnlands. Mitte Juni findet in den langen Mittsommernächten das »Midnight Sun Film Festival« statt.

24 Vuotso und Tankavaara In der Samensiedlung Vuotso können Sie einiges über das Handwerk der Samen und die Rentierhaltung erfahren. In Tankavaara erinnert ein Museum an den Goldrausch der 1940er Jahre.

Obwohl im Urho-Kekkonen-Nationalpark Wölfe und Bären leben, lassen sich in Finnlands zweitgrößtem Naturschutzgebiet herrliche Wanderungen unternehmen.

25 Inari Überwiegend Samen trotzen den jährlich über 200 Tagen mit Temperaturen unter dem Gefrierpunkt. Das Sami-Freilichtmuseum gibt Auskunft über ihre alte Kultur. Ein Wanderweg führt zur Wildmarkskirche Pielpajärvi (1760). Die Inariregion wird vom 80 km langen, 40 km breiten Inarisee geprägt. Der »Heilige See der Samen« ist Finnlands drittgrößtes Gewässer und nur an drei Monaten im Jahr eisfrei.

26 Karigasniemi Nach weiteren 100 Straßenkilometern durch die raue, karge Wildmark erreichen Sie die norwegische Grenze bei Karigasniemi: Nordöstlich ragt der 620 m hohe Ailigas auf, unweit beginnt das Naturschutzgebiet Kevo und entspringt Finnlands mächtigste Quelle Sulaoja.

27 Nordkap Nach einem 261 km langen Endspurt durch raue Landschaften ist das Nordkap erreicht. Gewöhnlich liegt der dunkelgraue, 307 m aus dem Eismeer aufragende Felsen in dichten Nebel gehüllt. Der eigentlich nördlichste Festlandspunkt unseres Kontinents ist das Kap Knivskjellodden.

Vom Nordkap sind es nun 2600 Fahrkilometer über die E4 durch Schweden entlang dem Bottnischen Meerbusen bis Hamburg oder Berlin (siehe Route 5).

1 Uferlandschaft am Inari-See, Finnlands drittgrößter See mit über 3000 Inseln.

2 Die dichteste Population an Braunbären findet sich im Osten und Südosten des Landes.

3 Schätzungen zufolge leben in Finnland mehr als 140 000 Elche.

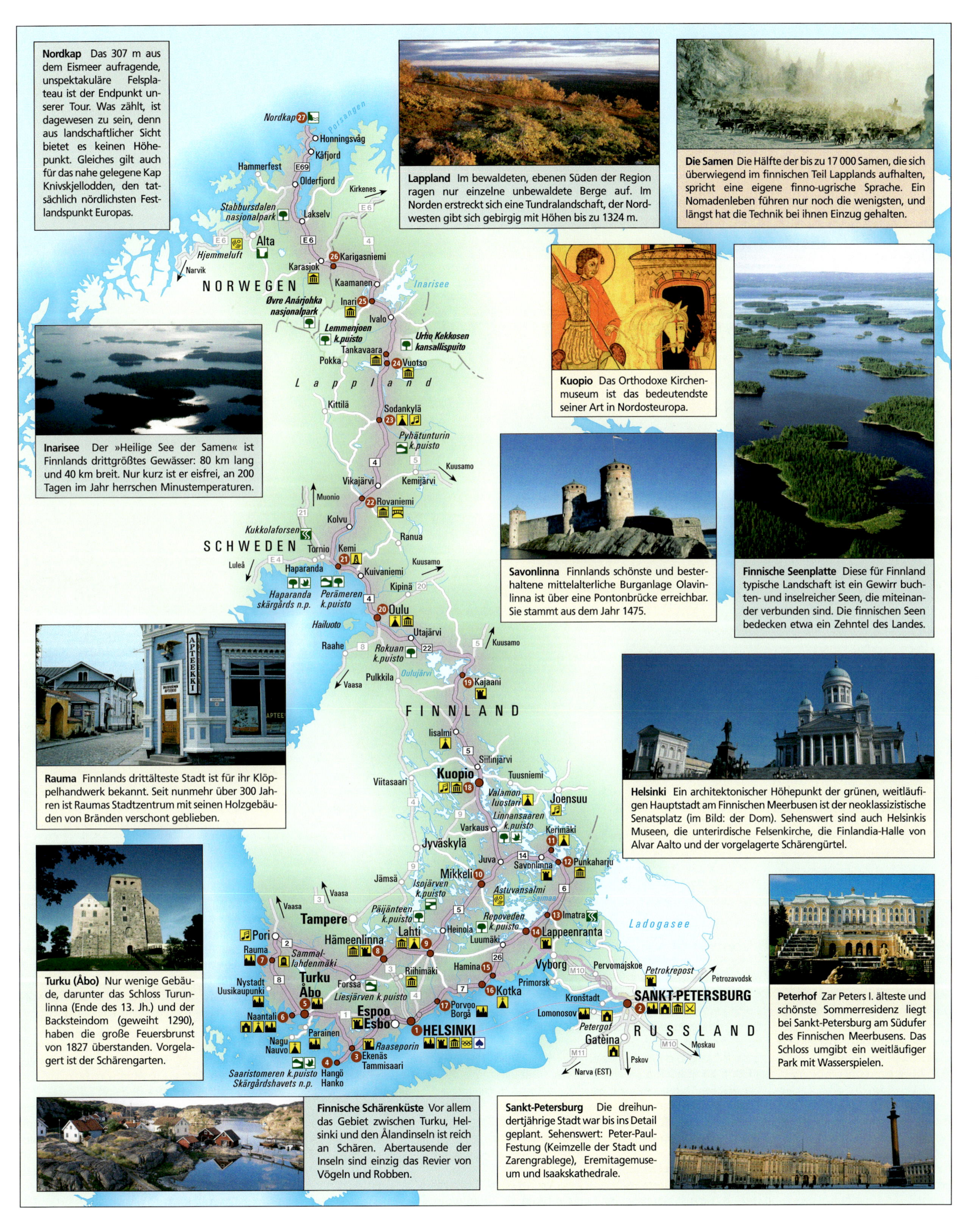

Nordkap Das 307 m aus dem Eismeer aufragende, unspektakuläre Felsplateau ist der Endpunkt unserer Tour. Was zählt, ist dagewesen zu sein, denn aus landschaftlicher Sicht bietet es keinen Höhepunkt. Gleiches gilt auch für das nahe gelegene Kap Knivskjellodden, den tatsächlich nördlichsten Festlandspunkt Europas.

Lappland Im bewaldeten, ebenen Süden der Region ragen nur einzelne unbewaldete Berge auf. Im Norden erstreckt sich eine Tundralandschaft, der Nordwesten gibt sich gebirgig mit Höhen bis zu 1324 m.

Die Samen Die Hälfte der bis zu 17 000 Samen, die sich überwiegend im finnischen Teil Lapplands aufhalten, spricht eine eigene finno-ugrische Sprache. Ein Nomadenleben führen nur noch die wenigsten, und längst hat die Technik bei ihnen Einzug gehalten.

Kuopio Das Orthodoxe Kirchenmuseum ist das bedeutendste seiner Art in Nordosteuropa.

Inarisee Der »Heilige See der Samen« ist Finnlands drittgrößtes Gewässer: 80 km lang und 40 km breit. Nur kurz ist er eisfrei, an 200 Tagen im Jahr herrschen Minustemperaturen.

Savonlinna Finnlands schönste und besterhaltene mittelalterliche Burganlage Olavinlinna ist über eine Pontonbrücke erreichbar. Sie stammt aus dem Jahr 1475.

Finnische Seenplatte Diese für Finnland typische Landschaft ist ein Gewirr buchten- und inselreicher Seen, die miteinander verbunden sind. Die finnischen Seen bedecken etwa ein Zehntel des Landes.

Rauma Finnlands drittälteste Stadt ist für ihr Klöppelhandwerk bekannt. Seit nunmehr über 300 Jahren ist Raumas Stadtzentrum mit seinen Holzgebäuden von Bränden verschont geblieben.

Helsinki Ein architektonischer Höhepunkt der grünen, weitläufigen Hauptstadt am Finnischen Meerbusen ist der neoklassizistische Senatsplatz (im Bild: der Dom). Sehenswert sind auch Helsinkis Museen, die unterirdische Felsenkirche, die Finlandia-Halle von Alvar Aalto und der vorgelagerte Schärengürtel.

Turku (Åbo) Nur wenige Gebäude, darunter das Schloss Turunlinna (Ende des 13. Jh.) und der Backsteindom (geweiht 1290), haben die große Feuersbrunst von 1827 überstanden. Vorgelagert ist der Schärengarten.

Peterhof Zar Peters I. älteste und schönste Sommerresidenz liegt bei Sankt-Petersburg am Südufer des Finnischen Meerbusens. Das Schloss umgibt ein weitläufiger Park mit Wasserspielen.

Finnische Schärenküste Vor allem das Gebiet zwischen Turku, Helsinki und den Ålandinseln ist reich an Schären. Abertausende der Inseln sind einzig das Revier von Vögeln und Robben.

Sankt-Petersburg Die dreihundertjährige Stadt war bis ins Detail geplant. Sehenswert: Peter-Paul-Festung (Keimzelle der Stadt und Zarengrablege), Eremitagemuseum und Isaakskathedrale.

Die alte Handelsmetropole Nižnij Novgorod: Hafenanlage an der vereisten Wolga

Route 8

Russland

Moskau und sein Goldener Ring

Für Liebhaber alter russischer Kunst und Architektur ist der Goldene Ring das Nonplusultra: Die Bezeichnung steht für einen Kreis zauberhafter alter Städte nördlich von Moskau – Prachtstücke des alten Russland, Örtlichkeiten, in denen die Erzählungen der russischen Dichter spielen könnten. Ihre Klöster und Kirchen sind Zeugnisse einer vergangenen Welt.

Die Bezeichnung Goldener Ring, die erst Anfang der 1970er-Jahre in Russland geprägt wurde, steht für eine Reihe altrussischer Städte nördlich von Moskau, zu denen in erster Linie Vladimir, Suzdal', Jaroslavl', Rostov Veliki, Sergiev Posad, Pereslavl'-Zalesskij, Kostroma sowie Moskau gehören. Aus den einstigen mittelalterlichen Festungsanlagen zum Schutz vor den Mongolen hatten sich altrussische Zentren entwickelt, die mit ihren mächtigen Kreml, den Wehrklöstern und mit prachtvollen Mosaiken, Ikonen und wertvollen Kirchenschätzen ausgestatteten Kirchen einen Kontrapunkt zum ärmlichen Alltag der Landstädtchen setzten. Während sich die Bezeichnung »Golden« als Hinweis aus den auffallend vergoldeten Zwiebelkuppeln der mittelalterlichen Kirchen ableitet, verweist der Begriff »Ring« auf die engen kulturhistorischen Verbindungen zwischen den einzelnen Städten. Sie sind noch heute steinerne Zeugnisse des »alten Russlands«, das bis zur Oktoberrevolution bestand und ein zutiefst gläubiges Land gewesen war.

Das Neujungfrauenkloster in Moskau

Die Städte des Goldenen Rings breiten sich in der weiten, leicht gewellten Ebene aus, die sich, von den Kräften der Eiszeit geformt, südöstlich des Finnischen Meerbusens ausdehnt. Das hier vorherrschende Kontinentalklima zeichnet sich durch warme Sommer und kalte Winter aus. Der Januar hat eine mittlere Temperatur von -11 °C, der Juli erreicht Durchschnittstemperaturen von etwa 19 °C, die jährlichen Niederschläge liegen bei 530 mm. Große Flüsse und Stauseen beherrschen die Landschaft am Oberlauf der Wolga und ihrer Nebenflüsse Oka und Kljasma.
Die eigentlich russische Geschichte beginnt im 10. Jh. an den Ufern des Dnjepr, in Kiew. Hier saßen slawische Stämme, die mit den vorbeiziehenden Warägern aus dem Norden Handel trieben. Erst Mitte des 11. Jh. verlagerte sich das Herzland des russischen Staates nach Nordosten,

Der Rote Platz ist nicht nur Moskaus berühmtester, sondern auch sein größter Platz. Die Basilius-Kathedrale an seinem Südende zieht alle Blicke auf sich.

Der Kreml von Moskau mit dem Terempalast, der Mariä-Entschlafens-Kathedrale und dem Glockenturm »Ivan der Große«.

zum Goldenen Ring. Das relativ milde Klima, die Lage im Einzugsgebiet schiffbarer Flüsse sowie durch die Region verlaufende Handelswege führten in diesem Zeitraum (9.–11. Jh.) zur Gründung einer Reihe von Städten, die rasch Einwohnerzahlen von 10 000 bis 20 000 erreichten. Als das erste russische Reich zerfiel, trat Vladimir Mitte des 12. Jh. die Nachfolge von Kiew an, im gleichen Zeitraum wanderten viele Bewohner aus Kiew in die Region des Goldenen Ringes ab. Die dortigen Städte wurden Metropolen mächtiger Fürstentümer. Teilweise schon vor Gründung und Aufstieg Moskaus waren Rostov, Suzdal' und Vladimir Handelsmetropolen, aber auch Zentren weltlicher und religiöser Macht. Moskau gehörte seinerzeit zum Fürstentum Vladimir-Suzdal'. Mongolen unterwarfen ab dem 13. Jh. das russische Reich und pressten den Einwohnern hohe Tribute ab. Im Kampf gegen die »Goldenen Horden« stellte sich das bis dahin unbedeutende Moskau an die Spitze der Bewegung und ließ die anderen Fürstentümer ab Ende des 14. Jh. in die Bedeutungslosigkeit versinken. Bis in das späte 15. Jh. drückten die Mongolen aus dem Inneren Asiens Russland ihren Stempel auf.
Ein wichtiger Verbündeter des russischen Staates in dieser Zeit war die orthodoxe Kirche – Kirche, Klöster und Mönchstum bildeten dabei eine untrennbare Einheit. Eine Reise entlang des Goldenen Rings wird in der Regel in Moskau beginnen und durch die auf den Folgeseiten beschriebenen großen Städte führen. Aber auch abseits der Hauptroute findet man reizvolle kleinere Orte wie Puškino, Bratovšina, Rackmanova, Muranovo oder Abramtsevo.

Rostov Veliki: Eine mächtige Mauer umschließt den Kreml und seine malerischen Kirchen.

Der Kreml

Als Kreml bezeichnete man den befestigten Teil altrussischer Städte. Der Moskauer Kreml wurde Ende des 15. Jh. von italienischen Festungsbaumeistern mit einer 2 km langen und 15 bis zu 20 m hohen Mauer umgeben, die von 19 Türmen bekrönt wird. Er bildet ein unregelmäßiges Dreieck, dessen eine Seite entlang der Moskwa verläuft. Der Kreml diente den Zaren und Patriarchen der russisch-orthodoxen Kirche bis ins 18. Jh. als Residenz. Unter den Gebäuden sind als wichtigste die folgenden zu nennen: Großer Kremlpalast, Rüstkammer mit Zarenschätzen, Patriarchenpalast, Nikolauspalast, Facettenpalast, Senatsgebäude, Arsenal und die Kaserne mit den Stallungen. Unter den schönen Kirchen ragen die Verkündigungs-, die Himmelfahrts- und die Erlöserkathedrale heraus, dazu kommt noch der Glockenturm Ivan Veliki von 1600.

Das Gelände des Moskauer Kreml umfasst rund 28 Hektar.

Moskau und der Goldene Ring: Die melancholische Zeitreise durch die Geschichte des alten Russlands beginnt in Moskau, verläuft über Rostov nach Norden bis Kostroma und führt über Ivanovo wieder nach Moskau zurück. Immer wieder hat man unterwegs den Eindruck, dass die Zeit stehen geblieben ist.

1 Moskau siehe Seite 88–89
Die Reise beginnt in Moskau und führt von dort Richtung Norden nach Sergiev Posad, das zwischen 1931 und 1991 Sagorsk hieß.

2 Sergiev Posad Zu den wichtigsten religiösen Zentren Russlands zählt unzweifelhaft das Kloster der Dreifaltigkeit und des heiligen Sergius (1340). Die Klosteranlage ist für orthodoxe Christen ein wichtiger Wallfahrtsort. Eine 1600 m lange Wehrmauer umgibt den Klosterkomplex, der 1608–1610 16 Monate vergeblich von polnischen Truppen belagert wurde.
Sergiev Posad war schon zu Zarenzeiten ein nationales Heiligtum und genoss die uneingeschränkte Unterstützung der Herrscher, die hier ihre eigene Residenz, den Chertogi-Palast (17. Jh.), besaßen. Der Palast war geräumig gebaut worden, da der Zar bei seinen Aufenthalten seinen mehrere hundert Personen umfassenden Hofstaat unterbringen musste. 1920 löste der russische Staat das Kloster auf und erklärte es zum Museum, 1993 wurde es UNESCO-Weltkulturerbe.
Im Dreifaltigkeits-Sergius-Kloster finden sich schöne Beispiele altrussischer Malerei. Die Ikonostase in der Kathedrale wurde mit Gemälden des berühmten Ikonenmaler Andrei Rublov und seiner Gehilfen geschmückt; vom Meister selbst stammt die Dreifaltigkeit.
Die Anlage zeigt herausragende Beispiele der russischen Architektur des 14. bis 18. Jh. Wehrklöster hatten in ihrer Entstehungszeit mehrere Funktionen: Sie dienten als Krankenstationen, Armenhäuser, Findelhäuser und Schulen – lange waren es sogar die einzigen in ganz Russland. Aus dem frühen 17. Jh. stammt das Spitalgebäude und die angrenzenden Kirche St. Zosimus und St. Sabas.

3 Pereslavl'-Zalesskij Die altrussische Handelsstadt, die zu den ältesten Städten Russlands zählt, ist reich an Kirchen und hübschen bunten Holzhäusern. Die Stadt am Pleštšejewo-See wurde im 10./11. Jh. gegründet, aus dieser Zeit stammt auch die Umwallung.
Die weiße Kathedrale (1152) auf dem Roten Platz hinter den Mauern des Kreml ist an ihren Außenmauern mit halbkreisförmigen Ornamenten, den »zakomaras«, verziert, diese sind ein wichtiges Stilelement der altrussischen Architektur.
Zu den wenigen erhalten gebliebenen älteren Kremlbauwerke gehört die Kirche des Metropoliten Peter aus dem Jahr 1585. Die Kirche der Verkündigung (Mitte 17. Jh.) besitzt ein geräumiges Kirchenschiff. Aus der 1. Hälfte des 14. Jh. stammt das Goritsky-Kloster, aus dem 16. Jh. das Danilov-Kloster, das sich im niedrig gelegeneren südwestlichen Teil der Stadt befindet.

Reiseinformationen

Routen-Steckbrief
Routenlänge: 760 km
Zeitbedarf: 8–10 Tage
Start und Ziel: Moskau
Routenverlauf: Moskau, Sergiev Posad, Pereslavl'-Zalesskij, Rostov Veliki, Jaroslavl', Kostroma, Suzdal', Vladimir, Moskau

Hinweise:
Eine Reihe von Veranstaltern bietet organisierte Reisen auf der Route des Goldenen Rings an. Wer nach einem individuellen Zeitplan reisen will, dem bietet sich alternativ ab Moskau die Anmietung eines Autos mit Chauffeur an. Die Einreise mit dem Auto nach Russland ist theoretisch möglich, aber sehr kompliziert und zeitaufwändig. Für die Einreise ist ein Visum (Reisepass, Visaantrag, Passfoto) notwendig.

Klosterbesuch:
In den Klöstern gelten strenge Verhaltensregeln. Frauen benötigen ein Kopftuch und einen Rock, kurze Hosen und schulterfreie Oberbekleidung sind tabu. Eine Film- und Fotografiererlaubnis ist notwendig.

Auskünfte:
Russisches Verkehrsbüro in Berlin: *Tel. 030/78 60 00 40, www.russlandinfo.de*
Russische Botschaft in Berlin: *Tel. 030/22 66 320, www.russische-botschaft.de*
Deutsche Botschaft Moskau: *Tel. 095 / 937 95 00, www.deutschebotschaft-moskau.ru*

Die Zaren

Die russischen Herrscher trugen seit Ivan IV. (16. Jh.) den Titel Zar, der wohl nicht vom lateinischen Caesar, sondern vom orientalischen »sar« (Fürst) abgeleitet wird. Lange Zeit saßen die Rurikiden auf dem Zarenthron, im frühen 17. Jh. folgten ihnen die Romanows. Zar Peter der Große, der 1689–1725 regierte und Russland durch Reformen erneuern und enger an Westeuropa heranführen wollte, nannte sich auch gerne »Kaiser und Selbstherrscher«. Nach Peters Tod wurde Russland mehrmals von Zarinnen regiert, so von Zarin Elisabeth und Zarin Katharina. Zar Alexander I. war 1812/13 am Sieg über Napoleon beteiligt, sein Nachfolger Nikolaus I. verlor den Krimkrieg (1853–1856). Dessen Nachfolger Alexander II. war wiederum ein Reformer und beendete 1861 die Leibeigenschaft der Bauern. Nikolaus II. (Regierungszeit von 1894 bis 1917) führte Russland in den Ersten Weltkrieg.

Von den letzten sechs Zaren endeten drei eines gewaltsamen Todes: Paul I. wurde 1801 erwürgt, Alexander II. 1881 von Terroristen mit einer Bombe getötet, Nikolaus II. samt seiner Familie 1918 von den Bolschewiken erschossen. Mit seinem Tod endete das russische Zarentum.

Oben: Zarin Katharina II. legt die türkischen Trophäen aus dem russisch-türkischen Krieg von 1787–1792 am Grab Peters des Großen nieder.
Unten: Im Mai 1896 wurden der letzte russische Zar, Nikolaus II., und Zarin Alexandra Feodorowa in der Himmelfahrtskirche zu Moskau gekrönt.

4 Nationalpark Pereslavsky Der Nationalpark schützt den Pleštšejewo-See, Wald- und Feuchtgebiete sowie die Kirchen und Kathedralen von Pereslavl'-Zalesskij. Am See brüten 180 heimische und 30 Zugvogelarten, auch Braunbären leben im Parkgelände. Innerhalb des Parks liegt am Pleštšejewo-See das Museum zur Geschichte der russischen Flotte: Zar Peter d. G. baute hier erste kleine Kriegsschiffe zum Üben von Seeschlachten – die Geburtsstunde der russischen Marine.

5 Rostov Veliki Ein Panorama von seltener Schönheit: Jenseits des malerischen Nerosees erhebt sich die Stadt samt Kathedrale mit ihren silbrig-grauen Dächern, den Mauern des Kreml, den Türmen des Heiland-Klosters und des Klosters St. Jakob.

Der Name Rostov Veliki hat in der altrussischen Geschichte einen besonderen Klang, denn im zaristischen Russland waren nur Novgorod und Rostov berechtigt, den Zusatz veliki – groß – zu führen. Die schon 862 gegründete Stadt war im Mittelalter eine florierende Handelsstadt.

Der große Kreml wird von einer über 1 km langen Mauer mit elf Türmen geschützt. Silber- und goldgeschmückte Kuppeln krönen die Residenz des Metropoliten. Fürst Andrei Bogoljubski unterwarf die Stadt im 12. Jh. und machte sie zur größten und schönsten Stadt seines Fürstentums. 1162 ließ er die Mariä-Entschlafens-Kathedrale errichten, aus dem 12. Jh. sind nur Fragmente von Fresken erhalten. Gegenüber der Kathedrale erhebt sich die von fünf Kuppeln bekrönte Kirche der Bekehrung. Sehenswert ist auch die Kirche des hl. Johannes (17. Jh.) an den Ufern des Išna, eine der ganz wenigen erhaltene Holzkirchen in dieser Region.

6 Jaroslavl' 1010 gründete Fürst Jaroslav am Zusammenfluss von Kotorosl und Wolga eine befestigte Stadt. Trotz zerstörerischer Kriege sind viele historische Bauten aus der Gründungszeit erhalten geblieben. Ihre Glanzzeiten hatte die Stadt im 17. Jh., die Bauwerke aus dieser Epoche zählen zu den schönsten Russlands.

1 Moskaus Basilius-Kathedrale besteht aus acht kleinen Kapellen mit jeweils einem Turm, die sich um die mittlere Turmkirche gruppieren.

2 Das Dreifaltigkeits-Sergius-Kloster in Sergiev Posad gilt als einzigartiges Juwel unter den russischen Klöstern.

3 Zu den sehenswerten Klöstern von Pereslavl' Zalesskij gehört auch das 1328 gegründete Gorizki-Kloster.

4 Rostov zählt zu den kleinsten Städten des Goldenen Ringes.

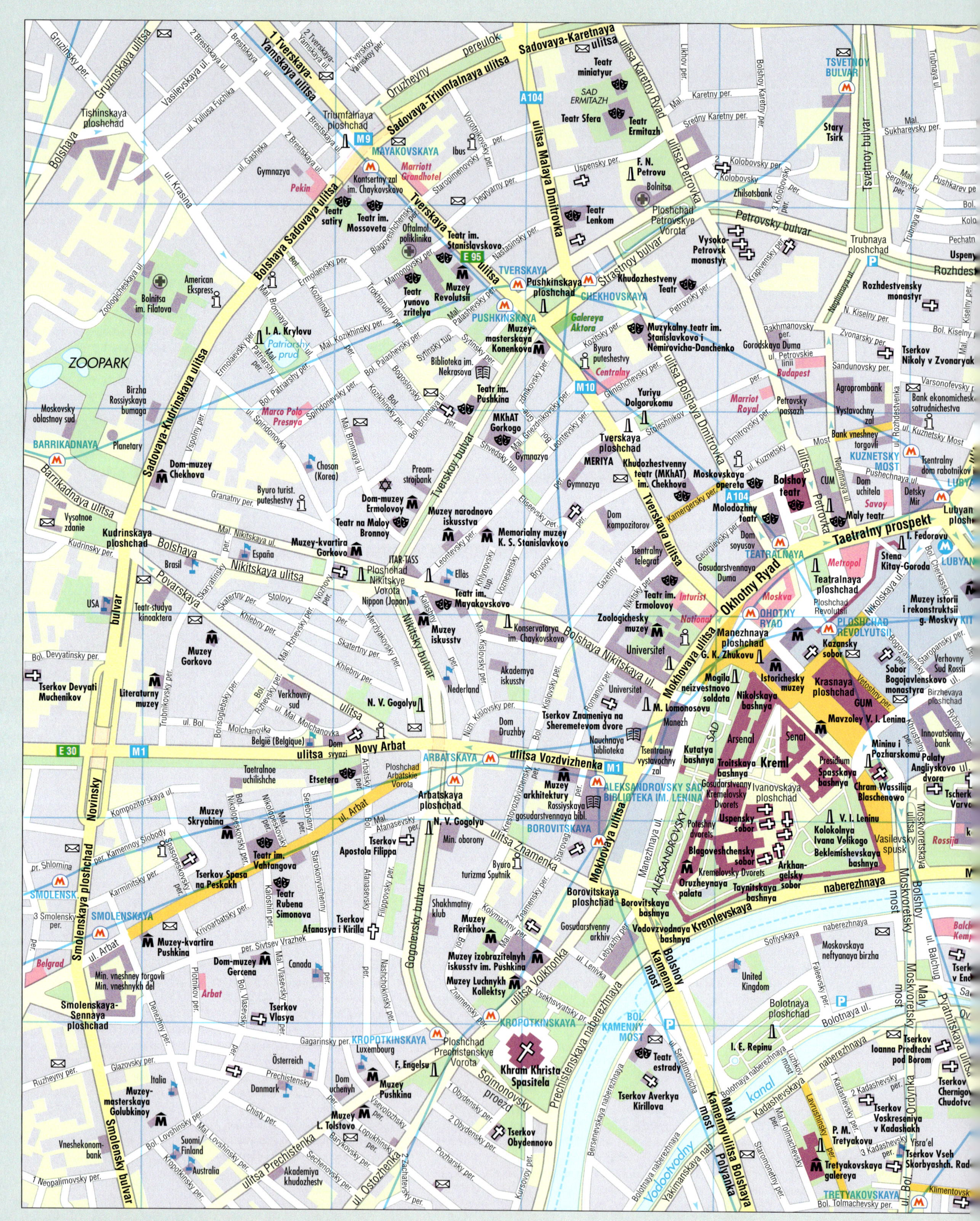

Tishinskaya ploshchad
ZOOPARK
Moskovsky oblastnoy sud
Birzha Rossiyskaya bumaga
Planetary
BARRIKADNAYA
Barrikadnaya ulitsa
Vysotnoe zdanie
Kudrinskaya ploshchad
Kudrinsky per.
Sadovaya-Kudrinskaya ulitsa
Bolshaya Sadovaya ulitsa
Dom-muzey Chekhova
Bolnitsa im. Filatova
American Ekspress
I. A. Krylovu
Patriarshy prud
Marco Polo Presnya
Pekin
Gymnazya
Triumfalnaya ploshchad
MAYAKOVSKAYA
Marriott Grandhotel
Kontsertny zal im. Chaykovskovo
Teatr satiry
Teatr im. Mossoveta
Oftalmol. poliklinika
Teatr yunovo zritelya
Muzey Revolutsii
Teatr im. Stanislavskovo
Tverskaya ulitsa
1 Tverskaya-Yamskaya ulitsa
Sadovaya-Triumfalnaya ulitsa
Sadovaya-Karetnaya ulitsa
Oruzheyny pereulok
Teatr miniatyur
SAD ERMITAZH
Teatr Sfera
Teatr Ermitazh
ulitsa Malaya Dmitrovka
ulitsa Karetny Ryad
ulitsa Petrovka
F. N. Petrovu
Bolnitsa
Ploshchad Petrovskye Vorota
Teatr Lenkom
Vysoko-Petrovsk monastyr
Petrovsky bulvar
Strastnoy bulvar
TVERSKAYA
PUSHKINSKAYA
CHEKHOVSKAYA
Pushkinskaya ploshchad
Khudozhestvenny Teatr
Galereya Aktora
Muzey-masterskaya Konenkova
Biblioteka im. Nekrasova
Teatr im. Pushkina
Byuro puteshestvy
Centralny
Muzykalny teatr im. Stanislavskovo i Nemirovicha-Danchenko
Gorodskaya Duma
Budapest
Marriott Royal
Petrovsky passazh
Yuriyu Dolgorukomu
Tverskaya ploshchad
MKhAT Gorkogo
Gymnazya
MERIYA
Khudozhestvenny teatr (MKhAT) im. Chekhova
Moskovskaya opereta
Bolshoy teatr
Maly teatr
Molodozhny teatr
CUM
Dom uchitela
Savoy
Detsky Mir
TEATRALNAYA
Taetralny prospekt
Metropol
Teatralnaya ploshchad
Ploshchad Revolutsii
PLOSHCHAD REVOLUTSII
OKHOTNY RYAD
Okhotny Ryad
Moskva
Inturist
National
Gosudarstvennaya Duma
Dom soyusov
Trubnaya ploshchad
Tsvetnoy bulvar
TSVETNOY BULVAR
Stary Tsirk
Rozhdestvensky monastyr
Tserkov Nikoly v Zvonaryak
Agroprombank
Bank ekonomichesk sotrudnichestva
Bank vneshney torgovli
KUZNETSKY MOST
Tsentralny dom rabotnikov
LUBYANKA
Lubyanskaya ploshchad
Stena Kitay-Goroda
Muzey istorii i rekonstruktsii g. Moskvy
Verkhovny Sud Rossii
Sobor Bogojavlenskovo monastyra
Birzhevaya ploshchad
Tverskoy bulvar
Nikitsky bulvar
Gogolevsky bulvar
Novinsky bulvar
Smolensky bulvar
Smolenskaya ploshchad
SMOLENSKAYA
Smolenskaya-Sennaya ploshchad
Belgrad
Arbat
Muzey-kvartira Pushkina
Min. vneshney torgovli Min. vneshnykh del
Dom-muzey Gercena
Tserkov Vlasya
Teatr im. Vahtangova
Teatr Rubena Simonova
Tserkov Spasa na Peskakh
Muzey Skryabina
ulitsa Arbat
Novy Arbat
Teatralnoe uchilishche
Etsetera
ARBATSKAYA
Arbatskaya ploshchad
Ploshchad Arbatskie Vorota
Apostola Filippa
Min. oborony
N. V. Gogolyu
Tserkov Afanasya i Kirilla
ulitsa Vozdvizhenka
ulitsa Znamenka
Byuro turizma Sputnik
Muzey arkhitektury
Rossiyskaya gosudarstvennaya bibl.
ALEKSANDROVSKY SAD
BIBLIOTEKA IM. LENINA
BOROVITSKAYA
Borovitskaya ploshchad
Gosudarstvenny arkhiv
Shakhmatny klub
Muzey Rerikhov
Muzey izobrazitelnyh iskusstv im. Pushkina
Muzey Luchnykh Kollektsy
ulitsa Volkhonka
KROPOTKINSKAYA
Khram Khrista Spasitela
Ploshchad Prechistenskye Vorota
F. Engelsu
Muzey Pushkina
Dom uchenyh
Muzey L. Tolstovo
Muzey-masterskaya Golubkinoy
Vneshekonom-bank
Italia
Danmark
Österreich
Suomi/Finland
Australia
Akademya khudozhestv
ulitsa Prechistenka
ul. Ostozhenka
Soimonovsky proezd
Tserkov Obydennovo
Prechistenskaya naberezhnaya
Kremlevskaya naberezhnaya
Bolshoy Kamenny most
BOL. KAMENNY MOST
Teatr estrady
Tserkov Averkya Kirillova
Vodootvodny kanal
Maly Kamenny most
ulitsa Bolshaya Polyanka
I. E. Repinu
Bolotnaya ploshchad
United Kingdom
Moskovskaya neftyanaya birzha
Sofiyskaya naberezhnaya
Moskvoretsky most
Bolshoy Moskvoretsky most
Tserkov Ioanna Predtechi pod Borom
Tserkov Voskreseniya v Kadashakh
P. M. Tretyakovu
Tretyakovskaya galereya
TRETYAKOVSKAYA
Tserkov Vseh Skorbyashch. Rad
Tserkov Chernigo Chudotv
Kreml
Senat
Arsenal
Troitskaya bashnya
Kutafya bashnya
Manezh
Manezhnaya ploshchad
G. K. Zhukovu
Mogila neizvestnovo soldata
Nikolskaya bashnya
Istorichesky muzey
Krasnaya ploshchad
Kazansky sobor
GUM
Mavzoley V. I. Lenina
Mininu i Pozharskomu
Spasskaya bashnya
Presidium
Chram Wassilija Blaschenowo
V. I. Leninu
Kolokolnya Ivana Velikogo
Beklemishevskaya bashnya
Uspensky sobor
Blagoveshchensky sobor
Arkhangelsky sobor
Oruzheynaya palata
Taynitskaya bashnya
Borovitskaya bashnya
Vodovzvodnaya bashnya
Ivanovskaya ploshchad
Kremlevsky Dvorets
Rossija
Palaty Angliyskovo dvora
Mokhovaya ulitsa
Universitet
M. Lomonosovu
Zoologichesky muzey
Konservatorya im. Chaykovskovo
Bolshaya Nikitskaya ulitsa
Tserkov Znameniya na Sheremetevom dvore
Nauchnaya biblioteka
Tsentralny vystavochny zal
Dom Druzhby
Akademya iskusstv
Nederland
Teatr im. Mayakovskovo
Muzey iskusstv
Ellás
ITAR-TASS
Ploshchad Nikitskye Vorota
Nippon (Japan)
Muzey-kvartira Gorkovo
Memorialny muzey K. S. Stanislavkovo
Muzey narodnovo iskusstva
Teatr na Maloy Bronnoy
Dom-muzey Ermolovoy
Preom-strojbank
Choson (Korea)
Byuro turist. puteshestvy
España
Brasil
USA
Teatr-studya kinoaktera
Povarskaya
Nikitskaya ulitsa
Muzey Gorkovo
Literaturny muzey
Verkhovny sud
België (Belgique)
Tserkov Devyati Muchenikov
Tsentralny telegraf
Teatr im. Ermolovoy
Dom kompozitorov
A 104
M 9
M 10
M 1
E 30
E 95

Moskau

Russlands Hauptstadt liegt an der Moskva, einem Nebenfluss der Wolga. 1147 wurde sie erstmals erwähnt und 1325 Großfürstenresidenz. 1713, unter Zar Peter dem Großen, verlor sie den Hauptstadtstatus an das neu gegründete St. Petersburg. Erst die Bolschewiken machten Moskau 1918 wieder zum politischen Mittelpunkt des Riesenreiches.

Im Laufe seiner Geschichte wurde die Stadt wiederholt geplündert und von heftigen Stadtbränden heimgesucht. Zu Beginn des 20. Jh. besaß Moskau 450 Kirchen und 25 Klöster sowie 800 Wohlfahrtseinrichtungen. Auch nach dem Zerfall des Sowjetreiches kann die Metropole (10 Mio. Einw.) mit eindrucksvollen Kulturdaten aufwarten: Mit etwa 60 Theatern und 75 Museen, 100 Hochschulen sowie rund 2300 denkmalgeschützten Objekten nimmt Moskau eine Spitzenposition unter den Städten dieser Welt ein.

Sehenswürdigkeiten um den Roten Platz (800 m lang, 160 m breit): märchenhafte Basilius-Kathedrale (Baubeginn 1555 unter Ivan dem Schrecklichen in Erinnerung an die Eroberung von Kasan, geweiht 1557, aber erst 1679 fertig gestellt); Kreml (Festungsstadt und ehemals Krönungsort, Herrschersitz, Gefängnis) mit 20 Türmen, der Großen Steinbrücke, den Kreml-Kathedralen (u. a. Uspenski-Kathedrale), dem Alexandergarten, den Resten der Manege (ehemalige Reithalle, 2004 fast völlig niedergebrannt) und dem Historischen Museum; Kremlmauer: Mausoleum mit der mumifizierten Leiche Vladimir Iljitsch Lenins (1870–1924) sowie zahlreiche Politiker- und Künstlergräber; altes Handwerkerviertel Kitaigorod und Kaufhaus GUM (1889–1893). Weitere Sehenswürdigkeiten im Umkreis des Roten Platzes: Delikatessengeschäft »Jelissejew«, Staatsduma, Bolschoi-Theater. Interessantes beim Platz Arbatskije Worota: Sitz der russischen Regierung (»Weißes Haus«); Christi-Erlöser-Kirche (1994–1997 wieder errichtet); »Stalin-Hochhäuser«.

Ebenfalls sehenswert: die zum Teil palastartigen Moskauer Metrostationen (Baubeginn 1930er-Jahre); die Tretjakov-Galerie (russische und sowjetische Kunst), das Museen- und einstige Künstlerviertel Arbat, das Puschkin-Museum für Bildende Künste (auch westeuropäische Kunst, Schatz des Priamos), das Neujungfrauenkloster samt »Prominentenfriedhof«, die Lomonossow-Universität (älteste Russlands), der Gorki-Park mit Skulpturengarten und die sehenswerte Christi-Himmelfahrt-Kirche von Kolomenskoje (Stadtrand Süd).

Oben: Lomonossow-Universität im Zuckerbäckerstil
Unten: Abendstimmung an der Moskva im historischen Zentrum der Stadt

Abstecher

Nižnij Novgorod

Die alte Handelsstadt liegt etwa 400 km von Moskau entfernt malerisch am rechten Ufer der Oka, die hier in die Wolga mündet. Wälder und sumpfige Niederungen umgeben sie. 1221 errichtete hier Juri Vsevolodovitsch, der Großfürst von Vladimir, eine Grenzfestung gegen die Mordwinen. Nach einem großen Sieg über die Mongolen (1380) wurde die Stadt 1390 dem Großfürstentum Moskau einverleibt und im 14. und 15. Jh. von Kaufleuten der deutschen Hanse aufgesucht.
Die Oberstadt auf dem rechten Wolgaufer beherbergt den Kreml

Nižnij Novgorod: Kathedrale im Winter

und die Regierungsbehörden sowie die Archangelskij-Kathedrale von 1227. In der Unterstadt am rechten Okaufer – heute der Mittelpunkt von Handel und Verkehr – findet man die Stroganov-Kirche (1719). Nižnij Novgorod ist seit langem Sitz eines griechisch-katholischen Bischofs, seit 1918 besitzt es auch eine Universität.
Als größte Industrie- und Handelsstadt des Wolgagebiets hat die Stadt einen bedeutenden Flusshafen und ist ein zentraler Eisenbahnknotenpunkt. Das Umland wird intensiv landwirtschaftlich genutzt: So weit der Blick reicht, breiten sich Getreidefelder aus, nach Süden zu öffnen sich die fruchtbaren Schwarzerdegebiete.

Im Erlöserkloster (12. Jh.) steht die Christi-Verklärungs-Kathedrale (16. Jh.). Wer von Süden die Stadt erreicht, dem bietet sich von weitem ein schöner Blick auf die Stadt mit den goldgeschmückten Kuppeln der Kathedrale mit ihren meisterhaften Fresken, die mit der Kirche der Epiphanie (17. Jh.) das bedeutendste Bauwerk der Stadt ist. Die prächtigste Kirche der Stadt trägt den Namen des Propheten Elias (17. Jh.), sie befindet sich am zentralen Platz der Stadt, von dem aus die Straßen sternförmig wegführen, und ist mit Fresken ausgemalt. Auf der anderen Seite der Wolga steht die berühmte Tolchkovo-Kirche mit ihren vielen Türmchen und Kuppeln.

7 Kostroma Den nördlichsten Punkt des Goldenen Rings bildet Kostroma, eine auf dem Reißbrett entworfene klassizistisch geprägte Stadt. In ihrer heutigen Gestalt wurde sie nach einem verheerenden Stadtbrand 1773 erbaut. Zu den wenigen Zeugnissen der Zeit vor 1773 zählen einige bedeutende Klöster wie das Ipatjevskij-Kloster sowie die Kirche der Wiederauferstehung. Regionaltypische Holzbauwerke stehen im Holz-Baukunst-Museum versammelt, darunter eine Windmühle, ein Bauernhaus und Kirchen. Das Museum befindet sich im Hypathius-Kloster, das von der Dreifaltigkeits-Kathedrale mit ihren goldenen Türmen dominiert wird.

8 Suzdal' Das einzigartige Museumsstädtchen mit über 100 historischen Bauten ist die wohl besterhaltene altrussische Stadt. Die Klosterstadt wurde nach dem Niedergang Kiews das religiöse Zentrum des mittelalterlichen Russland. Im 11. Jh. war die Kleinstadt die Residenz des mächtigsten Fürstentums in Russland, 1238 wurde die Stadt von den Mongolen zerstört.
Suzdal' – seit 1992 UNESCO-Weltkulturerbe – liegt an der Kamenka. Wer an einem strahlenden Sommermorgen, bevor die Welt erwacht, durch die einzigartige Klosterlandschaft mit ihren weiß getünchten Bauwerken spaziert, wird eine Ahnung von der russischen Seele bekommen.
Unter den Sehenswürdigkeiten ragen der Kreml, der Marktplatz, das Freilichtmuseum für Holzarchitektur, die Klöster und die traditionellen Holzhäuser heraus. Manche Häuser aus dem 18. und 19. Jh. sind mit Holz- oder Steinschnitzerei verziert. Das 600 Jahre alte Spaso-Jevfimiev-Kloster im Osten der Stadt ist das größte in Suzdal' und wird von einer massiven Steinmauer umgeben und von 20 Türmen bekrönt. Viele Kirchen von Suzdal' stehen paarweise beieinander: Die Sommerkirche hatte größere Fenster, während die Winterkirche kleiner, aber in Teilen beheizbar war. Einige der Kirchen haben ihr Gegenstück verloren, so die elegante Kirche Unserer Lieben Frau von Smolensk.

9 Vladimir Die am Kljasma gelegene Stadt wurde 1108 von Vladimir Monomach, dem Großfürsten von Kiew, gegründet und nach ihm benannt. Von der Befestigungsanlage sind noch Erdwälle und das Goldene Tor aus dem 12. Jh. erhalten.
Die Stadt besitzt wunderbare Kirchen, die in ihrer Pracht und reichen Ausstattung mit den Kirchen und Klöstern Kiews konkurrieren konnten. 1160 ließ Fürst Andrei Bogoljubski die von drei Kuppeln überwölbte Kathedrale Mariä-Himmelfahrt errichten, das Wahrzeichen der Stadt. Rund um das Hauptgebäude wurde eine zweistöckige Galerie hochgezogen, die vier goldene Kuppeln krönten. Weiterhin sehenswert ist die Demetrios-Kathedrale. Beide Kathedralen und die Kirche der Fürsprache wurden zum Weltkulturerbe erklärt. Östlich von Vladimir steht eine der ältesten russischen Kirchen überhaupt: die weiße Mariä-Schutz-Kirche (1165).
Von Vladimir lohnt sich ein Abstecher nach Nižnij Novgorod, 250 km östlich der Stadt gelegen.

1 Eine von mehreren Holzkirchen im Freilichtmuseum für Holzarchitektur in Suzdal'

2 Die Auferstehungskirche im Wald in Kostroma, der nördlichsten Stadt des Goldenen Rings

Rostov Am Nerosee ragt die im Mittelalter immens bedeutende Handelsstadt samt Kathedrale, den Türmen des Heiland-Klosters und dem Kloster St. Jakob auf. Der imposante Kreml der 862 gegründeten Stadt wird von einer Mauer mit elf Türmen umgeben.

Jaroslavl' Einige Bauten aus der Gründungszeit sind noch erhalten. Bemerkenswert ist das Erlöserkloster (12. Jh.) mit der Christi-Verklärungs-Kathedrale.

Wolga Europas längster Strom entspringt in den Waldaihöhen nordwestlich von Moskau und mündet nach 3530 km ins Kaspische Meer. Die Wolga hat etwa 200 Zuflüsse.

Kostroma Die am Reißbrett entworfene, klassizistische Stadt entstand nach einem Brand (1773). Das Ipatjevskij-Kloster sowie die Kirche der Wiederauferstehung existierten bereits zuvor.

Goritsky-Kloster Das aus der ersten Hälfte des 14. Jh. stammende Goritsky-Kloster und das im 16. Jh. erbaute Danilow-Kloster, das sich im niedrig gelegeneren südwestlichen Teil der Stadt Pereslavl'-Zalesskij befindet, sind Sehenswürdigkeiten ersten Ranges am Goldenen Ring.

Pereslavsky-Nationalpark Hunderte Vogelarten und sogar Braunbären sind in dem Nationalpark heimisch. Er umfasst Wald- und Feuchtgebiete, die Gotteshäuser von Pereslavl'-Zalesskij und den Pleštšejewo-See. Ein Museum erinnert an Zar Peter den Großen.

Ivanovo Knapp 300 km nordöstlich von Moskau liegt die 1561 als Ort erwähnte Stadt Ivanovo. Das spätere Textilzentrum ist heute auch ein kultureller Mittelpunkt und besitzt ein Kunstmuseum. In den 1920er Jahren hieß es auch »Rotes Manchester«.

Nižnij Novgorod Die alte Handelsmetropole an der Wolga ist von sumpfigen Wäldern und Feldern umgeben. Ihre Oberstadt beherbergt den Kreml.

Pereslavl'-Zalesskij Die im 10./11. Jh. gegründete Stadt am Pleštšejewo-See ist reich an Kirchen und Holzhäusern. Ihre weiße Kathedrale (1152) zieren Ornamente der altrussischen Architektur.

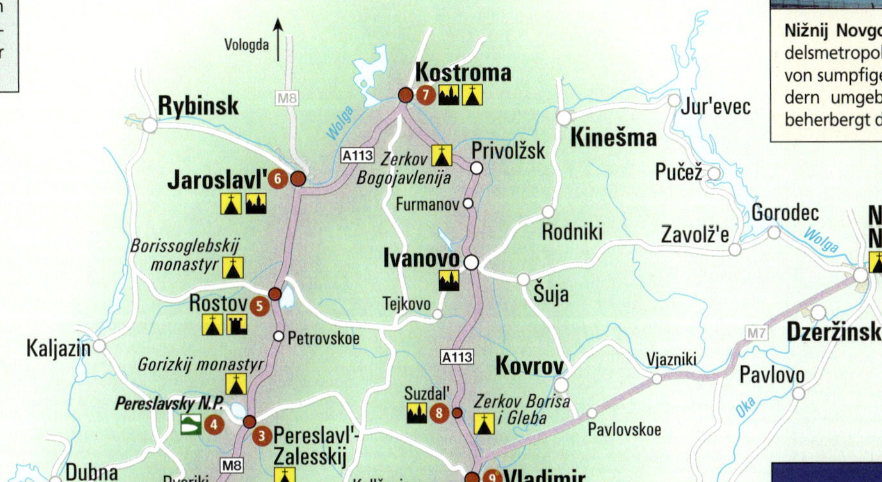

Vladimir, Osterprozession mit russisch-orthodoxen Würdenträgern. Wahrzeichen der Stadt ist die Kathedrale Mariä-Himmelfahrt (ab 1160).

Sergiev Posad Das Dreifaltigkeits-Sergius-Kloster (1340) des Wallfahrtsortes ist eines der wichtigsten religiösen Zentren Russlands. Eine 1600 m lange Wehrmauer umgibt das Nationalheiligtum, das auch erlesene Gemälde birgt.

Suzdal' Über 100 historische Bauten, darunter zahlreiche Klöster, zieren die wohl besterhaltene Stadt Altrusslands, dessen religiöses Zentrum sie war.

Moskauer Kreml Die wichtigsten Gebäude der einstigen Zaren- und Patriarchenresidenz sind: Großer Kremlpalast, Rüstkammer, Patriarchen-, Nikolaus- und Facettenpalast, Senat, Arsenal, Verkündigungs-, Himmelfahrts- und Erlöserkathedrale sowie Glockenturm Ivan Veliki. Die 2 km lange hohe Schutzmauer wurde Ende des 15. Jh. erbaut.

Moskau In Russlands Hauptstadt gibt es 2300 denkmalgeschützte Objekte und weitere Sehenswürdigkeiten: Roter Platz, Basilius-Kathedrale, Kreml, Lenin-Mausoleum, Kaufhaus GUM, Bolschoi-Theater, Tretjakow-Galerie, Puschkin-Museum und viele mehr.

Kolomenskoje Der hoch über der Moskwa liegende, im 16 Jh. gegründete Ort südöstlich von Moskau war ehemals die Sommerresidenz der Zaren. Das zeltartige Dach der Kathedrale ist eine Besonderheit.

Das zweitürmige Holstentor in Lübeck wurde

Route 9

Deutschland, Polen, Baltikum

Auf den Spuren der Hanse

Die Hanseroute entlang der Ostsee von Norddeutschland bis hinauf ins Baltikum zeichnet sich durch ihre Ruhe, ihre stimmungsvollen Bilder und ihre Verträumtheit aus. Die Zeit scheint hier stehen geblieben zu sein – und genau das macht den Zauber dieser einzigartigen Küstenlandschaften und ihrer Dörfer und Städte aus.

Während der letzten Eiszeit lagen Ostsee und Baltikum unter einer dicken Eisschicht begraben. Nach dem Abschmelzen begann sich das Land, befreit vom Druck des Eises, langsam zu heben. Der Baltische Landrücken, eine hügelige, seenreiche Moränenlandschaft an der Südküste der Ostsee, ist ein glaziales Aufschüttungsgebiet der letzten Eiszeit. Die Ostsee trägt bis heute das ihre zur Gestaltung der Küste bei, schuf eindrucksvolle Nehrungen, unter denen die Kurische Nehrung wohl die schönste ist, schnitt Lagunen zu stillen Binnenseen wie dem Stettiner oder dem Frischen Haff ab. Weltbekannt sind die weißen Kreideküsten, denen die anbrandende Ostsee ihr heutiges Aussehen verliehen hat.

Die Ostsee bezeichnet man oftmals mit ihrem lateinischen Namen als Mare Balticum. »Balticum« leitet sich von »baltas« ab, was im Litauischen und Lettischen weiß bedeutet. Und tatsächlich sind die Strände und Dünen sowie die Felsküsten herrlich weiß.

Die Nationalparks Vorpommersche Boddenlandschaft, Jasmund, Slowinski und Kurische Nehrung schützen einige der schönsten Küstenabschnitte entlang der südlichen Ostsee.

Altstadtgassen in Estlands Hauptstadt Tallinn

Da die polnische und baltische Ostseeküste dünn besiedelt ist, bleibt in den Wäldern und Sumpflandschaften noch Platz für Tiere, die bei uns schon lange ausgerottet sind: Elche, Bären, Luchse und Wölfe haben hier noch einen natürlichen Lebensraum. Auf unzähligen Kirchtürmen nisten Störche, in den Sumpfgebieten brüten Kraniche.

Die Reise führt durch sechs Ostseeanrainerstaaten, neben Deutschland und Polen sind es Litauen, Lettland und Estland sowie Russland durch seine Exklave Kaliningrad. Ihrer aller Geschichte ist eng mit der des Deutschen Ordens verknüpft, viele Burgen und Städte gehen auf Ordensgründungen zurück und waren zumeist auch Mitglieder der Hanse. Seit dem Zerfall der Sowjetunion sind die bal-

Der Leuchtturm von Dornbusch steht an der Nordspitze der lang gezogenen Ostseeinsel Hiddensee. Sie ist viel sandiger als das im Osten gelegene Rügen und hat kein Steilufer.

Mitte des 15. Jh. nach dem Vorbild flandrischer Brückentore gebaut.

tischen Staaten wieder unabhängig und versuchen an ihre alten Traditionen anzuknüpfen.

So ist eine Reise entlang der Ostseeküste auch eine Zeitreise: in die Zeit vor dem Zweiten Weltkrieg, die man noch manches Mal auf dem Land zu spüren glaubt, und in das Zeitalter der Hanse.

Die Mitte des. 12. Jh. im Zuge der deutschen Ostbesiedlung gegründete Vereinigung von Fernkaufleuten zum Schutz vor Überfällen entwickelte sich rasch zu einem mächtigen Städte- und Handelsbund, der über 300 Jahre lang den Norden Europas wirtschaftlich beherrschte: Viele Städte erhielten im 13. Jh. das Stadtrecht, das lübische Recht wurde allein von über hundert Hansestädten übernommen. Ihren Erfolg verdankte die Hanse in erster Linie ihrer Organisation und dem hohen Kapital, aber auch dem Bau hervorragender Schiffstypen wie der Kogge. Sie hatte einen breiten Rumpf, war als Segelschiff erstmals riemenlos und trug hohe Aufbauten, sodass mit ihr Lasten bis über 500 t transportiert werden konnten. Den robusten Hanseschiffen dienten die hohen Kirchtürme der Ostseestädte als Orientierungspunkte entlang der Küste. Selbstbewusste Kaufleute und Stadtherren bauten prächtige Kirchen, Paläste und Rathäuser in der für den Ostseeraum typischen Backsteingotik. Viele Kirchen der Hansestädte sind Nikolaus, dem Schutzpatron der Seefahrer und Fischer, oder dem Pilgerschutzheiligen Jakobus dem Älteren geweiht.

Der Niedergang der Hanse setzte im 15. Jh. ein, immer weniger Deutsche wanderten in den Osten ab, ihre Vormachtstellung verlor die Hanse an das erstarkte Königreich Polen-Litauen.

Sonnenaufgang über Danzig: Der Backsteinbau der Marienkirche überragt die nördliche Rechtstadt.

Hanseroute: Die Route folgt durch das Norddeutsche Tiefland, entlang der Mecklenburger Bucht, der polnischen und baltischen Ostseeküste alten Handelsrouten der Hanse, an denen sich die von Backsteinarchitektur geprägten Hafen- und Handelsstädte wie Perlen auf einer Kette reihen.

1 Bremen siehe Seite 96
Die Reise beginnt in der Freien Hansestadt Bremen, die zusammen mit dem 50 km nördlich gelegenen Bremerhaven den kleinsten deutschen Bundesstaat bildet. Auf dem Weg nach Stade führt die Bundesstraße 74 am nordwestlich von Bremen gelegenen Teufelsmoor vorbei.

2 Stade Das an der unteren Elbe gelegene Städtchen war schon vor dem Jahr 1000 ein wichtiger Seehandelsplatz, seine Burg wurde jedoch 994 von Wikingern zerstört. Mitte des 13. Jh. wurde Stade Mitglied der Hanse, doch schon bald machte ihm die Nachbarstadt Hamburg den politischen Rang streitig.
Auf dem Weg nach Hamburg führt die Fahrt durch das Alte Land. Im größten zusammenhängenden Obstanbaugebiet in Deutschland lohnen sich vor allem im Frühjahr zur Obstblüte Abstecher in die traditionellen Hufendörfer. Im 12. und 13. Jh. erst machte ein ausgeklügeltes Entwässerungsnetz die landwirtschaftliche Nutzung des einstigen Sumpfgebietes in der Elbniederung möglich.
Südlich von Hamburg locken Abstecher nach Lüneburg und in die Lüneburger Heide (siehe Randspalte Seite 95).

3 Hamburg siehe Seite 97
Wer nicht in die Innenstadt von Hamburg fahren will, dem empfiehlt sich bis zur Hafenstadt Lübeck die A1.

4 Lübeck Die Anfang des 12. Jh. gegründete Kaufmannssiedlung wurde von Kaiser Friedrich II. 1226 in den Rang einer Freien Reichsstadt erhoben. Sie entwickelte sich nach Gründung der Deutschen Hanse zu deren »außenpolitischen Sprecherin«. 1356 fand in Lübeck der erste Allgemeine Hansetag statt. Ende des 13. Jh. war Lübeck nach Köln die bevölkerungsreichste deutsche Stadt und zählte um 1500 mit 25 000 Einwohnern zu den größten Städten Europas.
Zu den wichtigsten Sehenswürdigkeiten von Lübeck zählt die nach den massiven Zerstörungen des Zweiten Weltkriegs weitgehend wieder aufgebaute mittelalterliche Altstadt, die vollständig von Wassergräben und der Trave umflossen wird. Sie wurde von der UNESCO als eine Hauptstätte der deutschen Backsteingotik zum Weltkulturerbe erhoben.
Erhalten oder wieder aufgebaut wurden eine Reihe von Kirchen, darunter der 1173 begonnene und im 13. Jh. vollendete Dom, die von den Lübecker Bürgern erbaute Ratskirche St. Marien, die turmlose Basilika St. Katharina und die Backsteinhallenkirchen St. Jakobi und St. Petri. Wahrzeichen der Stadt aber ist das Holstentor aus dem 15. Jh., Teil einer einst mächtigen Befestigungsanlage. Das gotische Rathaus zeugt vom Reichtum und dem Selbstbewusstsein der Bürgerschaft. Höhepunkt eines jeden Altstadtbummels sind die mittelalterlichen Bürgerhäuser, deren schönste in der Mengstraße (dort auch das Buddenbrookhaus der Familie Mann), der Königstraße, der Großen Petersgrube und am Holstenhafen stehen. Von der Stadt an der Trave geht die Fahrt weiter ostwärts durch den Klützer Winkel nach Wismar an der Wismarer Bucht.

5 Wismar Der malerische Alte Hafen der Kaufmannssiedlung und Hansestadt Wismar ist heute nur noch ein Fischereihafen. Als Überseehafen ist Wismar seit über 750 Jahren für die Ostseeschifffahrt von überregionaler Bedeutung.
Das von einer Stadtmauer umgebene Wismar konnte sich weit-

Reiseinformationen

Routen-Steckbrief
Routenlänge: ca. 1700 km
Zeitbedarf: 3–4 Wochen
Routenverlauf: Bremen, Hamburg, Rostock, Rügen, Stettin, Danzig, Allenstein, Königsberg, Memel, Riga, Tallinn

Besonderheiten:
Die Gültigkeit der Kfz-Haftpflichtversicherung ist bei Fahrten in alle Länder vorab abzuklären!

Einreisebestimmungen:
Russland: Visum, internationaler Führerschein, Fahrzeugschein, Internationale grüne Versicherungskarte
EU-Staaten: Reisepass oder Personalausweis

Auskünfte:
Polen: *info@botschaft-polen.de*; Reiseinfos: *www.pot.gov.pl* *www.polen-info.de*
Russland: *www.russische-botschaft.de*; Reiseinfos: *www.russlandinfo.de*
Estland: *www.estemb.de*; Reiseinfos: *www.visitestonia.com*
Lettland: *www.botschaft-lettland.de*; Reiseinfos: *www.latviatourism.lv*
Litauen: *info@botschaft-litauen.de*; Reiseinfos: *www.tourism.lt*

Die Rolandsäule (1360)

Die Rolandsäule auf dem Bremer Marktplatz ist das älteste Denkmal Bremens: Die 5,50 m große Figur gilt als Symbol für Markt- und Zollfreiheit, für Hochgerichtsbarkeit und Stadtrecht. Ursprünglich befand sich ein hölzernes Standbild an dieser Stelle, das 1366 von Soldaten des Erzbischofs Adalbert II. verbrannt wurde. Der neu errichtete, wiederum hölzerne Roland wurde 1404 durch den heutigen steinernen ersetzt.
1513 fügte man den Baldachin sowie den Schild mit Doppeladler und Umschrift bei. Diese mahnt die Bürger, Gott für die Freiheit zu danken, die Kaiser Karl der Stadt gegeben hat.

Roland auf dem Bremer Marktplatz

Die Rolandsäule wurde im Lauf der Jahrhunderte zum Wahrzeichen der Freiheit schlechthin und findet sich in zahlreichen norddeutschen Städten, vor allem in jenen mit Magdeburger Stadtrecht. Dargestellt wird Roland zumeist als barhäuptiger Krieger mit dem blanken Schwert in der Hand.
Roland ist der Held des gleichnamigen Rolandsliedes, der als Markgraf der Bretagne im Jahr 778 mit Kaiser Karl dem Großen in den Kampf gegen die muslimischen Mauren zog, die zu Beginn des 8. Jh. die Iberische Halbinsel erobert hatten. In der Schlacht von Roncesvalles in den Pyrenäen fand er noch im gleichen Jahr den Tod. Das Rolandslied, das den Protagonisten zu einem Neffen des Kaisers machte und sich seit dem 13. Jh. großer Beliebtheit erfreute, hält die Erinnerung an seine Heldentaten wach.

gehend sein schönes mittelalterliches Altstadtbild bewahren. Wismar besitzt eine stattliche Anzahl an Giebelhäusern aus der Renaissance und dem Barock (16.–18. Jh.) und ein gotisches Bürgerhaus (1380). Das älteste Bürgerhaus der Stadt, der »Alte Schwede«, steht am Marktplatz, wo sich auch das Brunnenhaus, die »Wasserkunst« (1602) im niederländischen Renaissancestil, befindet. Der Brunnen sicherte bis zum Ende des 19. Jh. die Wasserversorgung der Stadt. Der Fürstenhof entstand im Jahr 1555 nach italienischen Vorbildern; die reichen Plastiken gehen auf niederländische Einflüsse zurück. Der gotischen Marienkirche mit ihrem schlanken Turm diente die gleichnamige Kirche in Lübeck als Vorbild.
Ein 30 km langer Umweg führt nach Süden in die Landeshauptstadt von Mecklenburg-Vorpommern, Schwerin.

6 Schwerin In der »Stadt der sieben Seen« am Ufer des Schweriner Sees errichteten Slawen im 11. Jh. eine Burg. Als Residenzstadt der mecklenburgischen Herzöge erhielten im 15. Jh. das malerisch auf einer Insel stehende Schloss und weite Teile der Altstadt durch den Hofarchitekten Georg Demmler ihr heutiges Aussehen. Dieser nahm sich Schloss Chambord an der Loire als Vorbild und schuf eines der bedeutendsten Werke des Historismus. Der Dom aus dem 13.–15. Jh. ist ein Meisterwerk der deutschen Backsteingotik.
Von Schwerin führt eine kleine Straße über Cambs zurück nach Wismar, dort folgt die Bundesstraße 105 der viel befahrenen alten Handelsstraße zwischen Lübeck und Danzig. Auf dem Weg nach Rostock besteht die Möglichkeit zu Abstechern zu den Zisterzienserklöstern Sonnenkampf (13. Jh.) und Bad Doberan (14. Jh.).

7 Rostock Ende des 12. Jh. wurde die Hansestadt von deutschen Kaufleuten und Handwerkern gegründet und erlebte innerhalb der Hanse im 14. und 15. Jh. ihre Blütezeit. Die Universität von Rostock (seit 1419) ist eine der ältesten im Ostseeraum. Die Großstadt an der Unterwarnow lebt heute vom Hafen und der Werft. Der Dreißigjährige Krieg hinterließ in Rostock schwere Schäden wie auch die schweren Bombenangriffe des Zweiten Weltkriegs. Der größte Teil seiner spätgotischen, barocken und klassizistischen Wohnhäuser wurde vernichtet, doch ist inzwischen vieles sorgfältig restauriert und wieder hergestellt worden. Einzigartig ist das eigentlich aus drei Gebäuden bestehende spätgotische Rathaus. Die beiden Stadtpfarrkirchen sind den Heiligen Petrus und Nikolaus geweiht. An der nordwestlichen Ecke des Marktplatzes erhebt sich die Marienkirche mit einer berühmten Astronomischen Uhr.
Von Rostock bieten sich verschiedene Abstecher zur Küste nach Warnemünde oder ins Hinterland zur wunderschönen Mecklenburgischen Seenplatte an.
Die östlich von Rostock gelegene Rostocker Heide ist ein noch recht ursprüngliches Heide- und Waldland. Der westliche Teil wurde zu Zeiten der Hanse für den Bau der Hansekoggen gefällt, der östliche Teil blieb als herzögliches Jagdrevier erhalten.
Für Naturfreunde lohnt sich der Abstecher in den Fischerort Wustrow auf Fischland, der schmalen Nehrung, die zur Halbinsel Darß im Nationalpark Vorpommersche Boddenlandschaft überleitet.
Über Zingst führt eine kleine Straße zwischen Bodstedter Bodden und Barther Bodden nach Barth und zur Fernstraße 105 bei Löbnitz zurück.

8 Stralsund Noch heute spiegelt sich die einstige Bedeutung der Hansestadt im Stadtbild wider, die Hafenstadt besitzt ein Netz hübscher mittelalterlicher Straßen, in denen die Backsteingotik überwiegt. Viele Bürgerhäuser stammen aus dem 15. bis

1 **Blick über die St.-Pauli-Landungsbrücken auf Trockendocks im Hamburger Hafen**

2 **Das Rathaus und der Dom St. Petri auf dem Bremer Marktplatz.**

3 **Kaufmannshäuser und Segelschiffe am Holstenhafen in Lübeck**

4 **Ein Barockgarten umrahmt das Schweriner Schloss auf einer Insel im Schweriner See.**

5 **Das Brunnenhaus »Wasserkunst« auf dem Marktplatz von Wismar**

Abstecher

Lüneburg und die Lüneburger Heide

Grundlage des Lüneburger Reichtums und Grund für die Aufnahme der Stadt in die Hanse waren die Lüneburger Salinen, in denen eine der stärksten und heilkräftigsten Natursolen Deutschlands floss. Das Salz war im ganzen Ostseeraum gefragt. Die unzerstörte Stadt in norddeutscher Backsteingotik zählte im 15. und 16. Jh. zu den reichsten Städten Norddeutschlands, viele Fachwerkbauten sind Zeugnis dieser glanzvollen Epoche. Zu den

Oben: Reetgedeckte Häuser finden sich auch in der Lüneburger Heide.
Mitte: »Alter Kran« in Lüneburg
Unten: Gerichtslaube aus dem 14. Jh. im Rathaus von Lüneburg

Sehenswürdigkeiten der Stadt an der Ilmenau zählen das gotische Ensemble um den Platz Am Sande, das Rathaus mit seiner Gerichtslaube, das Kaufhaus und der alte Kran am Stintmarkt.
Für die Ausbeutung der Lüneburger Salinen (956–1980) wurden die ausgedehnten Eichen-, Birken- und Kiefernwälder westlich Lüneburgs geschlagen, zurück blieb eine einzigartige Heidelandschaft.

Freie und Hansestadt Bremen

Der Namen Bremen bedeutet wahrscheinlich »an den Rändern« (des Wassers). Die mächtige Fischer- und Kaufmannsstadt an der Weser entstand im frühen Mittelalter: Der Dom und der Bischofssitz Bremen bestanden seit den Jahren 787/789 auf einem befestigten Dünenhügel unweit der Weser.

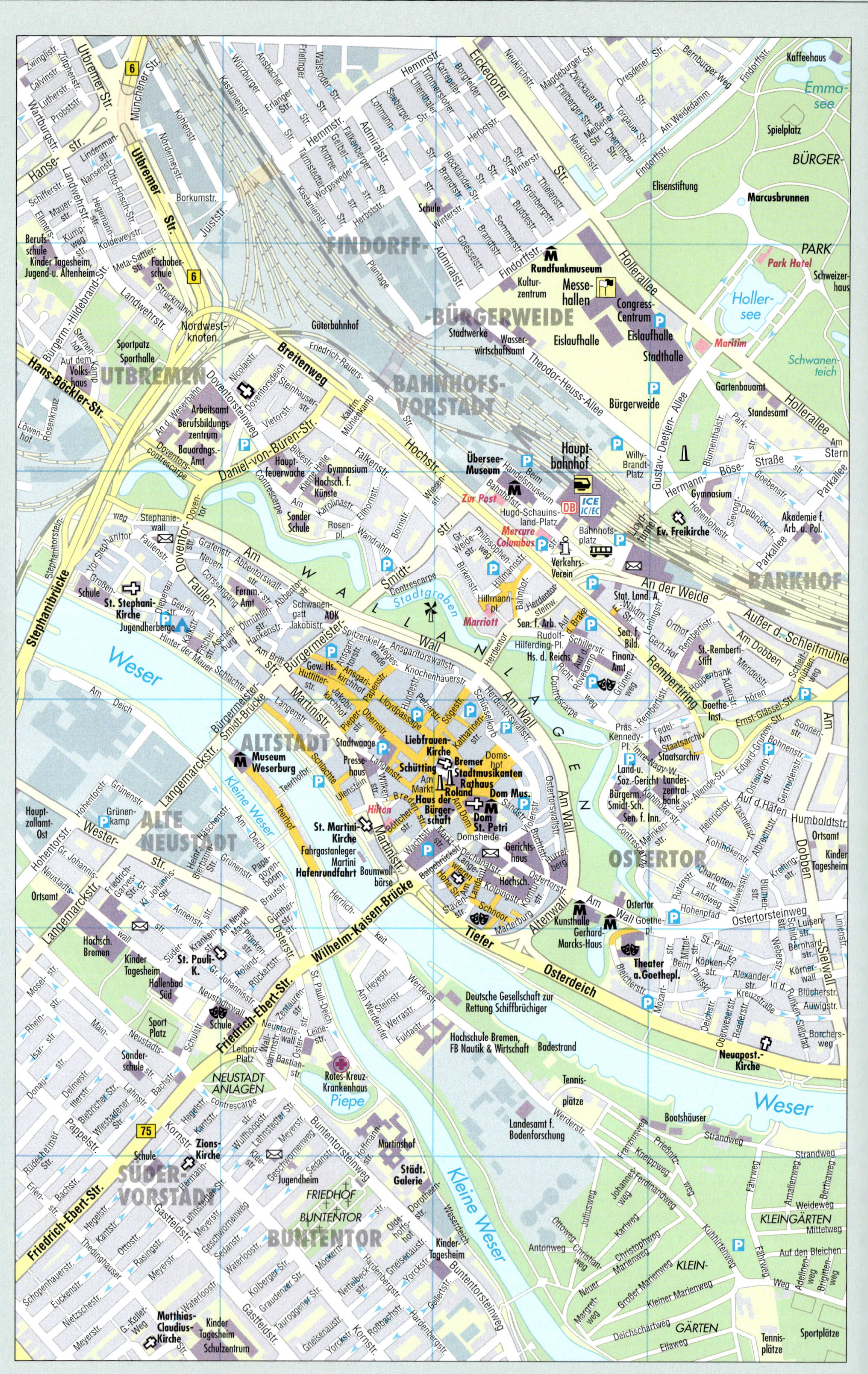

Die wirtschaftliche Bedeutung Bremens ergab sich aus seiner Lage an der Weser und der Nähe zum 60 km entfernten Meer. Die Stadt besaß einen Hafen und eine Furt, als Bischofssitz war sie ein wichtiges religiöses Zentrum. Mitte des 12. Jh. geriet Bremen

Schöner Blick auf Patrizierhäuser und den Bremer Roland

in Auseinandersetzungen mit Herzog Heinrich dem Löwen, der Bremen zweimal besetzte. Durch den Reichtum aus dem Fernhandel entstanden im Verlauf des 13. Jh. viele Profanbauten wie das Rathaus aber auch bedeutende Sakralbauten und eine Stadtmauer (seit 1129). Einige wohlhabende Familien ließen sich Wohntürme errichten. Erst spät wurde die Stadt 1358 Mitglied der Hanse, im 17. Jh. Freie Reichsstadt. Die Pestepidemien, die Mitte des 14. Jh. einsetzten, suchten auch Bremen mehrmals heim. Im 15. Jh. war Bremen eine blühende Handels- und Gewerbestadt. Weite Teile der Altstadt wurden im Zweiten Weltkrieg zerstört.

Sehenswürdigkeiten: Marktplatz mit Rolandsäule (1404), Schütting, Gildehaus der Kaufmannschaft (16. Jh.); Rathaus (15. Jh.) mit Renaissancefassade; gotische Liebfrauenkirche (13. Jh.); Hallenkirche St. Martini an der Weser; Dom St. Petri (Baubeginn 11. Jh.) mit Dommuseum; Böttcherstraße mit Roseliushaus (Museum) und Paula-Becker-Modersohn-Haus mit Werken der Künstlerin; Schnoorviertel, einst Wohnquartier der Fischer und Handwerker; Wallanlagen mit Stadtgraben. Museen: Überseemuseum mit völkerkundlicher Sammlung; Kunsthalle, bedeutende Grafiksammlung; Universum Science Center Bremen.

Freie und Hansestadt Hamburg

Dank seiner Lage an der Elbe und der Nähe zur Nordsee stieg Hamburg im 12. Jh. zu einer bedeutenden Handels- und Hafenstadt auf. Die wichtigste deutsche Hafenmetropole gibt sich kosmopolitisch.

Der Hanse gehörte Hamburg schon früh an und wurde im 14. Jh. der wichtigste Umschlagplatz zwischen Nord- und Ostsee. 1215 folgte der Zusammenschluss von Alt- und Neustadt (seit 1188), knapp 60 Jahre später erlebte Hamburg 1284 eine schwere Brandkatastrophe, ein zweites Mal 1842, im Zweiten Weltkriegs wurden weite Teile der Stadt verwüstet.

Sehenswürdigkeiten: St.-Michaelis-Kirche mit Michel, Wahrzeichen der Stadt; St. Jacobi (14. Jh.); St. Katharinen (14./15. Jh.); St. Petri (14. Jh.); St. Nikolai; Krameramtswohnungen (17. Jh.); Börse (19. Jh.); Staatsoper (19. Jh.), Altstadt mit Rathaus (19. Jh.) und Stadthäusern (17./18.Jh.); Binnenalster mit Jungfernstieg; Speicherstadt an den Kanälen (Fleeten) des Alten Freihafens; Nikolaifleet (Kaufmannshäuser aus dem 17./18. Jh.); St.-Pauli-Landungsbrücken (1907–1909); das Kontorhausviertel mit Chilehaus (UNESCO-Weltkulturerbe); Sprinkenhof; Shellhaus.

Bedeutende Museen: Museum für Völkerkunde; Hamburger Kunsthalle. Parkanlagen Planten un Blomen; Hagenbecks Tierpark.

Oben: Blick von der Lombardsbrücke auf den Jungfernstieg, auf die St.-Nikolai-Kirche und das Rathaus
Unten: das Gruner+Jahr-Verlagsgebäude am Hafen und der »Michel«

Nationalpark Vorpommersche Boddenlandschaft

Zum Nationalpark (seit 1990) gehören die Halbinseln Darß, Zingst, die Inseln Bock, Hiddensee, Westrügen, Schelfgebiete sowie die Bodden selbst. Der Fachbegriff Bodden leitet sich vom niederdeutschen Wort »boddem« für Meeresboden ab und bezeichnet eine durch Inseln oder Landzungen (Nehrungen) vom Meer abgetrennte Bucht an einer Flachküste. Meist hat die Bucht nur noch eine enge Öffnung zum offenen Meer. Entstanden ist die Boddenlandschaft nach der letzten Eiszeit: Beim Abtauen des Eises stieg der Wasserspiegel der Ostsee, Meerwasser drang in eine flache Grund-

Oben: Segelschiffe in einem Hafen am Bodstedter Bodden
Unten: Landschaft an der Schmalen Heide mit einem Bodden der Ostsee

moränenlandschaft ein, heutige Inseln bilden die Spitzen einstiger Höhenrücken. Durch den geringeren Salzgehalt hat sich eine spezifische Brackwasserwelt herausgebildet, die den Zugvögeln ideale Nist- und Rastplätze bietet. Im Herbst rasten am Darß an die 60 000 Kraniche.

Noch heute ist die Boddenlandschaft einem ständigen Umlagerungsprozess von Wind und Meer ausgesetzt: An einer Stelle abtransportierter Sand wird an anderer Stelle wieder angelagert. Nehrungen und Haken werden vergrößert oder neu gebildet, Strandseen entstehen.

19. Jh. Das »Venedig des Nordens« liegt am Strelasund, einer Meerenge zwischen dem Festland und Rügen. Im Mittelpunkt der von der UNESCO zum Weltkulturerbe gekürten Stadt erhebt sich auf dem Alten Markt das Rathaus, gleich daneben steht eine spätgotische Laube und unweit davon die alte Patrizierkirche St. Nikolai. Sie gilt als eine der schönsten Kirchen im Ostseeraum. Die spätgotische Marienkirche wurde nach 1384 errichtet, die Jakobuskirche in der ersten Hälfte des 14. Jh.

9 Rügen Die größte deutsche Insel ist vor allem durch Caspar David Friedrichs gemalte Kreidesteilküste der Stubbenkammer auf der Halbinsel Jasmund berühmt geworden. Die alten Buchenbestände auf Jasmund (Stubnitz), aber auch die weiten, im Frühjahr bunt blühenden Felder im Südwesten der Insel sind ein herrliches Wandergebiet. Botaniker begeistern sich für die seltene Flora, Geschichtsinteressierte für die heidnischen Altertümer und Hünengräber. Ein Muss ist die Fahrt auf die Halbinsel Wittow zum Kap Arkona, einem 46 m steil aufragenden Kreidefelsen mit Leuchttürmen und einer slawischen Burganlage. Von dort geht es über die 8 km lange Nehrung Schaabe zur Halbinsel Jasmund. Die Stubbenkammer mit dem 117 m hohen Königsstuhl und die angrenzenden Buchenwälder werden im Nationalpark Jasmund geschützt. Von Sassnitz führt eine kleine Straße entlang der waldreichen Schmalen Heide zwischen Kleinem Jasmunder Bodden und Prorer Wiek ins Ostseebad Binz mit seiner romantischen Bäderarchitektur aus dem 19. Jh. 1994 wurde die 370 m lange Seebrücke errichtet, hier beginnen einige sehr schöne Ausflugsfahrten zur Kreideküste. Von Binz geht die Fahrt über Rügens »Hauptstadt« Bergen durch das fruchtbare Mutland zurück nach Stralsund und von dort weiter nach Greifswald.

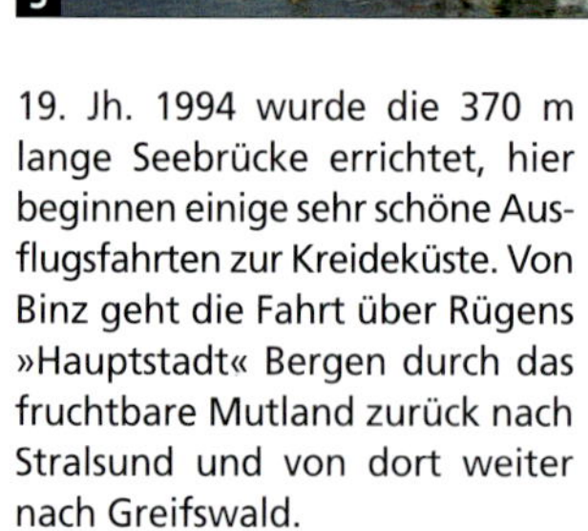

10 Greifswald 1250 erhielt die Stadt an der Ryck, die ihre Entstehung ihren Salzvorkommen verdankt, das Stadtrecht. Salz war lange ein wichtiges Handelsgut, das im Mittelalter zur Konservierung von Fischen und anderen Nahrungsmitteln notwendig war. Die Marienkirche, eine Hallenkirche aus der 1. Hälfte des 14. Jh., überragt die Altstadt. Der Backsteinbau des Doms St. Nikolai zählt zu den schönsten in ganz Mecklenburg-Vorpommern. Einige spätgotische Wohnhäuser zeugen noch vom alten Wohlstand der einst hier ansässigen Patriziergeschlechter. Bekanntestes Wahrzeichen der Stadt ist die hölzerne 30 m lange Klappbrücke in Wieck. Die Klosterruine von Eldena (12. Jh.) wurde durch mehrere Gemälde von Caspar David Friedrich zum Sinnbild der Romantik und beherbergte ab 1535 Teile der Greifswalder Universität.

11 Usedom Ein lohnenswerter Abstecher über die pommersche Residenzstadt Wolgast führt nach Usedom, das über zwei Brücken mit dem Festland verbunden ist. Die Insel wird durch die Peene vom Festland und durch die Swine von der polnischen Insel Wolin getrennt, der Ostzipfel mit Swinoujscie (Swinemünde) gehört bereits zu Polen. Entlang der 40 km langen schnurgeraden Ostseeküste lie-

Rügendamm

1937 eröffnete man den Rügendamm, der über die Insel Dänholm die Verbindung vom Festland nach Rügen schuf. Die zwischen Strelasund und Dänholm liegende Ziegelgraben-Klappbrücke macht Rügen immer wieder stundenweise zur Insel, führt aber auch zu Verkehrsstaus. Von Dänholm verbindet eine 500 m lange Brücke die Insel mit Rügen.

Abstecher

Mecklenburger Seenplatte

Wasser, soweit das Auge reicht: Eingebettet in eine flache Hügellandschaft liegt hier nicht nur der zweitgrößte deutsche Binnensee, die Müritz, sondern auch das größte zusammenhängende Seengebiet Deutschlands, zu dem u. a. die Feldberger Seenlandschaft, der Tollensesee, der Kölpin- und Fleesensee und der Plauer See gerechnet werden. Kleine, oft nur 2 bis 3 m breite Stichs, aber auch größere Kanäle und Flüsse verbinden die Seen untereinander und ermöglichen ein tagelanges Flusswandern mit dem Kanu – vorbei an Schilfgürteln, Mooren, Bootshäusern, malerischen Dörfern, grünen Wiesen und Feldern. Gletscher und Schmelzwasserströme schufen diese Hohlformen, die sich nach dem Abschmelzen des Eises mit Wasser füllten. Zwischen Güstrow und Neustrelitz liegen interessante Städte und Dörfer mit gotischen Dorfkirchen und prächtigen Herrenhäusern.

In Güstrow am Kreuzungspunkt alter Handelsstraßen stehen noch viele klassizistische Bauten und Häuser im Empirestil. Vorbei an Wiesen und Feldern geht es nach Teterow, einer um 1270 gegründeten Stadt mit mittelalterlichen Tortürmen. Südöstlich von Waren sind Teile der Müritz im Nationalpark Müritz streng geschützt. Einzigartig ist der Grundriss der spätbarocken Planstadt Neustrelitz: Von einem quadratischen Markt geht ein achtstrahliger Straßenstern ab, den man vom Turm der Stadtkirche sehr gut überblicken kann.

Oben: Renaissanceschloss Güstrow
Unten: Basedow am Malchiner See

gen die bekannten gründerzeitlichen Seebäder Zinnowitz, Bansin, Heringsdorf und Ahlbeck, zwischen denen herrliche, endlos lange Sandstrände liegen. Eine 10 km lange Promenade verbindet Bansin mit Ahlbeck. Heringsdorf und Ahlbeck haben eindrucksvolle, 508 bzw. 280 m lange Seebrücken, die typisch für die Seebäder des 19. Jh. sind. Von Ahlbeck führt die Fahrt zurück aufs Festland in die Hansestadt Anklam, vorbei an der Ueckermünder Heide nach Pasewalk und von dort über die Grenze nach Stettin.

12 Szczecin (Stettin) Die Hansestadt Stettin liegt am westlichen Ufer der Oder unweit ihrer Mündung ins Haff. Die einstige Hauptstadt Vor- und Hinterpommerns ist heute eine moderne Großstadt mit lebhaftem Schiffsverkehr, ihre Bedeutung verdankt sie der Werft und der hier angesiedelten Schwerindustrie. Die historischen Gebäude der stark zerstörten Altstadt wurden in Teilen restauriert. Aus dem Mittelalter stammen der Dom St. Jakobi (14./15. Jh.) und die schöne, gotische Johanniskirche (13. Jh.), das spätgotische Alte Rathaus aus dem 14. Jh. und das von den Piasten errichtete Schloss der Herzöge von Pommern aus dem 16./17. Jh. Piastentor und Hafentor erinnern an den einstmals mächtigen Festungsgürtel um die Stadt.

Von Stettin führt die E 28 nach Danzig, unterwegs empfiehlt sich nach 20 km ein Abstecher nach Norden zur Insel Wollin (Wolin) und dem Camminer Haff.

13 Polnische Ostseeküste von Karlino (Körlin) bis Gdańsk (Danzig) Die Straße führt im weiteren Verlauf durch weites, ebenes Land: Goldgelbe Weizenfelder wechseln sich mit bunten Wiesen und dunklen Wäldern ab. Wen es zurück ans zumeist von einsamen Sandstränden gesäumte Meer zieht, der sollte nach Kołobrzeg (Kolberg) fahren oder bei Koszalin (Köslin) nach Lazy (Lahse) abzweigen, Letzteres liegt zwischen dem Jamno- und Bukowsee. Die beiden durch eine zum Teil nur 200 m breite Nehrung von den Wellen der Ostsee geschützten Binnenseen sind für viele Brutvögel ein wichtiger Lebensraum.

Darłowo (Rügenwalde) hat den schönsten mittelalterlichen Stadtkern der Region, seine größte Sehenswürdigkeit ist das Schloss der Pommerschen Herzöge. Das Hafenstädtchen Ustka (Stolpmünde) bietet lange Strände und eine schöne Atmosphäre. Ein touristisches Muss ist der Ausflug in den Slowinski-Nationalpark, in die »Polnische Sahara« bei Łeba. Die bis zu 40 m hohen Wanderdünen bewegen sich jährlich etwa 10 m nach Südosten.

14 Gdańsk (Danzig) Danzigs Geschichte reicht mehr als 1000 Jahre zurück. Im 12. und 13. Jh. unterhielt die Stadt, die sich heute als moderne Großstadt präsentiert, enge Handelsbeziehungen zu Flandern, Russland und Byzanz. Seit 1361 war Danzig Mitglied der Hanse. Im Besitz des Deutschen Ordens, kam die Stadt 1466 an die polnische Krone.

Das 1945 zu 95% zerstörte Danzig wurde hervorragend wieder aufgebaut.

Die wichtigsten Sehenswürdigkeiten Danzigs finden sich im Zentrum der Stadt, in der Rechtstadt. Die Marienkirche, die größte mittelalterliche Backsteinkirche Europas, ist der ganze Stolz der Danziger Bürger. Auffallendstes Merkmal der Kirche ist ihr 82 m hoher Glockenturm. Die Langgasse und die an sie angrenzenden Straßen bilden den historischen Mittelpunkt dieser einzigartigen Stadt. Einflussreiche Patrizier bauten sich im Herzen der Rechtstadt herrliche Paläste wie das Hans-von-Eden-Haus aus dem 17. Jh. Zu den schönsten Bauten nordeuropäischer Spätgotik gehört der Artushof aus dem 15. Jh., auch das das Rechtsstädtische Rathaus, das Goldene Haus und die Peinkammer sind sehenswert. Das Krantor, einst ein mittelalterliches Stadttor, wurde zu einem Hafenkran umgebaut. In der Altstadt nördlich

1 Die 280 m lange Seebrücke von Ahlbeck (1998) auf Usedom

2 Die Marienkirche überragt die Rostocker Altstadt und diente zugleich den Seefahrern als Landmarke.

3 Yachthafen von Stralsund, im Hintergrund die Marienkirche

4 Die weltberühmte Kreidefelsenküste im Nationalpark Jasmund auf der Insel Rügen

Caspar David Friedrich verewigte um 1818 die Wissower Klinken – hier der Blick von der Victoriasicht – auf dem Gemälde »Kreidefelsen auf Rügen«. Den Ost-
teil Rügens nimmt ein über 100 m hohes und zur Ostsee bis zu 118 m steil abfallendes Kreideplateau ein. In der Kreidezeit vor etwa 70 Mio. Jahren lagerten

sich in einer etwa 100 m tiefen Meeresstraße Kalkplättchen von Einzellern ab, die sich zu einer rund 100 m mächtigen Kreideschicht aufbauten. Der Nationalpark Jasmund schützt seit 1990 diesen größten geologischen Aufschluss Norddeutschlands sowie die Buchenwälder der Stubnitz auf dem Plateau.

Abstecher

Camminer Haff und Insel Wollin

Die flache, südliche Ostseeküste ist eine typische Haffküste: Nehrungen – lange Sandzungen, an denen Materialversatz stattfindet – haben Meeresbuchten weitestgehend vom offenen Meer abgeschnitten und so unter anderem das Stettiner und das Camminer Haff im Deltagebiet

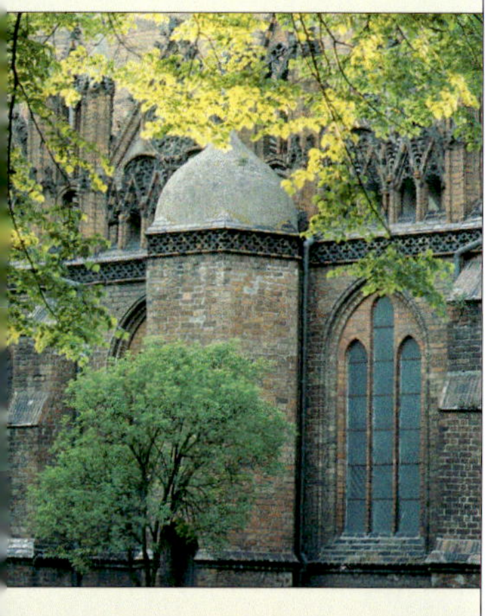

Oben: Fischer am Strand des Seebads Miedzywodzie auf Wollin
Mitte: Dom von Kamien Pomorski (errichtet 1176–1385)
Unten: Sonnenuntergang über dem Camminer Haff

der Oder geschaffen. Ferienorte am Haff sind die Hansestadt Kamień Pomorski (Cammin) und Miedzywodzie auf der Insel Wollin. Teile der Insel sind als Nationalpark geschützt.

der Rechtstadt lohnen eine Reihe von Kirchen sowie das Altstädter Rathaus, die Kleine und Große Mühle und das Alte Schloss stets einen Besuch.
Ein Abstecher an die nördliche Stadtgrenze von Danzig führt den Besucher in die Kathedrale von Oliva (mit barocker Innenausstattung) sowie nach Sopot, einst das mondänste Seebad an der Ostseeküste.
Südlich von Danzig liegt der Danziger Werder, der nördliche Teil des Weichseldeltas. Diese teils unter dem Meeresspiegel liegende Landschaft wurde ab dem 15. Jh. trocken gelegt und im 17. Jh. urbar gemacht. Überquert man den Werder südostwärts, so gelangt man nach Malbork.

15 Malbork Die im Zweiten Weltkrieg zerstörte und ab 1961 wieder aufgebaute Marienburg liegt auf dem rechten Ufer der Nogat, die an dieser Stelle nach Nordosten fließt. Die mächtige Burganlage besteht aus zwei durch einen Graben getrennten Teilen, die von einem gemeinsamen Wassergraben geschützt werden. Malborks alter deutscher Name – Marienburg – weist auf seine christlichen Gründer hin: In der zweiten Hälfte des 13. Jh. verlegte der Hochmeister des Deutschen Ordens seinen Regierungssitz von Venedig hierher. Südwestlich der Burganlage liegt die gleichnamige nach Plan angelegte Stadt aus dem späten 13. Jh., in deren Mitte sich das Rathaus erhebt; nördlich davon die Kirche St. Johann.
Fährt man von Malbork nach Nordosten durch den Kleinen Werder, so gelangt man in eine weitere Hansestadt.

16 Elbląg (Elbing) Als der Deutsche Orden seinen Kampf gegen die »heidnischen« Pruzzen begann, gründete er hier eine Burg (1237), bis 1370 war die Hansestadt bedeutender als Danzig. Als die mittelalterliche Altstadt zu klein wurde, entwarf man eine Neustadt auf dem Reißbrett. Über den Fluss Elbing hatte die Stadt Verbindung zum Danziger Haff und damit zur Ostsee, die Ausfuhr von Getreide und Holz machte Elbing reich. Von den zahlreichen Bürgerhäusern des 16. und 17. Jh. wurden einige restauriert, sie zeugen vom einstigen Wohlstand Elbings, das seit dem frühen 16. Jh. zu den Freien Reichsstädten gehörte. Kurz vor Kriegsende wurde es im Januar 1945 schwer zerstört. Zu den Hauptsehenswürdigkeiten zählen das Markttor, die gotische Dominikanerkirche und die Nikolaikirche mit ihrem 96 m hohen Turm sowie die Reste der Ordensburg. Von Elbląg führt ein Abstecher auf der E77 in die wichtigste Stadt Masurens, Olsztyn (Allenstein) an der Lyna (Alle).

17 Frisches Haff Eine Landstraße (503) führt nordostwärts am Frischen Haff entlang nach Frombork. Die Straße in Sichtweite des Haffs verläuft überraschend abwechslungsreich: Auf plötzliche Anstiege auf die Hö-

hen bei Suchacz folgen Strecken durch Wälder, dann wieder fällt die Straße jäh zum Haff ab. Weit draußen gewahrt man einen Schimmer von Grün, die Frische Nehrung. Parallel zur Küste erstreckt sich diese Landzunge nach Nordosten, auf der Nehrung liegen Ortschaften, die einst Namen trugen wie Vogelsang und Schottland.

Das Städtchen Tolkmicko (Tolkemit) am nördlichen Ende des Butterbergs, der mit 197 m höchsten Erhebung der Elbinger Höhe, hat einen hübschen Strand mit feinem, weißgrauem Sand. Am Haff liegt ein kleiner verträumter Hafen, der von Segelbooten angelaufen wird.

Auf der Weiterfahrt nehmen herrliche Alleen den Autofahrer auf. Knorrige alte Bäume säumen die Fahrstraße und dunkeln sie gegen das grelle Sonnenlicht ab. Einige Alleen besitzen so dichte Baumkronen, dass selbst bei leichtem Regen die Straße trocken bleibt.

Das Städtchen Frombork (Frauenburg) im Ermland ist durch die historische Anlage auf dem Domhügel die kulturell interessanteste Stadt der Region. Das Museum neben dem Dom widmet sich dem Werk von Kopernikus, der hier astronomische Studien betrieb. Vom Wasserturm bietet sich ein schöner Ausblick auf das Haff und den Hafen.

Am Haff entlang geht es weiter zur kleinen Hansestadt Braniewo (Braunsberg), einst Sitz eines Fürstbischofs.

Aus dem 14. Jh. stammt die Katharinenkirche, die erst vor wenigen Jahren wieder aufgebaut wurde. Einige Kilometer nördlich verläuft die polnisch-russische Grenze.

Zur Weiterreise nach Litauen sind mehrere Grenzübergänge nötig, da sich zwischen die neuen EU-Staaten die russische Exklave Kaliningrad schiebt.

18 Kaliningrad (Königsberg) Als letzte größere Stadt gründete der Deutsche Orden 1255 Kaliningrad, wo sich schon eine alte Fliehburg der altslawischen Preußen befand, mit denen der Deutsche Orden lange Zeit im Kampf lag. Die neue Stadt bestand aus drei Stadtkernen: Der Altstadt zwischen der Burg und dem Fluss Pregel, Löbenicht im Osten und dem Kneipphof (1327) auf der Pregelinsel im Süden. Seit 1340 war die Stadt Mitglied der Hanse. In Königsberg, der Hauptstadt Ostpreußens, lebte Immanuel Kant, der hier von 1755 bis 1796 lehrte. Der mit deutschen Geldern renovierte Königsberger Dom erstrahlt heute wieder in neuem Glanz. Sehenswert sind auch die alten deutschen Stadtvillen in

1 **Das Krantor an der Mottlau in Danzig war zugleich Stadttor wie auch Hafenkran.**

2 **Das Renaissance-Schloss der Herzöge von Pommern in Stettin.**

3 **Im gotischen Backsteindom von Frombork ist der berühmte Astronom Kopernikus begraben.**

Abstecher

Masurische Seenplatte

Dem Zauber dieser Landschaft kann sich wohl kaum ein Besucher entziehen: Wanderer, Radfahrer und Kanuten finden hier eine einmalige Seenlandschaft mit über 3000 untereinander über Flüsse und Kanäle verbundenen Seen und herrlichen Wäldern vor. Knorrige Bäume beschatten die kopfsteingepflasterten Alleen, über die noch Pferdefuhrwerke ziehen, auf Kirchturmspitzen bauen Störche ihre Nester: Ein Besuch in Masuren ist eine Zeitreise in das frühe 20. Jh.

Oben: Birkenhain in Masuren
Mitte: ein Panjewagen
Unten: das Kollegiatsstift in Dobre Miasto (Guttstadt) nördlich von Olsztyn

Olsztyn (Allenstein) ist der Hauptort Masurens, von hier aus lohnen sich Fahrten zu verschiedenen Sehenswürdigkeiten: Lidzbark Warminskj (Heilsberg) mit einer mächtigen Burg war einst Sitz der ermländischen Bischöfe. Die Burg von Reszel (Rössel) geht auf das 13. Jh. zurück. In Ketrzyn (Rastenburg) errichtete der Deutsche Orden 1329 eine Burg. Hinter Ketrzyn weist ein Schild nach Nordosten zur Wolfsschanze, die Hitler 1939 bauen ließ und die sein Hauptquartier war. Die Wallfahrtskirche Święta Lipka (Heiligelinde) ist ein barockes Juwel.

Mächtige Mauern und Basteien umschließen das Burggelände von Malbork (Marienburg), das von 1309 bis 1457 Residenz des Hochmeisters des Deutschen Ordens war. Architektonisch einzigartig ist das Mittelschloss mit dem Hochmeisterpalais (linke Bildhälfte), ein Juwel der norddeutschen Backsteingotik. Das

Hochschloss (Bildmitte) enthielt Versammlungs-, Wohn-, Speise- und Schlafräume und die Schlosskirche (der höchste Turm der Anlage im Bildhintergrund). Der Dankertsturm (rechts vorne) war Wehrturm und Abort zugleich. Die 1945 zur Hälfte zerstörte Burg wurde restauriert und 1998 zum Weltkulturerbe erklärt.

Deutscher Orden

Während des dritten Kreuzzuges – im Jahre 1190 – gründeten Bremer und Lübecker Bürger im Heiligen Land den Deutschen Orden, der auch unter den Namen »Orden der Brüder vom Deutschen Haus St. Marien in Jerusalem«, Deutschritter-, Deutschherren- und Kreuzritterorden bekannt ist. Sein Zeichen ist seit alters her ein schwarzes Balkenkreuz auf weißem Grund. Nachdem Kaiser und Papst garantiert hatten, dass erfolgreich missionierte Gebiete dem Orden zufallen werden, wandelte sich ab 1198 der ursprüngliche Krankenpflegeorden zu einem Ritterorden und verlagerte sein Betätigungsfeld von Palästina ins nicht christliche Baltikum. Zahlreiche Burgen und etwa 100 Städte, darunter

Einst Sitz des Deutschen Ordens, heute UNESCO-Weltkulturerbe: die Marienburg

Königsberg, wurden zu dieser Zeit gegründet. Zudem wurden Danzig und Pommerellen erobert. 1231 erfolgte die Gründung eines eigenen geistlichen Staates in Ostpreußen. Insgesamt war das Ordensland jedoch nie ein zusammenhängendes Territorium, sondern bestand aus zerstreuten Besitzungen. Ordenshauptstadt wurde das ostpommersche Malbork (1309). Die dort als Wehranlage errichtete Marienburg war bis 1457 Sitz des Hochmeisters des Ordens. 1466 ging das westliche Ordensland an Preußen verloren, der Ordenssitz wurde nach Königsberg verlegt. Ab dem 16. Jh. verfiel der Ritterbund. 1929 (in Deutschland 1945) wurde er als klerikaler Orden wieder tätig. Er hat etwa 1000 vorwiegend seelsorgerisch und pflegerisch tätige Mitglieder. Der heutige Sitz des Hochmeisters befindet sich in Wien.

der Thälmann- und der Kutusow-Straße. Unzerstört blieben Teile des Speicherviertels. Wieder aufgebaut wurde auch die 1844–1862 errichtete Neue Universität.
Die Küste bei Kaliningrad ist bekannt für ihre Bernsteine, die man mit etwas Glück auch selber finden kann.

19 Nationalpark Kurische Nehrung »Die Kurische Nehrung ist der schmale Landstreifen zwischen Memel und Königsberg, zwischen dem Kurischen Haff und der Ostsee. Das Haff hat Süßwasser, das auch durch eine kleine Verbindung mit der Ostsee bei Memel nicht beeinträchtigt wird und birgt Süßwasserfische.« Mit diesen Worten beschrieb Thomas Mann, der an diesem Ort in der 1930er Jahren ein heute der Öffentlichkeit zugängliches Haus besaß, das einzigartige Naturparadies, das von der UNESCO zum Weltnaturerbe erklärt wurde. Der Nationalpark Kurische Nehrung schützt die im Wind rauschenden Wälder, die verträumten Orte mit ihren traditionellen Holzhäusern und die urwüchsige Dünen- und Strandlandschaft entlang der Ostsee und dem Haff. Der südlichste Ort des litauischen Teils der Kurischen Nehrung ist Nida (Nidden), die Dünenlandschaft mit bis zu 60 m hohe Dünen wird scherzhaft auch gerne die »Litauische Sahara« genannt.

20 Klaipėda (Memel) Eine Reihe Seebäder macht die Küste zum attraktivsten Urlaubsgebiet Litauens. Das bis vor wenigen Jahrzehnten noch verschlafen wirkende baltische Städtchen Klaipėda (Memel) am Ausgang des Haffs ist heute ein wichtiges

Industriezentrum des Landes. Auch seine Stadtgeschichte begann mit dem Deutschen Orden, 1254 nahm Klaipėda das lübische Stadtrecht an.
Der wenige Kilometer nördlich gelegene Badeort Palanga ist mit seinem mehlfeinen weißen Sand, den Dünen und den ausgedehnten Kiefernwäldern ein beliebter Kurort. Hier kann man mit etwas Glück herrliche Sonnenuntergänge erleben. Interessant sind auch der Botanische Garten und das informative Bernsteinmuseum.
Von Klaipėda führt eine autobahnähnliche Straße (Nr. 1) über Kaunas ins 300 km entfernte Vilnius, die Hauptstadt Litauens. Wer diesen Abstecher auslassen will, der biegt nach 100 km auf die A12 Richtung Rīga.

21 Rīga Die seit 1282 zur Hanse gehörende lettische Hauptstadt an der Mündung der Düna zählt zu den schönsten im Baltikum, die Altstadt wurde zum UNESCO-Weltkulturerbe erklärt. Innerhalb ihrer Mauern finden sich Gebäude aller europäischer Stilepochen. Die mittelalterlichen Bürgerhäuser und 24 Lagerhäuser in der Altstadt gehören ebenso dazu wie die Jugendstilhäuser, die teilweise ganze Straßenzüge säumen. Neben dem einstigen Palast des Zaren Peters des Großen ist die Johanniskirche (14. Jh.) auf den Ruinen eines 1234 niedergebrannten Bischofssitzes sehenswert. Das Schloss des Deutschen Ordens (1330) mit dem Schwedentor beherbergt viele Museen. Ende des 18. Jh. wurde die Peter-und-Paul-Kathedrale erbaut.
Die deutschen Kaufleute hatten sich seit der Mitte des 14. Jh. in der Großen Gilde zusammengeschlossen und das Haus der Großen Gilde erbaut. Von ihr wie auch von der Kleinen Gilde, in der sich die deutschen Handwerker organisierten und im Haus der Kleinen Gilde tagten, waren die Einheimischen ausgeschlossen. Zu den schönsten Gebäuden der Stadt zählt das Schwarzhäupterhaus, das sich 1341 die rigaischen Kaufleute errichteten: Der rote Backsteinbau hat mehrere Speichergeschosse.

4

5

Rīgas Wahrzeichen ist der 137 m hohe Holzturm der Petrikirche. Das lettische Parlamentsgebäude ist eine Nachbildung des Palazzo Strozzi in Florenz. Sehenswert ist das Arsenal, das alte Rīgaer Zollhaus (1828–1832). Wer sich für die Architektur und den bäuerlichen Lebensstil des 16. bis 19. Jh. interessiert, dem empfiehlt sich ein Besuch des Freilichtmuseums. Westlich von Rīga liegt der Badeort Jūrmala auf einer Landzunge an der Bucht von Rīga. Auf einer Länge von 30 km verläuft hier ein feiner Sandstrand. Eine Bahn verbindet Rīga mit dem Badeort.

Von Riga aus lohnt sich ein kleiner Abstecher in das 50 km nordöstlich gelegene Sigulda im idyllischen Ganja-Nationalpark. Die Hauptattraktionen sind die Rodelbahn, das Schloss Turaida sowie zahlreiche interessante Höhlen und Quellen, die sich auf Wanderwegen erkunden lassen. Von Rīga führt die E 67 entlang der Küste des Rigaischen Meerbusens nordwärts zur estnischen Hauptstadt Tallinn; der Grenzübertritt erfolgt bei Ainazi.

22 Pärnu Die estnische Westküste mit ihren malerischen Wäldern, schimmernden Gewässern, den einfachen strohgedeckten Häusern, trutzigen Burgen und alten Ruinen ist ebenfalls sehr attraktiv. 180 km nördlich von Riga liegt Pärnu am gleichnamigen Fluss. Die malerische alte Stadt aus dem 13. Jh. ist eine wichtige estnische Hafenstadt und wegen ihres Heilschlamms auch als Kurort bekannt. Wohnhäuser aus dem 16. und 17. Jh. sind ebenso sehenswert wie die Katharinenkirche im orthodoxen Stil und die barocke Elisabethkirche. Letzte Station der Fahrt entlang der Ostsee ist die Hansestadt Tallin.

23 Tallinn (Reval) Bis in den hohen Norden am Zugang zum Finnischen Meerbusen drangen die Ritter des Deutschen Ordens im 13. Jh. vor, erstmals urkundlich erwähnt wird Tallinn 1154. Der Beitritt zur Hanse 1284 förderte den schnellen wirtschaftlichen Aufstieg der Stadt, mit dem Zerfall des Ordensstaates im 16. und 17. Jh. setzte der Niedergang ein. Nach 1945 wurde Tallinn zur wichtigsten Industriestadt Estlands.

Mit seinen vielen Kirchen auf dem Domberg und in der Unterstadt, mit seinen gotischen Kirchtürmen, die wie Nadeln in den Himmel ragen, den Satteltürmen der Stadtmauer und den Barockhauben auf den Patrizierhäusern ist Tallin noch immer eine sehenswerte Stadt. Es ist ein Stück alte Welt: Viele der wenig befahrenen und zum Teil sehr engen Straßen sind noch mit Kopfsteinpflaster bedeckt.

Die gotische Altstadt, ebenfalls UNESCO-Weltkulturerbe, hat das älteste Rathaus ganz Nordeuropas, es stammt aus dem 14. und 15. Jh. Die fast vollständig erhaltenen Stadtmauern werden von 26 Türmen geziert. Wahrzeichen der Stadt ist der steil zum Meer abfallende Domberg, auf dem sich Dom und Toompea-Burg erheben. Der herrliche Ausblick über die Dachlandschaft der historischen Altstadt ist überwältigend. Die aus dem 13. Jh. stammende Kathedrale der Jungfrau Maria zählt zu den ältesten Kirchen in Estland. Den barocken Kadriorg-Palast mit dem herrlichen Park entwarf Nicolo Michetti für Zar Peter den Großen 1718. Das Dominikanerkloster wurde 1246 gegründet und ist das älteste existierende Kloster in ganz Estland.

1 Die Kurische Nehrung ist ein 98 km langer und teilweise nur 400 m breiter Dünenstreifen zwischen der Ostsee und dem Kurischen Haff.

2 Blick auf die charakteristische Silhouette der Altstadt von Rīga

3 Rīga: Der Turm der Petri-Kirche aus dem 13. Jh.

4 Tallinn besaß mit seinen mächtigen Stadtmauern und Wehrtürmen eine der besten nordeuropäischen Verteidigungsanlagen des 16. Jh.

5 Der Dom – die Hauptkirche von Kaliningrad – wurde 1944 vollständig zerstört, aber erst in den 1990er Jahren wieder aufgebaut.

Bernstein – das »Gold der Ostsee«

Der Ostseeraum war stets eine wichtige Fundstätte für Bernstein, einem fossilen Harz, das von urzeitlichen Kiefern stammt und unter Ausschluss von Sauerstoff aushärtete. Beim Überfluten der urzeitlichen Bernsteinwälder wurden die 30 und 50 Mio. Jahre alten Bernsteine aus der Erde herausgespült und an die samländische Küste transportiert. Das Wort leitet sich vom mittelniederdeutschen Wort »bernen« für brennen ab. Das weltweit größte Bernsteinvorkommen findet sich an der samländischen Ostseeküste. Die von dort stammenden Bernsteine haben zum Teil schöne Einschlüsse (Inklusen) von Tieren, zumeist Insekten, und Pflanzenteilen. Professionell wird Bernstein im Tagebau gewonnen oder mithilfe von Netzen gefischt.

Schon in der Steinzeit war Bernstein als Schmuck oder Amulettstein überaus beliebt, fand aber auch Verwendung in der Medizin. Bernstein spielte im Hanseraum eine wichtige Rolle als Handelsgut, das bis in die islamische Welt vertrieben wurde. Das Sammeln von Bernstein an der Küste war das Vorrecht der Landesherren, lag zunächst in den Händen der Herzöge von Pommerellen, später des Deutschen Ordens. Dieser schuf auch das Amt eines Bernsteinmeisters und hielt seit dem Hochmittelalter das Monopol in den Händen. An ihn mussten Bernsteinsammler ihre Funde abliefern. Noch im späten 19. Jh. durften Fremde Bernstein am Ostseestrand nicht einfach auflesen. Nach dem Niedergang der Hanse entwickelten sich in Danzig und Königsberg Zentren, in denen Bernsteine gefasst wurden.

Oben: Bernstein mit eingeschlossenem Insekt
Unten: Bernstein, geschliffen und gefasst

Abstecher

Kaunas und Vilnius

1

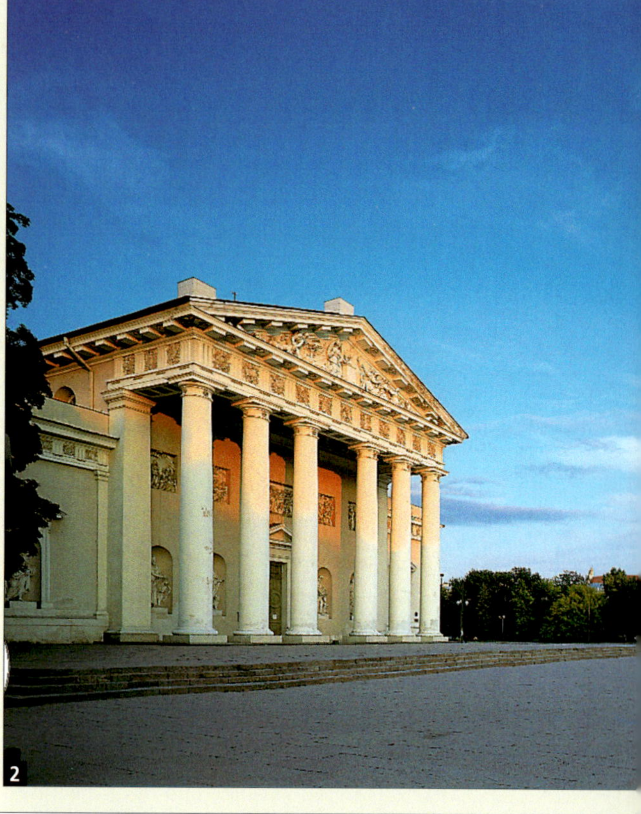

2

Kaunas war in der Zwischenkriegszeit die Hauptstadt Litauens. Der Stadtkern samt der Burg ist alt und liegt auf einer Halbinsel am Zusammenfluss von Nemunas (Njemen) und Neris. Von 1441 bis 1532 unterhielt hier die Hanse eine Niederlassung, ein verheerender Stadtbrand 1537 vernichtete weite Teile der Altstadt.

Von Kaunas sind es knapp 100 km nach Vilnius an der Vilnia. Wahrzeichen der Stadt sind ihre vielen Wehrtürme in der malerischen Altstadt. Das »Rom des Baltikums«, wie dieses »Bilderbuch aus Stein« genannt wurde, erinnert noch an seine einstigen Herren, die Jesuiten. Diese trieben die Gegenreformation im Königreich Polen-Litauen voran. Erstmals urkundlich erwähnt wird Vilnius im Jahr 1323, schon damals war es ein blühender Handelsplatz mit unterer und oberer Burg sowie einer Kaufmannssiedlung. Vilnius überrascht den Besucher mit einer Vielzahl prächtiger barocker Kirchen und Gebäude. Die Altstadt wird von engen, sehr malerischen Kopfsteinpflastergassen durchzogen; ihr Mittelpunkt ist die Universität, ein Renaissancebau mit vielen italienisch anmutenden Höfen. Die Kathedrale von Vilnius wurde mehrmals umgebaut, bis sie im 18. Jh. ihr heute klassizistisches Aussehen erhielt. Die Hauptachse der Stadt bildet der von Linden umsäumte Gediminas-Prospekt. Weitläufige barocke und klassizistische Paläste zeugen von altem, auf Handel gründendem Wohlstand.

Lübeck Die gesamte Altstadt der »Königin der Hanse« und »Marzipanstadt« ist sehenswert, vor allem die Kirchen und Backsteingebäude (Rathaus, Heiligen-Geist-Hospital, Holstentor, Bürgerhäuser).

Wismar Die mauernumschlossene Hansestadt hat ihr mittelalterliches Altstadtbild bis heute gut bewahren können.

Rügen Seit 1937 ist Deutschlands größte Insel durch den Rügendamm mit dem Festland verbunden. Ihre Landschaften und vor allem die Kreidefelsen haben die Ostseeinsel berühmt gemacht.

Usedom Der Ostzipfel der über Brücken mit dem Festland verbundenen Insel gehört bereits zu Polen. Auf deutscher Seite reihen sich so namhafte Seebäder wie Zinnowitz, Bansin, Heringsdorf und Ahlbeck.

Hamburg »Michel«, Rathaus, Jungfernstieg, Blankenese, St.-Pauli-Landungsbrücken, Speicherstadt, Hafen – das »Tor zur Welt« bietet vielfältige Attraktionen.

Rostock Trotz starker Kriegsschäden: Das Rathaus, die Stadtpfarrkirchen und die Marienkirche (samt Astronomischer Uhr) sind bemerkenswert. Rostocks Universität besteht seit 1419.

Bremen Handel und Hafen haben die Weserstadt einst reich gemacht. Besonders schön ist der Marktplatz mit dem Roland.

Schwerin Die Stadt liegt am Schweriner See, dem zweitgrößten Gewässer in Mecklenburg-Vorpommern.

Stralsund Gebäude der Backsteingotik sowie Bürgerhäuser des 15. bis 19. Jh. sind typisch für die Stadt am Strelasund.

1 Romantisch am See gelegen: die malerische Stadt Trakai mit ihrer beeindruckenden mittelalterlichen Festung

2 Die im 18./19. Jh errichtete klassizistische Kathedrale von Vilnius hat einen auffälligen, getrennt stehenden Turm.

3 Innenansicht der prachtvollen Heilig-Geist-Kirche in Vilnius, dem »Rom des Baltikums«

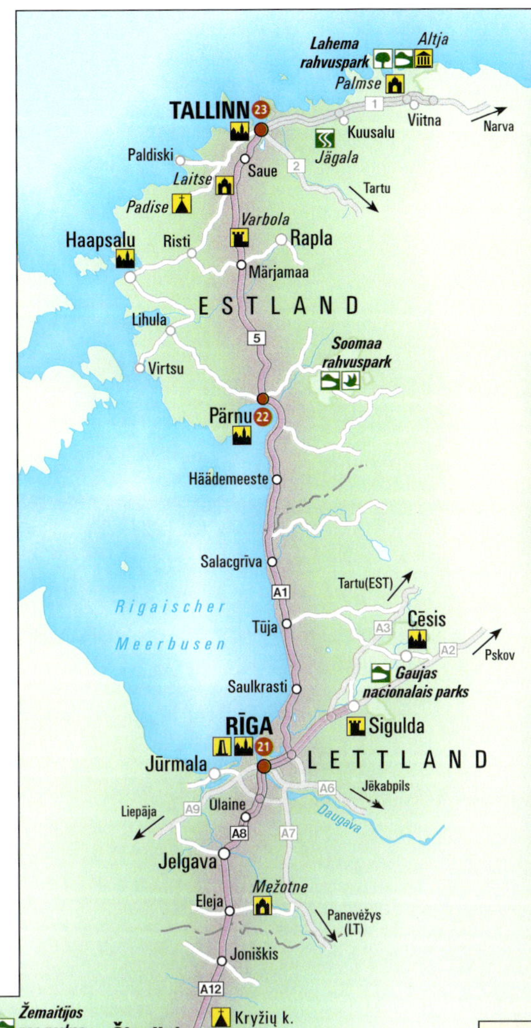

Tallinn Estlands Hauptstadt wartet mit gotischer Altstadt und dem ältesten Rathaus Nordeuropas (14./15. Jh.) auf. Wahrzeichen ist der steil zum Meer hin abfallende Domberg.

Sigulda Hauptsehenswürdigkeiten der in einer waldreichen Gegend gelegenen Kleinstadt sind das Schloss Turaida und der nahe »Liederberg« mit Skulpturen zum lettischen Liedgut.

Rīga Die lettische Hauptstadt ist reich an Gebäuden wichtiger europäischer Architekturstile – von mittelalterlich bis Jugendstil – und zählt zu den schönsten Ostseestädten.

Gdańsk (Danzig) 1945 wurde Danzig fast komplett zerstört. Gigantische Wiederaufbauleistungen haben dafür gesorgt, dass das Krantor (im Bild) sowie 650 andere Bauten im »alten Glanz« erstrahlen.

Kurisches Haff Das Naturparadies bietet Dünen, Wälder, verträumte Orte und (wahlweise) Ostsee- oder Süßwasserstrände. Einst verbrachten bedeutende Künstler und Literaten (u.a. Corinth, Schmidt-Rottluff, Pechstein, Th. Mann) hier ihren Urlaub. Zur Sowjetzeit war die schmale Landzunge Sperrgebiet.

Kaliningrad Die 1255 vom Deutschen Orden gegründete Stadt war ab 1340 Hansemitglied. Nach schweren Kriegszerstörungen ist der Dom wieder renoviert worden. Die ehemalige Hauptstadt Ostpreußens und Stadt Immanuel Kants, der hier 1755 bis 1796 lehrte, ist zwar eher unansehnlich, liegt jedoch nahe der bemerkenswerten Samlandküste.

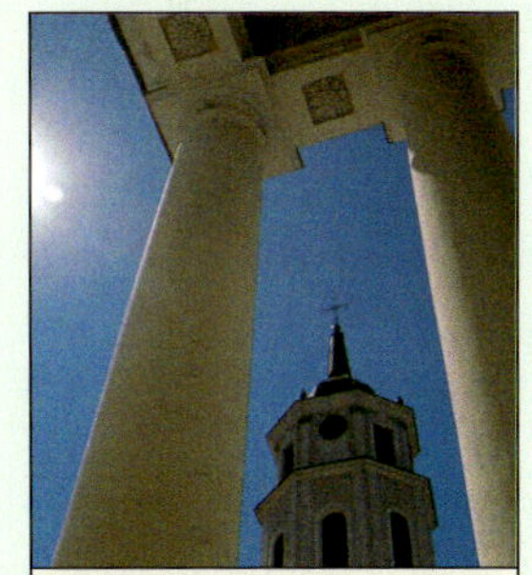

Vilnius Litauens von Barockbauten geprägte Hauptstadt liegt nahe der Grenze zu Weißrussland. Im Bild: die klassizistische Kathedrale und ihr Glockenturm.

Masuren Alleen und Kopfsteinpflaster, Dorfteiche und Storchennester: Ein Besuch dieser Gegend ist eine Reise zurück in die gute, alte Zeit. Dichte Wälder, sanfte Hügel und die Masurische Seenplatte mit mehr als 3000 Seen von über einem Hektar Fläche prägen die Moränenlandschaft in Nordostpolen.

Malbork (Marienburg) Die nach dem Zweiten Weltkrieg wieder aufgebaute Marienburg war im 13. Jh. Sitz der Hochmeister des Deutschen Ordens. Nahe der Burg liegt die gleichnamige Stadt.

Frombork Die eindrucksvoll auf einer Anhöhe gelegene Kathedrale (14. Jh.) ist ein Musterbeispiel norddeutscher Backsteinarchitektur.

Blick auf die Winzergemeinde Löf. Hier an der unteren Mosel, kurz vor der Mündung in den Rhein, ist

Route 10

Deutschland

»Weinseelige« Kulturlandschaften an Mosel, Rhein und Neckar

Der viel besungene »deutscheste aller Flüsse« zählt zweifellos zu den schönsten Europas. Ähnliches gilt für die Mosel, die bei Koblenz in den Rhein mündet. Nicht weniger romantisch ist der bei Mannheim rechtsrheinisch dazustoßende Neckar. Allen gemeinsam sind ihre eindrucksvollen Täler, die von Burgen und Weinbergen gesäumten Talhänge und die malerischen Winzerorte.

Mit 1320 Flusskilometern ist der Rhein, den die Kelten Renos und die Römer Rhenus nannten, einer der längsten Flüsse Europas und zugleich eine der bedeutendsten Wasserstraßen des Kontinents. Der junge Rhein entspringt im schweizerischen Graubünden, durchfließt den Bodensee, »springt« bei Schaffhausen über den Rheinfall und fließt als Hochrhein weiter nach Basel. Dort wendet er sich als Oberrhein gen Norden und wird auf seinem Weg durch die Oberrheinische Tiefebene endgültig »deutsch«. Als Mittelrhein durchbricht er auf spektakuläre Weise das Rheinische Schiefergebirge, linksrheinisch von den Höhen des Hunsrück und rechtshreinisch von den Ausläufern des Taunus begleitet. Bei Koblenz mündet die Mosel in den Rhein, der bei Bonn als Niederhein in die Niederrheinische Tiefebene eintritt. Nachdem er die großen Rheinmetropolen Köln, Düsseldorf und Duisburg passiert hat, verlässt er kurz hinter Kleve das deutsche Staatsgebiet, um schließlich nach einigen Flusskilometern in den Niederlanden in die Nordsee zu münden.

Ladenburg am Neckar

2002 wurde das Mittelrheintal zwischen Bingen und Koblenz von der UNESCO zum Weltkulturerbe erklärt: eine Hommage an die landschaftliche Schönheit des Mittelrheintales, aber auch als Anerkennung der kulturellen, historischen und nicht zuletzt önologischen Bedeutung dieses Rheinabschnitts. Schließlich ist das Tal auf dieser Teilstrecke untrennbar mit dem »Rheingold« der Nibelungensage verknüpft, begleiten ihn diesseits und jenseits seiner Flussschleifen steile Berghänge mit hervorragenden Weinlagen und trotzig ausharrenden mittelalterlichen Burgen.

Jede Burg und fast jeder in den Fluss ragende Felsen ist mit einer Sage oder Legende verknüpft – sei es jene von der schönen Loreley, die durch ihren Gesang so viele Rheinschiffer in den Tod gelockt haben soll, oder die beiden feindlichen Brüder auf Burg Katz und Burg Maus.

Aber vielleicht waren all diese Sagen und Legenden auch nur vom berühmten Rheinwein beflügelt, dessen Rebstöcke das Bild des Flusses ebenso prägen wie die zahlreichen Burgen links und rechts.

Eine der berühmtesten Ansichten Deutschlands: Heidelberg am Neckar

das Moseltal flacher als am Oberlauf.

Blick vom linken Rheinufer auf die viel besungene, 132 m über dem Rheintal aufragende Loreley

Bestimmt hat der Rheinwein etwas zu tun mit der »rheinischen Fröhlichkeit«, die im Karneval förmlich explodiert. Eine postmoderne »Rhein-Spezialität« ist das Spektakel »Rhein in Flammen«, das fünfmal jährlich den nächtlichen Rhein zwischen Rüdesheim und Bonn mit Feuerwerkskörpern in eine Farbenflut taucht.
Ähnlich weinselig wie am Mittellauf des Rheins geht es auch an seinem längsten und größten Nebenfluss, der Mosel, zu. Der für seine malerischen Mäander bekannte Fluss entspringt in den südlichen Vogesen und mündet nach 545 km bei Koblenz in den Rhein. Mit Ausnahme des in einer Talweitung gelegenen Trier haben sich wegen der Enge des Moseltales an seinen Ufern keine weiteren größeren Städte entwickelt. Vor allem zwischen Bernkastel-Kues und Cochem wird das Landschaftsbild von den Hügeln des Rheinischen Schiefergebirges und seinen Weinbergen, Weinorten und Burgen geprägt. Das Moseltal ist eine einzigartige, jahrtausendealte Kulturlandschaft, die bereits in keltischer und römischer Zeit besiedelt war.
Lange bevor die Mosel den Rhein erreicht, hat »Vater Rhein« schon längst einen seiner Söhne abgeholt: den Neckar, auch er einer der deutschen »Weinflüsse«. Er entspringt in 706 m Höhe im Schwenninger Moos und mündet nach 367 km bei Mannheim in den Rhein. Auf dem Weg dorthin windet er sich durch steilwandige Täler wie bei Rottweil oder durch weite Talauen wie im Stuttgarter und im Heilbronner Becken.
Unterhalb von Neckarelz durchbricht er den Buntsandstein-Odenwald und strömt dann ab Heidelberg durch die Oberrheinebene.

Die Reichsburg über Cochem an der Mosel zählt zu den schönsten Burgen Deutschlands.

Die Römer in Trier

Trier wurde schon 16. v. Chr. von Kaiser Augustus unter dem Namen Augusta Treverorum gegründet und gilt damit als älteste deutsche Stadt. Kaiser Augustus hatte den Standort an einer strategisch günstigen Stelle in einer Talweitung der Mosel (lat. Mosella) gewählt. Hier hatte Caesar die keltischen Treverer geschlagen, weshalb die Neugründung auch Augusta Treverorum genannt wurde. Etwa 100 n. Chr. entstand ein heute noch teilweise erhaltenes, 20 000 Zuschauer fassendes Amphitheater, ab 117 n. Chr. wurde Augusta Treverorum Hauptstadt der römischen

Oben: Kaiserthermen (um 360 n. Chr.)
Unten: Römisches Stadttor Porta Nigra

Provinz Belgica prima, Verwaltungssitz der Präfektur für die Provinzen Gallien, Britannien und Spanien und kaiserliche Residenzstadt. Während des 3. und 4. Jh. war Trier eine Art antike Weltstadt mit damals bemerkenswerten 70 000 Einwohnern. Von der römisch-antiken Blütezeit zeugen noch heute außer den Resten des Amphitheaters die Aula Palatina (in der einst Konstantin der Große residierte), die Kaiser- und die Barbarathermen. Wahrzeichen Triers ist jedoch die Porta Nigra, das nie ganz vollendete ehemalige römische Stadttor aus dem 2. Jh., das unter fränkischer Herrschaft im 11. Jh. zur Simeonskirche umgebaut wurde. Im Jahr 475 wurde die Stadt von den Franken erobert und fortan erfolgreich gegen Rückeroberungsversuche verteidigt. Im 6. Jh. wurde Trier Erzbistum.

1

2

3

Entlang an Deutschlands Flüssen: Die Route beginnt in Trier und folgt dem Lauf der Mosel bis zu ihrer Mündung in den Rhein bei Koblenz. Flussaufwärts geht es vorbei an unzähligen Burgen durch das Rheintal nach Mannheim, von wo aus die Straße parallel zum Neckar bis nach Tübingen führt.

1 Trier Die von den bewaldeten Bergen des Hunsrück und der Eifel umrahmte Stadt liegt in einer der wenigen Talweitungen der Mosel. Nordöstlich der Porta Nigra steht die nach Plänen von Balthasar Neumann erbaute Kirche St. Paulin (18. Jh.), einer der bedeutendsten Barockbauten im Moseltal. Wesentlich älter ist der romanische Dom St. Peter. Die daneben stehende Liebfrauenkirche (13. Jh.) ist eine der ältesten gotischen Kirchen Deutschlands. Der Hauptmarkt mit dem Marktkreuz und dem Petrusbrunnen gilt als einer der schönsten Plätze Deutschlands.

Von Trier bis Koblenz läuft parallel zur Mosel abwechselnd auf dem linken oder rechten Ufer des engen Moseltals eine Straße, die die schönsten Weinbauorte entlang der Mosel miteinander verbindet.

2 Bernkastel-Kues Die Fachwerkhäuser und der Marktplatz

Reiseinformationen

Routen-Steckbrief
Routenlänge: ca. 550 km
Zeitbedarf: 6-7 Tage
Start: Trier
Ziel: Tübingen
Routenverlauf: Trier, Koblenz, Bingen, Mainz, Frankfurt, Darmstadt, Mannheim, Heidelberg, Heilbronn, Stuttgart, Tübingen, (Bodensee)

Auskünfte:
Fremdenverkehrs- und Heilbäderverband Rheinland-Pfalz, *Löhrstr. 103-105, 56068 Koblenz, Tel. 0261/ 915 20 40*
Mosellandtouristik, Im Kurpark, *54470 Bernkastel-Kues, Tel. 06531/20 91, Fax 20 93, www.mosellandtouristik.de*
Landesverkehrsverband Rheinland, *Rheinallee 69, 53173 Bonn, Tel. 0228/ 362921, Fax 36 39 29, www.rheinland-info.de*
Heidelberger Kongress und Tourismus GmbH, *Tel. 06221/614 33, Fax 213 89*
Tourismus-Marketing Baden-Württemberg, *Esslinger Str. 8, 70182 Stuttgart, Tel. 0711/ 23 85 80, Fax 2 38 58 98.*
Internationaler Bodensee Tourismus, Insel Mainau, *78465 Konstanz, Tel. 07531/ 90 94 90, www.bodensee-tourismus.* com

von Bernkastel im mittleren Moseltal werden von der Burgruine Landshut überragt, Weinberge ziehen sich bis zu ihren Mauern hinauf. Eine Brücke führt von Bernkastel nach Kues, dem Geburtsort des Philosophen Nikolaus von Kues (1401–1464), der im St.-Nikolaus-Hospital begraben liegt.

3 Traben-Trarbach Das romantische Weinbaustädtchen erstreckt sich über beide Uferseiten und wird von schönen Fachwerk- und Patrizierhäusern geprägt. Liebhaber des Jugendstils finden mit dem Brückentor, der Huesgen-Villa, dem Schlösschen Sonora sowie dem Hotel Bellevue eine Reihe einzigartiger Jugendstilbauten im Ort, die an die Blütezeit der Weinhandelsmetropole um die Jahrhundertwende vom 19. zum 20. Jh. erinnern. Überragt wird das Städtchen von der Grevenburg. Auf dem von einer Flussschleife umschlossenen Mont Royal liegt die Ruine einer von Vauban geplanten Festungsanlage.

4 Zell Der bekannte Weinbauort mit Resten einer sehr alten Stadtbefestigung, der Peterskirche und einem ehemals Kurfürstlichen Schloss liegt am rechten Moselufer. Auf dem Weg nach Bremm führt bei Alf eine Abzweigung zur Burg Arras aus dem 9. Jh.

5 Moselschleife bei Bremm Zu den bekanntesten unter den vielen Schleifen der Mosel zählt man die Schleife beim Winzerort Bremm. Dessen Weinhänge am Bremmer Calmont gelten als die steilsten Riesling-Weinhänge Europas. Der Ort selber besticht mit malerischen engen Gassen und historischen Fachwerkhäusern. Auf der Weiterfahrt flussabwärts empfiehlt sich bei Müden ein Abstecher zur Burg Eltz.

6 Cochem Die Stadt am linken Ufer der unteren Mosel zählt zu den schönsten Orten im Moseltal. Überragt wird sie von der schon 1070 erbauten, 1688 zerstörten und im 19. Jh. im neugotischen Stil wieder erbauten Reichsburg. Das Rathaus am Marktplatz mit schönen alten Häusern stammt aus dem Jahr 1739. Auf dem Weg zum Weinort Kobern-Gondorf liegt bei Löf-Hatzenport auf der rech-

1 Blick vom Calmont auf die eindrucksvolle Moselschleife bei Bremm

2 Der Hauptmarkt von Trier mit St. Gangolf, Marktkreuz und der Steipe (bis zum 18. Jh. auch Rathaus)

3 Der mittelalterliche Weinort Bernkastel-Kues im engen Tal der mittleren Mosel

4 Blick über die Mosel auf Cochem und die Reichsburg

5 Seit 1692 ist Burg Landshut, die in den Weinbergen oberhalb von Bernkastel-Kues liegt, eine Ruine.

Abstecher

Maria Laach und die Südeifel

Die Südeifel als Teil des Rheinischen Schiefergebirges wird im Süden von der Mosel begrenzt. Ihren höchsten Punkt erreicht sie in der Basaltkuppe der Hohen Acht mit 746 m. Typische landschaftliche Merkmale der Südeifel sind ihre Maare, kleine Kraterseen vulkanischen Ursprungs. Der größte unter ihnen ist der Laacher See. Er ist bis zu 53 m tief und hat eine Fläche von 3,3 km². Ein starker Grundwasserstrom speist den See, aufsteigende Gasbläschen geben einen Hinweis auf die nie ganz erloschene vulkanische Aktivität des Gebietes. Zu den bekanntesten Maaren der südlichen Eifel gehören die Dauner Maare, die »blauen Augen der Eifel«.

Das imposante Benediktinerkloster Maria Laach

Die berühmte Benediktinerabtei Maria Laach aus dem 12. Jh. liegt in der Nähe von Mendig am Ufer des Laacher Sees. Das Kloster (geweiht 1156) mit seinen insgesamt sechs Kirchtürmen gilt in seiner geometrischen Strenge und Schönheit als ein Juwel romanischer Baukunst und ist die letzte rheinische Gründung des Benediktinerordens. Die schönsten Sehenswürdigkeiten im Innenraum sind das Grabmal von Heinrich II. (11. Jh.), der Baldachin-Hochaltar, die Krypta, das Bogenportal und vor allem das berühmte »Laacher Paradies«, eine Steinmetzarbeit am Vorbau vor der Westfassade, die den Garten Eden symbolisiert.

Burg Eltz zählt zu den schönsten mittelalterlichen Burgen Deutschlands. Die auf einem 70 m hohen Felsen errichtete und auf drei Seiten von der Elz umflossene Burg wurde niemals zerstört. 1268 wurde sie eine »Ganerbenburg«, in der verschiedene Familienlinien des Hauses gemeinsam unter einem Dach lebten. Im

Laufe der 500-jährigen Bauzeit entstand eine befestigte Wohnburg mit acht um einen engen Innenhof gruppierten Wohntürmen. Aufgrund der langen Bauzeit finden sich auf der Burg alle Stilrichtungen von der Romantik bis zum Barock.

1

Rheinwein

Einst brachten die Römer den Wein in das Mosel- und Rheintal. Zwischen Koblenz und Bingen und im Rheingau reifen all die Riesling-, Müller-Thurgau-, Kerner- und Spätburgunderrebsorten, die den Rheinwein so berühmt gemacht haben. Die Bedingungen sind ideal: Die Hanglagen entlang des Rheins

Rieslingtrauben

bieten einen optimalen Sonneneinstrahlungswinkel. Das Felsgestein strahlt nach Sonnenuntergang die tagsüber gespeicherte Wärme ab, die umliegenden Mittelgebirge schützen die Rebstöcke vor kalten Winden. Zudem sind die Weinberge nicht gefährlichen Nachtfrösten ausgesetzt, weil die vom Fluss aufsteigende Warmluft wärmend über die Hänge streicht. Durch das milde Klima können die Rheinweine bis in den Herbst hinein reifen und werden nach der Ernte fachkundig im Fass ausgebaut.

ten Moselseite die Burgruine Ehrenburg (1125). Bei Alken grüßen vom rechten Moselufer die Zwillingstürme von Burg Thurant herüber.
Von Kobern aus lohnt sich ein Abstecher nach Maria Laach, der größten kulturellen Sehenswürdigkeit der Südeifel.

7 Koblenz Die Stadt am Zusammenfluss von Mosel und Rhein war schon in römischer Zeit von großer strategischer Bedeutung und ab dem 11. Jh. Residenzstadt der Erzbischöfe und Kurfürsten von Trier. Auf einer Landzunge direkt an der Mündung von Mosel und Rhein liegt das Deutsche Eck mit dem monumentalen Kaiser-Wilhelm-Denkmal. Neben der Basilika St. Castor sind die ursprünglich mittelalterliche Alte Burg, der Münzplatz mit dem Geburtshaus des Fürsten Metternich, die Liebfrauenkirche (12.–15. Jh.) und die Florinskirche (12.–14. Jh.) sowie am Rheinufer das riesige Kurfürstliche Schloss aus dem 16. Jh. weitere Sehenswürdigkeiten der Rheinstadt.
Auf der rechten Rheinseite liegt die Festung Ehrenbreitstein, eine der größten Festungsanlagen Europas. Von Koblenz folgt die malerische Flussroute der linksrheinisch verlaufenden Bundesstraße 9 bis Bingen.

8 Boppard Das idyllische Städtchen liegt ebenfalls linksrheinisch an einer Flussschleife des Rheins. Auf dem Weg dorthin passiert man zunächst Burg Stolzenfels (13. Jh.) sowie die Burgen Lahneck und Marksburg. Letztere ist die einzige nie zerstörte Höhenburg am Rhein. In Boppard selbst sind die Reste der mittelalterlichen Stadtmauer, Reste des römischen Kastells Bodobriga und die St. Severuskirche (12./13. Jh.) lohnende Besuchsziele.

2

9 St. Goar und St. Goarshausen Beide Weinorte, zwischen denen Rheinfähren pendeln, werden von Burg Rheinfels überragt, einst die mächtigste Festungsanlage im Rheintal. St. Goar liegt auf der linken Rheinseite, am anderen Ufer St. Goarshausen in Sichtweite der Burgruinen Katz und Maus, die von zwei verfeindeten Brüdern im 14. Jh. erbaut wurden.

10 Loreley Nur einige Flussschleifen flussaufwärts schiebt sich der berühmte, 133 m hohe Loreley-Felsen in den Rhein, der hier nur 133 m breit ist und deshalb früher eine gefährliche Engstelle für die Rheinschiffer war und den Heinrich Heine so romantisch besungen hat.

11 Kaub Eine Fähre ermöglicht die Überfahrt in das romantische Städtchen am rechten Rheinufer. Eine gut erhaltene mittelalterliche Stadtmauer umgibt den Ort, der zu den bedeutendsten Weinbauorten am Mittelrhein zählt. Überragt wird Kaub von Burg Gutenfels aus dem 13. Jh. Auf einer kleinen Felsinsel mitten im Rhein liegt der ehemalige Zollturm Pfalzgrafenstein, die »Pfalz bei Kaub«.

12 Bacharach Das idyllische, linksrheinisch liegende Weinbaustädtchen wird von einer turmreichen Stadtmauer aus dem

16. Jh. umgeben. Über ihr thront Burg Stahleck, in der sich eine Jugendherberge befindet. Flussaufwärts unweit von Bacharach ragt Burg Sooneck in den Himmel. Auf dem Weg nach Bingen passiert man noch die linksrheinisch liegenden Burgen Reichenstein und Rheinstein.

⓭ **Bingen** Das Wahrzeichen der Stadt an der Einmündung der Nahe in den Rhein ist Burg Klopp, deren Fundamente bis in die Römerzeit zurückreichen. Hier tritt der Rhein am Binger Loch eindrucksvoll in das Rheinische Schiefergebirge ein. Auf der linken Rheinseite thront Burg Ehrenfels aus dem 13. Jh. Mitten im Rhein steht der Binger Mäuseturm, der in Verbindung mit Burg Ehrenfels als Wach- und Zollturm diente. Bei Bingen queren Autofähren den Rhein nach Rüdesheim.

⓮ **Rüdesheim** Der Weinort ist vor allem wegen der Drosselgasse berühmt, in der sich eine Weinstube an die andere reiht. Das Stadtbild prägen ehemalige Adelshöfe wie der Brömserhof und die Ruinen der Boosen-, Vorder- und Brömserburg aus dem 10. Jh. Letztere beherbergt das Rheingau-Weinmuseum. Das Niederwalddenkmal, eine monumentale Germania-Statue, die 1883 zum Gedenken an die deutsche Reichsgründung (1871) errichtet wurde, thront über dem Städtchen.

⓯ **Eltville** Vorbei an zahlreichen Schlössern geht die Fahrt in das ebenfalls malerisch zwischen Weinbergen gelegene Eltville. Überragt wird der Ort von der Ruine einer Burg aus dem 14. Jh. Zu den Sehenswürdigkeiten der Altstadt zählen einige ehemalige Adelshöfe und St. Peter und Paul (14. Jh.). Ein kurzer Abstecher führt zur ehemaligen Zisterzienserabtei Eberbach, in der seit 850 Jahren Wein gekeltert wird.

⓰ **Mainz** Die Stadt geht auf das 38 v. Chr. angelegte römische Kastell Moguntiacum zurück und ist eine der ältesten Städte Deutschlands. Der hl. Bonifatius machte die Stadt 742 zu seinem Bischofssitz. Die Universitätsgründung erfolgte 1476.
Eine der großen technischen Revolutionen nahm in Mainz ihren Lauf, als Johannes Gutenberg im 15. Jh. in seiner Heimatstadt mit in Blei gegossenen, beweglichen Lettern die ersten Bücher druckte: 200 Bibeln, von denen heute weltweit nur noch 48 Exemplare

1 Die malerische »Pfalz« bei Kaub (früher Pfalzgrafenstein) liegt wie ein steinernes Schiff auf einer Insel im Rhein und diente einst als Zollstation; über dem Ort thront Burg Gutenfels.

2 Vom Charme der alten Weinstadt Bacharach am Rhein schwärmten berühmte Dichter wie Heinrich Heine, Victor Hugo und Clemens Brentano.

3 Die romantische Burg Rheinstein, die einst als Zollburg gebaut wurde, liegt am Eingang zum Mittelrhein bei Bingen gegenüber dem viel besuchten Rotweinort Assmannshausen.

Der Binger Mäuseturm

Auf einer winzigen Felsinsel mitten im Rheinstrom bei Bingen-Bingerbrück steht der ehemalige Wacht- oder Zollturm aus dem 13. Jh. Der Name Mäuseturm leitet sich nicht, wie vermutet, von der Legende um den Bischof Hatto ab, sondern von der Maut, die hier erhoben wurde.
Schon in römischer Zeit gab es an der heutigen Stelle des Turms eine kleine Befestigungsanlage zum Schutz vor den Germanen. Berühmt wurde der Turm jedoch durch die Legende um den Tod des Bischofs Hatto II. (Erzbischof ab 968, gest. 970). Dieser hatte sich während einer verheerenden Hungersnot vor einem Heer von Mäusen auf die 968 errichtete kleine Wasserburg retten wollen. Die Nager schwammen hinter ihm her und überfielen ihn trotzdem. Der heute noch bestehende Turm wurde im 13. Jh. von den Mainzer Erzbischöfen errichtet (und im 14. Jh. ausgebaut) und diente ab 1298 in Verbindung mit Ehrenfels als Wach- und Zollturm für die durchfahrenden Rheinschiffe. Der Rheinzoll war eine wichtige Einnahmequelle des Mainzer Erzbistums.
1689 brannte der Turm zur Ruine ab, doch schon im 18. Jh. nutzte man ihn wieder als Überwachungsturm an der gefährlichen Engstelle im Rhein. Sein heutiges Aussehen erhielt er um 1855, als der preußische Staat den Turm zum Signalturm ausbauen ließ. Erst 1974 endete seine Funktion, als die Felsen, die die Durchquerung des Rheins so gefährlich machten, zu einem großen Teil gesprengt wurden.

Seit dem 13. Jh. ragt der Mäuseturm am Binger Loch auf.

Künstlerkolonie Mathildenhöhe in Darmstadt

Im Osten Darmstadts liegt die Mathildenhöhe, ein 1899 von Großherzog Ernst Ludwig geschaffener Park, der bis 1914 Zentrum der »Darmstädter Künstlerkolonie« war. Damals war der Jugendstil »en vogue«, der Großherzog wurde sein engagierter Förderer. Zunächst holte er sieben junge Architekten, Maler und Bildhauer in die Stadt, die auf der Mathildenhöhe ihre damals revolutionären Anschauungen verwirklichen durften. Unter den Jugendstilgebäuden ragt vor allem der 48 m hohe Hochzeitsturm von Joseph Maria Olbrich heraus. Wer sich intensiver mit dem Jugendstil auseinandersetzen möchte, dem empfiehlt sich der Besuch des Museums Künstlerkolonie im Ernst-Ludwig-Haus.

In merkwürdigem Kontrast dazu steht die daneben liegende russisch-orthodoxe Kapelle mit ihren goldenen Kuppeln und üppigen Verzierungen. Sie wurde für Zar Nikolaus errichtet.

Oben: Mathildenhöhe mit Austellungsgebäude und Mathildenturm
Unten: Mosaik im Hochzeitsturm

existieren. Am nordöstlichen Rand des Domplatzes liegt das Gutenberg-Museum mit einer Ausgabe der »Gutenberg-Bibel« und einer Rekonstruktion seiner Satz- und Druckwerkstatt.

Im Stadtzentrum ragt der sechstürmige, rötlich schimmernde Dom St. Martin und Stephan empor, ein Höhepunkt romanischer Baukunst. Der Marktbrunnen am Nordrand des Domplatzes gilt als einer der schönsten Renaissancebrunnen Deutschlands. Im ehemaligen Kurfürstlichen Schloss am Rheinufer ist heute das Römisch-Germanische Zentralmuseum untergebracht.

Südöstlich des Universitätsgeländes liegen die Römersteine, Reste eines im 1. Jh. n. Chr. erbauten Aquädukts. Liebhaber Marc Chagalls pilgern zur gotischen Kirche St. Stephan, in der der Künstler 1978–1985 neun Glasfenster mit Bibelmotiven bemalt hat.

17 Wiesbaden Die hessische Landeshauptstadt liegt am Fuß der bewaldeten Höhen des Taunusgebirges. 20 Thermalquellen haben sie seit Römerzeiten zu einem beliebten Kurort werden lassen. Hauptverkehrsader der Stadt ist die breite Wilhelmstraße, an deren nördlichem Ende der Kurbezirk mit dem imposanten neoklassizistischen Kurhaus (1904–1907) und der Kurhauskolonnade liegt, der längsten Säulenkolonnade Europas. Schräg gegenüber dem Kurhaus steht die imposante Hessische Landesbibliothek. Westlich des Kurbezirks gelangt man zum Kochbrunnen, der insgesamt 15 der 20 Thermalbrunnen zusammenführt, und zum Kaiser-Friedrich-Bad mit einer schönen Jugendstilausstattung.

Im Stadtzentrum liegt das von 1837–1841 erbaute Stadtschloss, seit 1946 Sitz des Hessischen Landtags. Gegenüber beeindruckt das Alte Rathaus (1610). Überragt wird das Bauensemble von der ziegelroten neogotischen Marktkirche, die 1862 vollendet wurde.

18 Frankfurt am Main siehe Seite 120–121

19 Darmstadt Die ehemalige hessische Residenzstadt wird geprägt durch Zeugnisse des höfischen Lebens. Im Zentrum liegt das Residenzschloss, dessen Baugeschichte sich über sechs Jahrhunderte erstreckt. Die letzten Anbauten fügte das 18. Jh. hinzu. Auf der Mathildenhöhe werden im Jagdschloss Kranichstein Zeugnisse der landesherrlichen Jagdleidenschaft gezeigt.

Dass auch das bürgerliche Leben schon immer eine Rolle spielte, dokumentiert der Marktplatz mit dem Alten Rathaus (1598). Um den Marktbrunnen (18. Jh.) findet der Wochenmarkt statt. Für einen Bummel bietet sich der Herrngarten an, ein ehemals landgräflicher Park, der im 18. Jh. zu einem englischen Landschaftsgarten umgestaltet und im 19. Jh. den Bürgern der Stadt zugänglich gemacht wurde.

Von Darmstadt aus sollte man einen Abstecher nach Lorsch nicht versäumen. Die Königshalle, eine Torhalle, gilt als Juwel karolingischer Baukunst. Sie ist eines der ältesten vollständig erhaltenen mittelalterlichen Bauwerke Deutschlands. Eine Verlängerung dieses Abstechers führt in die Kaiserstadt Worms (siehe Seite 119).

20 Heidelberg Die idyllisch gelegene, altehrwürdige Universitätsstadt am Neckar gilt als eine der Wiegen der deutschen Romantik, die Altstadt wird von der

berühmten Schlossruine überragt. Der riesige und terrassenförmig angelegte Schlosskomplex wurde vom 13. bis 16. Jh. mehrfach um- und ausgebaut, weshalb er heute durch eine faszinierende Mischung aus Burg und Schloss mit Gotik- und Renaissanceelementen wirkt. Glanzlichter des Schlosses sind die Renaissancebauten, vor allem der Ottheinrichsbau (1557–1566) und der Friedrichsbau (1601–1607). Vom Schloss herab bieten sich herrliche Blicke auf die Altstadt, in deren Zentrum die spätgotische Heiliggeistkirche mit Grabmälern der Kurfürsten steht. Sie liegt direkt am Marktplatz mit seinem historischen Marktbrunnen.

Die Alte Brücke mit ihrem noch erhaltenen mittelalterlichen Brückentor gehört zu den Wahrzeichen der Stadt. Hat man sie überquert, ist es nicht mehr weit zum berühmten Philosophenweg am Hang des Michelsbergs. Von hier präsentieren sich Altstadt, Neckar und das Schloss von ihrer schönsten Seite.

In Heidelberg empfiehlt sich ein weiterer Abstecher – diesmal in die Kaiserstadt Speyer. Zurück in Heidelberg folgt man der B37 durch das Neckartal, ab Neckargemünd verläuft die Straße über Hirschhorn bis Bad Wimpfen im engen Tal und führt vorbei an malerischen Orten und trutzigen Burgen.

21 Bad Wimpfen Zu den Sehenswürdigkeiten des von einer Stadtmauer umgebenen Ortsteils Wimpfen im Tal gehört die frühromanische Ritterstiftskirche (13. Jh.) mit angrenzendem Kloster. Sichtbares Wahrzeichen von Wimpfen am Berg sind die staufischen Türme der Kaiserpfalz. Romantische Fachwerkhäuser (darunter das Bügeleisenhaus, das ehemalige bürgerliche Spital, das Gasthaus Krone, das Riesenhaus, das Stadthaus der Herren von Ehrenberg) geben der Oberstadt ein mittelalterliches Gepräge, einen Besuch lohnen auch die kostbar ausgestattete Stadtkirche, die imposante Ritterstiftskirche (10.–13. Jh., mit einem hochgotischen Kreuzgang) und die Pfarrkirche zum Heiligen Kreuz. Der schönste Blick auf die Altstadt und das Neckartal bietet sich vom westlichen Bergfried der Kaiserpfalz.

22 Heilbronn Die Stadt rühmt sich, Zentrum eines der größten Weinbaugebiete Deutschlands zu sein. Das Renaissance-Rathaus (15./16. Jh.) mit seiner Astronomischen Uhr (16. Jh.) prägt den Marktplatz . Mit dem Bau der nahe gelegenen Kilianskirche wurde zwar schon 1278 begonnen. Südwestlich vom Marktplatz liegt der Deutschhof, einst Sitz des Deutschritterordens.

23 Ludwigsburg Der Gründer, Herzog Eberhard Ludwig, be-

1 »Mainhattan«: Die eindrucksvolle Skyline von Frankfurt am Main

2 Die Königshalle von Kloster Lorsch – ein »Juwel karolingischer Renaissance«

3 »Perle des Neckartals« – das östlich von Heidelberg gelegene Hirschhorn

4 Die Kaiserpfalz von Bad Wimpfen wurde im 12. Jh. durch die Staufer errichtet.

5 Schloss Ludwigsburg gehört zu den größten Barockresidenzen Europas.

Abstecher

Die Kaiserdome in Worms und Speyer

Wahrzeichen der alten Kaiserstadt Worms auf dem linken Rheinufer ist seit Jahrhunderten der spätromanische Dom St. Peter aus dem 11./12. Jh. Mit seinen vier Türmen und zwei Kuppeln und den fünf Sandsteinreliefs im nördlichen Seitenschiff ist er ein Höhepunkt des romanischen Baustils. Im Lauf der Jahrhunderte erfuhr er im Inneren mehrere Umgestaltungen, u. a. erhielt er einen barocken Hochaltar von Balthasar Neumann und ein prachtvolles Chorgestühl (beides 18. Jh.).

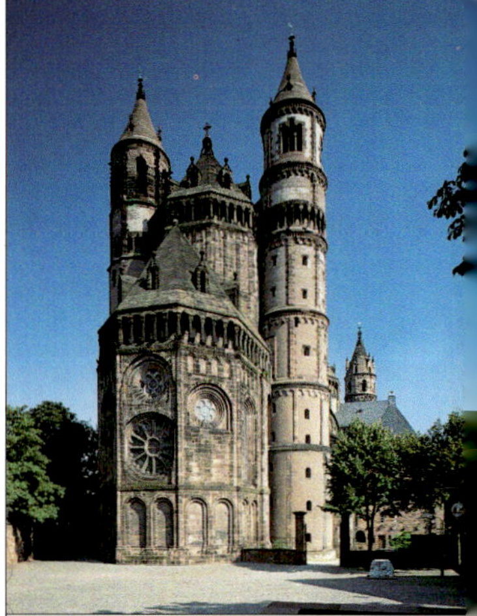

Oben: der Kaiserdom zu Worms
Unten: Blick in die Krypta des Stauferdomes von Speyer

Auch die alte Kaiserstadt Speyer liegt links des Rheins und kann ebenso wie Worms auf eine lange Geschichte zurückblicken. Davon zeugt der sechstürmige, dreischiffige und ungewöhnlich hohe Dom St. Martin und Stephan. Bei seiner Weihe im Jahr 1061 war er das größte christliche Gotteshaus der Welt. Er beherbergt u. a. die Grabmäler von acht deutschen Kaisern. Die große Steinschüssel auf dem Domplatz, der so genannte Domnapf (1490), wurde früher bei der Wahl eines neuen Bischofs mit Wein gefüllt.

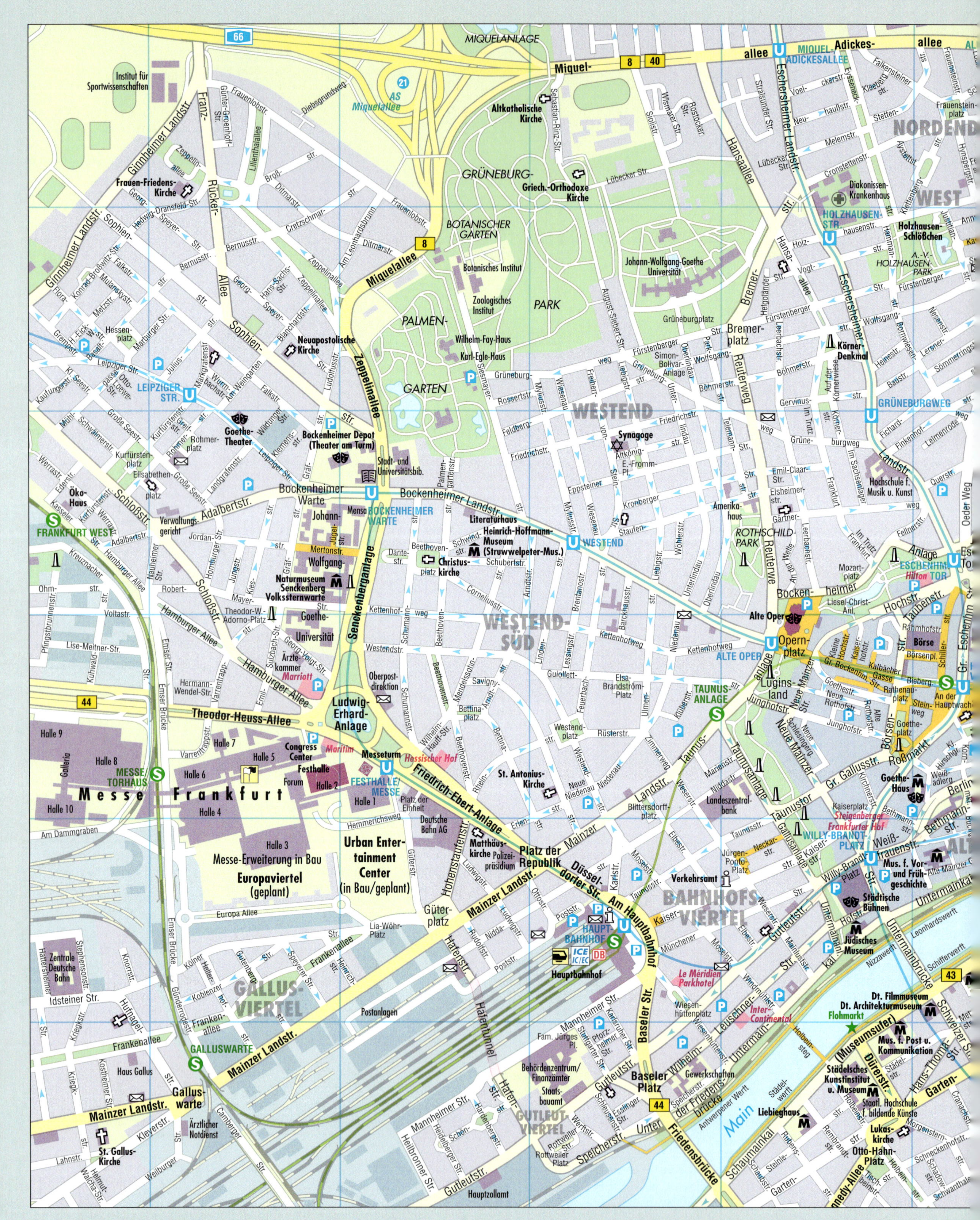
MIQUELANLAGE
Miquelallee
Adickesallee
NORDEND
WEST
GRÜNEBURG-PARK
BOTANISCHER GARTEN
PALMEN-GARTEN
Johann-Wolfgang-Goethe Universität
WESTEND
WESTEND-SÜD
Bockenheimer Warte
Bockenheimer Landstr.
Senckenberganlage
Zeppelinallee
Naturmuseum Senckenberg
Ludwig-Erhard-Anlage
Messeturm
Festhalle
Messe Frankfurt
Halle 1
Halle 2
Halle 3
Halle 4
Halle 5
Halle 6
Halle 7
Halle 8
Halle 9
Halle 10
Galleria
Congress Center
Forum
Messe-Erweiterung in Bau
Europaviertel (geplant)
Urban Entertainment Center (in Bau/geplant)
Theodor-Heuss-Allee
Friedrich-Ebert-Anlage
Platz der Republik
Mainzer Landstr.
GALLUS-VIERTEL
GALLUSWARTE
Hauptbahnhof
BAHNHOFS-VIERTEL
GUTLEUT-VIERTEL
Baseler Platz
Friedensbrücke
Untermainbrücke
Main
Alte Oper
Opernplatz
Börse
ROTHSCHILD-PARK
TAUNUSANLAGE
WILLY-BRANDT-PLATZ
Städtische Bühnen
Jüdisches Museum
Dt. Filmmuseum
Dt. Architekturmuseum
Städelsches Kunstinstitut u. Museum
Liebieghaus
Goethe-Haus
Hauptzollamt
Postanlagen
Hafentunnel
FRANKFURT WEST
LEIPZIGER STR.
Hessenplatz

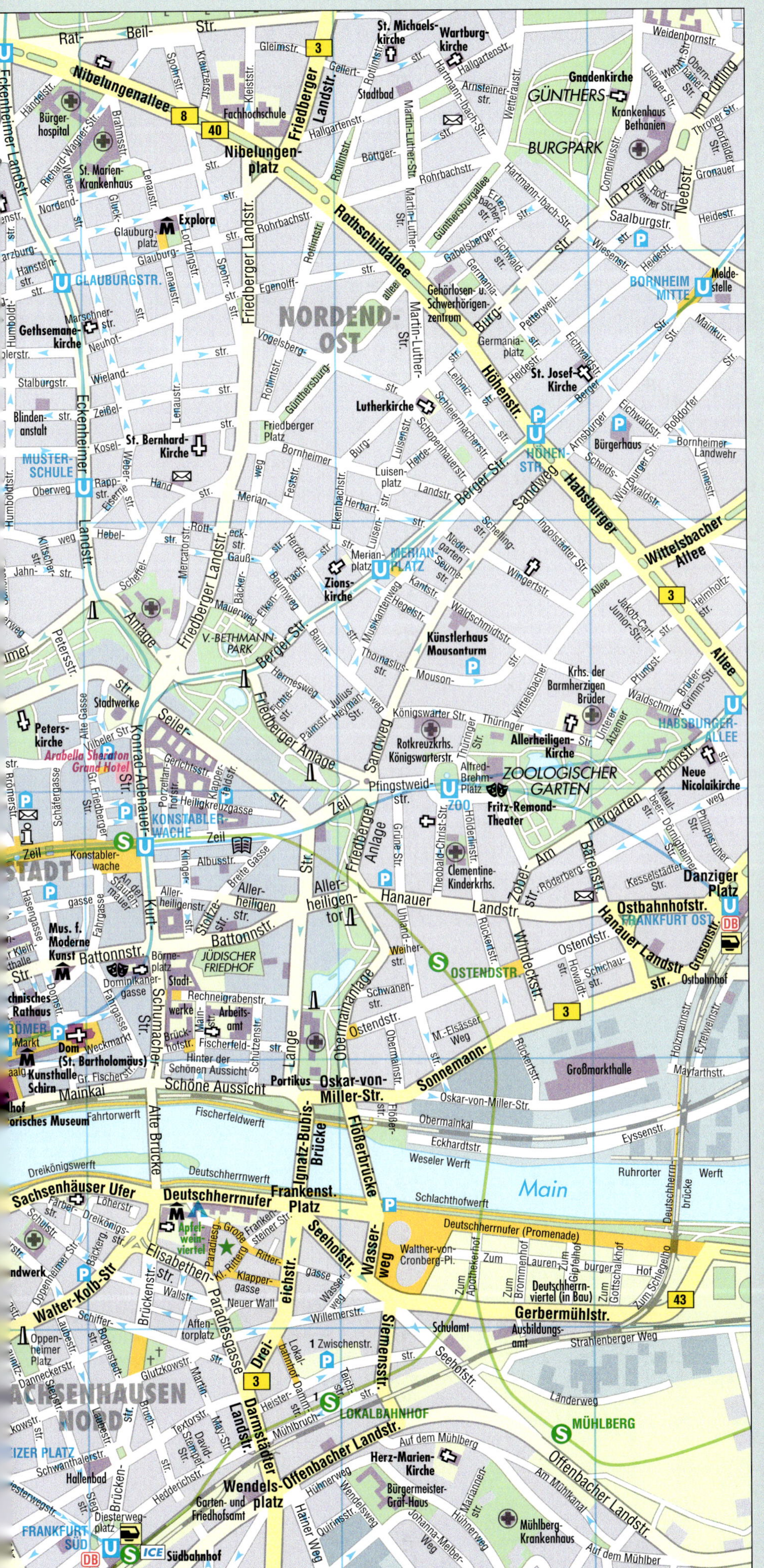

Frankfurt

»Mainhattan« oder »Bankfurt« wird die Main-Metropole oft ironisch genannt, nicht ganz zu Unrecht. Denn die Skyline mit ihren zahlreichen Wolkenkratzern erinnert tatsächlich ein wenig an das amerikanische Vorbild.

Frankfurt ist der größte Finanzplatz Deutschlands und nach London sogar der zweitgrößte Europas. Der Wolkenkratzer der Commerzbank ist mit seinen 258 m das höchste Bürogebäude Europas. Auch der Flughafen zählt zu den größten des Kontinents. Frankfurt ist aber auch als anerkannter Messe- und Verlagsstandort Deutschlands international von Bedeutung, in der Geburtsstadt Goethes findet alljährlich die weltweit größte Buchmesse statt.

In der deutschen Geschichte spielte Frankfurt schon immer eine große Rolle. Erstmals 794 als Kaiserpfalz erwähnt, wurde es 876 Hauptstadt des Ostfränkischen Reiches. Zwischen 1356 und 1802 wurden hier die deutschen Könige und Kaiser gewählt und gekrönt. 1848/49 tagte in der Frankfurter Paulskirche die deutsche Nationalversammlung im verzweifelten Versuch, Demokratie in Deutschland hoffähig zu machen. Als »Mainhattan« hat Frankfurt oftmals einen schlechten Ruf – aber zu Unrecht, denn trotz schwerer Zerstörungen im Zweiten Weltkrieg und dem anschließenden Bauboom hat sich Frankfurt viel von seinem historischen Erbe und seinem hessischen Charme bewahren können. Dazu gehört vor allem der historische Altstadtkern rund um den Römerberg.

Auf der anderen Mainseite, am Museumsufer, liegt ein halbes Dutzend weltweit renommierter Museen und das Vergnügungsviertel Sachsenhausen.

Sehenswertes in der Altstadt: Römerberg mit Römer, dem alten Rathaus mit seinen Staffelgiebeln (15.–18. Jh.), der Kaisersaal war einst Schauplatz von Krönungsbanketten; Ostzeile gegenüber dem Rathaus mit sechs Fachwerk- und Patrizierhäusern; Alte Nikolaikirche (1290 geweiht); Domplatz mit Kaiserdom (13.–15. Jh.), ab 1562 Krönungskirche; Paulsplatz mit der klassizistischen Paulskirche (1796–1833), Verleihungsort des Goethepreises der Stadt Frankfurt und Friedenspreises des deutschen Buchhandels; barocke Hauptwache (1729/30); Geburtshaus Goethes mit Goethemuseum; die neoklassizistische Börse (1879); Eschenheimer Turm (Rest der alten Stadtbefestigung); spätklassizistische Alte Oper von 1880.

Geschichte und Gegenwart in unmittelbarer Nachbarschaft: Blick auf den Römer, die Paulskirche und die Skyline von Frankfurt

Bedeutende Frankfurter Museen: die Kunsthalle Schirn (deutsche Malerei ab der Renaissance); Museum für moderne Kunst (ab 1960); Jüdisches Museum im ehemaligen Stadtpalais der Familie Rothschild (Geschichte der Juden in Deutschland); Naturmuseum Senckenberg; Deutsches Architekturmuseum; Städelsches Kunstinstitut (Gemälde vom 14. Jh. bis heute).

Abstecher

Am Bodensee

Der Bodensee ist der zweitgrößte Alpensee und der größte See Deutschands. Im Überlinger See liegt die »Blumeninsel« Mainau mit ihrer fast subtropischen Vegetation, zwischen Unter- und Zeller See die »Gemüseinsel« Reichenau. Vom Hohen Pfänder (1063 m) zwischen Lindau und Bregenz hat man einen herrlichen Blick über das »Schwäbische Meer«, die auf einer Insel im See liegende Altstadt von Lindau sowie die malerischen Orte Wasserburg und Langenargen.

Oben: Altes Schloss in Meersburg
Mitte: Wallfahrtskirche von Birnau
Unten: Ansicht von Wasserburg

Friedrichshafen am deutschen Nordufer ist unweigerlich mit dem Namen Zeppelin verbunden. In Meersburg steht die älteste noch bewohnte Burg Deutschlands. Bei Unteruhldingen stößt man auf zwei rekonstruierte prähistorische Pfahlbaudörfer, die an frühe Siedler im Raum erinnern. Im nahe gelegenen Birnau steht eine der schönsten Barockkirchen der Bodenseeregion.

fand, dass es schon langweilige Städte genug gäbe und schuf 1704 eine Stadt nach seinen Vorstellungen.
Sein prunkvollster Bau ist noch heute Mittelpunkt des städtischen Lebens, das Residenzschloss. Das »schwäbische Versailles« ist eines der größten deutschen Barockschlösser und seine Wirkung wird noch durch die prachtvollen Gartenanlagen – für die Ludwigsburg berühmt ist – gesteigert. Im Rahmen des Blühenden Barock locken 30 ha herrlich bepflanzte Gartenfläche, die auch für die kleinen Besucher eine Attraktion bereithalten, den Märchengarten. Ob Hänsel und Gretel samt Hexe, Dornröschen, Schneewittchen oder der Froschkönig, viele Figuren des Märchenreichs haben hier ihr Zuhause.
Doch Ludwigsburg wartet noch mit weiteren Schlössern auf. Unweit des Residenzschlosses liegt das barocke Jagd- und Lustschloss Favorite inmitten eines riesigen Natur- und Wildparks. Herzog Eberhard Ludwig ließ es von 1713 bis 1723 errichten. Das Seeschloss Monrepos wurde 1768 vollendet. Der Rokoko-Bau birgt ein attraktives Empire-Interieur und dient oft als Rahmen für Konzerte, so etwa während der Ludwigsburger Schlossfestspiele.
Von Ludwigsburg lohnt ein Abstecher in das nordwestlich gelegene Kloster Maulbronn. Die Zisterzienserabtei ist die am vollständigsten erhaltene mittelalterliche Klosteranlage nördlich der Alpen und von der UNESCO zum Weltkulturerbe erklärt worden. Die dreischiffige Basilika wurde 1178 geweiht, der Kapitelsaal stammt aus dem 14. Jh.

24 Stuttgart Die Hauptstadt Baden-Württembergs liegt reizvoll in einem Talkessel, der sich zum Neckar hin öffnet. Aus der Talsohle mit dem historischen Stadtkern klettern die Häuserzeilen förmlich die Hänge hinauf. Rund um eine im 13. Jh. erbaute Wasserburg am Neckar entwickelte sich Stuttgart zu einem überaus bedeutenden Handelsplatz. Vom markanten, 58 m hohen Turm des Stuttgarter Hauptbahnhofs führt die noble Königstraße zum Schlossplatz. In seinem Zentrum steht die Jubiläumssäule (1842) und moderne Skulpturen von Alexander Calder und Alfred Hrdlicka. Geprägt wird der Platz vom dreiflügeligen Neuen Schloss (1746-1807) mit dem ausgedehnten Schlossgarten und vom gegenüberliegenden klassizistischen Königsbau (1856–1860) mit der Stuttgarter Börse.
Das Alte Schloss wurde von 1553 bis 1578 im Renaissancestil erbaut. Heute beherbergt es das renommierte Württembergische Landesmuseum. Ebenfalls am Schillerplatz, einem der schönsten Plätze Stuttgarts, steht die zweitürmige gotische Stiftskirche (12.–15. Jh.) sowie die 1542–1544 erbaute Alte Kanzlei und der »Fruchtkasten«, ein alter Kornspeicher aus dem 16. Jh.
Weitere Sehenswürdigkeiten sind der an das Neue Schloss grenzenden Akademiegarten, das Staatstheater und die Staatsgalerie. Etwa 10 km südwestlich des Stadtzentrums ließ Herzog Karl Eugen 1763–1767 auf einer Anhöhe das Rokokoschloss Solitude erbauen. Nördlich des Stadtzentrums, unweit vom Killesberg mit dem 217 m hohen Fernsehturm, erstreckt sich die von berühmten Architekten wie Le Corbusier, Mies van der Rohe, Gropius und Scharoun entworfene Weißenhofsiedlung. Im heutigen Stadtteil Bad Cannstadt befindet sich die Wilhelma, einer der schönsten deutschen Botanisch-Zoologischen Gärten.

25 Tübingen Seit 1477 ist das »Neckar-Athen« Universitätsstadt, und noch heute ist es geprägt vom studentischen Leben und einer lebhaften Kneipenszene. Die malerische, fast vollständig erhaltene Altstadt mit dem Marktplatz im Zentrum und zahlreichen Fachwerkhäusern steigt stufenförmig vom Neckarufer auf. Schloss Hohentübingen (16. Jh.), das man über die aussichtsreiche Burgsteige erreicht, bietet einen herrlichen Blick auf die Altstadt mit dem Hölderlinturm am Neckarufer. Hier lebte der Dichter von 1807 bis 1843. Ebenfalls sehenswert sind die nahe gelegene Alte Burse (1478–1482), das älteste Universitätsgebäude Tübingens, sowie das Evangelische Stift (1536). Auch die ab 1470 erbaute Stiftskirche, die Alte Aula und das bis ins 15. Jh. zurückreichende Rathaus liegen dann im Blickfeld. In Tübingen weht auch stets ein Hauch von Venedig, wenn die »Stocherer« mit ihren Kähnen im Neckar staken.
Von Tübingen bietet sich mit einem Abstecher zum Bodensee die Rückkehr an den Rhein an, der westlich von Bregenz in den Bodensee fließt, um ihn bei Stein als Hochrhein zu verlassen.

1 Blick über den Neckar auf Tübingen mit der Stiftskirche mit dem markanten Turmhelm

2 Das Stuttgarter Schloss Solitude entstand zwischen 1763 und 1767 im Auftrag von Herzog Carl Eugen.

Moselschleife bei Bremm Die Hänge der Flussschlinge gelten als steilste Riesling-Weinlagen in Europa. Der Ort Bremm besticht mit engen Fachwerkgassen.

Cochem Blickfang über der am linken Ufer der unteren Mosel gelegenen Stadt ist die im Jahre 1070 erbaute und im 19. Jh. im wieder aufgebaute Reichsburg.

Burg Eltz Die malerisch auf einem Felsen liegende, turm- und erkerreiche Burganlage existiert seit 1160.

Rhein bei Kaub Das romantische Städtchen am rechten Rheinufer wird von einer mittelalterlichen Stadtmauer umgeben und zählt zu den bedeutendsten Weinbauorten am Mittelrhein. Überragt wird Kaub von Burg Gutenfels aus dem 13. Jh. Auf einer Flussinsel liegt der ehemalige Zollturm Pfalzgrafenstein, die so genannte »Pfalz bei Kaub«, aus dem Jahre 1326.

Trier Die von Hunsrück und Eifel umrahmte älteste Stadt Deutschlands hat Bauwerke von der Antike bis zur Gegenwart.

Mainz Die Bischofsstadt ist eine Römergründung und eine der ältesten Städte Deutschlands. Bemerkenswert sind das Gutenberg-Museum, der Dom und die Fachwerkzeilen der Altstadt.

Frankfurt Einige der höchsten Gebäude Europas prägen »Mainhattans« Skyline; sein Flughafen zählt zu den größten des Kontinents. Auch als Messe- und Bankenstandort ist Goethes Heimatstadt international bedeutsam. Außerdem hat sie eine sehenswerte Altstadt.

Bacharach Das am linken Rheinufer gelegene Weinbau- und Fachwerkstädtchen ist von einer turmreichen Stadtmauer aus dem 16. Jh. umgeben und wird von der Burg Stahleck überragt.

Bingen Sehenswert in der Stadt an der Nahemündung in den Rhein sind die Burg Klopp und der Mäuseturm.

Heidelberg Die altehrwürdige Universitätsstadt ist ein Inbegriff der deutschen Romantik. Die über der Altstadt aufragende Schlossruine (13.-16. Jh.) und die Alte Brücke (1786–1788) sind die Wahrzeichen der Neckarstadt, deren Anblick vom Philosophenweg am Michelsberg besonders prachtvoll ist.

Tübingen Die alte Universitätsstadt (seit 1477) hat eine malerische, fast vollständig erhaltene Altstadt.

Speyer Der am Hochufer des Rheins gelegene Dom in Speyer wurde 1025 begonnen und ist das größte romanische Bauwerk Deutschlands. Blick in die 1041 erbaute Krypta.

Ludwigsburg Die Kreisstadt ist für das Fürstenschloss bekannt. Die größte Barockanlage Deutschlands wird auch das »schwäbische Versailles« genannt.

Stuttgart Baden-Württembergs Hauptstadt liegt in einem Talkessel. Die noble Königstraße führt zum Schlossplatz und dem Neuen Schloss. Ebenfalls sehenswert sind der Königsbau und das Alte Schloss.

Bodensee Mit einer Fläche von 538 km² ist er der zweitgrößte Alpensee. Romantische Städtchen, Obstgärten und Weinberge säumen seine Ufer. Das milde Klima lässt subtropische Pflanzen gedeihen (Blumeninsel Mainau). Kulturhistorisch bedeutend: Konstanz, Meersburg, Lindau, Insel Reichenau.

Vier Stadttore und 14 Türme zählt die mittelalterliche Wehranlage von Dinkelsbühl.

Route 11

Deutschland

Reise wie im Märchenland: die Romantische Straße

Von den Weinbergen Mainfrankens durch das liebliche Taubertal und die geologisch einmalige Meteoritenkrater-Landschaft des Ries, an der Donau entlang und schließlich hinein ins Alpenvorland und in die Berge der Bayerischen Kalkalpen führt die Romantische Straße an zahlreichen bedeutenden Kulturdenkmälern aus verschiedenen Jahrhunderten vorbei.

Für viele der unzähligen Besucher, die jedes Jahr der Romantischen Straße folgen, verbindet sie all jene Plätze, die das Klischee vom romantischen, gemütlichen Deutschland zu bestätigen scheinen. An Städtchen wie Rothenburg ob der Tauber, Dinkelsbühl oder Nördlingen ist die Hektik unserer Zeit offensichtlich spurlos vorbeigegangen – hier erscheint das Mittelalter noch gegenwärtig. Doch es sind lebendige Orte, die es nur verstanden haben, die Zeugnisse ihrer großen Vergangenheit zu bewahren oder sie nach den schrecklichen Zerstörungen durch die Bombenangriffe des Zweiten Weltkriegs wieder hervorragend zu restaurieren.

Viel Kultur erwartet den Reisenden längs dieser Strecke, neben den allseits bekannten Höhepunkten gibt es noch zahlreiche weitere Kunstwerke, die es ebenfalls wert sind, beachtet zu werden – soweit die Zeit dafür ausreicht. Zu diesen gehören etwa Schloss Weikersheim, das Kirchlein in Detwang mit seinem Riemenschneider-Altar, Schloss Schillingsfürst, die Altstadt und

König Ludwig II., Gemälde von F. Piloty

das Schloss von Oettingen, die Harburg hoch über dem Wörnitztal, die Klosterkirche in Mönchsdeggingen, die Kirchen in Steingaden und Ilgen, das Kirchlein Sankt Koloman bei Füssen und noch manche Kostbarkeit am Weg, die vielleicht – oder glücklicherweise – noch nicht von den großen Touristenströmen entdeckt wurde.

Doch darüber sollten natürlich die Glanzpunkte der Romantischen Straße, Würzburg, Rothenburg, Dinkelsbühl, Nördlingen, Donauwörth, Augsburg, Landsberg, die Wieskirche oder Füssen, deren Schönheit noch durch ihre einmalige Lage in romantischen Tälern, Wäldern oder vor eindrucksvoller Bergkulisse unterstrichen wird, nicht in Vergessenheit geraten. Zwei der zu besichtigenden Bauwerke wurden von der UNESCO in die Liste des Weltkulturerbes aufgenommen: die Würzburger

Donauwörth mit der gotischen Stadtpfarrkirche und dem Tanzhaus aus dem 15. Jh.: Die ehemalige Freie Reichsstadt hat im Kern ein weitgehend mittelalterliches Stadtbild.

Auf einem freien Feld steht vor der Kulisse der Schwangauer Berge die Wallfahrtskirche St. Koloman.

Residenz und die Wieskirche, Hauptwerke des Barock und Rokoko.
Und ein Abstecher nach München, in die bayerische Landeshauptstadt, oder ins Werdenfelser Land, mit so bekannten Sehenswürdigkeiten wie Oberammergau, Schloss Linderhof, Kloster Ettal und der Doppelgemeinde Garmisch-Partenkirchen – nicht zu vergessen Deutschlands höchster Berg, die Zugspitze – setzt weitere Akzente.
Wer es sich zeitlich einrichten kann, dem empfiehlt sich der Besuch der zahlreichen Festspiele, die längs der Romantischen Straße veranstaltet werden. Einige thematisieren die Regionalgeschichte: der Meistertrunk in Rothenburg ob der Tauber oder die Kinderzeche in Dinkelsbühl. Liebhaber der klassischen Musik werden sich um Karten für das Mozartfest in Würzburg, die Konzerte der Jeunesses Musicales in Weikersheim, den Augsburger Mozartsommer oder die Richard-Strauss-Tage in Garmisch bemühen. Schauspiel in wundervoller Kulisse bieten die Kreuzgangspiele in Feuchtwangen. Und schließlich gibt es Feste, bei denen alle teilnehmen können, wie die Reichsstadt-Festtage in Rothenburg ob der Tauber oder das Friedensfest in Augsburg. All diese Veranstaltungen finden im Sommer statt, im Winter locken die zahlreichen stimmungsvollen Weihnachtsmärkte, die zu einem beschaulichen Bummel mit Glühwein und Lebkuchen einladen.
So bleibt das Fazit: die Romantische Straße hat zu jeder Jahreszeit ihren besonderen Reiz. Sie führt durch die schönsten Regionen Bayerns und Baden-Württembergs. Wie keine andere Straße verbindet sie städtische Geschichte mit Kulturlandschaften.

Der prachtvoll ausgestattete Thronsaal in Schloss Neuschwanstein

Johann Balthasar Neumann und Giambattista Tiepolo

Johann Balthasar Neumann wurde 1687 in Eger geboren und kam 1711 nach einer Lehre als Kanonengießer nach Würzburg, um dort im erlernten Beruf zu arbeiten. Doch sein Interesse galt der Architektur, und er nutzte jede Möglichkeit zur Fortbildung, unterstützt vom Fürstbischof Johann Philipp Franz von Schönborn. 1720 begann er als fürstlicher Baudirektor sein größtes Werk, die Würzburger Residenz. Weitere bedeutende Werke Neumanns sind das Käppele in Würzburg, die Wallfahrtskirchen in Vierzehnheiligen und Gößweinstein, Schloss Weißenstein in Pommersfelden, Schloss Augustusburg in Brühl und das Schloss in Bruchsal. Als der Baumeister 1753 in Würzburg starb, wurde er mit militärischen Ehren beigesetzt.

Oben: Treppenhaus in der Würzburger Residenz
Unten: Selbstbildnis Tiepolos im Deckengemälde des Treppenhauses

Die meisten Werke des 1696 in Venedig geborenen Malers und Radierers Giambattista Tiepolo finden sich in seiner italienischen Heimat sowie im Königsschloss in Madrid. Doch sein Hauptwerk sind die Deckenfresken im Treppenhaus und im Kaisersaal der Würzburger Residenz. Tiepolo starb 1770 in Madrid. Im Deckenfresko des Treppenhauses in Würzburg hat der Maler sich selbst und den Baumeister Neumann verewigt. Neumann sitzt auf einem Kanonenrohr.

Die Romantische Straße: Entlang dieser faszinierenden Strecke zwischen Würzburg und Füssen reihen sich malerische Kleinstädte, Burgen, Schlösser und unschätzbare Kunstwerke aneinander. Die Route führt vom Maintal über das liebliche Taubertal ins Tal der Wörnitz, quert die Donau, um sich dann entlang des Lechs den eindrucksvollen Alpen zu nähern.

1 Würzburg Die Romantische Straße beginnt mit einem Paukenschlag: mit der prachtvollen Residenz von Würzburg (1720), einem Kleinod des Barock. Trotz der verheerenden Bombenangriffe vom 16. März 1945, nach denen nur große Optimisten der Stadt noch die Chance eines Neubeginns einräumten, bietet die Mainmetropole viele Sehenswürdigkeiten: Ein harmonisches Ensemble bilden am Marktplatz die spätgotische Marienkapelle und das Haus zum Falken mit reichem Rokoko-Stuck. Der 1188 geweihte Dom hat durch die Kriegsschäden leider an Charakter verloren. Beim barocken Neumünster liegt das stille Lusamgärtlein, in dem der Minnesänger Walther von der Vogelweide begraben liegt. Über allem aber thront am Marienberg die Festung (13.–18. Jh.) mit dem Mainfränkischen Museum, das zahlreiche Werke Tilman Riemenschneiders besitzt.

2 Tauberbischofsheim Das Fechtsportzentrum im Taubertal wird vom ehemaligen Kurmainzischen Schloss, dem dazugehörigen Türmersturm und einem Fachwerkensemble aus dem 15./16. Jh. geprägt. Sehenswert ist auch der Altar aus der Riemenschneiderschule in der Pfarrkirche St. Martin.

3 Bad Mergentheim Die Altstadt des Kurortes wird vom Schloss des Deutschen Ritterordens (16. Jh.) dominiert. Nicht versäumen sollte man die barocke Schlosskirche, deren Entwurf von B. Neumann und François Cuvilliés stammt. Das Madonnenbild des Malers Matthias Grünewald in der Pfarrkirche von Stuppach lohnt einen kleinen Abstecher.

4 Weikersheim Auf der Weiterfahrt durch das Taubertal winkt Weikersheim mit der Besichtigung des Renaissanceschlosses und des Barockgartens, der zu den schönsten Deutschlands zählt. Die kleine Residenzstadt ist von zahlreichen Weingärten umgeben

Reiseinformationen

Routen-Steckbrief
Routenlänge: ca. 350 km (ohne Abstecher)
Zeitbedarf: 7–10 Tage
Start: Würzburg
Ziel: Füssen
Routenverlauf: Würzburg, Tauberbischofsheim, Bad Mergentheim, Rothenburg ob der Tauber, Dinkelsbühl, Nördlingen, Donauwörth, Augsburg, Landsberg, Schongau, Füssen

Besonderheiten: Es gibt einen 420 km langen Radweg, der auf Nebenstrecken der Romantischen Straße folgt. Informationen über die Streckenführung findet man im Bayernnetz für Radler *(www.bayerninfo.de).*

Auskünfte:
Arbeitsgemeinschaft Romantische Straße, *Waaggässlein 1, 91550 Dinkelsbühl, Tel. 09851/902 71, www.romantische strasse.de*
Touristeninformationen der einzelnen Orte in Würzburg *(Falkenhaus am Markt, Tel. 0931/37 23 98, www.wuerzburg.de)*, Rothenburg *(Marktplatz, Tel. 09861/404 92, www.rothenburg.de)*, Dinkelsbühl *(Marktplatz, Tel. 09851/9 02 40)*, Augsburg *(Bahnhofstr. 7 und Rathausplatz, Tel. 0821/50 20 70, www.augsburg-tourismus.de)*, Füssen *(Kaiser-Maximilian-Platz 1, www.fuessen.de)*

5 **Creglingen** Das Taubertal birgt viele Meisterwerke des Bildschnitzers Tilman Riemenschneider – der Altar in der Creglinger Herrgottskirche gehört zu den schönsten. Die historische Altstadt ist ein überaus sehenswertes Ensemble schöner Fachwerkhäuser und mittelalterlicher Befestigungsanlagen.

6 **Rothenburg ob der Tauber** Das Städtchen ist weltweit Synonym für deutsche Mittelalterromantik. Ein Spaziergang entlang der gut erhaltenen Stadtmauer verschafft einen Überblick und bietet fantastische Ausblicke ins Taubertal. Den Marktplatz beherrscht das Rathaus mit einem gotischen und einem Renaissance-Trakt. Und schließlich kann man auch hier wieder die Kunstwerke Tilman Riemenschneiders bestaunen. Die dreischiffige gotische Basilika St. Jakob beherbergt seinen Heiligblutaltar. Im weiteren Verlauf kreuzt die Route auf dem Weg nach Süden die Frankenhöhe, die europäische Wasserscheide zwischen Rhein und Donau.

7 **Feuchtwangen** Die ehemalige Stiftskirche, teils romanisch, teils gotisch erbaut, lohnt zu jeder Jahreszeit einen Besuch. Der Marktplatz zeigt ein schönes Ensemble stolzer Bürgerhäuser.

8 **Dinkelsbühl** Die Hauptattraktion der mehr als tausend Jahre alten Stadt im idyllischen Wörnitztal ist das geschlossene mittelalterliche Stadtbild samt Stadtmauer. Zu den Höhepunkten zählen das Deutsche Haus, ein herrliches Fachwerkhaus, sowie die Stadtpfarrkirche St. Georg (zweite Hälfte des 15. Jh.).

9 **Nördlingen** Dem Städtchen sollte man sich eigentlich aus der Luft nähern, um die perfekte, fast runde Stadtanlage mit der weitgehend erhaltenen Stadtmauer zu sehen, die mit ihren fünf Stadttoren auch heute noch begehbar ist. St. Georg ist eine der größten deutschen spätgotischen Hallenkirchen, ihr Wahrzeichen ist der »Daniel«, ein 90 m hoher Glockenturm. Bei guten Sichtverhältnissen lässt sich von seiner Spitze aus der Rand des Rieskraters vor allem im Südwesten, Süden und Osten gut nachvollziehen.

10 **Donauwörth** Aus einer Fischersiedlung auf der Wörnitzinsel »Ried« entwickelte sich an der Einmündung der Wörnitz in die Donau die ehemalige Freie Reichsstadt, deren meisten Sehenswürdigkeiten entlang der Hauptstraße, der Reichsstraße, liegen: wie etwa das Fuggerhaus von 1536, die spätgotische Stadtpfarrkirche Mariä Himmelfahrt, das um 1400 errichtete Tanzhaus, das Rathaus und das barocke Deutschordenshaus. Einen Besuch lohnt auch die barocke Kirche des einstigen Benediktinerklosters Heiligkreuz.

11 **Augsburg** Gegründet wurde Augusta Vindelicorum bereits von den Römern; im 16. Jh. war

1 Blick auf die Würzburger Residenz vom 100 mal 200 m großen Residenzplatz mit dem Franconia-Brunnen von 1894

2 Das Rathaus mit der auffallend symmetrischen Fassade und der 78 m hohe Perlachturm in Augsburg

3 Blick vom Kirchturm »Daniel« auf Nördlingens Marktplatz

Augsburg: Fuggerei

Jakob Fugger, genannt der Reiche, lebte von 1459 bis 1525. Als Bankier der Habsburger-Kaiser Maximilian I. und Karl V. besaß er fast mehr Macht als die Herrscher selbst, denn sie waren von seinen Krediten abhängig. Doch Jakob Fugger wollte auch etwas für sein Heil in einer zukünftigen Welt tun und gründete daher 1516 gemeinsam mit seinen Brüdern die Fuggerei, die als älteste Sozialsiedlung der Welt gilt. Schuldlos in Not geratene Augsburger Bürger fanden in den 67 Häusern mit 147 Wohnungen eine Unterkunft. Sogar eine eigene Kirche und einen Brunnen besaß die »Stadt in der Stadt«. Noch heute stehen die Wohnungen in der Fuggerei bedürftigen Augsburgern zur Verfügung.

Die Miete beträgt wie zur Zeit der Gründung einen Rheinischen Taler, das entspricht 0,88 Euro, außerdem gehört das tägliche Beten von Vaterunser, Avemaria und »Glaube an Gott für die Stifter« zur Hausordnung. Die Verwaltung liegt in den Händen der Fürstlich und Gräflich Fuggerschen Stiftungen. So profitieren Menschen des 21. Jh. vom Reichtum und der Wohltätigkeit der Fugger im 16. Jh.

Oben: Die Wohnhäuser der Fuggerei, der ältesten Sozialsiedlung der Welt
Unten: Das Museum der Fuggerei zeigt eine originalgetreue Schlafstube.

Die alte Reichsstadt Rothenburg ob der Tauber gilt als die Stadt mit dem am vollständigsten erhaltenen mittelalterlichen Stadtbild, das mit seinen unzähligen Fachwerkhäusern in verwinkelten Gassen, der über 3 km langen umlaufenden Stadtmauer und den 43 Mauer- und Tortürmen die Besucher auf eine Zeitreise in

das Deutschland des 14. und der darauf folgenden Jahrhunderte mitnimmt. Zu den romantischsten Plätze der Stadt zählt die Straßengabelung am Plönlein
nahe des links stehenden Siebersturms und des tiefer gelegenen Kobolzeller Tors (um 1360) im Süden der Stadt.

Biergärten

Der Münchner Biergarten entsprang der Notwendigkeit, das Bier kühl zu lagern. Dazu legten die Brauereien, meist direkt neben ihrem Betriebsgelände, große Keller an. Zum Schutz gegen die warme Sommersonne bepflanzte man die Fläche mit Kastanienbäumen. Und weil ein Aufenthalt

Biergarten am Chinesischen Turm im Englischen Garten

im Schatten der Bäume vielen Menschen erstrebenswert schien, stellte man Tische und Bänke auf. König Ludwig I. genehmigte diese Form des Ausschanks, doch die Brauer durften keine Speisen servieren. So bürgerte es sich ein, dass die Gäste ihre Brotzeit – häufig Leberkäs, Käse, Radi und Brezen – selbst mitbrachten. Dieser Brauch hat sich bis heute gehalten, obwohl in vielen Biergärten auch Imbisse oder sogar vollständige Mahlzeiten zum Bier serviert werden. Na dann, Prost!

Abstecher

München

Es gibt viele Möglichkeiten, München zu entdecken: Man kann die einzelnen Stadtviertel erkunden, eine Museumstour unternehmen oder einen Einkaufsbummel machen – oder sich München einmal thematisch nähern.

Das München der Künstler
Bedeutende Werke der Malerei und der Bildhauerei zeigen die großen Münchner Museen Alte und Neue Pinakothek, Pinakothek der Moderne oder Haus der Kunst. Doch beispielsweise das Lenbachhaus und die Stuckvilla vermitteln darüber hinaus einen Eindruck davon, wie erfolgreiche Künstler gegen Ende des 19. Jh. in München lebten. Das Lenbachhaus entwarf der Architekt Gabriel von Seidl 1887 für den Maler Franz von Lenbach. Man fühlt sich nach Italien versetzt. Heute hat hier die Städtische Galerie mit bedeutenden Werken der Künstlergruppe Blauer Reiter ihren Sitz. In der Stuckvilla, die der Malerfürst Franz von Stuck nach eigenen Entwürfen 1897/1898 errichten ließ, finden Wechselausstellungen statt. Natürlich gehört auch ein Bummel ins Herz Schwabings zu einem Spaziergang auf den Spuren der Künstler: In der Gegend um den Nikolaiplatz traf sich zu Beginn des 20. Jh. die Münchner Bohème. Hier hat sich Schwabing noch etwas vom einstigen Flair bewahren können.

Das grüne München
Wer genug von der Großstadt hat, findet in München ohne Probleme grüne Oasen, um sich zu erholen. An allererster Stelle steht natürlich der Englische Garten, mit knapp 4 km² der größte Stadtpark der Welt – größer als der New Yorker Central Park. Neben vielem Grün gibt es auch einige bauliche Highlights: den Chinesischen Turm, den Monopteros und das japanische Teehaus. Mitten im Herzen der City, nur ein paar Schritte vom Karlsplatz/Stachus entfernt, liegt der Alte Botanische Garten, in dem 1854 der Glaspalast errichtet wurde, der 1934 abbrannte. Lohnend ist ein Spaziergang im Botanischen Garten mit etwa 14 000 Pflanzenarten. Hübsch sind auch die Figuren aus Nymphenburger Porzellan, die an verschiedenen Stellen des Parks stehen. Durch einen Durchgang gelangt man in den benachbarten Nymphenburger Park, ebenfalls eine Oase der Entspannung. Hier erwartet den Besucher ein Barockgarten in Schlossnähe und ein Landschaftsgarten .

München, die Theaterstadt
Für Theaterfreunde bietet München interessante Aufführungen ebenso wie herrliche Theaterarchitektur. Der prunkvollste Bau ist das in die Residenz integrierte Alte Residenztheater, genannt Cuvilliés-Theater. François Cuvilliés entwarf das traumhaft schöne Rokoko-Theater. Ein zweiter Theaterbau, der nicht nur Theaterliebhaber, sondern auch Architekturinteressierte anzieht, sind die Kammerspiele in der Maximilianstraße. Die Architekten Richard Riemerschmid und Max Littmann ließen hier 1900/1901 ihren Jugendstilphantasien freien Lauf. Erst kürzlich wurde die aufwändige Sanierung abgeschlossen. Ein weiterer Bau mit großer Tradition, der nach schweren Schäden im Zweiten Weltkrieg lange geschlossen war und erst 1996 renoviert wiedereröffnet wurde, ist das Prinzregententheater. Es wurde 1901 als Festspielhaus für die Werke Richard Wagners erbaut. Wer Oper mit internationaler Besetzung sehen und hören möchte, findet im Prinzregententheater oder im klassizistischen Nationaltheater Gelegenheit dazu.
Doch München hat auch eine sehr lebendige Szene freier Theater, die teilweise häufig die Aufführungsorte wechseln. Wer Hintergrundinformationen zum Thema Theater sucht, findet diese im kleinen Theatermuseum am Hofgarten.

1 München bei Nacht: Blick auf die Frauenkirche mit den markanten Haubentürmen und den neugotischen Rathausturm. Ganz rechts erhebt sich der schlanke Olympiaturm.

2 Das Schwabinger Siegestor trennt die beiden Prachtstraßen Leopoldstraße und Ludwigstraße.

3 Das Cuvilliés-Theater ist das älteste erhaltene Opernhaus der Stadt. Vom ursprünglichen Bau ist lediglich die Innenausstattung erhalten.

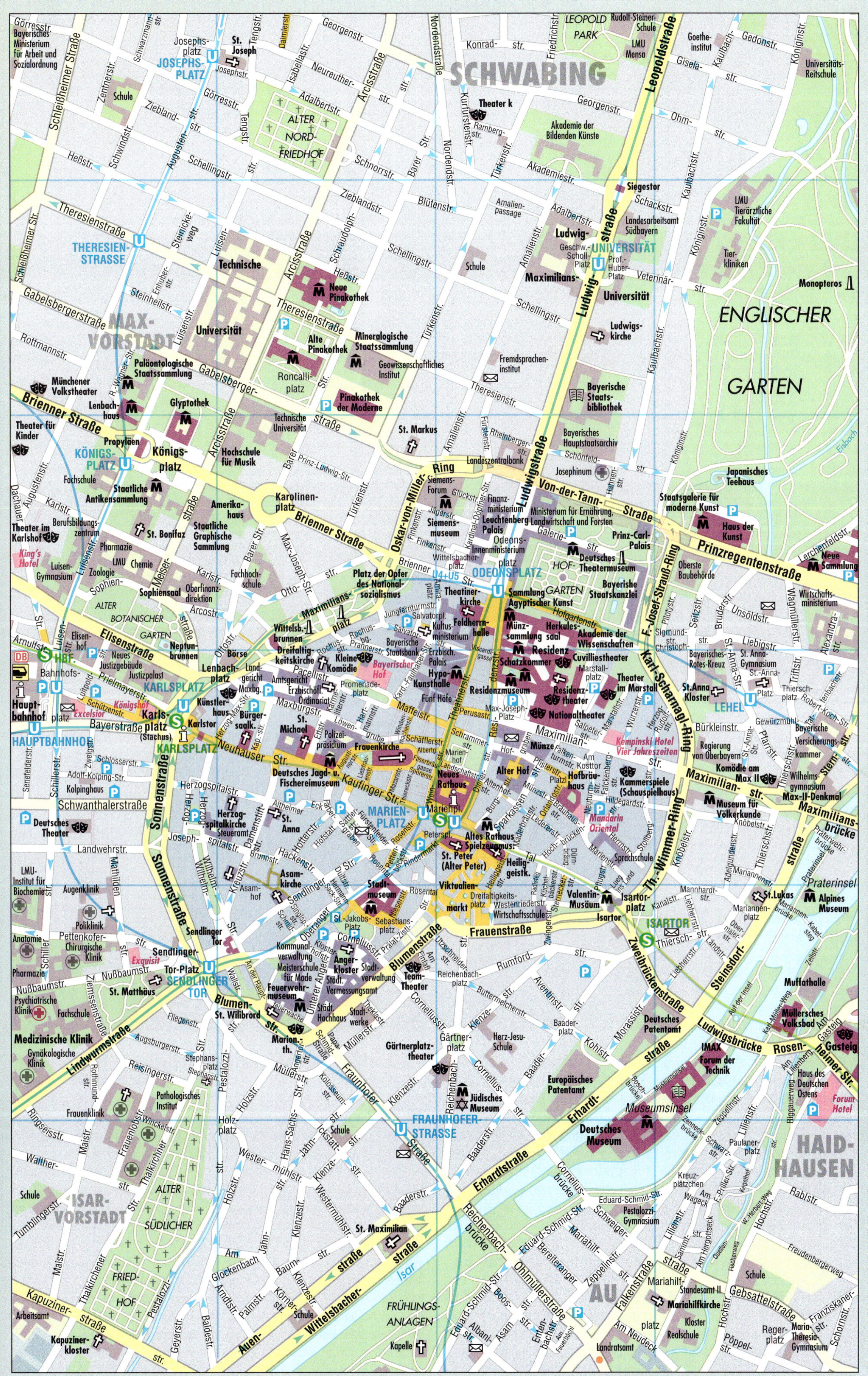

München

München versprüht noch heute den Zauber einer alten, jung gebliebenen Stadt, die weltoffen und dennoch ganz sie selbst ist.

Zwar wurde München 1157 vom Welfen Heinrich dem Löwen gegründet, doch prägend für die Stadt wurden die Wittelsbacher, in deren Händen sie bis 1918 blieb. Ihnen hat die Stadt die meisten ihrer Kunstschätze und Baudenkmäler und die schönsten Straßenzüge zu verdanken, vor allem König Ludwig I., der ein »Isar-Athen« schaffen wollte. Die unregelmäßige Altstadt wird durch Isartor, Sendlinger Tor, Karlstor und Feldherrnhalle markiert. Schwabing, das Künstler- und Universitätsviertel, steht für Münchens Ruf als lebenslustige, kunstsinnige Stadt. Sehenswürdigkeiten im historischen Stadtkern: Marienplatz mit Neuem Rathaus aus dem 19. und Altem Rathaus aus dem 15. Jh. und barocker Mariensäule; die spätgotische Frauenkirche mit zwei Haubentürmen; Asamkirche, ein Meisterwerk des Rokoko; die in der Renaissance ausgebaute Residenz mit Schatzkammer, Altem Residenztheater (Rokoko) und Hofgarten; Nationaltheater; barocke Theatinerkirche; Renaissancekirche St. Michael; Hofbräuhaus und Viktualienmarkt; bronzene Bavaria auf der Theresienwiese.

Oben: Nationaltheater am Max-Joseph-Platz
Unten: Schloss Nymphenburg

Außerhalb des Stadtkerns: die barocke Anlage Schloss und Park Nymphenburg; Barockkirche St. Michael in Berg am Laim; Olympiapark von 1972; Museen: Deutsches Museum; Alte Pinakothek (Alte Meister); Neue Pinakothek (Malerei des 19. Jh.); Pinakothek der Moderne; Lenbachhaus; Glyptothek (antike Plastiken); Staatliche Antikensammlung; Bayerisches Nationalmuseum; Stadtmuseum im alten Zeughaus, Villa Stuck.

1

König Ludwig II.

1864 bestieg Ludwig II. den bayerischen Thron. Er zog sich schon bald in eine Traumwelt zurück, wo Phantasien vom Hof Ludwigs XIV. regierten und die Opern Richard Wagners den Stil der Schlösser Linderhof, Neuschwanstein und Herrenchiemsee beeinflussten. Wagner hätte auch die Bayreuther Festspiele nicht ohne die finanzielle Hilfe Ludwigs ins Leben rufen können. Doch des Königs Leidenschaften rissen große Löcher in den Staatssäckel und so erklärte man den König 1886 nach Aktenlage für unzurechnungsfähig. Wenige Tage später ertrank er unter geheimnisvollen Umständen im Starnberger See und wurde dadurch im Volk zum Mythos.

Nächtliche Schlittenfahrt König Ludwigs II., Bildnis von R. Wenig

die Freie Reichsstadt eine der kulturellen und wirtschaftlichen Metropolen nördlich der Alpen. Das Rathaus entstand 1615–1620 nach Plänen von Elias Holl, ebenfalls von ihm stammt das Zeughaus von 1607. Die Glasfenster mit fünf Propheten im Dom St. Maria gehören zu den ältesten Glasfensterzyklen der Welt. Die Straßen säumen viele barocke Patrizierhäuser wie Schaezler- oder Gignouxpalais. Von der Stadtbefestigung sind noch einige Türme und Tore (Rotes Tor) erhalten.

Von Augsburg ist es nur eine halbe Stunde Fahrzeit bis nach München (siehe Seite 130–131), von wo aus man direkt über die Lindauer Autobahn nach Landsberg weiterfahren kann.

⑫ Klosterlechfeld Die Klosteranlage wurde auf dem historisch bedeutsamen Schlachtfeld von 955 errichtet. Elias Holl war der Baumeister der 1603 errichteten Wallfahrtskirche. Das Pantheon in Rom diente als Vorbild.

⑬ Landsberg am Lech Der erste Mauerring der zwischen Lech und Lechsteilufer gelegenen Altstadt wurde bereits im 13. Jh. errichtet. Zu ihm gehörte der

2

Schmalzturm, der den dreieckigen Hauptplatz am oberen Ende abschließt. Beherrscht wird der Platz vom Rathaus, dessen Stuckfassade Dominikus Zimmermann 1719 gestaltete. Zur dritten Stadtmauer gehört das Bayertor von 1425, eine der schönsten Toranlagen Süddeutschlands. Besondere Beachtung verdienen vier Kirchen: Mariä Himmelfahrt, ein gotischer, später barockisierter Bau, die Johanniskirche von Dominikus Zimmermann, die Ursulinerinnenklosterkirche von J. B. Gunetzrhainer (erbaut ab 1740) und die ehemalige Klosterkirche Heiligkreuz. Der Mauerring aus dem 15. Jh. ist in weiten Teilen erhalten.

⑭ Altenstadt Die Kirche St. Michael ist eine der bedeutendsten romanischen Kirchen in Oberbayern. Der von einer Wehrmauer eingefasste Bau entstand im frühen 13. Jh. Das Innere birgt neben Fresken aus dem 14. und 15. Jh. noch den »Großen Gott von Altenstadt«, einen farbig gefassten romanischen Kruzifixus aus der Zeit um 1200. Er zählt wegen seiner gewaltige Größe zu den bedeutendsten Bildnissen dieser Art, hinzu kommt die expressive Ruhe, die er ausstrahlt.

⑮ Schongau Entlang des Lechs geht die Fahrt nach Schongau an der Via Claudia Augusta. Von seiner einstigen Bedeutung als Handelsstadt zeugt das gotische Ballenhaus von 1515.

Die Stadtmauer mit Wehrgang ist teilweise erhalten, auch fünf Türme sowie das Frauentor im Westen (14. Jh.) haben die Zeit überdauert. Sehenswert ist die 1748 durch Dominikus Zimmermann umgebaute Pfarrkirche Mariä Himmelfahrt mit Fresken von Matthäus Günther.

Wer genügend Zeit hat, fährt von hier weiter ins Werdenfelser Land mit seiner herrlichen Ge-

birgslandschaft (siehe Abstecher Seite 134).

16 Rottenbuch Die Kirche des ehemaligen Augustinerchorherrenstiftes in Rottenbuch wurde von 1737 bis 1742 umgebaut und erstrahlt nun in der Heiterkeit des Barock. Der Stuckateur Joseph Schmuzer und der Maler Matthäus Günther schufen die wundervolle Innenausstattung. Hier im Pfaffenwinkel stolpert man geradezu über reizvolle barocke Kirchenbauten, und auch die Natur ist verlockend schön. Eine Wanderung führt durch die Ammerschlucht zur Wieskirche.

17 Wieskirche Zu den Höhepunkten der Route gehört die von Dominikus Zimmermann ab 1745 erbaute Wieskirche, die lediglich von einer Hand voll Häuser umgeben vor der Kulisse der Trauchberge steht. Johann Baptist Zimmermann schuf die Deckengemälde und einen großen Teil der Stuckarbeiten. Der in Weiß und Gold gehaltene Innenraum wirkt betont heiter und leicht, scheint zu Stein gewordene Musik zu sein. Die Wieskirche bei Steingaden wird jährlich von Hunderttausenden von Touristen besucht. Sie gilt auch durch ihre Ausstattung und Lage als ein Gesamtkunstwerk.

18 Hohenschwangau und Neuschwanstein Malerisch liegen die beiden Königsschlösser in die Berglandschaft eingebettet. Kronprinz Maximilian ließ Burg Hohenschwangau (12. Jh.) 1833 neogotisch umgestalten. Hier verbrachte der Bauherr von Neuschwanstein, Ludwig II., einen Teil seiner Jugend. Neuschwanstein ist das Idealbild einer mittelalterlichen Burg mit Türmchen, Zinnen und prunkvollen Innenräumen.

19 Füssen In der alten Kleinstadt am Lech ist das Ende der Romantischen Straße erreicht. Nicht versäumen sollte man das Kloster St. Mang ebenso wie die barocke Stadtpfarrkirche St. Magnus. Das aus dem Mittelalter stammende Stift wurde in eine großzügige barocke Anlage umgewandelt. Beim Hohen Schloss verdient vor allem die Trompe-l'œil-Malerei an der Fassade des Innenhofs besondere Aufmerksamkeit. Sehr üppig bemalt ist die Fassade der Heilig-Geist-Spitalkirche (1748/49). Jetzt steht noch ein Naturerlebnis an: der nahe gelegene Lechfall.

1 Schloss Neuschwanstein vor der Kulisse der Allgäuer Alpen

2 Die Wallfahrtskirche zum Gegeißelten Heiland auf der Wies liegt romantisch im Pfaffenwinkel und ist UNESCO-Weltkulturerbe.

3 Der zweigeschossige Chor der Wieskirche mit dem Gnadenbild im Zentrum

Dominikus Zimmermann

Als Stuckateur und Baumeister erreichte der 1685 in Wessobrunn geborene Zimmermann hohe Meisterschaft. In der Tradition der berühmten Wessobrunner Stuckateure stehend, brachte er es dank seiner Kunst zu Ansehen und Reichtum. Von 1749 bis 1754 war er Bürgermeister von Landsberg am Lech. 1756 zog er in das Haus, das er sich neben seinem Meisterwerk, der Wieskirche bei Steingaden, gebaut hatte, und lebte dort bis zu seinem Tod 1766. Zu seinen Werken gehören auch die Wallfahrtskirche Steinhausen und die Frauenkirche in Günzburg.

Blick von der reich geschmückten Kanzel in den Chorraum der Wieskirche

Oberammergauer Passionsspiele

1633, während einer Pestepidemie im Dreißigjährigen Krieg, gelobten die Oberammergauer, alle zehn Jahre das »Spiel vom Leiden, Sterben und Auferstehen unseres Herrn Jesus Christus« aufzuführen. 1634 fand das Spiel zum ersten Mal statt, und zwar auf dem Friedhof, wo die Pesttoten begraben waren. Der Spielort blieb bis 1820 erhalten, erst 1830 wurde die Spielstätte an den heutigen Ort verlegt. Im Jahr 2000 wurde das Spiel zum 40. Mal gegeben. Mehr als 2000 Oberammergauer – alles Laien – wirkten damals bei den bislang letzten Passionsspielen als Darsteller, Instrumentalisten, Sänger und Bühnenarbeiter mit. Etwa sechs Stunden dauert die Geschichte, deren Text im Lauf der Zeit mehrfach geändert wurde und auch wiederholt Anlass zu Diskussionen gab. Nicht immer sind sich die Oberammergauer einig, was die Passionsspiele betrifft: Die Frage, ob auch verheiratete und/oder ältere Frauen mitspielen dürfen, musste gar vom Oberlandesgericht geklärt werden. Ergebnis: sie dürfen. Das heutige Passionsspielhaus mit der Freilichtbühne stammt aus dem Jahr 1930 und wurde von 1997 bis 1999 grundlegend saniert. Da auch die Bühnentechnik eine entscheidende Modernisierung erfuhr, besteht nun auch die Möglichkeit, den Ort in den Jahren zwischen den Passionsspielen für andere Veranstaltungen, beispielsweise Opernaufführungen, zu nutzen.

Oben: Bühnenbild der Passionsspiele aus dem Jahr 2000
Unten: Kreuzigungsszene aus Oberammergau

Abstecher

Werdenfelser Land

Ein kleiner Abstecher von der Romantischen Straße führt ins Werdenfelser Land, eine herrliche Gebirgslandschaft mit zahlreichen romantisch gelegenen Dörfern und Städtchen. Dazu fährt man von der Wieskirche nicht weiter Richtung Füssen, sondern wendet sich nach Osten Richtung Unter- und Oberammergau.

Oberammergau
Schönstes Haus des Bilderbuchdorfes ist das so genannte Pilatushaus, das reich mit Lüftlmalereien von Franz Seraph Zwink geschmückt ist. An der Gartenfront ist die Verurteilung Christi durch Pilatus dargestellt, daher der Name des Hauses.
Heute sind darin eine Galerie und die »Lebendige Werkstatt« untergebracht, in der man Holzschnitzern bei der Arbeit zusehen kann. Oberammergau ist bereits seit dem Mittelalter für Schnitzereien bekannt, heute gehen hier etwa 120 Schnitzer ihrem Kunstgewerbe nach. In Jahren ohne Passionsspiele besteht für Besucher die Möglichkeit, an einer Führung durch das Passionstheater teilzunehmen.

Linderhof
Nach einer kurzen Fahrt durch das romantische Graswangtal erreicht man Schloss Linderhof, das einzige Schloss Ludwigs II., das zu seinen Lebzeiten weitestgehend fertig gestellt wurde. Die barock wirkende Anlage umgibt ein weitläufiger Park, in dem weitere interessante Bauten zu finden sind: etwa die Venusgrotte, die nach dem Vorbild der Hörselberggrotte in Wagners Tannhäuser gestaltet wurde; der Maurische Kiosk, ein preußischer Pavillon auf der Pariser Weltausstellung von 1867, den Ludwig II. nach seinen Vorstellungen prachtvoll umdekorieren ließ; die Hundinghütte, für die ebenfalls Wagner mit seiner Walküre Pate gestanden hat, das Ideal einer germanischen Blockhütte.

Kloster Ettal
Steht man vor der majestätischen Kirche des Klosters Ettal, hat man den Eindruck, mitten im bayerischen Werdenfelser Land auf ein Stückchen Italien gestoßen zu sein. Das Gnadenbild, das noch heute Mittelpunkt der Kirche ist, stiftete 1330 Kaiser Ludwig der Bayer. Es entstand eine erste gotische Abtei, die ab 1710 in prachtvollstem Barock umgestaltet wurde. Den Bau des Italieners Enrico Zucalli schmückten J. B. Zimmermann und J. G. Ueblherr mit herrlichen Stuckaturen, J. J. Zeiller und M. Knoller mit einem beeindruckenden Deckengemälde. Der Grundriss, ein zwölfeckiger Zentralbau, dem die Fassade vorgesetzt wurde, ist einmalig in Deutschland. Die Benediktinermönche denken ans geistliche ebenso wie ans leibliche Wohl ihrer Besucher.

Garmisch-Partenkirchen
1935 wurden die beiden Orte Garmisch und Partenkirchen zur Marktgemeinde vereint. Viele Häuser sind mit Lüftlmalerei geschmückt, besonders bekannt ist das Haus zum Husaren. In Garmisch sind die gotische Alte Pfarrkirche St. Martin mit einem gut erhaltenen Freskenzyklus und der barocke Bau der Neuen Pfarrkirche St. Martin sehenswert, in Partenkirchen sollte man die am Wank, dem Hausberg der Gemeinde, gelegene Wallfahrtskirche St. Anton aus der Mitte des 18. Jh. nicht versäumen. Musikliebhaber werden sich das Richard-Strauss-Institut und die Strauss-Villa, in der der Komponist einen Großteil seines Lebens verbrachte, nicht entgehen lassen. Man sollte zudem unbedingt auf die Zugspitze, Deutschlands höchsten Berg (2962 m), fahren.

1 Das goldene Kreuz markiert den Ostgipfel der Zugspitze, von der sich ein schöner Rundblick bietet.

2 Nordansicht von Schloss Linderhof, das sich im Schlossteich spiegelt.

3 Die Altstadt von Garmisch-Partenkirchen, einer der bekanntesten bayerischen Kurorte zu Füßen des Wettersteinmassivs

Bad Mergentheim Die Altstadt wird vom Schloss des Deutschen Ritterordens (16. Jh.) dominiert. Die Schlosskirche entwarfen B. Neumann und F. Cuvilliés.

Weikersheim Die ehemalige Residenzstadt im Taubertal hat ein Renaissanceschloss und einen Barockgarten, der zu den schönsten Deutschlands zählt.

Dinkelsbühl Die über 1000 Jahre alte Stadt im Tal der Wörnitz hat ein mittelalterliches Stadtbild und wird von trutzigen Mauern umschlossen. Zu den Hauptsehenswürdigkeiten zählen das Deutsche Haus und das Münster St. Georg.

Augsburg Höhepunkte der fast 2000-jährigen Lechstadt: Renaissancerathaus und Perlachturm.

Wieskirche Die inmitten einer Bergkulisse erbaute Wallfahrtskirche gilt als ein Hauptwerk des bayerischen Rokoko.

Schloss Linderhof Das einzige der drei Ludwigschlösser, das zu Ludwigs Lebzeiten fast fertig gestellt wurde, wird von einem Park mit ungewöhnlichen Bauten umgeben, die zum Teil Wagners Operwelt entstammen.

Füssen/Neuschwanstein Die sehenswerte alte Lechstadt zwischen Ammergauer und Allgäuer Alpen kann mit zwei Königsschlössern aufwarten: mit dem Schloss Hohenschwangau (12. Jh., neugotisch umgestaltet) und dem weltbekannten Märchenschloss Neuschwanstein (1869–1886).

Würzburg Trotz der Bombenangriffe von 1945 bietet die Main- und Weinmetropole unzählige Sehenswürdigkeiten. Herausragend sind: der Dom St. Kilian (1188 geweiht), die Alte Mainbrücke sowie die Festung Marienberg (13.–18. Jh.).

Würzburger Residenz Die ab 1720 erbaute Prachtanlage sollte die Festung Marienberg ersetzen. Ihre Ausmaße innen und außen sind überwältigend.

Feuchtwangen Sehenswert in dem mit schönen Häuserzeilen versehenen ehemaligen freien Reichsstädtchen sind der Kreuzgang der teils romanischen, teils gotischen Stiftskirche sowie die Sammlungen der Museen.

Rothenburg Seit dem Dreißigjährigen Krieg hat sich das Ortsbild der einstmaligen fränkischen Reichsstadt kaum verändert. Das Städtchen bietet fantastische Ausblicke ins Taubertal.

Nördlingen St. Georg ist eine der größten deutschen spätgotischen Hallenkirchen. Vom Glockenturm »Daniel« aus lässt sich der kreisrunde Riesort gut überblicken.

Nymphenburg Das Barockschloss in München ist prachtvoll anzuschauen. Direkt daneben befindet sich die 1747 gegründete Staatliche Porzellanmanufaktur.

München Einen Abstecher in die bayerische Landeshauptstadt sollte jeder einplanen, der die Romantische Straße bereist. Mit Altstadt und Schwabing, dem Viktualienmarkt, dem Englischen Garten, dem beeindruckenden Olympiagelände sowie Kirchen aus fast 850 Jahren und weltbekannten Museen hat das »Millionendorf« auch außerhalb der Oktoberfestsaison viel zu bieten.

Schloss Schönbrunn in Wien: ehemalige Sommerresidenz der Habsburger

Route 12

Im Zentrum Europas

Die Straße der Kaiser: Berlin – Prag – Wien – Budapest

Auf dieser Reise, deren Rückgrat die europäischen Lebensadern Elbe, Moldau und Donau bilden, zeigt sich Mitteleuropa in seiner ganzen historischen und kulturellen Vielfalt. An den Flussufern glänzen die Metropolen Dresden, Prag, Wien und Budapest mit einer überwältigenden Fülle an Kunstdenkmälern, dazu kommen unzählige Schlösser, Burgen und urbane Kleinode, eingebettet in einzigartige Naturlandschaften.

Das hätte sich wohl kein Kaiser träumen lassen: Dass sich eine Vergnügungsfahrt von der Spree bis an die Donau nach jahrhundertelanger Kleinstaaterei samt tragischer Trennung im 20. Jh. am Beginn des neuen Milleniums ohne komplizierte Grenzkontrollen unternehmen lässt. Wo sind die Zeiten, als autokratische Herrscher eifersüchtig Grenzbalken oder gar Eiserne Vorhänge hochzogen? Als die Wiener keine Ahnung von Budweis oder Bratislava hatten und den Westberlinern Dresden ferner lag als die Dominikanische Republik? Heutzutage heißt es »Fahrt frei!« zur Entdeckung der für viele immer noch sträflich fremden Nähe, in der es fürwahr eine Menge zu entdecken gibt.

Allein Berlin, die alte neue Hauptstadt Deutschlands, stellt einen touristischen Kosmos dar, der seinesgleichen sucht. Um seine musealen Schätze, die stetig ausgebaute Skyline zeitgenössischer Architektur, die im Rhythmus einer Weltstadt pulsierende Kunst- und Lokalszene und die ausgedehnten Grünoasen auch nur halbwegs kennen zu lernen, bräuchte es Wochen. Doch in diesem Fall bilden sie nur den Auftakt zu einer faszinierenden Tour. Brandenburg und Sachsen, in diesen Kerngebieten deutscher Geistesgeschichte, reiht sich ein Höhepunkt an den anderen. Die glanzvolle Ouvertüre bestreitet Potsdam, die Residenzstadt der preußischen Könige. Die Lutherstadt Wittenberg, Weimar, der Kristallisationspunkt der deutschen Klassik, oder die Porzellanmetropole Meißen sind die nächsten Stationen.

Wiens Wahrzeichen: der Stephansdom

Einen Touristenmagnet von unwiderstehlicher Anziehungskraft bildet Dresden. Die sächsische Hauptstadt, die wie der sprichwörtliche Phönix aus der Asche (und den Fluten) wieder auferstanden ist, bezirzt mit ihren Barock- und Rokokobauten, den Alten und Neuen Meistern.

Der Hradschin überragt die Karlsbrücke, die bekannteste Moldaubrücke Prags.

mit weitläufigen Gartenanlagen

Schloss Charlottenburg in Berlin: Sommerresidenz von Sophie Charlotte, Gattin Friedrichs III.

Und Musikfreunde spitzen angesichts so mannigfacher Attraktionen, von der Semperoper über die Staatskapelle bis zum Kreuzchor, begeistert die Ohren.
Über die Schönheit Prags viele Worte zu verlieren, hieße wohl Eulen nach Athen tragen. Der Blick vom Moldauufer über die Karlsbrücke Richtung Hradschin gehört zu den unvergesslichsten Stadtansichten auf diesem Erdenrund. Und dem Zauber, der wie eine mozartsche Melodie über den malerischen Gassen der Kleinseite und rund um den Altstädter Ring liegt, kann sich kein Flaneur entziehen. Die beiden nun wieder glamourösen Kurorte Karlsbad und Marienbad, Leitmeritz, die Burg Karlstein, Budweis oder Krumau – die Fülle an »Fünf-Sterne-Sehenswürdigkeiten« erweist sich in ganz Böhmen als enorm. Kaum weniger dicht mit Sensationen gepflastert ist die Etappe durch Ober- beziehungsweise Niederösterreich: Städte wie Freistadt, Linz, Enns, Grein oder Krems, gar nicht zu reden von den Ikonen der Klösterarchitektur in Melk und Klosterneuburg.
Abseits aller urbanen Attraktionen verwöhnt freilich auch die Natur die Sinne. Ob Niederer Fläming, Niederlausitzer Heide oder Elbsandsteingebirge, ob Moldautal, Böhmerwald, Mühlviertel, Wachau oder Wienerwald. Zwischen Stadtrundgängen und Museumsbesuchen kann man auf jeder Etappe herrlich Sauerstoff tanken. Und sich nebenbei durch die sündhaft guten Leckereien der jeweiligen regionalen Küchen probieren.
Ein Landschaftserlebnis von exotischem Reiz wartet als Finale östlich von Budapest, jenseits der Theiss: der Nationalpark Hortobágy – ein waschechtes Stück ungarisches Puszta-Idyll.

Östlich der Budapester Matthiaskirche erstreckt sich die Fischerbastei.

Abstecher

Auf den Spuren Luthers

Die Lutherstadt Wittenberg, die man 30 km südlich von Jüterbog rechts abzweigend über die B 187 erreicht, gilt als einer der Brennpunkte deutscher Geistesgeschichte. Als Universitätsstadt, Wiege der Reformation und Wirkstätte wegweisender Humanisten zählte sie im 16. Jh. zu den intellektuellen Zentren Mitteleuropas. Prägende Gestalt war Martin Luther, der 1508 in die am rechten Ufer der Elbe gelegene Stadt kam und ab 1512 hier als Professor der Theologie und Philosophie lehrte und mit seinen berühmten 95 Thesen, mit denen er gegen den Klerus wetterte, die Reformation einleitete. Die Erinnerung an ihn und den Theologen Philipp Melanchthon ist noch lebendig. So beherbergt etwa das Haus,

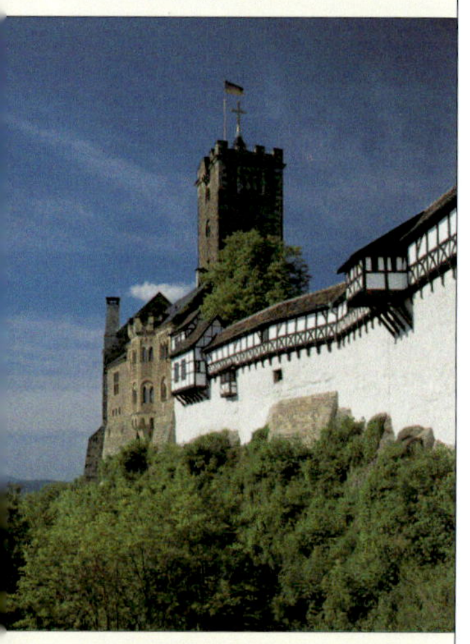

Die Wartburg unweit von Eisenach

in dem Luther 1508–1546 lebte, ein reformationsgeschichtliches Museum. Ebenfalls öffentlich zugänglich ist das Wohn-, Studier- und Sterbehaus Melanchthons, das als einziges erhalten gebliebenes Gelehrten- und Bürgerhaus aus dem 16. Jh. gilt. Sehenswert sind auch die Stadtkirche St. Marien, wo Luther seine Predigten hielt.

Eine zweite Station sollte die Wartburg sein. Sie liegt etwas abseits vom Weg, sind es doch 250 Autobahnkilometer von Dresden bis Eisenach, an dessen südlichen Stadtrand die Anlage steht. Hier, auf dem Wartberg südwestlich von Eisenach, wo Luther zur Schule ging, steht im Thüringer Wald die mittelalterliche Burg (1150). In der Wartburg übersetzte Luther 1521–1522 das Neue Testament aus dem Griechischen.

1

Von der Spree an die ungarische Donau: Wer diese Kernzone alter Reiche jetzt ohne Grenzkontrollen von der deutschen bis zur ungarischen Hauptstadt durchquert und dabei fünf Länder bereist, bekommt eine umfassende Idee von ihrer geistigen Tiefe und ihrem landschaftlichen Reiz.

1 Berlin siehe Seite 140–141

2 Potsdam Die erste Station jenseits der Stadtgrenze Berlins, die Hauptstadt des Landes Brandenburg, verdankt ihre Berühmtheit vor allem den schönen barocken und klassizistischen Gebäuden und den herrlichen, weitläufigen Parkanlagen aus der Zeit, als hier die preußischen Könige residierten. Die bekannteste Sehenswürdigkeit der 1000 Jahre alten, von der UNESCO in Teilen zum Weltkulturerbe erklärten Stadt ist das Rokokoschloss Sanssouci, die prunkvoll ausgestattete Sommerresidenz Friedrichs II. Sein 300 ha großer, von Lenné gestalteter Park ist ein gartenarchitektonisches Gesamtkunstwerk und wie der angrenzende Park Charlottenhof mit kostbaren Baudenkmälern durchsetzt.

Attraktionen der Altstadt sind der Alte Markt mit Nikolaikirche und ehemaligem Rathaus, Marstall, Holländisches Viertel sowie die russische Kolonie Alexandrowka. Ein weiteres Muss auf jeder Besichtigungstour sind der Neue Garten mit dem Marmorpalais und Schloss Cecilienhof. Von Potsdam führt die Route zum altehrwürdigen Ort Beelitz, von dort Richtung Osten bis zur B 101 und auf ihr südwärts bis nach Luckenwalde.

3 Luckenwalde Der bereits im Mittelalter wichtige Marktort mutet auf den ersten Blick als schnöde Fabriksstadt an, doch hat er sich seinen historischen Kern erhalten. Wahrzeichen ist der mächtige Glockenturm der Pfarrkirche St. Johann.

Letztere nennt gotische Fresken und Altarfiguren von Rang ihr Eigen. Bemerkenswert ist die zu Anfang der 1920er-Jahre von Erich Mendelsohn errichtete ehemalige Hutfabrik.

4 Jüterbog Die 15 km südlich, am Rande des Niederen Fläming gelegene Kreisstadt besitzt noch große Teile ihrer alten Befestigungsanlagen mit drei schönen Toren. Sehenswert sind auch die Liebfrauen-, die Nikolaikirche und das Rathaus. Hauptanziehungspunkt sind freilich, 5 km nördlich, die stattlichen Reste des Zisterzienserklosters Zinna mit

2

Reiseinformationen

Routen-Steckbrief
Routenlänge: ca. 1100 km
Zeitbedarf: mind. 12–14 Tage
Start: Berlin
Ziel: Budapest
Routenverlauf: Berlin, Potsdam, Dresden, Prag, Budweis, Linz, Krems, Wien, Bratislava, Komárom, Budapest

Auskünfte:
Tourismus Marketing Ges. Brandenburg (TMB), *Am Neuen Markt 1, 14467 Potsdam, Tel. 0331/200 47 47; www.reiseland-brandenburg.de*
Tourismus Marketing Gesellschaft Sachsen (TMGS), *Bautznerstr. 45–47, 01099 Dresden, Tel. 0351/49 17 00; www.sachsen-tourismus.de*
Tschechische Zentrale für Tourismus, *Friedrichstr. 206, 10969 Berlin, Tel. 030/204 47 70* oder *Karlsplatz 3, 80335 München, Tel. 089/54 88 59 14; www.czechtourism.com*
Oberösterreich-Tourismus Information, *Postfach 8000, A-4010 Linz, Tel. 0043/732/22 10 22; www.oberoesterreich.at*
Niederösterreich Tourist Information, *Postfach 10000, A-1010 Wien, Tel. 0043/1/5 36 10 62 00; www.niederoesterreich.at*
Slowakische Agentur für Tourismus, *Zimmerstr. 27, 10969 Berlin, Tel. 030/25 94 26 40*
Ungarisches Tourismusamt, *Neue Promenade 5, 10178 Berlin, Tel. 030/243 14 60; www.ungarn-tourismus.de*

3

ihren überaus bedeutsamen, gotischen Wandgemälden.
Am Rande der Niederlausitzer Heidelandschaft entlang fahrend, erreicht man nach gut 100 km auf der B 101 über Elsterwerda und Großenhain die Elbe und die Porzellanstadt Meißen.

5 Meißen Die »Wiege Sachsens«, wo die deutschen Kaiser einst die erste Siedlung auf slawischem Boden gründeten, war im 12. Jh. Residenz der Wettiner und konnte sich über den Zweiten Weltkrieg hinweg ihr mittelalterliches Gepräge bewahren. Über der historischen Altstadt mit Marktplatz und Fachwerkhäusern thronen nach wie vor weithin sichtbar die Repräsentanten geistiger und weltlicher Macht: der gotische Dom und die Albrechtsburg.
Berühmter als für ihre über 1000jährige Geschichte wurde die Stadt allerdings für ihr »Weißes Gold« – Europas erstes Hartporzellan, das seit 1710 in der von August dem Starken gegründeten Meißener Manufaktur hergestellt und bis heute in alle Welt exportiert wird.
Vorbei an der Karl-May-Stadt Radebeul führt die Route auf der B6 in die 25 km entfernte sächsische Landeshauptstadt.

6 Dresden Die auch als »Elb-Florenz« oder »Perle des Barock« gerühmte ehemalige kurfürstliche Residenz zählt ohne Zweifel zu den großen europäischen Kulturmetropolen. Seit 1485 Regierungssitz der Albertiner, wuchs sie im 17. und vor allem 18. Jh. auf Betreiben August des Starken und seiner Nachfolger zu einer der prachtvollsten barocken Residenzstädte in deutschen Landen heran.
Zum Verhängnis wurden der Stadt die verheerenden Bombennächte im Februar 1945. Das geschlossene Altstadtensemble wurde durch sie unwiederbringlich zerstört. Viele der berühmten Bauwerke jedoch, allen voran der Zwinger mit der grandios bestückten Gemäldegalerie Alte Meister, die Semperoper, Schloss, Frauenkirche, Japanisches Palais, das Albertinum mit der Galerie Neue Meister und dem Grünen Gewölbe sowie die elegant an das Elbufer geschmiegte Brühlsche Terrasse wurden oder werden noch rekonstruiert. Unbedingt besichtigen sollte man die wichtigsten Attraktionen der Umgebung, allen voran Schloss Pillnitz, Schloss Moritzburg und die so genannten Elbschlösser.
Wer nicht den Abstecher nach Weimar und zur Wartburg unternehmen will, der folgt der B 172 von Dresden elbeaufwärts über das im Kern malerische Pirna mit dem sehenswerten Barockgarten Großsedlitz in das wildromantische Elbsandsteingebirge.

7 Elbsandsteingebirge Eigentlich müsste man, um den optimalen Eindruck von den bizarren Felsformationen aus Sandstein zu erhalten, dieses vielfach gewundene Flusstal an Bord eines Schiffes durchfahren. Doch auch von der Straße aus bieten sich herrliche Panoramablicke über das großflächig zum Nationalpark Sächsische Schweiz erklärte Gebiet mit seinen monumentalen Tafelbergen. Viel besuchte Aussichtspunkte sind die Festung

1 Seinem barocken Stadtbild mit Semperoper und Frauenkirche verdankt Dresden den Beinamen »Elb-Florenz«.

2 Blick auf Schloss Sanssouci, die Sommerresidenz von Friedrich II.

3 Die Schlossanlage Moritzburg diente Kurfürst Friedrich August II. von Sachsen als Jagdschloss.

Abstecher

Weimar

Die thüringische Stadt, erreichbar von Dresden über die A 4 (200 km), lockt mit ihren Museen und Gedenkstätten Besucher von weither an. Sie war 1999 Europäische Kulturhauptstadt und hatte sich für diesen Anlass herausgeputzt. Hier wirkten Luther, Bach und Cranach; Goethe, Schiller, Wieland und Herder brachten die deutsche Klassik zur vollsten Blüte und Walter Gropius gründete das Bauhaus. Attraktionen: Goethe- und Schillerhaus, Bauhaus-Museum, Herzogin-Anna-Amalia-Bibliothek, historischer Friedhof und das Schloss mit den Kunstsammlungen.

Oben: Goethe und Schiller vor dem Weimarer Nationaltheater
Mitte: das Schloss von Weimar, Sitz der Staatlichen Kunstsammlung
Unten: Lukas-Cranach-Haus am Weimarer Markt

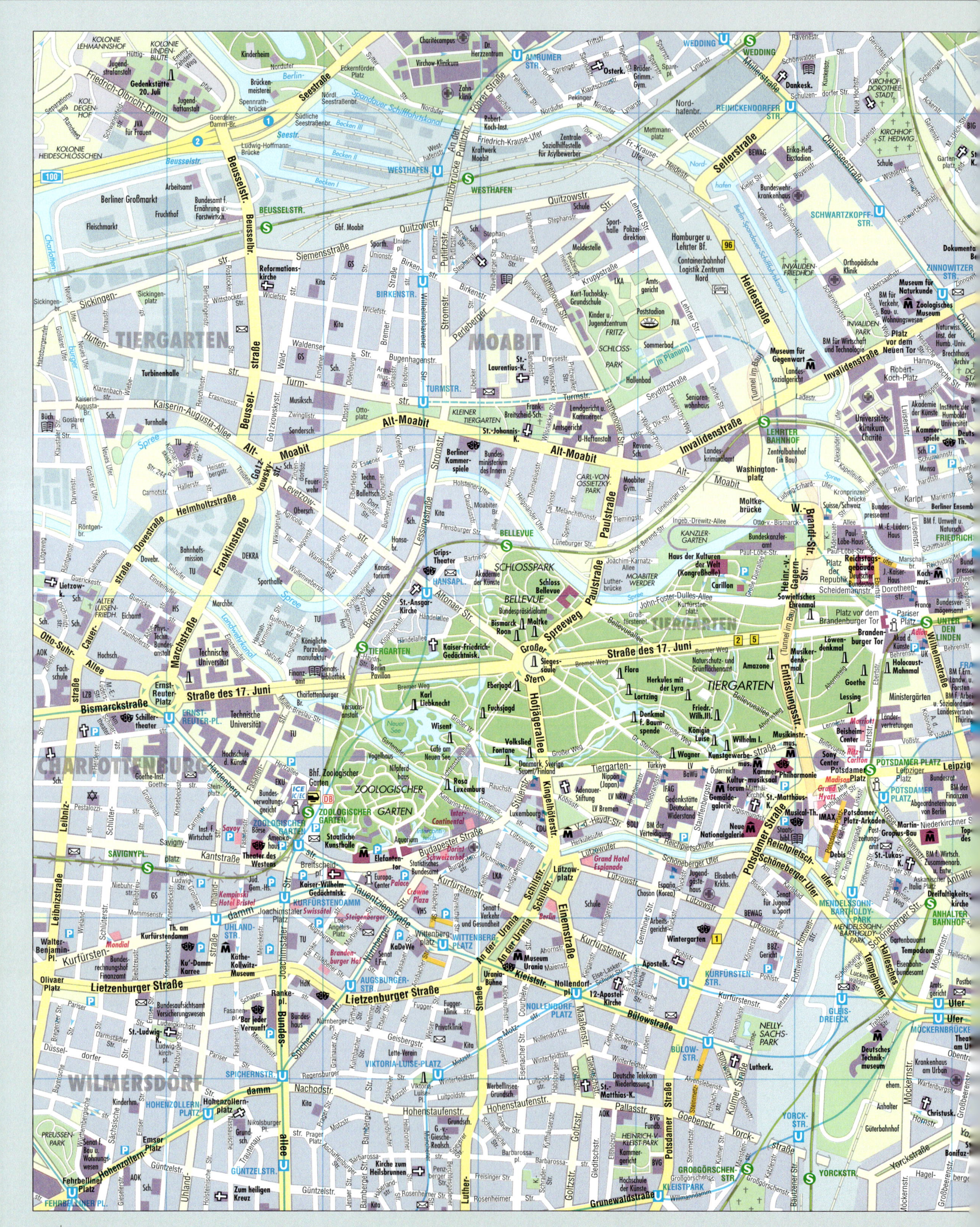
TIERGARTEN
MOABIT
CHARLOTTENBURG
WILMERSDORF
Alt-Moabit
Invalidenstraße
Straße des 17. Juni
Bismarckstraße
Lietzenburger Straße
Kantstraße
Kurfürstendamm
Hardenbergstr.
Seestraße
Beusselstr.
Turmstr.
Huttenstr.
Sickingenstr.
Kaiserin-Augusta-Allee
Helmholtzstraße
Franklinstraße
Marchstraße
Otto-Suhr-Allee
Leibnizstr.
Spreeweg
Hofjägerallee
Großer Stern
Tiergartenstr.
Bülowstraße
Kleiststr.
Potsdamer Straße
Potsdamer Platz
Ebertstr.
Entlastungsstr.
Heidestraße
Chausseestraße
Hohenzollerndamm
Bundesallee
Grunewaldstraße
Uhlandstr.
Kurfürstenstr.
Schöneberger Ufer
Lützowplatz
Wittenbergplatz
Nollendorfplatz
Westhafen
Schlosspark Bellevue
Zoologischer Garten
Siegessäule
Hamburger Bahnhof
Lehrter Bahnhof
Brandenburger Tor
Reichstagsgebäude
Philharmonie
Neue Nationalgalerie
Deutsches Technikmuseum
Anhalter Bahnhof
Universitätsklinikum Charité
Kaiser-Wilhelm-Gedächtniskirche
KaDeWe
Technische Universität
Haus der Kulturen der Welt
Schloss Bellevue
Martin-Gropius-Bau

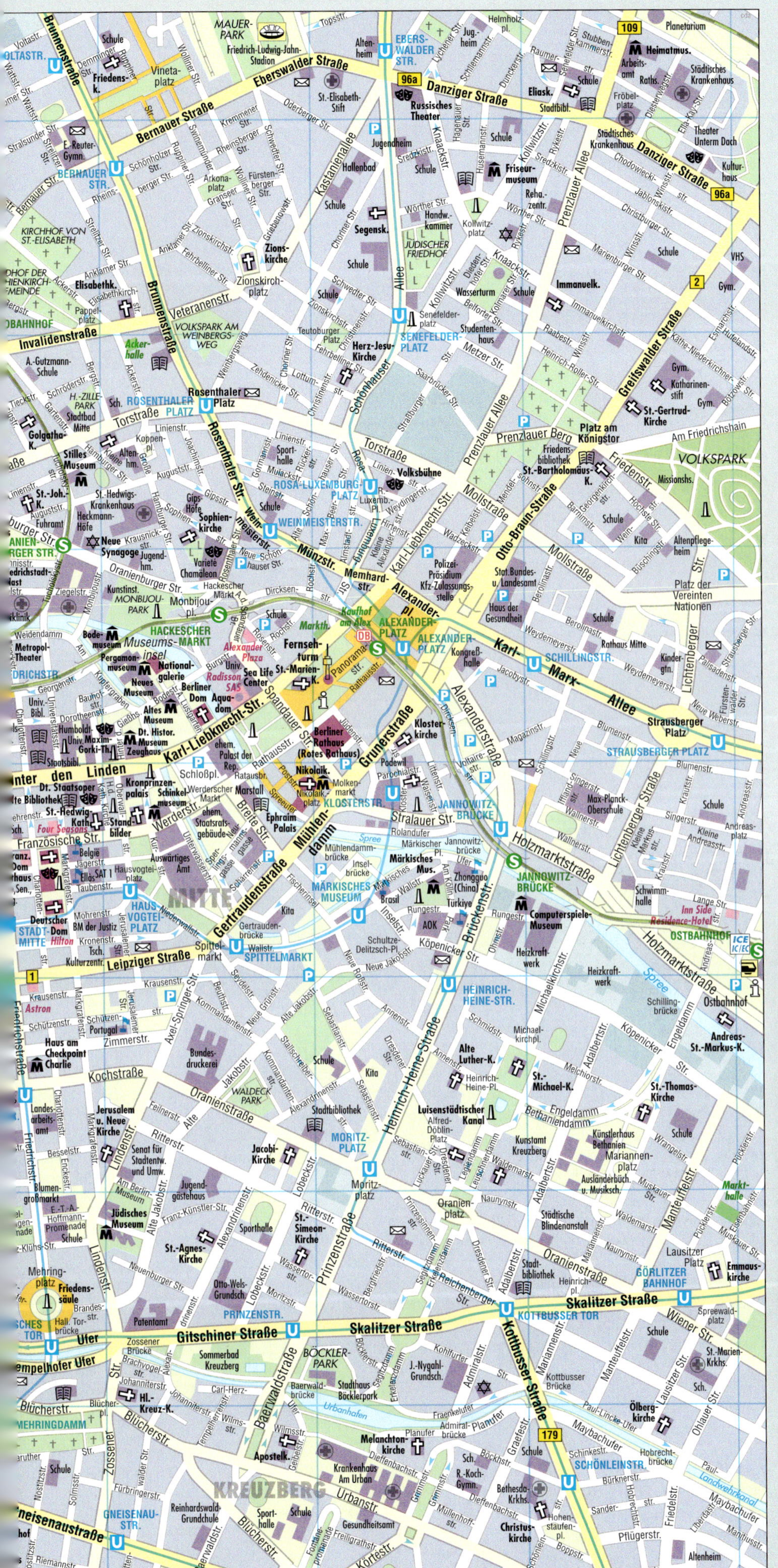

Berlin

Berlin hat sich rasant entwickelt seit dem Fall der Mauer. Und mittlerweile weiß die ganze Welt, dass man Berlin, die lebendige deutsche Hauptstadt und Kulturmetropole an Spree und Havel, einfach gesehen haben muss.

Berlin, dessen Geschichte im 13. Jh. beginnt, gehört nicht zu den alten deutschen Städten. Doch als das Königreich Preußen im 18. Jh. eine europäische Großmacht wurde, wuchs auch die Bedeutung der Haupt- und Residenzstadt. Berlin wurde größer und schöner und 1871 Hauptstadt des Deutschen Reiches. Unter den Nationalsozialisten gingen von Berlin Terror und Vernichtung aus, und 1945 war Berlin eine zerstörte Stadt, seit 1961 schließlich eine geteilte. Die Wiedervereinigung von Ostberlin und Westberlin begann 1989 mit der Öffnung der Mauer. Seitdem hat sich die Stadt sehr verändert. Berlin hat die Teilung überwunden, aber aus einem Guss ist es nicht. Zum Glück, denn die Vielfalt, das Nebeneinander und Miteinander der Kontraste machen erst die wahre Metropole aus.

Besondere Sehenswürdigkeiten in Charlottenburg: Kurfürstendamm; Ruine der Kaiser-Wilhelm-Gedächtniskirche; Zoologischer Garten. Außerhalb des Stadtplans: Schloss und Park Charlottenburg; Barockresidenz der preußischen Könige (erbaut 1695–1746); Ägyptisches Museum mit Nofretete; Sammlung Berggruen »Picasso und seine Zeit«.

Im Stadtviertel Tiergarten: Berlins größter Innenstadtpark mit Schloss und Park Bellevue, dem Sitz des Bundespräsidenten; Kulturforum: Philharmonie mit Musikinstrumentenmuseum, Kunstgewerbemuseum, Gemäldegalerie mit europäischer Malerei bis 19. Jh., Neue Nationalgalerie mit Kunst des 20. Jh., Gedenkstätte des deutschen Widerstands im ehemaligen Oberkommando der Wehrmacht; die Straße des 17. Juni mit 67 m hoher Siegessäule zwischen Brandenburger Tor und Ernst-Reuter-Platz.

Westlich der Innenstadt (außerhalb des Stadtplans): Berlins grüne Lunge Grunewald, Wannsee, Dahlem-Museen mit herausragenden ethnologischen Sammlungen.

Stadtteil Kreuzberg: Ruine des Anhalter Bahnhofs; Martin-Gropius-Bau; Jüdisches Museum von Daniel Libeskind; Deutsches Technikmuseum; Viktoriapark mit Kreuzbergdenkmal.

In Berlin-Mitte: Brandenburger Tor (1791); historische Prachtstraße Unter den Linden mit Reiterdenkmal Friedrichs des Großen; Neue Wache von Schinkel; St.-Hedwigs-Kathedrale aus dem 18. Jh.; klassizistische Staatsoper Unter den Linden; barockes Zeughaus mit dem Deutschen Historischen Museum; Kronprinzenpalais (18. Jh.); Humboldt-Universität; Gendarmenmarkt; Französischer und Deutscher Dom (18. Jh.); Schauspielhaus von Schinkel (1821); Reichstag mit Glaskuppel von Sir Norman Foster; Potsdamer Platz mit modernster Architektur; Museumsinsel (UNESCO-Weltkulturerbe) mit Pergamonmuseum (Zeusaltar von Pergamon), Altem Museum (Antikensammlung), Neuem Museum, Alter Nationalgalerie, Bodemuseum, Lustgarten; dahinter der Berliner Dom (Ende 19. Jh.); Alexanderplatz mit dem 365 m hohem Fernsehturm; ehemaliger Grenzübergang Checkpoint Charlie mit Mauermuseum; Marienkirche (13. Jh.); historisches Nikolaiviertel rund um die Nikolaikirche (14./17. Jh.), Märkisches Museum (Stadtgeschichte).

Im Scheunenviertel: Hamburger Bahnhof (moderne Kunstsammlung), Neue Synagoge mit Centrum Judaicum (Geschichte der jüdischen Gemeinde Berlin); Hackesche Höfe von 1906, einst größter zusammenhängender Arbeits- und Wohnkomplex Europas.

Es gilt als das bedeutendste politische Symbol Berlins und der deutschen Wiedervereinigung: das im späten 18. Jh. erbaute Brandenburger Tor.

Abstecher

Karlsbad und Marienbad

Gut 40 km südlich der deutsch-tschechischen Grenze, bei Ústí nad Labem, führt ein Abstecher westwärts auf der N13 über Most und Chomutov nach Karlovy Vary, das frühere Karlsbad. Es war der Legende nach Kaiser Karl IV., der hier im 14. Jh. bei der Hirschjagd die heißen Salzquellen entdeckte. 500 Jahre später war rund um die Quellen Böhmens berühmtester und mondänster Kurort gewachsen, in dem sich Europas Elite aus Politik, Kunst und Gesellschaft ein Stelldichein gab. Auf 50 Jahre Tristesse folgte nach 1989 eine glanzvolle Wiedergeburt, so dass die meisten der pompösen Gründerzeitbauten, von der Mühlbrunn-Kolonnade über das Stadttheater bis zum Grandhotel Pupp, wieder in altem Glanz erstrahlen.

Von den dicht verbauten Ufern der Tepla sind es nur 60 km (Abzweiger auf die N 21 kurz vor Cheb) in den zweiten legendären Kurort: Auch Mariánské Lázně, in dem Goethe 1823 seine berühmte Marienbader Elegie schrieb, präsentiert sich mit seinen Stuckfassaden im Schönbrunner Kaisergelb vollkommen runderneuert. Besonders prächtig: die 120 m lange Kolonnade aus Gusseisen.

Oben: Innenstadt von Karlsbad
Unten: Kuranlagen in Marienbad

Königstein und die Bastei im Kurort Rathen. Startplatz für Wander- und Klettertouren rund um die Schrammsteine und durch das Kirnitzschtal zum Lichtenhainer Wasserfall ist Bad Schandau.

8 Děčín/Tetschen Um nichts weniger malerisch präsentiert sich die Fortsetzung der Felslandschaft auf tschechischer Seite. Im Grenzort Hřnsko/Herrnskretschen zum Beispiel führt eine 4 km lange, schöne Wanderung zu einem spektakulären Felsdurchlass, dem berühmten Prebischtor. Idealer Ausgangspunkt für Ausflüge in das Naturschutzgebiet ist der für sein Renaissanceschloss bekannte Ort Děčín/Tetschen, wo die berühmte »Schäferwand« die Elbe 150 m hoch überragt. Ein weiterer malerischer Fels säumt, von der Burgruine Střekov bekrönt, den Weg bei Ústí nad Labem/Aussig.

Hier führt ein Abstecher vom Elbetal westwärts auf der N 13 über Most und Chomutov zu den renommierten Kurorten Karlovy Vary/Karlsbad und Mariánské Lázně/Marienbad.

9 Litoměřice Wo die Eger in die Elbe (Labe) mündet und die Hügel des Böhmischen Mittelgebirges in die Ebene übergehen, liegt – umkränzt von Weinbergen und Obstgärten – das alte Leitmeritz. Seine Altstadt zählt zu den anmutigsten in ganz Böhmen. Ihren Mittelpunkt bildet der an die rund 2 ha große

Marktplatz. Besonders sehenswert sind: Kelch- und Rathaus sowie, auf dem Domhügel, der Stephansdom.

4 km südlich erinnert Terezín/Theresienstadt an düstere Zeiten. Im Zweiten Weltkrieg missbrauchten die deutschen Besatzer die einst von Joseph II. als Festung gegen die Preußen errichtete Stadt als riesiges Konzentrationslager.

10 Mělník Hoch über der Mündung der Moldau (Vltava) in die Elbe liegt die viel besuchte Stadt Mělník. Ihr Zentrum bildet der von schönen Bürgerhäusern umstandene Marktplatz. Blickfang und seit über 1100 Jahren begehrter Besitz einflussreicher Adelsgeschlechter ist jedoch das örtliche Schloss. Von der Terrasse des zugehörigen Restaurants genießt man eine wunderbare Aussicht auf die idyllische Flusslandschaft.

Von Mělník sind es noch 40 km bis Prag, der märchenhaften Stadt an der Moldau, und von dessen Südgrenze nur 30 km zur wohl berühmtesten Burg Böhmens.

11 Prag siehe Seite 143

12 Karlštejn Von der R 4 biegt man nach 16 km westwärts über Dobřichovice ab und erreicht nach rund 40 km die majestätisch auf einem 72 m hohen Kalkfels über dem Tal der Berounka thronende Festung. Sie wurde Mitte des 14. Jh. von Kaiser Karl IV. als sein Sitz und Verwahrungsort der Reichskleinodien erbaut.

Kunsthistorisches Highlight ist die Kreuzkapelle im Großen Turm mit ihren vergoldeten Gewölben. Zurück auf die R 4 geht es nach Příbram, das 50 km südwestlich von Prag etwas abseits der Hauptstraße liegt.

13 Příbram Die Industrie- und Bergbaustadt, in der seit dem 14. Jh. Silber und nach 1945 Uranpecherz abgebaut wurde, wäre nicht weiter erwähnenswert, stünde an seinem Südostrand nicht eine von Tschechiens meistbesuchten Wallfahrtsstätten: die später barock erweiterte Marienkirche von Svatá Hora.

Südöstlich von Příbram, unweit der B 4, erheben sich am Ufer der mehr als 100 km weit aufgestauten Moldau zwei imposante Adelssitze: Burg Zvíkov, im 13. Jh. auf hohem Felsen als Königsresidenz errichtet, ist vor allem wegen der Wenzelskapelle und des

1 Die Karlsbrücke mit dem Altstädter Brückenturm und der St.-Franziskus-Kirche in Prag

2 Burg Karlštejn diente als Sommerresidenz Karls IV., aber auch zur Aufbewahrung der Kronjuwelen.

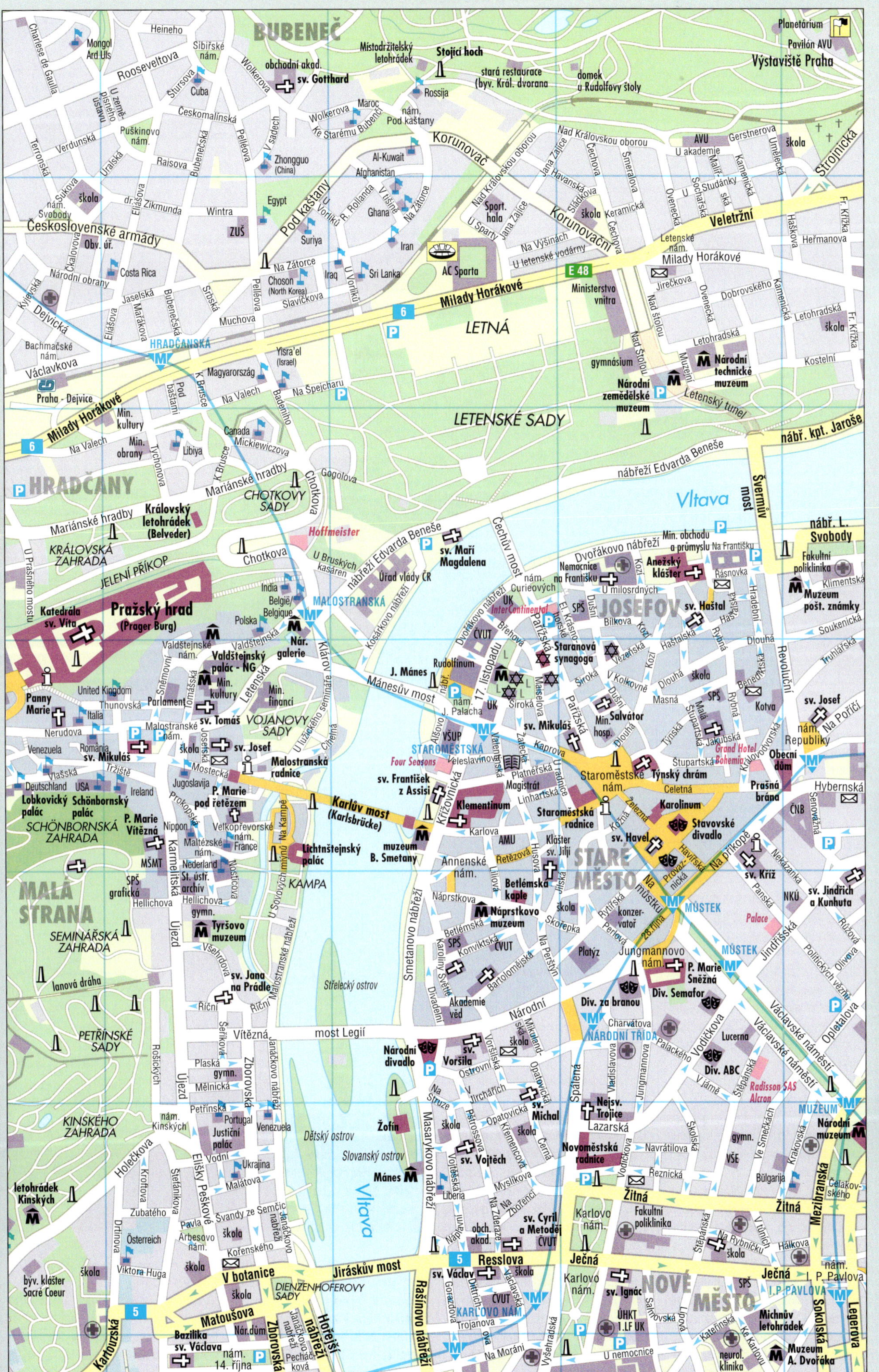

Prag

Seit Jahrhunderten schon ist die »Goldene Stadt« ein bedeutendes geistig-kulturelles Zentrum, das durch ein einzigartig schönes städtebauliches Ensemble gekennzeichnet ist.

Glücklicherweise ist die Stadt im Zweiten Weltkrieg der Zerstörung entgangen. Trotzdem hat der Zahn der Zeit an ihr genagt. Aber dank einer sachkundigen Restaurierung präsentiert sich das mehr als 1000-jährige Prag an der Moldau heute wieder strahlend schön. Die Tschechen dürfen stolz sein auf ihre Hauptstadt, die alte Residenz der böhmischen Könige und Habsburger Kaiser. Wo sie einst residierten, auf dem Hradschin, bietet sich auch die beste Aussicht über dieses Wunderwerk historischen Städtebaus, das zum Weltkulturerbe zählt.

Besonders sehenswert in der Altstadt: Altstädter Ring mit historischen Häuserreihen, barocke Týnkirche und Jan-Hus-Denkmal; Repräsentationshaus in schönstem Jugendstil; Wenzelsplatz mit Bauten des 19./20. Jh.; gotisches Altstädter Rathaus mit Astronomischer Uhr; spätgotischer Pulverturm.

Im Burgviertel auf dem Hradschin: barocke Burganlage (seit dem 10. Jh. Fürstenresidenz); Goldenes Gässchen; Königspalast mit Renaissancesaal; Veitsdom, gotische Kathedrale mit Reliquien des Nationalheiligen Wenzel; Georgsbasilika (seit dem 12. Jh. unverändert).

Altstädter Rathaus und Týnkirche

In der Josephstadt: Alter Jüdischer Friedhof im einstigen mittelalterlichen Ghetto, Altneusynagoge (13. Jh.; intakte mittelalterliche Synagoge); Pinkassynagoge.

Auf der Kleinseite: Karlsbrücke (14. Jh.) mit barockem Figurenschmuck; Niklaskirche, bedeutendste Barockkirche der Stadt; Waldstein-Palais des Feldherrn Wallenstein.

Das Schloss von Český Krumlov

Aus vielen Gründen zählt das hoch über der Moldau gelegene Schloss von Český Krumlov zum Weltkulturerbe der UNESCO. Es besteht aus 40 Gebäuden und Palästen mit zusammen 320 Räumen und Sälen, fünf Innenhöfen und einem sieben Hektar großen Schlossgarten, die interessante Details aufweisen.
Die auf verschiedenen Felsen errichteten Gebäude des Schlosses werden durch einen dreistöckigen Viadukt mit einem überdachten dreigeschossigen Gang verbunden. Der Eingang wird von dem 1590 bemalten Turm beherrscht. Das Schlosstheater im Rokokostil von 1767 verfügt wie nur wenige Theater aus jener Zeit über eine funktionierende Bühnentechnik. Einmalig ist vor allem die Freilichtbühne im Schlosspark, bei dem sich die Zuschauer – und nicht etwa das Bühnenbild – beim Szenenwechsel drehen.

Das gewaltige Schloss von Český Krumlov/Krumau erhebt sich hoch über der Stadt.

Eine Besonderheit sind auch der Maskensaal, der mit Figuren der feinen Gesellschaft und der Commedia dell'Arte ausgemalt ist (vervollständigt von J. Lederer 1748) und die vier Bären, die den Eingang der Anlage bewachen.

spätgotisch freskierten Großen Saales besuchenswert. Das Schloss Orlík, seit über 700 Jahren im Besitz der Familie Schwarzenberg und Mitte des 19. Jh. im neogotischen Stil umgebaut, besticht vor allem durch seine reich ausgestatteten Innenräume.

⓮ **Písek** Auf dem Weg in den Süden quert man 50 km hinter Příbram, nunmehr auf der Straße Nr. 20, das Flüsschen Otava. Das gepflegte Zentrum des Städtchens bildete hier einst eine wichtige Station am so genannten Goldenen Steig, dem Handelsweg zwischen Passau und Prag. Von seiner verkehrsgeografischen Bedeutung zeugt die Hirschbrücke. Die in der zweiten Hälfte des 13. Jh. erbaute Brücke ist die älteste Steinbrücke in Böhmen.

⓯ **České Budějovice/Budweis** Nochmals 50 km weiter erreicht man die dank ihrer Brauereien weltberühmte Stadt Budweis. Ihren Mittelpunkt bildet seit der Gründung durch König Ottokar II. (1265) der Marktplatz. Blickfang dieses 133 x 133 m großen, allseits von Laubengängen gesäumten Gevierts ist der Samsonbrunnen. Von der Aussichtsplattform des 72 hohen Glockenturms überblickt man gut die weiteren Sehenswürdigkeiten: die barocke St.-Nikolaus-Kathedrale, Rathaus, Dominikanerkloster, Marienkirche sowie Kneisl- und Salzhaus.
Etwa 10 km nördlich reckt das Schloss Hluboká/Frauenberg seine zinnenbewehrten Türme in den Himmel. Das »Böhmische Neuschwanstein«, bis 1939 im Besitz der Fürsten Schwarzenberg, besticht durch seine ungemein reiche Ausstattung.

⓰ **Český Krumlov** Rund 15 Autominuten sind es von Budweis, parallel zur moorbraunen Moldau flussaufwärts, in die berühmte Schiele-Stadt Krumau. Die UNESCO hat dieses über 700 Jahre alte Stadtjuwel mit gutem Grund zum Weltkulturerbe erklärt. Schon seine Lage beiderseits der engen Flussschleife ist entzückend, das Gassenlabyrinth der Altstadt und auch des Ortsteils Latrán mit seinen Schindeldächern kaum überbietbar malerisch. Höhepunkte eines jeden Stadtrundgangs sind die gotische St.-Veit-Kirche und das Schiele-Zentrum. Der Maler Egon Schiele hatte 1911 einige Monate in Krumau gelebt und gearbeitet.

Die alles beherrschende Attraktion ist freilich das Schloss. Es ist, nach dem Hradschin in Prag, die zweitgrößte Anlage in Böhmen und gehörte 300 Jahre lang den Rosenbergs, hernach Kaiser Rudolf II. und ab dem frühen 18. Jh. den Fürsten Schwarzenberg. Die Besichtigung umfasst die Wohnräume, die Gemäldegalerie, die Kapelle, den bunt freskierten Maskensaal und das kostbare Rokokotheater. Seit 1992 ist es Weltkulturerbe der UNESCO.

17 Freistadt Gleich jenseits der Grenze, in Österreich, wartet das nächste Musterexemplar mittelalterlicher Stadtarchitektur. Das Zentrum des nördlichen Mühlviertels entwickelte sich zur Zeit der Babenberger zum wichtigsten Handelsplatz zwischen Donau und Böhmen und besitzt bis heute seine Wehranlagen aus dem 14. Jh. Ein Spaziergang durch die engen Gassen zwischen Linzer und Böhmer Tor, vorbei an stattlichen Bürgerhäusern, und über den riesigen Stadtplatz zur Stadtpfarrkirche ist von großem Reiz. Keinesfalls versäumen sollte man auch das im Schloss befindliche Mühlviertler Heimathaus mit der Sammlung von Hinterglasmalerei.

Nächste Station ist die oberösterreichische Landesmetropole Linz, ab hier folgt die Route dem Nordufer der Donau (B3) Richtung Wien.

18 Linz siehe Randspalte rechts

19 Enns Der schmucke Ort etwas abseits der Donau geht auf ein Römerkastell namens Lauriacum zurück und gilt als eine der ältesten Städte Österreichs. Sein Wahrzeichen ist der frei stehende, 60 m hohe Stadtturm, seine antike Vergangenheit wird im Museum Lauriacum am Stadtplatz lebendig. Am linken Donauufer einige Kilometer nördlich von Enns liegt die Marktgemeinde Mauthausen. Eine Gedenkstätte in den örtlichen Granitbrüchen erinnert daran, dass hier das NS-Regime ein Konzentrationslager betrieb, in dem rund 100 000 Menschen ihr Leben ließen.

1 Blick auf Schloss und Altstadt von Český Krumlov

2 Samsonbrunnen auf dem Marktplatz von České Budějovice

3 Der Alte Dom am Hauptplatz von Linz

Linz

Innerhalb der letzten zehn bis zwanzig Jahre hat sich die Stadt, die lange Zeit unter dem Ruf eines unattraktiven Industriestandorts gelitten hatte, einer radikalen Imagekorrektur unterzogen. Zeitgenössische Kunst, unter Einbezug modernster Medien und Technologien, bestimmt neuerdings die kulturelle Identität. Das Museum Lentos für zeitgenössische Kunst sowie Ars Electronica- und Design-Center zollen der Moderne ihren Tribut. Bei der Ars Electronica geben sich alljährlich die Größen der Computerkunst ein Stelldichein, und eine multimediale Klangwolke ergießt sich über der Stadt. Daneben gilt es freilich auch den fein herausgeputzten historischen Kern rund um den Stadtplatz zu entdecken, mit Landhaus, Schloss, Martins- und Stadtpfarrkirche, Altem und Neuem Dom sowie etlichen interessanten Galerien und Museen. Integraler Bestandteil jeder Sightseeing-Tour sollte außerdem eine Fahrt mit dem Donauschiff *Linz City Express* oder mit der altehrwürdigen Schienenbergbahn auf den Pöstlingberg sein.

Kloster Melk – geistiges Zentrum an der Donau

Bereits im Jahr 976 machte Markgraf Leopold I. die Burg in Melk zu seiner Residenz, die seine Nachfolger im Laufe der Jahre mit wertvollen Schätzen und Reliquien ausstatteten. 1089 übergab schließlich Markgraf Leopold II. die Burg den Benediktinermönchen aus Lambach. Seither leben hier bis heute in ununterbrochener Folge Mönche nach den Regeln des hl. Benedikt. In der Bibliothek des Stifts sammelten und erstellten die Mönche über mehrere Jahrhunderte wertvolle Handschriften. Auch in vielen Bereichen der Natur- und Geisteswissenschaften sowie der Musik haben Mitglieder des Melker Konventes im Laufe der Geschichte des Klosters bedeutende Leistungen erbracht. Noch heute sind die Mönche des Klosters in Seelsorge, Wirtschaft, Kultur und Tourismus tätig. Das Stift Melk ist daher seit seinen Anfängen ein bedeutendes geistiges und geistliches Zentrum Österreichs.

Die Klosterbibliothek, ein in Braun und Gold gehaltener Raum, birgt etwa 100 000 Bücher.

30 km donauabwärts, am Beginn des für seine Strudel und Sandbänke gefürchteten Strudengaus, liegt das Städtchen Grein. Es verdankte seinen Wohlstand den hier ansässigen Schiffern, die Ortsfremde durch die gefährlichen Wässer lotsten, und besitzt ein entzückendes Rokokotheater. Ganz in der Nähe ist die Burgruine Klam sehr sehenswert.

20 Ybbs Der traditionsreiche Markt- und Mautplatz markiert den Beginn des nächsten Talabschnitts, des Nibelungengaus. An der Nordseite des Kraftwerks (seit 1958) wacht die geschichtsträchtige Burg Persenbeug über das Tal, die, nach wie vor im Besitz der Habsburger, nur von außen zu besichtigen ist. Ein Stück östlich empfiehlt sich aus zweierlei Gründen ein kurzer Abstecher hügelan nach Maria Taferl, einer niederösterreichischen Marktgemeinde mit gerade 1000 Einwohnern.
Neben der barocken Wallfahrtskirche, deren überschwängliche Formen und Farben die Sinne betören, ist es vor allem die grandiose Aussicht von der dortigen Terrasse, die jeden Besucher entzückt: Der gesamte Nibelungengau, den die Burgunden durchreisten, liegt dem Betrachter zu Füßen und bei guter Fernsicht weite Teile der Ostalpen.

21 Melk Eine Barock-Ikone von Melk grüßt gut 10 km östlich der Wallfahrtskirche von einem 60 m hohen Felsen am Südufer über den Strom. Das Benediktinerstift Melk mit seiner doppeltürmigen Kirche und der über 360 m langen Fassade zählt zu den prächtigsten Bauten dieser Stilepoche überhaupt. Die Anfang des 18. Jh. errichtete Gottesburg symbolisiert eindrucksvoll die Euphorie, in der Klerus und Kaiserhaus nach dem Triumph über Reformation und Türken schwelgten. Der üppige Prunk ist allgegenwärtig: im Kaisertrakt mit dem fast 200 m langen Kaisergang, in dem von Paul Troger freskierten Marmorsaal, der Bibliothek mit ihren rund 100 000 Bänden und auch der Kirche mit den Deckenfresken von Johann Michael Rottmayr.
Zurück am nördlichen Donauufer, gelangt man auf der B3 vorbei am Naturpark Jauerling über Aggsbach, Spitz, Weißenkirchen und Dürnstein durch das bezaubernde Durchbruchstal der Wachau. Viele dieser Orte haben eine interessante Geschichte wie die Burganlage von Aggstein auf hohem Fels über der Donau, hier hauste der grausame Schreckenwalder, der das Mautrecht ausnutzte. Dürnsteins Ruine erzählt vom gefangenen Richard Löwenherz und dem Sänger Blondel, der ihn erkannte.

22 Wachau siehe Seite 147

23 Krems Die Stadt liegt exakt dort, wo sich der Donauhandelsweg und eine der Hauptrouten zwischen Alpenvorland und Böhmerwald kreuzen und wo des-

Wachau

Das Durchbruchstal der Donau zwischen Melk und Mautern beziehungsweise Emmersdorf und Krems ist eine mitteleuropäische Kulturlandschaft par excellence und seit einigen Jahren UNESCO-Weltkulturerbe.
Mit sonnigem Klima gesegnet und von malerischen, mühsam terrassierten Weingärten gesäumt, ist sie für ihre edlen Weine und die Obst-, insbesondere Marillenkulturen ebenso berühmt wie für ihre Geschichte und deren steinernen Zeugnisse. Wobei es neben den kunsthistorischen Schatzkammern wie Krems, Stein, der alten Kuenringerstadt Dürnstein oder den Klöstern Göttweig und Melk gerade auch die vielen kleinen Orte mit ihren gotischen Wehrkirchen, den graffitiverzierten, arkadengesäumten Winzerhöfen und den mittelalterlichen Burgen sind, die eine Fahrt durch dieses »vom Silberband der Donau umwundene Land« so reizvoll machen. Unverzichtbare Stationen entlang dem Nordufer: Spitz mit seinem Schifffahrtsmuseum, St. Michael mit der kurios dekorierten Filialkirche, Aggsbach, die Weinbauorte Weißenkirchen, Joching und Wösendorf sowie last but not least Dürnstein mit seinem Stift und der sagenumwobenen Feste.

Oben: Burgruine Aggstein, Aggsbach
Unten: Weinberg bei Weißenkirchen

halb schon im Frühmittelalter Fuhrwerker und Schiffer bevorzugt ihre Waren umschlugen. Das merkantile Zentrum am östlichen Eingang in die Wachau gilt nicht bloß als eine der ältesten, sondern auch der schönsten Städte weithin. Als Pforte in seine restaurierte Gassen bietet sich das Steiner Tor an. Von dort führt der Rundgang über den Körnermarkt zur Dominikanerkirche, die das Weinstadtmuseum birgt, und weiter zur Gozzoburg auf dem Hohen Markt. Vom Fuß des Pulverturms genießt man einen schönen Ausblick auf die modernen Bezirke, den Hafen und die Donau bis hinüber zum Stift Göttweig. Der Rückweg führt entlang der Landstraße an Baujuwelen wie der Bürgerspitalkirche, dem Gögl- und Rathaus vorbei.
Am westlichen Stadtrand von Krems liegt der Ort Stein. Zum Pflichtprogramm im kunstreichen Stein gehören die Minoriten- und die Nikolauskirche, eine Reihe prachtvoller Profanbauten sowie das vor geraumer Zeit schon aufgehobene Kloster und heutige »Haus des niederösterreichischen Weines«.
Entlang dem Wagram, jener Steilstufe, mit der die Weinberge abrupt zur Donau hin abfallen, erreicht man in einer knappen halben Autostunde die Stadt Tulln.

24 Tulln Die aus einem Römerkastell namens Comagenis hervorgegangene Donaustadt wartet mit einem eindrucksvollen Ensemble aus Pfarrkirche und ehemaligem Karner auf. Zu empfehlen ist auch die Besichtigung des mächtigen, im Kern römischen Salzturmes, die sich gut mit einem Bummel über die Uferpromenade kombinieren lässt. Ein Museum mit rund 90 Originalwerken erinnert an Egon Schiele, den großen Sohn der Stadt und bahnbrechenden Expressionisten.

25 Klosterneuburg Die unmittelbar hinter der Wiener Stadtgrenze am Südufer der Donau gelegene Kleinstadt ist dank ihres Augustiner-Chorherrenstiftes weltberühmt. Der Monumentalbau wurde Anfang des 12. Jh. vom Babenberger Herzog Leo-

1 **Sein barockes Aussehen erhielt das um 1000 gegründete Kloster Melk 1702–1739.**

2 **Das Wahrzeichen der Wachau – das barocke Stift Dürnstein: Das Renaissanceschloss, das ehemalige Augustiner-Chorherrenstift sowie das ehemalige Klarissenkloster bilden ein einmaliges Ensemble am Ufer der Donau.**

3 **Hoch über der Donau unweit von Aggsbach thront Schloss Schönbühel aus dem 12. Jh.**

4 **Wachau-Impressionen: Weißenkirchen, das Zentrum des Wachauer Weinanbaus, mit seiner mächtigen gotischen Pfarrkirche.**

Abstecher

Neusiedler See

Der 30 km lange, maximal 2 m tiefe Steppensee im nördlichen Burgenland heißt nicht zu Unrecht »Meer der Wiener«. Im Sommer ist er ein Paradies für Wassersportler, die restliche Zeit des Jahres eines für Hobbyornithologen, die rund um den 1–3 km breiten Schilfgürtel eine Vielzahl seltener Vögel beobachten können. In Illmitz werden regelmäßig geführte Touren per Rad, Kutsche oder zu Pferd durch den Nationalpark veranstaltet.
Die Gebiete im Westen, Norden und Süden des Neusiedler Sees (seine Südostecke ist ungarisches Staatsgebiet) gehören zu den berühmtesten Weinbauregionen Österreichs.

Oben: Winzerort Rust am Westufer des Neusiedler Sees
Unten: burgenländische Hofform

Winzerorte wie etwa Rust, Mörbisch, Donnerskirchen, Breitenbrunn oder Podersdorf sind aber auch wegen ihrer pittoresken Dorfkerne und den schmucken Bauernhöfen mit ihren von Storchennestern bekrönten Schornsteinen sehenswert. Von Mitte Juli bis Ende August werden im Rahmen der Seespiele auf der Freilichtbühne von Mörbisch alljährlich Operetten aufgeführt.
Keinesfalls sollte man den »Abstecher vom Abstecher« nach Eisenstadt versäumen, um das Schloss der Fürsten Esterházy und das Mausoleum Joseph Haydns in der Bergkirche sowie sein Wohnhaus zu besichtigen.

pold III. gegründet und wenig später dem Orden übergeben. Das Stift war jahrhundertelang wissenschaftliches Zentrum des Landes. Sehenswert sind darin vor allem die prunkvollen Kaiserzimmer, die Kaiserstiege und der Marmorsaal. In der Leopoldskapelle ist der »Verduner Altar«, ein Emailwerk des Nikolaus von Verdun, die Hauptattraktion. Außerdem verfügt das Stift über die größte Stiftsbibliothek des Landes, ein besuchenswertes Stiftsmuseum und die Schatzkammer.

26 Wien siehe Seite 149
Nach einem ausgiebigen Besuch der Bundeshauptstadt Wien bietet sich ein interessanter Abstecher zum Neusiedler See an. Hierzu nimmt man am besten die A 4 nach Neusiedl an dessen Nordufer. Ansonsten geht es entlang der Donau weiter.

27 Carnuntum Rund 35 km östlich von Wien, wo sich einst die zwischen Mittelmeer und Ostsee verlaufende Bernsteinstraße und die West-Ost-Route entlang der Donau kreuzten, liegen südlich des Stromes die Reste der Römerstadt Carnuntum. An keinem anderen Ort in Österreich haben Archäologen ein so reiches antikes Erbe vorgefunden. Das 1996 offiziell zum »Archäologischen Park« erklärte Grabungsgelände umfasst die so genannte Zivilstadt mit ihrem Geflecht antiker Mauer- und Straßenzüge, einen rekonstruierten Diana-Tempel und ein langes Stück der ursprünglichen Limesstraße. Etwas abseits stößt man auf eine Palastruine, eine Thermenanlage, ein Amphitheater und das Heidentor.

Ein großer Teil der reichen Funde findet sich im Museum Carnuntinum in Bad Deutsch-Altenburg zur Schau gestellt.

28 Bratislava Die Hauptstadt der Republik Slowakei war nach der Eroberung Budapests durch die Türken Mitte des 16. Jh. für fast 150 Jahre unter dem Namen Pozsony die Hauptstadt des freien Ungarns und bis 1848 Sitz des Landtags. Bis 1989 lag das frühere Preßburg hinter dem Eisernen Vorhang. Seither ist es der westlichen Welt nicht nur näher gerückt, sondern hat sich einer radikalen Schönheits- und Verjüngungskur unterzogen.
Die Sünden der realsozialistischen Stadtplanung lassen sich nicht ungeschehen machen. Die Plattenbau-Siedlungen der Satellitenstadt Petrzalka am südlichen Donauufer etwa werden wohl noch lange Zeit das Auge beleidigen.
Staré mesto, die zu großen Teilen verkehrsfreie Altstadt hingegen, hat sich fein herausgeputzt. Wichtigste Sehenswürdigkeiten sind der Martinsdom, das Erzbischöfliche Palais, die Slowakische Nationalgalerie, das Nationaltheater beziehungsweise -museum und die hoch über dem Fluss thronende Burg.
Östlich von Bratislava führt die Straße Nr. 63 (E 575) in das Donaubecken (Podunajsko), eine völlig flache, äußerst fruchtbare Ebene. Zur warmen Jahreszeit stößt man hier unterwegs allerorten auf Stände mit frischem Obst und Gemüse.
Während des Zweiten Weltkriegs hatte die Region, die bis 1918 zu Ungarn gehörte, besonders schlimm zu leiden. Der Wiederaufbau bescherte den

hiesigen Orten ein ziemlich uniformes Erscheinungsbild. Unsere Route führt jedoch zunächst südlich von der Donau weg: zurück über Österreich nach Fertőd in Ungarn.

29 Fertőd / Esterházy-Palast
Rund 5 km östlich des Fertő-tó (ungarisch für Neusiedler See) liegt Fertőd mit dem Schloss der Esterházy, eines ungarischen Geschlechts, aus dem zahlreiche Politiker und Militärs hervorgingen.

30 Győr (Raab) ist eine Großstadt mit bedeutendem Donauhafen; sehenswert ist die Kathedrale aus dem 12. Jh., die im 17. Jh. barockisiert wurde.

31 Komárno/Komárom An der Einmündung der Váh (Waag) in die Donau gelegen, ist die Stadt schon immer von überragender strategischer Bedeutung. Die Römer unterhielten hier das Mili-

1 Das klassizistische Wiener Parlament (1874–1884) mit dem Pallas-Athene-Brunnen

2 Den Prunksaal, die Haupthalle der Nationalbibliothek in Wien, schuf Johann Bernhard Fischer von Erlach ab 1719, sein Sohn vollendete den Bau.

3 Schloss Esterházy in Fertőd war Sitz des Fürsten Esterházy und Wirkungsstätte von Joseph Haydn.

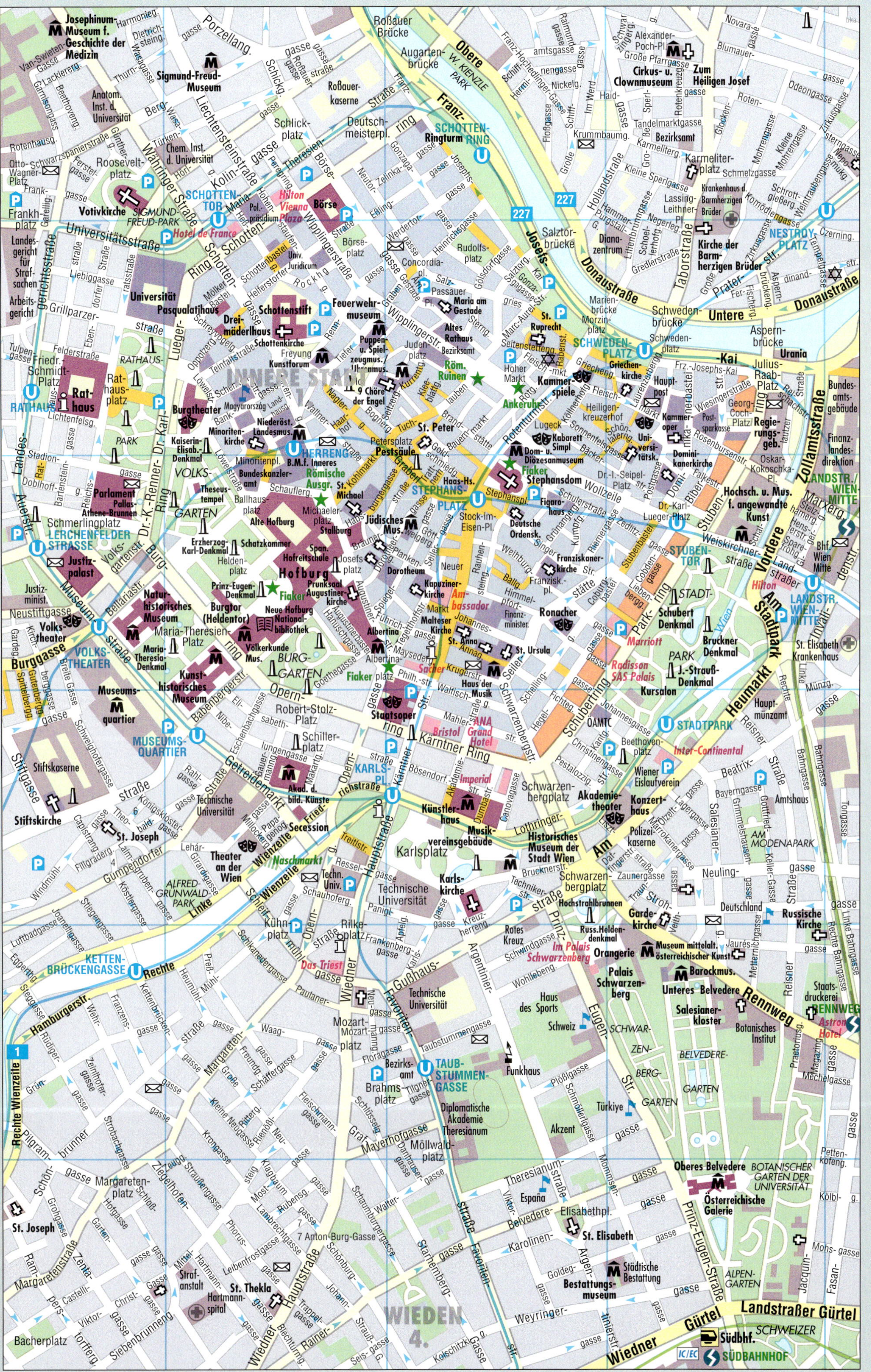

Wien

An der »schönen, blauen Donau« gelegen, versprüht die österreichische Hauptstadt mit der unvergleichlichen Atmosphäre immer noch den Charme der einstigen k.u.k.-Monarchie.

Die alte Kaiserstadt Wien, einst Zentrum des »multikulturellen« Habsburgerreiches, hat Baudenkmäler und Kunstschätze aus allen Epochen zu bieten. Für Wien muss man sich Zeit nehmen, vor allem auch, um die oft besungene Stimmung zu erfassen. Die vermittelt sich nicht zuletzt durch leibliche Genüsse, beim Heurigen, im Kaffeehaus oder auf dem traditionsreichen Naschmarkt.

Besonders sehenswert: Stephansdom, mit romanischen, gotischen und spätgotischen Bauteilen, sehr reich geschmückter Fassade und kostbarer Innenausstattung; Hofburg, bis 1918 die kaiserliche Residenz mit Schatzkammer, Kaiserappartements und Burgkapelle; Kunsthistorisches Museum mit Sammlungen europäischer Malerei; barocker Josefsplatz mit Nationalbibliothek, gotische Augustinerkirche mit barocker Kapuzinergruft, der Begräbnisstätte der Habsburger Kaiser, Spanische Reitschule; Karlskirche, der schönste Barockbau Wiens; Museum für angewandte Kunst; Schloss Belvedere mit Unterem Belvedere (Barockmuseum) und Oberem Belvedere (Malerei des 19. und 20. Jh.); Schönbrunn, an Versailles orientierte barocke Schlossanlage mit Schlosspark, darin klassizistische Säulenhalle Gloriette mit herrlichem Blick über Schloss und Stadt. Das historische Zentrum und Schönbrunn sind UNESCO-Welterbe.

Oben: Blick über das Häusermeer von Wien und den Stephansdom (rechts)
Unten: Karlskirche von B. F. von Erlach

Blick über das nächtliche Budapest: Links, auf der Westseite der Stadt, dominiert das Burgviertel mit Königspalast (Kuppelbau, Rekonstruktion nach 1945), Matthiaskirche (Rekonstruktion 1874–1896) und der Fischerbastei (1905). Die im Vordergrund stehende Elisabethbrücke war zu ihrer Bauzeit 1897–1903 die

längste Hängebrücke der Welt. Die berühmteste Donaubrücke der Stadt ist jedoch die Kettenbrücke (Bildmitte), die 1839–1849 gebaut wurde. Zwei Türme halten die 380 m weit gespannte Brücke. Auf der rechten, der Pester Seite, geht sie in den Roosevelt Platz über.

Abstecher

Puszta

Von Budapest ostwärts über die M 3 und ab Füzesabony auf der N 33 erreicht man Ungarns ältesten Nationalpark. Die Hortobágy erstreckt sich zwischen der Theiss und Debrecen und bildet den letzten Rest jener Puszta, die einst die gesamte Tiefebene bedeckte. Durchquert man diese 1999 zum Weltkulturerbe geadelte Grassteppe im Auto, nimmt man kaum mehr als flaches, monotones Land wahr. Um ihre vielfältigen Reize zu erleben, muss man sie zu Fuß oder Fahrrad, im Boot oder per Kutsche erkunden. Neben der berühmten Neun-Bogen-Brücke im Dorf Hortobágy entführt ein Museum in die verschwundene Alltagswelt der Puszta-Hirten. In der Nähe kann man alten Tierrassen wie Steppenrind, Wollschwein und Zackelschaf begegnen. Reitershows und Vogelbeobachtungen, der Besuch einer Töpferwerkstatt und der Genuss eines herzhaften Hortobágy-Palatschinken runden das Programm ab.

Oben: Wahrzeichen der Puszta sind Ziehbrunnen und Hirtenhütte. Unten: Sonnenblumenfeld in der Puszta

tärlager Brigetio. Die Habsburger machten den Ort im Laufe des 19. Jh. zu einer »Stadt der Festungen«, wie es sie in der Monarchie kein zweites Mal gab. Nachdem Franz I., König von Ungarn; im Jahre 1809 vor Napoleons Armee in Komárom Zuflucht gefunden hatte, baute man es zur zentralen Verteidigungsstellung des Reiches aus.
Seit dem Friedensvertrag von Trianon (1920), der die Donau zur Staatsgrenze erklärte, ist die Stadt zweigeteilt. Die einstige Altstadt am Nordufer ist Teil der heute slowakischen Stadt Komárno. Auf ungarischer Seite bilden drei Festungen eine einzigartige militärgeschichtlich Attraktion. Monostor, die Größte von ihnen, gilt mit ihren 640 Räumen und dem 4 km langen Stollensystem als »Gibraltar an der Donau« und kann im Rahmen von Führungen besichtigt werden. Die deutlich kleinere Igmánd-Festung beherbergt ein Museum mit römischen Fundstücken.

32 Tata Das Kurstädtchen am Fuße des Gerecse-Hügels verströmt mit seinen Seen, dem verwirrenden Geflecht von Flüsschen und Kanälen Behaglichkeit und Charme. Dabei spielte die Geschichte dieser »Stadt des Wassers« lange übel mit: 150 Jahre hatte sie das Pech, genau an der Grenze zwischen habsburgisch und osmanisch besetztem Landesteil zu liegen – was die weitgehende Zerstörung seiner Bausubstanz zur Folge hatte. Doch kein Nachteil ohne Vorteil: Um 1730 initiierten die Fürsten Esterházy als Herren über die Stadt den barocken Wiederaufbau, von dem bis heute zahlreiche Gebäudeensembles zeugen. Was insbesondere Betrachtung verdient? Die Reste der im 14. Jh. errichteten, später von Matthias Corvinus zum prächtigen Renaissanceschloss ausgebauten Burg, außerdem Schloss Esterházy und die ehemalige Synagoge, unter deren Dach an die 100 Gipskopien weltberühmter Skulpturen aus der Antike versammelt sind.
Auf halbem Weg zwischen Tata und Budapest ragt nördlich und in Sichtweite der Autobahn M1 ein Meilenstein der romanischen Architektur Ungarns in den Himmel. Die Sippenkirche von Zsámbék stürzte Mitte des 18. Jh. mitsamt der zugehörigen Prämonstratenserpropstei ein. Doch selbst als Ruine beeindrucken die kolossalen Dimensionen des Bauwerks.

33 Budapest Rund 2 Mio. Einwohner zählt die magyarische Metropole, an deren Stelle bereits die Römer eine Stadt namens Aquincum unterhielten. Ofen und Pest, die beiden Stadtgemeinden des Mittelalters, wurden 1241 von den Mongolen verwüstet.
Nach dem Wiederaufbau entwickelte sich Ofen zur bedeutendsten Stadt Ungarns, wurde aber Anfang des 19. Jh. von der Schwesterstadt Pest überflügelt. Erst 1872 wurden die beiden Städte vereinigt. Zu Beginn des 20. Jh. galt Budapest als das »Paris des Ostens« – einem Ruf, dem es nach den Zerstörungen des Zweiten Weltkriegs und der mehr als vier Jahrzehnte währenden Herrschaft der Kommunisten heute wieder gerecht zu werden trachtet.
Die erste Erkundungstour führt jeden Neuankömmling auf den Burgberg. Auf dem 1,5 km langen Kalkberg über dem rechten Donauufer schlägt seit der Errichtung einer ersten Königsburg durch Béla IV. das historische Herz des Landes.
Mit der Matthiaskirche, der Fischerbastei und dem Burgpalast, der Heimstatt mehrerer erstklassiger Museen, weist das Viertel die höchste Dichte an städtischen Sehenswürdigkeiten auf. Dazu kommt das unvergleichliche Panorama, das man von hier oben auf die Stadt und die Donau genießt. Ähnlich schön ist der Blick vom benachbarten Gellértberg.
Das Gros der Sehenswürdigkeiten steht freilich links der Donau, im Stadtteil Pest, dessen Stadtbild jenseits der engen Altstadt von großzügig angelegten Ring- und Radialstraßen aus der Gründerzeit geprägt wird. Die St.-Stephans-Basilika gilt es hier zu besichtigen, die Staatsoper, das Nationalmuseum, die Große Synagoge, direkt am Fluss die Große Markthalle und das noch viel größere Parlament, und draußen im Stadtwäldchen die Burg Vajdahunyad, das Széchenyi-Bad und das Museum der Bildenden Künste.
Ein Muss ist das Barockschloss in Gödöllö (30 km nordöstlich der Innenstadt), in dem Kaiser Franz Joseph I. und seine Gattin Elisabeth (»Sissi«) logierten.

1 Budapest: das Parlamentsgebäude am Ufer der Donau, im Vordergrund die Kettenbrücke

2 Ungarische Steppenrinder im Hortobágy-Nationalpark

Sanssouci Die Rokokoanlage »Ohne Sorgen« ist die meist besuchte Attraktion der brandenburgischen Hauptstadt Potsdam. Und tatsächlich lässt es sich in der Sommerresidenz Friedrichs II. sorglos wandeln.

Berlin Die alte und neue deutsche Hauptstadt ist seit dem Fall der Mauer noch attraktiver geworden. An Spree und Havel gelegen, ist sie reich an Grün, an pulsierendem Leben und kulturellen Highlights – im ehemaligen Osten wie im Westen gleichermaßen. Im Bild: Schloss Charlottenburg.

Meißen Das Zentrum der Porzellanstadt und »Wiege Sachsens« verströmt mittelalterliche Atmosphäre. Darüber thronen der Dom und die Albrechtsburg.

Wartburg Der Sage nach soll die Burg 1067 gegründet worden sein. Sie liegt am Rande des Thüringer Waldes und war vermutlich Schauplatz des berühmten Wettstreits der Minnesänger. Hier übersetzte Luther die Bibel in die deutsche Sprache.

Dresden Bauwerke wie der Zwinger und die Semperoper sowie kostbare Sammlungen wie die Gemäldegalerie Alte Meister haben Dresden zu einer führenden europäischen Kulturmetropole gemacht.

Sächsische Schweiz Ob bei einer Wanderung oder vom Elbdampfer aus betrachtet: Die bizarren Tafelberge, Felsnasen und Schluchten des Elbsandsteingebirges nahe Dresden sind faszinierend. Das Gebiet ist zum Großteil Nationalpark.

Prag Tschechiens Hauptstadt liegt an der Moldau und verfügt über eine außergewöhnliche Silhouette. Der Hradschin, die Karlsbrücke und die Jugendstilbauten der »Goldenen Stadt« sind einzigartig. Im Bild: die Týnkirche.

Budweis Mittelpunkt der weltbekannten Stadt der Brauereien und des Bieres ist der Marktplatz mit dem Samsonbrunnen.

Karlovy Vary Der Badeort an der Eger verfügt über Heilquellen und historische, aber auch moderne Kureinrichtungen.

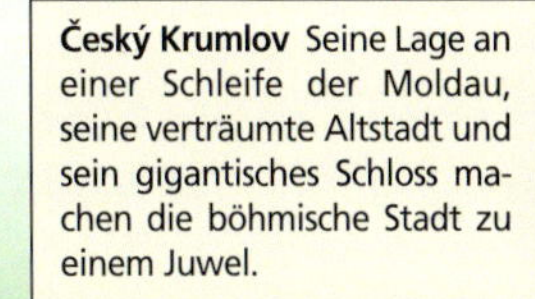

Český Krumlov Seine Lage an einer Schleife der Moldau, seine verträumte Altstadt und sein gigantisches Schloss machen die böhmische Stadt zu einem Juwel.

Wachau Von Melk und bis nach Krems erstreckt sich das Wald- und Weinberggebiet Wachau: ein Durchbruchstal der Donau von 30 km Länge.

Melk Das Benediktinerstift Melk hoch über der Donau gelegen, zeigt Barock in Vollendung.

Wien Ein Besuch der Hauptstadt Österreichs lohnt immer. Die Zahl und die Güte der Sehenswürdigkeiten der Donaumetropole ist schlichtweg überwältigend Im Bild: das Parlament.

Fertőd, Schloss Esterházy Das »ungarische Versailles« in Fertőd gehörte einer Fürstenfamilie. Sogar ein Opernhaus und eine Marionettenbühne gehören zur Anlage.

Budapest Ein Wahrzeichen der ungarischen Hauptstadt ist die mächtige Kettenbrücke (1839–1849). Die Liste weiterer Sehenswürdigkeiten in der Donaumetropole ist vielfältig und reicht von der Fischerbastei über die Krone des hl. Stephan im Nationalmuseum und das neogotische Parlamentsgebäude bis hin zu herrlichen Jugendstilbädern.

Meistfotografiertes Wahrzeichen der Schweiz: das 4478 m hohe Matterhorn

Route 13

Die Alpen

Grandiose Gebirgslandschaften zwischen Genfer See und Salzburger Land

Ein Blick auf die Karte macht es deutlich: Die Alpen sind das Rückgrat Europas, ihre Vielgestaltigkeit wird auf dieser Route in all ihren Facetten offensichtlich: Die Reise führt von den Ufern des Genfer Sees in eine Welt aus Fels und Eis um Zermatt und Grindelwald, in mondäne Wintersportorte, durch die phantastische Bergwelt der Dolomiten und auf der Großglockner Hochalpenstraße ins Salzburger Land und in die Mozartstadt.

Viele Bergsteiger bezeichnen die Alpen als »schönstes Gebirge der Welt«. Ungefähr 200 000 km² misst das zentraleuropäische Hochgebirge. Es umfasst allein in seinem Westteil an die 50 Erhebungen über 4000 m. Um ein Vielfaches größer ist die Zahl der Dreitausender, und Zweitausender gibt es allein in Österreich rund 2000.

Vom mächtigen Montblanc, der 4810 m hohen Spitze aller Spitzen, bis zu den sanften Kuppen des Wienerwalds spannt sich der Bogen, der die schroffen Zacken der Dolomiten und anderer Kalkzonen ebenso einschließt wie wuchtige Massive aus Gneis und Granit oder niedrigere Mittelgebirgskuppen aus Sandstein, Schiefer oder Flysch.

Bedeutende Ströme wie Rhein und Rhône, Po, Save, Drau und Inn haben in den Alpen ihren Ursprung, ausgedehnte Gewässer wie Bodensee, Genfer oder Vierwaldstätter See liegen in sie eingebettet. Gewaltige Wasserfälle wie jene in Krimml, Lauterbrunnen, Gastein oder an der Tosa donnern über Talstufen in die Tiefe, und in den innersten und höchsten Zonen halten bislang trotz Treibhauseffekts glänzende Gletscher die Stellung. Der große Reiz liegt im unmittelbaren Nebeneinander starker Kontraste. So ist es von den Anhöhen der Meeralpen nur ein Katzensprung an die Côte d'Azur, von den Gletschern des Berner Oberlandes nicht weit zu den Weingärten des Wallis. Von den Felsnadeln der Dolomiten braucht es im Auto keine Stunde zu den Zypressenalleen am Gardasee und kaum länger von den eiskalten Karseen der Hohen Tauern zu den warmen Badeseen in Kärnten.

Die gewaltigsten Gebirgszüge der Welt wie Himalaya und Anden mögen erhabener und ungleich menschenleerer sein. Was die Alpen im Vergleich mit ihnen aus-

Salzburg: Residenzplatz mit Residenzbrunnen

Weltbekanntes Wahrzeichen Südtirols: die markanten Drei Zinnen in den Sextener Dolomiten. Der höchste Gipfel misst 2999 m.

Abendstimmung in Salzburg: Blick über die Salzach auf die Altstadt mit der Festung Hohensalzburg

zeichnet, ist gewissermaßen ihre humane Dimension. Extrembergsteiger benötigen hier keine Permits, Visa oder Trägerkolonnen, um ihrer Passion zu frönen. Komfortverwöhnten Zeitgenossen steht, was Bergbahnen und Passstraßen, Hotellerie und Verköstigung betrifft, eine über weite Strecken ebenso dichte wie perfekte Infrastruktur zur Verfügung. Sogar Lust auf urbanes Milieu lässt sich, etwa in Grenoble, Bozen oder Innsbruck, zwischendurch stillen. Und doch finden temporäre Zivilisationsflüchtlinge mehr als genug Rückzugsgebiete, in denen sie tagelang – ohne einer Menschenseele zu begegnen – wandern, klettern oder die Seele baumeln lassen können.

Was die Fahrt entlang des Rückgrats unseres Kontinents so faszinierend macht, sind beileibe nicht bloß die grandiosen Landschaften. Vielmehr ist es die ausgeprägte und vielfältige Volkskultur, die jedem Becken oder Tal sein spezifisches Gepräge und den Alpen insgesamt ihr charmantes Antlitz verleiht. Bäuerliche Baukunst, Brauchtum und Handwerk bilden ein »alpenländisches Erbe«, das gerade heute vielerorts wieder ohne touristisches Kalkül mit Hingabe gepflegt und unmittelbar gelebt wird.

In diesem Sinne gilt es, neben Matterhorn, Jungfrau, Eiger und Mönch, Bernina, Marmolada, Drei Zinnen und Großglockner auch den Obst- und Weinkulturen entlang der Rhône oder Etsch, den anonymen Architekten der Engadiner oder Osttiroler Höfe, den Abertausenden Sennern und Sennerinnen auf den Almen und den Schöpfern all der Fresken und Sgraffiti, Schindeldächer und Schnitzaltäre in den Dorfkirchen, Burgen und Herrenhäusern gebührlich Bewunderung zu zollen.

In den Hochtälern der Schweiz finden sich noch viele typische Bauernhöfe.

Genfer See

Der mit 584 km^2 größte See des Alpenraums, der in Form eines Hörnchens zwischen Savoyer und Waadtländer Alpen beziehungsweise Jura eingebettet liegt, gehört zu 60 % zur Schweiz und zu 40 % zu Frankreich. 372 m über dem Meer gelegen, 72 km lang, bis zu 14 km breit und 310 m tief, wird er von der Rhône durchflossen.

Schloss Chillon am Ufer von Montreux

An seinem nördlichen Ufer liegen die Landschaften La Côte und Lavaux, die seit alters im Ruf besonderer Schönheit stehen. Pittoreske Burgen, Winzerdörfer und alte Städtchen sind in dieser viel frequentierten Urlaubsregion vor der Kulisse teils sanft, teils steil ansteigender, mit Reben bestandener Hänge und Terrassen dicht gereiht. Zu den altehrwürdigsten und malerischsten Uferorten zählen, neben den Großstädten Genf und Lausanne, Coppet, Nyon, das schon zu Zeiten Julius Caesars ein Garnisonsstützpunkt war, Rolle, Morges, Cully, die Nobelkurorte Vevey und Montreux sowie, nahe dem Rhônedelta, Villeneuve.
Berühmteste Orte entlang dem französischen Südufer des Sees sind Thonon-les-Bains und der seit Ende des 18. Jh. international bekannte Nobelthermalkurort Evian-les-Bains.
Als Aussichtspunkte, von denen man ein prachtvolles Panorama auf See und Hinterland genießt, empfehlen sich Signal de Bougy (oberhalb von Rolle), Signal de Sauvabelin (oberhalb von Lausanne), der Grand Roc bei Meillerie und – östlich von Lausanne – die Corniche de Lavaux, die entlang der Weinberge hoch über dem See eine Reihe namhafter Winzerorte miteinander verbindet.
Perspektiven von besonderem Reiz eröffnet die Fahrt an Bord eines der acht alten, zum Teil noch mit Dampf betriebenen Schaufelradschiffe.

1

2

Die große Alpenfahrt: Wer Europas Kerngebirge in der Längsrichtung durchquert, lernt die Reize dieses historischen Lebensraums in seiner Vielfalt kennen – vom eleganten Ferienort bis zum Weiler, vom beinahe mediterranen Genfer Seeufer bis zur Bergstation in den Regionen von Eis und Schnee.

1 Genf Der Startschuss erfolgt im südwestlichsten Zipfel der Schweiz, am Ende des Genfer Sees, den die französischsprachigen Anrainer Lac Léman nennen. Wo die Fontaine des Jet d'Eau ihr Wasser 145 m hoch gen Himmel schießt, liegt Genf (Genève), von Jura und Savoyer Alpen umkränzt an die Bucht des Sees geschmiegt.
Das »protestantische Rom«, in dem Jean Calvin vor gut 450 Jahren seine rigorosen Reformideen propagierte und Henri Dunant 1864 das Rote Kreuz gründete, präsentiert sich heute als wahrhaft internationale Stadt. Ein Drittel ihrer Bewohner sind Ausländer, 200 überstaatliche Organisationen, darunter Vereinte Nationen (UN) und Weltgesundheitsorganisation (WHO), haben hier ihren Sitz.
Doch abgesehen von Diplomaten, teuren Uhren und Zigarren gibt es auch eine Reihe steinerner Attraktionen: die Kathedrale St. Peter samt archäologischer Grabungsstätte und angrenzender Place du Bourg-de-Four, das reich bestückte Museum für Kunst und Geschichte, das Palais des Nations – heute Hauptsitz der UN – und das Denkmal des gebürtigen Genfers Jean-Jacques Rousseau.
Auf der A1 geht es das Nordufer des Genfer Sees entlang in die nächste am See liegende Schweizer Großstadt.

2 Lausanne Die Metropole des Waadtlands steht im Ruf einer bedeutsamen Schul- und Messestadt und ist Sitz des Internationalen Olympischen Komitees. Eingebettet in lichte, über mehrere

Reiseinformationen

Routen-Steckbrief
Routenlänge: ca. 1150 km (ohne Abstecher)
Zeitbedarf: mind. 12–14 Tage
Start: Genf
Ziel: Salzburg
Routenverlauf: Genf, Lausanne, Zermatt, Interlaken, Andermatt, Chur, St. Moritz, Meran, Bozen, Cortina d'Ampezzo, Lienz, Heiligenblut, Werfen, Salzburg

Verkehrshinweise:
Touringclub Schweiz: *Tel. 0041/84 88 00 01 63, www.strasseninfo.ch;* Südtiroler Verkehrsmeldezentrale: *Tel. 0039/0471/20 01 98, www.suedtirol.info/anreise*

Reisewetter:
Meteo: *www.meteo.ch*
Wetterdienst Südtirol: *www.provinz.bz.it/wetter*

Auskünfte:
Schweiz-Tourismus in Zürich: *www.myswitzerland.com* oder *www.graubuenden.ch* oder *www.berneroberland.ch*
Südtirol-Marketing in Bozen: *www.suedtirol.info*
Österreich-Information in München: *www.austria-tourism.at;* Schweizerischer Nationalpark, Nationalpark-Haus in Zernez *www.nationalpark.ch*
Nationalpark Hohe Tauern *www.hohetauern.at*
www.nationalpark.at

Hügel verstreute Villenviertel liegt die Cité, die am besten per Zahnradbahn vom Hafenbezirk Ouchy aus erreichbare Altstadt. Deren Blickfang ist die frühgotische Kathedrale mit ihrer Glasfensterrose. Aus der vielfältigen Museumslandschaft ragen die Kollektion von Art Brut und das Pfeifenmuseum hervor.

3 Vevey und Montreux Die beiden Kurorte bilden das Zentrum der weinseligen »Waadtländer Riviera« und erfreuen sich bereits seit dem frühen 19. Jh. der Gunst internationaler Prominenz.

In Vevey, wo Anfang des 19. Jh. die erste Schweizer Schokolade hergestellt wurde, hat Nestlé, der Welt größter Nahrungsmittelkonzern, seinen Sitz.

Montreux ist unter anderem für den alljährlichen TV-Wettbewerb um die »Goldene Rose«, das renommierte Jazzfestival und das 3 km südöstlich am Seeufer stehende Château de Chillon bekannt. Dem Genfer See den Rücken kehrend, folgt die Route dem nach und nach sich verengenden Rhônetal über Martigny und Sion bis nach Visp. Von hier zweigt rechts die Straße ins Mattertal ab. Nach 30 km ist in Täsch für die Autofahrer Parken angesagt: In den bekanntesten Schweizer Bergort darf man nur per Bahn, Bus oder Taxi reisen.

4 Zermatt und Matterhorn Das weltberühmte Walliser Bergdorf mit dem 4478 m hohen Matterhorn im Hintergrund ist eine Ikone des Schweizer Alpinismus. Seine Erschließung betrieben ab Mitte des 19. Jh. vorwiegend Engländer. Wagemutige Bergsteiger von den Britischen Inseln waren es auch, die 1865 – von Einheimischen geführt – die gewaltige Vierkant-Pyramide als

1 Schweizer Bergidyll: das 4478 m hohe Matterhorn mit seinem pyramidenförmigen Gipfel

2 Blick vom Genfersee auf die Genfer Uferpromenade

3 Die Seilbahnstation »Top of Europe«auf dem Jungfraujoch (3445 m) bietet einen grandiosen Blick über den Aletschgletscher.

4 Schloss Oberhofen (12. Jh.) wurde direkt am Thuner See erbaut.

Abstecher

Bern

Ende des 12. Jh. gegründet, avancierte Bern bereits 150 Jahre später zum damals mächtigsten Stadtstaat nördlich der Alpen. Seit der Bildung des Schweizer Bundesstaates (1848) ist Bern Landeshauptstadt.

Die von einem Mäander der Aare umflossene Altstadt liegt auf einem Sandsteinrücken und verströmt bis heute die behagliche Atmosphäre tief verwurzelten bürgerlichen Wohlstands. Ihre »Gassen« – in Wahrheit überwiegend Straßen von beträchtlicher Breite – folgen dem mittelalterlichen Siedlungsraster und sind von dicht gereihten, schindelgedeckten Zunft- und Bürgerhäusern gesäumt. Charakteristisch für den von der UNESCO zum Weltkulturerbe erklärten Stadtkern sind seine elf historischen Brunnen und die

Schützenbrunnen und der Zeitglockenturm in der Altstadt von Bern

insgesamt 6 km langen Laubengänge, die mit eleganten Mode- und Delikatessen-, Kunsthandwerks- und Antiquitätenläden auch bei Regen zum gemütlichen Flanieren laden.

Das Wahrzeichen Berns ist der Zytglogge, der Zeitglockenturm aus dem 13. Jh. Aus der Spätgotik stammt das Münster St. Vinzenz mit seinem reich verzierten Hauptportal. Ein prachtvolles Zeugnis des Barockstils stellt die protestantische Heiliggeistkirche dar. Symbol für Berns Funktion als politischer und diplomatischer Nabel der Schweiz ist das Mitte des 19. Jh. erbaute Bundeshaus. Kunstliebhaber wird es in das Kunstmuseum und die zugehörige Paul-Klee-Stiftung ziehen. Ein Kuriosum für Nostalgiker ist der so genannte Bärengraben, den lebendige Exemplare des pelzigen Wappentiers von Bern bevölkern.

Furka-Oberalpbahn

Ob St. Gotthard-, Grimsel-, Furka- oder Oberalppass: Die über 2000 m hohen Straßenübergänge sind in jener Alpenregion, die die Wasserscheide zwischen Rhein und Rhône bildet, im Winter für gewöhnlich vier bis sechs Monate lang gesperrt. Wer Schneemassen und Lawinengefahr ausweichen will, verlädt in dieser Zeit sein Auto auf Waggons der Furka-Oberalpbahn. Während man im Abteil die atemberaubende Gebirgsszenerie an sich vorüberziehen lässt, übernimmt die schnaufende Schmalspurlok den heiklen Transport. Für den Basistunnel unterhalb des 2431 m hohen Furkapasses befinden sich die Verladerampen in Oberwald beziehungsweise Realp. Um den Oberalppass (2044 m) zu umgehen, rollt man sein vierrädriges Gefährt in Andermatt beziehunggsweise Sedrun/Camischolas auf die Schiene.

Einer der vielen Viadukte der Furka-Oberalpbahn

erste erstiegen. 3000 Menschen stürmen jeden Sommer den »Gipfel aller Gipfel«. Im Ort selbst zeugen noch etliche alte Häuser von den Pioniertagen. Speziell sehenswert: das Alpine Museum und das 150 Jahre alte Hotel Monte Rosa.
Unvergesslich ist die Fahrt mit der Gornergratbahn, der höchsten Zahnradbahn des Kontinents. Sie klettert auf einer Strecke von knapp 10 km in 40 Minuten bis auf 3089 m. Im Anschluss schwebt man per Kabinenbahn weitere fast 400 m dem Himmel entgegen. Von der Bergstation genießt man ein 29 Viertausender umfassendes 360-Grad-Panorama.

5 Brig Zurück im Rhônetal, geht es flussaufwärts in den Hauptort des Oberwallis, der seine Goldene Zeit als Warenumschlagplatz an der Route über die Pässe Simplon, Furka und Grimsel im 17. und 18. Jh. erlebte.
Seine größte Sehenswürdigkeit ist das Stockalper-Schloss. Der Riesenkomplex im Stil der Spätrenaissance ist dank seiner mächtigen, von vergoldeten Zwiebelhauben bekrönten Türme weithin sichtbar. Im Vorort Glis besuchenswert ist die prächtig ausgestattete Marienwallfahrtskirche.
Entlang der Rhône fährt man bis Höhe Steg westwärts zurück, dann geht es per Autozug durch den 14,6 km langen Lötschbergtunnel und von Kandersteg über Thun entlang dem Nordufer des Thuner Sees – vorbei am Schloss Oberhofen – nach Interlaken.
Als überaus lohnenswerter Abstecher bietet sich vorher noch eine Fahrt in die von Thun rund 25 km entfernte schweizerische Hauptstadt Bern an. Die bestens erhaltene Altstadt kann man bequem zu Fuß erkunden.

6 Interlaken Die zwischen Thuner und Brienzer See auf dem »Bödeli«, einem Schwemmland der Aare, gelegene Ortschaft geht auf ein im frühen 12. Jh. gegründetes Kloster namens inter lacus zurück. Als Ausgangspunkt für Ausflüge in die Jungfrau-Region bildet es seit den Anfängen des Schweizer Alpintourismus eines seiner Herzstücke. Vom Höhenweg, den Hotelpaläste aus der Blütezeit um 1900 säumen, bietet sich ein atemberaubender Panoramablick auf die schneebedeckte Gipfelwelt im Süden.

7 Grindelwald Noch näher an die Jungfrau-Region, die mitsamt ihren 47 Viertausendern und dem Großen Aletschgletscher 2001 von der UNESCO als erste Alpinlandschaft zum Weltnaturerbe erklärt worden ist, führt ein 20 km weiter Abstecher nach Grindelwald. Der von den drei gewaltigen Bergstöcken des Eiger (3970 m), Wetterhorn (3701 m) und des Schreckhorn (4078 m) eingefasste Luftkurort ist seit mehr als 150 Jahren der wohl stärkste Touristenmagnet des Berner Oberlandes. Eine Attraktion von Weltrang ist eine Fahrt von der Kleinen Scheidegg mit der Jungfraubahn durch Eigerwand und Mönch zum höchsten Bahnhof Europas, dem 3454 m hohen Jungfraujoch.
Von Grindelwald fährt man zurück nach Interlaken, dann südlich des Brienzer Sees entlang über den Grimselpass (2165 m) und den Furkapass (2431 m) nach Andermatt.

8 Andermatt Wo sich die Nord-Süd-Route vom Vierwaldstätter See zum St. Gotthard mit der Querverbindung vom Wallis ins Oberrheintal kreuzt, liegt der

Höhenkurort Andermatt. Er wartet mit einer hübschen Rokokokirche und einem liebevoll gestalteten Talmuseum auf und ist ein idealer Ausgangspunkt für Wanderungen und Bergtouren. Für Reisende ist er jedoch vor allem Verkehrsknoten. Bei der Weiterfahrt Richtung Osten gilt es den Oberalppass (2044 m) zu überwinden, ehe man, dem Vorderrhein folgend, Flims erreicht. Eine attraktive Alternative zur der Pässefahrt ist die Furka-Oberalpbahn.

9 Flims Der Kurort, in dessen Umgebung man noch rätoromanische Dialekte spricht, liegt auf sonniger Terrasse in einem Hochtal, das seine Existenz einem gewaltigen Bergsturz aus vorgeschichtlicher Zeit verdankt. Er besteht aus dem alten Kern Flims-Dorf und der neuen, südlich angrenzenden Hotelsiedlung Flims-Waldhaus. Der Ort und sein wildromantisches Umland bieten im Sommer vielfältige sportliche Aktivitäten. Im Winter bildet er im Verbund mit Laax und Falera ein riesiges Skigebiet, die »Weiße Arena«.
Vor der Weiterfahrt in die Bergwelt Graubündens sollte man noch bei Reichenau einen 10 km langen Schlenker in die Hauptstadt des Kantons machen.

10 Chur Die Kantonshauptstadt, die spätestens im 3. Jh. die römischen Stadtrechte erhielt und im 4. Jh. als erster Bischofssitz nördlich der Alpen fungierte, verschreckt Neuankömmlinge mit ihrem wenig attraktiven Hochhausgürtel. Dahinter liegt freilich eine charmante Altstadt mit etlichen historischen Schätzen verborgen. Deren wichtigste sind: die Marienkathedrale mit dem zugehörigen, reich bestückten Dommuseum, das Weinbau- und das Rätische Museum sowie das Bündner Kunstmuseum mit Werken der in Chur gebürtigen Malerin Angelika Kauffmann.

11 Via Mala Zurück in Reichenau, folgt die Route zunächst dem Hinterrhein flussaufwärts: Südlich von Thusis hat sich dieser im Laufe der Jahrmillionen eine 6 km lange, bis zu 600 m tiefe Schlucht in den Fels gefräst. Die wilde Romantik der Via Mala ist am besten von der alten, Anfang des 19. Jh. erbauten Straße aus erfahrbar (Abzweiger von der A13 etwa 1 km hinter Rongellen).
An ihrem südlichen Ausgang, in Zillis, lohnt die Martinskirche ihrer kunstvoll bemalten Holzdecke wegen einen Besuch.
Zurück in Thusis, führt die Route nun über Tiefencastel im Tal der Albula und den streckenweisen recht steilen Albulapass (2321 m) in das Oberengadin.

12 St. Moritz Der mondäne Kurort im Herzen des Oberengadin gilt als eine Wiege des Wintertourismus und – neben

1 Auch Nichtalpinisten können von Grindelwald aus im Angesicht der Eiger-Nordwand eindrucksvolle Wanderungen unternehmen.

2 Im Bachsee oberhalb von Grindelwald spiegeln sich Schreckhorn (4078 m) und Finsteraarhorn (4274 m).

3 Die Kleine Scheidegg zu Füßen des Jungfrau-Massivs ist im Winter eine beliebte Skistation.

4 Der Silvaplanasee auf etwa 1800 m Höhe ist der größte der drei Oberengadiner Seen und im Sommer ein beliebter Surfsee.

Abstecher

Unterengadin

Der Reiz dieser zu Füßen der Silvrettagruppe hingestreckten Tallandschaft liegt in ihrer Ursprünglichkeit. Zernez am Zusammenfluss von Inn und Spöl brannte 1872 beinahe zur Gänze nieder und besitzt kaum alte Bausubstanz. Er ist jedoch Ausgangspunkt für Wanderungen in den Schweizer Nationalpark (172 km²), der als erster Nationalpark in Europa bereits 1909 unter Schutz gestellt wurde. Als schönste Orte des Unterengadins gelten Guarda und Ardez. Beide stehen unter striktem Denkmalschutz und bestehen aus äußerst reizvollen Engadiner Häusern – oft jahrhundertealten Höfen mit kunstvollen Sgraffiti und Erkern sowie, hinter den meterdicken Mauern, sorgsam getäfelten Stuben und Schlafräumen.
Nach Ardez weitet sich das Tal. Hier liegt, vom mächtigen Schloss Tarasp überragt, sein touristisches Herz: Scuol. Der Ort galt bis 1915 dank seiner 20 Heilquellen als »Bäderkönigin der Alpen«, fiel hernach in Dornröschenschlaf und wurde erst in den 1990er-Jahren durch die Eröffnung eines hypermodernen Bade- und Wellness-Zentrums wachgeküsst. Weiter östlich verengt sich das Tal erneut, wird wilder und einsamer. Einige kleine Dörfer wie Sent, Ramosch oder Tschlin schmiegen sich an die schmalen Sonnenterrassen, ehe Straße und Fluss hinter Martina, nahe der Schlucht am Finstermünzpass, die österreichische Grenze passieren.

Oben: Schloss Tarasp bei Scuol
Unten: Winter in Ftan im Unterengadin

Zu den schönsten Südtiroler Tälern zählt das Villnösstal (ital. Val di Funes), dessen Talschluss von der eindrucksvollen Bergkulisse der Geislergruppe, dem westlichen Teil des Naturparks Puez-Geisler, umrahmt wird. Höchster Berg der Geisler-Gruppe ist der 3025 m hohe Saas Rigais. Der hintere Talbereich wird von den

Einheimischen »in Berge« genannt. Hier liegt auf 1340 m Meereshöhe St. Magdalena: Kirche, Mesnerhaus, ein altes Schulhaus und der Obermesnerhof bilden vor den Geislerspitzen ein sehenswertes architektonisches Ensemble. In das Villnösstal gelangt man durch das Eisacktal nördlich von Klausen.

Abstecher

Benediktinerinnenkloster Müstair

Wo die B38 vom Stilfser Joch kommend das Etschtal erreicht, führt ein Abstecher auf der B40 Richtung Reschenpass bis Schluderns und von dort über den Ofenpass zurück nach Zernez im oberen Unterengadin.
Müstair, nur 1 km hinter der Grenze auf 1240 m Seehöhe gelegen, empfängt seine Gäste mit einem Kunstdenkmal von europäischem Rang: dem Benediktinerinnenkloster St. Johann. Der Bau, der dem Ort seinen Namen gab (Müstair bedeutet Münster und leitet sich vom lateinischen monasterium ab), wurde Ende des 8. Jh. vom Bischof in Chur gegründet und in der Folge mehrfach erweitert. Kernstück der Anlage ist die rund 1200 Jahre alte Klosterkirche.
Äußerlich eher unscheinbar, birgt sie im Inneren einen Schatz, der die UNESCO schon 1983 veranlasste, das Kloster zum Weltkulturerbe zu erklären: an die 90 originale Fresken aus dem 8. bis 12. Jh., die zwei Kunsthistoriker Anfang des 20. Jh. eher zufällig unter einer neueren Malschicht zu Tage förderten. Die ältesten stammen aus der Ära Karls des Großen und zeigen Szenen aus Leben und Passion Christi sowie das Jüngste Gericht. Sie gelten als der umfangreichste aus karolingischer Zeit erhaltene Freskenzyklus überhaupt. Ungefähr 400 Jahre jünger, jedoch ebenfalls ein Augenschmaus sind jene romanischen Malereien, die unter anderem das Martyrium des hl. Stephanus bildlich nacherzählen.

Die Figur Karls des Großen und Fresken in der Klosterkirche Müstair

1

Davos – als feinste Urlaubsadresse Graubündens. Als Schauplatz zweier Winterolympiaden (1928 und 1948) ist er weltberühmt geworden. Am Beginn einer einzigartigen Seenlandschaft (St.-Moritz-See, Silvaplanasee, Silser See) gelegen, bietet er winters wie sommers eine ungemein reiche Palette an Sportmöglichkeiten. Legendär sind die Skeletonbahn Cresta Run und die Bobbahn nach Celerina.
Ein vielseitiges Unterhaltungsprogramm bedient die Bedürfnisse der so illustren wie betuchten Gästeschar.
Von St. Moritz bringt die B27 den Reisenden innabwärts über Samedan und Zuoz in das Unterengadin, ein lohnenswerter Abstecher für all jene, die den Charme der alten Graubündner Dörfer lieben.
Die Hauptroute führt von St. Moritz über Pontresina und den Berninapass (2323 m), vorbei am traumhaften Panorama der vergletscherten Bernina-Gruppe, in das Tal der oberen Adda, das Veltlin, und damit nach Italien. Von hier folgt nach Bormio ein spektakulärer Gebirgsübergang, das Stilfser Joch (2758 m) am Fuße des Ortlers, dann fährt man durch das Trafoier Tal hinab an die Etsch. Hier bietet sich vor der Weiterfahrt ins östliche Vintschgau nach Meran ein lohnenswerter Abstecher über Schluderns ins Val Müstair zum Kloster St. Johann an.

2

⑬ **Meran** Bis um die Mitte des 14. Jh. war die Stadt an der Passer unter der Herrschaft der Grafen von Tirol der blühende Mittelpunkt des Landes. Nachdem die Habsburger auch in Südtirol das Zepter übernommen und die Residenz nach Innsbruck verlegt hatten, führte Meran lange ein Schattendasein. Ins Rampenlicht rückte es erst wieder im 19. Jh., als sich die heilende Wirkung der örtlichen Quellen und des milden Klimas herumsprach und Erholungsbedürftige mit Rang und Namen aus ganz Europa herbeiströmten. Zu den Glanzstücken der Altstadt mit ihren engen Gassen, Laubengängen und alten Bürgerhäusern zählen die gotische

Nikolauskirche mit der Barbarakapelle, die Spitalkirche und die landesfürstliche Burg mit Fresken aus dem 15. Jh. in der Burgkapelle. Lohnend ist auch ein Spaziergang durch das elegante Villenviertel Obermais.

⓮ **Bozen** Südtirols Landeshauptstadt, am Zusammenfluss von Eisack und Etsch gelegen, ist nicht bloß der wirtschaftliche Nabel der Großregion, sie ist auch ein Brennpunkt alpiner Kunst und Kultur. Ein Bummel durch die Gässchen zwischen Lauben, Kornplatz und Obstmarkt offenbart eine charmante Altstadt, deren Wurzeln tief ins Mittelalter reichen. Highlights sind die Klöster der Dominikaner und Franziskaner, Schloss Maretsch, Burg Runkelstein, das Städtische Museum sowie im Ortsteil Gries die alte Pfarrkirche mit dem Fragment eines Flügelaltars von Michael Pacher.
Südöstlich von Bozen (italienisch *Bolzano*) führt die Straße 241 in die von spektakulären Kalkstöcken, Türmen und Zinnen durchsetzte Traumlandschaft der Dolomiten. Karerpass (mit Blick zum Rosengarten), Fassatal, Sellajoch heißen die nächsten Etappenpunkte, deren kühn zerklüftete Umgebung noch jeden Reisenden begeistert hat.
Auf der kurvenreichen 242 (mit Blick auf den Langkofel) führt die Strecke ins Grödnertal über St. Ulrich bis in das weite Eisacktal. Nordwärts fahrend erreicht man Klausen, von wo aus man nach kurzer Fahrt in das wunderschöne Villnösstal gelangt. Auf der Rückfahrt durch das Eisack- und Grödnertal zweigt man nach dem Ort Plan in die Straße 243 ab und fahrt auf das Grödner Joch zu. Eine Aufsehen erregende Felskulisse entfaltet sich auf der Fahrt vorbei an der Sella-Gruppe über Kollfuschg und Corvara sowie über den Passo die Campolongo, bevor man die »Große Dolomitenstraße« erreicht, die nach Cortina d'Ampezzo führt.

⓯ **Cortina d'Ampezzo** Der berühmte Kur- und Wintersportort ist von einigen der schönsten Dreitausendern der Region umgeben.
Der Inbegriff der Dolomitenpracht, die Drei Zinnen, kommt auf der Weiterfahrt, bei Misurina, in Sicht. Schluderbach und Toblach heißen die weiteren Stationen. Dann überquert man, nunmehr im Tal der Drau, die Grenze zu Österreich und erreicht knapp 40 km später Lienz.

⓰ **Lienz** Die von spektakulären Gipfeln umkränzte Hauptstadt Osttirols besitzt eine Reihe markanter Bauwerke, darunter die Pfarrkirche St. Andreas mit dem Grab des letzten Görzer Grafen und die barocke Filialkirche St. Michael. Schloss Bruck beherbergt das größte Heimatmuseum Tirols. Von den römischen Wurzeln der Stadt zeugen im Osten die Grabungsfelder der Vorgängerin Aguntum.

1 **Abendstimmung am Langkofel-Massiv (3181 m) westlich der Sella-Gruppe**

2 **Die Vajolettürme sind neben den Drei Zinnen die schönsten Dolomitengipfel und gehören zum 9 km langen Rosengarten am Karerpass.**

3 **Blick auf die Großglockner-Hochalpenstraße und den 3798 m hohen Großglockner**

Meran: Schloss Tirol

Hoch über Meran und dem Vinschgau thront jenes Schloss, das wie in einem Brennglas die wechselvolle Geschichte Tirols widerspiegelt und dem ganzen Land seinen Namen gab. Schloss Tirol, 1140–1160 von den Landesgrafen erbaut, erlebte seine goldene Zeit im 14. Jh. unter Margarethe Maultasch,

Schloss Tirol oberhalb von Meran

als es der Belagerung König Karls von Böhmen widerstand. Nachdem die Residenz nach Innsbruck verlegt worden war, begann der Verfall. Nach umfangreichen Restaurierungen beherbergt das in 20-minütigem Fußmarsch erreichbare Schloss heute das Landesmuseum. Die romanischen Portale am Vorhof des Palas und am Kapelleneingang sind kunsthistorische Schmuckstücke.

Mozart

Der »Meister aller Meister« wurde am 27. Januar 1756 in der Salzburger Getreidegasse 9 geboren. Das Haus stellt heute die wichtigste Mozartgedenkstätte dar. Wolfgang Amadeus Mozart erhielt seine musikalische Grundausbildung vom Vater. Bereits mit sechs Jahren ging es zum Vorspielen auf große Fahrt. Doch trotz dreijähriger Europareise und Reisen nach Italien, München und Wien blieb die Salzachstadt bis 1781 Zentrum seiner familiären und beruflichen Existenz.

Salzburg: Mozarthaus, Getreidegasse 9

17 Heiligenblut Über den Iselsberg (1204 m) und durch das Obere Mölltal (B107) gelangt man in den Wallfahrer- und Bergsteigerort Heiligenblut, dessen Kirche mit dem bleistiftspitzen Turm vor dem Hintergrund des Großglockners, Österreichs höchstem Gipfel (3798 m), ein Parademotiv für Fotografen darstellt. Von hier führt auf dem Gebiet des Nationalparks Hohe Tauern eine der großartigsten Gebirgsstraßen der Welt, die Großglockner-Hochalpenstraße, seit 1935 von Kärnten über den Alpenhauptkamm in das Salzburgische Fuscher Tal.

Die Großglockner-Hochalpenstraße

Die 48 km lange Panoramastraße verläuft zwischen Heiligenblut und Fusch in 27 Kehren über die Hohen Tauern. Stichstraßen führen auf die Edelweißspitze (2571 m) und zur Kaiser-Franz-Josefs-Höhe (2369 m) mit einmaligem Blick auf den Großglockner und die 10 km lange Pasterze. Über den genauen Streckenverlauf informiert ein Faltblatt, das man bei der Entrichtung der Maut erhält. Die Straße ist von Ende April bis etwa Anfang November geöffnet.

1

18 Werfen Vom Talausgang bei Bruck-Fusch (von hier sind es nur wenige Kilometer zum Zeller See) folgt man der Salzach flussabwärts über Lend durch den Pongau nach Bischofshofen und Werfen. Über dem schmucken Markt aus dem 12. Jh. thront eine Festung wie aus dem Bilderbuch: Burg Hohenwerfen wurde

2

Chillon Das nahe Montreux auf einer Insel im Genfer See gelegene Schloss besteht aus 25 verschachtelten Gebäuden.

Bern Wahrzeichen der Schweizer Landeshauptstadt ist der eindrucksvolle »Zytgloggeturm« (15 Jh.).

Thuner See Eine fast mediterrane Vegetation prägt die Ufer des zirka 560 m hoch gelegenen Sees. Bemerkenswert ist Schloss Oberhofens Museum am Nordufer des Sees, der einst mit dem Brienzer See verbunden war.

Berner Alpen Eiger (3970 m), Mönch (4099 m) und Jungfrau (4158 m) sind die bekanntesten Berge der Westalpenregion. Viele Gipfel der »Berner Alpen« erreichen über 4000 m Höhe und sind vergletschert.

Genf Zahlreiche international operierende Unternehmen und Organisationen haben hier ihren Sitz. Attraktionen sind die Kathedrale St. Peter, das Museum für Kunst und Geschichte, das Palais des Nations und die 145 m hohe Fontaine des Jet d'Eau.

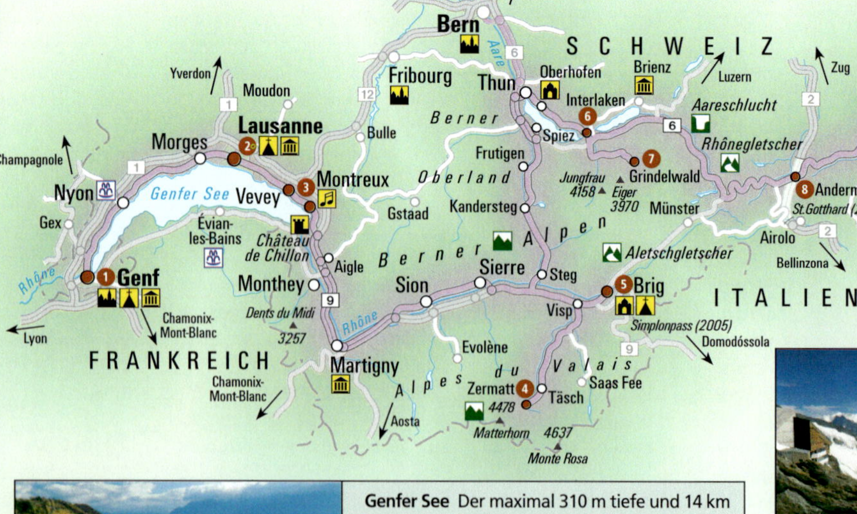

Matterhorn Der 4478 m hohe Berg ist eine Ikone des Schweizer Alpinismus und an Ebenmäßigkeit kaum zu überbieten. 1865 wurde er erstmals bestiegen, eine Winterdurchsteigung seiner Nordwand gelang erst 1962. Eine Herausforderung ist er weiterhin.

Genfer See Der maximal 310 m tiefe und 14 km breite See liegt zu etwa 60 Prozent in der Schweiz, der Rest auf französischem Gebiet. Er erstreckt sich etwa 72 km lang auf einer mittleren Höhe von 370 m über dem Meeresspiegel.

Aletschgletscher Mit 170 km² Fläche und 25 km Länge ist er der größte Gletscher Festlandeuropas.

um 1077 von Erzbischof Gebhard erbaut, um die Straße über den Pass Lueg zu kontrollieren. Wer vom Parkplatz den steilen Weg am Zwinger vorbei durch die Vorburgen bis in den inneren Burghof emporsteigt, bekommt einen Eindruck davon, wie entmutigend dieses Bollwerk einst auf Angreifer gewirkt haben muss. Ein weiteres Muss: der Besuch der Eisriesenwelt, der größten Eishöhle der Welt.

19 Hallein Das 25 km salzachabwärts gelegene »kleine Hall« war vom 13. Jh. bis 1989 ein zentraler Ort der Salzgewinnung. Auf dem Dürrnberg lösten Bergleute schon vor 4500 Jahren die kostbare Substanz aus dem Gestein. Spezialisten darin waren die Kelten, deren Kultur heute in einem Freilichtmuseum und, unten im Tal am Rande der regen Industriestadt mit ihrem charmanten Kern, im Keltenmuseum dokumentiert wird. Das stillgelegte Stollensystem hat man in ein ganzjährig geöffnetes, liebevoll gestaltetes Schaubergwerk verwandelt.

20 Salzburg Finale furioso an der Salzach: In der Tat hat man den Eindruck, als hätten der Schöpfer und seine irdischen Helfer der Menschheit an diesem Ort vor Augen führen wollen, welch harmonische Schönheit europäischer Geist im Verbund mit einer großmütigen Natur zu schaffen imstande ist. Dom, Residenz, Kollegienkirche, Abtei St. Peter, Stift Nonnberg, die Getreidegasse und über all dem die mächtige Festung Hohensalzburg – die Altstadt am linken Salzachufer mit ihren weiten Plätzen und engen Passagen, den vielen Brunnen und Statuen, dem bunt bewegten Marmor und Stuck bildet ein einzigartiges urbanes Gesamtkunstwerk, das bis heute Künstler aus aller Welt zu kreativen Höhenflügen inspiriert und scharenweise Bewunderer anlockt. Seit alters etwas im Schatten des fürsterzbischöflichen Zentrums steht der Bezirk am östlichen Flussufer. Dabei gibt es mit Schloss und Park Mirabell, Mozarts Wohnhaus, dem Marionettentheater, dem Sebastiansfriedhof und den Gässchen am Fuße des Kapuzinerbergs auch hier eine Fülle erstrangiger Sehenswürdigkeiten. Nicht versäumen sollte man Schloss Hellbrunn und das Wasserschloss Anif.

Wer noch ein Kleinod der Alpen erleben möchte, fährt von Salzburg über die B305 ins 20 km entfernte Berchtesgaden und zum gleichnamigen Nationalpark.

1 Salzburg bei Sonnenaufgang: Blick auf die Salzachbrücken und die Türme der Altstadt, im Hintergrund die Festung Hohensalzburg

2 Das Wasserschloss Anif bei Salzburg stammt aus dem 17. Jh. Es ist nur von außen zu besichtigen.

Abstecher

Berchtesgadener Land

»Yellowstone-Park der deutschen Alpen« – das im 19. Jh. geprägte Synonym für den heutigen deutschen Nationalpark ist keine Übertreibung. Die vom Watzmann (2713 m) beherrschte Bergkulisse ist in der

Blick auf Berchtesgaden

Tat von atemberaubender Pracht. Touristenmagnet Nummer 1 ist der 8 km lange Königssee. Die Wanderung zum berühmten Malerwinkel oder die Bootsfahrt auf die Halbinsel St. Bartholomä gelten als touristische Highlights. In Berchtesgaden lohnen das Salzbergwerk samt Museum einen Besuch.

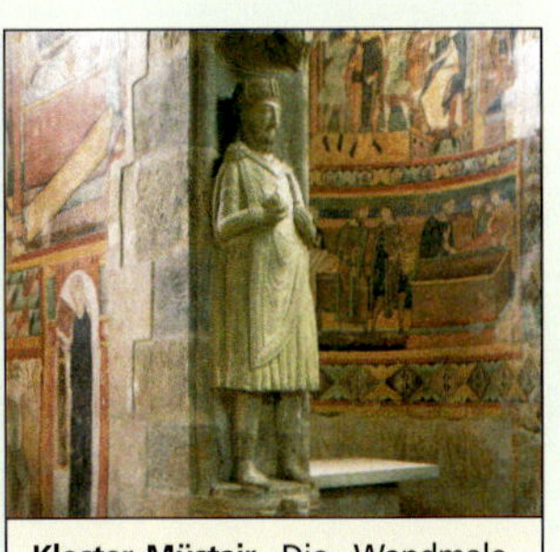

Kloster Müstair Die Wandmalereien des Benediktinerinnenklosters zählen zu den kostbarsten Kulturgütern der Schweiz.

Meran Heilende Wässer und ein mildes Klima machten Meran zum Kurort. Enge Gassen prägen seine Altstadt.

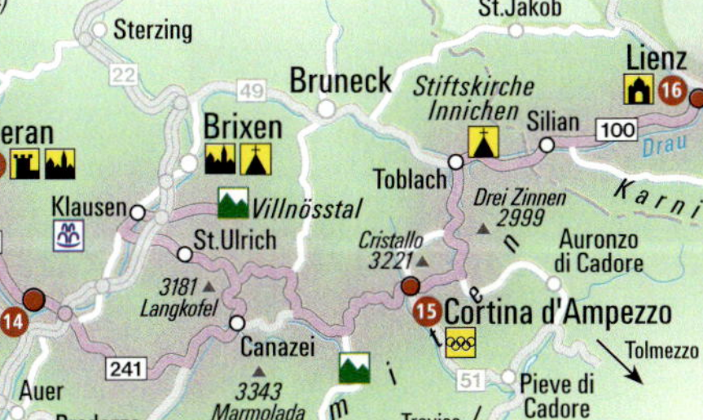

Salzburg Die Mozartstadt an der Salzach mit Dom, Residenz, Kollegienkirche, Abtei St. Peter, Stift Nonnberg, Schloss und Park Mirabell und der Festung Hohensalzburg ist ein viel besuchtes urbanes Gesamtkunstwerk.

Drei Zinnen Die bis zu 2999 m hohen Naturobelisken in den Sextener Alpen sind auch nach ihrer Erstbesteigung 1933 eine bergsteigerische Herausforderung geblieben.

Stilfser Joch Der an der Grenze der Regionen Lombardei, Trentino und Südtirol verlaufende Alpenpass (2757 m) bietet fantastische Aussichten. 1826 wurde die Strecke eröffnet.

Großglockner-Hochalpenstraße Die 48 km lange, seit 1930 ständig ausgebaute Straße zählt zu den beeindruckendsten Hochgebirgsstrecken Europas. Sie folgt einem Alpenübergang der Römer.

Dolomiten Die Felszinnen in den italienischen Kalkalpen entstanden durch die Verwitterung, der Karbonatgesteine unterliegen.

Villnösstal Das von der Landwirtschaft geprägte, jedoch nur spärlich besiedelte »Val di Funes« wird von der Geislergruppe abgeriegelt. Winzige Weiler bilden die namensgebende Talgemeinde.

Route 14

Niederlande, Belgien

Mittelalterliche Zunft- und Bürgerzentren zwischen Amsterdam und Brügge

Die Keizersgracht in Amsterdam wird von

Flaches Land und Grachten, Deiche und Windmühlen, mittelalterliche Häuser, die sich im Wasser spiegeln – all das assoziiert man mit den Niederlanden und Belgien, hinzu kommen reizvolle Landschaften in bunter Blütenpracht, berühmte Seehäfen und betriebsame Städte mit alten Märkten und Rathäusern.

Wer an die Niederlande denkt, hat sogleich eine Reihe von Bildern vor Augen, die alle stimmen: Der holländische Käse ist weltberühmt, die stattlichen Windmühlen dienten einstmals zur Entwässerung des Landes und stehen jetzt als prachtvolle Schmuckstücke in der Landschaft, die Deiche sind ein unentbehrlicher Schutz gegen die Fluten des Meeres. Die Bewohner bemühen sich seit Jahrhunderten, der Nordsee neues Land abzuringen. Es wird eingedeicht und leergepumpt, besiedelt und kultiviert. Zwei Drittel aller Niederländer leben heute in den »niederen Landen« bis zu 7 m unter dem Meeresspiegel. Ermöglicht wird dies durch Kanäle und Entwässerungsgräben, die oft höher liegen als Straßen, Felder oder Dörfer.

Dem »Wohnen auf dem Meeresgrund« stehen die gewaltigen Ballungsräume gegenüber, in denen 6 Mio. Niederländer wohnen – 40 % der Bevölkerung. Der »Randstad« genannte Kranz von Städten, zu dem u. a. Amsterdam, Leiden, Haarlem, Den Haag und Rotterdam zählen, nimmt dennoch nur ein knappes Zehntel der Landesfläche ein und umschließt eine

Rembrandt, Selbstbildnis von 1669

wunderbar grüne Landschaft von Ackerflächen, Marschen und Mooren.

In vielen Städten ist auch heute noch spürbar, dass die Niederlande über Jahrhunderte eine Welthandelsmacht waren, deren Kolonien viel Geld ins Land brachten. Der einstige Reichtum spiegelt sich in den schmucken Bauwerken der grachtenumschlossenen Altstädte wider. Insgesamt stehen heute in den Niederlanden 55 000 Häuser unter Denkmalschutz.

Der Reichtum früherer Zeiten kam immer auch den schönen Künsten zugute: Rembrandt, Franz Hals, Jan Vermeer oder Piet Mondriaan sind Künstler, die aus den Niederlanden nicht wegzudenken sind. Davon abgesehen hat die Begegnung der einstigen Seefahrernation mit fernen Ländern und fremden Kulturen schon von alters her ein Klima der Weltoffenheit geschaffen. Das hat sich bis heute erhalten.

Die Windmühlenreihe von Kinderdijk wurde als gelungenes technisches Bauwerk des 18. Jh. in die Liste des UNESCO-Weltkulturerbes aufgenommen.

14 Brücken überspannt.

Das mittelalterliche Stadtbild von Gent mit seinen stolzen Patrizierhäusern an der Graslei

Eine ganz besondere Atmosphäre herrscht auch im Land der Flamen und Wallonen, die sich vor rund 160 Jahren zum Königreich Belgien zusammenschlossen. Zwar hat Belgien mit George Simenon und Jacques Brel, mit den Brüssler Spitzen, dem Ardenner Schinken und der auch nachts beleuchteten Autobahn die besten Referenzen, eine klassische Urlaubsdestination ist es aber nicht – und das zu Unrecht.
Allein die Seebäder entlang der Nordsee, die breiten Sandstrände und die herrliche Dünenlandschaft sind eine Reise wert. In den historischen, oft von Grachten und Kanälen durchzogenen Altstädten von Brügge oder Gent kommen angesichts der vielen schmucken Fassaden, die sich im Wasser spiegeln und der Kirchtürme, die sich spitz in den Himmel recken, nicht nur Romantiker ins Schwärmen.

Brüssel, das sich gern das Herz Europas nennt, besitzt mit der Grand Place immerhin den schönsten Marktplatz der Welt. Das Museum für Alte Kunst zeigt Werke von Rubens bis Magritte.
Nirgendwo sonst ist die Population von Comic-Zeichnern pro Quadratkilometer höher – und so zählen comic strips neben den Brüssler Spitzen, den Diamanten aus Antwerpen und den Pralinen zu den meistexportierten belgischen Produkten.
Dass die Belgier zu leben verstehen, äußert sich auf Schritt und Tritt. Nirgendwo sonst hat ein europäisches Land so viele ausgezeichnete Restaurants aufzuweisen. Das beliebteste Getränk in Belgien ist das Bier. Es gibt nahezu 500 verschiedene Sorten, die in über 100 Brauereien produziert werden. Und für den kleinen Hunger gibt es Pommes frites, die vermutlich in Belgien erfunden wurden.

Alle zwei Jahre bedeckt im August ein faszinierender Blumenteppich die Grand Place in Brüssel.

Entlang der niederländischen und belgischen Küste: Die Route führt in Holland durch die »niederen Lande« mit ihren fast unendlichen Blumenfeldern zu den multikulturellen, lebhaften Großstädten. In Belgien berührt sie Städte mit reizvollen mittelalterlichen Altstädten und unschätzbaren Kunstwerken.

1 Amsterdam siehe Seite 170–171
Die Reise beginnt in Amsterdam, von wo aus man zunächst Ausflüge nach Noord-Holland unternehmen kann, z. B. in das nur 15 km entfernte Zaandam und in Freilichtmuseum Zaanse Schans sowie weiter nach Norden in die Käsestadt Alkmaar.

2 Haarlem Die rund 20 km westlich von Amsterdam gelegene und schon im 10. Jh. urkundlich erwähnte Stadt besitzt eine malerische Altstadt, dessen Grote Markt einst ein Turnierplatz war. Seine schön geschmückten Giebelhäuser aus dem 17 Jh. zeugen auch heute noch vom Reichtum, den die Stadt einst als Hochburg der Tuch- und Garnbleicherzunft erlangte. An der Südseite des Platzes liegt die Grote oder St. Bavokerk, die spätgotische Kreuzbasilika. Das Altersheim, in dem Frans Hals seine letzten Jahre verbrachte, wurde 1912 in ein Museum umgewandelt und zeigt wichtige Werke des großen Malers.

3 Keukenhof Auf der Bollenstreek zwischen Haarlem und Leiden fährt man durch ein einziges Blumenmeer. Hier liegen die Felder der rund 8000 Gärtnereien, die sich ganz auf den Großhandel mit Blumen spezialisiert haben.
Zu den wichtigsten Gärtnereien führt die Tulpenroute. Das Mekka aller Blumenfreunde ist der weltberühmte Keukenhof, das im Jahr 1949 von Blumenzüchtern gemeinsam gegründete Informationszentrum über die Kultivierung von Blumen.

4 Noordwijk aan Zee Das Seebad, zu dem man bei Sassenheim abbiegt, lockt im Hochsommer mit seinem 13 km langen Strand und seinen feinsandigen Dünen Zehntausende Badegäste an.
Ebenso wie das nur wenige Kilometer weiter südlich gelegene Katwijk aan Zee erinnert es vom Stil her an englische Seebäder. Von hier ist man in 20 km in Leiden.

Abstecher

Zaandam und Alkmaar

Zaandam, das frühere Zentrum der holländischen Schiffsbauindustrie, liegt nur 15 km von der Amsterdamer City entfernt. Zar Peter I. (1672–1725) studierte in diesem Ort die für die damalige Zeit moderne Schiffsbautechnik. Das Wohnhaus des Zaren ist heute ein Museum. Weiter nordwestlich zeigt das Freilichtmuseum Zaanse Schans mit seinen alten Mühlen, bunten Häuschen und Museen den Dorfalltag vergangener Zeiten.

Oben: Windmühlen an der Zaan
Unten: Käsemarkt in Alkmaar

Alkmaar steht von April bis Mitte September ganz im Zeichen des Käses. In der malerischen Altstadt, die eine Reihe interessanter Gebäude besitzt, verkaufen die Bauern ihre köstlichen Käsekugeln und -laibe auf dem Markt.

Reiseinformationen

Routen-Steckbrief
Routenlänge: ca 400 km
Zeitbedarf:
mind. 8–10 Tage
Start: Amsterdam
Ziel: Brügge
Routenverlauf: Amsterdam, Leiden, Den Haag, Rotterdam, Breda, Antwerpen, Mechelen, Brüssel, Gent, Brügge

Verkehrshinweise:
In den Städten gilt Tempo 50 km/h, auf Landstraßen 80 km/h (in Belgien 90 km/h) und auf Autobahnen 120 km/h. In beiden Ländern gilt am Steuer 0,5 Promille. Warndreiecke mitführen.

Beste Reisezei:
Generell Mai bis Oktober.
Die Niederlande sind im Spätfrühling am schönsten, wenn alles blüht.
Von Juni bis Ende August bescheren Südwinde sonnige und meist trockene Tage. Dann liegen die durchschnittlichen Höchstwerte bei 20 °C. Für einen Badeurlaub eignet sich nur der Hochsommer.

Auskünfte:
Niederländisches Büro für Tourismus,
Frisenplatz 1, 50511 Köln,
Tel. 01805 / 34 33 22;
www.holland.com/de
Belgisches Fremdenverkehrsamt,
50667 Köln, Tel. 0221 / 270;
www.belgien-tourismus.de
www.flandern.com

5 Leiden Die älteste Universitätsstadt der Niederlande zählte schon ab Mitte des 17. Jh. rund 11 000 Studenten. Den schönsten Blick auf die von Kanälen durchzogene Stadt bietet die Burcht, die Burg, ein schon vor über 1000 Jahren mit Ringmauern aus Ziegelsteinen befestigter Erdhügel, der einst zum Schutz vor der Flut errichtet wurde. Sehenswert ist die Pieterskerk, eine fünfschiffige gotische Kreuzbasilika. Der berühmteste Sohn der Stadt ist Rembrandt Harmensz van Rijn, der hier 1606 geboren wurde. Im Stedelijk Museum de Lakenhal sind einige seiner Werke zu bewundern.

6 Scheveningen Zentrum des Nordseebades ist das prachtvolle alte Jugendstil-Kurhaus, das jetzt ein Luxushotel ist. Berühmt sind die 3 km lange Strandpromenade und der Scheveninger Pier, der 400 m lang in die Nordsee hinausragt. Alljährlich im Mai findet hier das Internationale Sandskulpturen-Festival statt.

7 Den Haag Die drittgrößte Stadt der Niederlande ist Regierungssitz und zugleich Sitz des Internationalen Gerichtshofes mit dem UN-Kriegsverbrechertribunal. Die Geschichte der Stadt reicht 750 Jahre zurück und begann mit einigen Häusern um das Jagdgehege des Grafen von Holland. Eines dieser im 13. Jh. entstandenen Gebäude, der Binnenhof, beherbergt bis heute das politische Zentrum des Landes. Es ist Sitz der Regierung und des Parlaments. Die wichtigste Sehenswürdigkeit der Stadt ist das in einem klassizistischen Gebäude untergebrachte Mauritshuis, das eine Gemäldegalerie mit Werken niederländischer Maler des »Goldenen Zeitalters« sowie flämische Meister von unschätzbarem Wert präsentiert. Im Haus Zeestraat 65 hängt das Panorama Mesdag, ein von Hendrik Willem Mesdag 1881 geschaffenes 120 m langes und 14 m hohes Rundgemälde. Es vermittelt dem Besucher den Eindruck, mitten in der Dünenlandschaft von Scheveningen zu stehen. Das nahe Museum Mesdag zeigt weitere Gemälde der Haager Schule des späten 19. Jh.
Ein Gebäude, das immer wieder Schlagzeilen macht, ist das Vredespalais in der Carnegieplein, im halb neugotischen, halb klassizistischen Friedenspalast tagt der internationale Gerichtshof.

8 Delft Auf halbem Weg zwischen Den Haag und Rotterdam liegt Delft. Es hat eine altertümliche Innenstadt mit Grachten und ist besonders für seine Fayence-Manufaktur bekannt.

9 Rotterdam Im größten Hafen der Welt reihen sich entlang des Nieuwe Waterweg auf einer Strecke von 20 km Containerterminals, Umschlagplätze, Lagerhallen und Silos aneinander. Umgeschlagen werden in der Hafenmetropole im Mündungsgebiet von Maas und Rhein Güter aller Art. Dass in »Maashattan« moderne Hochhaus-Architektur groß geschrieben wird, versteht sich von selbst. So ist eine der wichtigsten Sehenswürdigkeiten die Erasmusbrug. Die Brücke über die Nieuwe Maas wurde 1996 von Ben van Berkel konstruiert.
In einem ehemaligen Verwaltungsgebäude der Deichanlagen aus dem 17. Jh., im Het Schielandshuis, ist das historische Museum der Stadt untergebracht, das die Geschichte Rotterdams erläutert. Das Museum Boijmans van Beuningen am Museumspark beherbergt eine ansehnliche Sammlung Alter und Neuer Meister. Und auch in der Rotterdamer Kunsthal gibt es eine brei-

1 Rund 1300 Brücken überspannen die unzähligen Kanäle Amsterdams.

2 Die Gravenstenenbrug in Haarlem führt über den Fluss Spaarne.

3 Tulpenfeld in der Nähe des Keukenhofs

4 Nächtlicher Blick auf die Hafenstadt Rotterdam

5 Der Binnenhof (13. Jh.) in Den Haag ist der Sitz vieler Regierungsinstitutionen und des Parlaments.

6 Strandpromenade in Scheveningen, dem Badeort vor den Toren von Den Haag.

Abstecher

Zum IJsselmeer

In den Städten am IJsselmeer ist auch heute noch der Duft der großen, weiten Welt zu spüren. Von Hoorn aus brach 1616 Kapitän Willem Schouten an die Südspitze Südamerikas auf, die er Kap Hoorn nannte. Auch Abel Tasman, der 1642 Neuseeland und Tasmanien entdeckte, startete in Hoorn. Über weitere koloniale Eroberungen, die

Oben: Hoorn mit Hafenturm
Unten: Enkhuizen in Noord-Holland

hier ihren Ausgang nahmen, gibt das Westfriesische Museum Aufschluss. Enkhuizen war das Zentrum des Pfefferhandels der Ostindischen Kompanie. In einem früheren Lagerhaus im historischen Zentrum zeigt das Zuiderzee Museum interessante Exponate zu Schifffahrt und Fischerei. In einer Freilichtanlage lassen Bauernhäuser und Handwerksbetriebe das Alltagsleben vergangener Zeit lebendig werden.

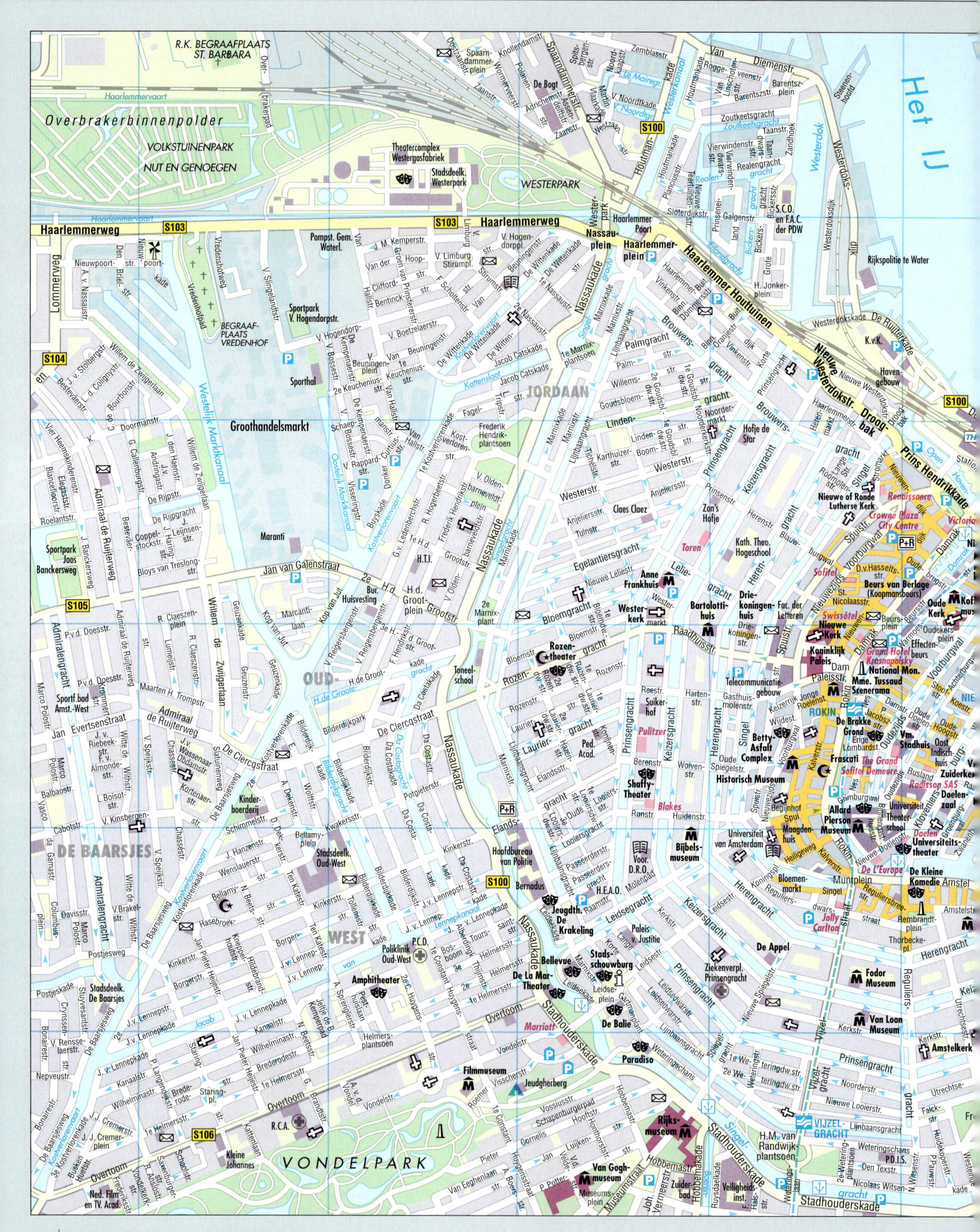
R.K. BEGRAAFPLAATS ST. BARBARA
Overbrakerbinnenpolder
VOLKSTUINENPARK NUT EN GENOEGEN
Haarlemmervaart
Theatercomplex Westergasfabriek
Stadsdeelk. Westerpark
WESTERPARK
Het IJ
Westerdok
Haarlemmerweg
S103
S100
S104
S105
S106
Haarlemmer Poort
Nassauplein
Haarlemmerplein
Haarlemmer Houttuinen
Nieuwe Westerdokstr.
Droogbak
Prins Hendrikkade
Rijkspolitie te Water
BEGRAAFPLAATS VREDENHOF
Sportpark V. Hogendorpstr.
Sporthal
Groothandelsmarkt
Westelijk Marktkanaal
Oostelijk Marktkanaal
Admiraal de Ruijterweg
Sportpark Joos Banckersweg
Jan van Galenstraat
Maranti
JORDAAN
Palmgracht
Brouwersgracht
Prinsengracht
Keizersgracht
Herengracht
Singel
Westerstr.
Egelantiersgracht
Anne Frankhuis
Westerkerk
Bloemgracht
Rozengracht
Rozentheater
Raadhuisstr.
Nieuwe Kerk
Koninklijk Paleis
Dam
National Mon.
Mme. Tussaud Scenerama
Beurs van Berlage (Koopmansbeurs)
Oude Kerk
Damrak
Rokin
Kalverstr.
Historisch Museum
Allard Pierson Museum
Universiteit van Amsterdam
Bloemenmarkt
Muntplein
Rembrandtplein
OUD-WEST
DE BAARSJES
WEST
De Clercqstraat
Nassaukade
Stadhouderskade
Overtoom
VONDELPARK
Filmmuseum
Jeugdherberg
Rijksmuseum
Van Gogh-museum
Leidseplein
Stadsschouwburg
Paradiso
De Balie
Marriott
Amstel
Fodor Museum
Van Loon Museum
Amstelkerk
De Appel
VIJZELGRACHT
H.M. van Randwijk plantsoen
Vijzelgracht
Reguliersgracht
Utrechtsestr.
Sofitel
Swissôtel
Crowne Plaza City Centre
Renaissance
Krasnapolsky
Grand Hotel
The Grand Sofitel Demeure
Radisson SAS
Toren
Pulitzer
Blakes
Jolly Carlton
De L'Europe
Bijbelsmuseum
Theatermuseum
Zuiderbad
Kinderboerderij
Stadsdeelk. Oud-West
Stadsdeelk. De Baarsjes
Amphitheater
Bellevue
De La Mar-Theater
Jeugdth. De Krakeling
Bernadus
Hoofdbureau van Politie
Ned. Film en TV. Acad.
Kleine Johannes
R.C.A.

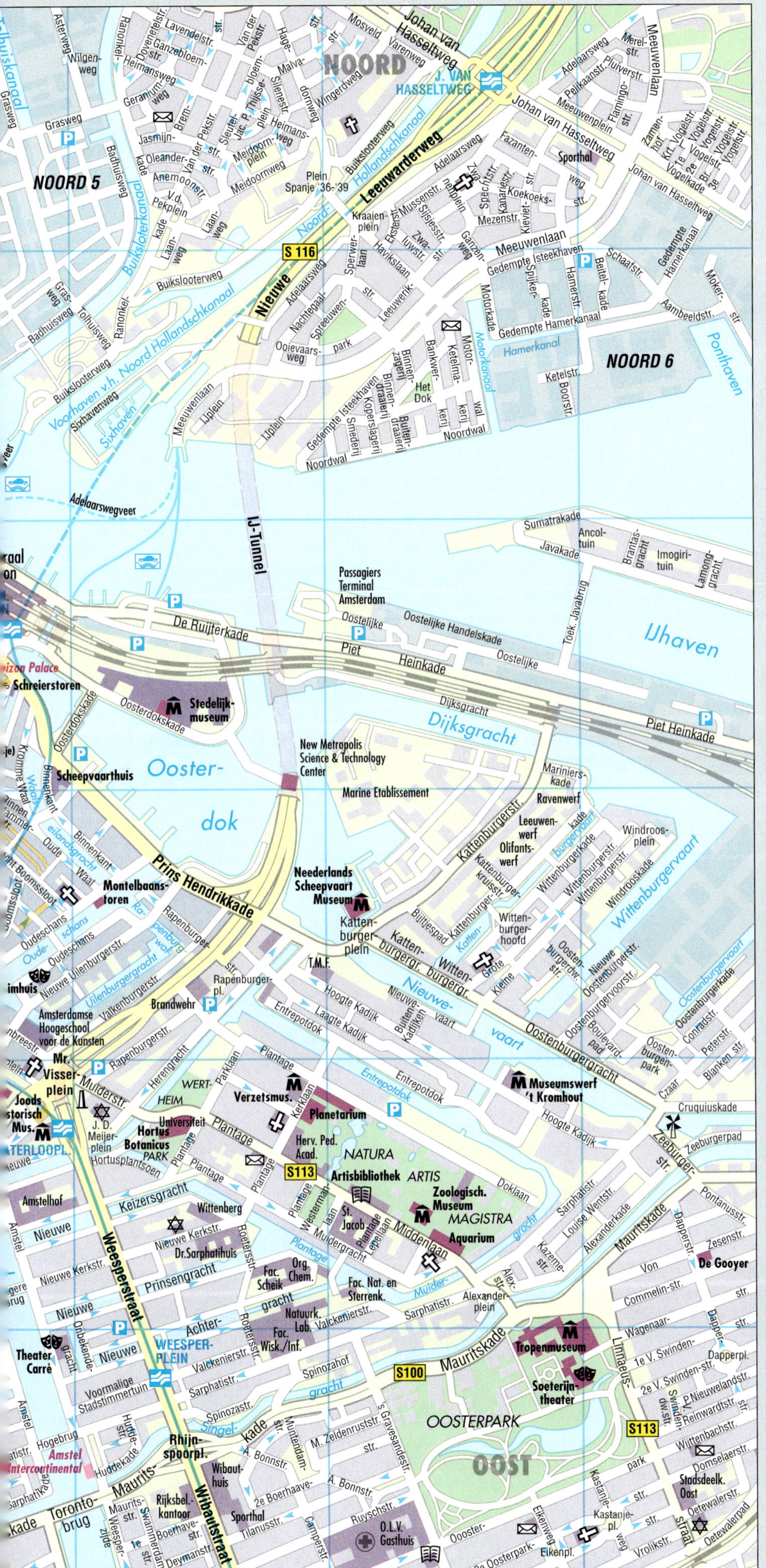

Amsterdam

Die Hauptstadt der Niederlande ist eine der kleinsten und überschaubarsten Metropolen Europas, sie ist tolerant und kosmopolitisch, aber auch geprägt von einer reichen Geschichte. Nicht umsonst ist Amsterdam, die eigenwillige Stadt in der Amstelmündung, ein beliebtes Reiseziel.

Amsterdam ist die größte Pfahlsiedlung der Welt: Das Fundament der gesamten Altstadt wird von zahllosen Baumstämmen gebildet, die bis zu 30 m tief in die Erde geschlagen sind. So entstanden rund 70 künstliche Inseln – und das romantische Flair einer Stadt im Wasser. In Amsterdams Goldenem Jahrhundert, das in etwa mit dem 17. Jh. gleichzusetzen ist, begann man mit dem Bau des halbmondförmigen Drei-Grachten-Gürtels. Alleine im historischen Zentrum überspannen 400 Brücken die Kanäle. Sorgsam wird mit Schleusen und Pumpen der Wasserspiegel in konstanter Höhe gehalten, und noch heute wird ein Teil des innerstädtischen Warenverkehrs auf dem Wasser abgewickelt. An den Kais der 160 Kanäle im Grachtengürtel sind Unmengen von Wohnbooten vertäut. Sie gehören genau so selbstverständlich zum Stadtbild wie die zahlreichen Fahrräder, Blumenverkaufsstände mit »Tulpen aus Amsterdam« und den herrlichen Drehorgeln, die den weltbekannten Gassenhauer zum Erklingen bringen.

Amsterdams Kulisse, die einem gigantischen, belebten Freilichtmuseum gleicht, seine Aufgeschlossenheit und kulturelle Vielfalt, seine abwechslungsreiche Gastronomie sowie unzählige Unterkunftsmöglichkeiten für jeden Geldbeutel und jeden Anspruch haben die Hauptstadt der Niederlande zu einer der meistbesuchten Orte unserer Kontinents gemacht. Zugleich ist Amsterdam eine sehr jugendliche und tolerante Stadt, nimmt beispielsweise in Modedingen und im Design eine Spitzenstellung in Europa ein, und ist von überall her gut erreichbar.

Sehenswürdigkeiten im historischen Zentrum: die älteste Kirche Amsterdams, Oude Kerk (14. Jh., im 16. Jh. umgebaut); die spätgotische Nieuwe Kerk, in der Königin Beatrix gekrönt wurde; Dam, ehemaliger Marktplatz mit Nationaal Monument; das prächtige Rathaus des 17. Jh. Koninklijk Paleis, dessen Fassadenfries dem Seehandel gewidmet ist; Museum Amstelkring, original eingerichtetes Grachtenhaus, das im 17. Jh. den verfemten Katholiken als Geheimkirche diente; Beurs van Berlage, Kaufmannsbörse des 19. Jh.; Montelbaanstoren, ehemaliger Stadtturm (1512); die siebentürmige Waag, ehemals ein Stadttor und Teil der mächtigen Befestigung; Rembrandthuis, das Wohnhaus des Meisters mit modernem Museumsflügel. Im ehemaligen jüdischen Viertel: Portugese Synagoge (1675) und Joods Historisch Museum, ein Museumskomplex in vier ehemaligen Synagogen; neugotische Central Station (19. Jh.); Amsterdams historisches Museum im Komplex des ehemaligen Waisenhauses; der Begijnhof, ein ehemaliges Laienkloster.

Im Grachtengürtel: Westerkerk (17. Jh.); Anne Frank Huis, im Originalzustand erhalten; historisches Arbeiterviertel Jordaan, die Hofjes, historische Wohnanlagen, hübsch renoviert.

Im Museumsviertel: Rijksmuseum, die international bedeutendste Sammlung niederländischer Meister; das Van-Gogh-Museum; Stedelijk Museum für Moderne Kunst; Landschaftsgarten Vondelpark.

Oben: Patrizierhäuser entlang einer romantisch beleuchteten Gracht
Unten: Die Magere Brug ist die bekannteste der Amsterdamer Brücken.

Abstecher

Gouda

Gouda – der Name dieser Stadt ist nahezu ein Synonym für Käse. Tatsächlich zählt diese nahrhafte goldgelbe Köstlichkeit zu den meistgegessenen Sorten der Welt. Auf den Markt kommt er entweder »nature«, oder verfeinert mit Kräutern, Senf, Pfeffer oder Kümmel. Und angeboten wird er von Frau Antje, einer adretten blonden Holländerin mit Flügelhäubchen, die einst von cleveren Marketing-Spezialisten erfunden wurde. Sie wirbt seit über 40 Jahren unverändert jugendlich für »echten Käse aus Holland«, und das sind immerhin 700000 t aus der Milch von 70 Mio. Kühen.

Das Rathaus von Gouda

Dass Gouda außer dem Käsemarkt, der von Mitte Juni bis Ende August jeden Donnerstagmorgen auf dem Platz zwischen dem Rathaus und dem Renaissancebau der Waag abgehalten wird, noch einiges zu bieten hat, zeigt sich bei einem kurzen Rundgang durch das Städtchen. Auf dem Marktplatz fällt sofort das aus grauen Steinquadern errichtete gotische Stadhuis auf. Das mit Zinnen, Türmchen und rot-weißen Fensterläden geschmückte Rathaus besitzt an der Ostfassade ein Figurenspielwerk, das halbstündig an die Verleihung der Stadtrechte im Jahr 1272 erinnert.
Eine Kostbarkeit der von Grachten umschlossenen Altstadt birgt die Grote oder St. Janskerk im Süden des Marktes. Die Ende des 16. Jh. erbaute Kirche ist mit 123 m das längste Gotteshaus der Niederlande, ihr größter Schatz sind ihre 70 Buntglasfenster aus dem 16. Jh., die schönsten Kirchenfenster des Landes. Das Stadtmuseum im ehemaligen Stadthospital Het Catharina Gasthuis (14. Jh.) gibt Aufschluss über die Geschichte von Gouda.

te Palette von Kunstwerken zu sehen. Von Rotterdam sind es rund 20 km nach Nordosten zur berühmtesten »Käsestadt« des Landes, Gouda. Wenige Kilometer südlich von Rotterdam führt die Route zu einem der Wahrzeichen des Landes, den Windmühlen von Kinderdijk.

10 Kinderdijk Ein faszinierender Anblick: Hier stehen an den Entwässerungskanälen der Ortschaft insgesamt 19 alte Poldermühlen aufgereiht nebeneinander. Am Zusammenfluss von Noord und Lek betrieben sie früher Pumpwerke zur Wasserregulierung. Heute dürfen ihre mit Segeltuch bespannten Flügel, die eine Spannweite bis zu 28 m haben, nur noch an Samstagnachmittagen rotieren. Beeindruckend sind die Mühlen, die 1997 in die UNESCO-Liste des Weltkulturerbes aufgenommen wurden, in der zweiten Septemberwoche. Dann werden sie abends von vielen Scheinwerfern beleuchtet.

11 Breda Die am Zusammenfluss von Mark und Aaa gelegene alte Garnisonsstadt mit zahlreichen Kasernen und Einrichtungen des niederländischen Militärs hat Besuchern eine Menge zu bieten. In der von Grachten umschlossenen Altstadt sind schöne alte Bürgerhäuser aus dem 18. und 19. Jh. zu bewundern, darunter das Stadhuis am Marktplatz. Das von Wassergräben umgebene und von vier Ecktürmen bewachte Kasteel van Breda gilt als Stammschloss der Oranier, des heutigen Königshauses. Breda hat auch noch ein weiteres Wasserschloss, Kasteel Bouvigne, zu bieten. Das wichtigste Bauwerk der Stadt ist die gotische Onze Lieve Vrouwe Kerk mit ihrem 97 m hohen Kirchturm.
Wen es vor der Weiterfahrt nach Belgien noch einmal an die Nordsee zieht, dem empfehlen sich die Inseln Walcheren und Beveland, die durch Dämme und Brücken mit dem Festland verbunden wurden.
Von Breda führt die N 263 durch grüne, wenig besiedelte und flache Landschaften Richtung Antwerpen – der ersten richtigen Großstadt auf dieser Reise.

12 Antwerpen Im zweitgrößten Ballungsraum Belgiens bildet der Hafen den Lebensnerv der Stadt, in der Auto- und Chemieindustriekonzerne angesiedelt sind. Der Hafen zählt zu den leistungsfähigsten der Welt, schuf von alters her eine weltoffene Atmosphäre und trug maßgeblich zum Aufstieg Antwerpens zu einem Weltdiamantenzentrum bei. Die europäische Kulturhauptstadt des Jahres 1993 besitzt historische Baudenkmäler und ein reges kulturelles Leben. Die meisten Sehenswürdigkeiten liegen in der Innenstadt, die am rechten Ufer der Schelde einen Halbkreis bildet. Der markanteste Punkt Antwerpens ist der Steen, die ehemalige Burganlage, deren älteste Teile aus dem 9. Jh. stammen. Heute beherbergt sie das Nationale Schifffahrtsmuseum mit einem flämischen Kriegsschiff

4

5

aus dem 15. Jh. als Prunkstück. Die Aussichtsplattform der Burg bietet einen sehr schönen Blick über die hier 500 m breite Schelde, die Brücken, den alten Kai, und – am Horizont – den Wald der unzähligen Ladebäume des modernen Hafens.
In der spätgotischen Fleischhalle residiert das Museum für Stadtgeschichte. Im Diamantenmuseum in der Lange Herentalsestraat im »Judenviertel« können Diamantenschleifer bei der Arbeit beobachtet werden.
Das Rubenshaus, ein repräsentativer Stadtpalais, das an einen italienischen Palazzo erinnert, bewohnte Peter Paul Rubens von 1610 bis 1640. Zu besichtigen sind die prachtvoll ausgestatteten Wohnräume des Meisters, sein Atelier und Kunstkabinett und dazu Werke des Malers und Arbeiten seiner Schüler.

13 Mechelen Die südlich von Antwerpen gelegene Stadt hat eine große historische Vergangenheit. Ihre Blüte erlebte sie, als Margarethe von Österreich von hier aus das Land regierte. An diese Zeit erinnert ihre Statue auf dem Grote Markt, dem Zentrum der Stadt. Der Platz wird vom Rathaus, einem gotischen Palais und der einstigen Tuchhalle aus dem 14. Jh. umgeben.
Mechelen wollte schon immer hoch hinaus. Um 1400 wurde der 97 m hohe Turm der Romboutskathedraal als höchstes Wahrzeichen der Christenheit geplant. Sein Glockenspiel mit 49 Glocken entzückt heute noch die Zuhörer. Von Mechelen ist es nur eine halbstündige Fahrt in die belgische Hauptstadt. Wen es danach Richtung Nordsee zieht, der kommt auf dem Weg nach Brügge zunächst durch Aalst, das »Tor nach Flandern«.

14 Brüssel siehe Seite 176–177

15 Aalst Die Stadt steht ganz im Zeichen der Schwerindustrie und – als Kontrapunkt dazu – der Schnittblumen. Jeden Morgen ist auf dem Grote Markt Blumenmarkt. Die schönsten gotischen Häuser gruppieren sich um den Marktplatz der Stadt.

16 Gent Seit dem Mittelalter ein Zentrum der Textilindustrie, ist Gent dieser Tradition bis heu-

1 **Das Wasserschloss Ooidonk südwestlich von Gent stammt in seiner heutigen Form aus dem Jahr 1595.**

2 **Das Wasserschloss Kasteel Bouvigne bei Breda in Nordbrabant diente im 17. Jh. als Jagdschloss.**

3 **Die Antwerpener Kathedrale Onze Lieve Vrouwe mit ihrem 123 m hohen Turm ist die größte gotische Kathedrale Belgiens. 1352 wurde mit den Bauarbeiten begonnen.**

4 **Die Romboutskathedraal von Mechelen wurde 1546 vollendet. Die Kirche ist für ihr schönes Glockenspiel bekannt.**

5 **Der 88 m hohe Belfort (Stadtturm) von Gent war im Mittelalter das Handelszentrum der Stadt. Er hat 47 Glocken.**

Abstecher

Die Schelde-Mündung (Walcheren, Beveland)

Nördlich von Antwerpen verbreitert sich die Schelde zu einem breiten Flussdelta. Diese Mündung ist zwar eine naturräumliche Einheit, jedoch seit 1585 politisch zwischen den Niederlanden und Belgien aufgeteilt. Urlaubern bieten die einstigen Nordseeinseln Walcheren und Beveland Sand, Strand und Meer, reizvolle Orte und historische Städtchen. Middelburg ist eine der ältesten Städte Hollands mit einem historischen Kern, für das es 1975 mit dem Titel Europäische Denkmalstadt ausgezeichnet wurde.
Nach der furchtbaren Sturmflut von 1953 wurde nördlich von Middelburg das Sturmflutwehr des Oosterscheldedams geschaffen.

In Kasteel Westhove bei Domburg ist eine Jugendherberge untergebracht.

Oben: Der Blick auf die Nordseite der Grand Place in Brüssel zeigt links das Hotel de Ville (1401–1459). Die Bildmitte nehmen mehrere Gildehäuser ein, das zweite von links ist das Gildehaus der Schiffer, ganz rechts in der Reihe steht die von einer Kuppel gekrönte Maison des Boulangers. Auf der rechten Seite dominiert die

Maison du Roi (1536). Unten: Die Nordseite des Platzes prägt in der Bildmitte die neoklassizistische Maison des Ducs de Brabant. Links im Bild steht die Maison du Roi, rechts wiederum das historische Rathaus.

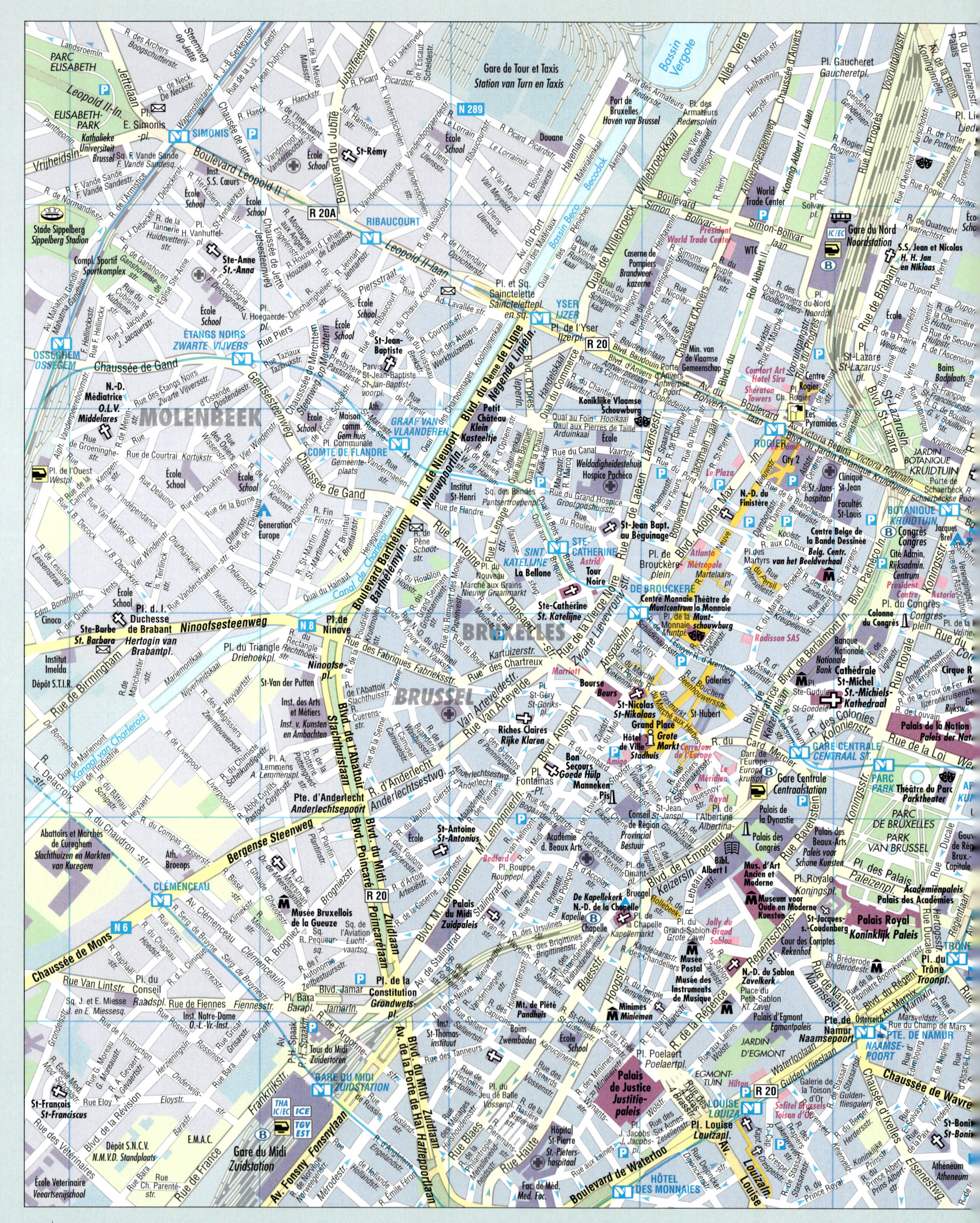

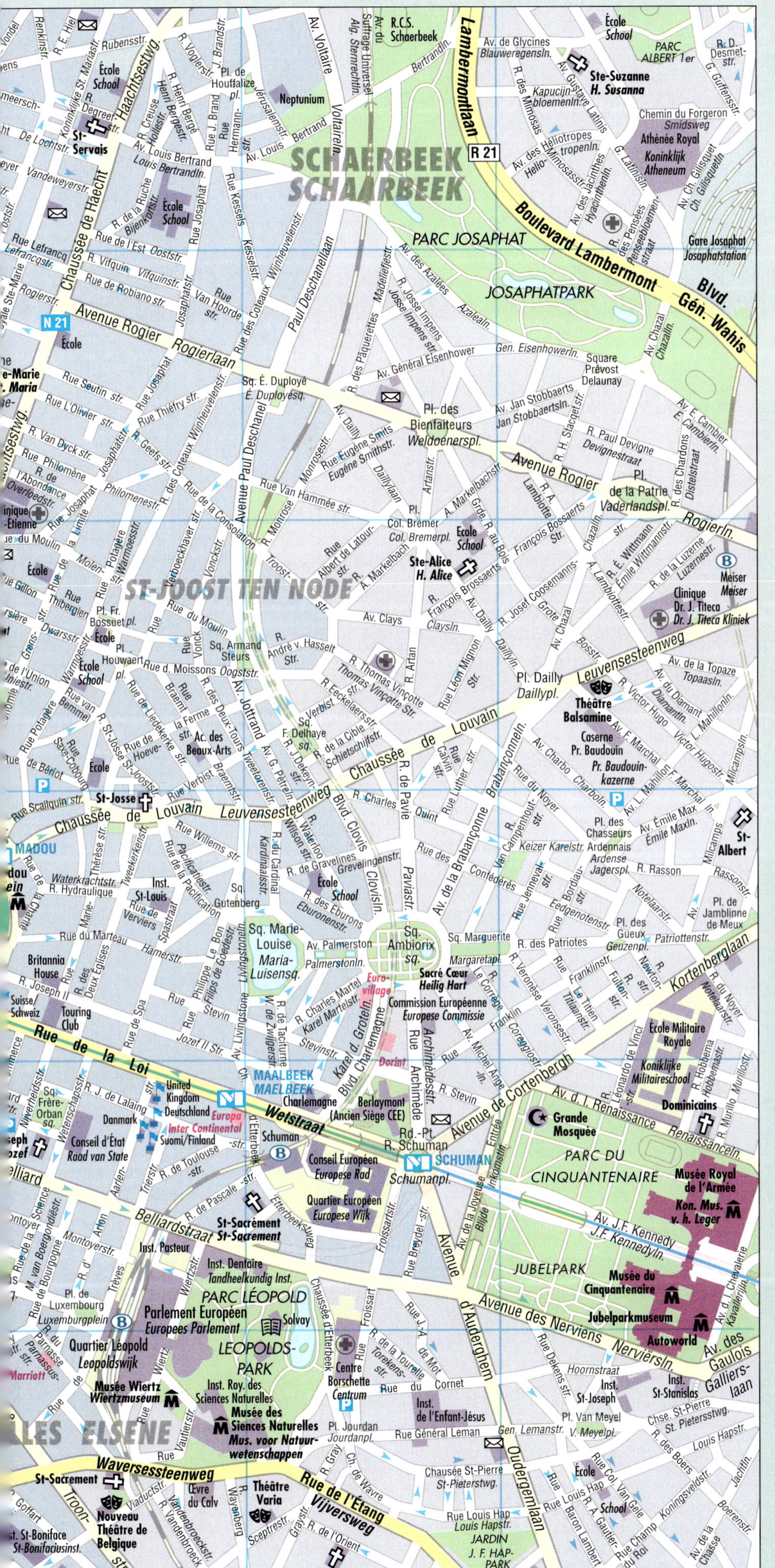

Brüssel

Belgiens selbstbewusste Metropole wartet mit großartigen Kulturdenkmälern, aber auch mit kulinarischen Hochgenüssen auf und bezeichnet sich selbst als die Hauptstadt Europas, was zumindest für zentrale Behörden zutrifft.

Das Stadtzentrum ist seit Jahrhunderten von Wohlstand geprägt. Zwischen Mittelalter und Barockzeit war es vor allem die bürgerliche Schicht, die ihre Stadt prächtig ausgestaltete. Auch das 19. Jh. trug viel zum einzigartigen Stadtbild bei, das durch den Bauboom des 20. Jh. große Zerstörungen erlitt. Das ehrgeizige Vorhaben der EU, repräsentative Neubauten zu schaffen, forderte Opfer wie den Kahlschlag im Quartier Léopold. Verschont blieben zum Glück zahlreiche Werke des Jugendstils. An der Wende vom 19. zum 20. Jh. war Brüssel einer der Brennpunkte dieser Stilrichtung. Künstler wie Victor Horta, Henry van de Velde und Philippe Wolfers bereicherten die Stadt um eine Reihe hochinteressanter Bauten. Brüssel ist aber auch das bedeutendste Kultur- und Wissenschaftszentrum Belgiens mit Universität, Polytechnikum, Königlicher Akademie und zahlreichen Fach- und Kunstschulen. Die Stadt liegt am Kreuzungspunkt wichtiger Verkehrswege, sie ist das Wirtschaftszentrum Belgiens, in dem mit ständlichkeit – Bier haben einen großen Stellenwert.

Obwohl Brüssel reich an Sehenswürdigkeiten ist und als »Hauptstadt Europas« und Sitz der NATO viel internationale Beachtung findet, steht die belgische Hauptstadt im Schatten der Metropolen Paris, London und Amsterdam. Dabei ist Brüssel ein hoch interessantes, unvergleichliches Reiseziel: leicht chaotisch und nicht immer schön, gut erreichbar und nie überlaufen. Ein Geheimtipp!

Besonders sehenswert: Manneken Pis, die weltbekannte Brunnenfigur und das Stadtwahrzeichen aus dem Jahr 1619; Grand Place, einer der schönsten Plätze Europas und Weltkulturerbe, mit Hôtel de Ville, gotisches Rathaus mit aufwändig gestalteter Fassade; gotische Cathédrale St.-Michel; Centre Belge de la Bande dessinée, Comic-Museum in Jugendstilgebäude; Grand Magasin »Old England«, ein verspielter Jugendstilbau; Musées Royaux des Beaux Arts mit einer herausragenden Sammlung alter und neuer Meister von Brueghel bis Magritte; Hôtel van Eetvelde, Prunkbau des ausgehenden 19. Jh.; Hôtel Hannon, Maison Cauchie und Maison St.-Cyr, drei Beispiele Brüsseler Wohnarchitektur des Jugendstils; Musée Charlier, Kunst des 20. Jh. in einem Art-nouveau-Bau; Musée du Cinquantenaire (Kunstwerke vom Mittelalter bis zum 19. Jh.); Place du Grand Sablon mit Galerien und Antiquitätenläden, am Wochenende Antiquitätenmarkt; Place du Jeu de Balle im multikulturellen Marollenviertel.

Oben: Die Grand Place mit der Maison du Roi, die das Stadtmuseum beherbergt. Unten: Das Atomium wurde für die Weltaustellung 1958 errichtet.

der Nationalbank auch das Herz des Kapitals schlägt.

Nach Antwerpen ist Brüssel überdies der zweitgrößte Industriestandort Belgiens. Produziert werden »feine Waren« wie die berühmten Brüsseler Spitzen, Woll-, Baumwoll- und Seidenwaren, Teppiche und Porzellan. Auch kulinarische Produkte wie edle Schokolade und Pralinen und – in der Heimatstadt des sagenhaften Königs Gambrinus nahezu eine Selbstver-

Abstecher

Knokke

In einer wunderschönen Dünenlandschaft nahe der niederländischen Grenze liegt Knokke-Heist, neben Oostende das eleganteste belgische Seebad. Der Sandstrand ist 12 km lang.
Der Aufstieg von Knokke begann 1880, als es sich rasant von einem kleinen Fischerdorf zu einem der mondänsten Badeorte Europas entwickelte. Besonders schön sind die Spazierwege »Bloemenwandeling« durch den Villenvorort Het Zoute, »Landelijke Knokke« sowie »Polderwandeling« durch die schöne Dünenlandschaft. In Heist ist das Polder- en Visserijmuseum Sincfala mit Exponaten über Fischerei, Handwerk und Alltagsleben an der Küste einen Besuch wert.

Am Strand von Knokke

te treu geblieben. Der Obst-, Gemüse- und Blumenanbau ist das zweite wichtige Standbein der Stadt. Die wichtigsten Sehenswürdigkeiten liegen im gut erhaltenen historischen Stadtkern zwischen der Grafenburg und der etwas erhöht stehenden und von weitem sichtbaren St.-Bavo-Kathedrale (14. Jh.) mit dem »Genter Altar« der Brüder Hubert und Jan van Eyck (15. Jh.) als größtem Kirchenschatz. Der gegenüber liegende 95 m hoch aufragende Glockenturm Belfort (Belfried) galt im 14. Jh. als Symbol des aufstrebenden Bürgertums. Der Belfort ist 88 m hoch und beherbergt die frühere städtische Schatzkammer. Er ist mit 47 Turmglocken ausgestattet. Einen Besuch wert sind die Tuchhalle, die Große Fleischhalle, die Grafenburg und das Rathaus.
15 km entfernt von Gent liegt zwischen Deinze und Gent das Wasserschloss Ooidonk, eine Anlage aus dem 17. Jh. Der Name des Schlosses bedeutet »hoch gelegener Platz im Sumpfland«, das auf das ältere Niederfränkische »hodonk« zurückgeht. Sowohl das Flämische als auch das Niederländische sind Realisationen einer Sprachwurzel, die ins fränkische Reich zurückdatiert.
Auf dem Weg nach Brügge kommt man durch Eeklo, in dessen traditionsreicher Geneverbrennerei, Jeneverhuis Van Hoorebeke der Wacholderschnaps hergestellt wird. Der Genever schmeckt würziger als der ähnliche englische Gin, und der oude Genever ist gelblich.

⑰ **Brügge** Die Hauptstadt Westflanderns ist mit ihrer halbkreisförmigen, von Grachten durchzogenen Altstadt ein Musterbeispiel mittelalterlicher Städtebaukunst. Sie galt nach Venedig als prachtvollste und reichste Stadt der damals bekannten Welt. Alle wichtigen Handelshäuser hatten in Brügge Niederlassungen, die Herzöge von Burgund hielten prunkvoll Hof und die Kunst hatte einen hohen Stellenwert. Künstler wie Jan van Eyck oder Hans Memling waren als Stadtmaler engagiert. Brügge lässt sich am besten bei einem Rundgang erkunden. Das Stadtzentrum bildet nach wie vor der Grote Markt, der im Mittelalter farbenprächtige Ritterspiele erlebt hat. Hier erhebt sich auch der Belfort, der 83 m hohe Turm. Vom Grote Markt führt die Vlamingstraat in das »Hanseatische Brügge« zu schönen Bürger- und Handelshäusern aus dem 14. und 15. Jh., zum Alten Zollhaus und zum Burgplein. Weiter geht es zum Groeninge-Museum, das Exponate der belgischen Moderne zeigt, und zum Gruuthusepalais aus dem 15. Jh. Er war das prunkvolle Domizil eines reichen Patriziergeschlechtes, das sein Geld durch das Recht verdiente, Steuern auf die Zutaten der Bierbrauerei, die »Gruute«, zu erheben. Die gotische Onze Lieve Vrouwekerk, die Liebfrauenkirche, deren wuchtiger, 122 m hoher Turm an ungewöhnlicher Stelle an der linken Seite der Hallenkirche aufragt, birgt einen der größten Kunstschätze der Stadt: Die »Brügger Madonna« von 1503, die als erstes Werk Michelangelos zu Lebzeiten des Künstlers über die Alpen gelangte.
Interessant ist auch das alte Schleusenhaus am Südende des Wijngaardplaats. Es dient dazu, den Wasserstand der Stadtkanäle zu regulieren, angesichts der meist hölzernen Häuserfundamente eine wichtige Aufgabe. Das dahinter in einem Park gelegene Minnewater war im Mittelalter das Haupthafenbecken der Stadt.
Nach so viel »Reise ins Mittelalter« locken die nur wenige Kilometer entfernten Nordseebäder Knokke, Zeebrugge, Blankenberge oder Oostende.

1 Eine Zeitreise ins Mittelalter ermöglicht das historische Brügge. Der Belfort von Brügge spiegelt sich hier im Wasser der Dijver.

2 Die mittelalterliche Marienkirche Onze Lieve Vrouwekerk in Brügge. In der Nähe finden sich einige Beginenhöfe, eine frühe Einrichtung für mittellose Frauen.

Haarlem Die Altstadt der in der Blumenzwiebelzucht führenden Stadt schmücken Giebelhäuser und die mächtige Grote Kerk.

Alkmaar Im Sommer findet an jedem Freitag das farbenfrohe »Käsespektakel« (tragen, wiegen und probieren) auf dem hübschen Marktplatz statt.

Amsterdam Trotz ihres historischen Antlitzes ist die Hauptstadt der Niederlande eine jugendliche Stadt – auf mehreren Inseln errichtet, von halbkreisförmigen Grachtenbögen durchzogen, reich an Sehenswürdigkeiten sowie an Museen und Sammlungen von Weltrang.

Hoorn Einem Hoorner Seemann verdankt Kap Hoorn seinen Namen. Das IJsselmeer-Örtchen ist jedoch weniger rau als die südamerikanische Landspitze.

Den Haag Die niederländische Regierung, der Internationale Gerichtshof und das UN-Kriegsverbrechertribunal tagen in bedeutenden historischen Gebäuden. Kunst vom Feinsten zeigen die Museen.

Keukenhof Auf 28 ha präsentieren die Blumenzüchter ihre Pflanzen – ein einziges Blütenmeer.

Rotterdam Die Stadt im Mündungsgebiet von Maas und Rhein ist von moderner Architektur, wie der Erasmusbrücke, und dem weltgrößten Hafen geprägt. Seine Anlagen am Nieuwe Waterweg erstrecken sich über 20 km Länge.

Edam Seit dem 17. Jh. blüht in Edam der Käsehandel. Ein schöner Käsemarkt findet traditionell an jedem Mittwoch von Juli bis August statt. Doch bevor die rot oder gelb umhüllten Käsekugeln die kleine Stadt am IJsselmeer weltbekannt gemacht haben, war sie als Werftenstandort ein Begriff.

Gouda Nicht nur wegen des gleichnamigen Käses ist die Stadt einen Besuch wert. Auch die malerische Altstadt mit dem gotischen Rathaus bezaubert.

Delft Der Grote Markt und die Nieuwe Kerk sowie das Stadhuis machen die Stadt der weiß-blauen Porzellankacheln zu einer der schönsten in den Niederlanden.

Kinderdijk Am Zusammenfluss von Noord und Lek bietet sich ein Bilderbuchpanorama: 19 nebeneinander aufgereihte Poldermühlen, die einst ein Pumpwerk angetrieben haben.

Antwerpen Der Hafen an der Schelde ist einer der größten der Welt und hat die Stadt zum Zentrum des Diamantenhandels gemacht. Besonders sehenswert sind das Rubenshaus und der Grote Markt.

Brügge Die von Kanälen durchzogene Altstadt bietet eine europaweit einmalige mittelalterliche Kulisse mit herrlichen Plätzen, Bürger- und Handelshäusern aus dem 14. und 15. Jh. sowie Kirchen und Museen.

Gent Die meisten Sehenswürdigkeiten des Mittelalters liegen zwischen der Grafenburg und der St.-Bavo-Kathedrale: der Glockenturm Belfort, die Tuch- und die Fleischhalle, die Nikolauskirche und viele mehr.

Brüssel Die belgische Hauptstadt (und Hauptstadt Europas) ist für ihre exzellente Gastronomie weltbekannt. Weltberühmte Aushängeschilder Brüssels sind auch die riesengroße Grand Place und das Atomium, das nur 60 cm große Manneken Pis, die Jugendstilgebäude, Museen und Paläste der Stadt – und natürlich die fein geklöppelten Brüsseler Spitzen.

Mechelen Schätze der Romboutskathedraal sind ein Gemälde van Dycks und das Glockenspiel. Ihr Turm ist 97 m hoch. Ursprünglich sollte er alle anderen seiner Zeit überragen und 167 m Höhe erreichen.

Route 15

Normandie, Bretagne

Der malerische Fischereihafen von Saint-

Kreide und Granit: steinerne Natur- und Kulturlandschaften am Atlantik

Lieblich ist die Landschaft nicht, die sich im Nordwesten Frankreichs gegen den Ärmelkanal hin vorstreckt. Die windumtoste Küste und das grüne Hinterland strahlen jedoch eine Magie aus, der sich kaum ein Reisender zu entziehen vermag. Und für die gesamte Region zwischen Le Havre und Nantes gilt: Jeder Stein ist Geschichte.

Die atlantische Brandung, die schroffen Felsklippen, die weiß leuchtenden Kreidefelsen und dazwischen die langen Sandstrände: An den Küsten der Normandie und der Bretagne zeigt sich die Natur in ungebrochener Urgewalt und von geradezu archaischer Schönheit. In dieses Bild fügen sich verschlafene Fischerdörfer und laute Hafenstädte ebenso ein wie mondäne Seebäder und gemütliche Ferienorte. Die mehrere tausend Jahre zurückreichende Geschichte hat eine solche Fülle von Relikten hinterlassen, dass die ganze Region als Freilichtmuseum bezeichnet werden könnte. Schlösser und Herrenhäuser, Abteien und Kathedralen, gut erhaltene Altstädte, Fachwerkhäuser und Steinbauten zeugen von Zeiten der Macht und des Wohlstandes.

Fort La Latte an der bretonischen Côte d'Armor

An die kriegerischen Zeiten in dunkler Vergangenheit erinnern wuchtige Burgen und Wehrtürme. Die Normandie haben Kelten, Römer und Germanen bis ins 5. Jh. beherrscht. Später kamen die Wikinger und die Normannen. Über Jahrhunderte tobte der Krieg zwischen England und Frankreich, dann verwüsteten die Hugenotten das Land. Das alles war jedoch nichts gegen die Besetzung durch die Deutschen 1940. Vier Jahre später wurde die Normandie vollends zu einem Schlachtfeld. Die alliierten Truppen landeten am 6. Juni 1944, dem so genannten »D-Day«, an den Stränden des Calvados und des Cotentin. Als die Normandie im September 1944 schließlich befreit wurde, lagen zahlreiche Städte in Schutt und Asche.

Heute erlebt die Normandie die friedlichsten Zeiten ihrer Geschichte. In dem rund 30 000 km² großen Land dominiert die Agrarwirtschaft, von Hecken gesäumtes Weideland, Felder und Apfelplantagen prägen das Bild.

Die rund 600 km lange Küste macht die Normandie zu einer beliebten Ferienregion. Im Juli und August strömen die Franzosen zu Tausenden in die Urlaubsorte. Von dort aus bieten sich interessante Abstecher zu Sehenswürdigkeiten wie Mont Saint-Michel an.

In der Bretagne entstand vor unserer Zeitrechnung eine Kultur, die der Wissenschaft Rätsel über Rätsel aufgibt: Wer waren die Menschen der Megalithkultur?

Die eindrucksvolle normannische Kreideküste bei Étretat nördlich von Le Havre mit den Falaises genannten Klippen. Sehenswert in der Nähe der Stadt sind die Falaises d´Amont und die Falaises d´Aval.

Guénolé auf der Halbinsel Bigouden bildet die Südwestspitze der Bretagne.

Dienten die Menhire, die Steinsetzungen aus der Zeit von 5000 bis 2000 v. Chr., als Sonnen- oder Mondkalender? Waren es Fruchtbarkeitssymbole, Kultstätten oder Prozessionsstraßen? Für alle diese spannenden Fragen gibt es nicht einmal ansatzweise Erklärungen.

Ab 500 v. Chr. lichtet sich das Dunkel der Geschichte. Um diese Zeit kamen die Kelten und siedelten in der Bretagne, die sie »Armor« nannten: »Land am Meer«. Obwohl sie um 500 missioniert wurden, haben sich viele ihrer vorchristlichen Bräuche und Legenden erhalten, ebenso wie die bretonische Sprache. Und auch bestimmte Charaktereigenschaften der Kelten leben weiter: Phantasie und Eigensinn sind besonders ausgeprägt, und das gepaart mit einer großen Portion Stolz. Die rund 27 200 km^2 große Bretagne ist heute die Agrarregion Frankreichs schlechthin. Sie punktet vor allem in der Fischerei, und fast jeder Wolfsbarsch oder Seeteufel (»Loup de Mer«) kommt von ihrer Küste. Auch Ausfuhr von Frühgemüse sowie Fleisch- und Milchverarbeitung sind ihre Domänen. Und als Tourismusregion rangiert sie mit ihrer 1200 km langen Küste auf Platz zwei nach der Côte d'Azur.

Der Wind und die Steine, das Grün der Wiesen und die Gischt des Atlantiks, all das hat die Bretagne bekannt gemacht. Internationale Berühmtheit aber erlangte sie erst durch Asterix und Obelix. Sie sind nach König Artus die bekanntesten Bretonen und entzücken die Leser auf der ganzen Welt, seit die erste Bildgeschichte von René Goscinny und Albert Uderzo 1959 erschien. Der einzige Wermutstropfen: Ein real existierendes Dorf der beiden Helden ist in der ganzen Bretagne nicht zu finden.

St. Malo an der Nordküste der Bretagne liegt auf einer Granitinsel.

Normannisch-bretonische Küstentour: Die Route führt von Paris an die wildromantische Kreideküste der Normandie und zu den Stränden, an denen 1944 die Alliierten landeten. In der Bretagne bietet sie einzigartige Natur- und Landschaftserlebnisse und konfrontiert mit den Rätseln prähistorischer Kulturen und Mythen.

1 Paris siehe Tour Nr. 16
Die Fernstraße N 15 ist eine gute Möglichkeit, um von Paris durch das Tal der Seine in die Normandie zu gelangen.

2 Rouen Die normannische Metropole besitzt trotz ihrer Binnenlage einen der größten Seehäfen Frankreichs. Was den Besucher fasziniert, ist aber die historische Altstadt. Die alten Gässchen mit ihren oft windschiefen Fachwerkhäusern, die Kirchen mit überreicher Ornamentik, die prachtvolle Kathedrale Notre-Dame und der Rest der Festungsanlage sind touristische Highlights.

3 Fécamp Hier erreicht die Straße die Côte d'Albâtre, die Alabasterküste, an der die bizarren Kreidefelsen bis zu 110 m ins Meer abfallen. Fécamp war einst berühmt für zwei Dinge: den Fischereihafen und den Kräuterlikör Bénédictine. Von der Benediktinerabtei ist noch die Kirche Sainte-Trinité erhalten.

4 Étretat Das Dorf war eines der Fischerdörfer, die im 19. Jh. von Künstlern als besonders »malerisch« entdeckt wurden. Der Ort liegt in einer Bucht, die an beiden Seiten höchst romantisch von Felsen eingerahmt wird. Die für den kleinen Ort erstaunlich große Kirche Notre-Dame (13. Jh.) sollte besucht werden.

5 Le Havre Die Stadt an der Mündung der Seine war im Zweiten Weltkrieg von den Deutschen besetzt und wurde eine Woche lang von den Alliierten bombardiert. Die bedeutende Hafenstadt wurde wieder aufgebaut und präsentiert sich jetzt modern und zweckmäßig. Der beeindruckendste Bau ist die 1988 eingeweihte längste Hängebrücke Europas. Das Kunstmuseum zeigt eine Sammlung impressionistischer und kubistischer Bilder.

6 Honfleur Die traditionsreiche Hafenstadt ist vermutlich die schönste Stadt an der Côte Fleurie, der Blumenküste. Das architektonische Schmuckstück verströmt mit seinem alten Hafen, den von schmalen Häusern gesäumten Kais und dem steil ansteigenden Viertel Ste.-Catherine

Reiseinformationen

Routen-Steckbrief
Routenlänge: ca. 1400 km
Zeitbedarf: 10–14 Tage
Start: Paris
Ziel: Nantes
Routenverlauf: Paris, Rouen, Le Havre, Honfleur, Caen, Brest, Quimper, Lorient, Nantes

Verkehrshinweise:
Am Steuer gilt eine Promillegrenze von 0,5. Die Höchstgeschwindigkeit beträgt in Städten 50 km/h, auf Landstraßen 90 km/h, auf Schnellstraßen 110 km/h und auf Autobahnen 130 km/h.

Beste Reisezeit:
Ideal sind Frühjahr und Herbst, denn im Hochsommer herrscht in den Badeorten Hochbetrieb. Hitze ist kein Thema: Die Durchschnittstemperaturen liegen im Mai bei 15 °C, von Juni bis September bei 18–20 °C und im Oktober bei 15 °C.

Übernachtung:
Ferienhäuser in der Bretagne vermitteln Vacances Parveau *(Oberstr. 25, 53844 Troisdorf, Tel. 0228/45 33 96, www.parveau.de).*

Auskünfte:
Französisches Fremdenverkehrsamt in Frankfurt *(Westendstrasse 47, Tel. 069/57 00 25; www.franceguide.com)*

Abstecher

Halbinsel Cotentin

Die an drei Seiten vom Meer umgebene Halbinsel Cotentin ist die urwüchsigste Landschaft der Normandie. Ihre Küsten sind meist zerklüftet, zwischen den schroffen Felsen dehnen sich aber lange Sandstrände aus. Im Süden schirmt die Halbinsel ein breites Moorgebiet gegen das Hinterland ab. Vor allem im Norden gleicht die Landschaft mit ihren grünen Weiden und Steinwällen der von Irland oder Südengland. Der Landung der US-amerikanischen Truppen am 6. Juni 1944 wird an vielen Orten gedacht. Bei La Madeleine erinnert ein Museum an die Truppen, die am »Utah Beach« an Land gingen. Bei Crisbec sind massive Festungsanlagen zu sehen, Teil des deutschen Atlantikwalls. In Sainte-Mére-Église hängt ein Fallschirmspringer – als Puppe – vom Kirchturm, außerdem gibt es ein Kriegsmuseum.

Fischerboote im Hafen von Barfleur im Norden der Halbinsel

Die wichtigste Stadt, Cherbourg, ging aus dem Zweiten Weltkrieg unversehrt hervor. In den Straßen und engen Häuserzeilen spürt man noch die Atmosphäre des 18. und 19. Jh. Die Regenschirme von Cherbourg, die dem vielfach ausgezeichneten Film *(Les parapluies de Cherbourg)* von 1963 ihren Namen gaben, werden immer noch produziert.

sowohl Fischerdorf-Romantik als auch künstlerisches Flair. In der ältesten Kirche St.-Étienne aus dem 14. Jh. ist das Musée de la Marine untergebracht.

7 Deauville Der Ort ist der Inbegriff des mondänen Badeortes, Mitte des 19. Jh. kamen die Reichen und die Schönen in Scharen in die teuren, z. T. noch heute existierenden Luxushotels. Das eigentliche Zentrum des Ortes ist das Kasino, zu den legendären Plätzen zählt die aus Holzplanken bestehende Promenade des Planche.

8 Caen Im Zweiten Weltkrieg zu drei Vierteln zerstört, präsentiert sich Caen heute als eine moderne Stadt. Ihr historischer Stolz sind jedoch die beiden Abteien Abbaye-des-Dames und Abbaye-aux-Hommes.

Einen Abstecher lohnt die Halbinsel Cotentin mit Cherbourg und auch Dörfern wie Barfleur. Von Coutances am Südende der Halbinsel geht es auf der D 971 weiter Richtung Süden.

9 Granville Das »Monaco des Nordens« präsentiert sich als Mischung aus mittelalterlicher Stadt und Fischerdorf. Die beeindruckende Altstadt liegt hoch oben auf einem Felsen, zu den bekanntesten Gebäuden zählt das 1910 eröffnete Casino. Im rosafarbenen Haus mit exotischem Garten verbrachte der Modeschöpfer Christian Dior seine Kindheit, heute ist es als Dior-Museum zu besichtigen.
Richtung Avranches eröffnen sich von der unmittelbar an der Küste verlaufenden D 911 herrliche Ausblicke auf die Bucht von Mont Saint-Michel.

10 Mont Saint-Michel Die meistbesuchte Sehenswürdigkeit Frankreichs ist kein Ort der Geruhsamkeit und Stille, doch ist der Zauber dieses Ortes immer noch spürbar. Sensationell ist schon die Lage auf einem kegelförmigen Berg in einer Bucht, in der der Tidenhub wechselweise den Berg zu einer Insel oder zu einem Felsen im Sand werden lässt. Einsiedler errichteten die ersten Gebetshäuser, bis dem heiligen Aubert der Legende nach im 8. Jh. vom Erzengel Michael aufgetragen wurde, auf dem Berg ein Heiligtum zu errichten. Die Silhouette entwickelte sich ab dem 13. Jh. weiter. Die Kirche Notre-Dame-sous-Terre, die neue Abteikirche, der Klosterkomplex auf drei Ebenen, der Kreuzgang und der Salle de Chevaliers sind die interessantesten Punkte.

Aus der Bucht von Mont St.-Michel führt die D 155 an die Côte d'Emeraude, die Smaragdküste, an der die die wohl schönsten Ort der bretonischen Nordküste liegen.

11 Saint-Malo Die alte schwer zerstörte Korsarenstadt wurde nach 1945 originalgetreu wieder aufgebaut. Die Ville Close, die

1 Sechsstöckige Bürgerhäuser aus dem 17. Jh. säumen den Hafen von Honfleur.

2 Mont Saint-Michel, die Abtei auf der Felseninsel, ist ein unvergleichliches Bauwerk der Kloster- und Festungsarchitektur.

3 Blick auf die Stadtmauer von St. Malo, die die originalgetreu wiederaufgebaute Altstadt umgibt.

Abstecher

Dinan

Das hoch über dem Tal der Rance liegende Dinan zählt zu den beeindruckendsten Städten der Bretagne. Beherrscht wird der Ort von der mächtigen Burg mit dem Wohnturm von Duchesse Anne aus dem 14. Jh. Eine 3 km lange Mauer, in der noch 16 Türme bzw. Tore erhalten sind, umgibt die überaus malerische Altstadt auch heute noch fast

Oben: Blick auf Dinan mit der gotischen Brücke über den Rance
Unten: Gasse in Dinan

zur Gänze. Auch die Altstadt selbst hat sich mit ihren alten Gassen, Fachwerkhäusern, Bürgerhäusern und Kirchen den mittelalterlichen Charakter bewahrt. Dass die Stadt reich war, ist unübersehbar. Tatsächlich war der Handel mit Tuch, Leinwand, Holz und Getreide vor allem im 18. Jh. ein einträgliches Geschäft. Sehenswert sind die Kirchen St. Sauveur, die teils im 12. Jh. erbaut wurde und einen spätgotischen Giebel hat, und die Kirche St. Malo aus dem 15. Jh., deren Glasfenster die Geschichte der Stadt erzählen. Einen Besuch wert ist auch das Franziskanerkloster. Es beherbergt heute eine Schule, der gotische Kreuzgang kann aber besichtigt werden. Ruhe und Erholung finden Stadtspaziergänger im Englischen Garten beim Aussichtspunkt Tour Ste. Catherine.

Pointe de Saint-Mathieu: Rund 20 km westlich von Brest steht ein einzigartiges bauliches Ensemble auf einer 30 m hohen Landzunge: Neben der Ruine der ehemaligen Benediktiner-Abteikirche Notre-Dame-des-Grâce, die in Teilen aus dem 12. Jh. stammt (Westfassade), im Wesentlichen aber im 13. bis 16. Jh. errichtet wurde

und der Dorfkirche von Saint-Mathieu steht der 36 m hohe Leuchtturm und sowie ein eckiger Signalturm. Der Leuchtturm wurde 1835 u. a. mit Steinen der Kirchenruine gebaut und gibt den Seefahrern entlang der Côte des Abers, die zu den gefährlichsten Gewässern der bretonischen Küste gehört, Orientierung

Die »Calvaires« der Bretagne

Zu den großen Sehenswürdigkeiten der Bretagne zählen die Kalvarienberge aus Granit, die Calvaires. Einige der schönsten finden sich im Tal von Elorn zwischen Morlaix und Brest, ein gut ausgeschilderter »Circuit des Enclos Paroissiaux« verbindet die interessantesten.
Um Christus am Kreuz gruppieren sich die biblischen Figuren der Passionsgeschichte, dazu Apostel und Heilige. Geschaffen wurden die Calvaires von bretonischen Künstlern meist in Zeiten der Pest. Alle Calvaires stehen in »enclos paroissiaux«, in ummauerten Kirchhöfen. Der Zutritt für die Gläubigen erfolgte durch ein großes Tor, die

Der figurenreiche Kalvarienberg von Saint-Thégonnec

»porte triumphale«. Neben den Kalvarienbergen wurden die Kirche und das Beinhaus (ossuaire) errichtet, daraus ergab sich ein imposanter Kirchenkomplex. Bei der Gestaltung der Pfarrhöfe wetteiferten die Nachbargemeinden miteinander.
Einer der eindrucksvollsten ist der 1610 errichtete Kalvarienberg des Dorfes Saint-Thégonnec. Er stellt die Leidensgeschichte Jesu Christi in äußerst packender Weise dar. Darüber ist der heilige Thégonnec abgebildet. Er soll der Legende nach vor seinen Karren einen Wolf gespannt haben, nachdem sein Esel von Wölfen aufgefressen worden war. Sehenswert ist in der Kirche von Saint-Thégonnec auch die Kanzel.

1

Altstadt mit ihren Granithäusern aus dem 17. und 18. Jh., und die Promenade auf den Wällen, sind Lichtblicke.
Die Straße nach Dinard führt über den 750 m langen Damm des Gezeitenkraftwerks in der Rance, das eine 65 m lange Schleuse besitzt.

12 Dinard Das zweitgrößte Seebad der Bretagne ist eine Gartenstadt, die sich sanft in eine Hügellandschaft schmiegt, der Spaziergang über die Promenade du Clair de Lune ist Pflicht. Sie war und ist der Treffpunkt der illustren Gesellschaft schlechthin.
Ein lohnender, 22 km langer Abstecher führt von hier Richtung Süden nach Dinan, dem hoch über der Rance gelegenen mittelalterichen Städtchen.
Wer diesen Abstecher auslässt, den führt die landschaftlich schöne Küstenstraße über das Cap Fréhel zur Hauptstadt der Côte d'Armor, St.-Brieuc, das etwa 3 km landeinwärts liegt.

13 St.-Brieuc besitzt eine gut erhaltene Altstadt mit schönen alten Fachwerkhäusern, darunter das Hôtel des Ducs de Bretagne. Die zweitürmige Kathedrale aus dem 13.Jh., die im 18./19. Jh. umgebaut wurde, wirkt geradezu festungsartig.

2

14 Côte de Granit Rose Dem Fischereihafen Paimpol vorgelagert liegt die Ile-de-Bréhat, ein Vogelreservat, dessen Küsten ebenso wie jene der umliegenden 86 Inseln aus rotem Granit bestehen. Dieser Stein gab der ganzen Küste den Namen Côte de Granit Rose. Sehenswert ist auch der Fischerort Ploumanach wenige Kilometer weiter nördlich sowie Plougrescant an der Mündung des Jaudy nördlich von Tréguier. Auch aus rotem Granit ist die Kapelle in dem kleinen Seebad Perros-Guirec.
Von Lannion führt die Straße entlang der Küste weiter ins Finistère – zum Ende der Welt. Hier präsentiert sich die Bretagne wie im Bilderbuch: Der Atlantik tost an der wild zerklüfteten Felsenküste. Leuchttürme stehen auf umbrandeten Riffen, die Fischernester mit ihren trotzigen Steinhäusern sind malerisch, viele Orte haben berühmte ummauerte Kirchhöfe.

15 Morlaix Die Hafenstadt hat eine sehr sehenswerte Altstadt mit mittelalterlichen Häusern, ihr Stadtbild wird von einem monumentalen Eisenbahnviadukt geprägt.
Wer sich für die Pfarrhöfe mit ihren Calvaires interessiert, der biegt hier auf die N 12 ins Tal von Elorn nach St.-Thégonnec ab (siehe Randspalte).

16 Roscoff Vom stark frequentierten Badeort mit schönen alten Fischerhäusern besteht eine ständige Fährverbindung nach

England und Irland. Wissenschaftliche Bedeutung hat das Laboratorium für die ozeanografische und meeresbiologische Forschung.

17 Brest Die Stadt wurde von Richelieu im 17. Jh. zum größten Kriegshafen Frankreichs ausgebaut. Im Zweiten Weltkrieg wurde sie völlig zerstört; seit dem Wiederaufbau ist sie die modernste Stadt des Landes und ein wichtiger Marinestützpunkt. Die 87 m lange Pont de Recouvrance ist mit ihrer Pfeilerhöhe von 64 m die größte Zugbrücke Europas. Am Yachthafen Moulin Blanc liegen das Forschungszentrum und das Meeresmuseum Océanopolis. Ein kleiner Abstecher in den Westen führt auf die Pointe de St.-Mathieu mit in einem Kloster gelegenen Leuchtturm. Von Brest geht es auf der Autobahn N 165 die Brester Bucht entlang nach Le Faou, einem Ort mit interessanten mittelalterlichen Granithäusern. Über die D791 erreicht man die Halbinsel Crozon mit ihrer schönen Steilküste.

18 Crozon Der Hauptort der gleichnamigen Halbinsel ist ein beliebter Urlaubsort. Zwischen steilen Felsen liegen herrliche Sandstrände, malerische Meeresgrotten können per Boot besichtigt werden. Vier Landzungen strecken sich ins Meer. Auf einer liegt Camaret-sur-Mer, einst der wichtigste Hummer- und Langustenhafen Frankreichs. Sehenswert ist das Château Vauban, eine nach Plänen des gleichnamigen Baumeisters Ludwigs XIV. errichtete Festung. Westlich von Camaret-sur-Mer befinden sich die Alignements des Lagatjar – in drei Reihen U-förmig angeordnete Quarzit-Menhire. Eine herrliche Aussicht genießt man vom schönsten Kap der Halbinsel, Pointe de Penhir.

19 Douarnenez In der Stadt gibt es sehenswerte alte Viertel, sie ist einer der wichtigsten bretonischen Fischereihäfen. Das Schiffsmuseum zeigt eine Sammlung von Booten und allerlei Wissenswertes über den Schiffsbau.
In der Umgebung der Stadt laden beliebte Badeorte zu einem Strandtag ein.

20 Pointe du Raz Der 70 m hohe Felsen ist der westlichste Punkt Frankreichs und zählt zu den meistbesuchten Orten der Bretagne. Den halbstündigen Aufstieg über den Felskamm zur Spitze unternehmen täglich unzählige Urlauber. Und das zurecht, denn von oben öffnet sich ein Blick auf eine Urlandschaft aus Felsen und Riffen, umbrandet von den Wellen des Atlantik. Vorgelagert ist die kleine Insel Ile de Sein. Sie ist flach und hat kaum Vegetation, aber die Häuser der flachen, fast vegetationslosen Insel leuchten weiß herüber. Und weit draußen im Meer weist der mächtige, 1881 auf einem Riff gebaute Leuchtturm Phare d'Ar-Men Schiffen bis zu einer Entfernung von 50 km den Weg.

21 Quimper Die Hauptstadt von Finistère ist eine hübsche alte Stadt mit einigen autofreien Straßen, die von den Dächern der mittelalterlichen Häuser und

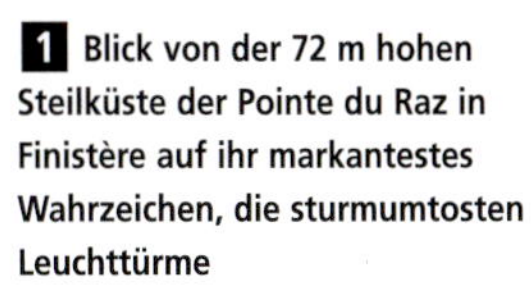

1 Blick von der 72 m hohen Steilküste der Pointe du Raz in Finistère auf ihr markantestes Wahrzeichen, die sturmumtosten Leuchttürme

2 Ile-de-Bréhat an der Côte de Granit Rose, der Küste mit dem rosafarbenen Granit. Hier ist man abseits der Ferienorte.

3 Bretonisches Steinhaus an der Nordspitze der Bretagne bei Plougrescant unweit von Tréguier

4 Der Naturhafen von Brest mit dem mächtigen Château de Brest aus dem 12.–17. Jh. Die Stadt ist auch einer der wichtigsten Marinestützpunkte Frankreichs.

5 Einsames bretonisches Haus an der Pointe du Raz – ein Domizil für Individualisten

Abstecher

Quiberon

Die Halbinsel Quiberon war vor langer Zeit eine Insel. Jetzt ist sie nur durch einen schmalen Isthmus mit dem Festland verbunden. In dem Ferienparadies erster Klasse gibt es vielfältige Angebote für Badeurlaub und Wassersport. Die Côte Sauvage ist ein zerklüftetes Felsband, das immer wieder von kleinen Sandbuch-

Quiberon: Küste im Abendlicht

ten unterbrochen wird. An der Ostküste liegen breite Sandstrände, die sich gut für geruhsame Familienurlaube eignen, aber auch für sportliche Aktivitäten wie Windsurfen und Strandsegeln. Im Ort Quiberon werden schmerzlindernde Thalasso-Therapien angeboten. St. Pierre-Quiberon hat eine Steinallee, bestehend aus 22 Menhiren.

1

spitzen Kirchtürmen überragt werden.
Sehenswert ist besonders die gotische Kathedrale St.-Corentin mit ihren prachtvollen Glasfenstern (15. Jh.) und ihren beiden 76 m hohen Türmen. Das Musée Departemental Breton gibt einen umfassenden Überblick über die bretonische Geschichte und Kultur.
Point-l'Abbé südlich von Quimper ist eine kleine Stadt, die vor allem durch ihre Spitzenklöppelei und Stickerei weit über ihre Grenzen hinaus bekannt geworden ist.

Auf dem Weg nach Quimperlé passiert man Pont Aven, wo Paul Gauguin von 1886 bis 1889 malte und zusammen mit Emile Bernard den expressionistischen Malstil entwickelte. Das Musée de Pont-Aven gibt Einblick in diese Zeit. Am Ufer des Aven führt ein gut ausgeschilderter Spazierweg zu den bevorzugten Plätzen der Maler.

22 Quimperlé In der Kleinstadt mit ihrer malerisch auf einer Landzunge zwischen den beiden Flüssen Isole und Ellé gelegenen Unterstadt finden sich hübsche

2

alte Häuser, sehenswert ist auch die Rotundenkirche Ste.-Croix.
Die Route führt nun in den südlichen Teil der Bretagne. Die Hafenstadt Lorient verfügt über nicht weniger als fünf Häfen, darunter einen der wichtigsten Fischereihäfen Frankreichs. In Auray, 18 km vor Vannes, sollte man den Abstecher zu den rund 3000 Menhiren von Carnac und von dort die Weiterfahrt über die Halbinsel nach Quiberon nicht auslassen.

St. Thégonnec Die Kanzel und der Kalvarienberg der Dorfkirche sind Meisterwerke bretonischer Kunst des 17. Jh.

Côte de Granit Rose Pittoreske rosafarbene und rötliche Felsen prägen die nördlichste Landspitze der Bretagne. Wind und Wellen haben sie oft blank geschliffen.

Cap Frehel Von den rot geäderten Felsen aus kann man an klaren Tagen bis nach Saint Malo und zu den Kanalinseln blicken. Das 70 m hohe Klippenpanorama erlebt man bei einem Bootsausflug.

Brest Im Zweiten Weltkrieg wurde Frankreichs größter Kriegshafen fast völlig zerstört. Heute ist Brest eine der modernsten Städte des Landes.

Pointe de Saint Mathieu Der erste Eindruck täuscht: Der berühmte Leuchtturm 20 km westlich von Brest steht nicht auf alten Klostergemäuern (12.–16. Jh.), sondern dahinter.

Pointe du Raz Frankreichs westlichster Punkt ist ein 70 m hoher, vom Atlantik umspülter Felsen. Der Aufstieg dauert etwa eine halbe Stunde.

Quiberon Die Halbinsel an der Küste von Morbihan ist ein Dorado für Wassersportler. Familien schätzen die windgeschützte Ostküste.

Carnac Der beliebte Badeort war bereits in Vorzeiten eine viel besuchte Stätte. 3000 Menhire (errichtet 4000–2000 v. Chr.) und weitere Steinsetzungen künden davon.

3

23 Vannes Die Hauptstadt von Morbihan ist ein lohnendes Ziel für Romantiker.
Tatsächlich ziehen die mittelalterlichen Gassen, die teilweise erhaltene Ringmauer mit ihren malerischen Türmen und die vielen hübschen Fachwerkhäuser jedes Jahr Tausende Besucher an. Archäologische Schätze aus der Region zeigt das Musée d'Archéologie du Morbikau, das in den Mauern des Château Gaillard aus dem 15. Jh. untergebracht ist. Wer von Vannes nicht direkt über die Autobahn nach Nantes reisen will, dem empfiehlt sich bei La Roche-Bernard der 30 km lange und lohnenswerte Abstecher zur französischen Küste, z. B. nach Le Croisic.

24 Nantes Endpunkt der Fahrt ist Nantes, das über Jahrhunderte mit Rennes um den Titel der bretonischen Hauptstadt stritt und ihn Ende des 19. Jh. endgültig verlor.
Die Stadt östlich der Loiremündung war einst die wichtigste Hafenstadt an der Loire, prächtige Bauten in der Altstadt zeugen davon.
Das Château des Ducs de Bretagne präsentiert sich, umgeben von einem Wassergraben, als eindrucksvolle Festungsanlage. Neben der Kathedrale bezaubern in der malerischen Altstadt die Jugendstilplätze und die edlen Passagen aus dem 18. Jh.

1 **Die Küstenlandschaft auf Quiberon ist atemberaubend. Leuchtende Steilküsten, weiß-blauer Himmel und der stete Wellenschlag laden zum Verweilen ein.**

2 **Fachwerkhäuser vor der Kathedrale St. Corentin in Quimper. Die Hauptstadt des Département Finistére ist auch Bischofssitz.**

3 **Yacht an Yacht dümpelt im Hafen von Le Croisic auf der westlich von St. Nazaire gelegenen Landspitze. In dem beliebten Urlaubsort bieten sich im Sommer vielfältige Wassersportmöglichkeiten.**

Im Reich der Hinkelsteine

In Carnac und Umgebung befindet sich das größte Megalithenfeld der Welt. Rund 3000 Menhire verteilen sich auf mehrere Anlagen, die zum Schutz vor Zerstörung eingezäunt wurden. Am größten und schönsten sind die Alignements von Kerzhero. Entstanden sind die steinernen Zeugen der Vergangenheit in der Zeit von 4000 bis 2000 v. Chr. Außer den Steinen gibt es auch prähistorische Hünengräber; das interessanteste ist der 12 m hohe Tumulus St. Michel, auf dem eine Kapelle steht. Von oben aus bietet sich ein wunderbarer Blick auf das Reich der Hinkelsteine. Noch immer nicht genug Prähistorisches? Kein Problem: In der Umgebung sind auch noch Dolmen (Grabkammern) zu besichtigen.

Carnac: Alignements de Kerlescan

Honfleur Die Stadt an der Côte Fleurie, der Blumenküste, verströmt Hafenromantik. In Honfleurs ältester Kirche ist das Musée de la Marine untergebracht. Das Musee Satie erinnert an den großen Komponisten der Stadt.

Kreideküste bei Étretat Das von Klippen (»Falaises«) gesäumte Dorf wurde im 19. Jh. von Künstlern wie Monet und Courbet entdeckt.

Deauville Der mondäne Badeort war schon Mitte des 19. Jh. beliebt. Davon künden noch heute Luxushotels, das Casino und die Promenade des Planches.

Paris Die Hauptstadt Frankreichs ist auch das kulturelle Zentrum des Landes. Wer die zahlreichen Museen (Louvre etc.) und das besondere Flair der Stadt erkunden möchte, sollte sich viel Zeit nehmen.

Dinan Über dem Ort, der als einer der idyllischsten in der Bretagne gilt, ragt ein mächtiges Schloss auf. Kilometerlange Mauern mit 16 Durchlässen umschließen die Altstadt, die auf dem linken Ufer der Rance liegt.

St. Malo Die Granithäuser der Altstadt und die Promenade auf den Wällen sind beeindruckend. Die Stadt wurde originalgetreu wieder aufgebaut.

Mont St. Michel Der zauberhaft in einer Gezeitenbucht gelegene kegelförmige Inselberg ist eine der größten Sehenswürdigkeit des Landes. Im 8. Jh. und insbesondere ab dem 13. Jh. wurde er immer mehr bebaut. Jährlich kommen drei Millionen Besucher auf die kleine Klosterinsel.

Alter Hafen von La Rochelle und die Wachtürme St-Nicolas und Tour de la Chaîne

Route 16

Frankreich

Via Turonensis: Auf alten Pilgerwegen von Paris nach Biarritz

Über die Via Turonensis zogen vor allem Pilger aus den Niederlanden und Nordfrankreich, die unterwegs nach Santiago de Compostela waren. Sie unternahmen die Reise zumeist zu Fuß – auf dem Weg zu ihrem Seelenheil. Auch heute gibt es Reisende, die aus religiösen Gründen dem Jakobsweg und seinen »Zubringern« folgen, doch die meisten interessieren sich wohl eher für die Sehenswürdigkeiten längs des Weges.

Vier Wege führten die Pilger durch Frankreich nach Santiago de Compostela zum Grab des heiligen Jakob: Die Via Tolosana führte von Arles über Montpellier und Toulouse nach Spanien. Auf der Via Podensis zogen die Pilger von Le Puy über Conques, Cahors und Moissac zur Grenze. Die Via Lemovicensis hatte ihren Ausgangspunkt in Vézelay und passierte Avallon, Nevers und Limoges. Die vierte Route schließlich war die Via Turonensis, die als »magnum iter Sancti Jacobi« (großer Weg des heiligen Jakob) bekannt war. Ihr Name geht auf die Stadt Tours zurück, über die sie führte. Ausgangspunkt der Pilger war in Saint-Denis das Grab des heiligen Dionysius, dann ging es durch Paris, durch die Rue Saint-Jacques zur gleichnamigen Kirche, von der heute nur noch der Turm am rechten Seine-Ufer steht. In Orléans war das Grab des heiligen Evurtius das Ziel, in Tours das Grab des heiligen Martin, der von vielen Pilgern mit dem heiligen Jakob verglichen wurde. In

Einzug der Jeanne d'Arc in Orleans, Gemälde von Jean Jacques Scherrer

Poitiers galt es drei Kirchen zu besuchen: Saint-Hilaire, Notre-Dame-la-Grande und Sainte-Radegonde. Das Haupt Johannes des Täufers war in Sain-Jean-d'Angély das Objekt der Verehrung und am Grab des heiligen Eutropius beteten die Pilger in Saintes. Auch Bordeaux hatte mit bedeutenden Reliquien aufzuwarten: mit den Gebeinen des heiligen Severin und dem Rolandshorn. Die mittelalterlichen Pilger wären sicher erstaunt und stünden kopfschüttelnd vor den Bauwerken, die die modernen Pilger entlang der Via Turonensis heute so faszinieren. Während die größten und schönsten Bauwerke im Mittelalter zur Ehre und zum Lob Gottes errichtet wurden, stellte ab der Neuzeit der Mensch sich selbst und seinen Komfort in den Vordergrund.
Reisende unserer Zeit besichtigen insbesondere die Schlösser entlang der Via Tu-

Das inmitten ausgedehnter Wälder gelegene Schloss Chambord ist ein Märchenschloss mit ungeheuren Ausmaßen.

Die moderne Glaspyramide von I. M. Pei vor dem Prachtbau des Louvre ist seit 1989 der Haupteingang des Museums.

ronensis, die Besucher »magisch« anziehen. In der Île de France, im Pariser Großraum, liegen der riesige Schlosskomplex von Versailles, das großartigste Zeugnis des Absolutismus, sowie das Schloss von Rambouillet, das als Sommersitz des französischen Staatspräsidenten noch heute ein Zentrum der Macht ist. Viele weitere prachtvolle Bauten stehen entlang der Loire und ihren Nebenflüssen Indre, Cher und Vienne, wie das gigantische Schloss Chambord, der Stein gewordene Traum König Franz I., oder das fantastische Schloss Chenonceaux sowie die Schlösser Beauregard, Chaumont, Valençay, Loches, Le Lude und Langeais.

Châteaux (Schlösser) ganz anderer Art sind im Land um Bordeaux von Bedeutung. Bordeaux, Médoc und Entre-Deux-Mers sind Namen, bei denen jedem Weinliebhaber das Herz aufgeht. Große Weine, Rotweine in erster Linie, kommen von dort. Um Bordeaux werden die Weingüter, die meist wie echte Schlösser inmitten ihrer Weingärten liegen, Châteaux genannt. Zu den Namen von Weltruf gehören Mouton-Rothschild, Lafitte-Rothschild oder Latour.

Und zu guter Letzt zieht es die heutigen »Autopilger« zu abseits des Weges liegenden Zielen, die den mittelalterlichen Pilgern eher absurd erschienen wären: zu den Stränden am Atlantik. Das Bassin von Arcachon lockt mit Sandstränden und Buchten, die Küsten südlich davon am Golf von Biscaya bieten auch Surfern und Windsurfern Wellen und Wind. Elegantes Leben im Stil des 19. Jh. wird im mondänen Badeort Biarritz zelebriert. Von dort ist es nicht mehr weit bis zum aragonesischen Teil des Jakobsweges, der sich an Spaniens Nordküste entlangzieht.

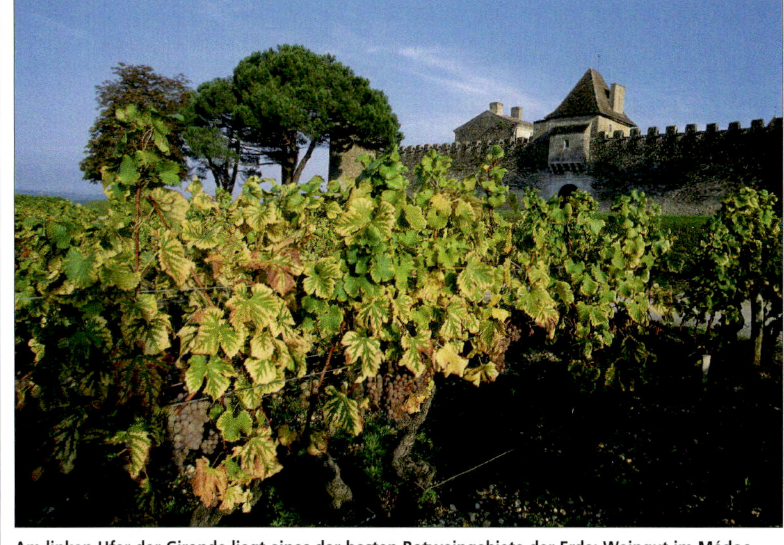

Am linken Ufer der Gironde liegt eines der besten Rotweingebiete der Erde: Weingut im Médoc.

Abstecher

Chartres

Schon von weitem wirkt die Kathedrale von Chartres beeindruckend, wenn sie wie eine Fata Morgana hoch über die weiten ebenen Kornfelder der Beauce aufragt. Und sie erweist sich auch bei näherer Betrachtung als ein Wunderwerk der gotischen Baukunst, dessen größter Teil in der zweiten Hälfte des 12. Jh. entstand. Die Fassade, vor allem in der Portalzone, ist dank ihres rei-

Die Kathedrale von Chartres

chen Skulpturenschmuckes sehenswert, doch den größten Schatz birgt die Kathedrale in ihrem Inneren: Glasmalereien, wie sie in dieser Zahl und Schönheit wohl sonst nirgends zu sehen sind. Die bunten Glasfenster zeigen sowohl biblische wie auch historische Szenen und boten so den meist des Lesens und Schreibens unkundigen Gläubigen einen Fundus an Informationen. Von herausragender Schönheit sind auch die Rosetten, die in ihrem fein ziselierten Maßwerk ebenfalls ein umfangreiches Bildprogramm besitzen: Die Süd- und die Westrosetten illustrieren das Jüngste Gericht, die Ostrosette ist der Jungfrau Maria gewidmet.
Die Kathedrale von Chartres, die seit 1979 zum UNESCO-Weltkulturerbe gehört, sollte man keinesfalls versäumen.

1

Via Turonensis: Die Strecke folgt der französischen Pilgerroute von der Île-de-France nach Orléans an der Loire, passiert flussabwärts verlaufend eine Reihe der schönsten und namhaftesten Loire-Schlösser und führt ab Saumur südwärts in die Gironde nach Bordeaux. Durch Les Landes geht es weiter nach St-Jean-Pied-de-Port, wo sich die Pilger einst vor der anstrengenden Überquerung der Pyrenäen sammelten.

Reiseinformationen

Routen-Steckbrief
Routenlänge: ca. 1100 km
Zeitbedarf: 10–14 Tage
Start: Paris
Ziel: Bayonne
Routenverlauf: Paris, Versailles, Orléans, Blois, Tours, Saumur, Poitiers, Saintes, Cognac, Saint-Emilion, Bordeaux, Saint-Jean-Pied-de-Port, Bayonne

Verkehrshinweise:
Höchstgeschwindigkeit im Ort 50 km/h, auf Landstraßen 90 km/h, auf Schnellstraßen 110 km/h, auf Autobahnen 130 km/h; bei Regen und Schnee muss mit Abblendlicht gefahren werden.

Wetter:
Die besten Jahreszeiten sind für Île-de-France und Loiretal das Frühjahr sowie der Herbst, wenn sich das in allen Rottönen leuchtende Loiretal von seiner schönsten Seite zeigt. Informationen über: *www.meteo.fr* (in französischer Sprache), *www.frankreichinfo.de/wetter* (in deutscher Sprache).

Auskünfte:
Französische Botschaft: *www.botschaftfrankreich.de*
Französisches Fremdenverkehrsamt: Maison de la France, *Westendstr. 47, 60325 Frankfurt, Tel. 0190/ 57 00 25, www.franceguide.com;* Fränkische St. Jakobus-Gesellschaft, *Friedrich-Wencker-Straße 3, 97215 Uffenheim, Tel. 09842/71 76; www.jakobus-gesellschaften.de*
Allgemeine Informationen: *www.theviaturonensis.com*

1 Saint-Denis Der eigentliche Pilgerweg beginnt in Saint-Denis nördlich von Paris. In den großen Zeiten der Jakobswallfahrten lag der Ort nördlich der damaligen Stadtgrenze und war Sammelpunkt für die Pilger aus Paris. In der Kathedrale der Stadt liegt der französische Nationalheilige Dionysius begraben. Die Basilika, in der fast alle Könige Frankreichs beigesetzt sind, gilt als der erste Höhepunkt der gotischen Baukunst.

2 Paris siehe Seite 194–197
Südwestlich von Paris liegt Versailles. Der Name des Schlosses ist untrennbar mit dem Sonnenkönig Ludwig XIV. verbunden und ein Symbol absolutistischer Machtentfaltung.

3 Schloss Versailles Ludwig XIII. ließ an der Stelle des heutigen Prachtbaus zunächst ein kleines Jagdschloss errichten. Unter Ludwig XIV. erfolgte dann schrittweise der Ausbau zur heutigen immensen Größe, später folgten nur noch unbedeutende Erweiterungen wie die Oper unter Ludwig XV.
Zur Zeit des Sonnenkönigs war Versailles der Ort, an dem sich jeder aufhalten musste, der irgendeinen Einfluss im Staat nehmen wollte. Neben den großen prunkvollen Empfangssälen wie Spiegelgalerie, Venussaal, Herkulessaal oder Saal des Überflusses gab es die ebenfalls prachtvoll ausgestatteten Privatgemächer von König und Königin. Ein Kleinod ist die Oper, die 1770 fertig gestellt wurde.
Vorbei an den Wasserspielen des Bassin d'Apollon geht es in die weitläufigen Parkanlagen, in denen sich Grand Trianon, Petit Trianon und Le Hameau befinden. Den Grand Trianon ließ Ludwig XIV. errichten, ein Flügel war für ihn selbst, der andere für seine Geliebte, Madame de Maintenon. Der Petit Trianon entstand für die Favoritinnen Ludwigs XV. Fast eine Absurdität ist der Hameau, ein kleines Dorf mit Bauernhof, Meierei, Mühle und Taubenhaus, wo Marie Antoinette »Bäuerin« spielte – ein Spiel, das ihr bei den Anhängern der Revolution allerdings keine Symphatien einbrachte: sie wurde guillotiniert.

4 Rambouillet Das Schloss ist zwar Sommersitz des französischen Staatspräsidenten, kann aber trotzdem meistens besichtigt werden. Der Bau setzt sich aus Gebäudetrakten in verschiedenen Baustilen zusammen, darunter Gotik, Renaissance und Barock. Erst im Jahr 1783 kam das Schloss in königlichen Besitz,

als Ludwig XVI. es als Jagdschloss erwarb. Erholsam ist ein Bummel im Park und dem angrenzenden Wald von Rambouillet. Auf dem Weg nach Orléans im Süden von Paris lohnt sich ein Abstecher nach Chartres, dessen Name untrennbar mit seiner gotischen Kathedrale, der größten Europas, verbunden ist.

5 Orléans Die Kathedrale der Stadt, Sainte-Croix, ist zwar im gotischen Stil erbaut, stammt aber nur in ganz geringen Teilen aus der Zeit der Gotik. Der in den Religionskriegen zerstörte Ursprungsbau wurde unter Heinrich VI. wiedererrichtet, die Baumeister des 18. und 19. Jh. bauten ebenfalls im gotischen Stil weiter.

In der Maison de Jeanne d'Arc wohnte die Befreierin der Stadt 1429. Das Fachwerkhaus, das im Zweiten Weltkrieg zerstört wurde, wurde originalgetreu rekonstruiert. Nur wenige der vielen schönen alten Bürgerhäuser und Adelspaläste haben die schweren Angriffe im Zweiten Weltkrieg überstanden, darunter das Hôtel Toutin mit einem herrlichen Renaissance-Innenhof. Und natürlich darf in Orléans ein Standbild Jeanne d'Arcs nicht fehlen; man errichtete es 1855 auf der Place du Martroi.

Vor der Weiterfahrt Richtung Blois sollte man unbedingt noch einen lohnenden Abstecher zum schönen Wasserschloss Sully-sur Loire rund 40 km südöstlich von Orléans unternehmen.

Von Orléans selbst bieten sich dem Reisenden zwei Möglichkeiten, nach Chambord, das etwas abseits der Loire liegt, zu reisen: entweder auf dem rechten Loire-Ufer bis Mer, wo eine Brücke über den Fluss führt, oder auf der linken Loireseite auf kleinen Landstraßen.

6 Chambord Franz I. ließ das Schloss an Stelle eines älteren Jagdschlosses errichten. Einsam in ausgedehnten Wäldern gelegen, entstand ein gigantisches Traumschloss mit sagenhaften 440 Zimmern und 70 Treppen. Als Gesamtanlage gleicht es einer Burg, hat Ecktürme, einen Wall und einen Wassergraben. Am Bau hat Leonardo da Vinci mitgewirkt, ihm wird auch die prachtvolle, raffinierte doppelläufige Wendeltreppe zugeschrieben, deren zwei Spiralen so ineinander verschlungen sind, dass Hinauf- und Herabgehende einander nicht sehen können.

Einer der Reize des Schlosses beruht auf der einzigartigen Dachlandschaft mit ihrer Vielzahl an Türmchen und Kaminen. Franz I. hatte die Fertigstellung seines Schlosses nicht mehr erlebt, erst unter Ludwig XIV. wurde weitergebaut. Ludwig XV. schenkte es dem Marschall von Sachsen, der das Schloss aufs Prächtigste renovieren ließ. Nach seinem Tod verfiel das Schloss vorübergehend.

7 Blois In der ersten Hälfte des 17. Jh. war Blois das Zentrum des politischen Geschehens in Frankreich. Mittelpunkt des Städtchens ist das Schloss. Nur selten prägen sich an einem Gebäude die einzelnen Bauphasen so deutlich aus wie hier: Ältester Bestandteil ist der in rotem Backstein mit weißen Tuffsteinverzierungen gehaltene Trakt von Ludwig XII. Weitaus prunkvoller ist der Flügel Franz I., ein Renaissancebau, der teilweise noch Spuren der französischen Gotik aufweist. An vielen Stellen ließ der König sein Wappentier, den Salamander, anbringen. Blickfang im Innenhof ist der im Stil der Renaissance gehaltene Treppenturm, von dem aus die königliche Familie Veranstaltungen im Hof beiwohnen konnte. Adelspaläste wie das Hôtel Sardini, das Hôtel d'Alluye oder das Hôtel de Guise machen deutlich, dass nicht nur der König, sondern auch zahlreiche Adelige an

1 **Blick auf den nächtlich angestrahlten Eiffelturm von einer der zahlreichen Seinebrücken.**

2 **Schloss Versailles : Der Hof des Cour de Marbre ist mit Marmorplatten gepflastert.**

3 **Die Pont Neuf, die älteste Brücke von Paris, überspannt die Seine im Norden und Süden der Île de la Cité. Die berühmte »neue« Brücke wurde 1607 eröffnet und verband die Innenstadt mit der Insel im Fluss.**

Ludwig XIV. und der Absolutismus

»L'état c'est moi« – der Staat bin ich. Dieser Ausspruch Ludwigs XIV. kennzeichnet treffend sein Machtverständnis . Der »Sonnenkönig« wurde 1638 geboren und nach dem Tod seines

Ludwig XIV. – Gemälde von H. Rigaud, 1701, Paris, Louvre

Vaters 1643 mit fünf Jahren zum König ernannt. Prunkliebe kennzeichnete seine Regierungszeit, dafür ist das Schloss von Versailles das eindrucksvollste und vielfach kopierte Beispiel. Nach dem Tod Kardinal Mazarins beschnitt Ludwig XIV. die Rechte des Parlaments sowie des Adels und verstärkte die Armee. Er regierte bis zu seinem Tod 1715 mit absoluter Macht.

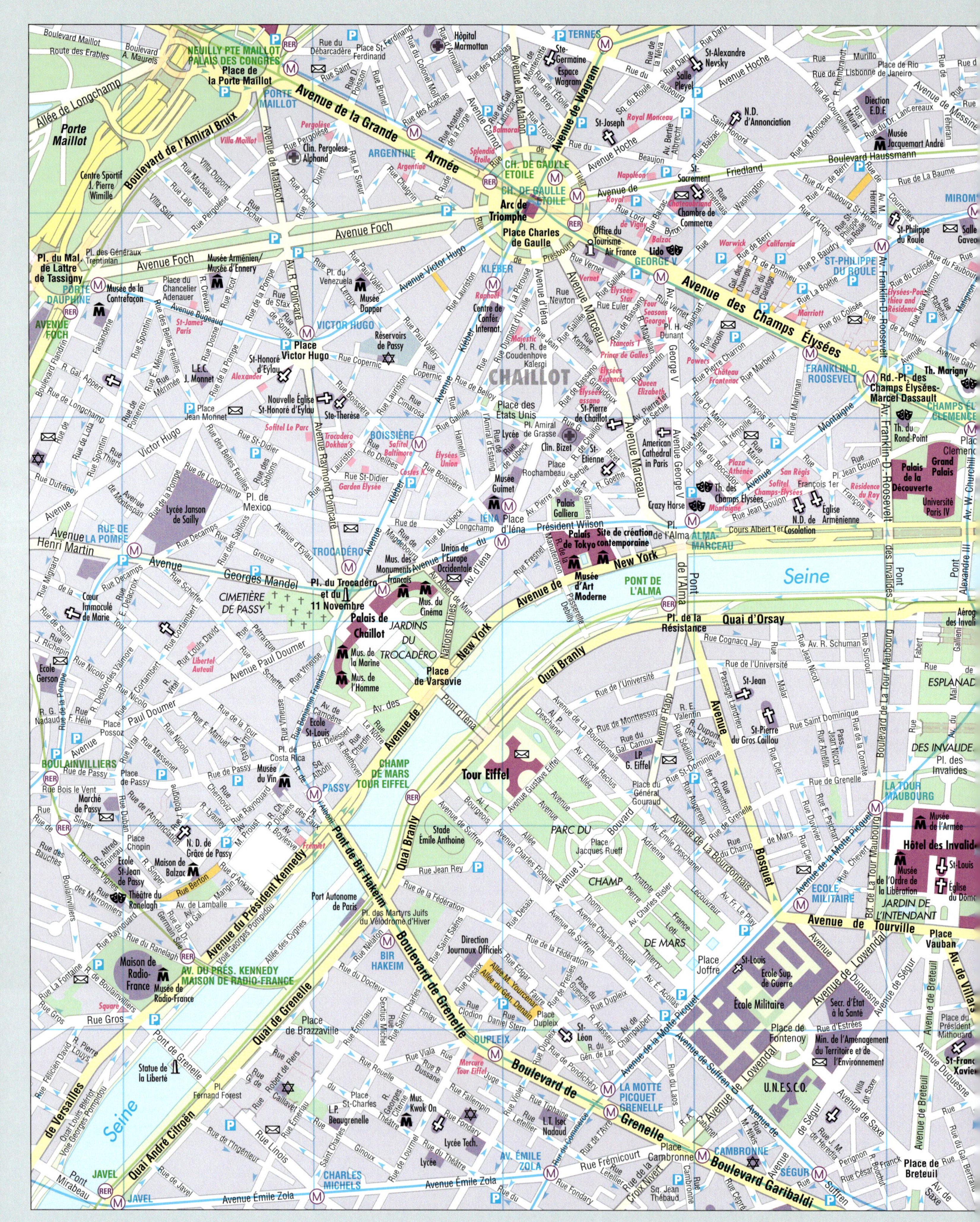
Boulevard Maillot
Allée de Longchamp
Porte Maillot
NEUILLY PTE MAILLOT PALAIS DES CONGRÈS
Place de la Porte Maillot
PORTE MAILLOT
Avenue de la Grande Armée
Boulevard de l'Amiral Bruix
Centre Sportif J. Pierre Wimille
ARGENTINE
Avenue de Malakoff
Hôpital Marmottan
TERNES
Avenue de Wagram
St-Alexandre Nevsky
Salle Pleyel
Avenue Hoche
N.D. d'Annonciation
Direction E.D.F.
Musée Jacquemart André
Boulevard Haussmann
CH. DE GAULLE ETOILE
Arc de Triomphe
Place Charles de Gaulle
Avenue Foch
Pl. du Mal. de Lattre de Tassigny
PORTE DAUPHINE
AVENUE FOCH
Musée de la Contrefaçon
Musée Arménien/ Musée d'Ennery
Musée Dapper
VICTOR HUGO
Place Victor Hugo
Avenue Victor Hugo
KLÉBER
Avenue Kléber
Avenue d'Iéna
Avenue Marceau
GEORGE V
Avenue George V
Avenue des Champs Elysées
Office du Tourisme
Chambre de Commerce
FRANKLIN D. ROOSEVELT
Rd.-Pt. des Champs Elysées- Marcel Dassault
CHAMPS ÉLYSÉES CLEMENCEAU
Grand Palais
Palais de la Découverte
Université Paris IV
Th. Marigny
ST-PHILIPPE DU ROULE
CHAILLOT
Place des Etats Unis
BOISSIÈRE
Musée Guimet
IÉNA
Place d'Iéna
Palais Galliera
Palais de Tokyo
Site de création contemporaine
Musée d'Art Moderne
American Cathedral in Paris
Pl. de l'Alma
ALMA-MARCEAU
Cours Albert 1er
Avenue Montaigne
Avenue de New York
PONT DE L'ALMA
Seine
Quai d'Orsay
Pl. de la Résistance
TROCADÉRO
Pl. du Trocadéro et du 11 Novembre
Palais de Chaillot
JARDINS DU TROCADÉRO
Mus. de la Marine
Mus. de l'Homme
Place de Varsovie
CIMETIÈRE DE PASSY
Avenue Paul Doumer
Avenue Georges Mandel
Avenue Henri Martin
RUE DE LA POMPE
Lycée Janson de Sailly
Pl. de Mexico
Avenue Raymond Poincaré
Quai Branly
Tour Eiffel
CHAMP DE MARS TOUR EIFFEL
PARC DU CHAMP DE MARS
Stade Émile Anthoine
Pont d'Iéna
PASSY
Musée du Vin
BOULAINVILLIERS
Maison de Balzac
Théâtre du Ranelagh
Maison de Radio-France
AV. DU PRÉS. KENNEDY MAISON DE RADIO-FRANCE
Avenue du Président Kennedy
Pont de Bir-Hakeim
BIR HAKEIM
Boulevard de Grenelle
Quai de Grenelle
Port Autonome de Paris
Place de Brazzaville
Statue de la Liberté
Quai André Citroën
JAVEL
Avenue Émile Zola
CHARLES MICHELS
AV. ÉMILE ZOLA
DUPLEIX
LA MOTTE PICQUET GRENELLE
CAMBRONNE
SÉGUR
Boulevard Garibaldi
École Militaire
ÉCOLE MILITAIRE
Avenue de Tourville
Hôtel des Invalides
Musée de l'Armée
Musée de l'Ordre de la Libération
JARDIN DE L'INTENDANT
Place Vauban
LA TOUR MAUBOURG
DES INVALIDES
ESPLANADE
U.N.E.S.C.O.
Place de Fontenoy
Min. de l'Aménagement du Territoire et de l'Environnement
Secr. d'État à la Santé
Avenue de Suffren
Avenue de la Motte Picquet
Avenue Bosquet
Avenue Rapp
Avenue de La Bourdonnais
Place Joffre
Boulevard de Grenelle
Avenue de Ségur
Avenue de Saxe
Avenue de Breteuil
Place de Breteuil
Av. de Villars
Boulevard des Invalides
Av. Franklin-D.-Roosevelt
Rue de Grenelle
Rue de l'Université
Rue Saint Dominique
Lycée Tech.
Mus. Kwok On
Pont Mirabeau
Quai Louis Blériot
de Versailles

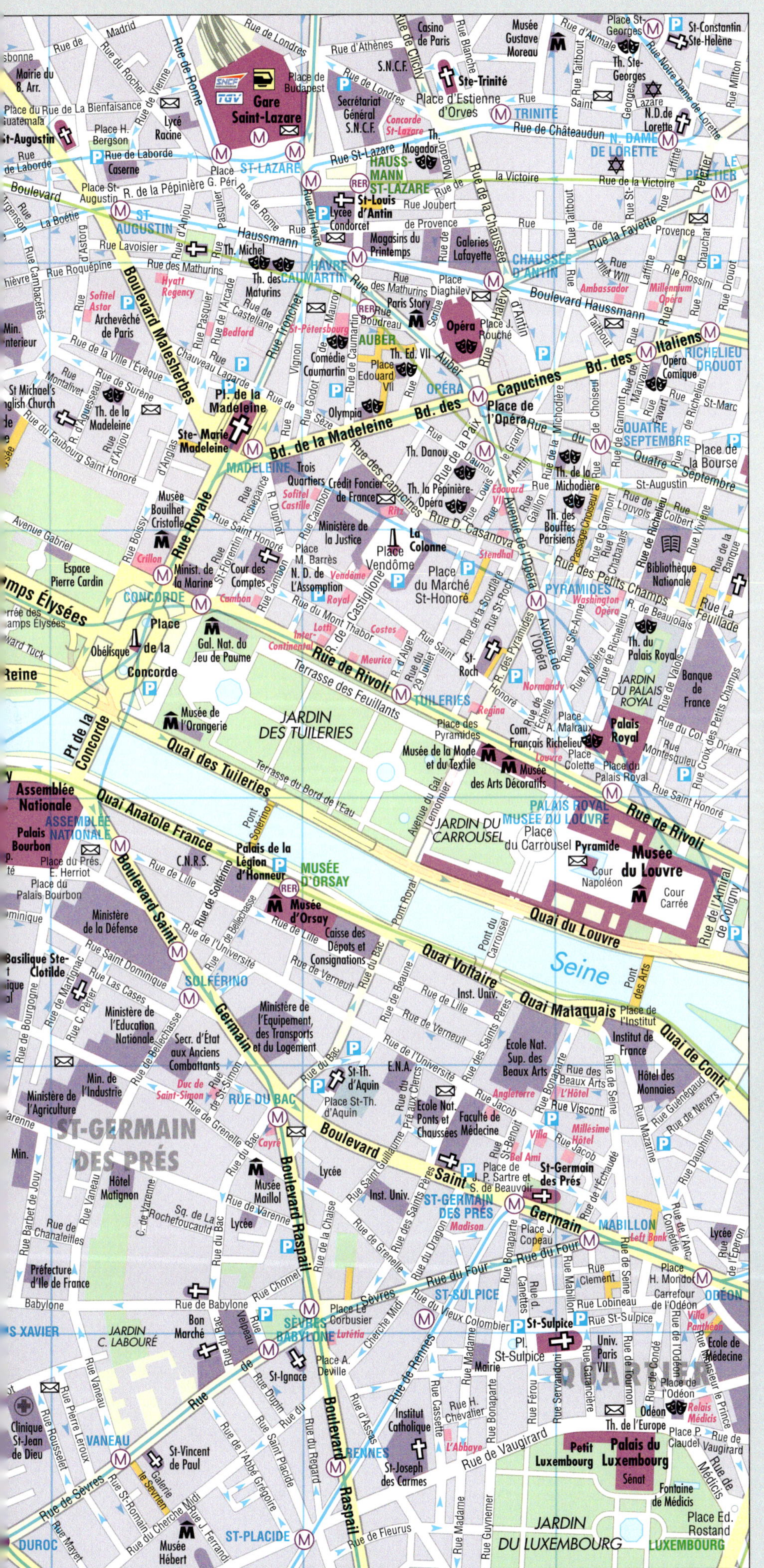

Paris

Die französische Hauptstadt bietet aufregende Kontraste: Reich an Tradition und gleichzeitig avantgardistisch, von monumentaler Größe und dann wieder bestechend charmant – Paris ist Regierungssitz und Universitätsstadt, Stadt der Mode und Stadt der Kunst, multikulturell und dabei doch immer sehr französisch geblieben.

Immer wieder wurde Paris im Lauf seiner langen Geschichte vergrößert, weil es aus allen Nähten zu platzen schien. Im heutigen Ballungsraum mit einer Fläche von 105 km² leben rund 12 Mio. Menschen – dies entspricht über 20 % der französischen Gesamtbevölkerung. Das unaufhaltsame Wachstum dieser Stadt ist nicht zuletzt auf die Tatsache zurückzuführen, dass Paris keine Rivalinnen neben sich duldet: Unangefochten ist die Landeshauptstadt von jeher auch politischer, wirtschaftlicher, kultureller Mittelpunkt.

Besonders sehenswert südlich der Seine: Eiffelturm, zur Weltausstellung 1889 erbautes Wahrzeichen von Paris, eine 300 m hohe Eisenkonstruktion, die der Ingenieur Gustav Eiffel in nur 16 Monaten errichten ließ. Die mit einem Lift erreichbare Aussichtsplattform gehört zu den größten Attraktionen der Stadt; Hôtel des Invalides, von Ludwig XIV. für die Invaliden seiner zahllosen Kriege errichteter Gebäudekomplex mit kuppelgekröntem Dôme des Invalides.

Nördlich der Seine: Der wohl schönste Prachtboulevard der Welt: Avenue des Champs-Élysées mit Arc de Triomphe (schöne Aussicht auf die sternförmig abgehenden Straßen) und Place de la Concorde, Paradebeispiele für die breiten Boulevards und geometrischen Plätze, die im Zuge der Stadterneuerung des 19. Jh. der französischen Hauptstadt das großstädtische Gesicht gaben; Parkanlage Jardin des Tuileries hin zum Louvre; Place Vendôme mit noblen Geschäften; Palais Garnier, ein prunkvolles Opernhaus des 19. Jh., und Palais Royal aus dem 17. Jh.

Künstler- und Amüsierviertel Montmartre (außerhalb des Stadtplans): historische Getreidemühle Moulin de la Galette mit Gartenlokal, auf dem Hügel die Kirche Sacre-Cœur, von dort phantastische Aussicht über die Stadt, Friedhof Montmartre, wie Friedhof Père Lachaise (im Osten außerhalb des Stadtplans) einer der drei großen, um 1800 angelegten Friedhöfe, die mit Grabmälern unzähliger Berühmtheiten aufwarten (Montmartre: Hector Berlioz, Jacques Offenbach, Heinrich Heine; Père Lachaise: Edith Piaf, Oscar Wilde, Marcel Proust, Sarah Bernhardt); Lagepläne gibt es jeweils am Haupteingang.

Im nördlichen Vorort St-Denis (außerhalb des Stadtplans): frühgotische Kirche St-Denis, die Grablege der französischen Könige, und Stade de France, ein gigantisches neues Fußballstadion.

Oben: Place de la Concorde, einer der großartigsten Plätze Europas
Mitte: der beeindruckende Arc de Triomphe auf den Champs-Elysées bei Nacht
Unten: Der 300 m hohe Eiffelturm wurde für die Weltausstellung 1889 errichtet.

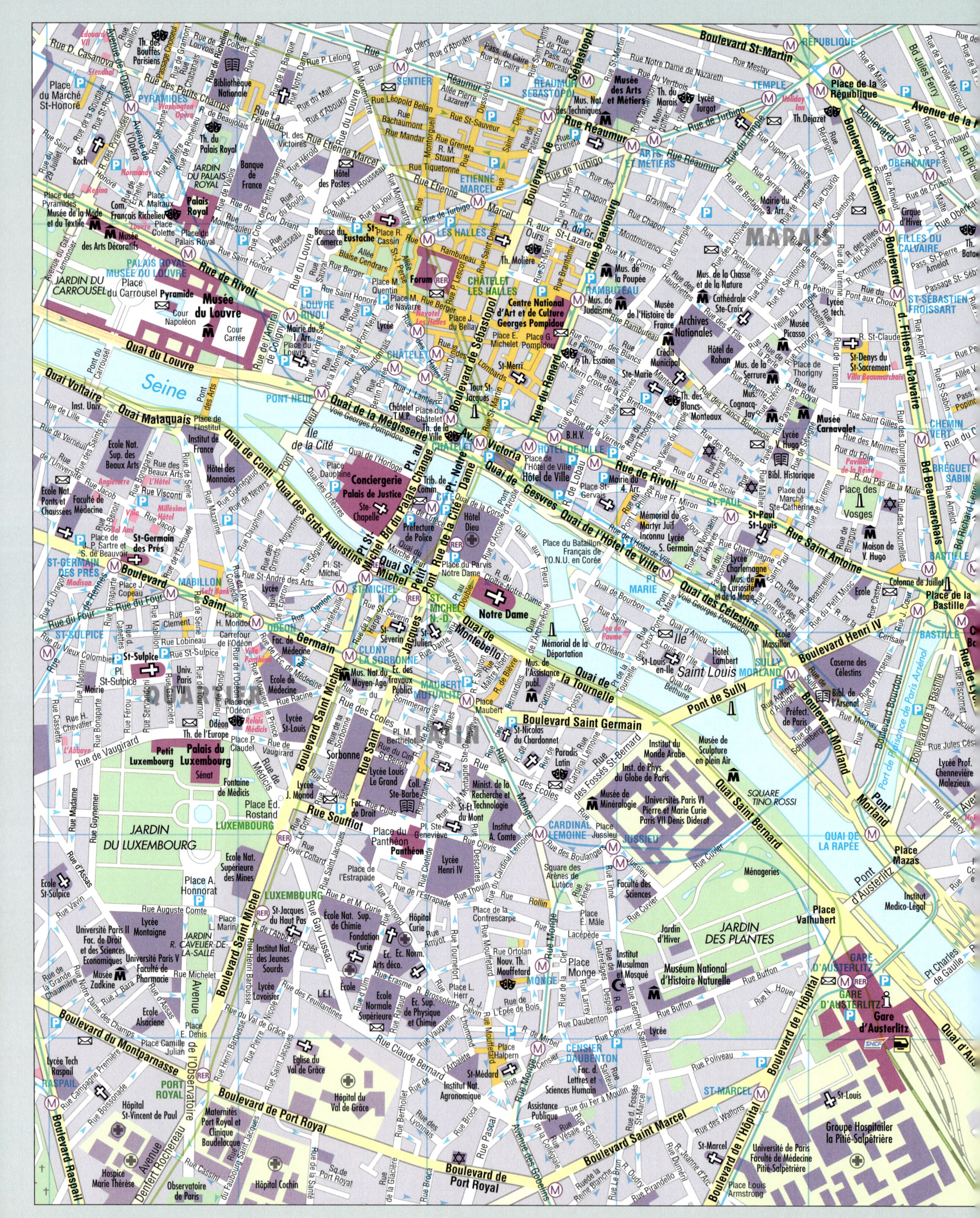

Boulevard St-Martin
République
Place de la République
Temple
Rue Réaumur
Réaumur Sébastopol
Arts et Métiers
Musée des Arts et Métiers
Boulevard de Sébastopol
Sentier
Pyramides
Bibliothèque Nationale
Palais Royal
Jardin du Palais-Royal
Banque de France
Hôtel des Postes
Etienne Marcel
Les Halles
Forum
Châtelet Les Halles
Centre National d'Art et de Culture Georges Pompidou
Rambuteau
Marais
Musée Picasso
Archives Nationales
Hôtel de Rohan
Musée Carnavalet
Place des Vosges
Maison de V. Hugo
Rue de Rivoli
Louvre Rivoli
Musée du Louvre
Pyramide
Cour Napoléon
Cour Carrée
Jardin du Carrousel
Place du Carrousel
Palais Royal Musée du Louvre
Musée des Arts Décoratifs
Quai du Louvre
Seine
Pont Neuf
Pont des Arts
Quai Voltaire
Quai Malaquais
Institut de France
Quai de Conti
Quai des Grds Augustins
Quai de la Mégisserie
Châtelet
Hôtel de Ville
Quai de Gesvres
Quai de l'Hôtel de Ville
Ile de la Cité
Conciergerie
Palais de Justice
Ste-Chapelle
Préfecture de Police
Hôtel Dieu
Notre Dame
St-Michel
Quai St-Michel
Quai de Montebello
Ile Saint Louis
Pont de Sully
Quai des Célestins
Rue Saint Antoine
St-Paul
Bastille
Place de la Bastille
Colonne de Juillet
Boulevard Henri IV
Boulevard Morland
Bd Beaumarchais
Boulevard du Temple
Oberkampf
Filles du Calvaire
St-Sébastien Froissart
Chemin Vert
Bréguet Sabin
Sully Morland
Pont Morland
Boulevard Saint Germain
St-Germain des Prés
Odéon
Mabillon
St-Sulpice
Quartier Latin
Cluny La Sorbonne
Sorbonne
Maubert Mutualité
Boulevard Saint Michel
Rue Soufflot
Panthéon
Place du Panthéon
Lycée Henri IV
Palais du Luxembourg
Sénat
Jardin du Luxembourg
Luxembourg
Institut du Monde Arabe
Musée de Sculpture en plein Air
Square Tino Rossi
Quai Saint Bernard
Jussieu
Cardinal Lemoine
Universités Paris VI Pierre et Marie Curie Paris VII Denis Diderot
Jardin des Plantes
Muséum National d'Histoire Naturelle
Ménageries
Place Monge
Monge
Censier Daubenton
Gare d'Austerlitz
Place Valhubert
Pont d'Austerlitz
Quai de la Rapée
Boulevard de l'Hôpital
Boulevard Saint Marcel
St-Marcel
Groupe Hospitalier la Pitié-Salpêtrière
Boulevard de Port Royal
Port Royal
Boulevard du Montparnasse
Boulevard Raspail
Rue de Vaugirard
Val de Grâce
Hôpital du Val de Grâce
Boulevard de Port Royal
Avenue de l'Observatoire

Paris

Das historische Zentrum der Stadt an der Seine ist relativ überschaubar und zahlreiche Sehenswürdigkeiten kann man zu Fuß erreichen, doch sollte man genügend Zeit veranschlagen, denn allein im Louvre könnte man tagelang verweilen.

Drei Faktoren bestimmten im Mittelalter, als Paris die wohl bedeutendste Stadt Europas war, die Entwicklung und den Ruhm der Stadt: Kirche, Königtum und Universität. Sie alle haben im historischen Zentrum ihre Spuren hinterlassen. So steht auf der Île de la Cité – dem ältesten Siedlungskern der Stadt, von dem aus schon die Römer, die Merowinger und die Karolinger herrschten – eine der mächtigsten Kathedralen Frankreichs: Notre-Dame. Das mittelalterliche Königtum repräsentiert sich ab 1400 am nördlichen Seine-Ufer mit dem Louvre, der um 1200 als Teil des ersten großen Festungsrings entstand und im Laufe der Jahrhunderte zur prächtigen Residenz ausgebaut wurde. Jenseits des Flusses, im Quartier Latin, schlossen sich Ende des 12. Jh. Lehrer und Schüler zusammen und gründeten die Sorbonne. Das Seine-Ufer mit seinen grandiosen Bauten ist UNESCO-Weltkulturerbe.

Besonders sehenswert auf der Île de la Cité: frühgotische Cathédrale Notre-Dame (12./13. Jh.), die beiden 68 m hohen Türme kann man besteigen; die ehemalige Palastkapelle Sainte-Chapelle, ein Meisterwerk der Hochgotik; Conciergerie, ein Teil des mittelalterlichen Königspalastes; Pont Neuf (Neue Brücke), eine der schönsten Seinebrücken; südöstlich der Île de la Cité die idyllische Île St-Louis mit Renaissancebauten.

Nördlich der Seine: Louvre, mittelalterliche Burg, als königliche Residenz bis in die Barockzeit zur weitläufigen Anlage aus- und umgebaut, heute eines der größten Museen der Welt; Centre Pompidou, Kulturzentrum in beispielhafter zeitgenössischer Architektur; Hôtel de Ville, das palastartige Rathaus der Stadt (19. Jh.) an der Place de Grève; Stadtviertel Marais: romantische Place des Voges, avantgardistische Opéra National de Paris, gotische Kirche St-Gervais-St-Protais, Picasso-Museum, Hôtel Carnavalet (16. Jh.) mit stadtgeschichtlichem Museum. Südlich der Seine: das traditionsreiche Universitätsviertel Quartier Latin; Künstler- und Intellektuellenviertel St-Germain-des-Prés und Montparnasse, Parkanlage Jardin du Luxembourg.

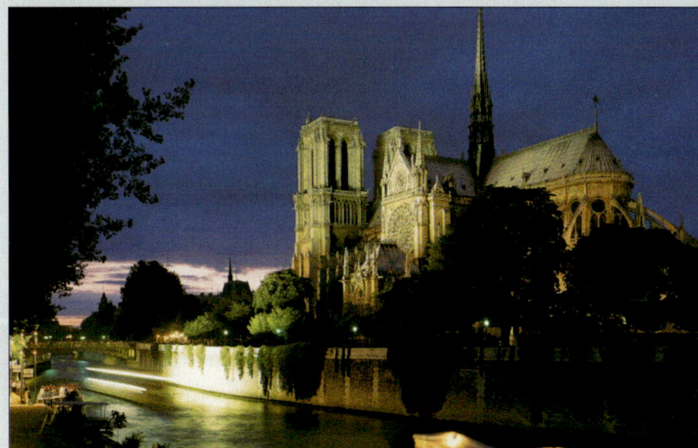

Oben: Die beleuchtete Pyramide beim Louvre entstand Ende des 20. Jh. im Zuge der aufwändigen Modernisierung dieses weltgrößten Kunstmuseums. Unten: Vom 12. bis 14. Jh. wurde im mittelalterlichen Stadtkern, der Île de la Cité, die gotische Kathedrale Notre-Dame erbaut.

Jeanne d'Arc

Jeanne d'Arc wurde 1412 als Tochter eines reichen Bauern im lothringischen Domrémy geboren: Frankreich war seit 1337 in den Hundertjährigen Krieg gegen England verwickelt, die Engländer inzwischen bis zur Loire vorgedrungen. Jeanne hörte mit 13 Jahren Stimmen, die ihr befahlen, zum französischen Thronanwärte Karl VII. zu ziehen und die Engländer aus Frankreich zu vertreiben. Nachdem sie in Chinon den Dauphin trotz Verkleidung erkannt hatte, glaubte man an ihre göttliche Sendung. Sie bekam seine Unterstützung und zog mit der französischen Armee nach Orléans, das damals von den Engländern belagert wurde; am 8. Mai 1429 erfolgte die Befreiung der Stadt. Jeanne konnte Karl VII. auch dazu überreden, den gefährlichen Weg nach Reims anzutreten, um sich dort krönen zu lassen. Die Zeremonie fand im Juli 1429 in der Kathedrale von Reims statt. Doch das lothringische Bauernmädchen, das nun die Heldin Frankreichs war, hatte auch Neider. Und so gelang es den mit England verbündeten Burgundern, Jeanne 1430 gefangen zu nehmen und an die Engländer auszuliefern. In Rouen wurde sie 1431 der Ketzerei und Hexerei angeklagt. Da Karl VII. es politisch nicht für opportun hielt, ihr zu helfen, wurde sie zum Tod durch Verbrennen verurteilt und am 30. Mai 1431 in Rouen auf dem Scheiterhaufen verbrannt. 1456 wurde das Urteil aufgehoben, 1920 wurde Jeanne d'Arc als Märtyrerin heilig gesprochen.

Vergoldete Statue der Jeanne d'Arc auf der Pont Alexandre III in Paris

1

der Loire ihren Wohnsitz genommen hatten. Die Kathedrale St-Louis ist nicht gotisch, sondern stammt aus dem 17. Jh., weil der Vorgängerbau von einem Orkan weitgehend zerstört worden war. Am Platz der Kathedrale liegt ein besonders hübscher Fachwerkbau, das Maison des Acrobates. Wer nicht auf gotische Kirchen verzichten möchte, kann St-Nicolas aus dem 12. Jh. einen Besuch abstatten.

8 Cheverny Das Schloss, das 1620 bis 1634 erbaut wurde, ist noch heute im Besitz der Familie des Bauherren, eines Henri Hurault. Wahrscheinlich ist es auch dieser Tatsache zu verdanken, dass das Schloss heute noch einen großen Teil der originalen prachtvollen Innenausstattung enthält. Besonders sehenswert sind die Deckengemälde im Speisesaal und im Schlafzimmer.

9 Chenonceaux Die Geschichte des romantischen Lustschlosses prägten starke Frauen: Den Bau im frühen 16. Jh. beaufsichtigte Cathérine Briçonnet, während sich ihr Mann in Italien aufhielt. Nach dem Tod Bohiers fiel der Bau an die Krone und Heinrich II. schenkte es seiner Geliebten Diane de Poitiers. Sie ließ den Bau als Brücke über den Cher fortführen. Nach dem Tod Heinrichs beanspruchte seine Ehefrau, Katharina von Medici, das Schloss für sich. Ihr ist es zu verdanken, dass die Brücke im florentinischen Stil mit einer Galerie überdacht wurde. Nach ihr verbrachte die Witwe des ermordeten Heinrich III., Louise de Lorraine, ein Leben in Trauer in dem eigentlich so heiter wirkenden Schloss. Reges Geistesleben kehrte im 18. Jh. mit der bürgerlichen Louise Dupin ein, die das Schloss vor den Zerstörungen der Revolution rettete. Nur wenig ist von der ursprünglichen Ausstattung erhalten, doch hat man Renaissance-Mobiliar verwendet, um einen Eindruck der einstigen Einrichtung zu vermitteln. Hübsch ist die Küche, die sich im Brückenpfeiler befindet. Hier hängen und stehen die Kupfertöpfe und -pfannen in Reih und Glied.

2

10 Amboise Auf einem Hügel, der steil zur Loire hin abfällt, steht das erste bedeutende Renaissance-Schloss Frankreichs. Allerdings ist das Bauwerk nur in Teilen erhalten, doch noch immer von beeindruckender Größe und Pracht.
1496 brachte Karl VIII. von einem Italien-Feldzug Künstler, Handwerker und Kunstwerke hierher. Die mächtigen Türme waren im Inneren so eingerichtet, dass ein Reiter zu Pferd in die oberen Stockwerke gelangen konnte. Ein Zeugnis gotischer Baukunst stellt die Chapelle St-Hubert dar. Nicht weit vom Schloss liegt das Schlösschen Le Clos-Lucé, in dem Leonardo da Vinci seine letzten Lebensjahre verbrachte. Franz I. hatte das italienische Universalgenie nach Frankreich geholt. Hier erinnert ein kleines Museum, das Modelle von Leonardos Erfindungen zeigt, an den großen italienischen Künstler.
Im unterhalb des Schlosses gelegenen Städtchen stammen noch eine Reihe von Häusern und der Uhrenturm aus der großen Zeit der Region. Von Amboise führt eine kleine Straße entlang der mittleren Loire nach Tours.

11 Tours Dieser Stadt verdankt die Via Turonensis ihren Namen. Das Grab des heiligen Martin war ein ganz wichtiges Etappenziel auf dem Weg der frommen Jakobspilger. Die alte Basilika St-Martin rissen die Revolutionäre Ende des 18. Jh. ab. Die neue Basilika St-Martin im neobyzantinischen Stil mit dem Grab des Heiligen, das 1890 geweiht wurde, ist ein Beispiel für die monumentale Kirchenbaukunst jener

Zeit, die sich aller Stile bediente. Die Kathedrale St-Gatien ist der kunsthistorisch wichtigste Kirchenbau der Stadt. Einen schönen Blick auf das Maßwerk der Türme und auf die fein gehauenen Strebebögen hat man vom zweistöckigen Kreuzgang aus. In der Altstadt glaubt man sich stellenweise, wie etwa an der Place Plumereau, ins Mittelalter zurückversetzt. Schmucke Fachwerkhäuser mit spitzen Giebeln und oft auch geschnitzten Balken zeugen vom Reichtum der damaligen Kaufleute. In den historischen Räumen des Château Royal (13. Jh.) ist ein Wachsfigurenkabinett untergebracht.

12 Villandry Das letzte große Schloss, das zu Zeiten der Renaissance an der Loire gebaut wurde (1536), verfiel im 19. Jh., aus den Renaissancegärten wurde ein englischer Park. 1906 kaufte es die spanische Familie Carvallo, der die Renovierung des Schlosses und vor allem die Rekonstruktion der Gärten im Stil der Renaissance zu verdanken ist. Und so sind es heute in erster Linie die Liebhaber historischer Gartenkunst, die dieses Schloss besuchen. Egal, ob Blumen- oder Gemüsebeete, alles ist in kunstvollen Formen angelegt. Bäume und Hecken sind zu präzisen geometrischen Formen zurecht geschnitten.

13 Azay-le-Rideau Das Schloss am Indre, das von 1519 bis 1524 erbaut wurde, besticht durch die Harmonie seiner Proportionen und durch seine romantische Lage am Wasser, dem früheren Wehrgraben. Seinem Bauherrn, dem Bürgermeister von Tours Gilles Berthelot, brachte es allerdings nicht viel Glück. Wie auch andere französische Könige ertrug es Franz I. nicht, wenn seine Untertanen ihren Reichtum allzu offen zur Schau stellten. Er bezichtigte den Bürgermeister kurzerhand der Untreue und beschlagnahmte das Schloss.

14 Ussé Das Chateau d'Ussé am Indre wurde auf den Mauern einer befestigten Burg in der zweiten Hälfte des 15. Jh. errichtet. Mit seinen Türmchen und Zinnen sowie seiner Lage am Waldrand kann man sich leicht vorstellen, dass es Märchendichter inspirierte. In der gotischen Kapelle befindet sich ein bedeutendes Kunstwerk der italienischen Renaissance, eine Terrakotta-Madonna des Florentiners Luca della Robbia.

15 Saumur Pferdeliebhabern in der ganzen Welt dürfte der Name Saumur nicht fremd sein. Die 1763 gegründete Kavallerieschule besteht als Nationale Reitschule fort. Das auf einem Hang über der Stadt liegende Schloss wurde in der zweiten Hälfte des 14. Jh. errichtet. Heute sind darin zwei Museen untergebracht: ein Museum für Kunst und das Musée du Cheval. In der Altstadt verdienen einige Fachwerkhäuser, beispielsweise an der Place St-Pierre, das Rathaus, das 1508 als Patrizierpalais entstand, und die zahlreichen Villen aus dem 17. Jh. Beachtung. In die gotische Kirche Notre-Dame de Nantilly ist im Seitenschiff, das Ludwig XI. im Flamboyant-Stil erbauen ließ, eine Betkapelle durch eine Inschrift als Oratorium des Königs ausgewiesen. Und für Regentage bieten sich zwei originelle Museen an: ein Maskenmuseum,

1 Das fantastische Wasserschloss Chenonceaux aus dem 16. Jh. ist nach Versailles das meistbesuchte Schloss in Frankreich.

2 Eine steinerne Brücke überspannt die Loire in Amboise.

3 Einem steinernen Märchen gleicht das Château d'Ussé aus dem 15. Jh.; es liegt am linken Indre-Ufer.

4 Saumur: Blick über die Loire auf das Château de Saumur und den Kirchturm von St-Pierre

Romanische Kirchenkunst in Poitiers und Parthenay-le-vieux

Die Romanik des Poitou zeichnet vor allem der reiche Skulpturenschmuck der Fassaden aus. Ein besonders schönes Beispiel stellt die Fassade der ehemaligen Kollegiatskirche Notre-Dame-la-Grande in Poitiers dar, die Mitte des 12. Jh. vollendet wurde. Über den drei Portalen sowie rechts und links des großen Fensters im zweiten Geschoss findet sich ein reiches skulptiertes Bildprogramm, das Themen des alten und des neuen Testamentes zeigt: etwa Adam und Eva, die Propheten Moses, Jeremia, Jesaja und Daniel, die Wurzel Jesse, die Verkündigung an Maria, die Geburt Christi, die zwölf Apostel und im Giebelfeld Christus in der Mandorla mit zwei Engeln.

Oben: Westfassade der Kathedrale Notre-Dame in Poitiers
Unten: Blick in den Chor der Kirche

Die Kirche Saint-Pierre in Parthenay-le-Vieux entstand im späten 11. Jh. Markantester Gebäudeteil ist der achteckige Vierungsturm, doch am schönsten ist auch hier der Figurenschmuck an der Fassade. Samsons Kampf mit dem Löwen ist dort ebenso zu sehen wie der für die poitevinische Romanik typische Reiter. Originell ist die mehr als dreißigmal aufscheinende Darstellung der Fee Melusine.

Abstecher

La Rochelle und Île de Ré

Der Ausflug zur Île de Ré führt zunächst in die seit dem 11. Jh. bedeutende Hafenstadt La Rochelle, die als eine der schönsten Städte Frankreichs gilt. 1628 belagerte Kardinal Richelieu die Stadt, die immer wieder auf der politisch falschen Seite stand: Über 23 000 Menschen fanden damals in der Belagerungszeit den Tod.
Hauptanziehungspunkt ist heute der Atlantikhafen, in dem malerisch die Yachten dümpeln. Die bekanntesten Sehenswürdigkeiten der Stadt säumen den Alten Hafen: die Tour St-Nicolas und die Tour de la Chaîne. In Kriegszeiten wurde zwischen den beiden Türmen eine Eisenkette gespannt, die den Hafen vor feindlichen Schiffen schützen sollte. Das Rathaus (1595–1606) der Stadt ist ein Renaissancebau mit einem herrlichen Arkadeninnenhof.
Île de Ré – auch »Weiße Insel« genannt – ist durch eine 4 km lange Brücke mit dem Festland verbunden. Weingärten und Salzsümpfe bestimmen das Bild; dazwischen liegen hübsche Dörfer, deren Häuser üppigen Blumenschmuck tragen. Hauptort der Insel ist Saint-Martin-de-Ré. Die Zitadelle der Stadt wurde von dem berühmten Festungsbaumeister Vauban im 17. Jh. errichtet. Ein attraktives Ziel ist auch Saint-Clément-des-Baleines nahe der Nordwestspitze der Insel. Dort stehen zwei sehenswerte Leuchttürme.

Oben: Luftaufnahme der Île-de-Ré
Unten: Blick in den Hafen von St-Martin-de-Ré

1

da in Saumur eine bedeutende Produktion von Karnevalsmasken besteht, und ein Champignon-Museum. Diese edlen Pilze werden in der Umgebung der Stadt in zahlreichen Tuffsteinhöhlen gezüchtet.
Von Saumur, dem westlichsten Punkt der Reise entlang der Loire, führt der Weg 11 km zurück zur Abtei Fontevraud.

16 Fontevraud-l`Abbaye Die Abtei wurde 1101 gegründet und bestand bis ins 19. Jh. In der hohen, lichten Abteikirche (geweiht 1119) befindet sich das Grabmal von Eleonore von Aquitanien. Durch ihre Heirat mit Heinrich Plantagenet, dem späteren Heinrich II. von England, kam Südwestfrankreich zu England. Eleonores Gatte sowie der gemeinsame Sohn, Richard Löwenherz, sind ebenfalls in Fontevraud begraben. Der im 16. Jh. errichtete Kreuzgang ist der größte in ganz Frankreich. Der originellste Bau der Anlage ist jedoch die Klosterküche, die fast wie eine Kapelle mit sechs Apsiden wirkt.

17 Chinon Das hoch über den Ufern der Vienne gelegene burgähnliche Schloss spielte in der französischen Geschichte eine wichtige Rolle. Hier begegnete Jeanne d'Arc zum ersten Mal Karl VII. und erkannte ihn, obwohl er sich zwischen seinen Höflingen versteckte und sie ihn nie zuvor gesehen hatte. Deshalb ist auch im großen Turm, der Tour de l'Horloge, ein kleines, Jeanne d'Arc gewidmetes Museum untergebracht.
Weite Teile des Schlosses aus dem 10. bis 15. Jh. existieren heute nur noch als Ruinen. Ein Höhepunkt beim Besuch des Schlossbergs ist der weite Blick über das Tal der Vienne.

18 Châtellerault Der heute unbedeutende Ort war für die Jakobspilger einstmals ein wichtiger Rastplatz. Durch die Porte Sainte-Catherine betraten nicht nur die Wallfahrer, sondern auch Jeanne d'Arc den Ort.
Die Kirche St-Jacques, das Ziel der Jakobspilger, wurde mit einem aufwändigen Glockenspiel versehen. Einige Bürgerhäuser lassen noch erahnen, wie das Leben im 15. Jh. ablief, so etwa das Logis Cognet.

19 Poitiers Die alte Stadt, eine wichtige Etappe auf dem Weg der Jakobspilger, hatte in Herzog Jean de Berry einen wichtigen Förderer. So war sie bis in die zweite Hälfte des 16. Jh. ein Zentrum geistlichen und wissenschaftlichen Lebens, ihre Kirchen zeugen noch heute davon.

20 Marais Poitevin Im westlich von Poitiers gelegenen und sich bis zur Küste hin erstreckenden Sumpfland scheint hingegen die Zeit stehen geblieben zu sein. Das wichtigste, und oft das einzige, Fortbewegungsmittel in der Venise verte (Grünes Venedig) ist ein Boot mit flachem Boden. Unbedingt einen Besuch lohnen die romanischen Kirchen von Parthenay-le-Vieux rund 50 km westlich von Poitiers, wohin es vor der Weiterfahrt nach Saint-Jean d´Angély zurückgeht.

21 Saint-Jean d'Angély Heute in Bedeutungslosigkeit versunken, war der Ort einst für die Jakobspilger ein wichtiges Ziel, galt es doch dort dem Haupt Johannes des Täufers die Ehre zu erweisen. Von der gotischen Kirche sind nur noch Ruinen vorhanden, doch eine Reihe schöner Fachwerkhäuser, die Tour de la Grosse Horloge (Uhrturm) von 1406, ein kunstvoller Brunnen von 1546 und die Abtei, die im 17. Jh. wiedererrichtet wurde, vermögen den heutigen Besucher in die Vergangenheit zu versetzen.
Von hier lohnt sich ein Abstecher zur Hafenstadt La Rochelle am Atlantik als Ausgangspunkt für eine Fahrt zur Île de Ré.

22 Saintes Die Hauptstadt der Saintonge blickt auf eine lange Geschichte zurück, deren Zeugnisse auch heute noch zu sehen sind. Aus römischer Zeit stammt der Arc de Germanicus, der ursprünglich den Zugang zu einer Brücke bildete. Bei der Abtragung der Brücke wurde er gerettet und am rechten Ufer wieder aufgestellt. Die heute von Grün überwachsene Ruine des Amphitheaters aus dem 1. Jh. bot einst 20 000 Zuschauern Platz. Auch das Mittelalter hat beeindruckende Spuren hinterlassen. Die Abbaye aux Dames wurde 1047 gegründet, die romanische Kirche entstand im 11. und 12. Jh. Die gotische Kathedrale St-Pierre errichtete man im 13./14. Jh., der

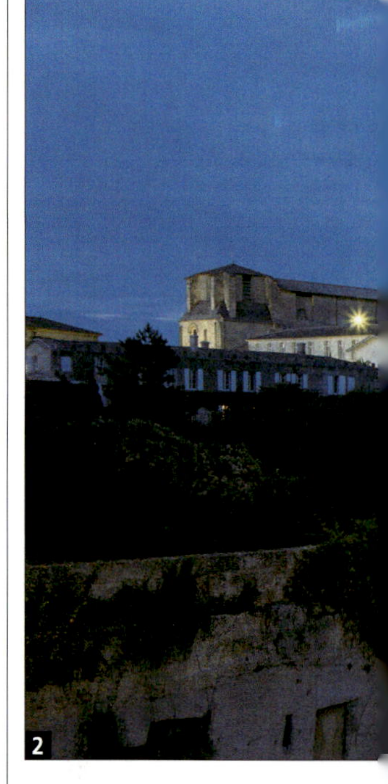

2

Turm wurde im 17. Jh. hinzugefügt. Die Kirche St-Eutrope (Ende des 11. Jh.) war das Ziel der Jakobspilger; hier beteten sie in der geräumigen Krypta am Grab des Stadtheiligen Eutropius.
Von Saintes biegt man südöstlich nach Cognac ab.

23 Cognac Die Stadt am Ufer der Charente steht heute ganz im Zeichen des gleichnamigen Getränks, das feine Nasen beim Bummel durch die Stadt erschnüffeln können. Im Schloss der Valois (15./16. Jh.) befindet sich eine Cognac-Brennerei.
Im Rathaus der Stadt kann man sich in einer Ausstellung genauer über Geschichte und Herstellung des edlen Brandes, der 5 bis 40 Jahre reifen muss, informieren. Einige der Kellereien bieten interessante Führungen durch ihre Räume an. Vor der Weiterfahrt nach Libourne geht es südwestlich nach Pons.

24 Libourne Das Städtchen ist eine typische Bastide, ein befestigter Ort, der in jener Zeit angelegt wurde, als der Südwesten Frankreichs Zankapfel zwischen England und Frankreich war (1150–1450). Alle Bastides besitzen eine schachbrettartige Gliederung, einen großen Marktplatz und sind von einer Mauer umgeben. Libourne entstand 1270, lange Zeit war der Hafen an der Dordogne von großer Bedeutung für die Verschiffung des Weins aus der Region. Heute empfiehlt sich ein Bummel über die Place Abel Surchamp.

25 Saint-Émilion Inmitten von Weingärten, die zur Appellation St-Émilion gehören und hochwertige Weine liefern, erhebt sich das Städtchen, dessen Anfänge auf ein Kloster zurückgehen. Eine ganz besondere Sehenswürdigkeit ist die Felskirche (9.–12. Jh.), deren unauffällige Fassade dem hübschen Marktplatz zugewendet ist. Aus dem 12. Jh. stammt die Kollegiatskirche, das Hauptschiff ist romanisch. Nicht versäumen sollte man einen Blick in den sehr gut erhaltenen Kreuzgang.
Hoch überragt der Donjon, ein Überrest der königlichen Festung, die Stadt. Hier tagt die Weinbruderschaft »Jurade« und beurteilt die neuen Weine; von der Plattform des Turms erklären die Mitglieder alljährlich die Weinlese feierlich für eröffnet.

26 Bordeaux Die alte Stadt an der Garonne ist seit alters vom Handel geprägt – in erster Linie vom Handel mit Wein. Ein geschichtliches Ereignis prägte die

1 Sturmwolken über dem Hafen von La Rochelle mit der Tour de la Lanterne aus dem 15. Jh.

2 Saint-Émilion ist mit seinen mittelalterlichen Häusern, Plätzen und Straßenzügen eine charmante Kleinstadt inmitten des gleichnamigen Weinanbaugebietes.

Abstecher

Château Mouton-Rothschild

Château ist im Weinanbaugebiet des Bordelais nicht die Bezeichnung für ein Schloss, sondern für ein großes Weingut. Und eines der weltberühmten unter den vielen Weingütern der Gegend ist das Château Mouton-Rothschild in Pauillac an der Gironde. Dort werden auf etwa 80 ha vorwiegend Cabernet-Sauvignon-Trauben für die hochgerühmten Rotweine angebaut.
Baron Philippe de Rothschild hatte die Idee, aus seinen Weinflaschen kleine Kunstwerke zu machen, und so kreieren seit mehr als einem halben Jahrhundert Künstler die Etiketten für die Spitzen-Rotweine des Guts. Die Liste der beteiligten Maler liest sich wie ein Who's Who der

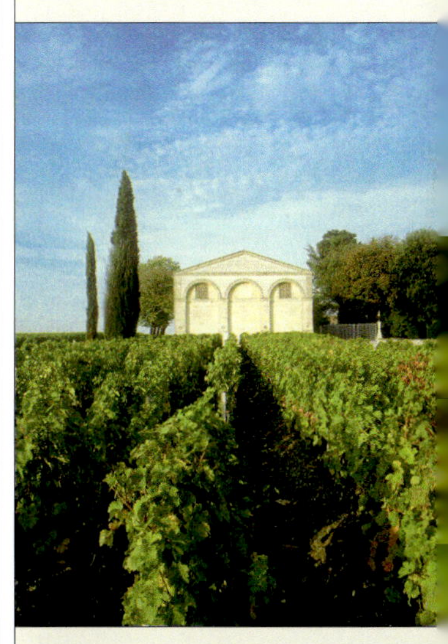

Oben: Weingärten, so weit das Auge reicht
Unten: der Weinkeller des Château

Modernen Kunst: Jean Cocteau (1947), Georges Braque (1955), Salvador Dalí (1958), Juan Miro (1969), Marc Chagall (1970), Pablo Picasso (1973), Andy Warhol (1975), Keith Haring (1988). Im Weinmuseum des Château kann man diese Kunstwerke und noch viele andere Exponate bewundern.

Abstecher

Côte d'Argent und Côte des Basques

Die Côte d'Argent bezeichnet den Küstenabschnitt zwischen dem Bassin d'Arcachon und Biarritz, wo sie in die spanisch-französische Küste Côte Basque übergeht. Die Côte d'Argent bietet außer exzellenten Bademöglichkeiten vor allem einzigartige Naturerlebnisse. Die Dune de Pilat ist die höchste Düne Europas, sie ist etwa 2,7 km lang und 500 m breit, die Angaben zur Höhe schwanken zwischen 105 und 120 m. Einen Besuch wert ist auch der Parc ornithologique du Teich.

Romantische Küstenlandschaft bei Biarritz

An der Côte Basque liegt der einzig mondäne Badeort dieser Gegend: Biarritz. Es hatte seine große Zeit in der Belle Époque, als Napoleon III. und seine Frau Eugénie hier ihre Ferien verbrachten.
Reizvoll liegt der Rocher de la Vierge mit seiner Madonnenstatue im Meer. Viele der Hotelpaläste und das Casino zeugen noch vom Glanz jener Zeit. Ein hübsches altes Städtchen ist Saint-Jean-de-Luz. Viele der Häuser weisen das typisch baskische Fachwerk auf. Hier in der Maison Louis XIV traf einstmals der Sonnenkönig erstmalig mit seiner Braut, der spanischen Infantin Maria Theresia zusammen. Ein Stückchen entfernt befindet sich ihr Haus, die Maison de l'Infante.

Stadt: 1154 kam Bordeaux unter englische Herrschaft. Dank des großen Interesses der Engländer an den Weinen der Region nahm der Handel einen bedeutenden Aufschwung. Auch als Bordeaux längst wieder französisch war, blieb die enge Bindung an die britischen Inseln.
Als Ausgangspunkt für einen Stadtbummel eignet sich die Place de la Comédie mit der klassizistischen Säulenfront des Grand Théâtre. Die Esplanade des Quinconces gilt als größter Platz Europas. Von den Kirchen der Stadt sollte man einige nicht verpassen. Die Kathedrale St-André entstand zwischen dem 13. und 15. Jh. und fasziniert mit der Porte Royale, einem prachtvollen, reich mit Skulpturen geschmückten Portal.
Neben der Kirche steht die Tour Pey-Berland, ein frei stehender Turm. Etwas später (14.–16. Jh.) entstand St-Michel, das im 17. Jh. barock ausgestattet wurde.
Wer auf den Spuren der Jakobspilger unterwegs ist, sollte St-Seurin einen Besuch abstatten. Die Anbetung des heiligen Severin (Saint Seurin) war ein wichtiger Punkt im Programm der Pilger. Die frühromanische Krypta stammt aus jener Zeit.
Bordeaux hat darüber hinaus noch vieles mehr zu bieten: etwa die Stadttore Porte de Cailhau, Porte d'Aquitaine, Porte de la Monnaie und Porte Dijeaux; den Pont de Pierre (steinerne Brücke) und die moderne hoch aufragende Brücke Pont d'Aquitaine von 1967.
Wer sich für die weltberühmten Weingüter der Region interessiert, dem empfiehlt sich die rund 50 km lange Fahrt entlang der Gironde nach Pauillac zum Château Mouton-Rothschild.

27 Les Landes So heißt die typische Landschaft südlich von Bordeaux. Sie ist geprägt durch flaches, sandiges Land, auf dem lichte Nadelwälder wachsen. Die Wälder wurden von Menschenhand gepflanzt und dienen auch heute noch der Forstwirtschaft (vorwiegend der Gewinnung von Harz). Hauptstadt der Landes ist das etwas abseits der Route gelegene Mont-de-Marsan im Südosten der Landes mit einigen sehenswerten romanischen Häusern, dem Donjon Lacataye aus dem 15. Jh. und einigen sehr hübschen Parks.

28 Dax Die kleine Stadt am Adour zählt zu den am stärksten frequentierten Thermalbädern in Frankreich. Aus der Fontaine de la Néhé sprudelt 64 °C heißes Wasser. Sehenswert ist die Kathedrale, die aus dem 17. Jh. stammt. Kunsthistorisch bedeutender ist die Apostelpforte aus dem gotischen Vorgängerbau. Ein Besuch des Musée Borda in einem schönen Stadtpalais sowie ein Bummel an den Ufern des Adour runden den Besuch ab.
Wen es ans Meer zieht, kann von Dax aus die 40 km zum südlichen Ende der Côte d'Argent fahren und anschließend weiter zur Côte des Basques nach Biarritz. Wer dagegen Bergluft in den Pyrenäen schnuppern möchte, der setzt die landschaftlich herrliche Route Richtung Südosten nach Orthez fort.

Pont-Vieux

Die Kleinstadt Orthez war schon im Mittelalter wegen ihrer gotischen Brücke über den Gave du Pau von großer strategischer Bedeutung. Die mittelalterliche Pilgerbrücke stammt aus dem 13./14. Jh. und besitzt einen markanten Brückenturm.

29 Saint-Jean-Pied-de-Port Im Mittelalter war das schon in den Bergen liegende Städtchen ein wichtiger Rastplatz für die Pilger, der letzte Rastplatz vor der anstrengenden Überquerung der Pyrenäen über den Roncevalles-Pass und der spanischen Grenze. Den mittelalterlichen Charakter hat sich »Sankt Johann am Fuß des Passes« bis heute bewahren können. Das Ufer des Flusses Nive ist von Häusern aus dem 16. und 17. Jh. und der gotischen Kirche Notre-Dame-du-Bout-du-Pont gesäumt.

30 Bayonne Die Hauptstadt des Pays Basque liegt in einer dicht besiedelten Region, hat sich aber im Kern mit Brücken an zwei Flüssen, weiten Plätzen und dicht gedrängten Häuserzeilen um die gotische Kathedrale Sainte-Marie viel Charme erhalten können. Berühmt ist das Stadtfest, das alljährlich am zweiten Augustwochenende stattfindet.

1 Die Bucht von Biarritz mit dem Leuchtturm

2 Der Pont du Pierre überbrückt die Garonne in Bordeaux, im Hintergrund die Cathédrale St-André.

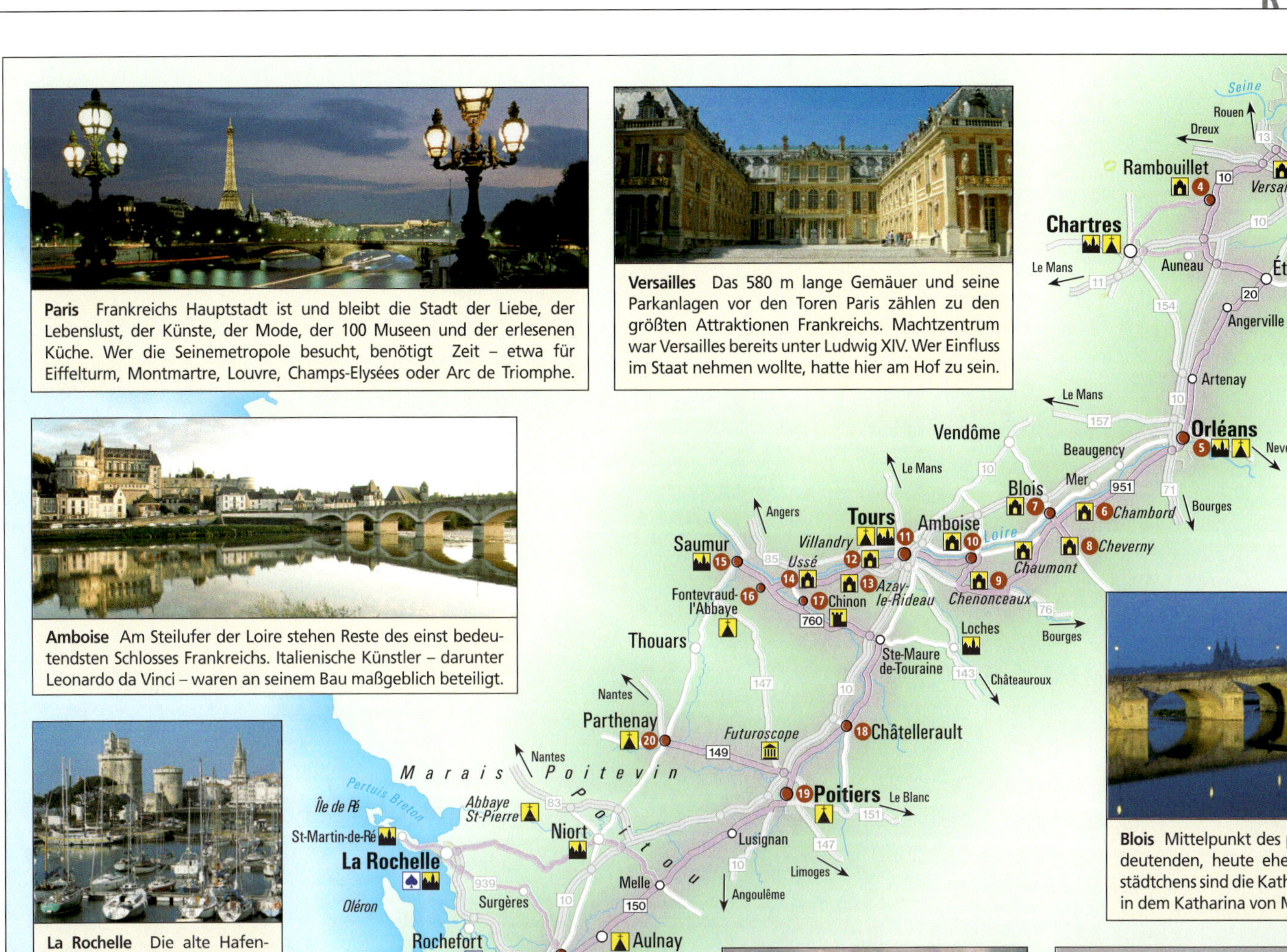

Paris Frankreichs Hauptstadt ist und bleibt die Stadt der Liebe, der Lebenslust, der Künste, der Mode, der 100 Museen und der erlesenen Küche. Wer die Seinemetropole besucht, benötigt Zeit – etwa für Eiffelturm, Montmartre, Louvre, Champs-Elysées oder Arc de Triomphe.

Versailles Das 580 m lange Gemäuer und seine Parkanlagen vor den Toren Paris zählen zu den größten Attraktionen Frankreichs. Machtzentrum war Versailles bereits unter Ludwig XIV. Wer Einfluss im Staat nehmen wollte, hatte hier am Hof zu sein.

Amboise Am Steilufer der Loire stehen Reste des einst bedeutendsten Schlosses Frankreichs. Italienische Künstler – darunter Leonardo da Vinci – waren an seinem Bau maßgeblich beteiligt.

La Rochelle Die alte Hafenstadt ist Fischerort und Seebad zugleich. Arkaden und schmucke Bürgerhäuser prägen das »Saint-Tropez am Atlantik«.

Arcachon Der ganze Stolz des Belle-Époque-Seebades ist die Dune du Pilat, die gewaltigste Düne Europas. Mit 3 km Länge, einer Breite von 500 m und Höhen von bis zu 120 m gleicht sie einer kleinen Wüste. Sehenswert sind auch die Landzunge Cap Ferret sowie die Fischerorte der Arcachon-Bucht.

Orléans Jeanne d'Arcs Stadt ziert die gotische Kathedrale Sainte-Croix. Ein Standbild der Heldin steht an der Place du Martroi, ihr Haus wurde rekonstruiert.

Blois Mittelpunkt des politisch einst hoch bedeutenden, heute eher beschaulichen Loirestädtchens sind die Kathedrale und das Schloss, in dem Katharina von Medici lange lebte.

Chenonceaux Es waren meist Frauen, die in dem Renaissancebau am Ufer des Cher den Ton angaben. Vielleicht sind Küche und Garten deshalb so schön?

Schloss Chambord 440 Zimmer, etliche Türme, Kamine und Giebel und ein breiter Wassergraben machen das Traumschloss unvergleichlich. Leonardo da Vinci soll eine der 70 Treppen erfüttelt haben: eine verschlungene doppelläufige Wendelstiege.

Poitiers Zahlreiche Kirchen und die Kathedrale zeugen davon, dass der Ort am Weg der Jakobspilger liegt.

Bordeaux Die Wein-, Handels- und Hafenstadt an der Garonne bietet eine Menge Sehenswertes: die Place de la Comédie mit dem Grand Théâtre und den größten Platz Europas, die Esplanade des Quinconces, darüber hinaus die reich verzierte Kathedrale St-André (13.–15. Jh.) und Museen.

Die Weingüter des Medoc Die Gegend nördlich von Bordeaux prägen Weinfelder. Mehr als 130 Weingüter – häufig sind es Schlösser – erzeugen Rotweine.

Biarritz Im 19. Jh. machten Wintergäste den Walfängerort an der baskischen Küste populär. Seine Strände und Promenaden erfreuen sich ungebrochener Beliebtheit.

Bayonne Die Stadt ist das Herz und die Seele des französischen Baskenlandes. Sehenswert ist die gotische Kathedrale, berühmt das Volksfest im August.

St. Émilion Inmitten von Weingütern stehen die Befestigungsanlagen von St-Émilion; berühmt sind Kathedrale und Felsenkirche.

Lavendelfelder – Erkennungszeichen der Provence. Die Pflanze wird zur Gewinnung eines Duftöls

Route 17

Südfrankreich

Im Land des Lichts zwischen Côte d'Azur und Costa Brava

Vielfältiger und attraktiver könnten die Küsten der Côte d'Azur, des Golfe du Lion und der Costa Brava kaum sein. Die Côte d'Azur bietet am Südrand der Alpen Landschaften von einmaliger Schönheit. Die Provence ist ein Paradies für alle Naturfreunde und Kulturenthusiasten, die Camargue eine ursprüngliche Deltalandschaft. Die Costa Brava erhielt ihren Namen von den steil zum Meer hin abfallenden Bergen.

Zwischen Menton und Barcelona präsentieren unterschiedlichste Küstenabschnitte dem Besucher alle Schönheiten des französischen Midi und der spanischen Nordküste.
Unmittelbar hinter dem Häusermeer von Monte Carlo locken die Berge der Seealpen, erst hinter Nizza werden die Berge flacher und geben Berühmtheiten wie Cannes und Antibes Platz zur Ausdehnung. Hinter St-Tropez drängen die Ausläufer des Massif des Maures erneut gegen die Küste. Platz ist nur für kleine malerische Dörfer, Sandstrände sucht man vergebens. Sie finden sich wieder rund um Hyères und seine vorgelagerten Inseln. Zwischen Toulon und Cassis kommen die Weinfreunde auf ihre Kosten: Die zwischen Bandol und Le Castellet wachsenden Tropfen gehören zu den besten des Midi.
Marseille präsentiert sich als Hafenstadt mit zwei Gesichtern. Als griechische Gründung und römische Hochburg repräsentiert sie 2500 Jahre Kulturgeschichte, gleichzeitig ist sie das Tor zum Orient: In den Gesichtern ihrer Bewohner spiegeln sich Europa, Nordafrika und der Nahe Osten wider.
Westlich von Marseille breitet sich im Delta zwischen den beiden Mündungsarmen der Rhône ein atemberaubend schönes Feuchtgebiet aus Teichen, Sumpf, Wiesen, mit Quellen oder Gras bewachsene Ebenen und Salzfeldern aus. Nördlich der Camargue gilt es, das Herz der Provence zu entdecken. Städte wie Arles, Avignon oder Nîmes sind Hochburgen europäischer Kulturgeschichte mit einzigartigen Zeugnissen römischer Baukunst. Westlich der Rhônemündung beginnt das Languedoc-Roussillon, das sich in einem Wechsel von kilometerlangen Stränden und bergigem Hinterland bis zur spanischen Grenze zieht. Das Languedoc ist die Heimat der Troubadoure, das Roussillon gehörte bis zum Pyrenäenfrieden von

Die Steilküste der Calanques bei Cassis

St.-Tropez: In den 50er-Jahren des 20. Jh. wurde der verträumte Fischerort vom Jetset entdeckt. Seitdem ankern mehr Yachten als Fischerboote im Hafen.

angebaut.

Einsame Buchten an der Felsküste der Costa Brava bei Cadaqués

1659 zu Spanien. Das katalanische Erbe ist bis heute noch auf Schritt und Tritt zu spüren, selbst Stierkämpfe gibt es hier schon. Das Languedoc war auch die Heimat der Katharer, die sich im 13. Jh. von der katholischen Kirche lossagten. Zwischen Narbonne und Carcassonne finden sich noch heute in den Hügeln des Corbières, wo niemand eine Einladung zu einer Weinprobe ausschlagen sollte, zahlreiche Ruinen ihrer einst stolzen Burgen. Carcassonne lädt mit seinen Befestigungsanlagen zu einem Ausflug ins Mittelalter ein. Südlich von Narbonne beginnt bei Leucate ein endlos langer, blendend weißer Sandstrand, der sich bis hinunter zur französischen Grenze und den östlichen Ausläufern der Pyrenäen zieht.
Die letzten französischen Dörfer vor der spanischen Grenze sind schließlich schon ganz in die Berge eingebettete selbstbewusste Fischerdörfer. Die Costa Brava verdankt ihren Namen den Steilabbrüchen der Pyrenäen. Weil *bravo* im Spanischen auch tapfer, ursprünglich und ausgezeichnet bedeutet, darf der Reisende weit mehr als nur eine wilde Küste erwarten. Je weiter man nach Süden kommt, desto breiter und flacher werden die Strände, Städte und Dörfer drängen sich in immer dichterer Folge. Die katalanische Hauptstadt Barcelona ist Spaniens zweitgrößte Stadt. Karthager, Römer, Westgoten und Mauren hinterließen hier ihre Spuren und machten sie zu einer europäischen Weltstadt mit katalanischem Charme. Sehr spektakulär sind die zahllosen Jugendstilbauten, für die die Architekten Gaudí und Domènech i Montaner verantwortlich zeichnen. Auf den Ramblas, der Flaniermeile Barcelonas, pulsiert Tag und Nacht das Leben.

Von einer doppelten Ringmauer umgeben: die Altstadt von Carcassonne

1

Fürstentum Monaco

Wo heute die Wolkenkratzer des »Manhattan der Côte d'Azur« auf gerade mal 190 ha in den Himmel ragen, siedelten schon die Griechen, denen die Römer folgten, später regierte die Seemacht Genua über die Felsküste. 1297 kam der Küstenstreifen unter die Herrschaft der genuesischen Adelsfamilie der Grimaldi, die 1612 den Fürstentitel annahmen.

Auf dem Felsen südlich des Hafens errichteten die Grimaldis ihre Residenz. Es gelang ihnen, ihr Minifürstentum durch alle Wirren der Zeit zu erhalten. Seinen Reichtum verdankt Monaco Fürst Charles III., der 1865 auf der damals noch kahlen Landzunge nördlich des Hafens ein Spielkasino errichtete. Die Einnahmen waren so groß, dass der Fürst schon fünf Jahre später sämtliche Steuern abschaffen und so den zweiten Grundstein für die Erfolgsgeschichte des Kleinstaates legen konnte. Ihm zu Ehren wurde der Felsen mit dem 1878 errichteten Kasino Monte Carlo genannt, ein Name, der heute für den ganzen Bereich nördlich des Hafens gilt.

Das Spielkasino von Monaco

Kasino und Steuerprivileg sind die Garanten für das ungebremste Wachsen Monacos. Nirgendwo in Europa rollen so viele Rolls Royce durch die Straßenschluchten, nirgendwo sonst wohnen so viele Millionäre auf so engem Raum, und nirgendwo sonst finden sich so viele Steuerflüchtlinge. Tennisspieler wie Filmsternchen sorgen dafür, dass das Märchen vom immerwährenden Reichtum nicht zu Ende geht und die Yachten im Hafen nicht kleiner werden.

Wichtigste Sehenswürdigkeiten: Palais de Monaco (16.–17.Jh.), Regierungssitz; Kasino, 1878 von Charles Garnier erbaut; Musée Océanographique, eines der besten Aquarien Europas; Jardin Exotique mit einzigartiger Kakteensammlung.

2

Entlang der nordwestlichen Mittelmeerküste: Die Traumroute von Menton bis Barcelona mit Abstechern ins provenzalische Hinterland verbindet eindrucksvolle Felsküsten, weiße Strände, das Rhônedelta, die Ausläufer der Pyrenäen und weltberühmte Urlaubsorte mit einer Zeitreise in die über 2000 Jahre alte Siedlungsgeschichte dieses Kulturraumes.

1 Menton Um 1870 entdeckten reiche Engländer die wohltuende Wirkung des milden Klimas der Côte d'Azur. Villen und prächtige Hotels im Stil der Belle Époque erinnern an die Glanzzeiten dieser britischen Winterresidenz zwischen Alpen und Meer. Den schönsten Blick über die Stadt und die Bucht erhält man vom Friedhof oberhalb der Stadt. Zu ihren Sehenswürdigkeiten zählen die barocke Kirche St. Michel, der Trausaal im Rathaus mit Fresken von Jean Cocteau sowie das Musée Cocteau in einer Festung aus dem 17. Jh. Nur wenige Kilometer hinter Menton liegt das Fürstentum Monaco, von dort führt eine steile Straße in das bergige Hinterland nach Èze.

2 Èze Das Dörfchen thront wie ein Adlernest auf einem 427 m hohen Felsen über dem Mittelmeer. Es ist eines der schönsten der mittelalterlichen Wehrdörfer der Provence, der so genannten »villages perchés«. Eine dicke Steinmauer umgibt die Häuser, die sich hoch in den Bergen um einen Bergfried scharen. Um die ehemalige Festung wurde ein exotischer Garten angelegt, von ihm reicht der Blick an schönen Tagen bis Korsika. Zunächst der N7 in Richtung Nizza folgend, führt die Fahrt zurück ans Meer nach Villefranche-sur-Mer.

3 Cap Ferrat Im Schatten mächtiger Pinien und versteckt hinter hohen Mauern liegen an den steil ins Meer abfallenden Küstenhängen von Cap Ferrat prächtige Millionärsvillen. Die Fondation Ephrussi de Rothschild, die wohl schönste Villa der Halbinsel Cap Ferrat, ist öffentlich zugänglich: Das hochherrschaftliche Gebäude inmitten prachtvoller Gärten zeigt die Einrichtung der Baronin Rothschild.

4 Nice (Nizza) Die heimliche Hauptstadt der Côte d'Azur ist

3

Reiseinformationen

Routen-Steckbrief
Routenlänge: ca. 1300 km
Zeitbedarf: 2–3 Wochen
Start: Menton
Ziel: Barcelona
Routenverlauf: Menton, Monaco, Nizza, Toulon, Marseille, Aix-en-Provence, Arles, Avignon, Orange, Nîmes, Camargue, Narbonne, Perpignan, Barcelona

Besondere Hinweise:
Frankreich und Spanien: Höchstgeschwindigkeit in Ortschaften 60 km/h, auf Landstraßen 90 km/h, auf Autobahnen 135 km/h (Spanien 120 km/h), bei Regenwetter auf Landstraßen 80 km/h und auf Autobahnen 100 km/h. In geschlossenen Ortschaften gilt in Frankreich und Spanien fast immer »Rechts vor Links«!

Wetter:
Das Frühjahr und der Herbst sind die besten Jahreszeiten für einen Besuch der Mittelmeerküste. Im Sommer wird es oft sehr heiß. Im Winter kann es dagegen speziell in den Hochlagen empfindlich kalt werden und regnen oder schneien.

Auskünfte:
Maison de la France, *Westendstr. 47, 60325 Frankfurt, Tel. 0190/57 00 25, http://de.franceguide.com*
Spanisches Fremdenverkehrsamt, *Kurfürstendamm 63, 10707 Berlin, Tel. 030/ 882 65 43; www.spain.info*

eine Stadt der Gegensätze: Während die Prachtboulevards die Erinnerungen an die Belle Époque wach zu halten versuchen, geht es in Teilen der Altstadt noch zu wie in einem italienischen Dorf. Im 5. Jh. v. Chr. gründeten die Griechen hier Nikaia, die »siegreiche Stadt«, die Römer bevorzugten die oberhalb liegenden Hügel für ihre Siedlung Cemenelum, das heutige Cimiez. Aushängeschild und Wahrzeichen Nizzas ist die Promenade des Anglais unmittelbar am Meer. Betuchte Briten hatten Nizza Mitte des 19. Jh. zu ihrem Altersruhesitz erkoren. Die eindrucksvollsten Paläste jener Zeit sind das berühmte Hotel Négresco und das Palais Masséna. Der zentrale Platz der Altstadt mit ihren verwinkelten Gassen und italienisch anmutenden Häusern ist der Cour Saleya mit einem schönen Blumen- und Gemüsemarkt. Vom Schlossberg bietet sich ein schöner Blick über die Altstadt und das Meer.

Zu den sehenswerten Museen der Stadt zählen das Musée d'Art Contemporain, das Musée Chagall und das Musée Matisse in Cimiez, das Werke des Künstlers zeigt, der 1916 nach Nizza zog. Eindrucksvollstes Relikt der römischen Epoche ist die 67 m lange und 56 m breite Arena, in der rund 5000 Römer Platz fanden. Das exotischste Wahrzeichen der Stadt ist die Cathédrale Orthodoxe Russe St. Nicolas (1912).

Hinter dem Flughafen verlässt die Route nun die Küstenstraße für einen Ausflug in das hügelige Hinterland der Provence. Kunstinteressierten empfiehlt sich ein Abstecher ins 10 km entfernte mittelalterliche St. Paul-de-Vence, in dem die Fondation Maeght Werke der Moderne zeigt. Von der Küste führt die D 2085 nach Grasse, der Hochburg der Parfümherstellung.

5 Grasse Parfüm hatte der Stadt frühen Reichtum beschert, den man noch heute in den mittelalterlichen Gassen und Straßen der Altstadt spürt. Alles über die Herstellung der wertvollen Essenzen verrät das Internationale Parfümmuseum, die großen Fabriken veranstalten täglich Führungen.

Von Grasse führt die N 85 wieder zum Meer nach Cannes, dem wohl mondänsten Ort der gesamten Côte d'Azur.

6 Cannes Bekannt ist die Stadt für ihr jährliches Filmfestival, die Reichen und Schönen der Welt treffen sich dann auf dem Boulevard de la Croisette. Von Cannes sind es nur 11 km zum Cap d'Antibes mit den Urlaubsorten Juan-les-Pins und Antibes.

Von Cannes nach Fréjus führt die N 98 entlang der Corniche d'Esterel, die mit ihren roten Kliffen und Felsen, ihren vielen Schluchten und versteckt liegenden Badebuchten zu den Höhepunkten der Fahrt zählt.

7 Fréjus Noch heute ist das römische Erbe der 49 v. Chr. von Julius Caesar gegründeten Siedlung im Stadtbild deutlich, erhalten sind Teile der römischen Stadtmauer, des Aquäduktes, vor allem aber das Amphitheater. Sehenswert ist auch der Bezirk um die Cathédrale St. Léone. Die Wehrkirche und das Kloster wurden im 12. Jh. ge-

1 Die Marina von Menton ganz im Osten der Côte d'Azur

2 Die berühmte Promenade des Anglais ist acht Kilometer lang und trennt Nizzas Strand von der Altstadt.

3 Der Blick aus den Bergen auf das Bergdorf Èze zeigt dessen exponierte Lage.

4 Das Château in Mandelieu-La Napoule, einem Badeort westlich von Cannes, stammt aus dem 14. Jh.

5 Rote Klippen beherrschen die Corniche de l'Esterelle zwischen St. Raphaël und Agay.

6 Blick auf die Altstadt von Cannes am Hang des Mont Chevalier

Antibes und Picasso

Antibes geht auf die griechische Gründung Antipolis zurück. Der Ort wurde im Laufe seiner Geschichte befestigt, der französiche Festungsbauer Vauban legte den Hafen und das Fort Carrée an. Das Stadtbild prägen die mittelalterlichen Türme und das schöne Grimaldi-Schloss. Der alte Wachturm der Stadt dient der Église de l'Immaculée Conception als Glockenturm. Das Chateau Grimaldi (12. Jh.) war von 1385 bis 1608 Sitz der Grimaldis aus Monaco, die Stadt überließ Pablo Picasso dort im Herbst 1946 einige Räume als Atelier. Hier verarbeitete er das Ende des Krieges als Befreiung vom Bösen der Zivilisation. In nur kurzer Zeit entstanden rund 150 Werke, die er als Dank für die Gastfreundschaft dem Museum Antibes – dem heutigen Musée Picasso – überließ.

Die Altstadt von Antibes

Die Römer in Südfrankreich

Die Römer eroberten den französischen Süden aus strategischen Gründen, denn nach dem Sieg über Karthago im 2. Jh. v. Chr. brauchten sie einen sicheren Landweg nach Spanien. Die Entscheidung fiel 102 v. Chr., als Marius die Teutonen am Fuße des Ste.-Victoire-Massivs vernichtend schlug. In der Folgezeit entstand Aquae Sextiae Saluvorium, das heutige Aix-en-Provence. In rascher Folge wurden nun in der gesamten Region die griechisch geprägten Siedlungen zu römischen Städten nach dem Vorbild Roms ausgebaut. Die Straßen wurden nach regelmäßigem Schachbrettmuster mit einer Blocklänge von etwa 100 m angelegt. Am schönsten zeigt sich dieses Grundmuster in Orange und Arles. Mittelpunkt der Stadt war das Forum, ein von Kolonnaden gesäumter Platz, um den sich Tempel und andere öffentliche Gebäude gruppierten. Große Amphitheater befriedigten die zirzensischen, aufwändige Theater die kulturellen Bedürfnisse der Römer. Triumphbögen, Thermen und Aquädukte zeugen bis heute von den architektonischen und bautechnischen Meisterleistungen der römischen Besatzer.

48 m über dem Gard erhebt sich der um 19 v. Chr. erbaute Pont du Gard. Die Brücke war einst Teil des Aquädukts zwischen Uzès und Nîmes und ist heute UNESCO-Weltkulturerbe.

gründet, das ältere Baptisterium stammt sogar aus dem 5. Jh.

8 St.-Tropez Zwischen Fréjus und Hyères drängen dichte Kiefern-, Eichen- und Kastanienwälder gegen die Küste, die Hügel brechen steil zum Meer ab und lassen an der Corniche des Maures keinen Platz für größere Siedlungen. Um so reizvoller ist hier die Küstenstraße, windet sie sich doch meist auf halber Höhe an den Hügeln entlang und bietet immer wieder faszinierende Ausblicke aufs Meer. In die Buchten schmiegen sich kleine, ehemalige Fischerdörfer, die noch wenig von ihrem ursprünglichen Reiz verloren haben.
In St.-Tropez heiß es sehen und gesehen werden. Der Ort wurde erst durch den Film »Und ewig lockt das Weib« (1956) mit Brigitte Bardot bekannt. Das Image vom ausschweifenden Leben lockte die Jugend der Welt und schließlich den Massentourismus in das verschlafene Fischerdorf.

9 Hyères Die kleine Stadt östlich von Toulon ist das älteste Seebad der Küste. Reizvoll ist die mittelalterliche Vieille Ville mit der Place Massillon. Von der alten Burgruine hat man einen prächtigen Panoramablick auf die Küste. Hyères vorgelagert sind die Îles d'Hyères. Staatspräsident Pompidou ließ die Inseln 1971 vom französischen Staat unter Naturschutz stellen. Ein Besuch auf Porquerolles vermittelt eine Ahnung davon, wie die gesamte Côte d'Azur vor Beginn des Tourismus ausgesehen haben muss.

10 Toulon Die Hauptstadt des Département Var verdankt ihre Bedeutung dem großen Naturhafen, der bis heute ein wichtiger Marinestützpunkt ist. Unter König Ludwig XIV. baute Vauban Toulon im 17. Jh. zum Kriegshafen aus.

11 Route de Crêtes La Ciotat ist Ausgangspunkt für eine Fahrt über die Route des Crêtes nach Cassis. Die »Straße der Bergkämme« führt über die Steilwände der Montagne de la Canaille und bietet prächtige Ausblicke sowohl auf das Meer als auch auf das Hinterland. Der kleine Hafenort Cassis konnte sich viel von seinem früheren Charme bewahren, vor allem die alten Gassen unmittelbar hinter dem Hafen vermitteln mit ihrem geschäftigen Treiben noch einen Einblick in die ursprüngliche Lebensart des Midi. Westlich von Cassis steigen die weißen Kalkwände senkrecht aus dem kristallklaren Wasser. Bootsfahrten zu den Wänden werden ab Cassis angeboten.
Wer von Cassis aus über die schmale Landstraße 559 direkt nach Marseille fährt, findet links abzweigend schmale Zufahrten zu drei sehenswerten Buchten: Port Miou, Port Pin und En-Vau. Für die Fahrt ins Herz der Provence bietet sich die Autobahn oder der N559 bis Aubagne an, von dort führt die N96 nach Aix-en- Provence.

12 Marseille siehe Seite 209

13 Aix-en-Provence Die Bäder- und Universitätsstadt war jahrhundertelang die Hauptstadt der Provence. Auf der keltisch-ligurischen Siedlung Entremont gründeten die Römer 122 v. Chr. die Kolonie Aquae Sextiae Saluviorum. Seit Ende des 12. Jh. Hauptstadt, wurde Aix schnell zur Stadt der Künstler und Gelehrten. Die Altstadt liegt zwischen dem Cours Mirabeau, einer Platanenallee mit schönen Stadtpalais aus dem 18. Jh., und der Kathedrale St. Sauveur mit einem Baptisterium aus der Merowingerzeit. Weitere Sehenswürdigkeiten sind das Rathaus (17. Jh.), das Musée des Tapisseries und das Atelier de Paul Cézanne. Ein Lieblingsmotiv des berühmtesten Sohnes der Stadt ist der Mont St. Victoire im Osten der Stadt, der einen Abstecher lohnt.
Die kürzeste Verbindung nach Arles führt über die A8 und A7 nach Salon-de-Provence und quert von dort den östlichen Teil des Rhônedeltas.

14 Arles Das Eingangstor zur Camargue war Siedlungsgebiet der Kelten, der Griechen und der Römer. Kaiser Konstantin hatte hier eine prächtige Residenz, in der er 314 ein Konzil einberief. Heute beeindrucken in Arles bedeutende Bauten der Römerzeit: Das 136 x 107 m große Oval des Amphitheaters bot über 20 000 Besuchern Platz, das Theater konnte in seinem Halbrund immerhin 12 000 Personen aufneh-

1 Les Arènes in Arles, das einstige römische Amphitheater

2 Blick von den Mauern der Zitadelle auf St.-Tropez

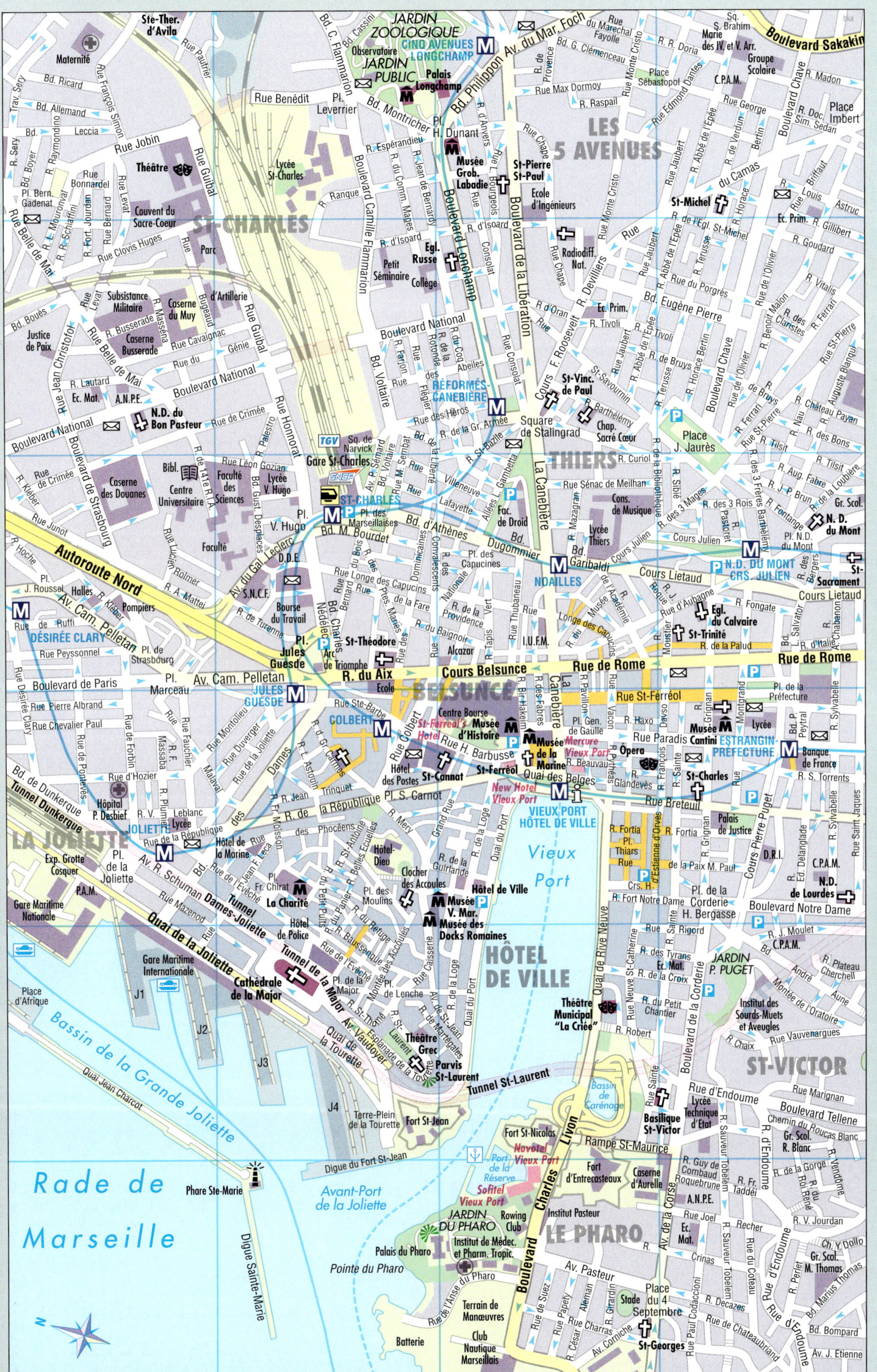

Marseille

Die zweitgrößte Stadt Frankreichs und wichtigste Hafenstadt des Landes kann auf eine 2500 Jahre alte Geschichte zurückblicken. Ihre Bedeutung als wichtiges Einfallstor nach Nordafrika spiegelt sich auch in ihrer Bevölkerungszusammensetzung wider.

Gegründet wurde die Stadt von Griechen aus Kleinasien als Massalia auf dem Hügel, auf dem heute Notre-Dame-de-la-Garde steht. Mit den Römern war man zunächst verbündet, erst 49 v.Chr. eroberte Caesar die griechische Republik endgültig. Den ersten großen Aufschwung erlebte die Hafenstadt im 12. Jh., als sich die Heere der Kreuzritter von hier aus nach Jerusalem einschifften. In den folgenden Jahrhunderten war Marseille der wichtigste Hafen am Mittelmeer.

Das Herz von Marseille schlägt bis heute im alten Hafen, in dessen Verlängerung die Canebière als Hauptachse die gesamte Stadt erschließt. Der Prachtboulevard war einst das Symbol einer Feste feiernden, lebendigen Stadt. Die Einfahrt zum Alten Hafen flankieren auf der Nordseite das Fort St. Jean und auf der Südseite das Fort St. Nicolas. Vom Plateau de la Croix hat man vom Vorplatz der Basilika Notre-Dame-de-la-Garde, dem sichtbaren Wahrzeichen Marseilles, den besten Blick über Hafen und Stadt. Ein anderer guter Aussichtsplatz ist der Gipfel des Felsens von Château d'If mit Sicht auf das gegenüber liegende Marseille. Sehenswürdigkeiten: Basilique St. Victor, eine zinnenbekrönte, auf das 5. Jh. zurückgehende Wehrkirche, in der Krypta Sarkophage und Skulpturenfragmente aus frühchristlicher Zeit; Basilique de Notre-Dame-de-la-Garde (19. Jh.), neobyzantinische Kirche mit vergoldeter Marienfigur auf dem Glockenturm, im Inneren sehenswerte Mosaiken; Chateau d'If (1516– 1528) auf dem Hafen vorgelagertem Felsen, Überfahrt ab Quai des Belges. Ab 1580 diente die Zitadelle als Staatsgefängnis. Museen: Vieille Charité, das schönste Haus der Altstadt mit ägyptischen Funden; Musée des Docks Romains; Musée du Vieux Marseille; Musée Grobert-Labadié mit Ausstattung des 19. Jh.

Notre-Dame-de-la-Garde wacht über die Hafenstadt Marseille.

Roussillon im Luberon war bis Ende des 19. Jh. Zentrum des Ockerabbaus. Aus den Steinbrüchen rund um den Ort ließen sich über 15 Farbtöne gewinnen. Einige der alten Ockersteinbrüche lassen sich auf Lehrpfaden erkunden.

Abstecher

Luberon und die Hochprovence

Auf halbem Weg zwischen Alpen und Mittelmeer erstreckt sich östlich von Avignon das weitläufige Kalksteinmassiv des Luberon. Das felsige Land mit seinen einsamen Eichenwäldern, kleinen Bergdörfern und Steinhütten hat sich seine natürliche Schönheit bewahrt. In den bis zu 1125 m hohen Bergen gibt es noch weitgehend menschenleere Landstriche, in denen über 1000 verschiedene Pflanzenarten gedeihen. Zu ihrem Schutz wurde 1977 der Parc Naturel Régional du Luberon gegründet. Die heutige Einsamkeit in vielen Teilen des Luberon täuscht allerdings darüber hinweg, dass die im Tertiär entstandene Kalksteinkette zu allen Zeiten besiedelt war. Im Mittelalter entstanden die in Mulden und Rinnen geduckten Dörfer mit Häusern aus dicken Mauern und Kirchen, die gleichzeitig als Fluchtburg dienten. Die Lebensgrundlage der Bewohner des Luberon war eine karge Landwirtschaft. Als die Erträge nicht mehr ausreichten, entvölkerten sich die auf der Nordseite gelegenen Dörfer.

Eines der Wahrzeichen des Luberon sind die rund 3000 Bories, eigenartige ein- oder zweistöckige Steinhütten, die einzeln oder in malerischen Gruppen auf den Feldern stehen. Die mörtellos aus Kalkplatten errichteten Bauten dienten den Bauern als Ställe und Schuppen. Beim Aufschichten wurde jede Steinschicht ein wenig nach innen versetzt, so dass in drei oder vier Meter Höhe die letzte Öffnung mit einer einzigen Platte geschlossen werden konnte. Die schönsten Bories stehen bei Gordes am Rande des Plateau de Vaucluse auf der Nordseite des Luberon. Das malerisch an eine Hügelkuppe geschmiegte Gordes empfängt den Besucher mit Arkadengässchen und einem Schloss aus dem 16. Jh. Im Süden liegt das Village des Bories mit rund 20 restaurierten Bories.

Ein Wahrzeichen des Luberon sind seine Ockersteinbrüche, die sich rund um den malerischen Touristenort Roussillon gruppieren. Einer der eindrucksvollsten ist der inzwischen stillgelegte Steinbruch am Sentier des Ochres.

Warum der Luberon in Teilen so trocken ist, erfährt man in Fontaine-de-Vaucluse. Hier entspringt in einer Grotte am Fuß eines mächtigen, kahlen Felsens die Sorgue, die gewaltigste Quelle Frankeichs und eine der größten Karstquellen der Welt: Aus der aus den Bergen des Luberon und des Vaucluse gespeisten Quelle sprudeln bis zu 90 000 l Wasser pro Sekunde.

Eine Sehenswürdigkeit ganz anderer Art ist die Abtei Sénanque, die sich in einer kleinen Schlucht im Plateau de Vaucluse versteckt. Sie wurde 1148 von Zisterziensern gegründet, hatte im frühen 13. Jh. ihre Blütezeit und wurde 1544 zerstört. Erst 1854 wagten 72 Mönche einen Neuanfang. Lavendelfelder umrahmen die Klosteranlage mit der Kirche und dem Kreuzgang .

Wer die faszinierende Landschaft des Luberon von oben betrachten möchte, dem empfiehlt sich die Besteigung des 1125 m hohen Mourre Nègre östlich von Apt. Eine grandiose Fernsicht bietet auch der 1909 m hohe Mont Ventoux, die höchste Erhebung der Provence. Der Gipfel ist zu Fuß oder mit dem Auto zu erreichen. Eindrucksvoll ist der Vegetationswechsel von den Lavendel- und Weinfeldern am Fuße des Berges über schöne Eichen-, Buchen- und Nadelwälder zur kargen Felskuppe mit Polsterpflanzen.

1 Lavendelfelder umgeben die ehrwürdige Abbaye de Sénanque, die 1148 gegründet wurde.

2 Einsames Gehöft in der Hochprovence vor den Bergen des Vaucluse

3 Sinnbild der Provence: Endlose Reihen blühender Lavendelfelder

4 Neben Wein- und Weizenfeldern beherrschen Sonnenblumenfelder das Bild des Luberon.

Oben: Blick vom gegenüberliegenden Rhôneufer auf Avignon, der Hauptstadt des Département Vaucluse. Von der viel besungenen Brücke Pont St. Bénézet stehen nur noch vier Bögen. Die mittelalterliche Stadt wird von einer 4,5 km langen Stadtmauer umgeben.

Unten: Mittelpunkt der alten Hafenstadt Marseille ist der Vieux Port, der von zwei mächtigen Forts, dem Fort St. Jean (im Bild) und dem Fort St. Nicolas
begrenzt wird. Die mächtige neubyzantinische Cathédrale de la Major links vom Fort wurde Ende des 19. Jh. erbaut. Sie ist 140 m lang, die Kuppel 70 m hoch

Die Pferde der Carmargue

Das Delta zwischen den beiden Hauptmündungsarmen der Rhône umfasst mit 140 000 ha Sumpf-, Wiesen- und Weideland sowie Dünen- und Salzfeldern eines der größten Feuchtgebiete Europas.
Die landwirtschaftliche Nutzung – zumeist Reisanbau – konzentriert sich auf den nördlichen Teil der Camargue, im südöstlichen Teil wird in den flachen Lagunen Salz gewonnen.
Der Süden dagegen ist ein in Europa einzigartiges Naturparadies. Die Graswiesen des Deltas bieten nicht nur den bekannten Camargue-Pferden und Camargue-Stieren eine Heimat, sondern auch zahlreichen Wasser- und Sumpfvögeln: Rund 10 000 Flamingopaare brüten in den Sümpfen, dessen größter der Étang de Vaccarés ist. Mehr als 350 Zugvogelarten machen im Parc Ornithologique du Pont-de-Grau im

Wild lebende Camargue-Pferde

Südwesten der Camargue zweimal jährlich Station.
Kennzeichen der schwarzen Camargue-Stiere sind ihre lyraförmigen Hörner. Zwischen den Stieren tummeln sich nicht selten die weißen Pferde der Camargue, eine halbwilde Rasse, die sich schon in den Höhlenmalereien von Solutré findet. Äußere Kennzeichen sind ihr gedrungener Körperbau, der eckige Kopf und die dichte Mähne. Erst ab dem fünften Lebensjahr bekommen die Tiere ihr weißes Fell. Werden die Wildpferde schon als Jungtiere an Sattel und Zaumzeug gewöhnt, sind sie ausdauernde Reittiere, die den Hirten bei der Überwachung der Rinderherden gute Dienste leisten. Zahlreiche Veranstalter bieten auch ungeübten Reitern von Gardiens begleitete Ausritte in die Sümpfe, zu den Stränden oder den Stierherden an. Auf diese Weise lassen sich manche der sonst unzugänglichen Teile der Camargue erleben.

1

2

men. Die romanische Kirche St. Trophime ist mit ihrem Portal von 1190 ein Meisterwerk provenzalischer Steinmetzkunst. Der an die Kirche anschließende romanisch-gotische Kreuzgang gilt als der schönste der Provence.
Von Arles führt eine Landstraße nach Nordosten in eines der bekanntesten Dörfer der Provence, Les Baux.

15 Les Baux-de-Provence Auf einem 900 m langen und 200 m breiten Felsrücken, der steil aus der Hügelkette der Alpilles emporragt, thront das Felsendorf. In der einst stolzen Festung trugen im Mittelalter Troubadoure ihre höfischen Liebeslieder vor. Die einzigartige Lage der Festung auf einem Felsen und der grandiose Blick über die Weite der Camargue und des Rhônedeltas ziehen jährlich unzählige Besucher in den autofreien Ort.
Von Les-Beaux quert die Straße nach St.-Rémy die Alpilles, eine 24 km lange Bergkette zwischen Rhône und Durance.

16 St.-Rémy-de-Provence In dem typischen Provencestädtchen wurde 1503 Nostradamus geboren, van Gogh malte hier 1889 sein Bild Kornfeld mit Zypressen. Vorläufer St.-Rémys war die Stadt Glanum, etwa 1 km südlich des heutigen Zentrums. Aus dieser Zeit stammen ein 18 m hohes Mausoleum und der Arc Municipal aus der Zeit von Kaiser Augustus.

17 Avignon Die Stadt der Päpste überragt das linke Rhôneufer und ist noch heute von einer etwa 4,5 km langen Stadtmauer umgeben. Der Rocher des Doms und der gewaltige Papstpalast beeindrucken den Besucher bereits von weitem.
Von 1309–1377 residierten hier sieben französische Päpste, erst 1403 flüchtete der letzte Gegenpapst aus seinem Palast. Während der rund hundertjährigen Papstpräsenz entstand der gewaltige festungsartige Palais des Papes (Papstpalast), von der einst überaus pompösen Inneneinrichtung ist so gut wie nichts erhalten. Die berühmte Brücke Pont St. Bénézet wurde 1177 gebaut, heute stehen nur noch vier der ursprünglich 22 Bögen. Von Aix führt die Fahrt nach Norden zu zwei der schönsten römischen Bauwerke Europas.
Bei Sorgues zweigt die D17 nach Châteauneuf-du-Pape ab. Hier errichteten die Päpste von Avignon im 14. Jh. eine Burg. Heute zählt der Wein aus dieser Gegend zum besten der Côtes du Rhône. Wer genügend Zeit hat, der sollte auf dem Weg nach Orange einen Abstecher in das Luberon oder nach Villeneuve-les-Avignon unternehmen (siehe Seite 211).

18 Orange Das römische Arausio gründete Augustus 35 v. Chr. Bereits kurze Zeit später entstand das Theater, das heute zu den schönsten römischen Bauwerken der Provence zählt. Die gewaltige Bühnenwand ist 103 m breit und 38 m hoch. Im Norden der Stadt steht der mit 22 m Höhe, 21 m Breite und 8 m Tiefe drittgrößte Triumphbogen dieses Typs.
Über die A 9 Richtung Südwesten erreicht man den Pont du Gard, ein Aquädukt aus römischer Zeit.

19 Nîmes Die Stadt der Tempel, der Thermen und der Theater wurde 16 n. Chr. von Kaiser Augustus gegründet. Der eindrucksvollste Bau der Römer ist das Amphitheater mit seiner ovalen Arena und den ansteigenden Steinreihen, die 25 000 Besuchern Sitzplätze boten. Das Maison Carrée aus den Jahren 2–3 n. Chr. zählt mit seinen Säulen und dem Schmuckfries zu den besterhaltenen römischen Tempeln Europas. Beim Jardin de la Fontaine konzentrierten sich viele Thermen, Tempel und ein Theater (heute Parkanlage).
20 km nordöstlich von Nîmes ragt der Pont du Gard empor. Von Nîmes führt die Fahrt am Nordwestrand der Camargue nach Aigues-Mortes.

Pont du Gard

Die 49 m hohe und 2000 Jahre alte Brücke ist die höchste je von den Römern erbaute Brücke und das wohl vollkommenste Zeugnis römischer Brückenbautechnik. Über die Brücke leiteten die Römer das Wasser von Uzès nach Nîmes, in Betrieb war das Aquädukt etwa fünf Jahrhunderte.

⑳ Aigues-Mortes Die Stadt beeindruckt mit ihren noch völlig intakten Befestigungsmauern. Der »Ort der toten Wasser« wurde von Louis XI. im 13. Jh. zur Festigung seiner Macht am Mittelmeer errichtet. Ein Teil der Stadtmauer ist begehbar, den schönsten Blick über Stadt und die Camargue bietet der Tour de Constance.

㉑ Saintes-Maries-de-la-Mer Eine 30 km lange Straße führt durch die Camargue in ihren Hauptort, Les Saintes-Maries-de-la-Mer, der vor allem für die im Mai stattfindende Wallfahrt der Zigeuner bekannt ist. Die romanische Kirche wirkt mit Wehrgang und zinnenbekrönter Plattform wie eine mittelalterliche Burg.

㉒ Montpellier In der Kapitale des Département Hérault befindet sich u. a. der älteste Botanische Garten Frankreichs. Mittelpunkt der Stadt ist die Place de la Comédie mit einem Opernhaus aus dem 19. Jh. Zu den wichtigsten Sehenswürdigkeiten zählen die Patrizierhäuser aus dem 17. Jh.

㉓ Béziers Die Route führt über Montpellier zur Stadt am Canal du Midi. Das Wahrzeichen der Stadt ist die massive Cathédrale St. Nazaire (14. Jh.), die wie eine Festung auf einem Höhenrücken liegt.

㉔ Narbonne Die Stadt war einst ein bedeutender römischer Hafen. Sichtbares Zeugnis dieser Zeit ist das Horreum, ein im 1. Jh. v. Chr. errichteter unterirdischer Kornspeicher. Aus dem 13. Jh. stammt die Cathédrale St. Just mit schönen Skulpturen und farbigen Glasfenstern. Der Palais des Archevêques ist ein festungsähnlicher Komplex mit massiven Türmen (14. Jh.). Rund 60 km westlich von Narbonne liegt Carcassonne, das Paradebeispiel mittelalterlicher Befestigungsarchitektur.

㉕ Carcassonne Die Stadt am steilen Ufer der Aude ist schon von weitem sichtbar. Ihr doppelter Mauerring mit Zinnen und zahllosen Türmen geht auf König Louis IX. zurück, der im 13. Jh. mit dem Bau begann. Die Porte Narbonnaise gewährt Zugang in die Altstadt. Wichtigste Bauwerke sind das Château Comtal und die Basilique St. Nazaire mit den schönsten Buntglasfenster in Frankreich. Das Schloss – eine mächtige Festung innerhalb der Festung – wurde im 12. Jh. errichtet und besitzt fünf Verteidigungstürme.
Auf der Weiterfahrt Richtung Perpignan über die D118 bis

1 Die historische Festungsstadt Carcassonne wurde von der UNESCO zusammen mit der Kathedrale St. Nazaire in die Liste des Weltkulturerbes aufgenommen.

2 Im bergigen Hinterland des Languedoc werden einige der besten Weine Frankreichs angebaut.

3 Schon von weitem zu sehen: die Cathédrale St. Nazaire, das Wahrzeichen von Béziers am Canal du Midi. Der romanisch-gotische Kirchenbau wurde vom 12. bis 14. Jh. errichtet. Im Vordergrund der Pont Vieux (13. Jh.) über den Orb.

Canal du Midi

Der Traum, das Mittelmeer mit dem Atlantik zu verbinden, war uralt, doch erst Paul Riquet, einem Ingenieur aus Béziers, gelang es 1666–1681, den Traum Wirklichkeit werden zu lassen. Mit dem 240 km langen Canal du Midi verband er die Hafenstadt Sète am Mittelmeer mit der Industriestadt Toulouse und schuf über die ab Toulouse schiffbare Garonne die Verbindung zum Atlantik.
Für das 17. Jh. war der Kanal mit seinen zahlreichen Wehren, Aquädukten, Brücken und Schleusen ein Meisterwerk der Ingenieurskunst, für den Handel wurde der Kanal zum Rückgrat des Warenverkehrs im Languedoc. Heute ist der Kanal eine romantische Wasserstraße für Freizeitkapitäne, denen die französische Lebensart wichtiger als das schnelle Ankommen ist. In Sète, Béziers, Narbonne, Carcassonne, Castelnaudary und Toulouse lassen sich die Hausboote mieten und interessante Ausflüge unternehmen. Die Reise vollzieht sich im Fußgängertempo, die Fahrt führt unter teilweise langen Platanenalleen an eindrucksvollen Landschaften, Weinbergen und kulturellen Sehenswürdigkeiten vorbei. Unterwegs bleibt Zeit zum Angeln, Baden oder Träumen. Für das Chartern braucht man übrigens keinen Bootsführerschein, die nötige Einweisung erfolgt bei der Übergabe.

Der Canal du Midi ist UNESCO-Weltkulturerbe

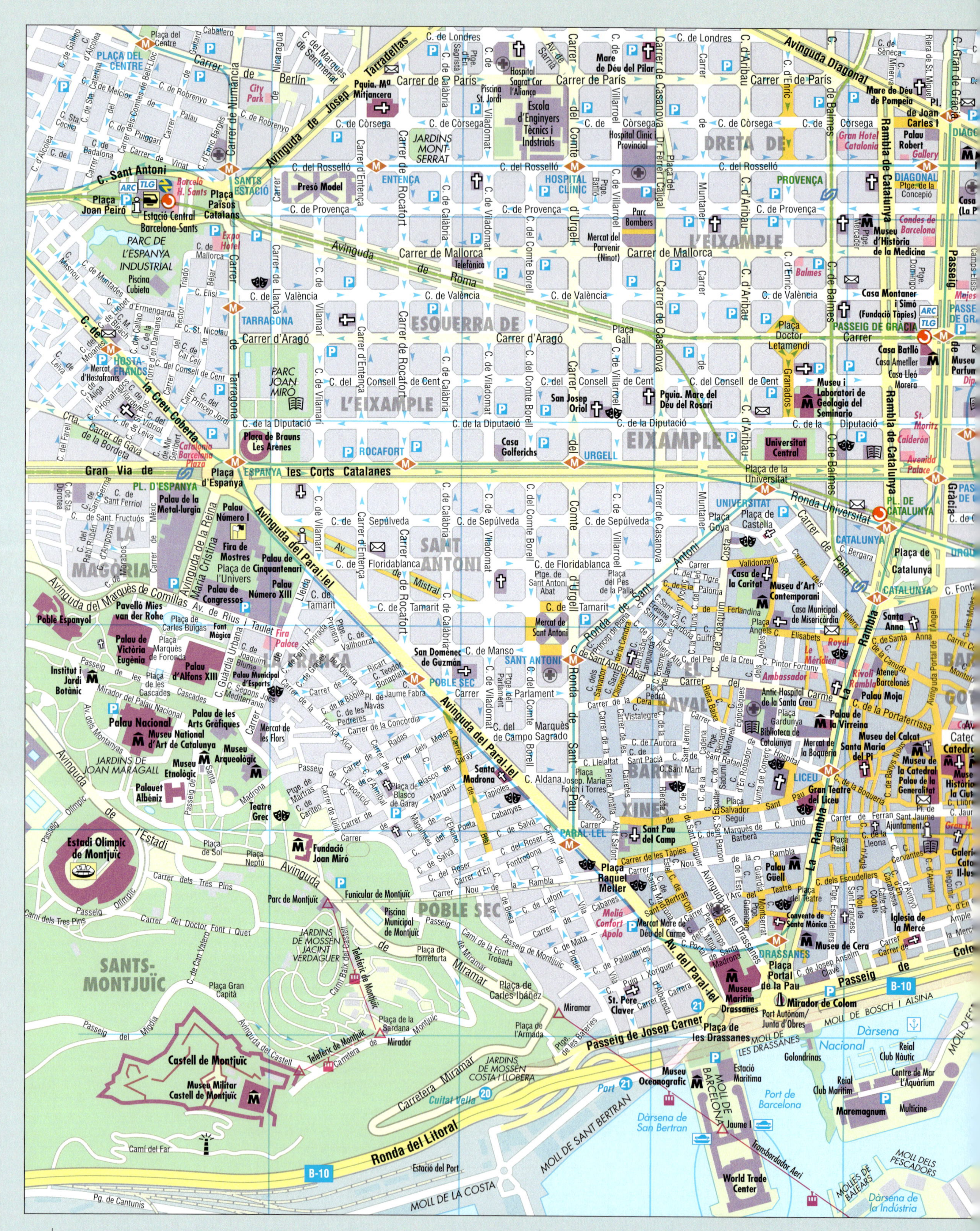
Avinguda Diagonal
Carrer de París
Carrer de Còrsega
C. del Rosselló
C. de Provença
Carrer de Mallorca
C. de València
Carrer d'Aragó
C. del Consell de Cent
C. de la Diputació
Gran Via de les Corts Catalanes
Avinguda de Roma
Avinguda de Josep Tarradellas
Rambla de Catalunya
Passeig de Gràcia
La Rambla
Avinguda del Paral·lel
Ronda de Sant Pau
Ronda de Sant Antoni
Ronda Universitat
Passeig de Colom
Passeig de Josep Carner
Ronda del Litoral
Avinguda de l'Estadi
Avinguda del Marquès de Comillas
Avinguda de la Reina Maria Cristina
Carretera Miramar
DRETA DE L'EIXAMPLE
ESQUERRA DE L'EIXAMPLE
EIXAMPLE
SANT ANTONI
LA FRANÇA
POBLE SEC
EL RAVAL
BARRI XINES
SANTS-MONTJUÏC
LA MAGÒRIA
Plaça Joan Peiró
Estació Central Barcelona-Sants
Parc de l'Espanya Industrial
Plaça Països Catalans
Presó Model
Hospital Clínic
Plaça d'Espanya
Plaça de Catalunya
Plaça de la Universitat
Universitat Central
Plaça de Braus Les Arenes
Parc Joan Miró
Poble Espanyol
Palau Nacional
Museu National d'Art de Catalunya
Estadi Olímpic de Montjuïc
Fundació Joan Miró
Castell de Montjuïc
Museu Militar Castell de Montjuïc
Teleféric de Montjuïc
Funicular de Montjuïc
Parc de Montjuïc
Jardins de Joan Maragall
Jardins de Mossèn Jacint Verdaguer
Jardins de Mossèn Costa i Llobera
Museu d'Art Contemporani
Casa de la Caritat
Antic Hospital de la Santa Creu
Mercat de la Boqueria
Palau de la Virreina
Gran Teatre del Liceu
Palau Güell
Plaça Reial
Museu Marítim Drassanes
Mirador de Colom
Plaça Portal de la Pau
Museu de Cera
Port de Barcelona
Moll de Barcelona
World Trade Center
Maremagnum
Port Vell
Moll de Sant Bertran
Moll de la Costa
Dàrsena Nacional
Transbordador Aeri
Casa Batlló
Casa Amatller
Casa Lleó Morera
Casa Montaner i Simó (Fundació Tàpies)
Museu i Laboratori de Geologia del Seminario
Palau Robert
Mare de Déu de Pompeia
Palau Moja
Iglesia de la Mercè
Museu de la Catedral
B-10

Barcelona

Die Hauptstadt Kataloniens mit ihren bemerkenswerten Baudenkmälern, dem aufregenden Nachtleben und den schönen Promenaden am Hafen und am Meer verbindet Weltoffenheit mit eigenständiger Tradition. Nicht zuletzt ist sie die Stadt von Antoní Gaudí, der hier seine größten Bauwerke errichtete.

Die ewige Konkurrentin Madrids blickt auf eine 2000 Jahre alte Geschichte zurück: Von den Römern gegründet, wurde sie 236 v. Chr. vom Karthager Hamilkas Barcas erobert, der ihr den Namen Barcino gab. 415 ging die Macht über die Stadt am Mittelmeer an die Westgoten, 713 an die Araber und 803 an die Franken über. Nach der Vereinigung der Königreiche Katalonien und Aragon (1137) begann der Aufstieg zur wichtigen spanischen Hafen- und Handelsstadt. Ein Versuch, sich von Spanien zu lösen, scheiterte im 17. Jh. Im Spanischen Bürgerkrieg des 20. Jh. stand Barcelona auf Seiten der Republikaner – gegen den späteren Sieger Franco.

Gegen Ende des 19. Jh. entwickelte sich in Barcelona ein ganz neuer Kunst- und Architekturstil: der Modernisme – die katalonische Variante des Jugendstils –, der wie kein anderer das heutige Aussehen der Stadt geprägt hat. Neben Antoní Gaudí waren die wichtigsten Protagonisten die Architekten Josep Puig i Cadalfalch und Lluís Domènech i Montaner. Viele ihrer Bauwerke stehen im Stadtteil Eixample. Den besten Blick auf die Stadt bietet sich vom Montjuic im Süden oder dem 532 m hohe Tibidabo im Westen, die beide über eine Seilbahn zu erreichen sind.

Besonders sehenswert: Barri Gòtic, der erhöht gelegene, älteste Stadtteil; mittelalterlicher Platz; Plaça del Rei mit dem Palast der katalanischen und kastilischen Könige; Palau Real Major; mächtige gotische Kathedrale; La Seu mit Krypta und Kreuzgang, in dem traditionell Gänse die Gräber bewachen; Plaça del Pi, stimmungsvoller Platz; Les Rambles, Kataloniens berühmteste Flanier- und Amüsiermeile; nostalgische Markthalle La Boqueria (der »Schlund«) mit überwältigendem Angebot; Museu Nacional d'Art de Catalunya, dessen Sammlung romanischer Fresken und Altargemälde Weltruf genießt; Museu Picasso mit 3600 Werken des Künstlers, der in Barcelona studierte; Museu Maritim, Schifffahrtsmuseum in alten Schiffbauhallen.

Der großartigste Bau der Stadt und das Hauptwerk von Antoní Gaudí (1852 bis 1926): die bis heute unvollendete Kirche La Sagrada Familia, in gigantischen Dimensionen mit überbordender, symbolträchtiger Formensprache. Weitere Gaudí-Werke: im Barri Xines die gräfliche Privatresidenz Palau Güell; in der vom Modernisme geprägten Neustadt Eixample die Wohnhäuser Casa Milà mit skurrilem Skulpturenschmuck und einer märchenhaften Dachlandschaft, Casa Calvet und Casa Batlló; die Avingua de Gaudí, breite Allee ganz im Zeichen des großen Architekten. Der Palau Güell und die Casa Milà gehören zum UNESCO-Weltkulturerbe. Zu den Werken von Domènech i

Oben: Sagrada Familia von Gaudí
Mitte: Der Palau de la Musica Catalana
Unten: Les Rambles, die Flaniermeile Barcelonas

Montaner zählen: Casa de l'Ardiaca, Casa Lleó Morera, Palau de la Música Catalana, Fundació Antoni Tàpies, Illa de la Discòrdia, Hospital de la Santa Creu i de Sant Pa, Museo de Zoologia.

Dalí-Museum

Berühmtester Sohn der Stadt Figueres ist Salvador Dalí (1904–1989). Der Künstler, ein bedeutender Vertreter des Surrealismus, baute sich hier sein eigenes Museum, für das er das von einer Glaskuppel überwölbte Stadtthea-

Im Dalí-Museum in Figueres

ter kaufte. Hier finden sich nicht nur Werke aus allen seinen Schaffensperioden, sondern auch, ohne falsche Bescheidenheit, Porträts und Büsten seiner selbst.

Quillan und die D117 lohnt ein Abstecher zum Château de Peyrepertuse, der wohl eindrucksvollsten Burgruine der Katharer in den Hügeln des Corbières.

26 Perpignan Die Hauptstadt des Roussillon erlebte ihre Blütezeit unter den Königen von Mallorca im 13. und 14. Jh. Der befestigte Palais des Rois de Majorque ist ein Zeuge dieser Zeit und wurde malerisch um einen Arkadenhof gebaut. Glanzstück ist die zweistöckige Kapelle, ein gotisches Meisterwerk mit maurischen Elementen. Die Cathédrale de St. Jean wurde 1324 begonnen und 1509 vollendet. Die farbenprächtigen Häuser an der von Palmen gesäumten Promenade entlang des Têt-Flusses sind in Türkis oder Rosa gestrichen. In Perpignan ist besonders im Sommer der katalanische Einfluss deutlich spürbar. Dann ist der Place de la Loge der Schauplatz eines katalanischen Tanzes, Sardana genannt, bei dem jung und alt mitmachen. An diesem Platz befindet sich auch eines der schönsten Bauten der Stadt, die 1397 erbaute Loge de Mer.

Wo die Pyrenäen an das Mittelmeer grenzen, schlängelt sich die Küstenstraße an den zinnoberroten Felsen der Côte Vermeille entlang, in deren Buchten sich uralte Fischerdörfer ducken. Zu den bedeutendsten zählen auf französischer Seite Argelès-Plages, Cerbère und Banyuls, auf spanischer Seite Portbou.

27 Cadaqués Eines der schönsten Fischerdörfer der Costa Brava, die sich von Empordà bis nach Blanes zieht, liegt hinter dem Coll de Perafita und ist nur über eine schmale Stichstraße erreichbar. Cadaqués mit seinen schneeweißen Häusern besitzt eine Barockkirche aus dem 16. Jh. Das Museu Perrot-Moore präsentiert eine Sammlung europäischer Kunst des 15. bis 20. Jh.

Das Kap von Creus im Norden von Cadaqués ist der letzte Ausläufer der Pyrenäen und zugleich der östlichste Punkt der Iberischen Halbinsel. Der Parc Natural del Cap de Creus verbindet Natur und Meer und ist ein weites unbewohntes Gebiet an der Costa Brava. Schon die Griechen erkannten die Schönheit der Badia de Roses mit ihren weitläufigen Stränden. Von Roses lohnt ein Abstecher nach Figueres ins Dalí-Museum. Auf der Weiterfahrt nach Süden durchquert man eine Ebene, von der aus man einen herrlichen Blick auf die östlichen Pyrenäen hat.

28 Costa Brava Das schönste Dorf an der gesamten Costa Brava,

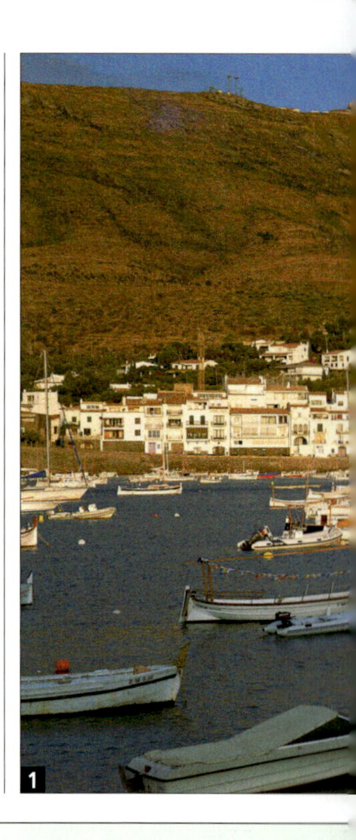

1

Béziers Die von der Kathedrale St. Nazaire (14. Jh.) überragte Stadt hat ein interessantes Regionalmuseum.

Pont du Gard Die 49 m hohe und 2000 Jahre alte Römerbrücke diente zugleich als Wasserleitung. Fünf Jahrhunderte versorgte sie die Bürger von Nîmes mit dem kühlen Nass aus den Bergen.

Arles Die Stadt am Tor zur Camargue war zeitweise Vincent van Goghs Wohnort. Sie ist reich an Gebäuden aus der Römerzeit. Das Amphitheater mit 20000 Sitzplätzen ist sehenswert.

Carcassonne Die Stadt hat einen trutzigen doppelten Mauerring aus dem 13. Jh. Darin befindet sich auch das Schloss Comtal (12. Jh.).

Nîmes Die eindrucksvollsten Bauten der 16 n. Chr. gegründeten Stadt sind das Amphitheater mit ehemals 25000 Sitzplätzen und das Maison Carrée, das zu den besterhaltenen römischen Tempeln Europas zählt. Weitere Sehenswürdigkeiten sind die romanische Kathedrale Notre Dame et St. Castor und der Jardin de la Fontaine (18. Jh.).

Tossa de Mar Die einstige Römerstadt thront über einem der schönsten Plätze der Costa Brava. Unterhalb der Altstadt liegt eine herrliche Badebucht.

Cadaqués Das Fischerdorf an der Costa Brava bestich mit schneeweißen Häusern und einer mächtigen Barockkirche.

Barcelona Kataloniens stolze Hauptstadt hat eine gotische Altstadt sowie Viertel mit zahlreichen Jugendstilbauten. Im Bild: das Museu Nacional d'Art de Catalunya von 1929.

Avignon Eine kilometerlange Mauer umgibt die an der Rhône gelegene Stadt der Gegenpäpste (13.–14. Jh.). Dahinter ragen der Rocher des Doms und der gewaltige Papstpalast empor.

Carmargue Schwarze Stiere, halbwilde weiße Pferde, mächtige Salzberge und Flamingoschwärme sind typisch für das weite Delta der Rhône.

Pals, liegt wenig nördlich von Palafrugell etwas landeinwärts und entzückt jeden Besucher mit seinen schmucken Gassen. Zurück an der Küste reiht sich nun ein Ferienort an den anderen. Rund um Palamós finden sich einsame Buchten und Strände, der Strand von Platja d'Aro wird von modernen Hotelburgen gesäumt. Die mittelalterliche Altstadt Tossa de Mar lädt zum Bummel ein. Hoch über den Dächern von Blanes lockt der berühmte Botanische Garten Mar i Murtra.

29 Barcelona
siehe Seite 216–217
Die Fahrt endet in Barcelona, der zweitgrößten Stadt Spaniens und Hauptstadt Kataloniens.

1 Cadaqués an der Costa Brava: Im Ortsteil Port Llegat verbrachte Dalí viele Jahre seines Lebens.

Luberon Das bis zu 1125 m hohe Kalksteinmassiv ist für seine Flora und Fauna bekannt. Typisch für die Gegend sind die Bories, mörtellos errichtete Hütten und Ställe, die am Rande der Wein- und Lavendelfelder stehen. Weitere Sehenswürdigkeiten: die Ockerbrüche von Roussillon und die Vaucluse-Quelle.

Menton Prachtvillen und Hotels im Stil der Belle Époque prägen die von den Briten einst so geschätzte »Winterresidenz«. Sehenswürdigkeiten sind die barocke Kirche St. Michel, der Trausaal im Rathaus mit Fresken von Jean Cocteau sowie das Musée Cocteau in einer Festung aus dem 17. Jh.

Monaco Das Fürstentum ist eine Mischung aus Hochhäusern und herrlichen Prachtbauten, darunter die Kathedrale und der Grimaldipalast. Der Anblick von Monte Carlo, das unter einem fast 800 m hohen Felsen auf einer Landzunge ins Mittelmeer ragt, ist überwältigend.

Antibes Das Château Grimaldi (12. Jh.) diente Pablo Picasso 1946 als Atelier. Zahlreiche seiner Werke sind dort zu sehen.

Cannes Der mondänste Ort der Côte Azur hat eine von Stadtmauern umgebene Altstadt. Weltbekannt: der Boulevard de la Croisette.

Nizza Aushängeschilder der heimlichen Hauptstadt der Côte d'Azur sind die Promenade des Anglais, das Hotel Négresco und der Palais Masséna. Ebenfalls sehenswert: die verwinkelte Altstadt, der Blumen- und Gemüsemarkt, das Musée d'Art Contemporain und das Musée Chagall.

Marseille Frankreichs größte Hafenstadt hat viele Sehenswürdigkeiten. Hoch über der Stadt thront die Kathedrale Notre-Dame-de-la-Garde. Treppensträßchen und idyllische Plätze, vor allem aber der lebhafte Hafen und der Fischmarkt verleihen der Stadt ihren Reiz. Auf einer Insel vor der Stadt liegt das Château d'If.

St.-Tropez Seit den 1950er-Jahren ist das auf einer Halbinsel gelegene Fischerdörfchen eines der beliebtesten Seebäder an der Côte d'Azur. Die ehemalige Zitadelle stammt aus dem 16./17. Jh.

Esterelle Rote Felsen, kliffartige Schluchten und sehr abgeschieden gelegene Badebuchten kennzeichnen diesen Küstenabschnitt zwischen Cannes und St.-Raphaël: ein Geheimtipp entlang der südfranzösischen Küste.

Malerische Dörfer gekrönt von Pilgerkirchen säumen den Jakobsweg in Galicien.

Route 18

Nordspanien

Jakobsweg und Costa Verde: Reise durch das grüne Spanien

Seit dem Mittelalter zieht es Pilger aus aller Welt nach Santiago de Compostela zum Grab des Apostels Jakobus. Den Weg von den Pyrenäen bis Galicien säumen malerische Dörfer und Städte, Klöster und Kastelle und die mächtigen Kathedralen von Burgos und León, die Rückreise führt entlang der rauen und wilden spanischen Nordküste.

Glaubt man der Legende, dann wurde der Apostel Jakobus im Jahre 44 in Palästina enthauptet und seine sterblichen Überreste per Boot in den äußersten Nordwesten Spaniens, wo er zuvor das Evangelium verkündet hatte, gebracht. Nach der Entdeckung des Apostelgrabes Anfang des 9. Jh. entstand innerhalb weniger Jahre die erste Jakobusbasilika. Gotescalco, der Bischof von Le Puy, pilgerte als einer der ersten 950 mit großem Gefolge nach Compostela, ihm folgte 959 Cesareo, der Abt von Montserrat. Bis 1072 nahm der Pilgerstrom so zu, dass Alfons VI. den galicischen Wegezoll für die Pilger aufhob. Nur ein Jahrhundert später verfasste Aymeric Picaud, ein Priester aus Poitou, einen ersten Führer für die Wallfahrt nach Compostela, der als Codex Calixtinus über die Klöster in ganz Europa verbreitet wurde.

Paris, Vezelay, Le Puy und Arles waren die großen Sammelorte, von denen aus man in Gruppen gemeinsam weiter zog. Vor Beginn der Reise wurden die Pilger und ihre Ausstattung – Hut und Mantel gegen die Witterung, eine Kürbisflasche für das Wasser und der Pilgerstab zur Verteidigung – feierlich gesegnet. Schnell wurde die Muschel, die erste Pilger aus Galicien mitgebracht hatten, zum Symbol für alle zukünftigen Pilger. Wer in Santiago ankam und beim Sekretär der Kathedrale an Hand seines Pilgerbuches die Wallfahrt nachwies, erhielt die compostela, die Pilgerurkunde.

Einzug der Stiere in die Arena von Pamplona

Jeder Pilger, der heute den Jakobsweg bereist und mindstens 100 Kilometer auf ihm wandert, Rad fährt oder reitet, erhält auch heute eine entsprechende Urkunde. Bereits Picaud beschrieb die Sammelpunkte in Frankreich, die beiden Wege über die Pyrenäen und den Hauptweg ab Puente la Reina. Demnach gingen die aus Paris, Vezeley und Le Puy kommenden Pilger über die Puerto de Ibaneta (1057 m), die aus Arles kommenden über die Puerto

Ziel aller Pilger: die Kathedrale von Santiago de Compostela. Der Legende nach war der Leichnam des Apostels Jakobus nach Galicien gebracht und später in der Stadt entdeckt worden.

Der Strand Cuevas del Mar bei Llanes liegt an der Costa Verde am Fuß der Sierra de Cuera.

de Somport (1650 m). In seiner Wegbeschreibung liefert Picaud detaillierte Beschreibungen der Ortschaften, der Hospitäler und Unterkunftsmöglichkeiten entlang des Weges – bis heute folgt der klassische Pilgerweg diesen Vorgaben.
Der gut ein Jahrtausend alte Weg ist heute mit blauen Hinweisschildern mit einem stilisierten Wanderer oder der gelben Jakobsmuschel gekennzeichnet. Die Schönheiten am Weg allerdings kann man auch als »Autopilger« erleben und dabei vielleicht mehr von Land und Leuten, von Kunst und Kultur kennen lernen. Landschaftlich reicht die Spannweite von den rauen Bergen der westlichen Pyrenäen bis zu denen des Kantabrischen Gebirges, über die von Ödland geprägten Hochflächen der nördlichen Meseta bis zu den Halbwüstenzonen in den navarresischen Bardenas Reales.

Während der Pilger in Santiago am Ziel ist, hat der Autofahrer die Möglichkeit, mit der Rückfahrt entlang der spanischen Nordküste, die teils der aragonischen Pilgerroute entspricht, das reizvolle Zusammenspiel von Bergen und Meer an der zergliederten, rauen Atlantikküste zwischen Galicien und dem Baskenland zu erleben. Bis zum Baskenland (País Vasco) quert die Tour die historischen Provinzen Asturias (Asturien), deren Weiden an Almen erinnern, und Cantabria (Kantabrien) mit seinen eindrucksvollen atlantischen Nadelwäldern. Die Gebirge gehen im Osten in die Pyrenäen über.
Beide Strecken bieten zudem eine Fülle an Kunst und Kultur mit bis zu 1500-jähriger Geschichte, die von Kleinodien in winzigsten Dorfkirchen bis hin zu reich gefüllten Schatzkammern in den Kathedralen reicht.

Impression auf dem Jakobsweg von den Pyrenäen nach Galicien

1

Jakobsweg und nordspanische Küste: Mehrere Pilgerstraßen führen von den Pyrenäen zum Grab des hl. Jakobus. Diese Route beginnt in Roncesvalles und führt über Burgos und León nach Santiago de Compostela. Die Rückfahrt entlang der Atlantikküste erschließt die ganze Schönheit der galicischen, asturischen, kantabrischen und baskischen Küste.

1 Roncesvalles Im Dörfchen knapp unterhalb des Ibañeta-Passes entschied sich 778 das Schicksal von Markgraf Roland, der im Gefolge Karls des Großen versucht hatte, die Mauren aus Zaragoza zu vertreiben. Beim Rückzug des Heeres führte Roland die Nachhut an, geriet in einen Hinterhalt und wurde erschlagen. Die um seinen Tod rankenden Heldensagen wurden um 1080 zum Rolandslied zusammengefasst.
Das alte Augustiner-Hospiz ist eine der ältesten Herbergen am Pilgerweg, die Stiftskirche geht auf 1127 zurück. Auch die gotische Kirche Santa Maria entstand bereits im 13. Jh., sie birgt die Madonna von Roncesvalles, eine versilberte Statue aus Zedernholz.

2 Pamplona Die Stadt der Sanfermines mit den berühmten Wettrennen der Stiere ist eine Gründung des römischen Generals Pompejus aus dem Jahre 75 v. Chr. Im 8. Jh. herrschten hier die Mauren, ab 905 war die Stadt Hauptstadt des Königreiches Navarra, aus dem ab 1512 das Großreich Kastilien entstand. Heute ist die Plaza del Castillo mit den repräsentativen Häuserzeilen aus dem 18. und 19. Jh. das lebendige Zentrum der Stadt. Recht eindrucksvoll ist die Fassade des Rathauses an der Plaza Consistorial mit ihren interessanten dorischen, ionischen sowie korinthischen Elementen. Die Kirche San Saturnino gegenüber war einst eine Wehrkirche. Ihr angeschlossen ist die Herberge für die Jakobswegpilger.
Wahrzeichen Pamplonas aber ist die Kathedrale Santa Maria mit ihren rund 50 m hohen Türmen. Hinter ihrer klassizistischen Fassade verbirgt sich ein gotischer Innenraum nach französischem Vorbild. Dominierendes Ausstattungsstück ist die Virgen del Sagrario über dem Hauptaltar. Vor der romanischen Marienskulptur wurden im Mittelalter die Könige von Navarra gekrönt. Nicht versäumen sollte man den bis 1472 errichteten gotischen Kreuzgang mit seinen zahlreichen Grabplatten.

3 Puente la Reina Der Ortsname geht auf die im 11. Jh. erbaute fünfbogige Fußgängerbrücke Puente Regina zurück, eine Stiftung von Doña Mayor, der Gattin des navarresischen

2

Fiesta San Fermin in Pamplona

Ein »verdammt feines Fest« nannte Ernest Hemingway die feria del toro und verewigte sie in seinem Roman Fiesta. Da diese zu Ehren des hl. Fermin stattfindet, heißen die tagelangen Feiern, die alljährlich in Pamplona vom 6. bis 14. Juli stattfinden, auch Sanfermines. Für 204 Stunden gilt hier dann der Ausnahmezustand: Rund um die Uhr wird bis zum Umfallen gefeiert, und jeden Morgen Punkt 8 Uhr beginnt von neuem der encierro, das Wettrennen mit den Stieren über knapp 900 m quer durch die Stadt. Die Hatz beginnt bei den Stallungen an der Cuesta de Santo Domingo, quert den Rathausplatz und endet beim Einlauf in die Arena. Vor, neben und hinter den sechs Kampfstieren laufen Tausende den gleichen Weg und versuchen dabei, nicht von den Stieren auf die Hörner genommen zu werden. Nach dem Wettlauf gibt es Belustigungen aller Art, und am Abend schließlich dürfen die Stiere ihren Kampfesmut in der Arena beweisen. Allgegenwärtig sind die peñas (Freundeskreise), die mit lauter Musik und angefeuert von genügend Sangria durch die Straßen und Gassen ziehen. Auslöser und Namensgeber des Festes war der aus Pamplona stammende Bischof Fermin, der 287 als Märtyrer in Amiens starb. 1186 kehrten seine Reliquien nach Pamplona zurück.

Oben: Stiere rennen durch die Altstadtgassen Pamplonas. Unten: abendlicher Stierkampf

Reiseinformationen

Routen-Steckbrief
Routenlänge: ca. 1800 km
Zeitbedarf: mind. 2 Wochen
Start: Roncesvalles
Ziel: San Sebastián
Routenverlauf: Von Roncesvalles entlang der Route des klassischen Jakobsweges bis Santiago de Compostela. Wendepunkt ist das Cabo Finisterre (Finis). Die Rückfahrt erfolgt entlang der spanischen Nordküste über La Coruña, Gijón, Santander, Bilbao nach San Sebastián.

Verkehrshinweise: Die Höchstgeschwindigkeiten betragen innerorts 50 km/h, auf Landstraßen 90 km/h, auf Schnellstraßen 100–120 km/h und auf Autobahnen 120 km/h. Wichtig: Es müssen stets zwei Warndreiecke und ein Satz Ersatzbirnen für die Fahrzeugbeleuchtung mitgeführt werden.

Übernachtungen:
Die Pilgerherbergen entlang des Jakobsweges sind den wandernden Pilgern mit offiziellem Pilgerbuch vorbehalten. Nur bei ausreichenden Plätzen erhalten auch Rad fahrende Pilger ein Bett. Autofahrer werden generell nicht aufgenommen. Pro Herberge darf man auch nur einmal übernachten, lediglich in Santiago selbst sind drei Nächte erlaubt.

Auskünfte
Spanisches Fremdenverkehrsamt: *www.tourspain.es*
Aragón: *www.staragon.com*
Asturien: *www.asturdata.es*
Baskenland: *www.euskadi.net*
Galicien: *www.turgalicia.es*
Kantabrien: *www.turismo.cantabria.org*
Kastilien: *www.jcyl.es*

Königs Sancho el Mayor. Die romanische Pilgerbrücke über den Río Arga ist die schönste am gesamten Pilgerweg. Gleich am Ortseingang steht neben dem alten Pilgerhospital die von Tempelrittern erbaute Iglesia del Crucifijo aus dem 12. Jh. mit einem Kruzifix aus dem 14. Jh. Die Pfarrkirche hat eine romanische Fassade und eine barocke Innenausstattung. Interessant ist der geschnitzte Santiago Beltza, der »Schwarze Jakobus«.

4 Estella Die alte Königsresidenz umfasste in ihrer Blütezeit nicht weniger als 20 Kirchen, Klöster und Kapellen. Die schönste ist San Pedro de la Rúa (12. Jh.). Ihre drei gotischen Schiffe haben jeweils romanische Apsiden, das Hauptgewölbe wurde im 17. Jh. geschlossen. Kostbarste Stücke der Ausstattung sind eine Marienfigur aus dem 12. Jh. und ein Christus aus dem 14. Jh. Interessant sind die Reste des romanischen Kreuzgangs mit fein gearbeiteten Kapitellen.

5 Logroño Die Hauptstadt der Rioja ist in ihrem Altstadtkern um die Plaza del Mercado am schönsten. Dort steht auch die Kathedrale Santa Maria la Redonda mit ihren weithin sichtbaren Barocktürmen. Der Bau stammt aus dem 15. Jh., sein kostbarstes Stück ist ein Kreuzigungsbild, das von Michelangelo stammen soll.

6 Nájera Das Städtchen, bis 1076 Hauptstadt von La Rioja und Navarra, erlebte seine Blütezeit unter König Sancho el Mayor (bis 1035), aus dieser Zeit stammt auch das Kloster Santa María la Real. Sein Kreuzgang der Ritter entstand im 16. Jh., die Kirche Santa Maria im 15. Jh. Zentrum des goldenen Barockaltars ist ein wundertätiges Marienbild. Das schönste Ausstattungsstück jedoch ist das prächtig ornamentierte Chorgestühl aus dem späten 15. Jh.

7 Santo Domingo de la Calzada Attraktion der hiesigen Kathedrale ist ein reich verzierter Hühnerstall, in dem seit Jahrhunderten eine weiße Henne und ein weißer Hahn gehalten werden. Sie sollen der Legende nach einem unschuldig Gehängten das Leben gerettet haben. Die Kirche selbst ist eine Gründung des heiligen Domingo, der sich im 11. Jh. um die Jakobspilger verdient gemacht hat. Den romanischen Chor der Kirche füllt ein riesiger Hochaltar von 1540.

8 Burgos Quer durch die Jahrhunderte war die Stadt eine der wichtigsten Stationen am Jakobsweg, Ende des 15. Jh. gab es in ihr nicht weniger als 32 Pilgerhospize. Der Bedeutung musste auch die Kathedrale entsprechen, deren Bau Bischof Mauricio 1221 begann. Drei Jahrhunderte lang wurde an der drittgrößten Kathedrale Spaniens gebaut, 108 m wurde sie lang, 61 m breit und das Gewölbe im Mittelschiff 20 m hoch. Ihre im 15. Jh. fertig gestellten gotischen Türme recken sich 80 m weit in den Himmel, ihre überaus reich geschmückte Hauptfassade präsentiert gleich acht Königsstatuen, die vier Portale sind jedes für sich ein bildhauerisches Meisterwerk. Entsprechend überwältigend ist das Innere: Den Kunstfreund »erschlagen« 19 Kapellen, 38 Altäre und zahllose Skulpturen, Reliefs und Gemälde. Vor allem die Kapellen bergen einen unendlichen Schatz an Einzelkunstwerken aus vielen Jahrhunderten. Im Zentrum des opu-

1 Die Puente la Reina über den Rio Agra wurde im 11. Jh. als Fußgängerbrücke gebaut.

2 Kreuzgang in der gotischen Kathedrale von Pamplona

3 Die gotische Kathedrale von Burgos wurde 1221 eingeweiht.

4 San Pedro de la Rua in Estella, einer bedeutenden Station des Jakobsweges

Romanische Kirchen am Jakobsweg

Etwa ab dem 10. Jh. begannen die Kirchenbauer in ganz Europa römische Bauformen mit den klassischen Elementen Rundbogen, Säule, Pfeiler und Gewölbe zu übernehmen und in die einheitliche Form der Basilika zu bringen. Sie war zunächst stets flach gedeckt, nur die Krypten hatten bereits eine Wölbung. Mitte des 11. Jh. kam diese auch über die Schiffe. Bald wurden vor allem in den südlichen Ländern neben den Tonnen- auch Kuppelwölbungen gebaut. Die von der einfachen Statik diktierten Rundformen wurden mit Sockeln, Lisenen, Pi-

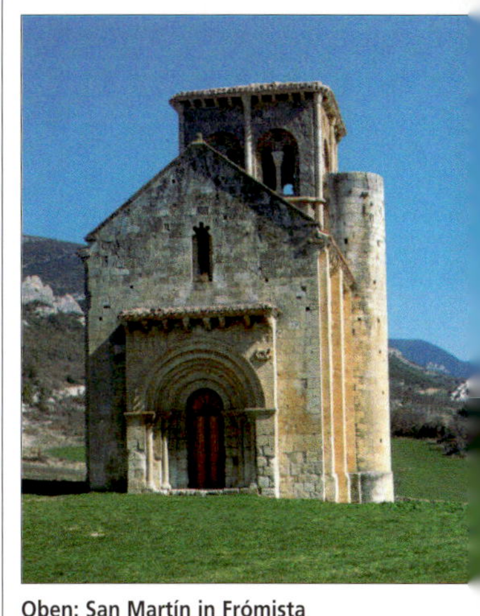

Oben: San Martín in Frómista
Unten: San Pedro de Tejada in Puente Arenas im Valle de Valdivielso

lastern und Halbsäulen gelockert, Gesimse und Zwerchgalerien sollten einen eleganteren Aufbau der eigentlich glatten Wände vortäuschen. Die romanischen Künstler durften sich an Ornamentfriesen, an Portal- und Fensterleibungen und nicht zuletzt an den Kapitellen beweisen.

Las Médulas

Das kleine Örtchen in der Nähe von Carucedo, rund 25 km südwestlich von Ponferrada, thront auf Gold – zumindest war dies zu Zeiten der Römer so. Diese durchwühlten das Gelände auf mehreren Quadratkilometern auf der Suche nach Gold so gründlich, dass davon bis heute bizarre Geländeformationen zeugen. Höhlen- und Schachteingänge wechseln ab mit Gräben, freigelegten antiken Waschanlagen und Hügeln inmitten einer einzigartigen, von Schluchten durchzogenen Erosionslandschaft. Alles weist darauf hin, dass hier mit den einfachsten Mitteln, aber dennoch äußerst systematisch, nach dem kostbaren Metall gesucht wurde. Zeitgenössische Quellen belegen die Schwerstarbeit ganzer Heerscharen von Sklaven, die unter den Peitschen ihrer Aufseher wie die Maulwürfe nach dem begehrten Edelmetall graben mussten.
Ein Nebenprodukt der Goldsuche ist auch der Lago de Carucedo südwestlich von Ponferrada: Hier hatten die Sklaven einen künstlichen See anlegen müssen, der zusammen mit einem Netz von Kanälen und Rinnen zum Waschen der Millionen Tonnen Gestein aus den umliegenden Hügeln diente. Letztendlich förderten die Römer wohl um die 500 t des Edelmetalls. Heute erschließt ein etwa 2 km langer Weg das von der UNESCO zum Weltkulturerbe erklärte antike Goldminengebiet.
Den schönsten Blick über die zerklüftete, orangerot leuchtende Felslandschaft gewährt der Mirador de Orellán, den man auch mit dem Auto erreichen kann. Auch von Las Médulas selbst, das der Goldmine ihren Namen gab, bieten sich schöne Ausblicke über das Gebiet.

Landschaft bei Las Médulas

lenten Hochaltars steht die Silberstatue der Santa Maria la Mayor, der Schutzpatronin von Burgos. Nicht versäumt werden darf ein Besuch des Kreuzganges aus dem 13. Jh. und der angrenzenden Kapellen. In der Kathedrale liegt der berühmteste Sohn der Stadt, El Cid (1043– 1099), begraben, der 1094 Valencia von den Mauren zurückeroberte und mit dem Gedicht »El cantar del mío cid« unsterblich wurde.
Wer keine Zeit für die vielen interessanten Kirchen der Stadt hat, sollte wenigstens das alte Kartäuserkloster Cartuja de Santa María de Miraflores im Osten der Stadt besuchen.
Die 1499 vollendete gotische Klosterkirche birgt ein meisterhaftes Renaissance-Chorgestühl, einen goldverzierten Hochaltar und das Alabastergrabmal von Juan II. und Isabel von Portugal.

9 Frómista In dem kleinen Städtchen steht die wohl schönste romanische Kirche des gesamten Jakobsweges. Begonnen wurde ihr Bau im Jahr 1066, entsprechend stilrein sind ihre romanischen Formen. Sowohl der achteckige Vierungsturm als auch die beiden kleinen Rundtürme im Westen erinnern an Wehrtürme, die Dachüberstände sind mit über 300 Fabelwesen, Tieren, Pflanzen und Ornamenten verziert. Im Inneren des Sakralbaus befindet sich ein Bildnis des hl. Martin aus dem 14. Jh. und eines des hl. Jakobus aus dem 16. Jh. Einzigartig sind aber vor allem die mit Tiermotiven und Bibelszenen überreich verzierten Kapitelle.

10 León Die alte Königsstadt, Leon, am Río Bernesga wurde im 1. Jh. gegründet. Früh war die Stadt eine wichtige Station am Jakobsweg, entsprechend großartig gerieten auch ihre Kirchen. Das Glanzstück ist die im 13. Jh. begonnene gotische Kathedrale Santa María de la Regla mit ihren beiden 65 und 68 m hohen Türmen. Die überaus reich geschmückte Westfassade beeindruckt mit ihrer Fensterrosette und gleich drei mit reichem Skulpturenschmuck ausgestatteten Portalen. Auch an der Südfassade gibt es eine große Fensterrose und am Weg unter Glas die Reste römischer Thermen. Der eigentliche Schatz der Kathedrale aber sind ihre mehr als 100 Buntglasfenster mit einer Gesamtfläche von gut 1800 m². Die ältesten stammen noch aus dem 13. Jh., die jüngsten aus dem 20. Jh. und decken eine Vielfalt an Themen von Fabelwesen bis Pflanzenmotiven ab. Kaum weniger bedeutsam ist die auf das 11. Jh. zurückgehende königliche Stiftskirche San Isidoro. Sie ist ein Paradebeispiel der spanischen Romanik und birgt seit dem Jahre 1063 die Reliquien des hl. Isidor von Sevilla. Neben der Kirche ist als Museum das Panteón Real (Pantheon der Könige) zugänglich, in dem nicht weniger als 23 Könige und Königinnen ihre letzte Ruhestätte gefunden haben. Bereits um 1160 wurde die Decke mit einzigartigen romanischen Fresken ausgestattet, die dem Pantheon den Beinamen »Sixtinische Kapelle der romanischen Kunst Spaniens« einbrachte. Durch den anschließenden Kreuzgang geht es dann ins eigentliche Museum mit seinen zahlreichen Kunstschätzen.
Das Kloster San Marcos schließlich stifteten die katholischen Könige Anfang des 16. Jh. Hinter der reich verzierten Fassade des Klosters, das als eines der eindrucksvollsten Beispiele spanischer Renaissance gilt, verbirgt sich heute allerdings ein Hotel. Wer den schönen Kreuzgang des alten Klosters erleben möchte, geht in die Halle des Hotels und nimmt dort auf der rechten Seite die zweite Tür.

4

5

6

Der heilige Jakobus

Der Apostel Jakobus (Sant' Jago = Santiago) soll sieben Jahre auf der Iberischen Halbinsel gepredigt haben und in Jerusalem im Jahre 44 enthauptet worden sein. Seine Jünger überführten seine sterblichen Überreste

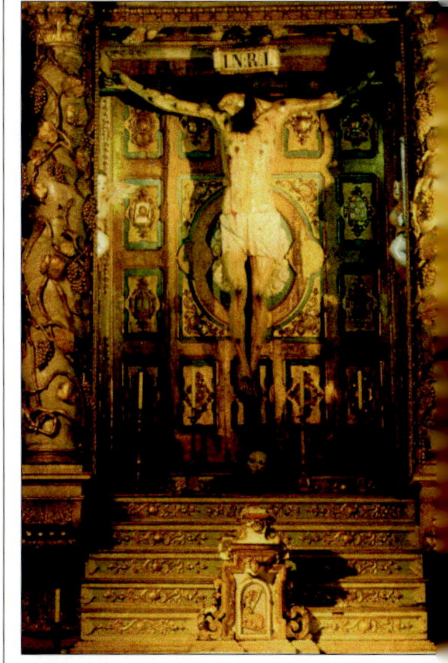

Altar in der Kathedrale von Santiago de Compostela

nach Galicien. Nachdem 813 ein Mönch mehrfach eine Sternenerscheinung hatte (lat. campus stellae = Compostela = Sternenfeld) und Jakobus dem König bei einer siegreichen Schlacht gegen die Araber erschienen ist, begann der Heiligenkult um Jakobus.

⑪ **Astorga** Von der Avenida de las Murallas präsentieren sich die Schätze der Stadt am schönsten: die auf die Römer zurückgehende Stadtmauer, das von Antoni Gaudí errichtete Bischöfliche Palais und die Kathedrale Santa María. Der 1913 fertig gestellte Gaudí-Palast wurde von den Bischöfen nie bezogen und dient heute als sehenswertes Jakobswegmuseum (Museo del los Caminos). Die 1471 begonnene spätgotische Kathedrale wurde erst im 18. Jh. vollendet.
Ihr Hauptaltar stammt aus der Mitte des 16. Jh., in der gleichen Zeit wurde das reich verzierte Chorgestühl gefertigt.

⑫ **Ponferrada** An der pons ferrata, der eisernen Brücke aus dem 11. Jh., errichteten die Tempelritter zum Schutz der Jakobspilger auf einer Grundfläche von 160 mal 90 m eine gewaltige Burg. Zu den Sehenswürdigkeiten der Altstadt zählt die mozarabische Iglesia de Santo Tomás de las Ollas mit schönen Hufeisenbögen. Von Ponferrada lohnt ein Abstecher zur antiken Goldmine Las Médulas.

⑬ **Cebreiro** In dem winzigen Dörfchen steht das älteste Kirchlein am Jakobsweg. Es stammt aus dem 9. Jh. und birgt in seinen wehrhaften Mauern ein Madonnenbild aus dem 12. Jh.

⑭ **Santiago de Compostela** Das Grab des heiligen Jakobus war im Mittelalter neben Rom und Jerusalem das bedeutendste Pilgerziel der Christenheit. Nach der endgültigen Vertreibung der Mauren begann deshalb Bischof Diego Pelaez 1075 mit dem Bau einer der Bedeutung des Pilgerzieles angemessenen Kathedrale. Ihre Fertigstellung allerdings zog sich bis in die Mitte des 18. Jh. hin. Die beiden wuchtigen Fassadentürme wurden erst 1750 fertig gestellt. Die lange Bauzeit brachte es mit sich, dass reine Romanik und üppigster Barock neben- und miteinander existieren. Dieses Nebeneinander beherrscht auch die Fassade. Der mit reichem Skulpturenschmuck versehene Pórtico de la Gloria wird von einem spätbarocken Vorbau verdeckt. Im Inneren setzt sich der Stilmix fort: Die eindrucksvolle romanische Formensprache des Gebäudes ist teilweise mit üppigstem Barockschmuck überzogen, das Ganze gipfelnd im goldenen Hochaltar mit der versilberten Figur des hl. Jakobus aus dem 13. Jh. im Mittelpunkt. Unter dem Hochaltar befindet sich das Mausoleum des Heiligen, dessen Reliquien in einem Silberschrein ruhen.
Das Kathedralmuseum umfasst die Schatzkammer, den Kapitelsaal und den Kreuzgang aus dem 16. Jh. Die Stadt selbst ist praktisch um die Kathedrale herum gewachsen und präsentiert sich heute wie ein kulturhistorisches Freilichtmuseum. Zahlreiche, vor allem barocke Kirchen warten auf fachkundige Besucher, pittoreske Altstadtgassen bieten dem Touristen ebenso

1 Die nächtlich angestrahlte Kathedrale von León

2 San Martin de Frómista, die schönste romanische Kirche am Jakobsweg

3 Typische Gebirgslandschaft nördlich von León

4 Im Kern ist die Kathedrale von Santiago de Compostela seit ihrer Errichtung im 11. Jh. unverändert erhalten geblieben.

5 Der Palast von Astorga wurde von Antoni Gaudí entworfen.

6 Tempelritter erbauten die mächtige Burg von Ponferrada im 12.–14. Jh. zur Sicherung des Pilgerweges.

Etwa die Hälfte der knapp 1600 km langen galicischen Küste ist Steilküste, darunter die höchsten Abschnitte Europas. Charakteristisch sind hier die Rías, schlauch- oder trichterförmige Flussmündungen, in die das Meer eingedrungen ist. Sie sind Fjorden vergleichbar, allerdings sehr viel flacher und werden

unterteilt in die fischreichen Rías Baixas im Nordwesten sowie die Rías Altas im Norden. Entlang der Küste lebt die Mehrheit der Bevölkerung Galiciens. Fischfang ist nach wie vor einer der wichtigsten Wirtschaftszweige.

Abstecher

Picos de Europa

Die »Gipfel Europas« sind Zentrum des gleichnamigen Nationalparks, den vor allem weite, zwischen 800 und 1500 m hoch liegende Waldhänge prägen. Dickstämmige, uralte Kastanien, Eichen und Eiben bieten einer vielfältigen Tierwelt idealen Lebensraum. Der Zugang zum Nationalpark ist von den Ortschaften Unquera im Osten und Cangas

Oben: Gipfellandschaft der Picos de Europa
Mitte: Steinbrücke über den Duje
Unten: San Salvador de Cantamuda bei Potes

de Onis im Westen aus möglich. Zu den berühmtesten Schluchten zählen der Desfiladero de los Beyos und der Desfiladero del Río Cares.
Eine Seilbahn ab Fuente Dé bringt die Besucher auf ein 900 m hohes Felsplateau. Auf der Westseite liegen Covadonga und die gleichnamige Grotte, in der Don Pelayo begraben liegt. Knapp 15 km oberhalb erreicht man in rund 1150 m Höhe die Gletscherseen Enol und Ercina, von denen aus zahlreiche Wanderwege den Nationalpark erschließen.

1

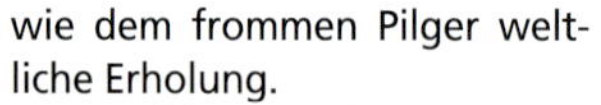

2

3

wie dem frommen Pilger weltliche Erholung.
Im Anschluss an die Reise entlang des historischen Jakobsweges empfiehlt sich die Weiterfahrt zur galicischen Küste. Entlang der nordspanischen Gestade geht es dann zurück ins baskische San Sebastián.

15 Carnota Am 7 km langen Sandstrand an der Nordwestküste Spaniens finden Surfer ihr Paradies. Im Dörfchen selbst befindet sich der längste (über 30 m) und wohl auch schönste Getreidespeicher Galiciens. Gebaut wurde er Ende des 18. Jh. aus Granit. Wegen der Mäuse steht er auf einer Doppelreihe von Pfeilern, die mit Kragsteinen gesichert sind.

16 Cabo Finisterre Das finis terrae, das Ende der Welt, ragt als Halbinsel über die Costa da Morte hinaus. An der Todesküste scheiterten bis in unsere Tage hinein unzählige Schiffe an den Atlantikströmungen und den gefährlichen Klippen. Der westlichste Punkt des europäischen Kontinents ist das Kap Touriñana etwas weiter im Norden. Beide sind schaurig-schöne Orte, und beide waren schon für die Kelten wichtige Kultstätten.

17 La Coruña Die zweitgrößte Stadt Galiciens war von den Römern zu einer bedeutenden Hafenstadt ausgebaut worden. Auf diese Zeit geht der Torre de Hércules an der Westseite der Halbinsel zurück. Das schon 100 n. Chr. begonnene Bauwerk ist der vermutlich älteste Leuchtturm der Welt. Heute ist der Turm 60 m hoch und kann im Sommer bestiegen werden. La Coruñas Altstadt ist aus der alten Pescaderia, der Stadt der Fischer, gewachsen. Neben verschiedenen romanischen und barocken Kirchen sind vor allem zwei Museen sehenswert: das Archäologisch-historische Museum im Kastell San Antón zeigt Funde aus keltischer und römischer Zeit sowie mittelalterliche Skulpturen. Das Museum der Schönen Künste an der Plaza de Zalaeta präsentiert Werke von Rubens bis Picasso.

18 Rías Altas Wer zwischen La Coruña und Ribadeo die Küstenstraße entlangfährt, erlebt malerische Meeresarme, kleine Ferien- und Fischerorte, uralte Bauernhäuser und noch ältere Kornspeicher. Flaches Küstenland wechselt mit steilen Flanken, immer wieder gibt es weit vorgeschobene Landzungen. Im Hinterland dominieren Pinien- und Eukalyptuswälder. Die Witterung ist vom Atlantik bestimmt.

19 Ribadeo Der östlichste galicische Ort liegt an der wie ein skandinavischer Fjord weit ins Land greifenden Ría, der Mündung des Río Eo in den Atlantik. Rund um die Plaza de España stehen alte trutzige Herrenhäuser, der Convento de Santa Clara stammt aus dem 14. Jh.

20 Luarca Das Hafenstädtchen an der Costa Verde gehört zweifellos zu den schönsten Asturiens. Der Fischerhafen liegt so eng zwischen Felshänge und Häuserzeilen eingezwängt, dass den Fischerbooten nur eine winzige Ein- und Ausfahrt bleibt. Besonders fotogen ist das Fischerviertel, vom Stadthügel Atalaya hat man den besten Überblick.

21 Costa Verde Die Küste zwischen Ribadeo und Santander präsentiert sich als eine Kette

Altamira

Die weltberühmte Höhle von Altamira liegt in den Hügeln oberhalb von Santillana del Mar und wurde 1879 entdeckt. Zunächst hielt man die Deckengemälde für Fälschungen, konnte man doch kaum glauben, dass die frühen Menschen zu solch künstlerischen Leistungen fähig gewesen sein sollen. Erst die Entdeckung weiterer Steinzeithöhlen, deren Bilder sicherer datiert werden konnten, sowie weitere Forschungen brachten den Nachweis der Echtheit.

Steinzeitliche Zeichnung eines Wisents

Die rund 270 m lange Höhle weitet sich nach einem Vorraum in einen großen, natürlichen Saal, dessen Wände und Decke mit Darstellungen von liegenden und laufenden Büffeln, Hirschen, Pferden und allerlei Jagdtieren bedeckt sind. Die einzelnen Zeichnungen sind bis zu 2,20 m groß, farbig und teilweise in den Fels eingeritzt. Verwendet wurden braune, gelbliche und rote Ockerfarben, schwarze Manganerde und Kohle. Vor allem die Wisente sind in so vielfältiger Farbabstufung gemalt, dass die Tiere plastisch und realistisch wirken. Der Gesamteindruck des Saales brachte der Höhle auch den Beinamen »Sixtinische Kapelle der Steinzeit« ein.

Anhand modernster Untersuchungen konnte inzwischen nachgewiesen werden, dass die Zeichnungen aus der Altsteinzeit (Paläolithikum) und damit aus der Zeit vor etwa 16 000 Jahren stammen. Sie sind damit die wichtigsten Zeugnisse prähistorischer Kunst überhaupt.

Da die Ausdünstungen der Besucher die Zeichnungen zu schädigen begannen, wurde die Originalhöhle für die Allgemeinheit gesperrt und ein originalgetreuer Höhlennachbau im Museum errichtet. Wer dennoch die Originalhöhle besuchen möchte, in die täglich nur noch 25 Personen eingelassen werden, muss einen Antrag an das Museo y Centro de Investigación de Altamira *(39330 Santillana del Mar)* stellen (Wartezeit drei Jahre).

wunderschöner und auch sehr einsamer Sandbuchten und eindrucksvoller Klippen, die nur von weit ins Land reichenden Rías unterbrochen werden.

Das Städtchen Cudillero hat einen malerischen Fischerhafen, heimelige Kneipen und vor allem mehrere meist einsame Strände. Von der Küstenschnellstraße abbiegend, wird hier jeder sein eigenes stilles Plätzchen finden. Bei Avilés lohnt ein Abstecher ins Landesinnere nach Oviedo, der schönen Hauptstadt Asturiens.

22 Luanco Nordwestlich der Industriestadt Gijón bietet das Strandstädtchen ein Meereskundemuseum.

Ein weitläufiger Strand führt von Banugues bis zum wind- und wellengepeitschten Cabo de Peñas. Das Baden ist an solchen Küstenabschnitten nicht ungefährlich.

23 Ribadesella Die Altstadt an der Mündung des Río Sella und die lange Promenade um den feinen Sandstrand machen das Städtchen liebenswert, interessant ist es wegen der 1968 entdeckten Höhle Tito Bustillo. Die Tropfsteinhöhle enthält ungefähr 20 000 Jahre alte steinzeitliche Felsbilder. Sie zeigen rote und schwarze Hirsche und Pferde, aus konservatorischen Gründen ist die Anzahl der täglich eingelassenen Besucher ähnlich wie in Altamira limitiert worden.

24 Cueva del Pindal Unterhalb des kleinen Bauerndorfes Pimiango verbergen sich in der Pindalhöhle prähistorische Felsbilder. Da täglich nur 200 Personen in die Höhle hineingelassen werden, sollte man möglichst frühmorgens kommen.

In Unquera lockt ein Abstecher von der Küstenstraße nach Süden in die Picos de Europa. Hinter Panes beginnt die Schlucht Desfiladero de la Hermida mit bis zu 600 m hohen, teils senkrechten Felswänden. Potes ist der Hauptort der östlichen Picos de Europa.

25 Santillana del Mar Das Städtchen, das nicht am Meer, sondern im Hinterland liegt, verdankt seine Existenz den Reliquien der hl. Juliana. Mönche bauten um diese Reliquien herum ein Kloster, dessen romanische Stiftskirche bis heute das wichtigste Bauwerk des Ortes ist. Das Interessante am Städtchen aber sind seine malerischen Gassen, die Vielfalt der liebevoll gepflegten Blumentöpfe und die vom Efeu romantisch überwucherten alten Mauern.

Rund 2 km oberhalb des Dorfes verstecken sich die weltberühmten Höhlen von Altamira.

26 Santander Die weit in den Ozean hinausragende kantabrische Hauptstadt ist Hafenstadt, Seebad und heimliche »Hauptstadt der Promenaden«. Die Stadt entwickelte sich aus einem kleinen Fischer- zu einem großen Handelshafen. 1941 ging allerdings ein Großteil der Gebäude bei einem verheerenden Stadtbrand in Flammen auf. In Santander sind deshalb wieder die Spaziergänger gefragt, deren Ziel vor allem die Halbinsel La Magdalena sein sollte. Den dortigen Anfang des 20. Jh. in englischem Stil errichteten Palacio de la Magdalena hatte sich König Alfonso XIII. zu seiner Sommerresidenz erkoren.

Nordwestlich der Halbinsel erstrecken sich die schönen Strände Primera Playa und Segunda Playa. Der Küstenstraße folgend kommt man durch Castro Urdiales, das von einer Tempelritterburg dominiert wird.

27 Bilbao Die Industriestadt am Río Nervión wuchs ab dem 11. Jh.

1 Blick auf den Hafen von Castro Urdiales zwischen Santander und Bilbao

2 Cabo Finisterre vor den Weiten des Atlantik

3 Fischkutter liegen dicht gedrängt im Hafen von La Coruña.

4 Blick auf den Hafen von Ribadesella an der Costa Verde

Bilbao: neue und alte Architektur

Um das Image der touristisch uninteressanten Stadt aufzubessern, baten die Stadtväter Bilbaos eine Reihe namhafter Architekten um Beiträge zur geplanten Stadtentwicklung. Neben Gehrys Museo Guggenheim sind als wichtigste Beiträge die Fußgängerbrücke Puente del Campo Volantin und der futuristische Flughafen, beide von Santiago Calatrava, sowie die Metrostationen von Norman Foster zu nennen. Die schönsten alten Gebäude finden sich in den Siete Calles in der Altstadt: sieben Straßenzüge mit neoklassizistischen Gebäuden aus dem 19. Jh. mit schönen Erkern und schmiedeeisernen Balkonen.

Siete Calles in Bilbao

aus einer Fischersiedlung. Früh gab es Eisenhütten, die ab der zweiten Hälfte des 19. Jh. beträchtlichen Wohlstand in die Stadt brachten. Sehenswert ist eigentlich nur die Altstadt, dort vor allem die Siete Calles. Diese sieben Straßen liegen zwischen der Kathedrale und dem Fluss und sind alle zum Fluss hin ausgerichtet.

Die im 14. Jh. errichtete Kathedrale brannte 1571 vollständig aus, ihre heutige Form und der Kreuzgang stammen deshalb aus dem ausgehenden 16. Jh. Das elegante Leben spielt sich an der im 19. Jh. neoklassizistisch ausgestalteten Plaza Nueva ab. Nördlich des Platzes lohnt die im 15. Jh. errichtete Kirche San Nicolas einen Besuch. Sie besitzt nicht nur einen wunderschönen gotischen Schnitzaltar, sondern auch interessante Skulpturen. Stets einen Besuch wert ist das Museum der Schönen Künste mit wichtigen Werken von El Greco, Goya und Gaugin. Ein absolutes Muss ist das gigantische, von Frank O. Gehry entworfene Museum Guggenheim, das allein jährlich mehr als eine Million Menschen in die Stadt zieht.

28 Costa Vasca Die 176 km lange baskische Küste prägen Buchten und Meeresarme, die von zahlreichen Klippen gesäumt werden; im Hinterland findet sich eine bewaldete Hügellandschaft. Auf traumhafte Strände trifft der Reisende bei Algorta an der Ostküste der Ría von Bilbao.

Weitaus interessanter jedoch ist die etwas westlich vom Kap Machichaco gelegene Kapelle San Juan de Gaztelugatxe auf einer Felsnase inmitten der wildromantischen, windgepeitschten Steilküste. Sie ist nur über einen einmalig schönen, den Felsen abgerungenen Treppenaufstieg erreichbar. Interessant ist aber auch die Seefahrerkapelle auf dem Felsen, die aus dem 11. Jh. stammt.

Von Bermeo starteten früher die Walfänger Richtung Island und Labrador. Das Museo del Pescador in dem aus dem 16. Jh. stammenden Ercilla-Wehrturm beantwortet jede Frage rund um das Thema Fisch.

29 Guernica Die Stadt markiert eines der dunkelsten Kapitel spanisch-deutscher Geschichte. Während des Spanischen Bürgerkrieges zerstörte ein Luftangriff der deutschen Legion Condor die Stadt am 26. April 1937 fast vollständig. Im Inferno starben rund 2000 Menschen, ohne dass die Welt daran das kommende Unheil des Zweiten Weltkriegs ablas. Lediglich Pablo Picasso erfasste den Schrecken in seinem weltberühmten Gemälde Guernica, das jetzt im Madrider Museo Nacional Centro de Arte Reina Sofía hängt.

Als »heilige Stadt der Basken« gilt Guernica, weil die Basken hier schon im Mittelalter ihre Regionalversammlungen abhielten. Als das Baskenland zu Kastilien kam, mussten die spanischen Könige hier schwören, dass sie die Rechte der Basken auf ewig respektieren würden. Alles Wissenwerte über die Basken erfährt man im Museo de Euskal Herria.

30 San Sebastián Die Nordspanien-Rundfahrt endet im Seebad der Belle Époque, das den spanischen Königen lange als Sommerfrische diente. Zu »Besuch« kamen Adlige aus ganz Europa, die damals erbauten Herrensitze prägen bis heute das Stadtbild. Die Altstadt wird vom Monte Urgull und dem Castillo de la Mota überragt. Zentrum der Altstadt ist die Plaza de la Constitución, die von hübschen Häusern gesäumt wird. Einst wurden auf dem Platz Stierkämpfe ausgetragen – dieser Umstand erklärt die große Anzahl an Balkonen. Weitere Sehenswürdigkeiten der baskischen Stadt sind das Aquarium, das Museo de San Telmo in einem Kloster aus dem 16. Jh. und der Palacio del Mar.

Im Westen schließt sich eine riesige Bucht mit zwei beliebten Stränden an. Den mit Abstand schönsten Ausblick aber bietet der Monte Igueldo.

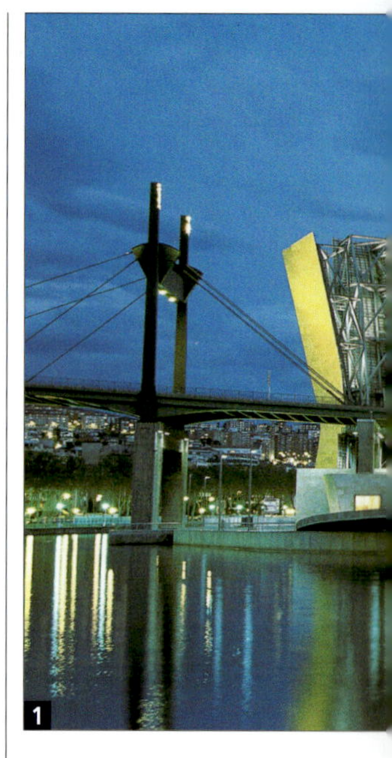

1

Cabo Finisterre Das Kap wird wegen seiner Klippen von Seefahrern gefürchtet, aber als Aussichtspunkt geschätzt.

La Coruña In der galicischen Hafenstadt steht der weltweit einzige Leuchtturm aus der Römerzeit und erstaunliche, zum Wetterschutz verglaste Häuserzeilen.

Santiago de Compostela Die galicische Hauptstadt ist eines der bedeutendsten Pilgerziele der Christenheit. Die gesamte Altstadt und die Kathedrale sind Kunstwerke aus Stein.

Picos de Europa Heimkehrende Seefahrer gaben dem wie aus dem Meer aufragenden Gebirgsstock seinen Namen. Teile des Gebirges bilden Europas größten Nationalpark. Höchster Gipfel ist der Torre Cerreda (2648 m).

Las Médulas Schon die Römer ließen hier ihre Sklaven nach Gold graben. Dabei entstand eine bizarre Landschaft.

Pontferrada Die Templerburg aus dem 11. Jh. wurde zum Schutz der Pilger errichtet. Sehenswert: das barocke Rathaus und die Iglesia de Santo Tomás de las Ollas.

Astorga Glanzpunkte der Stadt sind das von Antoni Gaudí errichtete Bischöfliche Palais und die Kathedrale Santa María.

León Kirchen wie die Santa María de la Regla künden von Leóns Bedeutung am Jakobsweg.

Frómista Das kleine Städtchen besitzt eine der schönsten und stilreinsten romanischen Kirche am Jakobsweg: die über und über mit Fabelwesen, Tieren, Pflanzen, Bibelszenen und Ornamenten verzierte Iglesia de San Martín.

Guggenheim-Museum in Bilbao

Das 1997 in Bilbao eröffnete Museum thront als Paradebeispiel moderner Architektur über den Ufern des Rio Nervion und ist das Werk des Stararchitekten Frank O. Gehry. Das gut 100 Mio. Dollar teure Werk aus Kalkstein, Titan und Glas entstand in vierjähriger Bauzeit und beeindruckt schon von weitem mit seinen ineinander geschachtelten Flächen und Formen und seiner silbrigen Außenhaut. »Metallische Blume« nennen denn auch die Einheimischen das mächtige Metalldach. Die eigenwillig gestalteten Gebäudeteile gruppieren sich recht locker um ein zentrales, 50 m hohes und verglastes Atrium. Die Gebäudeteile sind von hier aus gut erreichbar. Allein die Eingangshalle ist ganze 130 m lang und 30 m breit und frei von jeder störenden Säule. 19 Ausstellungssäle mit einer Gesamtfläche von 24 290 m² bieten Raum für gigantische Exponate.

1 Die glitzernde Fassade des Museo Guggenheim von Frank O. Gehry in Bilbao wurde mit 60 t Titan verkleidet, die Außenhaut ist lediglich 3 mm dick.

2 San Sebastián liegt an der Bucht La Concha (Muschel). Die Seiten der halbkreisförmigen Bucht begrenzen die Felsmassive des Monte Igueldo und des Monte Urgull, in der Ausfahrt liegt die kleine Felseninsel Santa Clara.

Altamira Als man die Höhle entdeckte, hielt man die Jagd- und Tierdarstellungen an ihren Wänden zunächst für Fälschungen. Seit ein Höhlennachbau existiert, kann jeder die altsteinzeitlichen Kunstwerke erleben.

San Sebastián Luxuriöse Adelssitze und Kuranlagen der Belle Époque, feine Stadtstrände und erlesene Feinschmeckerlokale prägen das baskische Seebad.

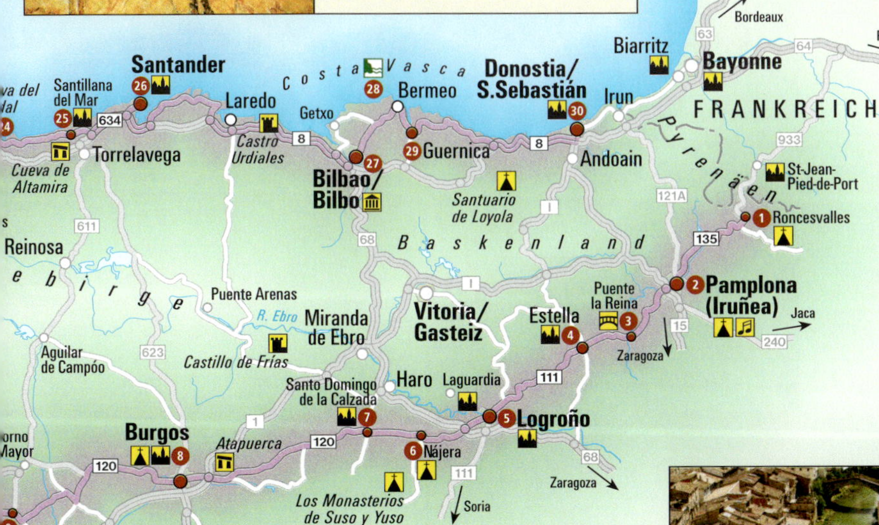

Burgos An Spaniens drittgrößter Kathedrale wurde ab 1221 drei Jahrhunderte lang gebaut. Eine weitere Sehenswürdigkeit ist das Kartäuserkloster.

Estella Viele Sehenswürdigkeiten liegen jenseits der Ega-Brücke am Stadtrand. Estellas schönste Kirche ist die kostbar ausgestattete San Pedro de la Rúa (12. Jh.).

Castro Urdiales Das quirlige Fischerörtchen ist ein guter Ausgangspunkt zu den Stränden und Altertümern Kantabriens. Es besitzt einen natürlichen Hafen samt eleganter Uferpromenade und wird von der gotischen Iglesia de Santa Maria und einer Burg der Tempelritter überragt.

Bilbao Die Altstadt der baskischen Industriestadt verfügt über eine unauffällige Gebäudesubstanz. Bemerkenswert sind jedoch das Museum der Schönen Künste mit Hauptwerken El Grecos, Goyas und Gaugins und das silbrig glänzende Museo Guggenheim (1997) von Frank O. Gehry.

Puente la Reina Die Brücke des Ortes wurde im 11. Jh. erbaut. Sie war ein Geschenk der Gattin des Königs von Navarra.

Pamplona Hemingways Roman *Fiesta* und das Kampfstier-Treiben haben die Stadt weltbekannt gemacht.

Route 19

Kastilien

Durch das Land des Don Quijote

Palacio Real de Aranjuez, die königliche Sommerresidenz südlich von Madrid

Kastilien ist nicht nur das geografische Zentrum Spaniens, sondern auch sein historisches Kernland und die Wiege der spanischen Hochsprache. Weite, ockerfarbene Ebenen, prachtvolle Städte und monumentale Burgen prägen die Region rund um Madrid.

Im Hochland von Kastilien liegen die beiden autonomen Regionen Castilla y León im Nordwesten und Castilla-La Mancha im Südosten. Diese politische Einteilung entspricht weitgehend der naturräumlichen Trennung der beiden Regionen durch das Kastilische Scheidegebirge, die Cordillera Central, die quer durch Kastilien verläuft und die beiden Regionen voneinander trennt.

Zu beiden Seiten dieses Gebirges erstreckt sich die Meseta, eine ausgedehnte Hochebene. Die Vegetation gedeiht hier nur spärlich, vereinzelte Pinien und Eukalyptusbäume setzen landschaftliche Akzente. Auf den kargen Böden werden Getreide, Sonnenblumen, Kichererbsen und Wein angebaut. Das Land ist im Winter somit nahezu schutzlos den peitschenden Winden ausgesetzt, im Sommer bescheint die Sonne gnadenlos das überwiegend baumlose Gelände.

Ihren Namen verdankt die große Ebene südöstlich der Meseta den Mauren. Diese nannten sie *manxa* »gedörrtes Land«, im heutigen Spanisch bedeutet mancha einfach nur »Fleck«.

Noch im Mittelalter war Kastilien dicht bewaldet, doch die einstige Weltmacht benötigte zum Bau ihrer Schiffsflotte jeden verfügbaren Baumstamm. In den abgeholzten Landstrichen gedeiht nun stellenweise Grasland, das eine bescheidene Ziegen- und Schafzucht ermöglicht. Die Tiere liefern die Milch für den Exportschlager der Region – den pikant-würzigen Manchego-Käse.

Zamora: Osterprozession (»Semana Santa«)

Einige Landstriche fernab der größeren Straßen erscheinen geradezu menschenleer. Mag die Landschaft auf den ersten Blick oftmals eintönig wirken, so strahlt sie doch gerade deswegen eine besondere Faszination aus. Einzigartig sind die Sonnenuntergänge, wenn sich am Himmel das gesamte Spektrum an Rottönen abzeichnet.

Im Herzen des Landes wurden wesentliche Kapitel spanischer Geschichte geschrieben. Hier nahm im 11. Jh. die Reconquista ihren Ausgang, hier formierten sich die christlichen Kräfte, um die Süd-

Die berühmten Windmühlen und ein Castillo bei Consuegra überragen die Ebenen von La Mancha.

Der auf einem Felsen erbaute trutzige Alcázar wacht über der Altstadt von Segovia.

hälfte der Iberischen Halbinsel von den arabischen Mauren zurückzuerobern.
Hier liegt die Keimzelle der spanischen Nation: Wo auch immer man einen Halt einlegt, eine bedeutende historische Stätte ist fast immer in Sichtweite. Vor allem nach der christlichen Rückeroberung Kastiliens, der Reconquista, setzten sich Feldherren und Adelige in Wehrburgen gewaltige Denkmäler.
Bei einer Reise durch Kastilien stehen die alten Städte im Vordergrund. Einige Zentren wie die Altstädte von Ávila, Salamanca, Segovia, Cuenca und Toledo wurden wegen ihrer historischen Bedeutung von der UNESCO zum Weltkulturerbe erklärt. Die Stadt Salamanca kann sich der ältesten Universität Spaniens rühmen, die stimmungsvolle Plaza Mayor von Valladolid war beispielhaft für die Anlage ähnlicher Plätze in anderen Städten, kaum eine andere Stadt verfügt über eine so gut erhaltene mittelalterliche Stadtbefestigung wie Ávila.
Und Toledo wartet mit unzähligen baulichen Dokumenten aus einer Zeit auf, in der hier Juden, Christen und Muslime in friedlicher Koexistenz zusammenlebten und die Stadt eine beispiellose Blütezeit erreichte.
Voller Stolz pflegen nicht nur die großen Städte, sondern gerade auch die kleinsten Dörfer ihre kulturellen Schätze und Wahrzeichen, seien es stattliche Burgen, alte Kirchen oder einfach »nur« Windmühlen.
Ihr Kampf gegen Windmühlen machte eine literarische Figur der Region weltberühmt – Don Quijote de la Mancha. Er hielt die Windmühlen für um sich schlagende Riesen, auf die er mit gezückter Lanze losritt.

Bibliothek im Monasterio San Lorenzo de El Escorial nördlich von Madrid

El Escorial

Etwa 50 km nordwestlich von Madrid liegt einer der meistbesuchten Orte Spaniens – die Residenz San Lorenzo Real de El Escorial, kurz: El Escorial. Zur mächtigen Anlage gehören neben dem Königspalast eine Kirche, ein Kloster und eine Bibliothek. Der Komplex entstand nach Entwürfen italienischer Baumeister während der Regierungszeit von König Felipe II. zwischen 1563 und 1584. Zu jener Zeit hatte Spanien seine größte Ausdehnung.
Von außen erinnert die aus hellem Granit erbaute Anlage mit ihren gigantischen Ausmaßen (207 x 162 m) eher an eine Festung als an eine Residenz. Die baulichen Dimensionen sind kaum vorstellbar: Die bis zu 150 m langen Gänge haben eine Gesamtlänge von rund 16 km. Allein die Zahl von mehr als 2500 Fenstern, etwa halb so

Oben: das eindrucksvolle El Escorial
Unten: Palastgemach von Felipe II.

vielen Türen, 86 Treppen und 88 Brunnen verdeutlicht die Dimension des Anwesens.
Zentrales Gebäude ist die von Strenge und Monumentalität geprägte Basilika, deren Wände eindrucksvolle Fresken zieren. Andere Bauwerke wie der Königspalast sind unvorstellbar prunkvoll ausgestattet. El Escorial gilt bis heute als Inbegriff für die Macht und Größe des einstigen spanischen Weltreichs.

Hochlandrundfahrt durch Kastilien: Die 1200 km lange Route beginnt in Madrid und führt zunächst über das Kastilische Scheidegebirge nach Nordwesten in die Region Kastilien und León. Nach der Überquerung der Sierra de Guadarrama und der Besichtigung kultureller und landschaftlicher Höhepunkte der Region Kastilien-La Mancha geht es zurück nach Madrid.

1 Madrid siehe Seite 236–237

2 El Escorial Von Madrid aus geht es in Richtung des 500 km langen Kastilischen Scheidegebirges *(Cordillera Central)*, das die geografische Grenze zwischen Alt- und Neukastilien bildet. Bei Las Rozas beginnt die landschaftlich schöne Straße C 505. Das Wasser der Stauseen entlang der Route wird für die Bewässerung von Olivenkulturen verwendet.
In der Sierra de Guadarrama, Teil des Kastilischen Scheidegebirges, liegt El Escorial, die eindrucksvolle klösterliche Königsresidenz Felipes II.
Hinter den nördlichen Ausläufern des Gebirges erreicht man das auf 1130 m Höhe gelegene Ávila.

3 Ávila Die beschauliche Stadt bietet einen Einblick in das mittelalterliche Leben Kastiliens. Ávila (50 000 Einwohner) erhebt sich wie eine riesige Festung aus der Ebene. Schon von weitem ist die imposante Stadtmauer zu sehen – sie gilt als großartigste Stadtbefestigung Europas. Die Ausmaße wirken schier überwältigend: Die Mauer ist ca. 2500 m lang, durchschnittlich 12 m hoch und 3 m dick. Einige der 88 Türme können auch bestiegen werden.
Im Inneren konnte sich die Stadt ihr einzigartiges mittelalterliches Stadtbild bewahren. Im Herzen der Altstadt erstreckt sich die Plaza Mayor, auf der früher Stierkämpfe stattfanden. Östlich des Platzes erhebt sich die in die Stadtmauer integrierte Kathedrale (11.–14. Jh.). Weitere Zeugen der Blütezeit Ávilas im 16. Jh. sind die zahlreichen Adelspaläste und Herrenhäuser.

4 Peñaranda de Bracamonte Nordwestlich von Ávila lädt auf halber Strecke nach Salamanca das Städtchen Peñaranda de Bra-

Reiseinformationen

Routen-Steckbrief
Routenlänge: ca. 1200 km
Zeitbedarf: 8–10 Tage
Start und Ziel: Madrid
Routenverlauf: Madrid, Ávila, Salamanca, Zamora, Valladolid, Cuéllar, Segovia, Guadalajara, Cuenca, Alcázar de San Juan, Toledo, Aranjuez, Madrid

Besondere Verkehrshinweise:
Das Straßennetz ist dicht und sehr gut ausgebaut. Autobahnen sind mautpflichtig. Beste Reisezeit für das spanische Zentrum sind Frühling und Herbst.

Unterkünfte:
Eine spanische Besonderheit sind die Paradores, Hotels der gehobenen Kategorie in wunderschönen historischen Gebäuden wie Burgen, Klöstern oder Palästen.
www.parador.es

Weitere Auskünfte:
Nähere Informationen zu Reisen nach Kastilien bietet das Spanische Fremdenverkehrsamt
Kurfürstendamm 63
10707 Berlin,
Tel. 030/882 65 43;
www.spain.info

3

camonte zu einem Kurzbesuch ein. An der Plaza lohnt sich ein Blick in die Apotheke mit ihrer dekorativen alten Einrichtung. Die Kirche San Miguel birgt einen kunsthistorisch wertvollen Hochaltar.

5 Salamanca Nach der Weiterfahrt durch die nahezu baumlose Hochebene erreicht man Salamanca, eines der kulturellen Zentren Kastiliens und Kulturhauptstadt 2002.
Die Hauptsehenswürdigkeiten der Stadt, die Plaza Mayor, zwei Kathedralen und die Universität, liegen alle im Zentrum der Altstadt. Die trapezförmige Plaza Mayor wurde Mitte des 18. Jh. im Zentrum der Altstadt angelegt.
Bedeutende Bauwerke im Universitätsviertel sind der Palacio Anaya, ein sehenswerter Renaissancepalast, sowie die berühmte Casa de las Conchas von 1514, das das repräsentativste Beispiel des isabellinischen Renaissancestils ist.
Die Universität wurde 1218 von Alfonso IX gegründet, ihre überaus reich verzierte Fassade zum Patio de las Escuelas ist ein Musterbeispiel für den berühmten plateresken Stil.
Salamanca verfügt über gleich zwei Kathedralen. Die romanische Catedral Vieja (Alte Kathedrale) aus dem 12. Jh. birgt einige wertvolle Fresken. Über den Patio Chico besteht ein direkter Zugang zur Catedral Nueva (Neue Kathedrale), der weitgehend gotische Kirchenbau (16.–18. Jh.) vereinigt verschiedene Stilrichtungen.

6 Zamora Rund 65 km nördlich von Salamanca liegt das mittelalterliche Zamora. Die Stadt (160 000 Einw.) gilt als Museum romanischer Baukunst, das Erbe an Bauten dieser Stilepoche sucht in Spanien seinesgleichen. Zwei alte Brücken überspannen hier den Río Duero. Auf römischen Fundamenten steht der im 14. Jh. errichtete Puente Viejo. Mit seinen 16 Spitzbögen zählt er zu den Hauptsehenswürdigkeiten der Stadt.
Unumstrittener architektonischer Höhepunkt ist jedoch die Kathedrale (12. Jh.) im etwas erhöht gelegenen Teil der Altstadt. Das der Kathedrale angegliederte Museum zeigt eine Sammlung sehr kostbarer Wandteppiche und hervorragende Goldschmiedearbeiten.
Zunächst dem Tal des Rio Valderaduey folgend, geht die Fahrt weiter nach Medina de Ríoseco, dem nördlichsten Punkt der Reise durch das Hochland.

7 Medina de Ríoseco Mehrere historische Bauwerke machen den Charme des Städtchens aus, das im Mittelalter durch den Handel mit Wolle zu Reichtum kam. Wichtigster Kirchenbau ist Santa María de Mediavilla (16. Jh.) mit einem schönen Sterngewölbe.

8 Valladolid Die Hauptstadt der Region Castilla y León erstreckt sich auf einer fruchtbaren Ebene am Ufer des Río Pisuerga, der südwestlich der Stadt in den Río Duero mündet. Valladolid ist mit 320 000 Einwohnern eine der größten Städte Zentralspaniens. Nur wenige historische Gebäude sind in der Altstadt erhalten geblieben.
Etwa 500 m östlich der Plaza Mayor, die als Vorbild für ähnliche Plätze in Madrid und anderen Städten diente, erhebt sich die Kathedrale.
Der Baubeginn erfolgte 1580, vollendet wurde der Kirchenbau bis heute nicht. Kennzeichen der Kathedrale sind ihre relativ einfache Bauweise bei insgesamt gewaltigen Ausmaßen, das Kircheninnere ist 122 m lang und 62 m breit. Hinter der Kathedrale befindet sich die 1346 gegründete Universität mit einer schönen Barockfassade. Ältestes Gotteshaus der Stadt ist die Kirche Santa María la Antigua (13./14. Jh.).

1 Die Plaza de Cibeles ist mit ihrem monumentalen Brunnen Fuente de Cibeles einer der schönsten Plätze in Madrid.

2 Die Alte Kathedrale von Salamanca aus dem 12. Jh.

3 Die Altstadt von Ávila sowie die Kirchen vor den Stadtmauern stehen auf der Liste des UNESCO-Weltkulturerbes.

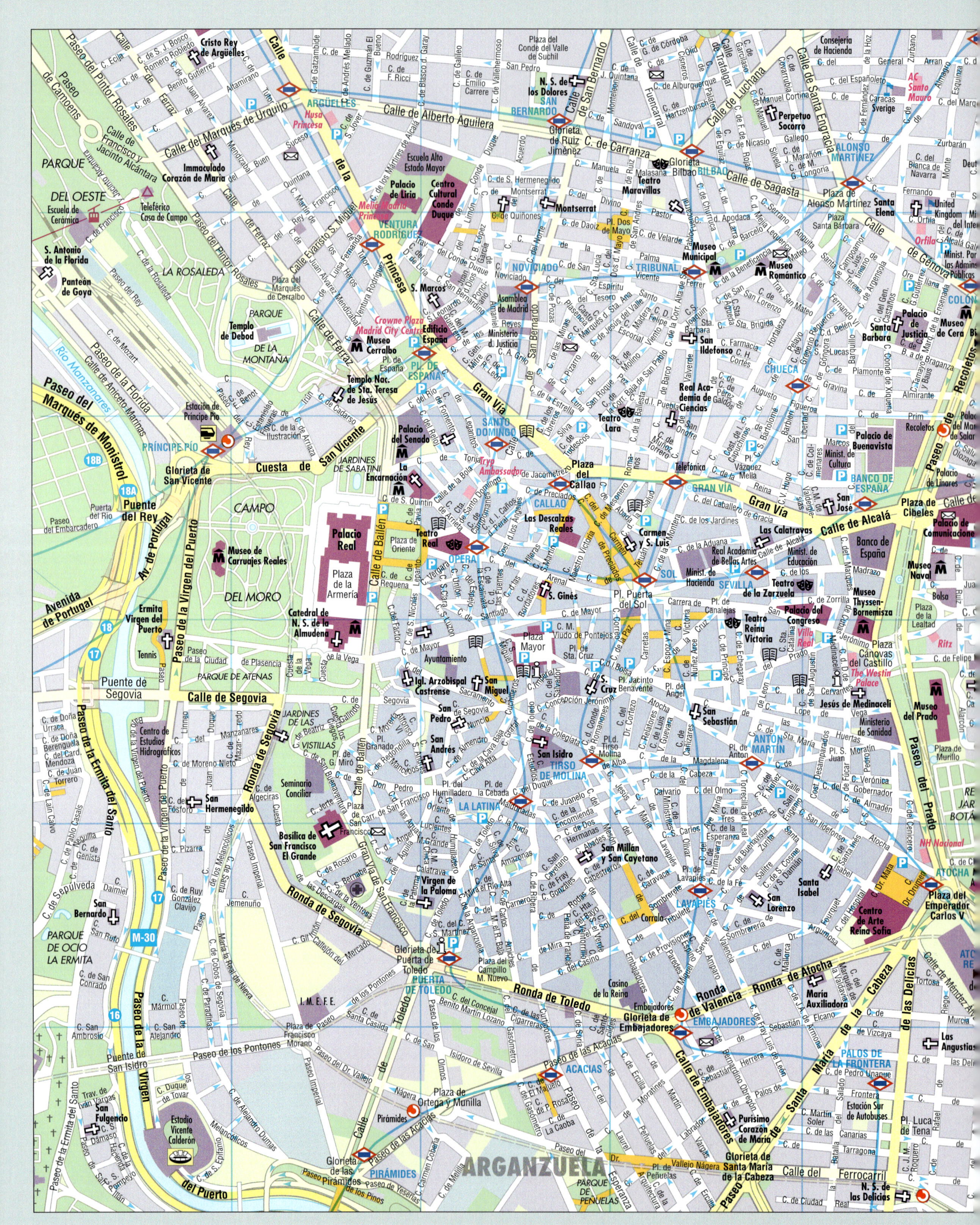
Paseo del Pintor Rosales
Calle del Marqués de Urquijo
Calle de Alberto Aguilera
C. de Carranza
Calle de Sagasta
Calle de Luchana
Calle de Santa Engracia
Plaza de Alonso Martínez
ARGÜELLES
SAN BERNARDO
BILBAO
ALONSO MARTÍNEZ
VENTURA RODRÍGUEZ
NOVICIADO
TRIBUNAL
PARQUE DEL OESTE
LA ROSALEDA
PARQUE DE LA MONTAÑA
Templo de Debod
Teleférico Casa de Campo
Escuela Alto Estado Mayor
Palacio de Liria
Centro Cultural Conde Duque
Museo Municipal
Museo Romántico
Teatro Maravillas
Glorieta Bilbao
Glorieta de Ruiz Jiménez
Princesa
Gran Vía
PL. DE ESPAÑA
Edificio España
Museo Cerralbo
Templo Nac. de Sta. Teresa de Jesús
SANTO DOMINGO
Palacio del Senado
CHUECA
Real Academia de Bellas Artes
Palacio de Buenavista
BANCO DE ESPAÑA
Paseo de Recoletos
Plaza de Cibeles
Palacio de Comunicaciones
Banco de España
Museo Naval
Calle de Alcalá
Las Calatravas
GRAN VÍA
Plaza del Callao
CALLAO
Las Descalzas Reales
Teatro Real
ÓPERA
Plaza de Oriente
Palacio Real
Plaza de la Armería
Catedral de N. S. de la Almudena
CAMPO DEL MORO
Museo de Carruajes Reales
Cuesta de San Vicente
Glorieta de San Vicente
PRÍNCIPE PÍO
Estación de Príncipe Pío
JARDINES DE SABATINI
Paseo del Marqués de Monistrol
Puente del Rey
Av. de Portugal
Avenida de Portugal
Paseo de la Virgen del Puerto
Río Manzanares
Calle de Bailén
SOL
Pl. Puerta del Sol
SEVILLA
Teatro de la Zarzuela
Palacio del Congreso
Teatro Reina Victoria
Museo Thyssen-Bornemisza
Plaza Cánovas del Castillo
Museo del Prado
Paseo del Prado
Plaza Mayor
Ayuntamiento
S. Ginés
Calle de Segovia
Puente de Segovia
PARQUE DE ATENAS
Ronda de Segovia
Basílica de San Francisco El Grande
LA LATINA
San Isidro
TIRSO DE MOLINA
ANTÓN MARTÍN
LAVAPIÉS
ATOCHA
Centro de Arte Reina Sofía
Plaza del Emperador Carlos V
Glorieta de Atocha
Ronda de Valencia
Ronda de Atocha
Ronda de Toledo
Glorieta de Embajadores
EMBAJADORES
Glorieta de la Puerta de Toledo
PUERTA DE TOLEDO
Paseo de los Pontones
Paseo de la Ermita del Santo
PARQUE DE OCIO LA ERMITA
M-30
Estadio Vicente Calderón
Paseo de las Acacias
ACACIAS
Glorieta de las Pirámides
PIRÁMIDES
Plaza de Ortega y Munilla
ARGANZUELA
PARQUE DE PEÑUELAS
Glorieta de Santa María de la Cabeza
Paseo de Santa María de la Cabeza
PALOS DE LA FRONTERA
Estación Sur de Autobuses
Paseo de las Delicias
Calle del Ferrocarril
N. S. de las Delicias
Calle de Embajadores
Paseo del Puerto

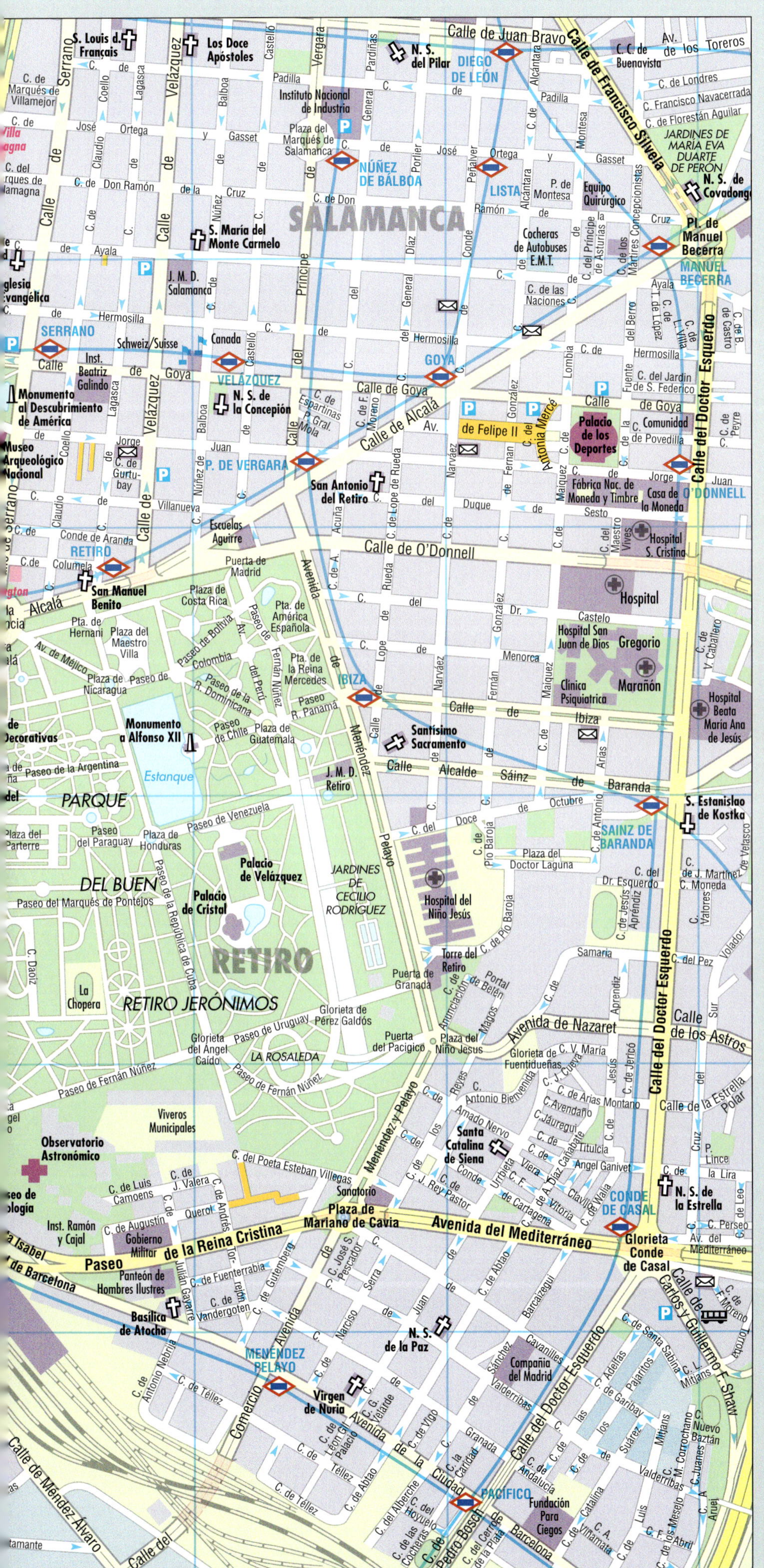

Madrid

Die Hauptstadt Spaniens ist nicht nur der geographische Mittelpunkt der Iberischen Halbinsel, sondern war einst auch das Zentrum eines Reiches, in dem die »Sonne nie unterging«. Dynastien wie die Habsburger und die Bourbonen haben die Stadt unterschiedlich geprägt, entsprechend heterogen ist das städtische Erscheinungsbild selbst im Zentrum. Seit dem Ende der Franco-Diktatur 1975 hat Madrid einen rasanten Wandel vollzogen und sich aus einem verschlafenen Verwaltungszentrum zu einer pulsierenden Metropole entwickelt.

Als Hauptstadt war Madrid seit dem 16. Jahrhundert Anziehungspunkt für Künstler und Kaufleute. So wurden Velazquez und Goya als Hofmaler an den spanischen Königshof berufen und schufen dort einige ihrer Meisterwerke. Eine umfangreiche Sammlung ihrer Bilder wie auch anderer Meister lässt sich heute im Museo del Prado bewundern, einer der berühmtesten klassischen Sammlungen der Welt mit über 9000 Gemälden, 5000 Grafiken und 700 Skulpturen. Daneben befinden sich in Madrid weitere Museen von Weltgeltung: Das Museo Thyssen-Bornemisza bietet einen Überblick über 700 Jahre europäischer Kunstgeschichte, mit einer bedeutenden Sammlung der klassischen Moderne; das Museo Nacional Centro de Arte Reina Sofia dokumentiert vor allem die spanische Moderne mit Werken von Dalí, Miró, Tàpies und Picasso (»Guernica«).

Auch architektonisch bietet Madrid eine große Vielfalt. Das Spektrum der Stilepochen reicht von der Renaissance im »Madrid de los Austrias« (etwa das Monasterio de las Calzas Reales) über Barock und Klassizismus bis zu Art-Deco und Postmoderne (wie die Urbanización AZCA).

Mit der so genannten »Movida«, der avangardistischen Kunst- und Modeszene der 80er-Jahre, hat sich nach dem Stillstand der Franco-Ära ein reichhaltiges kulturelles Leben entwickelt, mit vielen Aktivitäten im Bereich von Kunst, Musik, Film, Theater und Mode. Ausdruck davon ist nicht zuletzt ein äußerst reges Nachtleben mit einer ausgeprägten Bar- und Restaurantkultur.

Besonders sehenswert: Museo del Prado; Museo Nacional Centro de Arte Reina Sofía; Monasterio de las Descalzas Reales, mit Kunstschätzen ausgestattetes Renaissancekloster (16. Jh.), das Frauen des Hochadels vorbehalten war; Museo Arqueológico Nacional, mit herausragenden Sammlungen zur frühiberischen Geschichte; Museo Thyssen-Bornemisza; Parque del Retiro, grüne Oase in der Hauptstadt, im klassizistischen Stil gestaltet; Palacio Real, der Königspalast im spätbarocken und klassizistischen Stil; Plaza Mayor (17. Jh.), imponierender Hauptplatz der Stadt und Vorbild für viele spanische Plätze; Rastro, der sonntägliche Flohmarkt im Altstadtviertel Lavapiés, dem Madrid der »kleinen Leute«, hier finden sich die Corralas genannten Mietshäuser des 19. Jh. mit malerischen Innenhöfen und Holzbalkonen; Real Academia de Bellas Artes de San Fernando, hier hängen spanische Meister (16.–19. Jh.) in einem barocken Stadtpalais. Keine Großstadt ohne Boulevard: Die Gran Via wurde ab 1910 im nördlichen Zentrum angelegt. Ihre großbürgerlichen Prachtbauten strahlen heute einen gewissen Charme aus. Etwas abseits findet man das ursprüngliche Madrid in den Barrios Malasaña und Chueca, alten Handwerkervierteln, abends lebhafter Treffpunkt der jugendlichen Szene.

Oben: Die Plaza Mayor in Madrid stammt aus dem 17. Jh.
Unten: Im Prado hängt eine der bedeutendsten Sammlungen alter Meister.

Wehrburgen Kastiliens

Kastiliens Name geht auf seine zahlreichen Burgen (spanisch: *castillos*) zurück. Die Festungsanlagen wurden auf strategisch wichtigen Punkten wie Anhöhen oder Felsen errichtet, viele thronen auch mitten in Städten und Dörfern. Die mächtigen Burgen im Zentrum des Landes zeugen von der kriegerischen Vergangenheit der einstigen Weltmacht Spanien. Kastilien erlebte Kriege, Konflikte und Scharmützel wie kaum ein anderes Gebiet der Iberischen Halbinsel. Hier kämpften Christen gegen Mauren, der Adel gegen das Königtum, Bauern gegen Landesherren.

Oben: Burg von Medina del Campo
Unten: das Castillo de Belmonte

Viele dieser Burgen wurden von Mauren – z. T. auf Vorgängerbauten der Römerzeit – errichtet. Nach der Vertreibung der Mauren erweiterten die christlichen Feldherren und der kastilische Adel die Festungsbauten zur Verteidigung und zum Schutz des umliegenden Landes.

1

Ein Kleinod im Häusermeer der Stadt ist die Casa de Cervantes. Dies gilt auch für die kleine Casa de Colón, das Sterbehaus von Christoph Kolumbus.
Nicht versäumen sollte man einen Besuch des Museo Nacional de Escultura im Norden des Stadtzentrums. Das im Colegio de San Gregorio (15. Jh.) untergebrachte Skulpturenmuseum ist das bedeutendste Museum für religiöse Holzbildhauerei in Spanien.

9 Medina del Campo Das südwestlich von Valladolid gelegene kleine Städtchen am Río Zapardiel war im 15./16. Jh. Residenz der spanischen Könige. Hier starb 1504 die katholische Königin Isabella I.
An diese Zeit erinnert das über Medina del Campo thronende Castillo de la Mota, das ursprünglich eine maurische Festung war. Die 1440 angelegte Burg zählt zu den schönsten in ganz Spanien.
Von Medina führt die C 112 Richtung Osten nach Cuéllar, wo sich eine weitere sehenswerte Burganlage befindet.

10 Cuéllar Das Castillo de Cuéllar (15. Jh.) überragt auf einem kahlen Hügel das Umland. Die Burg, die von außen einen Furcht erregenden Anblick bietet, diente ebenfalls als Residenz der kastilischen Könige, in ihren Mauern befinden sich ein prächtiger Palast, eine gotische Kapelle und ein sehenswerter Renaissancehof.
Wer Zeit hat, der kann vor der Weiterfahrt nach Segovia einen Abstecher zu sehenswerten Burgen in Ortschaften im Nordosten von Segovia unternehmen. Dafür verlässt man bei Navalmanzano die N 601 in nordöstlicher Richtung. Erster Halt ist Turégano mit einem imposanten, teilweise verfallenen Castillo.
14 km nordöstlich biegt man in Cantalejo auf eine Nebenstraße, die ins 20 km entfernte Sepúlveda führt. Der Ort hoch über einer Schleife des Río Duratón bewahrt Reste einer römischen Stadtbefestigung. Von dort geht es weiter Richtung Süden zu den maurischen Schlössern Castillo Morisco und Castillo de Castilnovo. Letzter Haltepunkt vor der Rückkehr auf die N 601 ist Pedraza de la Sierra mit einer gewaltigen, auf einem Felsblock thronenden Burg. Von Pedraza sind es auf der N 110 noch 25 km bis Segovia.

11 Segovia Auf einem etwa 100 m hohen Felshügel erhebt sich die lohnenswerte Provinzhauptstadt Segovia. Mittelpunkt der Altstadt ist die Plaza Mayor. Hier zeigt sich Segovia von seiner lebhaftesten Seite – nicht nur wegen des Musikpavillons in der Platzmitte. Abends ist die Plaza die Bühne von Straßenkünstlern, Artisten und Gauklern. Das römische Aquädukt, das sogar noch bis ins 19. Jh. die Wasserversorgung der Stadt gewährleistete, zählt zu den größten noch erhaltenen römischen Bauten in ganz Spanien. Die Kathedrale mit ihrem 100 m hohen, quadratischen Glockenturm überragt das Zentrum, sie steht auf dem höchsten Punkt der von einer Mauer mit 86 Türmen geschützten Altstadt. Den Kreuzgang schmücken Brüsseler Gobelins (17. Jh.) und Gemälde alter Meister.
Unter den weiteren Kirchen Segovias sticht vor allem San Martín (12. Jh.) hervor. Mit Blumenmustern und biblischen Szenen sind die Säulen der romanischen Säulenhalle verziert. San Miguel erlangte historische Bedeutung als Krönungsstätte von Isabella II. zur Königin von Kastilien und León.
Das »alte Segovia« wird im Norden vom Alcázar begrenzt. Die mehrfach umgebaute Festung, die sich der Form des Felsrückens anpasst, auf der sie errichtet wurde, geht auf das 11. Jh. zurück und ist ein herausragendes Beispiel für altkastilische Burganlagen.

2

12 Guadalajara Besonderes Schmuckstück von Guadalajara am Río Henares ist der Palacio del Duque del Infantado. Diesen Palast ließ sich zwischen dem 14. und 17. Jh. die einflussreiche Familie Mendoza erbauen. Die Fassade des Bauwerks (15. Jh.) ist geradezu übersät mit Diamantquadern, auch der filigrane Säulenschmuck ist äußerst prachtvoll. Sie ist eines der schönsten Beispiele für die Mudéjar-Gotik.

Der Palacio beherbergt das Museo de Bellas Artes mit einer Sammlung wertvoller Gemälde (15.–17. Jh.).
Neben einigen Kirchenbauten, darunter die auf den Resten einer Moschee der Mauren errichtete Santa María de la Fuente, zählt auch das von Doppelarkaden umrahmte Nonnenkloster La Piedad (16. Jh.) zu den bekanntesten Sehenswürdigkeiten von Guadalajara.

⓭ **Cuenca** Die Altstadt liegt auf einem steilen Felsen, der nach beiden Seiten jäh zu den Schluchten von Río Júcar und Río Huécar abfällt. Berühmt für ihre *casas colgadas* (hängende Häuser), zählt die mit Woll- und Tuchhandel zu Wohlstand gekommene Stadt zu den malerischsten Städten des Landes.
In einem der *casas colgadas* wurde das Museo de Arte Abstracto Español eingerichtet. Mit insgesamt mehr als 700 Gemälden zählt es zu den größten Sammlungen moderner spanischer abstrakter Kunst. Nicht weit ist es zum Museo Arqueológico mit wertvollen Fundstücken aus der regionalen Geschichte.
Die Altstadt hat sich ihren mittelalterlichen Charakter weitgehend bewahren können.
Die im 12./13. Jh. an der Stelle einer Moschee errichtete gotisch-normannische Kathedrale wurde nach ihrem Einsturz Anfang des 20. Jh. wieder aufgebaut, das Innere blieb zu großen Teilen erhalten.
Die anderen Seiten der Plaza Mayor werden von sehenswerten alten Herrenhäusern mit Holzbalkonen und schmiedeeisernen Gittern gesäumt.
Auf dem höchsten Punkt des Felsplateaus erhebt sich der Torre de Mangana, der einstige Wachturm einer Festung mit Panoramablick.

⓮ **Carrascosa del Campo** Westlich von Cuenca geht es auf der Staatsstraße N 400 in engen Serpentinen hinauf zum 1166 m hohen Puerto de Cabrejas, dann durch einige kleinere Siedlungen und vorbei an verfallenen Burgen nach Carrascosa del Campo. Der Ort beherbergt eine gotische Kirche mit schönem barockem Portal sowie Reste einer alten Festung.
Auf der Weiterfahrt nach Tarancón sind einige Steigungen und Kurven zu bewältigen. Von Tarancón lohnt sich ein Abstecher nach Uclés, wo sich eines der schönsten Klöster der Region Kastilien-La Mancha befindet. Das Monasterio de Uclés stammt aus dem 16.–18. Jh. und wird auch scherzhaft »El Escorial de la Mancha« genannt. Es ist für seine wertvollen Schnitzarbeiten bekannt. Die Krypta der Kirche birgt das Grab des Schriftstellers Jorge Manrique. Auffallend ist der reich mit Pflanzen geschmückte Patio.
Wer nicht nach Tarancón zurückfahren möchte, kann über Saelices (Reste eines römischen Aquäduktes) direkt in das rund 50 km südöstlich gelegene Quintanar de la Orden weiterfahren. In der von Wein- und Getreidefeldern beherrschten Region siedelte Miguel de Cervantes die Handlung seines Don Quichote an. Von Mota del Cuervo lohnt ein 35 km langer Abstecher nach Belmonte.

⓯ **Mota del Cuervo und Belmonte** Ein ganzer Hügel ist hier mit den für die Mancha typischen Windmühlen bedeckt.
Über Belmonte, dem Geburtsort des Dichters Fray Luis de León, erhebt sich auf einem Hügel das im 15. Jh. errichtete Castillo Villena. An einem der drei Tore prangen Jakobsmu-

1 **Zwei Bauwerke überragen Segovias Altstadt: die gotische Kathedrale im Zentrum der Stadt und der Alcázar am westlichen Stadtrand.**

2 **Die »hängenden Häuser« sind das Wahrzeichen der malerischen Altstadt von Cuenca.**

Der Rio Tajo bildet auf drei Seiten die natürliche Grenze der Altstadt von Toledo. Der mächtige Alcázar beherrscht zusammen mit der Kathedrale das Stadtbild. Wie die meisten Burgschlösser in Zentralspanien ist auch der Alcázar von Toledo ein maurisches Erbe, der Name geht auf das arabische al-qasr, »die Burg«

zurück. Toledo, zunächst Hauptstadt des westgotischen Reiches, stand anschließend lange unter maurischer Herrschaft. Der gotisch-maurische Mischstil stammt aus dieser Zeit. Zeitweise war Toledo auch Residenz der kastilischen Könige.

Don Quijote und Sancho Pansa

Die beiden Protagonisten des Romans *Don Quijote de la Mancha* (1605–1615) von Miguel de Cervantes (1547–1616) könnten unterschiedlicher nicht sein: Hier Don Quijote, Ritter von der traurigen Gestalt, getrieben von himmelstürmendem Idealismus im Kampf gegen Windmühlen, in denen er Riesen sieht – dort sein Knappe und Begleiter

Das Denkmal von Don Quijote und Sancho Pansa steht an der Plaza de España in Madrid.

Sancho Pansa, bodenständig und bauernschlau. Das Werk von Cervantes ist nicht nur der berühmteste Roman Spaniens, sondern auch sein bedeutendster Beitrag zur Weltliteratur. Ursprünglich war das Buch als Parodie auf die zu Beginn des 17. Jh. grassierende Manie der Ritterromane konzipiert, doch schließlich wurde es ein treffendes Abbild der spanischen Gesellschaft.

schel und Kreuz, die Symbole der Jakobspilger.
Die sternförmige spätgotische Anlage mit sechs Rundtürmen wird von einem doppelten Mauerring umfasst, die drei Burgteile gruppieren sich um einen dreieckigen Innenhof.
Von hier geht es auf gleichem Weg zurück nach Mota del Cuervo und weiter Richtung Alcázar de San Juan.

16 La Mancha (südöstlich von Toledo) Südwestlich von Mota del Cuervo sind zu beiden Seiten der Straße immer wieder Burgruinen zu sehen. In den Hügeln der Sierra de Molinos bei Campo de Criptana liegen einige Windmühlen, die kleine Museen beherbergen.
Einen wahrhaften Schatz beherbergt Alcázar de San Juan. Das Museo Arqueológico zeigt eine hervorragend zusammengestellte Sammlung von römischen Mosaiken. Die Kirche Santa María stammt aus dem 13. Jh.

17 Consuegra Von hier folgt man der Straße nach Toledo ins 38 km entfernte Consuegra, das ebenfalls von einer Burgruine überragt wird. Sie bietet einen schönen Blick über die südliche Mancha.
Auf der gleichen Straße bleibend, erreicht man an den Montes des Consuegra und dem Embalse de Finisterre vorbeifahrend das 30 km entfernte Mora, in dem noch Reste römischer Anlagen erhalten sind.

18 Toledo In der Stadt am Tajo scheint das Mittelalter allgegenwärtig. Fantastisch ist allein schon die Lage: Toledos Altstadt erstreckt sich über einen Felsen, der auf drei Seiten vom Río Tajo

in einer tiefen Schlucht umflossen wird. Ein erster Panoramablick vom anderen Ufer des Flusses lässt die architektonische Pracht erahnen. Die Kathedrale, der Alcázar und unzählige mittelalterliche Bauten bilden ein großartiges städtebauliches Ensemble. Enge, verwinkelte Gassen prägen die Altstadt, die von einer Mauer mit zahllosen Türmen umgeben wird.
Toledo ist eine wahre Schatztruhe spanischer Baukunst. Wahrzeichen der Stadt ist die an der Stelle einer westgotischen Kirche und einer alten maurischen Moschee erbaute Kathedrale aus dem 13.–15. Jh. Während das Äußere sich in reinster französischer Frühgotik zeigt, ist das Innere ein Beispiel vollendeter spanischer Spätgotik. Die drei Portale an der Hauptfassade sind reich mit Reliefs und Skulpturen verziert. Das Innere misst stattliche 110 m, die Capilla Mayor zeigt eine Vielzahl biblischer Szenen, die lebensgroßen Figuren sind aus Lärchenholz geschnitzt und anschließend bemalt oder vergoldet worden.
Auf dem höchsten Punkt der Stadt erhebt sich der Alcázar. Die Fassade des nahezu quadratischen Bauwerkes stammt überwiegend aus dem 16. Jh. Zur Festung hinauf gelangt man von der Plaza de Zocodover. Der zentral gelegene, dreieckige Platz ist der eigentliche Mittelpunkt der Stadt.
Weitere Anziehungspunkte sind das Franziskanerkloster San Juan de los Reyes (15.–17. Jh.) und die Casa El Greco. Der berühmte Maler lebte fast 40 Jahre in Toledo und schuf dort viele seiner Werke.
Der weitere Streckenverlauf folgt dem Río Tajo westwärts – vorbei an ausgedehnten, mit dem Wasser des Flusses bewirtschafteten Feldern. Als letzter Punkt vor der Rückfahrt nach Madrid wird Aranjuez besucht.

19 Aranjuez Die streng geometrisch angelegte Stadt ist berühmt für ihre Gärten – nicht erst durch Friedrich Schillers Trauerspiel *Don Carlos*.
Größte Parkanlage ist der Jardín del Príncipe im Nordosten. Im Park, der von französischen Gartenbaumeistern 1763 angelegt wurde, liegt die Casa del Labrador, ein sehenswertes Schlösschen. In einem anderen Gebäude – der Casa de Marinos – sind sechs königliche Barken ausgestellt. Der Palacio Real (Königspalast) südlich dieser Gartenanlage wurde nach zwei Bränden im 17. Jh. wieder aufgebaut. An der Hauptfassade vermischen sich Elemente aus der Zeit der Renaissance und des Barock.

1 Die meisten der Windmühlen in der Mancha (hier bei Consuegra) sind nicht mehr in Betrieb.

2 Die kostbare Innenausstattung der Sommerresidenz in Aranjuez kann im Rahmen einer Führung besichtigt werden.

Salamanca Die Universität der Stadt wurde bereits 1254 gegründet. Bauten aus gelbem Stein prägen die Altstadt, die mit gleich zwei mittelalterlichen Kathedralen aufwarten kann.

Valladolid Bedeutendste Sehenswürdigkeit der Stadt ist die bis heute unvollendete Kathedrale, mit deren Bau 1580 begonnen wurde. Eindrucksvoll ist auch die Barockfassade der Universität.

Medina del Campo Die Stadt am Río Zapardiel war im 15./16. Jh. Residenz der spanischen Könige. Castillo de la Mota war einst eine maurische Festung.

Segovia Die Provinzhauptstadt ist ein Mix aus maurisch inspirierten und mittelalterlichen Profanbauten, Türmen und Plätzen, Kirchen, einer Kathedrale, einer eindrucksvollen Stadtbefestigung und einem berühmten römischen Aquädukt mit mehr als 100 Mauerbögen. Im Norden der Altstadt liegt das Musterbeispiel einer altkastilischen Burg, die Festung Alcázar.

Semana Santa Die Osterwoche beginnt mit der Palmsonntagsprozession, zu der Palmwedel, Flechtskulpturen und oft auch überdimensionale Passionsdarstellungen getragen werden – häufig von Bruderschaften in Bußgewändern.

Madrid Europas höchstgelegene Hauptstadt ist ein Ort der Wetterextreme und der unterschiedlichsten Baustile. Kirchen, Klöster, Paläste und atemberaubende moderne Bauten hinterlassen einen großartigen Eindruck urbaner Stadtarchitektur. Die Madrider Kunstmuseen – vor allem das Museo del Prado und das Museo Thyssen-Bornemisza – genießen Weltruhm.

Guadalajara Schmuckstück der Stadt ist der Palacio del Duque del Infantado (14.–17. Jh.) mit seiner beeindruckenden Außenfassade und einer wertvollen Gemäldesammlung.

Cuenca Die von zwei Flüssen gesäumte Altstadt liegt auf einem senkrecht abfallenden Felsrücken und ist durch ihre »schwebenden« Häuser einzigartig.

El Escorial Spaniens meistbesuchte Sehenswürdigkeit liegt nur etwa 50 km von Madrid entfernt. Die Residenz (Königspalast, Kirche, Kloster, Bibliothek) entstand unter König Felipe II.

Ávila Die mittelalterliche Stadt kann mit einer der mächtigsten Befestigungsmauern in Europa aufwarten. Die zinnenreiche, bis zu 12 m hohe und 3 m starke Anlage stammt aus dem 11. Jh. und diente als Bollwerk gegen arabische Angreifer. Nicht minder sehenswert: Ávilas Kathedrale und die Plaza Mayor sowie die Adelshäuser der Festungsstadt.

Belmonte Dominiert wird das Stadtbild vom spätgotischen Castillo Villena (15. Jh.). Die bewehrte Anlage wird von einem doppelten Mauerring umgeben.

Aranjuez Die streng geometrisch angelegte Stadt ist berühmt für ihre Gärten, das prachtvoll ausgestattete Schloss, ihre Kabinette und Galerien.

Toledo Die einstige Residenzstadt der kastilischen Könige war auch religiöser Mittelpunkt des Landes und langjähriger Schaffensort El Grecos. Toledo liegt auf einem mächtigen, vom Río Tajo umflossenen Felsen. Die gotische Kathedrale und der Alcázar überragen die gassenreiche Altstadt.

La Mancha Burgruinen und Windmühlen sind typisch für die weite Landschaft südöstlich von Toledo. Besuchenswert sind die Museen von Alcázar de San Juan und die Burg von Consuegra. Sie bietet einen weiten Blick über die südliche Mancha.

Einer der bekanntesten Yachthäfen der Costa del Sol: Puerto Banus bei Marbella

Route 20

Andalusien

Maurisches Erbe im Süden Europas

Andalusien ist ein Land voll Leidenschaft und alter Kultur. Das bewässerte, fruchtbare Land, über dem die sommerliche Hitze flirrt, die Ölbäume vor der Kulisse schneebedeckter Berge und die weiß gekalkten Häuser ergeben – gepaart mit dem Geruch von Leder und Sherry und dem Rhythmus der Kastagnetten und des Flamenco – einprägsame Bilder.

»Al Andaluz« – Land des Lichtes, so nannten die Araber den südlichen Teil Spaniens. Tatsächlich durchflutet diese Region am Scheidepunkt von zwei Kontinenten und zwei Meeren ein ganz besonderes, nirgendwo sonst auf der Welt anzutreffendes Licht, das in seiner Klarheit jeden Besucher immer wieder aufs Neue begeistert.
Das über 87 000 km² große Gebiet, das vom Guadalquivir durchflossen wird und dessen Landschaft durch die Betische Kordillere mit der im Winter schneebedeckten 3481 m hohen Sierra Nevada sowie durch die Sierra Morena geprägt wird, ist uraltes Siedlungsgebiet. Phönizier, Griechen, Römer, Wandalen und Westgoten hatten das sonnenverwöhnte Land im Süden der Iberischen Halbinsel schon bewohnt und kultiviert, bevor es dann die Araber im 8. Jh. eroberten.
Schwer war es für die Araber nicht, in Andalusien Fuß zu fassen. Als sie im Jahr 711 unter der Führung von Tarik und später unter Musa ben Nosair von Gibraltar kommend konsequent nach Norden vormarschierten, brauchten sie das von internen Querelen zermürbte Reich des Westgotenkönigs Roderich nur Stück für Stück in Besitz zu nehmen. In den Weg stellte sich ihnen kaum jemand, und so gelang es ihnen, bis in Gebiete nördlich der Pyrenäen vorzudringen. Erst dort, auf französischem Boden, stoppte sie Karl Martell im Jahre 732.
In Spanien aber konnten die Araber über ein halbes Jahrtausend lang unangefochten herrschen. Abd ar-Rahman I. machte Córdoba zur Hauptstadt eines Kalifats und stattete die Stadt mit einer herrlichen Moschee aus. In Granada entfaltete sich die islamische Kultur zu vollem Glanz. Im Laufe der Jahrhunderte entstanden im ganzen Land prachtvolle orientalische Bauwerke. Diese Zeugnisse der hohen maurischen Kultur prägen Andalusien heute noch.

Flamenco: Tanz und Lebensgefühl

Das »weiße Dorf« (»pueblo blanco«) Zahara de la Sierra an der Embalse de Zahara wurde zum Nationaldenkmal erklärt.

Die Puente Nuevo über die fast 100 m tiefe Felsenschlucht in Ronda ist eine technische Meisterleistung.

Ab dem 13. Jh. begannen christliche Reconquistadoren allmählich mit der Rückeroberung des Landes.
Als nach dem Fall Granadas im Jahr 1492 auch die letzten moslemischen Minderheiten vertrieben waren, brach mit der Herrschaft der katholischen Könige das eigentliche »Goldene Zeitalter« Andalusiens an, das zum Ausgangspunkt für die Entdeckung und Eroberung der »Neuen Welt« wurde. Christoph Kolumbus stand am Anfang dieser Entwicklung zur Weltmacht. Nun war es die Stadt Sevilla, die nach der Eroberung von Mexiko und Peru zur spanischen Handelsmetropole Nummer eins aufstieg.
Heute zählt die autonome Region, in der die Sonne 3000 Stunden pro Jahr vom Himmel lacht, und in der Orangen und Oliven, Wein und Mandeln gedeihen, rund sieben Millionen Menschen in rund 760 Städten und Gemeinden. Von größter Bedeutung sind für die Andalusier die traditionellen Feste und das religiöse Leben, das besonders in der *semana santa*, der Karwoche, bei zahllosen Wallfahrten und Prozessionen mit voller Inbrunst und Hingabe zelebriert wird.
Die volkstümliche Kultur spiegelt sich in den lokalen Festwochen, den *ferias*, ebenso wie im Stierkampf oder im Flamenco mit seinen vielfältigen Spielarten wider. Bei diesen Gelegenheiten präsentiert sich Andalusien pur: Als das Land der verwegenen Caballeros, der schönen Señoritas und der schwarzen Stiere, und als das Land, in dem das Blut leichter in Wallung gerät als anderswo. Attraktiv und voller Kontraste ist auch die Landschaft – von den traumhaften Stränden der Costa del Sol bis zum Skifahrerparadies der schneebedeckten Sierra Nevada.

Die berühmten Steinsäulen im Löwenhof der Alhambra in Granada

Flamenco

Der Flamenco ist »der« Tanz Spaniens. Erfunden sollen den »cante andaluz« (andalusischer Gesang) oder »cante jondo« (tiefer Gesang) die Gitanos (Zigeuner) haben, die im 15. Jh. in der Umgebung von Cadiz und Sevilla unterwegs waren. Später diente der Flamenco dann als musikalische Untermalung in Freudenhäusern, bis er in den 20er Jahren des 20. Jh. salonfähig wurde. Internationale Bekanntheit hat er spätestens seit Carlos Sauras sensationellem Film »Carmen« erlangt. Der

Flamencofest in Andalusien

Flamenco ist nicht nur ein Tanz zu aufregenden Rhythmen, nicht nur eine leichte Unterhaltung mit einprägsamen Melodien, sondern auch eine Methode, die Seele aufzuschließen. Für viele ist er auch der eindrucksvolle Spiegel einer Lebenshaltung: Stolz und Leidenschaft unter sengender, andalusischer Sonne.

Andalusienrundfahrt: Die rund 1600 km lange Strecke führt in die fruchtbare Ebene des Guadalquivir, in die Bergwelt der Sierra Nevada, an die Costa del Sol und an die Costa del Luz. Sie berührt die »weißen Dörfer« ebenso wie die prachtvollen Städte mit ihren unvergleichlichen Bauten aus der maurischen Vergangenheit.

❶ **Sevilla** siehe Seite 247

❷ **Vega del Guadalquivir** Eben, grün, fruchtbar: So präsentiert sich die Landschaft, sobald man Sevilla auf der C 431 Richtung Córdoba verlässt. In der Auenlandschaft der Vega del Guadalquivir, die der in breiten Windungen mäandrierende Fluss geschaffen hat, dehnen sich Orangenplantagen, Getreide- und Sonnenblumenfelder aus. Oft krönen kleine Dörfer mit schneeweißen Häusern die Hügel. Die meisten Bewohner dieser Ortschaften leben von der Landwirtschaft.

❸ **Palma del Río** Schon seine Lage am Zusammenfluss von Guadalquivir und Genil ist romantisch, und wegen des vielen Grüns in seiner Umgebung wird es auch »Garten Andalusiens« genannt. Von der Geschichte der Stadt, die auf eine römische Gründung zurückgeht, erzählen die teilweise erhaltenen Stadtmauern aus dem 12. Jh. Zwischen dem 16. und dem 18. Jh. spielte Palma del Río eine besondere Rolle: Zu dieser Zeit entsandte der Convento de San Francisco Missionare nach Amerika, unter ihnen Bruder Junípero Serra, der das Christentum nach Kalifornien brachte. Das Kloster hat inzwischen eine neue Aufgabe gefunden: Schön renoviert dient es heute als Hotel.

❹ **Medina Azahara** Kurz vor Cordoba zweigt eine Straße zu den Ruinen von Medina Azahara ab. Teile der alten, auf drei Terrassen angelegten Palaststadt, in der vom mittleren 10. bis ins frühe 11. Jh. die Kalifen mitsamt ihrem Hofstaat residierten, wur-

1 **Weithin sichtbar ist der maurische Glockenturm La Giralda über der gotischen Kathedrale und dem Archivo General de Indias in Sevilla.**

2 **Die Kathedrale Santa Maria in Sevilla wurde auf den Grundmauern der Almohadenmoschee errichtet.**

Reiseinformationen

Routen-Steckbrief
Routenlänge: ca. 1600 km
Zeitbedarf: mind. 8 bis 10 Tage
Start und Ziel: Sevilla
Routenverlauf: Sevilla, Córdoba, Granada, Almería, Málaga, Ronda, Olvera, Arcos de la Frontera, Cádiz, Sanlúcar, Jerez, Sevilla

Verkehrshinweise:
Die Höchstgeschwindigkeit beträgt in Städten 50 km/h, auf Landstraßen 90 bzw. 100 km/h und auf Autobahnen (in der Regel mautpflichtig) 120 km/h.

Beste Reisezeit:
Am empfehlenswertesten sind der Frühling (um 26 °C) und der Herbst (September bis 32 °C).

Übernachtungen:
Paradores sind staatlich geführte Hotels in historischen Gebäuden. Buchung und Reservierungen über Ibero Hotel *(www.iberotours.de).*

Auskünfte:
Spanische Botschaft: *www.spanischebotschaft.de*
Spanische Fremdenverkehrsbüros in Berlin *(Tel. 030/ 882 65 43)* oder Düsseldorf *(Tel. 020 11/680 39 80)* oder *www.tourspain.es*
Infos über Andalusien: *www.andalusien-web.com*

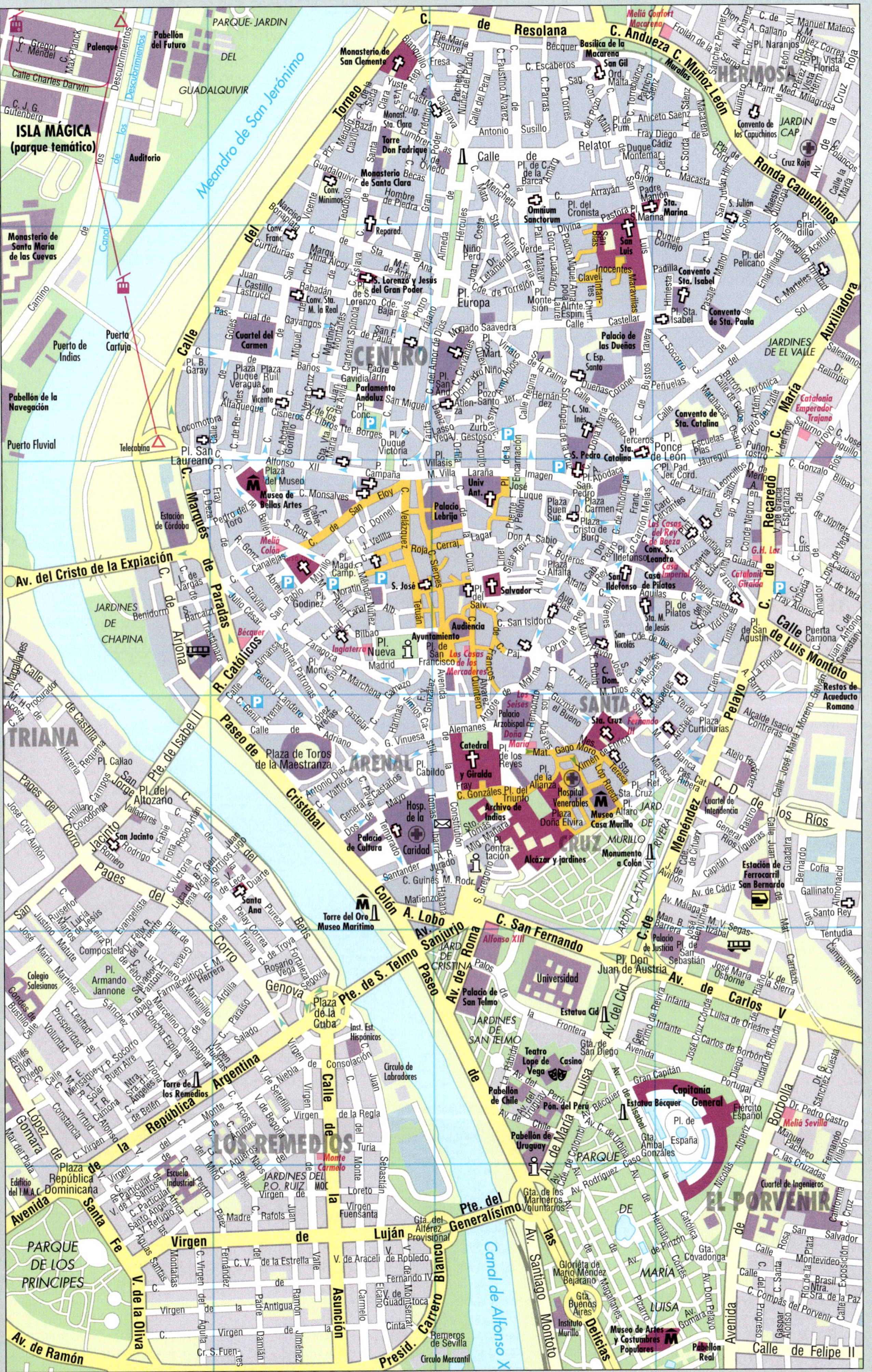

Sevilla

Wer Spanien kennen will, muss Sevilla, die Hauptstadt Andalusiens, einfach gesehen haben.

Sevilla gehört zu den reizvollsten Städten des Landes, steht allerdings in ständigem Wettstreit mit Granada, der zweiten andalusischen Schönheit mit maurischer Vergangenheit. Seine Blütezeit erlebte Sevilla nach der Entdeckung Amerikas als Flusshafen am Guadalquivir und als bedeutende Handelsstadt, von der aus die Waren aus den spanischen Überseekolonien abgeladen und weitertransportiert wurden. Das brachte sehr viel Reichtum und die frische Luft der Neuen Welt in die alte Stadt!

Besonders sehenswert: Kathedrale Santa María (15. Jh.), Anlage mit aufwändig gestalteten Portalen sowie dem Patio de los Naranjos, dem einstigen Moscheenhof mit frühmittelalterlichem Marmorbecken und Glockenturm Giralda, im 12. Jh. als Minarett erbaut; Reales Alcázares, im 12. Jh. von den Almohaden erbaut, ab 1248 christlicher Königspalast, der bis ins 16. Jh. ausgebaut wurde. Höhepunkte der Besichtigung sind die kostbar gestalteten Innenhöfe, um die sich die Palastbauten gruppieren, sowie die Gärten (Kathedrale und Alcazar sind UNESCO-Welterbe); Barrio de Santa Cruz, das Judenviertel mit engen Gassen, gekachelten Innenhöfen und schmiedeeisernen Balkonen; Casa de Pilatos, weitläufiger Privatpalast in faszinierender Stilmischung; Hospital de la Caridad (17. Jh.), das bedeutendste Werk des Sevillaner Barock; Museo de Bellas Artes, Kunstsammlungen mit Schwerpunkt spanische Barockmalerei; Plaza de España, mit Keramikbildern geschmückte Anlage im Stadtpark Parque de María Luisa. Außerhalb der Stadt: die Ruinen des römischen Itálica mit Amphitheater und Mosaikböden.

Die halbrunde Plaza de España

Córdoba: Blick über die Puente Romano und den Río Guadalquivir auf die Mezquita, die größte Sehenswürdigkeit der Stadt. Sie steht für zwölf Jahrhunderte Baugeschichte, den Einfluss des Islam, aber auch des Christentums: Das im 8. Jh. unter Abd ar-Rahman I. begonnene Gebetshaus erweiterten im 10. Jh. die

Kalifen al Hakam II. und Al Mansur zur größten Moschee im islamischen Westen. Im 16. Jh. wurde mitten in dieses einzigartige Denkmal maurischer Baukunst eine Kathedrale gesetzt. Von außen wirkt die Kathedralen-Moschee eher schlicht, innen überwältigt vor allem der Säulenwald von über 850 Säulen.

Die Kunst der Mauren

Der Zeit der arabischen Vorherrschaft verdankt Andalusien seine berühmten Prachtbauten wie die Mezquita in Córdoba, die Alhambra in Granada und den Alcázar und die Giralda in Sevilla. Eines der hervorragenden Merkmale des maurischen Stils ist seine reiche Ornamentik. Bedingt durch das Bilderverbot des Islam entstanden durch die Kombination von geometrischen, floralen und kalligrafischen Motiven und durch Inschriften überaus reiche Wanddekorationen. Für das prachtvolle Dekor wurden oft Mosaike, Keramiken, in Marmor skulpierte Koransprüche oder mit byzantinischen Motiven verzierte Glaspaste verwendet, die aus Byzanz importiert wurde.
Die Moscheen wurden meist mit aufwändigen Kuppeln und ganzen Säulenhallen ausgestattet. Die am häufigsten verwendeten Bogenformen sind der Rundbogen, der Zackenbogen und der maurische Hufeisenbogen. Zur Zeit der Kalifen waren Quadersteine die beliebtesten Baustoffe. Die Almohaden verwendeten Naturstein für Fundament und Sockel, sonst aber gebrannte Ziegel und gestampften Lehm.
Abgesehen von den religiösen Bauten und den Palästen ist die Baukunst der Mauren noch in den Straßenlabyrinthen vieler alter Stadtkerne zu erkennen.

Oben: Myrtenhof
Mitte: Löwenhof mit Löwenbrunnen
Unten: Innenhof des Alcazars

1

den renoviert. So lässt sich die einstige Schönheit der »Stadt der Blume«, einem Meisterwerk islamischer Baukunst, auch heute noch erahnen.

2

5 Córdoba Die Stadt war schon zur Römerzeit ein wichtiges politisches und kulturelles Zentrum. Einer ihrer berühmtesten Söhne ist der römische Philosoph Seneca. 929 stieg Córdoba zur glänzenden Metropole des Kalifats auf spanischem Boden auf und trat damit in Konkurrenz zu der einstigen Weltstadt Bagdad. Jüdische, arabische und christliche Kulturen lebten friedlich nebeneinander, Wissenschaft und Philosophie erlebten bis dahin ungekannte Höhenflüge.
Im alten Stadtzentrum rund um die Mezquita ist von dieser Stimmung auch heute noch etwas zu spüren. Aus der einstigen Millionenstadt des mächtigen Kalifats ist zwar eine Provinzhauptstadt mit nur noch 300 000 Einwohnern geworden, ein Traum in Weiß ist Córdoba aber geblieben: Die Altstadt mit ihren engen Gässchen, weißen Häusern und blumengeschmückten Innenhöfen ist eine einzige Idylle. In der Mitte thront, einer wuchtigen Festung gleich, die Mezquita, früher eine Moschee, heute eine Kathedrale. Die riesige Anlage mit dem prächtigen, 856 Säulen umfassenden einstigen Betsaal, wurde von der UNESCO zum »Erbe der Menschheit« erklärt. 19 Längs- und 36 Querschiffe, herrliche orientalische Ornamente und das geheimnisvolle Spiel des Lichtes zwischen den Säulen machen die Mezquita unvergesslich.
Gleich neben der Mezquita liegt die Judería – das ehemalige jüdische Viertel mit den engen, blumengeschmückten Gassen. Eine der schönsten ist die Calleja de las Flores. Einen Besuch wert sind die ehemalige Synagoge und das Stierkampfmuseum, übrigens eines der interessantesten ganz Spaniens. Der Alcázar de los Reyes Cristianos, die als Festung gebaute Residenz aus dem 14. Jh., hat eine besonders schöne Gartenanlage. Das Museo Arqueológico Provincial zeigt in einem Renaissancepalast römische, westgotische und arabische Exponate. Etwas abseits, im Viertel um die christlichen Kirchen, hält Córdoba noch eine Sehenswürdigkeit bereit: den Palacio de Viana, ein Herrschaftshaus mit zwölf Innenhöfen und einer prachtvollen Gartenanlage.
Córdoba und Granada, die beiden wichtigsten Zentren der arabischen Epoche in Spanien, verbindet die Route des Kalifats. Sie verläuft heute in Form der N 432 durch hügeliges, relativ dünn besiedeltes Gebiet mit kleinen Ansiedlungen und wehrhaften Burgen und Türmen.
In dem vom maurischen Castillo de la Mota überragten Ort Alcalá la Real verlässt man die 432 und fährt gemütlich durch die Dörfer des fruchtbaren Hochlandes, der Vega.

6 Montefrio Der Ort liegt in einer einzigartigen Berglandschaft. Sehenswert ist das um 1500 auf den Mauern einer alten maurischen Festung errichtete Schloss Castillo de la Villa.
Nach etwa 20 km erreicht man die A 92 und fährt dann Richtung Granada.

7 Granada Schon die geografische Lage dieser Stadt ist interessant: Sie wird im Westen von der Hochebene und im Süden vom Nordufer des Rio Genil begrenzt und hat die schneebedeckten Gipfel der Sierra Nevada im Rücken. Was Granada aber zu einem Märchen aus 1001 Nacht macht, ist das gewaltige maurische Erbe, das die heutige Hauptstadt der gleichnamigen Provinz, in der 240 000 Menschen leben, seit Jahrhunderten geprägt hat. Ihre Blütezeit erlebte die Stadt zwischen dem 13. und dem 15. Jh., als sich die

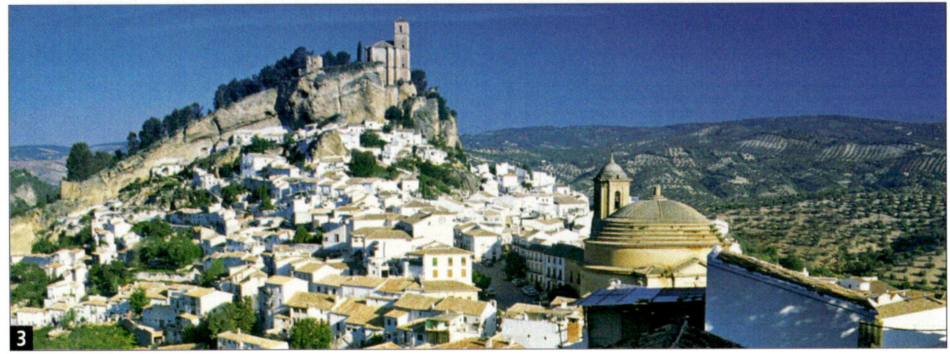

Mauren vor den Heeren der christlichen Rückeroberer nach Süden zurückzogen. 250 Jahre lang war Granada die Hauptstadt des selbständigen Königreichs der Nasriden. In dieser Zeit entstand auch ihre attraktivste Sehenswürdigkeit, die Alhambra. An dieser Krönung aller spanisch-arabischen Bauwerke haben bis zuletzt 23 Sultane des Geschlechts der Nasriden mitgewirkt. Jetzt liegt der ebenso trutzigen wie eleganten Burg die Stadt Granada zu Füßen – die Sierra Nevada bildet ihre himmlische Kulisse.

Die Alhambra, deren Name »Die Rote« vom rötlichen Ocker ihrer Mauern herrührt, ist ein riesiger Komplex aus Festungsmauern, Türmen, Wohnpalästen, Moscheen und Gärten. Im Prinzip besteht er aus vier Teilen: der Wehrburg Alcazaba auf der Westspitze des Hügels, dem Palacio árabe (Alhambrapalast), dem Palacio de Carlos V, einem Renaissancepalast mit dem Museum der Schönen Künste in der Mitte des Hügels und den Gartenanlagen des Generalife im Osten. Abgesehen von den Gärten, sind alle anderen Gebäude von einer wehrhaften, von vielen Türmen gekrönten Mauer umgeben.

Zu den eindrucksvollsten Teilen der Alhambra zählen der Palacio de los Leones mit seinem filigran gearbeiteten Arkadengang und dem Löwenbrunnen. Und natürlich die Wasserspiele der Gartenanlagen, die auch heute noch einen Hauch Orient vermitteln.

Dass Granada außer der Alhambra auch sonst noch einiges zu bieten hat, darf nicht vergessen werden. Da ist zum Beispiel Albaicin, das weiß getünchte maurische Stadtviertel, das mit seinen engen Gassen und dem Mirador, dem Aussichtspunkt San Nicolás, ein Kleinod der Weltarchitektur darstellt. Und dann natürlich das Domviertel um die Kathedrale aus dem 16./17. Jh., die Capilla Real, die spätgotische Königskapelle und die Cartuja, die Kartause, die zu Beginn des 16. Jh. gegründet wurde.

Für Freunde der Dichtkunst ist ein kleiner Abstecher nach Fuente Vaqueros ein Muss, dem 17 km von Granada entfernt in der Vega gelegenen Geburtsort von García Lorca. Dann freilich heißt es: Nichts wie hinauf zu einem Abstecher in die Sierra Nevada über die höchste Bergstraße Europas!

Verlässt man Granada auf einer kleinen Straße parallel zur A 92 Richtung Osten, wird die Land-

Carretera Granada–Veleta

Die höchste Bergstraße Europas führt 46 km von Granada zum Pico Veleta, dem mit 3392 m zweithöchsten Berg der Sierra Nevada. Dieser ist meist nur von August bis September schneefrei, daher sind Schneefelder an der Straße keine Seltenheit. Die Königin der europäischen Bergstraßen hat eine durchschnittliche Steigung von 5,1 % ab Granada und 6,5 % ab dem eigentlichen Anstiegsbeginn. Der Ausblick vom Gipfel ist überwältigend: Der Blick reicht von den Bergen der Sierra Nevada über das tief unten liegende Granada und das 30 km entfernte Mittelmeer bis zur afrikanischen Küste.

1 **Den schönsten Blick auf die Alhambra in Granada mit der Sierra Nevada im Hintergrund hat man vom Mirador de San Nicolás im Albaicín.**

2 **856 Säulen bilden den einzigartigen Säulenwald im Betsaal der einstigen Omaijaden-Moschee von Córdoba.**

3 **Über Montefrío erheben sich die Kirchen Iglesia de la Villa (16. Jh.) und Iglesia de la Encarnarción (18 Jh.).**

Abstecher

Sierra Nevada

Die Sierra Nevada ist das höchste Gebirge Spaniens. Übersetzt bedeutet der Name »beschneite Säge«. Das sagt auch schon viel über die Form dieses Gebirgszuges aus, der auch im Sommer häufig noch eine Schneehaube trägt. 14 Gipfel sind über 3000 m hoch, ihnen sind Bergketten vorgelagert, die immerhin auch noch bis zu 2000 m erreichen. Die höchste Erhebung ist mit 3481 m der Cerro de Mulhacén. Zwischen dem zweithöchsten Gipfel, dem Pico Veleta, und dem 1300 m tiefer gelegenen Ort Pradollano liegt ein herrliches Skigebiet mit 19 Liftanlagen und Pisten in der Länge von insgesamt 61 km.

Felder vor den schneebedeckten Gipfeln der Sierra Nevada

Costa del Sol

»Costa del Sol« – Sonnenküste – heißt der rund 150 km lange Küstenstrich im Südosten Spaniens. Und das zurecht, denn dieser landschaftlich besonders reizvolle Teil Andalusiens erfreut sich eines angenehmen, auch im Winter milden und sonnigen Klimas. Das ist einer der Gründe dafür, weshalb sich die Costa del Sol zu einer der beliebtesten Urlaubsregionen der Welt entwickelt hat. Aus vielen kleinen, einst ärmlichen Fischerdörfern wie Fuengirola und Torremolinos wurden Tourismushochburgen mit riesigen Hotel- und Apartmentanlagen, Ferienvillen, Golfplätzen und Yachthäfen. Zahlreiche der ehemaligen Dörfchen haben ihren andalusischen Charme behalten, Estepona ist eines davon. Und sogar Marbella, der luxuriöse und glamouröse Lieblingsort des internationalen Jetsets, hat sich in seinem historischen Zentrum traditionelle Häuser, Gässchen, Plätze und Gärten bewahrt.

Yachthafen von Marbella

schaft immer karger und wilder. Dieser Eindruck verstärkt sich, sobald dann die ersten Hügel auftauchen, in die Höhlenwohnungen eingegraben sind – übereinander, quasi Stockwerk über Stockwerk.

8 Guadix Die uralte Stadt, deren Geschichte in die römische Zeit zurückreicht und die stattliche Ruinen aus maurischer Zeit besitzt, hat ebenfalls ein Viertel, das aus Höhlenwohnungen besteht: Im Barrio de Santiago leben rund 5000 Gitanos unter der Erde. Ihre mehrräumigen, in die steilen Lösshänge gegrabenen Wohnungen sind an die städtische Wasserversorgung und das Stromnetz angeschlossen.

Auf der Weiterfahrt ändert sich das Landschaftsbild nicht wesentlich. Hinter Guadix lohnt die Burg von La Calahorra einen Abstecher. Dann kommt endlich der Golf von Almería in Sicht.

9 Almería Die Stadt hat immer von ihrer besonderen geografischen Lage profitiert. Gegen das Festland hin wird sie von Gebirgsketten geschützt, der weite Golf bietet alle Voraussetzungen für einen guten Hafen- und Handelsplatz. Das wussten schon die Phönizier, die einen Hafen, den Vorgänger des römischen Portus Magnus, anlegten. Später fanden Piraten hier einen idealen Schlupfwinkel. Zur Kalifenzeit erlebte Almería als Handelsstadt einen steilen Aufstieg, es wurde Hauptstadt eines Reiches, zu dem zeitweilig sogar Córdoba, Murcia, Jaén und Teile Granadas gehörten. 1489 wurde die Stadt von den Christen zurückerobert, von da an spielte sie nur mehr eine untergeordnete Rolle.

Heute setzt Almería stark auf die Landwirtschaft. In der Umgebung reihen sich riesige Treibhäuser aneinander, in denen Obst und Gemüse für den Export gezogen werden. Im unweit gelegenen Andarax-Tal liegt außerdem der Obst- und Weingarten der Region.

Der überwiegende Teil von Almería besteht aus modernen Stadtteilen mit breiten, palmenbestandenen Hauptstraßen. Beherrscht wird die Stadt aber von der auf einem Hügel thronenden riesigen Alcazaba. Mit ihrem Bau wurde schon im 10. Jh. begonnen, sie ist eine der mächtigsten und besterhaltenen Festungsanlagen Andalusiens. Die Altstadt mit dem malerischen Fischer- und Gitanoviertel La Chanca am Burgberg mutet auch heute noch ganz und gar maurisch an. Die bunten kubischen Häuser und die Höhlenwohnungen wirken wie Relikte aus einer fernen Zeit.

Für die Weiterreise empfiehlt es sich, statt der Autobahn in Küstennähe die romantische, durch das Gebirge der Sierra Nevada führende Straße 348 zu wählen. Über Motril geht es dann durch die fruchtbare Vega, in der vor allem Südfrüchte gedeihen, an die Costa del Sol. Rund 50 km vor Málaga ist ein Stopp angebracht. Dort liegt auf einem Felssporn der Ort Nerja mit der prächtigen Tropfsteinhöhle Cueva de Nerja.

10 Málaga ist mit über einer halben Million Einwohner die zweitgrößte Stadt Andalusiens und ein wichtiger Wirtschaftsstandort. Der Hafen ist nach Barcelona der zweitbedeutendste entlang der spanischen Mittelmeerküste. Über ihn wird der Handel mit den landwirtschaftlichen Produkten der Vega, vor allem Wein und Rosinen, abgewickelt.

An Sehenswürdigkeiten hat Málaga nicht viel zu bieten. Ein Aufstieg zum Gibralfaro, der maurischen Zitadelle mit Leuchtturm, lohnt sich aber auf jeden Fall, denn von dort aus bietet sich ein schöner Ausblick auf die sich halbkreisförmig ausbreitende Stadt. Von der Pracht der Alcazaba, die einst immerhin im gleichen Atemzug mit der Alhambra genannt wurde, ist heute so gut wie nichts mehr übrig geblieben. Und die Kathedrale, die im 16. Jh. begonnen wurde, blieb auch unvollendet: Der Turmtorso »La Manquita« (die Fehlende) führt es deutlich vor Augen.

Von Málaga geht es auf der Küstenstraße 340 weiter die Costa del Sol mit ihren großen Ur-

laubsorten entlang. Nach Ronda zweigt zwar in San Pedro de Alcántara die Hauptstraße ab, Landschaftsgenießer wählen aber die Route, die 30 km weiter westlich von Manilva bergan führt und die Serranía de Ronda erklimmt. Wer Gibraltar besuchen will, bleibt bei Manilva weitere 40 km auf der Küstenstraße.

⑪ **Ronda** Der Ort ist schon wegen seiner nahezu abenteuerlichen Lage sehenswert. Es liegt am Rande eines Hochplateaus, das der Río Guadalevín durch eine bis zu 200 m tiefe Schlucht teilt. Die Häuser der Stadt, darunter zahlreiche Herrenhäuser, reichen bis an den Rand der Steilhänge. Über die Schlucht spannt sich 98 m hoch der Puente Nuovo aus dem 18. Jh. Von der Stadt, der tiefen Schlucht und den Häusern an den Klippen war Ernest Hemingway ebenso fasziniert wie Rainer Maria Rilke, der schrieb: »Überall habe ich nach meiner Traumstadt gesucht, und gefunden habe ich sie in Ronda.« Ronda gliedert sich in drei Stadtviertel. Das älteste, La Ciudad, liegt in der Mitte des Kalkplateaus und wird zum einen von einer maurischen Mauer und zum anderen von steil abfallendem Gelände begrenzt. Zu seinen Füßen breitet sich mit einem von Bauernhäusern gesäumten Straßennetz das Viertel San Francisco aus, und jenseits der »Tajo«-Schlucht liegt der moderne Stadtteil El Mercadillo, in dem der Großteil der 35 000 Einwohner lebt.
Eine der wichtigsten Sehenswürdigkeiten ist die Casa del Rey Moro in der Altstadt. Von diesem maurischen Palast aus führt im Felseninneren eine Treppe mit 365 Stufen in die Schlucht hinunter. Sehenswert sind auch die Kathedrale, der Palacio de Mondragón und die Casa del Gigante mit ihren arabischen Dekorelementen. Und dann die Stierkampfarena: Erbaut 1785, zählt sie zu den ältesten Spaniens. Ronda war auch der Ort, wo Ende des 18. Jh. dem Stierkampf so etwas wie eine »Verfassung« gegeben wurde.
Von Ronda aus sind Ausflüge in die Umgebung unerlässlich. In diesem Gebiet mit schroffen Bergen und steilen Abhängen lohnen die berühmten »weißen Dörfer« einen Besuch: Prado del Rey mit seinen regelmäßig angelegten Straßenzügen, Ubrique, die Hauptstadt der Sierra de Cádiz, die für ihre Ledererzeugnisse bekannt ist, Zahara oder Setenil, die mit ihren an die Felsen geklebten Häusern wie große Adlerhorste aussehen, und natürlich Olvera, die Stadt, deren gesamte Architektur noch immer maurisch geprägt ist und deren ummauerte Oberstadt von einem Kastell aus dem 12. Jh. beherrscht wird.

⑫ **Arcos de la Frontera** Vorbei an der Embalse de Zahara verläuft die Route weiter Richtung Atlantikküste. Die 30 000 Einwohner zählende Stadt liegt auf einem vom Guadalete umflossenen Felsrücken. Ihre weiß gekalkten Häuser vermitteln immer noch maurische Atmosphäre. Die Kirche San Pedro ist auf jeden Fall sehenswert. Sie steht unmittelbar an einem Felsabsturz und bietet einen imposanten Blick in die Schlucht und die Ebene mit ihren endlosen Olivenhainen.
Über die Fernstraße 382 führt die Reiseroute nun in Richtung Atlantikküste, doch zuvor lohnt sich ein Abstecher nach Cádiz.

⑬ **Cádiz** Die Stadt gilt als die älteste Stadt Spaniens, bereits die Phönizier nutzten ihre schmale, rund 10 km lange Halbinsel als Stapelplatz. Nach der

1 Blick über die Hafenstadt Málaga an der Costa del Sol

2 Die weißen Häuser Rondas thronen am Abgrund des Felsplateaus.

3 Eines der »weißen Dörfer« in der Umgebung Rondas: Setenil

4 Casares, westlich von Marbella, wurde von Julius Cäsar gegründet.

5 Die Bergstadt Arcos de la Frontera besticht durch ihr Maurenviertel.

6 Olivenhain in der Sierra de Grazalema

Abstecher

Gibraltar

Schon der erste Eindruck ist imposant: Der 425 m hohe Kalkfelsen von Gibraltar steigt unvermittelt vom Meer auf. Mit dem Festland ist er durch eine flache Schwemmlandebene verbunden. Auf ihr wurde der Flugplatz errichtet, den jeder Besucher überqueren muss, sobald er sich per Reisepass oder Personalausweis ausgewiesen hat. Die nur 6 km^2 große britische Enklave, die immerhin von 30 000 Menschen bewohnt wird, beherrscht die Meerenge zwischen Europa und Afrika. Ihren Namen leitet sie von Djebel al-Tarik – Berg Tariks – ab, der den Namen des arabischen Eroberers von 711 trägt. Die Briten besetzten den strategisch wichtigen Südzipfel Spaniens schon 1713 im Zuge des Spanischen Erbfolgekrieges. Zu Anfang des 19. Jh. erbauten sie die Anglikanische Kirche. Der britische Gouverneur residiert heute in einem ehemaligen Franziskanerkloster aus dem 16. Jh. Die Amtssprache ist englisch. Die interessanteste touristische Attraktion

Der Felsen von Gibraltar überragt die gleichnamige Wasserstraße.

ist die Seilbahn auf die Spitze des Felsens. Von hoch oben öffnet sich ein prachtvoller Ausblick auf die Bucht von Algeciras, den Hafen und die afrikanische Küste. Die Lieblinge aller Besucher Gibraltars sind die munteren Berberaffen, die ruhig gefüttert werden dürfen, denn eine Legende besagt, dass die Herrschaft der Briten in Gibraltar gesichert ist, solange die Affen auf dem Felsen turnen.

Abstecher

Coto de Doñana

Diese 757 km² große Landschaft in der Deltazone des Guadalquivir ist

Oben: Sumpfland im Nationalpark
Unten: Perleidechse

seit 1969 Nationalpark. In dem früheren königlichen Jagdrevier trennt ein 20 km langer Dünenstreifen das Sumpfland von der See ab. So konnten sich zahlreiche Biotope entwickeln, in denen bereits seltene und bedrohte Tierarten leben und Zugvögel Rast machen.

Entdeckung Amerikas kam die Stadt zu großem Reichtum. Cádiz ist nach El Ferrol der zweitwichtigste Werftplatz Spaniens. Wichtige Einnahmequellen sind aber auch Fisch und Salz, das in riesigen Salinen im Südosten der Stadt gewonnen wird.
Cádiz lässt sich am besten im Zuge einer Droschkenfahrt rund um die Altstadt erkunden. So präsentiert es sich besonders malerisch: Die niedrigen Häuserwürfel werden von der goldfarbenen Kuppel der Catedral Nueva überragt. Zu ihrem Kirchenschatz zählt die größte und kostbarste Prozessionsmonstranz der Welt. Im Stadtinneren ist die Kirche San Felipe Neri einen Besuch wert, in der die Cortes 1812 die liberale Verfassung Spaniens verkündeten. Das Museo de Bellas Artes zeigt schöne Werke spanischer Meister wie Francisco de Zurbarán und Murillo.
Nördlich von Cádiz liegen an der Atlantikküste eine Reihe hübscher Badeorte. Puerto Real, Puerto de Santa Maria, Rota und Chipiona besitzen kilometerlange, breite, feinsandige Strände.

⑭ Sanlúcar de Barrameda Die direkt an der Mündung des Guadalquivir gelegene herrschaftliche, gediegen wirkende Stadt ist das Exportzentrum für die berühmten Manzanilla-Weine. Die Sorte Fino wird nur in Sanlúcar erzeugt.
Die Stadt gliedert sich in zwei Teile: die Ober- und die Unterstadt. Sehenswert sind der Palast der einst einflussreichen Herzöge von Medina-Sidonia und das herrliche Mudejar-Portal der Kirche Santa Maria de la O.
Eine weitere Sehenswürdigkeit von Sanlúcar de Barrameda ist die königliche Reitschule, die Real Escuela Andaluza de Arte Ecuestre, in der die spanische Variante der Reitkunst mit Dressurübungen gezeigt wird. Von Sanlúcar aus begann Kolumbus seine dritte Fahrt nach Amerika und auch Magellan startete hier. Lange zuvor soll hier die Heilige Jungfrau gelandet sein, wovon sich der Name Coto de Doñana (Küste der Herrin) ableiten lässt. Vom Kai des Hafens kann man heute an den Rand des Parque Nacional de Coto de Doñana mit dem Schiff fahren. Von Sanlúcar führt die meist von Weinbergen gesäumte C440, die »Ruta del Vino« (Weinstraße), in die Heimat des Jerez, des Sherry.

⑮ Jerez de la Frontera In der traditionsreichen und schmucken Stadt ist der Besuch einer der wunderbaren Bodegas – Kellereien – ein Muss. Viele von ihnen haben neben dem Sherry jeweils noch etwas Besonderes zu bieten: So bezaubert die Bodega Domecq in der Calle Ildefonso durch ihr maurisches Interieur. In der Bodega González Byass stammt die Eisenkonstruktion von keinem geringeren als Gustave Eiffel. Wer nach den verführerischen Bodegas noch Kraft für Besichtigungen hat, sollte sich in der Altstadt die Kirche San Salvador aus dem 17./18. Jh. anschauen, den Alcázar aus dem 11. Jh. und die etwas außerhalb der Stadt gelegene »Cartuja«, deren gotische Kirche besonders reich ausgestattet ist. Von Jerez führt die Autobahn E05 zurück zum Ausgangspunkt nach Sevilla.

1 Auf den Fundamenten der Freitagsmoschee wurde die Catedral de San Salvador in Jerez de la Frontera erbaut; der heutige Bau stammt aus dem 17./18. Jh.

2 Die gelb glänzende Kuppel der barocken Kathedrale von Cádiz ist weithin sichtbar.

Sevilla Die andalusische Hauptstadt und EXPO-Stadt des Jahres 1992 liegt am Guadalquivir. Seit der Entdeckung Amerikas ist sie eine bedeutender Handelsort. Sehenswert sind vor allem die Kathedrale (15. Jh.) mit maurischen Bauteilen aus dem 12. Jh., die ehemaligen königlichen Paläste, die Museen, die Plaza de Espana und das ehemalige jüdische Viertel.

Córdoba Die schon zur Römerzeit bedeutende Heimatstadt des Philosophen Seneca wurde 929 zum Mittelpunkt des spanischen Kalifats. Rund um die große Mezquita – einst Moschee, heute Kathedrale – herum glaubt man dies noch immer zu verspüren.

Granada Die Alhambra ist der Höhepunkt in der von der Sierra Nevada und dem Río Genil umgebenen Stadt: eine Sultansresidenz aus Festungsmauern, Türmen, Wohnpalästen, Moscheen und Gärten, in der vom 13.–15. Jh. 23 Nasridenherrscher lebten.

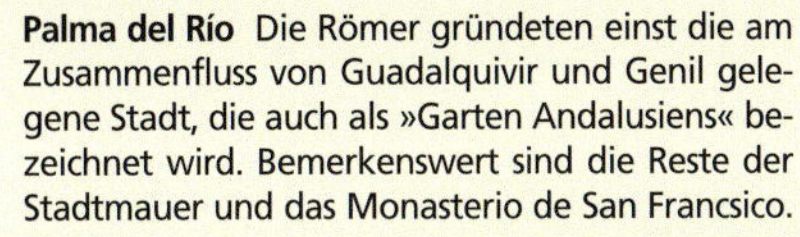

Palma del Río Die Römer gründeten einst die am Zusammenfluss von Guadalquivir und Genil gelegene Stadt, die auch als »Garten Andalusiens« bezeichnet wird. Bemerkenswert sind die Reste der Stadtmauer und das Monasterio de San Francsico.

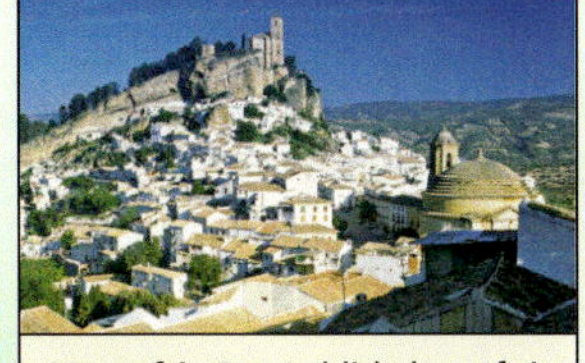

Montefrío Der Anblick der auf einem Felsgrat liegenden, mit weißen Häuser, Kirchen und maurischen Ruinen geschmückten Stadt ist von Süden imposant.

Nationalpark Sierra Nevada Das höchste Gebirge des Landes verfügt über herrliche Skipisten und ist oft bis in den Sommer hinein schneebedeckt.

Guadix Rund 1300 Wohnungen des Dorfes sind Höhlen. Die ersten entstanden bereits zu vorrömischer Zeit. Heute sind sie mit allem Komfort ausgestattet.

Jerez de la Frontera Zuerst sollte man die Altstadt der Sherrystadt mit der Kirche San Salvador (17./18. Jh.) und dem Alcázar aus dem 11. Jh. erkunden. Der anschließende Besuch einer Bodega ist ein Muss.

Casares Das Bilderbuchdorf in der Sierra Bermeja westlich von Marbella wird von einer maurischen Festung (13. Jh.) überragt.

Ronda Rilke nannte den am Rand einer Schlucht gelegenen Ort seine »Traumstadt«. Auch Hemingway war fasziniert.

La Calahorra Die abweisenden Mauern und Türme der Renaissanceburg südlich von Guadix umgeben einen zweigeschossigen Innenhof aus feinstem Marmor.

Arcos de la Frontera Weiß gekalkte Häuser verleihen dem Städtchen arabisches Flair. Spektakulär sind die Aussichten über den Ort und die Schluchten.

Zahara Wie Zahara sind weiße Dörfer in den Landstrich zwischen Ronda und Arcos de la Frontera »hineingetupft«.

Gibraltar Die Fahrt auf den 425 m hohen, von Affen bewohnten Felsen lohnt sich: Die Aussicht auf den 6 km² großen britischen Außenposten ist prachtvoll.

Costa del Sol Die etwa 150 km lange »Sonnenküste« ist ein reizvoller Teil Andalusiens und bietet kilometerlange Sandstrände.

Almería Die Stadt besitzt eine malerische Altstadt und eine mächtige Kathedrale. Darüber thront die Alcazaba, die größte maurische Festung Spaniens.

Das Kloster Santa Maria da Vitória in Batalha wurde teils im manuelinischen Stil errichtet.

Route 21

Portugal

Im Land des Fado und der friedvollen Matadore: Reise an den »Rand der Welt«

Lusitania hieß das heutige Portugal, als es noch römische Provinz war. Im 6. Jh. Teil des Westgotenreiches, kam es im 8. Jh. unter maurische Herrschaft, wurde durch die Reconquista spanisch, um 1267 als Land endgültig politisch unabhängig zu werden. Die Hafenstadt Porto (lat. porto cale) gab dem Land seinen Namen.

Schon in der Antike und im Mittelalter wurde Portugal als »Rand der Welt« bezeichnet und auch im 20. Jh. gestaltete sich die kontinentale Randlagen nicht immer als Vorteil. Der relativ schmale, etwa 150 km breite und 550 km lange Staat hat eine 832 km lange Küstenlinie, die von Steilküsten und Klippen, aber auch von kilometerlangen Stränden geprägt wird. Der Tejo trennt den gebirgigen Norden, die Montanhas, vom flachwelligen Süden, Planícies genannt. Im Norden fährt man durch weitgehend noch unberührte

Der Strand von Armação de Pera bei Albufeira

wald- und wasserreiche Gebirgslandschaften, die von Pinien gesäumte Costa Verde, das fruchtbare Land des Minho, vorbei an den Weinbergen des Dourotales und durch das einsame »Land hinter den Bergen«, Trás-os-Montes.
Einen ganz anderen Charakter hat Mittelportugal, wo die Serra da Estrela bis auf fast 2000 m Höhe ansteigt, unterbrochen von den Weinbergen in Flusstälern wie dem Dão und dem Schwemmland des Tejo. Den Süden prägt der Alentejo, die Kornkammer Portugals, mit ihren riesigen Latifundien, die nach der »Nelkenrevolution« (1974) wieder parzelliert wurden. Es ist ein weites, flaches Land bis hin zur Serra de Monchique. Am bekanntesten aber ist die südliche Algarve mit ihrer felsigen West- und der sandigen Ostküste. Die Bevölkerung ist landesweit ungleich verteilt. Während die unfruchtbaren Bergregionen weitgehend entvölkert sind, leben in Lissabon fast 3 Mio. und im Großraum Porto fast 1 Mio. Menschen. Zu den berühmtesten landwirtschaftlichen Produkten Portugals zählt Kork: Mehr als 86 Mio. Korkeichen wachsen im Land, 20 Jahre alt müssen sie sein, ehe die Rinde erstmals geschält werden darf. Jeder dritte Flaschenkorken in der Welt stammt heute noch aus Portugal.
Wie in fast allen europäischen Ländern gibt es auch in Portugal ein vielfältiges historisches und kulturelles Erbe aus allen Epochen. Europaweit einzigartig ist aber der manuelinische Baustil, der während der Regierungszeit von König Manuel I. (1495–1521), dem Goldenen Zeitalter Portugals, seine Blüte erreichte. Der Manuelismus ist eine Mischung aus gotischen und Renaissance-Elementen, ergänzt durch eine förmliche Dekorations-

Im Süden Portugals liegt das Traumziel vieler Urlauber: die Algarve mit herrlichen Stränden am tiefblauen Meer.

Die Zitadelle von Bragança liegt auf einer strategisch günstigen Hügelkuppe und diente als Fluchtburg.

wut. Unter dem kulturellen Einfluss der portugiesischen Entdeckungsreisen entwickelte sich eine exotische und maritime Ornamentik, die überall verschwenderisch eingesetzt wurde.

Ein maurisches Erbe sind die Azulejos, jene meist blau-weißen Fliesen, auf die man fast überall in Portugal stößt und die neben der ästhetischen Funktion auch vor Hitze schützen, den Lärm dämpfen, das Licht reflektieren und Flächen beleben. Wer in die Welt der Portugiesen eintauchen will, der kommt nicht an *saudade* vorbei: Man kann das Wort eigentlich gar nicht übersetzen, denn es steht für eine Gefühlswelt, die es so nur in Portugal gibt und die auch eng mit der Sprache verknüpft ist. Abgeleitet ist das Wort vom lateinischen »solus« im Sinne von Einsamkeit, und steht deshalb auch für Gefühle wie Alleinsein, Sehnsucht, Wehmut, Trauer, Schmerz, aber auch verhaltene Freude am Leben. Am besten drückt sich die *saudade* in den *fados* aus, jenen typisch portugiesischen Volksliedern, die in Lissabons Alfama-Viertel und in Coimbra entstanden sein sollen – Lieder, in denen es meist um unerfüllte Sehnsucht, verlorene Liebe oder um tiefe Verzweiflung geht. In Lissabon werden sie meist von Sängerinnen in Begleitung von zwei guitarristas vorgetragen, in Coimbra sind es meist junge Männer, die das »fatum« (Schicksal) oft aus den sozialen und politischen Verhältnissen ableiten – so wie Jose Afonso mit seinem Fado-Lied *Grandola*, das 1974 die Nelkenrevolution zum Sturz der Salazar-Diktatur begleitete.

Vergleichsweise friedlich geht es auch beim portugiesischen Stierkampf zu, bei dem der Stier, anders als in Spanien, nicht getötet wird.

Außerhalb der Lissaboner City, im Stadtteil Benfica: Palacio Fronteira mit herrlichen Gärten

Portugalrundreise: Die Traumstraße durch Portugal beginnt in Lissabon und führt nach Westen bis zum Cabo da Roca und dann nach Norden bis Porto und Braga. Nach einem Abstecher nach Bragança wendet sie sich nach Süden durch den Ribatejo und Alentejo bis zur Algarve bei Faro und kehrt dann die Küste entlang zurück nach Lissabon.

1 Lissabon siehe Seite 259

2 Cascais Wegen seiner Badebucht ist der Fischerort heute ein touristisches Zentrum mit vielen Cafés und Boutiquen. Abwechslung bietet die tägliche Fischauktion; zu den Sehenswürdigkeiten gehören der Parque da Gandarinha und die Azulejos im alten Rathaus und in der Kapelle Nossa Senhora de Nazaré.
Eine landschaftlich schöne Küstenstraße führt zum nördlich von Cascais gelegenen westlichsten Punkt Europas, dem Cabo da Roca, der 160 m hoch aus dem anbrandenden Atlantik, ragt.

3 Sintra siehe Randspalte

4 Mafra Nördlich von Sintra liegt Mafra, mit dessen riesigem Klosterpalast (1707–1750) König João V. einst den spanischen Escorial in den Schatten stellen wollte. Hinter der 220 m langen Fassade verbergen sich 880 Räume, allein die Kapelle hat die Ausmaße einer Kathedrale, ganz zu schweigen von der Basilika.

5 Óbidos Ab Mafra führt die Straße direkt an der Küste entlang bis Peniche, einem der größten Fischereihäfen Portugals. Die auf einer Landzunge im Meer liegende Stadt hat eine sehenswerte Hafenburg aus dem 18. Jh. Von Peniche geht es wieder landeinwärts nach Óbidos. Das »portugiesische Rothenburg« ist für Portugalbesucher schon fast ein Muss. Seinen Ehrentitel verdankt das Bilderbuch-Bergdorf seinen malerischen Gassen mit den blumengeschmückten weißen Häusern und der noch erhaltenen, bis zu 15 m hohen Stadtmauer, die den Ort umschließt.

1 Blick über Lissabons Altstadt vom Largo das Portas do Sol

2 Nördlich von Praia das Maçãs beim Cabo da Roca liegt das malerische Dorf Azenhas do Mar.

3 Die Stadtmauer von Óbidos lässt sich in rund 45 Minuten umrunden.

Sintra und der Palácio Nacional da Pena

Die ehemals maurische Stadt und spätere Sommerresidenz der portugiesischen Könige und Adeligen liegt am Fuß eines dicht bewachsenen Felsgebirges und ist geprägt von verwinkelten Gassen, malerischen Winkeln und reizvollen Quintas. Im Stadtzentrum liegt der Paço Real, der manuelinische Stadtpalast (15./16. Jh.), ein Konglomerat unterschiedlicher Baustile. Seine überdimensionalen Kamine gelten als Wahrzeichen der Stadt. Der Palácio Nacional da Pena beherrscht weithin sichtbar Sintra von der höchsten Felsspitze der Stadt aus.

Sintra: Der sehenswerte Palácio Nacional da Pena wurde 1840 errichtet.

Beim »portugiesischen Neuschwanstein« handelt es sich um ein pseudomittelalterliches, erst im 19. Jh. entstandenes Burgschloss in einem fast unglaublichen Stilmix: gotische Türen, manuelinische Fenster, byzantinische Decken, minarettähnliche Türmchen, maurische Azulejos, romanische und Renaissance-Elemente. Das Ganze ist so bizarr, dass es schon wieder faszinierend wirkt. Erbaut wurde es von 1840 bis 1850 durch Baron von Eschwege im Auftrag von Prinz Ferdinand von Sachsen-Coburg.

Reiseinformationen

Routen-Steckbrief
Routenlänge: ca. 1250 km
Zeitbedarf: 14–16 Tage
Start: Lissabon
Ziel: Setúbal/Lissabon
Routenverlauf: Lissabon, Cascais, Sintra, Peniche, Óbidos, Leiria, Coimbra, Porto, Braga, Guimarães, Vila Real, Guarda, Marvão, Estremoz, Évora, Moura, Mértola, Faro, Portimão, Lagos, Sagres, Setúbal, Lissabon.

Verkehrshinweise:
Die Höchstgeschwindigkeit auf Autobahnen beträgt 120 km/h, auf Landstraßen 90 km/h, in Ortschaften 60 km/h. Die Promillegrenze liegt bei 0,5, es besteht Gurtpflicht.
Die Autobahnen sind mautpflichtig.

Reisezeit:
Die beste Reisezeit für eine Rundreise durch Portugal sind das Frühjahr und der Herbst.

Unterkunft:
Eine landestypische Übernachtungsform sind die Pousadas, staatlich geführte Hotels in historischen Gebäuden bzw. in geschichtsträchtigen oder landschaftlich interessanten Orten. Nützliche Informationen finden Sie unter *www.pousadas.pt*

Auskünfte:
ICEP Portugiesisches Touristikbüro, *Schäfergasse 17, 60313 Frankfurt/Main, Tel. 069/920 72 60, www.portugalinsite.com*

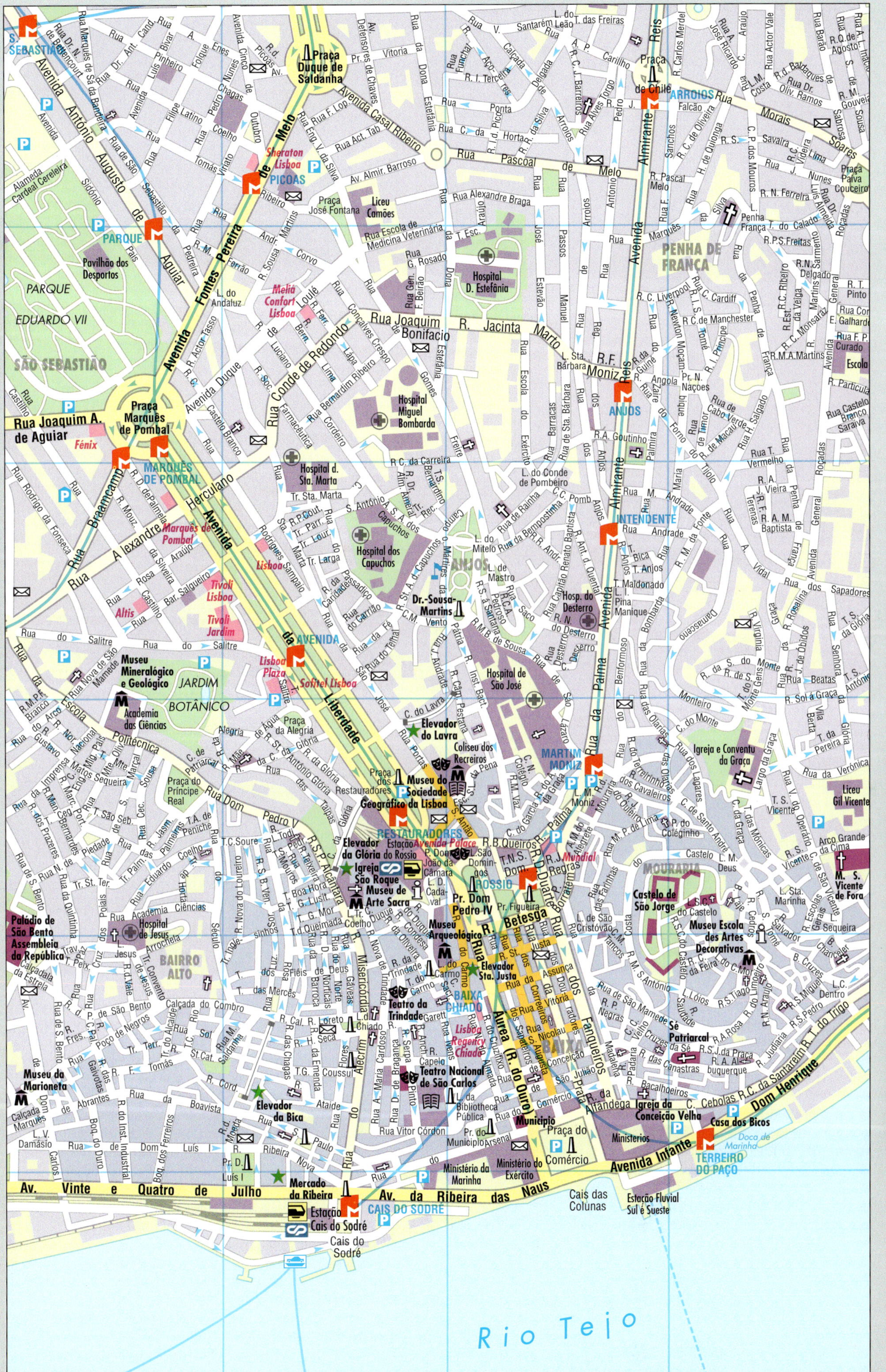

Lissabon

In der »weißen Stadt« zieht sich von der breiten Mündungsbucht des Tejo ein Häusermeer die steilen Hügel hinauf. Die traumhafte Lage Lissabons zieht Besucher aus aller Welt an, die wie auch die Einheimischen in den Eléctricos, den alten quietschenden Straßenbahnen, durch die Stadt fahren.

Besonders sehenswert: Alfama, ältester und malerischster Teil der Stadt, ein orientalisch anmutendes Altstadtlabyrinth am Burgberg, gekrönt von der Ruine Castelo de São Jorge; zwischen Burgruine und der mittelalterlichen Kathedrale Sé zwei der vielen schönen Miradouros (Aussichtsterrassen), für die Lissabon bekannt ist; Avenida da Liberdade, 90 m breite Prachtstraße des 19. Jh.; Bairro Alto (Oberstadt), Ausgehviertel mit unzähligen Kneipen, Restaurants und Fado-Lokalen; Baixa, nach dem verheerenden Erdbeben von 1755 planmäßig aufgebaute Unterstadt, heute Banken- und Einkaufsviertel; Chiado, das ehemalige Literaten- und Intellektuellenviertel im Stil der Belle Époque; Elevador de Santa Justa (1901) zwischen Unter- und Oberstadt; Museu do Azulejo im Kloster Madre de Deus; Museu Calouste Gulbenkian, Stiftung des Ölmagnaten mit erstrangiger europäischer Kunst; Museu de Arte Antiga, größtes Museum portugiesischer Kunst; Oceanário, grandioses Aquarium; Palácio dos Marqueses da Fronteira, Schlossanlage mit herrlichem Barockgarten.

Oben: Russio, das Zentrum der Baixa
Mitte: mit Azulejos geschmücktes Gebäude in der Altstadt
Unten: Der Torre de Belém wurde im 16. Jh. errichtet.

Abstecher

Fátima und Tomar

Eigentlich ist Fátima ein unscheinbarer Ort auf der Hochebene von Cova da Iria nördlich des Tejo, doch seit 1917 zugleich eine der bedeutendsten Pilgerstätten des Katholizismus. Damals soll die Muttergottes insgesamt sechsmal drei Hirtenkindern erschienen sein. Beim letzten Mal wurden 70 000 Menschen Zeugen des »Milagre do Sol«, als sich angeblich der Himmel verdunkelte und die Sonne blutrot um sich selbst kreiste. Nach achtjähriger Untersuchung erkannte der Vatikan schließlich die Marienerscheinung an und ließ ab 1928 an dieser Stelle die Rosenkranzbasilika errichten, zu der alljährlich Hunderttausende von Pilgern strömen. Der Platz vor der Basilika ist doppelt so groß wie der

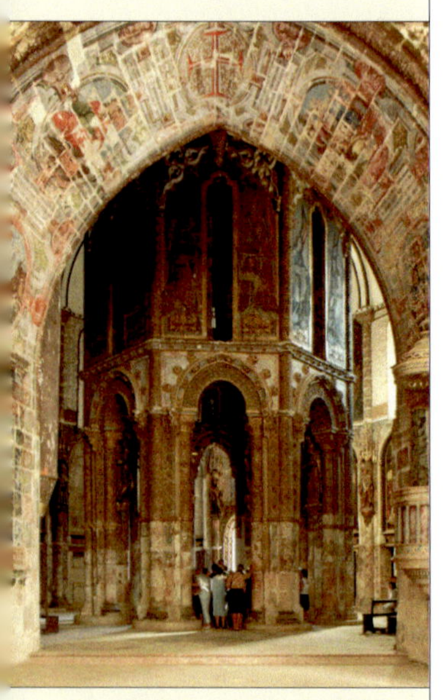

Der Stadtkern von Tomar gleicht einem Freilichtmuseum.

Petersplatz in Rom. Unweit von Fátima liegt die Kleinstadt Tomar. Über dem Städtchen thront der burgartige ehemalige Konvent der Christusritter, ein mittelalterlicher Ritterorden, der 1314 aus dem 1119 gegründeten Templerorden hervorging, aber nicht dem Papst, sondern dem König unterstand. Sein rotes Kreuz prangte lange Zeit auf den Segeln der portugiesischen Karavellen. Die ehemalige Templerburg wurde später zum Klosterschloss im manuelinischen Stil umgebaut und gehört heute zum UNESCO-Weltkulturerbe. Kern der Anlage ist die schon 1160 von den Templern erbaute Rotunde. Unbedingt sehenswert sind der Hochchor, der Kapitelsaal und der Kreuzgang im Inneren.

1

2

6 Alcobaça Kaum zu glauben, dass einer der größten Sakralbauten der Christenheit ausgerechnet in diesem knapp 6000 Seelen zählenden Ort nördlich von Caldas da Reinha steht: das ehemalige Zisterzienserkloster Mosteiro de Santa Maria de Alcobaça, das ab 1222 gebaut wurde. 220 m breit und 42 m hoch ist die dreigeschossige Barockfassade (18. Jh.). Imposant ist auch der dreischiffige gotische Innenraum seinen mit ungewöhnlichen Ausmaßen: 106 m lang, 20 m hoch, aber nur 17 m breit. Viele Besucher pilgern zu den Sarkophagen von König Pedro I. und seiner ermordeten Geliebten Ines de Castro, die ihm genau gegenüber bestattet ist, damit »bei der Auferstehung jeder zuerst den anderen erblicke«.

7 Batalha Das schlichte Landstädtchen liegt auf dem Weg nach Leiria und gehört wegen seines weltberühmten Klosters Santa Maria da Vitoria zum Weltkulturerbe der UNESCO. Mit dessen Bau wurde 1388 nach dem historischen Sieg von João I. bei Aljabarrota (1385) begonnen, vollendet wurde es jedoch erst 1533. Es gilt als eine Art Nationalheiligtum der Portugiesen, weil es den Beginn der Unabhängigkeit Portugals von Spanien symbolisiert. Ein 15 m hohes reich verziertes manuelinisches Portal führt in die Kathedrale, die 88 m lang und 32 m hoch ist. An sie schließt sich der »königliche« Kreuzgang an.

8 Leiria Sieben Burgen sind im Staatswappen Portugals abgebildet. Eine davon ist jene in Leiria, die zu den schönsten Burgen Portugals zählt. Ihre Baugeschichte reicht von den Römern über die Mauren bis zu den Kreuzrittern. Heute ist die Anlage ein Stilmix aus Gotik und Renaissance. Von hier aus hat man einen herrlichen Blick über den größten Pinienwald Portugals.
Von Leiria aus sollte man einen Abstecher nach Südosten unternehmen, zum einen in den rund 30 km entfernten Wallfahrtsort Fátima und von dort weiter zur Templerburg in Tomar.

9 Coimbra Die Stadt am Steilufer des Rio Mondego ist eine der ältesten Universitätsstädte Europas (12. Jh.) und war bis 1910 die einzige Portugals. Im Stadtzentrum steht die festungsartige Alte Kathedrale (Sé Velha), die größte romanische Kirche Portugals aus dem 12. Jh. Hinter der Sé geht es hinauf zur Alten Universität, dem ehemaligen Königspalast. Prunkstück ist hier die berühmte Bibliothek (1716–1728), der schönste Barockraum Portugals, der je nach Fachrichtung in unterschiedlichen Farben gehalten ist. Unweit der Bibliothek befindet sich im einstigen Bischofspalast das Museu Machado de Castro. Am Hang gegenüber ragt die Sé Nova (Neue Kathedrale)

empor, eine ehemalige Jesuitenkirche (um 1600).
Ein kleiner Fußmarsch führt hinüber durch verzweigte Gassen zum Mosteiro de Santa Cruz, einem ehemaligen Augustinerkloster. Ein schöner Ort zum Ausruhen ist der zum Kloster gehörende Parque de Santa Cruz, aber auch die Quinta das Lagrimas, wo die Liebesgeschichte vom spanischen Kronprinzen Pedro und seiner Geliebten Ines so tragisch endete. Das Leben der Stadt ist bestimmt durch die etwa 20 000 Studenten, die nicht nur zu besonderen Anlässen, wie dem Studentenfest Queima das Fitas, noch heute die traditionelle capa, einen langen schwarzen Umhang, tragen.

10 Porto 2001 war die zweitgrößte portugiesische Stadt an der Costa Verde keineswegs zufällig Kulturhauptstadt Europas. Die Hafenstadt an der Mündung des Rio Douro in den Atlantik hat ihren Besuchern eine ganze Menge zu bieten. Mittlerweile fünf Brücken verbinden Porto mit der gegenüber liegenden Schwesterstadt Vila Nova de Gaia, dem Sitz der meisten Portweinkellereien.
Die Altstadt Portos klebt förmlich an hohen Granitfelsen, wo Straßen und Häuserzeilen nach oben kriechen. Im Stadtzentrum liegt am unteren Ende der Avenida dos Aliados die Praça Liberdade mit dem Torre dos Clerigos, dem höchsten Kirchturm Portugals (75 m). An ihrem oberen Ende steht das Rathaus mit seinem 70 m hohen Glockenturm. Am Bahnhof São Bento, lohnen vor allem die riesigen Azulejo-Bildwände einen Blick. Auf dem Weg zur Ponte de Dom Luis I. gelangt man zur Kathedrale mit ihrem aus 800 kg Silber getriebenen Sakramentsaltar. Von hier aus kann man entweder hinabsteigen in das Viertel Bairro da Sé, das älteste Stadtviertel Portos, oder zum Largo do Colegio. Die Praça da Ribeiro und die Praça Infante Dom Henriques sind die Zentren des Ribeiraviertels, wo Armut und Reichtum hart aufeinander prallen – hier die Börse, dort enge und schmutzige Gassen.

11 Braga Die alte Bischofsstadt liegt nordöstlich von Porto im Landesinneren. Hier stehen dicht gedrängt 20 Kirchen, darunter die ursprünglich romanische, dann aber jahrhundertelang umgebaute Kathedrale mit ihren zwei massigen Türmen. Der Palácio dos Biscainhos (18. Jh.) ist von einem herrlichen Garten umgeben. 4 km außerhalb der Stadt liegt das Oratorio São Frutuoso (7. Jh.). Berühmt ist auch die 7 km entfernte barocke Wallfahrtskirche Bom Jesus do Monte, zu der eine als Kreuzweg gestaltete Treppenanlage (18. Jh.) hinauf-

1 **Der »königliche Kreuzgang« im Kloster Santa Maria da Vitória in Batalha**

2 **Die Ponte de Dom Luís I. wurde in Porto im Büro Gustave Eiffels entworfen. Links im Bild der frühere Bischofspalast, rechts dahinter der Torre dos Clérigos und die Kathedrale.**

3 **Die Universität von Coimbra auf dem Alcácova-Gipfel ist die älteste Portugals.**

4 **Braga: Der monumentale barocke Treppenaufgang zur Wallfahrtskirche Bom Jesus do Monte**

Abstecher

Bragança

Die Stadt im äußersten und kargen Nordosten Portugals war einst Stammsitz des letzten portugiesischen Königshauses. Über der Stadt

Die Zitadelle von Bragança

thront die 1187 erbaute Burg mit ihren 18 Wehrtürmen und dem gewaltigen Bergfried Torre de Menagem (15. Jh.). Davor steht ein 6,4 m hoher Pelourinho (Schandpfahl) auf einem granitenen Wildschwein. In der Stadt liegt die Domus Municipalis, eine Art Rathaus im romanischen Stil. Die ursprünglich romanische Kathedrale wurde im 16. Jh. im Renaissancestil umgestaltet.

Weingut Mateus in Vila Real

Sie prangt auf dem Etikett, wenn man eine Flasche des berühmten Mateus Rosé kauft – die Casa de Mateus. Der 4 km östlich von Vila Real gelegene Landsitz (Mitte des 18. Jh.) der adeligen Winzerfamilie Botelho Mourão hat einen schlossähnlichen Charakter und gilt als ein Juwel der portugiesischen Barockarchitektur.
Eindrucksvoll genug ist allein schon die Fassade mit ihren weiß getünchten Mauern und granitenen Brüstungen, überragt von minarettartigen Türmchen, die sich im Wasser des davor liegenden, in den 1930er-Jahren angelegten Wasserbeckens spiegeln. Die Giebelseite wird von klassischen Statuen flankiert und ist vom Familienwappen gekrönt, auf das man in der Eingangshalle unterhalb der Kastanienholzdecke nochmals stößt. In den verschiedenen Sälen – Saal der Vier Jahreszeiten, Blauer Saal, Speisesaal und Saal der Vier Ecken – befinden sich herrliche Möbel und wertvolles Porzellan, an den Wänden hängen eindrucksvolle Gemälde. Außerdem lohnen eine Familienkapelle und das Familienmuseum einen Besuch.
Nach der Besichtigung sollte man unbedingt einen Spaziergang in die umliegenden Gärten mit ihren Buchsbaumhecken und entlang der Zederngasse machen.

Der prachtvolle Landsitz Casa de Mateus in Vila Real

führt. Nach Fátima ist sie das zweitwichtigste Pilgerziel Portugals.

⑫ Guimarães Voller Stolz bezeichnet sich die Stadt 22 km südwestlich von Braga als »Wiege Portugals«: Hier wurde 1111 Afonso Henriques geboren, der Begründer des Königreichs Portugal. Auf dem »Heiligen Hügel« über der Stadt steht seine von Zinnen gekrönte romanische Burg mit einem mächtigen, 27 m hohen Bergfried, in der schmucken Altstadt erhebt sich der Palast der Herzöge von Bragança (15. Jh.). Sehenswert ist auch die Kirche Nossa Senhora da Oliveira.
Von Guimarães führt eine landschaftlich schöne Straße (N 206) in den Nordosten Portugals nach Bragança, ein lohnenswerter, wenngleich auch weiter Abstecher (ca. 230 km).
Wen es Richtung Süden zieht, der zweigt bei Vila Pouca de Aguiar Richtung Süden ab und kommt nach Vila Real.

⑬ Vila Real Die »königliche Stadt« mit etlichen Adelspalästen liegt am Rio Corgo und ist für ihre schwarzen Töpfereiwaren berühmt. 4 km östlich liegt der barocke Herrensitz und das Weingut der Familie Mateus. Unweit von Vila Real liegt die Solar de Mateus, ein herrschaftlicher Landsitz.

⑭ Viseu Die Stadtgeschichte reicht zurück zu den Römern und Westgoten, deren letzter König Roderich hier dem maurischen Heer unterlag. Bei einem Bummel durch die pittoreske Altstadt kommt man zur kubisch-strengen Kathedrale mit dem zweigeschossigen Kreuzgang (13. Jh.). Im Inneren ist vor allem das manuelinische Gewölbe beachtenswert, dessen Dekor aus lauter Tauen zu bestehen scheint. Im Museu Grão Vasco ist die Geschichte der berühmten »Malschule von Viseu« dokumentiert. Die landschaftlich schöne N 10 führt nun ins 100 km entfernte Guarda.

⑮ Guarda Die höchstgelegene Stadt Portugals, in der unentwegt der Wind weht, liegt auf einem 1056 m hohen Felsmassiv in der Serra de Estrela und war lange Zeit eine der wichtigsten Grenzfestungen Portugals.
Davon zeugen vor allem die ehemaligen Festungsanlagen und auch die Kathedrale. Ein Bummel durch die malerische Altstadt lohnt sich allemal.

⑯ Castelo Branco Nächste Station ist die Hauptstadt der Beira Baixa, einer Stadt, die wegen ihrer Nähe zu Spanien jahrhundertelang ein politischer Zankapfel war. Von der Templerburg aus dem 13. Jh. sind nur Reste erhalten. Der etwas skurril wirkende Jardim Episcopal am Bischofspalast gilt als einer der schönsten Barockgärten Portugals. Zunächst der N 18 nach Süden folgend, biegt man bei Alpalhão nach Osten in die Berge ab.

⑰ Marvão Wie ein Adlerhorst thront der auf die Mauren zurückgehende Bergort auf einer 870 m hohen Felsnase. Seine mächtige Festungsanlage spielte früher eine wichtige Rolle in den Grenzkriegen mit Spanien. Von hier oben hat man einen herrlichen Blick auf das von alten Stadtmauern umringte Städtchen, die Serra de São Mamede, die Serra de Estrela und bis hinüber nach Spanien. Das 16 km südlich gelegene Städtchen wirkt mit seinen Adelspalästen, Bürgerhäusern, Klöstern, dem Kastell, der Kathedrale und seiner Stadtmauer wie ein großes Freilichtmuseum.

⑱ Estremoz Die Stadt besaß im Mittelalter eine der wichtigsten Burgen im Alentejo, von der heute nur noch der massige Bergfried erhalten ist (13. Jh.). Bekannt ist sie wegen ihrer Töpferwaren, die samstags auf dem großen, mit Marmor gepflasterten Marktplatz verkauft werden. Von Estremoz aus lohnt sich unbedingt ein Ausflug nach Elvas, das rund 30 km östlich von Estremoz unweit der spanischen Grenze liegt.

⑲ Évora Die größte und schönste Stadt im Alentejo ist wegen ihres historischen Stadtkerns, ihrer Plätze, Bürgerhäusern aus dem 16./17. Jh., Paläste und Kirchen und mittelalterlichen Stadtmauer ein UNESCO-Weltkulturerbe. Von der Praça do Giraldo mit ihrem schönen Renaissancebrunnen und der Kirche Santo Antão (1557) gelangt man zur Kathedrale, einem im 14. Jh. vollendeten gotischen Kirchenbau. Der festungsähnliche Bau vereint romanische und gotische Elemente, dazu ein Renaissanceportal und einen Barockaltar. Ihm sind heute das Museu de Arte Sacra und das Museu Regional angegliedert.
Nördlich der Kathedrale steht der Templo Romano (2. Jh.) mit 14 erhaltenen korinthischen Säulen, dessen Relikte trotz jahrhun-

dertelanger Zweckentfremdung in ziemlich gutem Zustand sind. Eine etwas makabre Attraktion ist die Casa dos Ossos in der Kirche São Francisco, wo die Wände mit 5000 Totenschädeln »ausgeschmückt« sind.

20 Monsaraz und Mourão Einen Abstecher wert ist der 50 km östlich von Evora gelegene mittelalterlich wirkende Ort Monsaraz mit seiner Stadtmauer, dem Castelo (14. Jh.), der gotischen Pfarrkirche und dem Pelourinho (17. Jh.). Auf der anderen Seite des Rio Guardiana führt die Straße nach Mourão am größten Stausee Europas, dem Barragem do Alqueva, der die Wassermassen des Rio Guadiana staut. Kleine Landstraßen führen zur nächsten Station nach Moura.

21 Moura Schon der Name des Thermalkurortes (mit gepflegtem Kurpark und Musikpavillon) verrät seinen maurischen Ursprung, von dem eine Burg zeugt (13. Jh.). Sehenswert ist auch das alte Maurenviertel mit seinen einstöckigen weißen Häusern und den eigenartigen Kaminen.

22 Beja Über Vidigueira kommt man anschließend nach Beja, der zweitgrößten Stadt im Alentejo und eine der heißesten Städte Portugals. Die Stadt geht auf eine römische Siedlung zurück, unter den Westgoten wurde sie zum Bischofssitz ernannt, ehe sie 400 Jahre lang unter maurische Herrschaft stand.

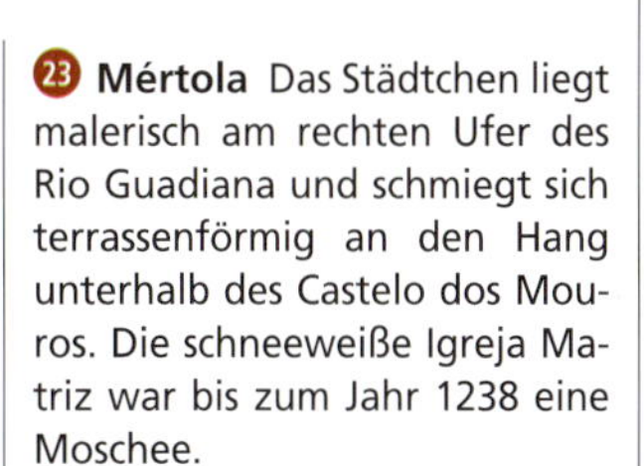

Sehenswert ist die Altstadt mit ihrem Gassengewirr, der Convento Nossa Senhora da Conceição, dessen Kreuzgang mit schönen alten Azulejos geschmückt ist, und die Kirche Santo Amaro, die noch aus westgotischer Zeit stammt. Das Castelo (um 1300) wird überragt vom höchsten Bergfried Portugals.

23 Mértola Das Städtchen liegt malerisch am rechten Ufer des Rio Guadiana und schmiegt sich terrassenförmig an den Hang unterhalb des Castelo dos Mouros. Die schneeweiße Igreja Matriz war bis zum Jahr 1238 eine Moschee.

24 Faro Das »Tor zur Algarve« ist heute zwar eine eher reizlose Fischerei- und Industriestadt an einer lang gezogenen Lagune, hat aber einen sehenswerten Altstadtkern rund um die Kathedrale am Largo da Sé und ist umgeben von einer mittelalterlichen Stadtmauer. Sehenswert

1 Wunderbare Sicht vom Castello de Vide bei Marvão auf die Serra de São Mamede

2 Weltkulturerbe Evora: der römische Diana-Tempel aus dem 2. Jh.

3 Ein imposanter Gebirgsort an der Grenze zu Spanien ist Monsaraz. Überragt wird der Ort vom Kastell aus dem 13. Jh.

4 Olivenbäume und Sonnenblumen bei Moura

5 Zu den Sehenswürdigkeiten Mértolas zählen die Burgruine und die Kirche im maurischen Stil.

Abstecher

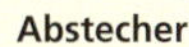

Elvas

Die Stadt nahe der spanischen Grenze liegt inmitten von Olivenhainen und Obstplantagen. Mit ihren Bollwerken und Wehrtürmen, Terrassen und der alten Wasserleitung hat sich die ehemalige Grenzstadt ihren maurisch-mittelalterlichen Charakter bewahrt. Dazu gehört die festungsartige gotische Kirche Nossa Senhora da Assunção mit ihrem pyramidenförmig nach oben zulaufenden Glockenturm (1515–1520) an der schwarz-weiß gepflasterten Praça de República. Auf dem Largo de Santa Clara steht der berühmte Pelourinho de Elvas, eine achteckige Marmorsäule mit einem Pyramidenturm.

Der Aqueduto da Amoreira ist ein Wahrzeichen der Stadt.

Die Stadt ist umschlossen von alten Befestigungsmauern, zu denen auch die Fortaleza Nossa Senhora da Graça gehört (1763–1792). Im Süden der Stadt liegt die Fortaleza de Santa Lucia (1640–1687), heute eine Pousada. Am Fonte da Vila endet der 7454 m lange noch heute genutzte Aqueduto da Amoreira, (1498–1622). Seine 843 Bögen sind bis zu 31 m hoch.

Alentejoküste

Übersetzt bedeutet Alentejo »jenseits des Tejo«. Heute bezeichnet der Begriff das gesamte Gebiet südlich des Tejo bis zur Hoch-Algarve und somit fast ein Drittel der Landfläche Portugals, das sich von der westlichen Atlantikküste bis zur spanischen Grenze erstreckt. Im Sommer kann es hier höllisch heiß werden, denn keine kühle Brise vom Meer schafft es bis hierher. Dennoch hat der Alentejo seinen eigenen Charakter und seine eigene Schönheit. Seine weiten, ockerfarbenen Ebenen sind übersät mit Olivenbäumen und Korkeichen, aber auch durchzogen von riesigen Weizen- und Reisfeldern, Gemüseplantagen und Weingütern. »Land des Brotes« wird der Alentejo genannt und war deshalb auch die »klassische« Region der portugiesischen Großgrundbesitzer vor und nach der Nelkenrevolution 1974.

Ab und zu tauchen in der weiten Landschaft weiß gekalkte Dörfer und Städtchen auf, die durch ein relativ gutes Straßennetz miteinander verbunden sind. Links und rechts davon stößt man immer wieder auf Rinder- und Schafherden. Die meist niedrigen, einstöckigen Häuser sind oft blau gesäumt, ein Symbol für den Himmel über dem Land. Große Kamine weisen darauf hin, dass es hier im Winter auch sehr kalt werden kann. Größere Städte im Alentejo sind Portalegre, Evora, Beja und Setúbal, zu den sehenswerten Küstenorten zählen Vila Nova de Milfontes, Sines, Carrapateira und Costa de Santo André.

Die Atlantikbrandung bei Carrapateira

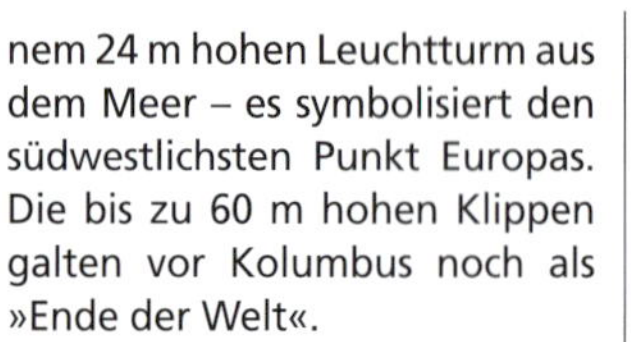

ist auch die Carmokirche (18. Jh.) mit der Capela dos Ossos (Totenschädel).

Wer will, kann von Faro aus einen Ausflug zum Fischereihafen Olhão mit seinen Markthallen machen. Zwischen Olhão und Faro erstreckt sich der Naturschutzpark Ria Formosa, an dessen Südzipfel das Cabo de Santa Maria liegt, der südlichste Punkt von Portugal.

25 Albufeira Der ehemalige Fischerort westlich von Faro hat nicht viele Sehenswürdigkeiten zu bieten, doch ist er wegen seiner günstigen Lage an der Algarve eine Touristenhochburg, gewissermaßen das Saint-Tropez der Algarve mit zahllosen Stränden mit bizarren Felsformationen, Kneipen für alle Ansprüche und Diskotheken.

Die Häuser des hübschen alten Ortskerns ziehen sich malerisch die Steilküste hinauf.

26 Portimão Die zweite touristische Hochburg an der Algarve wurde nicht zuletzt wegen ihres 1,5 km langen Strandes Praia da Rocha mit bizarr geformten Felsen bekannt. Wer Zeit und Lust hat, kann von hier aus einen Ausflug nach Silves im Landesinneren machen, dort erwartet ihn eine imposante Burganlage und eine schöne gotische Kathedrale (13. Jh.). Neben einem Korkmuseum findet sich hier das einzige Museum, das an die maurische Epoche Portugals erinnert. Zu jener Zeit hatte Xelb, das heutige Silves, Hauptstadtfunktion.

27 Lagos Von der Hafenstadt stachen einst die portugiesischen Seefahrer mit ihren Karavellen in See, seit der Zeit Heinrich des Seefahrers (1394–1460) ist Lagos ein Zentrum des Schiffsbaus. Zu den schwarzen Seiten der Stadtgeschichte gehört der Sklavenhandel: Lagos diente als Waren- und Umschlagplatz für den Handel mit afrikanischen Sklaven, die ersten wurden 1443 an der Praça da Republica versteigert. Überragt wird die Stadt von der Festung Ponta da Bandeira aus dem 17. Jh. Die Sand- und Felsstrände rund um Lagos sind ein beliebtes Ziel von Wassersportlern. Sehenswert sind die alte Festungsmauer und die barocke Kirche Santo Antonio (17. Jh.), aber auch die Felsklippen an der rund 2 km südlich gelegenen Ponta Piedade.

28 Sagres Die Hafenstadt spielte im 15. und 16. Jh. eine große Rolle, denn hier soll sich die legendäre Nautikschule von Heinrich dem Seefahrer befunden haben, dokumentiert durch die riesige steinerne Windrose mit einem Durchmesser von 43 m auf dem Felsenriff der Ponta de Sagres unweit der Fortaleza de Sagres. Fast in Sichtweite ragt das Cabo de São Vicente mit seinem 24 m hohen Leuchtturm aus dem Meer – es symbolisiert den südwestlichsten Punkt Europas. Die bis zu 60 m hohen Klippen galten vor Kolumbus noch als »Ende der Welt«.

29 Westküste der Algarve Von Sagres folgt die Straße zurück nach Lissabon im Wesentlichen der Atlantikküste. Erste Station ist der Ort Vila do Bispo, wo sich ein Besuch der Ermida de Nossa Senhora de Guadelupe lohnt. Von dort geht es weiter nach Aljezur, wo das Castelo-Ruine einen herrlichen Ausblick bietet. Wer einen kurzen Strandabstecher machen möchte, ist im nahe gelegenen Carrapateira gut aufgehoben. Von Aljezur führt die Straße nach Odemira, einem Landstädtchen am Rio Mira, der 30 km südöstlich zur 44 km langen Barragem de Santa Clara aufgestaut wird.

Nächste Station ist Vila Nova de Milfontes mit seinen Sandstränden und Wassersportmöglichkeiten. Ab Sines zieht sich die Straße zunächst ins Landesinnere zurück.

Hinter der festungsartigen Stadt Alcácer do Sol mit ihrer maurischen Burg wendet sich die Straße wieder meerwärts in Richtung Setúbal.

30 Setúbal Die drittgrößte Hafenstadt Portugals, schon zu Römerzeiten ein wichtiger Fischereihafen, an der Mündungsbucht des Rio Sãdo ist von Hafenanlagen, Sardinenfabriken und Werftanlagen geprägt. Der Fischereihafen mit seinem bunten Treiben bietet eine hübsche Szenerie ebenso wie die immer noch malerische Altstadt mit ihren verwinkelten Gassen.

Setúbal wird oftmals »Juwel der Manuelinik« genannt, und ein Schmuckstück dieses Baustils ist zweifellos die Igreja de Jesús (1491) mit ihren tauartig gedrehten Säulen. In der Kathedrale (16. Jh.) sind herrliche Azulejos des 18. Jh. zu bewundern.

Vom westlich über der Stadt gelegenen Castelo São Filipe aus genießt man einen herrlichen Blick über die Stadt.

Wer anschließend gern an den Strand möchte, fährt mit der Fähre hinüber zur Halbinsel Tróia – oder gleich wieder zurück in die Hauptstadt Lissabon.

1 Albufeira mit seinen weiß getünchten Häusern ist zwar einer der größte Touristenorte der Algarve, konnte sich aber noch das Flair des alten Fischerdorfes bewahren.

2 Die Klippen an der Landzunge Ponta da Piedade schützen die Bucht von Lagos nach Süden hin.

3 Schon zu römischen Zeiten ein Heiligtum: der 60 m hohe Felsvorsprung Cabo de São Vicente, der windumtoste südwestlichste Vorsprung Europas

Porto Seine Hanglage an der Douromündung und imposante Brücken machen Europas Kulturhauptstadt 2001 unvergleichlich. Die meisten Portweinkellereien befinden sich vis-à-vis in Vila Nova de Gaia.

Guimarães »Wiege Portugals« wurde der Ort durch Afonso Henriques, den hier im Jahre 1111 geborenen Gründer des Königreichs. Seine Burg sowie der Palast der Herzöge von Bragança sind sehenswert.

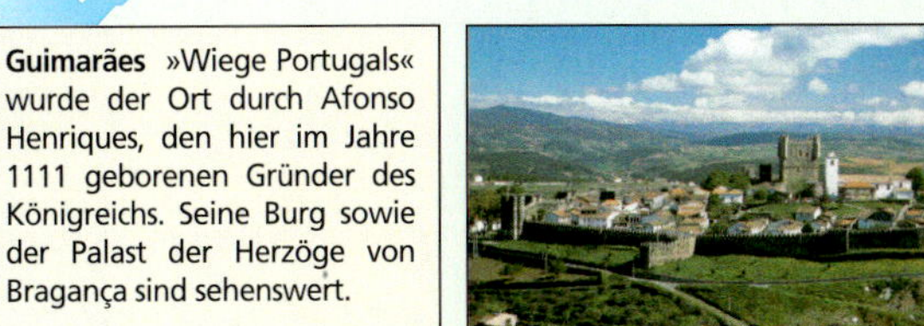

Bragança Bereits die Anfahrt zum Stammsitz der gleichnamigen Herrscherdynastie ist überwältigend, die Burg und der Torre de Menagem sind es nicht minder. Ungewöhnlich ist der aus Ziegel gemauerte Kreuzgang der Kathedrale.

Braga Berühmt ist die Wallfahrtskirche Bom Jesus do Monte mit einer aufwändigen Treppenanlage (18. Jh.).

Coimbra Fado-Lokale, die größte romanische Kirche Portugals und ein ehemaliger Königspalast prägen die alte Universitätsstadt.

Vila Real Die palastreiche Stadt ist für ihre Töpferwaren berühmt. Der Herrensitz und das Weingut der Familie Mateus sind nahe Ausflugsziele.

Castello de Vide Die Heilquellen des Bergdorfes wussten schon die Römer zu schätzen, doch auch wegen seines herrlichen Anblicks sollte man den Kurort bei Marvão nahe der spanischen Grenze besuchen.

Batalha Kloster Santa Maria da Vitoria wurde vom 14.–16. Jh. erbaut. Es ist eine Art Nationalheiligtum, das die Unabhängigkeit von Spanien symbolisiert.

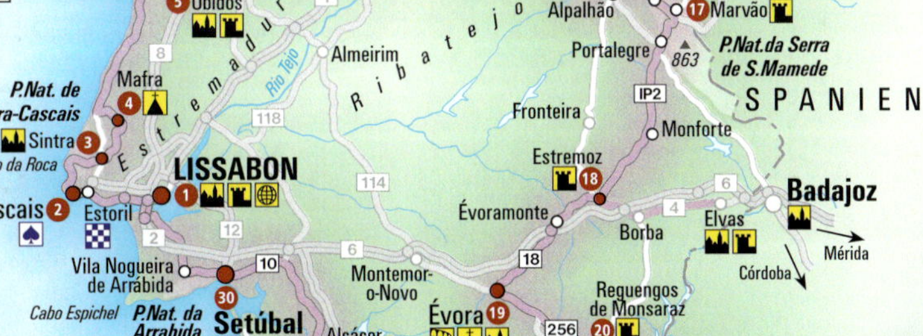

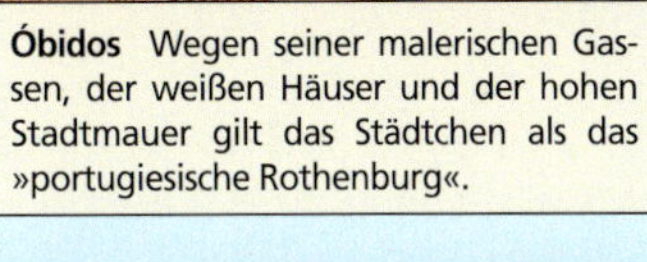

Óbidos Wegen seiner malerischen Gassen, der weißen Häuser und der hohen Stadtmauer gilt das Städtchen als das »portugiesische Rothenburg«.

Évora Eindrucksvolle Plätze, Paläste und Kirchen machen die Stadt zur schönsten im Alentejo, der größten Provinz Portugals.

Monsaraz Der mittelalterliche Ort mit Stadtmauer, dem Castelo (14. Jh.), der Pfarrkirche und dem Pelourinho (17. Jh.) liegt am Rio Guardiana beim Barragem do Alqueva, Europas größtem Stausee.

Sintra Die Stadt ist reich an verwinkelten Gassen. Ihr Palácio Nacional da Pena (1840) und der Paço Real (15./16 Jh.) waren Sommerresidenzen des Hochadels.

Lissabon Portugals Hauptstadt liegt einzigartig auf mehreren Hügeln an der Tejomündung und lässt sich gut mit den Straßenbahnen *(Eléctricos)* erkunden. Die EXPO-Stadt 1998 bietet Modernes wie das Ozeanarium und Altes wie Lissabons Wahrzeichen, den Torre de Belém (16. Jh.).

Algarve Die bekannteste und meist besuchte Landesregion ist für ihre bizarre Felsenküste mit herrlichen Sandbuchten und ihr ganzjährig angenehmes Klima bekannt. Die Wasserqualität wird ebenfalls gerühmt.

Mértola Das Städtchen liegt malerisch am rechten Ufer des Rio Guadiana und schmiegt sich terrassenförmig an den Hang unterhalb des Castelo dos Mouros. Die Igreja Matriz war bis 1238 eine Moschee.

Das klassische Anbaugebiet des Chianti Classico ist die Region nördlich von Siena.

Route 22

Ligurien, Toskana

Von den Fischerdörfern der Levante in die Metropolen der Renaissance

Sanft geschwungenes Hügelland, Pinienhaine und Zypressenalleen, unermessliche Kunstschätze und würzige Speisen – die Toskana ist ein Reiseziel für Kulturliebhaber wie auch für Genießer. Der reizvolle Landstrich präsentiert sich mit seinen geschichtsträchtigen Städten und der unverwechselbaren Landschaft als »Gesamtkunstwerk« Europas.

Bei einer Reise in die Toskana werden alle Sinne angesprochen: Das Auge verweilt auf der vom Menschen so eindrucksvoll gestalteten Landschaft, in der Luft liegt der betörende Duft nach Rosmarin und Lavendel, und der Gaumen wird verwöhnt mit weltberühmten Chianti-Weinen und einer Küche, die durch die Familie Medici bereits in der Renaissance in der ganzen Welt Verbreitung fand.
Die Toskana bewahrt eine schier unfassbare Fülle an Kunstschätzen in ihren uralten Städten. Mit einer Fahrt in die mittelitalienische Region betritt der Reisende ein seit Jahrtausenden besiedeltes Land – Spuren etruskischer Nekropolen legen davon ebenso beredtes Zeugnis ab wie die Siedlungsreste der Römer oder die mittelalterliche Stadt San Gimignano. Ihre Blütezeit erlebte die Toskana vor allem im Mittelalter und in der Renaissance; nicht zu Unrecht bezeichnet sich die Toskana als »Wiege der europäischen Kultur«: Malerei, Bildhauerei und Architektur der Neuzeit haben ihren Ursprung in dieser Region.

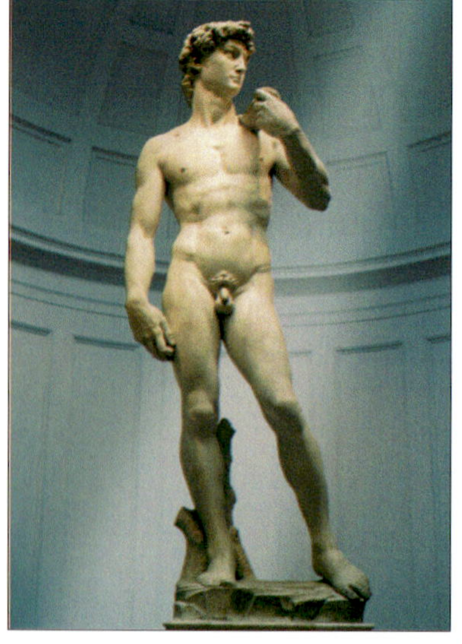

Michelangelos David in Florenz

Entscheidend für diese Entwicklung war das Erstarken der Familie Medici in Florenz, die zwischen 1434 und 1743 fast 300 Jahre lang Politik und Kultur ihrer Stadt bestimmten. Das Geschlecht wirkte durch ihr lebhaftes kulturelles Interesse als Magnet für alle bedeutenden Künstler ihrer Zeit. Als Kunstmäzene gaben sie einige der wichtigsten Kunstwerke der Renaissance bei den Künstlern in Auftrag. Der in der Welt einmalige Reichtum lockt jährlich unzählige Touristen an. Eine Reise in die Toskana sollte sich nicht auf eine reine Städtebesichtigung beschränken, denn neben der Stadtkultur existiert auch eine uralte Bauernkultur. Das einzigartige Landschaftsbild ist detailliert geplant, im Laufe der Jahrhundert ist eine Kulturlandschaft entstanden, an der Gutsbesitzer ebenso wie toskanische Bauern ihren Anteil haben. Ganz gezielt wurden

Zypressen, Wein, ein einsames Gehöft im Hügelland: Die Toskana ist eine einzigartige Kulturlandschaft.

Blick von Pienza – im Hintergrund der Turm des Doms – in die toskanische Ebene

die Gehöfte auf Hügelkuppen platziert; geometrische Formen wie das seit Jahrhunderten unverändert gebliebene Bauernhaus und die exakt geplanten Zypressenalleen erzählen vom Gestaltungswillen der Bewohner.

Die Toskana erstreckt sich von den Apenninen im Norden bis zum Monte Amiata im Süden. Mit ihrer rauen Gebirgslandschaft, dem sanft geschwungenen Hügelland, dem fruchtbaren Küstenstreifen der Maremma sowie den grünen Flusstälern des Arno zeigt die Landschaft ein abwechslungsreiches Gesicht. Die südliche Toskana unterscheidet sich auffällig von den anderen toskanischen Landstrichen, denn hier ist das Klima heißer, die Vegetation lichter, es überwiegt Macchie.

Die Einwohner verdienen ihren Lebensunterhalt in der Hauptsache in der Industrie und im Tourismus. Ölbäume dominieren und sind die Säulen der Landwirtschaft, die nur noch einen geringen Teil der Bevölkerung ernährt.

Die Toskana ist zu allen Jahreszeiten ein gutes Reiseziel: Zwischen Mai und Juni blühen unzählige Pflanzen in bunten Farben, im Sommer leuchtet das Rot des Mohns und das Gelb der Sonnenblumenfelder. Der Herbst ist die Zeit der Weinlese, und wenn sich Ende Oktober die Kastanien und Buchen verfärben, verwandelt sich die Landschaft in ein Meer aus goldenen und roten Farbtönen.

Die Tour berührt auch die Emilia, die Landschaft zwischen Po und Apenninen mit Bologna. An der Westküste Italiens führt sie nach Ligurien mit der Riviera di Levante und viel besuchten Städten wie La Spezia. Von den Hügeln der östlichen Toskana blickt man schließlich bis nach Umbrien.

Auf Klippen gebaut: Der Hafenort Rio Maggiore in den Cinque Terre

Die Medici

Kaum ein anderes Geschlecht gelangte durch seinen Einfluss auf Politik und Kultur zu vergleichbarem Ansehen wie die Florentiner Bankiersfamilie Medici, die unter Cosimo »dem Alten« (1389–1464) zu ungeahnter Größe aufstieg und mit Lorenzo dem Prächtigen (1449–1492) den Höhepunkt ihrer Macht erreichte. Cosimo gelang das Kunststück, seine Heimatstadt ohne ein öffentliches Amt zu beherrschen. Wie auch sein Enkel Lorenzo war er ein Mäzen der Künstler und Gelehrten: Unter ihrem Einfluss siedelten sich Genies wie Brunelleschi und Donatello in Florenz an. Im 16. Jh. stieg die Familie zwar noch in fürstliche Ränge auf, doch danach begann

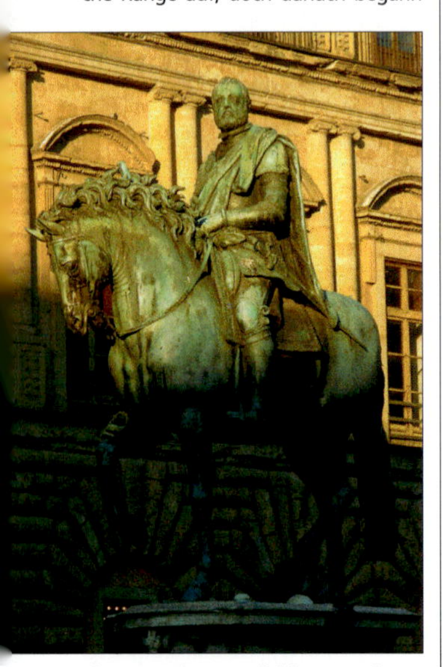

Florenz: Reiterstandbild von Cosimo I. an der Piazza della Signoria

der unaufhaltsame Niedergang, bis das Geschlecht der Medici 1737 erlosch und das Großherzogtum Toskana an die Habsburger überging.

Toskana-Rundfahrt: Die in Florenz beginnende Reise ist ein Streifzug durch das Mittelalter und die Renaissance. Eine lohnende Erweiterung der Tour führt außerdem durch drei Städte der Emilia-Romagna und weiter zur Ligurischen Küste. Die verträumten Nebenstrecken geben Gelegenheit, die toskanische Landschaft in all ihren Schattierungen kennen zu lernen.

1 Florenz siehe Seite 269
Die Rundfahrt beginnt in Florenz. In nur 8 km Entfernung befindet sich im Norden der Stadt der Ort Fiésole.

2 Fiésole Die auf einem Hügel liegende etruskische Gründung aus dem 6. Jh. v. Chr. wartet – weit entfernt vom Trubel der Großstadt – mit einem wunderbaren Panoramablick über Florenz auf. Hier fand der Florentiner Adel in den vergangenen Jahrhunderten Schutz vor der Hitze der Großstadt. Im Zentrum des Or-tes öffnet sich die weite Piazza Mino da Fiesole mit dem Dom San Romolo (Baubeginn 1028). Nordöstlich des Doms wurden teilweise sehr gut erhaltene römische Siedlungsreste entdeckt, darunter die Ruinen eines Theaters, das einst 3000 Besuchern Platz bot.
Die Weiterfahrt über Florenz führt ins lebhafte Prato, der drittgrößten Stadt der Toskana.

3 Prato Prato mit seiner gewagten Mischung aus mittelalterlichen Bauten und moderner Architektur könnte nicht gegensätzlicher sein. In der Metropole der Textilfabrikanten siedelten sich bereits im Mittelalter Wollweber an. Der historische Ortskern ist von einer mittelalterlichen Stadtmauer umgeben; hier befindet sich der Dom, der nach seinen Vorbildern in Pisa und Lucca erbaut wurde. Herausragend ist das imposante Castello dell' Imperatore, das Kaiser Friedrich II. hier 1237 bis 1248 errichten ließ.

4 Pistóia Auf der Bundesstraße 64 geht es weiter auf teils kurvenreicher Strecke mit starken Höhenunterschieden nach Pistóia. Die traditionsreiche und quicklebendige Stadt ist umgeben von Baumschulen und einer farbenfrohen Blumenzucht. Neben den zahlreichen bunten Märkten lohnt sich eine Besichtigung der schönen Kirche Sant'Andrea (9. Jh.) mit ihrer legendären Kanzel von Pisano (1298).

5 Bologna Nicht nur die Toskana kann mit Kunstmetropolen aufwarten; auf der Bundesstraße 64 erreicht der Reisende die Nachbarprovinz Emilia-Romagna mit drei geschichtsträchtigen

Reiseinformationen

Routen-Steckbrief
Routenlänge: ca 1200 km
Zeitbedarf: 2 Wochen
Routenverlauf: Florenz, Bologna, Parma, La Spezia, Livorno, Piombino, Siena, Arezzo, Florenz

Wetter:
Die Sommer sind trockenheiß, die Winter mild.
Die Niederschläge fallen vorwiegend im Oktober und November, während Juli und August drückend heiß sein können.
Die beste Reisezeit für die Toskana ist deshalb der Frühling (20 – 22°C).

Verkehrshinweise:
Die Mehrzahl der italienischen Autobahnen sind mautpflichtig, werden auf der Toskana-Rundreise aber selten benutzt. Die Bundesstraßen der Toskana sind gut ausgebaut und frei befahrbar.

Unterkünfte:
Eine Alternative zu Hotels sind toskanische Bauernhöfe (Agritourismo) und Weingüter, die schlichte bis gehobene Unterkünfte anbieten.

Auskünfte:
Italienisches Fremdenverkehrsamt ENIT
Friedrichstr. 187
10117 Berlin Tel. 030/ 247 83 98; www.enit.it
Informationen zu Reisewetter, Verkehrslage und Unterkünften finden sich unter *www.toskana.net.*

1 Ponte Vecchio ist die älteste Brücke von Florenz und wurde 1345 erbaut. Seit 1593 arbeiten Goldschmiede und Juweliere in den Werkstätten auf der Brücke.

2 Die romanische Kirche von San Sepolcro mit dem Grab des heiligen Petronius zählt zu den zahlreichen kunsthistorisch bedeutenden Kirchenbauten in Bologna.

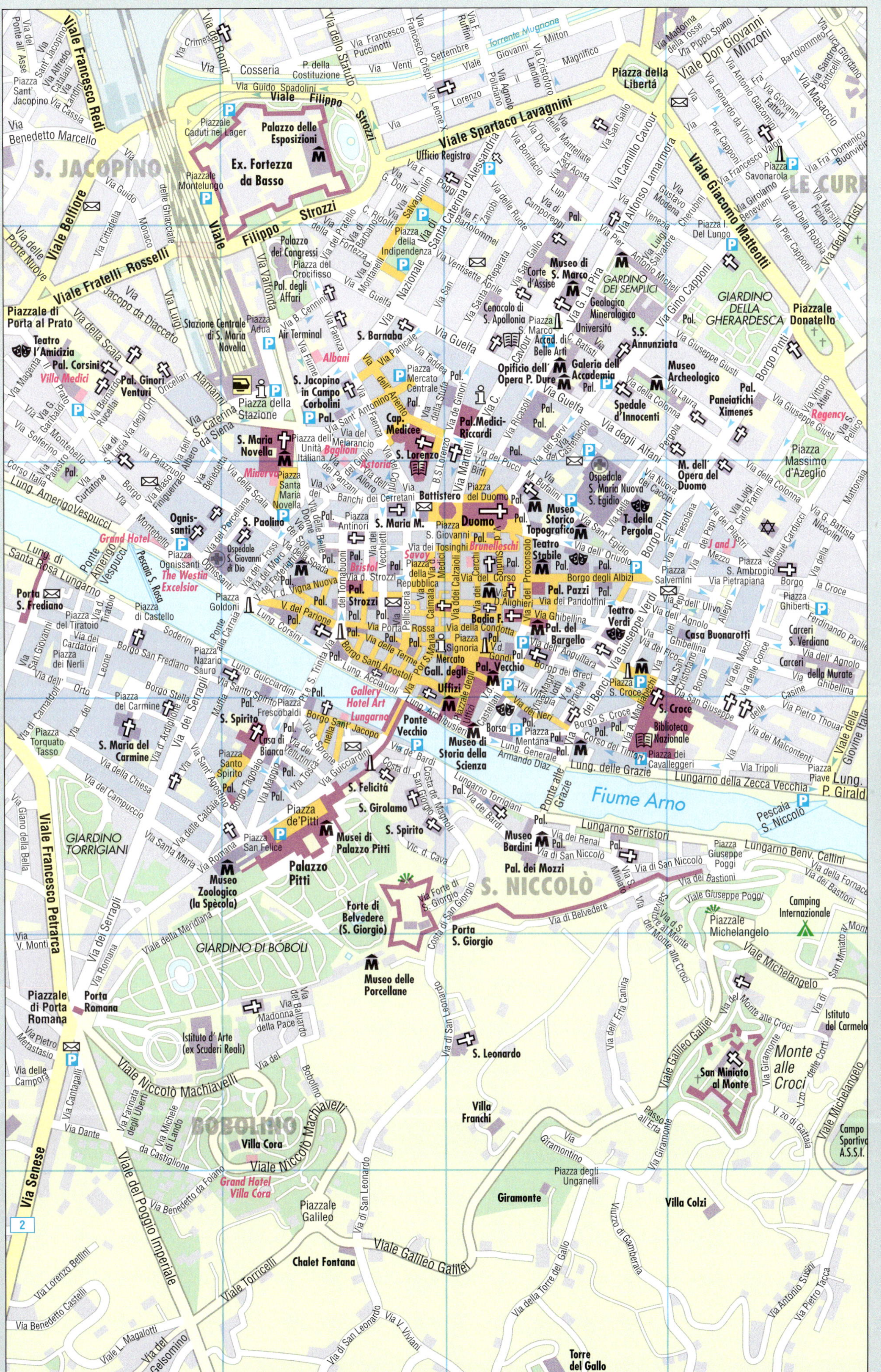

Florenz

Wie keine andere Stadt prägte Florenz die Geschichte des Abendlandes: Hier war die Geburtsstunde der Renaissance. Entsprechend reich ist das kulturelle Angebot – und die Zahl der Touristen pro Jahr. Wer die Stadt erst einmal von oben betrachten möchte, der geht zur 104 m über der Altstadt liegenden Piazzale Michelangelo; von hier genießt man einen unvergleichlichen Blick über Florenz, das sich malerisch zu beiden Seiten des Arno erstreckt.

Beinahe alle Sehenswürdigkeiten der Altstadt sind zu Fuß erreichbar. Die Innenstadt wird vom Dom Santa Maria del Fiore (1296–1436) mit der achteckigen Kuppel von Brunelleschi dominiert. Gegenüber befindet sich die Taufkirche S. Giovanni (11.–13. Jh.) mit den drei Bronzetüren von Pisano und Ghiberti; vor allem die »Paradiestür« ist von einzigartiger Lebendigkeit. Die Uffizien beherbergen eine der bedeutendsten Gemäldesammlungen der Welt mit Werken von Giotto, Botticelli u. a. Ganz in der Nähe spannt sich der Ponte Vecchio über den Fluss. Auf der ältesten Brücke der Stadt konzentrieren sich seit dem 16. Jh. Läden mit Juwelieren und Goldschmieden.

Oben: Duomo Santa Maria del Fiore
Unten: Fonte del Nettuno

Zurück auf dem Domplatz, empfiehlt sich ein Bummel entlang der Via Calzaiuoli zur Piazza della Signoria – dem schönsten Platz der Stadt. Hier ragt der Palazzo Vecchio (14. Jh.) auf. Mit seinem schlanken Turm und der wehrhaften Fassade wirkt das Rathaus wuchtig. Ein Besuch des Giardino di Boboli lässt im Anschluss den Stadtbummel geruhsam ausklingen.

Blick von Süden auf das rote Häusermeer von Florenz: Der Arno wird von mehreren Brücken überspannt, die bekannteste ist der überdachte Ponte Vecchio (linker Bildrand). Die Wohneinheiten auf der Brücke werden noch immer gewerblich genutzt und auch Ladengeschäfte finden sich hier. Aus dem Häusermeer

heraus ragen der Campanile des Palazzo Vecchio an der Piazza della Signoria (Bildmitte) sowie der 85 m hohe Campanile und die von Brunelleschi geschaffene rote Kuppel des Dom Santa Maria del Fiore.

Abstecher

Portofino

Ein Ausflug zu diesem malerischen Städtchen ist unbedingt empfehlenswert, allerdings besser ohne Auto! Das mondäne Seebad an der italienischen Riviera ist der Inbegriff einer Traumkulisse – doch sollte man

Teure Yachten ankern im Hafen von Portofino.

von Santa Margherita Ligure aus die Fähre nach Portofino nehmen: Auf der einzigen Straße in den Ort sind stundenlange Wartezeiten an der Tagesordnung. Portofino liegt inmitten von Olivenhainen, Weinbergen und Zypressen. Im einstigen Fischerhafen mit seinen blutroten und ockergelben Häusern tummelten sich seit dem 19. Jh. reiche Industrielle, die dem makellosen Stückchen Erde mit ihren Luxusbauten ihren Stempel aufdrückten.
Nachdem man die stimmungsvollen Gassen der Stadt durchwandert hat, erreicht man an der rechten Uferpromenade die mittelalterliche Kirche San Giorgio – sie gewährt den legendären Panoramablick. Das Castello di San Giorgio (16. Jh.) ist die nächste Station. Baron von Mumm ließ sich dieses ehemalige Lazarett Ende des 19. Jh. zu einer Villa umbauen.
Folgt man dem malerischen Pfad weiter bis zur Südspitze, erreicht man den Leuchtturm Punto Capo mit Blick über den Tigullischen Golf.

1

2

3

Städten. In einer fruchtbaren Ebene am Fuße der Apenninen liegt Bologna. In der Provinzhauptstadt, die wie viele andere Städte der Umgebung auf eine etruskische Gründung zurückgeht, befindet sich eine der ältesten Universitäten Europas aus dem Jahre 1119.
Im Spätmittelalter erlebte Bologna eine Blütezeit, von der bedeutende Kirchen, von Bogengängen gesäumte Gassen, Adelstürme und Paläste noch heute beredtes Zeugnis ablegen. Sehenswert ist u. a. die Kirche S. Petronio; ihr Inneres gilt als eine der vollendetsten Schöpfungen der Gotik. Wahrzeichen Bolognas sind die beiden »Schiefen Türme«: schlichte Backsteinbauten, die einst zu Verteidigungszwecken errichtet wurden.
Die Weiterfahrt führt über die Bundesstraße B9 ins 40 km entfernte Módena.

6 Módena Das in der Poebene gelegene Módena lohnt die Reise wegen seines wunderbaren Doms und der herausragenden Kunstschätze. Seine Innenstadt zeichnet sich durch großzügige Plätze und von Laubengängen gesäumte Straßen aus. Der Dom San Geminiano (1184) mit seinem 88 m hohen Glockenturm sowie die Piazza Grande wurden zum Weltkulturerbe erklärt.

7 Réggio nell'Emília Wie Módena war auch Reggio nell'Emília eine römische Gründung und gehörte später meist dem Hause Este an. Die Stadt liegt am Rande der oberitalienischen Tiefebene in einer landwirtschaftlich sehr ertragreichen Gegend. Sehenswert ist der im 9. Jh. begonnene Dom, die Kirche San Próspero (16. Jh.) sowie die Kirche Madonna della Ghiaira, ein Barockbau mit Stuck- und Freskenverzierung (1597–1619).

8 Parma Unweit der Apenninen liegt die Stadt Parma. Obwohl die Stadt bereits von den Etruskern gegründet wurde, ist ihr Grundriss heute sehr modern, denn viele Gebäude wurden im Zweiten Weltkrieg zerstört. Mittelpunkt der Stadt ist die Piazza Garibaldi mit dem Palazzo del

Governatore. An der Piazza del Duomo findet sich der romanische Dom aus dem 12. Jh. mit den berühmten Fresken. In westlicher Richtung steht der Palazzo della Pilotta: Der unvollendete Backsteinbau enthält einen schönen Innenhof sowie Museen, u. a. die Galeria Nazionale.
Über den 1055 m hohen Gebirgspass Cento Croci (B 62 und B 523) geht die Fahrt weiter auf kurvenreicher, doch landschaftlich überwältigender Strecke von Varese Ligure über Rapallo entlang der Riviera di Levante.

9 Cinque Terre Längst sind sie kein Geheimtipp mehr, die fünf sagenhaften Dörfer an der Steilküste der Riviera di Levante: Seitdem die terrassierte Kulturlandschaft dem Autoverkehr zugänglich gemacht wurde, sind die Namen Monterosso, Vernazza, Corniglia, Manarola und Riomaggiore vielerorts ein Begriff. Allerdings empfiehlt es sich auch heute noch, das Auto in Levanto stehen zu lassen und die bequeme Zugverbindung zu nutzen, denn trotz ihrer Anbindung sind die Dörfer nur über steile, kurvenreiche Straßen zu erreichen. Jedoch erschließt sich die Landschaft am eindrucksvollsten auf einer rund fünfstündigen Wanderung auf Italiens schönstem Wanderweg, der die Dörfer miteinander verbindet und atemberaubende Ausblicke auf Meer und Umgebung eröffnet.
Nach einem kurzen Abstecher ins auffällig elegante Portofino geht die Fahrt weiter Richtung Süden nach La Spezia.

10 La Spézia Am tiefsten Punkt des Golfs von Genua, überragt von der Gebirgskette des Apennin, liegt eine der schönsten Hafenbuchten Italiens. Leider hat die zweitgrößte Stadt Liguriens durch ihre Funktion als Marine- und Handelsstützpunkt viel von ihrer Attraktivität eingebüßt.
Die reizvollen Einkaufsstraßen mit ihrer Architektur des 19. Jh., das archäologische Museum sowie das Schifffahrtsmuseum machen den Besuch der Stadt dennoch lohnend.
Ein kurzer Ausflug führt südlich nach Lerici.

11 Carrara Im Nordwesten der Toskana beginnt die Versilia-

1 Baptisterium auf dem Domplatz in Parma

2 Der romanische Dom von Módena mit dem schiefen Torre Ghirlandina

3 Vernazza, eines der fünf Dörfer der Cinque Terre

4 Eine mittelalterliche Burg überragt die Marina von Lerici.

Abstecher

Lucca

Das in einer fruchtbaren Ebene vor den Apuanischen Bergen gelegene Städtchen mit seinem palast- und turmreichen Stadtbild und der vollständig erhaltenen Stadtmauer aus dem 16. Jh. gilt als Inbegriff der toskanischen Stadt. Der ehemaligen römischen Siedlung gelang es für lange Zeit, ihre Unabhängigkeit zu bewahren; nur kurz geriet Lucca unter die Herrschaft Pisas. Heute verfügt die Handelsstadt über eine bedeutende Seiden-, Papier- und Textilindustrie. Der gesamte historische Stadtkern, den man durch eines der sieben Stadttore betritt, lädt zu einem Bummel durch stimmungsvolle Gassen ein. Der Dom San Martino (11. Jh.) mit seiner herrlichen Arkadenfassade ist der wichtigste Sakralbau der Stadt; sein Inneres wurde vom 13. bis ins 15. Jh. im gotischen Stil umgebaut. Die Kirche San Michele in Foro mit ihren romanischen Blendarkaden wurde an der Stelle errichtet, an der sich einst das römische Forum befand. Hier, auf der Piazza San Michele mit ihren mittelalterlichen Kaufmannshäusern, befindet sich seit Jahrhunderten das Zentrum der Stadt.
In der Nähe liegt auch die Villa der Familie Guinigi mit ihrem ungewöhnlichen, mit Bäumen bewachsenen Turm. Oben angelangt, kann man den Blick über die roten Dächer der Altstadt schweifen lassen. Abschließend lohnt ein Spaziergang auf den 4 km langen Stadtwällen, die herrliche Ausblicke auf die Umgebung eröffnen.
Auf dem Weg in den Kurort Bagni di Lucca passiert man die Ponte del Diavolo – die berüchtigte »Teufelsbrücke« aus dem 11. Jh., die sich dramatisch über den Fluss Serchio spannt.

Mittelalterliche Gebäude umrahmen die Piazza del Mercato.

Abstecher

Elba

Bereits die Etrusker und Römer erkannten die einmalige Schönheit der bergigen Insel, deren Eisenminen schon zu römischen Zeiten bekannt waren. Die drittgrößte Insel Italiens hat eine abwechslungsreiche Landschaft; dank des milden Klimas prägen Kastanien, Weingärten, Olivenbäume, aber auch Macchie das Bild. Hügel, Berge und Tiefebenen wechseln sich ab.
Von Piombino aus erreicht man die an der Nordküste gelegene Inselhauptstadt Portoferraio in einer Stunde. 6 km entfernt befindet sich die Villa Napoleonica in San Martino, die Sommerresidenz Napoleons.

Porto Ferraio auf Elba

Auf einer Rundfahrt um die Insel erreicht man zunächst Procchio mit seiner einladenden Badebucht. Weiter geht es über eine malerische, kurvenreiche Strecke zum beliebtesten Seebad der Insel: Marciana Marina, das vom so genannten Sarazenenturm überragt wird. Schatten spendende Pinienwälder ziehen sich hier bis zum Meer.
Marina di Campo an der Südküste ist der Hauptbadeort mit einem breiten Sandstrand. Porto Azurro ist bei Touristen wegen seiner windgeschützten Lage beliebt. Über dem Ort erhebt sich eindrucksvoll das sternförmige Fort Longone, das seit 1858 als Gefängnis dient.

1

Küste. Hier reihen sich die Badestrände vor der malerischen Silhouette der Apuanischen Alpen – und weiße Flecken breiten sich wie Schneefelder über die Landschaft. Bizarre Gebilde abgetragener Steinbrüche beherrschen das Bild: Die Straße führt durch das Land des Marmors. Carrara ist bereits seit römischer Zeit bekannt für seinen feinkörnigen Marmor; hier befindet sich auch eine Bildhauerakademie, an der die Künstler vor Ort den Umgang mit Marmor lernen.
In den Ateliers der Altstadt von Pietrasanta kann der Besucher den Steinmetzen bei ihrer Arbeit zusehen – oder einen gemütlichen Bummel durch den alten Ortskern machen und den Dom San Martino aus dem 13. Jh. mit seinem reizvollen Backstein-Campanile bewundern.

2

12 Viaréggio Auch im Seebad Viaréggio leben die Menschen noch von der Marmorverarbeitung, jedoch auch vom Schiffbau und vor allem vom Tourismus. Im 19. Jh. wurde das einstige Fischerdorf von der europäischen Oberschicht entdeckt, wovon noch heute zahlreiche Jugendstilvillen und Cafés im Zuckerbäckerstil zeugen. Bei Viaréggio lohnt ein Abstecher ins 25 km entfernte Lucca. Die Straße entfernt sich nun von der Küste und führt entlang des Parco Naturale Migliarino – Massaciúccoli, der sich bis Livorno erstreckt.

13 Pisa 21 km südlich von Viaréggio befindet sich Pisa mit seiner auf der Welt einzigartigen Baugruppe rund um den Campo dei Miracoli. Wer kennt ihn nicht, den »Platz der Wunder« mit Dom und Baptisterium – vor allem jedoch mit dem Schiefen Turm von 1175? Trotz der unterschiedlichen Entstehungszeiten der Bauwerke erwecken sie durch die einheitliche Verwendung des weißen Carrara-Marmors einen harmonischen Eindruck.
Der Einfluss der Handelsstadt Pisa war sehr groß – einst galt sie als Königin der Meere. Doch schließlich unterlag sie den mächtigen Rivalen Genua und Venedig, und ihr Hafen versandete. Einzig die Universität der Stadt blieb führend im Lande und zeugt von einer tief verwurzelten Bildungstradition. Entspannen kann der Reisende im verträumten Botanischen Garten der Stadt, der 1543 angelegt wurde.

14 Livorno Kaum zu glauben, dass auch Livorno zur Toskana gehört, so wenig findet sich hier die Stimmung des Umlands. Dies

liegt an der späten Entstehung der Stadt, erst Cosimo I. ließ das kleine Fischerdorf 1571 zum Hafen ausbauen, als Pisas Hafen zu verschlammen drohte. Der Deich, der die Hafenanlage schützt, wurde 1607–1621 gebaut.
Heute ist Livorno die wichtigste Hafenstadt der Toskana. Am Meer ragen die »Alte Festung« (1521–23) und die »Neue Festung« (1590) auf; lohnend ist auch ein Besuch des Aquariums. Unterhalb von Livorno geht die Fahrt entlang der Steilküste mit einigen wenigen Sandbuchten bis San Pietro in Palazzi.
Hier gilt es, die Abzweigung auf die Bundesstraße 68 zu nehmen, um nach 33 km Fahrt schließlich das hoch über dem Hügelland thronende Volterra zu erreichen.

15 Volterra Die Altstadt mit ihren dunklen Gassen und tiefen Häuserschluchten ist von einem mittelalterlichen Mauerring umgeben. Die Stadt lebt hauptsächlich von der Alabasterverarbeitung. Eine Pflicht für alle Kulturfreunde ist das Etruskische Museum mit einer reichen Sammlung an Urnen und Sarkophagen. Vom Rathausturm im Herzen der Altstadt bietet sich ein weiter Ausblick auf das Land, an klaren Tagen reicht die Sicht bis zum Meer. Die Unversehrtheit der Stadt hat eine dramatische Ursache: Volterra ist vom Einsturz bedroht, denn der Steilhang, auf dem sich die Stadt erhebt, wird immer wieder von Erdrutschen heimgesucht – und macht so Volterra für Bauspekulanten uninteressant.
Eine Abzweigung von der Bundesstraße 68 führt auf eine kleine, landschaftlich einzigartige Strecke. Hier befindet sich der Reisende im Herzen der Toskana mit ihrer unverwechselbaren Landschaft aus Weinhügeln und Olivenhainen.

16 San Gimignano Einst hatten reiche Händler in San Gimignano 72 Türme errichtet, die über die verträumte Piazza della Cisterna im Zentrum der Altstadt wachten, heute sind immerhin noch 15 Türme erhalten und prägen die Skyline der Stadt. Auch hier tritt man eine Zeitreise ins Mittelalter an – so vollkommen sind die Bauwerke aus dem 14. Jh. erhalten.
Die Fahrt führt auf gleicher Strecke zurück an die 72 km entfernte Küste, der alten Via Aurelia folgt man weiter Richtung Süden bis San Vincenzo, dort biegt man auf eine kleine Küstenstraße ab; dabei laden zahlreiche Strände zu einem Zwischenstopp ein.

17 Piombino In der Hafen- und Industriestadt legen die Fähren nach Elba ab. Reizvoll sind vor allem die Ausblicke von der Hafenpromenade hinüber nach Elba und auf den alten Hafen. Sehenswert in der Nähe ist Populonia, eine ehemalige etruskische Hafenstadt, wo es die eindrucksvolle Nekropole San Cerbone zu besuchen gilt.
Zurück auf der S1 bei San Vincenzo geht es auf dieser weiter bis Follónica, hier zweigt die B 439 ins Inland ab.

18 Massa Marittima Am Rande der Maremma, einem ausgedehnten Sumpfgebiet, das im 19. Jh. trockengelegt wurde, liegt das Städtchen Massa Marittima in 26 km Entfernung zum Meer. Von der Oberstadt – vor allem vom Torre del Candeliere – hat man einen herrlichen Rundblick auf die roten Dächer der Altstadt und das toskanische Umland. Im 12. und 13. Jh. wurde der Ort Bischofssitz, wovon mittelalterliche Prachtbauten, darunter der Dom San Cerbone (1228 bis 1304) zeugen.

1 **Blick von Massa Marittima an den Hängen der Colline Metallifere auf die Ebene der Maremma. Der romanisch-gotische Dom ist das Wahrzeichen der Stadt.**

2 **Pisas Wahrzeichen: Baptisterium, Dom und »Schiefer Turm«**

Geschlechtertürme

Mit der Höhe seiner befestigten Wohntürme brachte der Stadtadel – die reichen Woll-, Wein- und Gewürzhändler – im Mittelalter ihre Macht zum Ausdruck: Jeder wollte möglichst höher bauen als der Nachbar. Neben dieser Machtdemonstration hatten die Geschlechtertürme allerdings auch eine ganz konkrete verteidigungstechnische Funktion: Sie boten vor Feinden Zuflucht und waren zugleich Schauplatz von Familienfehden.
Einzigartig ist die Stadtsilhouette von San Gimignano: Noch heute stehen hier 15 erhaltene Türme, die dem Ort den – gewagten – Namen »Manhattan des Mittelalters« einbrachten.

Die mittelalterliche Skyline von San Gimignano

Über der mittelalterlichen Dachlandschaft von Siena erhebt sich der 1136 bis 1382 erbaute Dom Santa Maria, der zu den schönsten gotischen Sakralbauten Italiens zählt. Die Fassaden des Doms und seines Campanile sind streifenförmig mit schwarzem und weißem Marmor der Region verkleidet. Eindrucksvoll ist

die reich verzierte Südwestfassade des Doms, rechts von ihr ist die Fassade des unvollendeten neuen Kirchenschiffs zu erkennen. Der Glockenturm des Palazzo Pubblico (links neben der Kuppel des Doms) ist mit 102 m der zweithöchste mittelalterliche Turm Italiens.

Abstecher

Assisi

Ein Abstecher ins benachbarte Umbrien führt nach Assisi. Die Stadt mit ihrer Basilika steht ganz im Zeichen des heiligen Franziskus: Überall finden sich Kirchen und Denkmäler zu Ehren des Heiligen.

Freskenschmuck in der Basilika di San Francesco

Seit den Lebzeiten von Franziskus (1182–1226) hat sich die imposante Struktur des kleinen Ortes am Berghang kaum verändert. Nur ein Ereignis war von einschneidender Bedeutung: der Bau der Basilika drei Jahre nach dem Tod des Heiligen. In der Oberkirche mit ihrer prachtvoll verzierten Hauptfassade finden sich wie nirgendwo sonst in Italien die Werke aller genialen Künstler der Spätromanik und Frühgotik versammelt.

Die Unterkirche stellt die eigentliche Pilgerkirche dar, hier wurden die sterblichen Überreste des Heiligen beigesetzt. Die Schäden, nach dem schweren Erdbeben 1997 sind beinahe vollständig behoben.

Über die B 441 und B 73 geht es weiter in das 75 km entfernte Siena.

⑲ **Siena** Viele halten Siena mit seinen roten Backsteinpalästen und dem außergewöhnlichen Flair für ursprünglicher als ihre ewige Konkurrentin Florenz. Über drei Höhenrücken erstreckt sich die »Stadt der Gotik« im Herzen der toskanischen Hügellandschaft. Im historischen Ortskern liegt die von gotischen Palazzi gesäumte, muschelförmige Piazza del Campo, die schönste Piazza Italiens. Hier findet zweimal im Jahr der legendäre Palio statt, der die Stadt in einen Hexenkessel verwandelt. Zu diesem Pferderennen versammeln sich bis zu 50 000 begeisterte Zuschauer.

Neben einer Besichtigung des Doms (12. Jh.), eines Hauptwerks der Gotik, lohnt ein Besuch des Palazzo Pubblico (1288 bis 1309) und des schlanken Torre del Mangia, der mit einer Höhe von 102 m einer der gewagtesten Turmbauten des Mittelalters ist.

Nördlich Sienas liegt das Zentrum des Chianti-Gebiets; von hier führen schmale Straßen und Wege zu den Gütern des Chianti Classico, dessen Emblem Gallo Nero – der schwarze Hahn – Garant für Qualität ist. Weingüter werben mit dem Hinweis »Vendita diretta« für Weinproben und Direktverkauf.

Den Straßen S 222, S 249 und S 408 im Uhrzeigersinn folgend, liegen links und rechts der Hauptstraße die sehenswerten Ortschaften Castellina in Chianti, Radda in Chianti, Badia a Coltibuono, Moleto und Brolio mit dem Castello di Brolio.

⑳ **Montepulciano** Etwa 70 km südöstlich von Siena liegt Montepulciano malerisch auf einem Tuffsteinhügel. Das Städtchen mit seinem vollkommenen Renaissance-Stadtbild und den pittoresken Backsteinbauten ist ein Mekka für Weinliebhaber und Kunstfreunde.

Außerhalb der Stadt liegt San Biagio. Die von Zypressen umrahmte Wallfahrtskirche, deren Grundriss die Form eines griechischen Kreuzes besitzt, aus dem 16. Jh. ist eines der Meisterwerke der Architektur, das sich in vollendeter Harmonie in die malerische Landschaft fügt.

Von Montepulciano führt die S 146 bis Chiusi und trifft südöstlich davon auf die S 71, die am Westufer des Trasimenischen Sees vorbei ins 40 km entfernte Cortona führt. Am See bietet sich ein Abstecher ins rund 75 km entfernte Assisi an. Die S 75 führt am Nordufer des Sees an Perúgia vorbei in die hoch gelegene Stadt des heiligen Franz von Assisi.

㉑ **Cortona** Hoch über der Chiana-Ebene klammert sich ein weiteres toskanisches Städtchen an einen Berghang.

Cortona ist eine der ältesten Siedlungen aus der Etruskerzeit. Hier bietet sich ein Bummel durch die labyrinthartige Altstadt mit ihren Treppengassen an. Von der Piazza Garibaldi eröffnet sich ein weiter Blick auf den Trasimenischen See.

㉒ **Arezzo** Letzte Station der Rundreise ist Arezzo 80 km südöstlich von Florenz. Paläste reicher Kaufleute, Bürgerhäuser und Sakralbauten bestimmen das Bild der Stadt. Der Reichtum der Stadt begründet sich unter anderem darauf, dass von hier aus Goldschmuck in alle Länder verkauft wird.

Die gotische Kirche San Francesco ist Pilgerstätte vieler Kunstliebhaber geworden: Hier befinden sich sagenhafte Fresken von Piero della Francesca. Die Legenda della Croce ist einer der schönsten Freskenzyklen Italiens. Geschildert wird die Auffindung des aus dem Baum der Erkenntnis geschnitzten Kreuzes und seine weitere Geschichte. Sehr beeindruckend sind die Farbführung und die natürlich wirkenden Gestalten.

1 Etwas außerhalb von Montepulciano steht die Wallfahrtskirche Tempio di San Biagio (1518–1534), ein Meisterwerk des Baumeisters Antonio da Sangallo.

2 Siena wird vom Dom und dem 102 m hohen Glockenturm des Palazzo Pubblico überragt.

3 Da Zypressen immergrün sind, setzten die Landbewohner gern einen Rastpunkt oder eine Landmarke mit den säulenförmigen Bäumen.

Parma Die Stadt, die dem Parmaschinken und dem würzigen Parmesankäse ihren Namen gab, wurde im Zweiten Weltkrieg stark zerstört und danach wieder modern aufgebaut. Immerhin blieben der lombardisch-romanische Dom (12. Jh.) und der Palazzo della Pilotta erhalten.

Módena Die Stadt zeichnen ein Dom (1184) mit einem 88 m hohen Glockenturm sowie Straßen mit Laubengängen aus.

Bologna In der Provinz Emilia-Romagna gelegen, ist die geschichtsträchtige Universitätsstadt einen Stopp wert. Die Kirche San Pedro, die beiden »Schiefen Türme«, Gassen und Paläste laden zum Verweilen ein.

Prato Das historische Zentrum der Textilmetropole ist von einer mittelalterlichen Stadtmauer umgeben. Darin befinden sich auch der Dom und das Castello dell'Imperatore, das Kaiser Friedrich II. 1237–1248 errichten ließ. Die übrige Altstadt ist ein aufregender Mix alter und moderner Bauten.

Portofino Das Seebad liegt am Golf von Rapallo und ist landwärts von Olivenhainen und Zypressenwäldern umgeben. Die Villen reicher Industrieller gaben dem Fischerdörfchen sein Gesicht.

Florenz Erst nachdem man den »Geburtsort der Renaissance« von der Piazzale Michelangelo betrachtet hat, sollte man sich zu den Hauptsehenswürdigkeiten begeben: Der Dom Santa Maria del Fiore (1296–1436), die Uffizien und der Ponte Vecchio zählen unbedingt dazu.

Cinque Terre Die Dörfer Monterosso, Vernazza, Corniglia, Manarola und Riomaggiore an der Riviera di Levante zählen zu Italiens beliebtesten Fotomotiven.

Assisi Die Stadt am Monte Subasio steht ganz im Zeichen des heiligen Franziskus (1182 bis 1226).

Lucca Sieben Tore führen in die Altstadt des mauergesäumten Ortes: zum Dom San Martino (11. Jh.) und zu vielen Stadtvillen, Türmen und Kaufmannshäusern.

Massa Marittima Von der Oberstadt bietet sich ein wunderbarer Blick auf die roten Dächer der Altstadt mit dem Dom San Cerbone (1228–1304) und ins toskanische Umland.

Volterra Die sehr gut erhaltene Stadt ist von einem mittelalterlichen Mauerring umgeben und für ihre Alabastererzeugnisse bekannt. Volterrras Etruskisches Museum gilt als eines der besten in Italien.

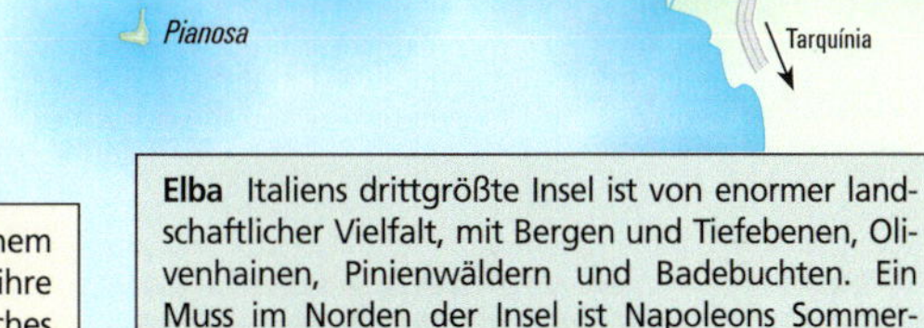

Elba Italiens drittgrößte Insel ist von enormer landschaftlicher Vielfalt, mit Bergen und Tiefebenen, Olivenhainen, Pinienwäldern und Badebuchten. Ein Muss im Norden der Insel ist Napoleons Sommerresidenz Villa Napoleonica in San Martino.

San Gimignano Viele mittelalterliche Gebäude der Stadt sind perfekt erhalten, darunter 15 der einst 72 Geschlechtertürme. Sie boten Zuflucht vor Feinden und waren Schauplätze von Familienfehden.

Pisa Nicht nur der Schiefe Turm – das gesamte, aus edlem Carrara-Marmor erschaffene Bautenensemble des Campo dei Miracoli mit Dom und Baptisterium ist sehenswert. Obwohl die Gebäude zu unterschiedlichen Zeiten entstanden sind, strahlen sie architektonische Harmonie aus.

Siena Die »ewige Konkurrentin« von Florenz ist gotisch geprägt, so auch die Piazza del Campo, eine der schönsten Italiens. Ebenso sehenswert sind der Dom (12. Jh.) und der kühne Torre del Mangia (102 m).

Der Hera-Tempel in Paestum, auch als »Basilika« bezeichnet, wurde um 530 v. Chr. erbaut.

Route 23

Süditalien

Auf der Via Appia von Rom nach Brindisi

»Alle Straßen führen nach Rom«, hieß es einst zu Zeiten des Imperium Romanum, als Rom den Römern als Nabel der Welt erschien. Von hier aus wurden weite Teile Europas und der gesamte Mittelmeerraum regiert, Miltärstraßen garantierten die notwendige Logistik. Die wohl bekannteste dieser antiken Straßen ist die Via Appia Antica, der die Route in weiten Teilen folgt.

Vom strahlenden Glanz des antiken Rom ist relativ wenig erhalten, aber das Wenige ist eindrucksvoll genug: Kolosseum, Caracalla-Thermen, Pantheon, Domus Aurea, Titusbogen, Forum Romanum, Kaiserforen und Kapitol. Viel stärker jedoch ist das heutige Rom von der schier ungebremsten Baulust der Päpste geprägt, die vor allem während der Renaissance und des Barock überall prunkvolle Kirchen, Paläste, Plätze und Brunnen von den besten Architekten ihrer Zeit schaffen ließen. Petersplatz und Petersdom sind noch heute das Herz der katholischen Christenheit.

Ausgangspunkt der antiken Via Appia war die heutige Porta Sebastiano, die ursprünglich nur bis Capua führte. Erst 190 v. Chr. wurde sie über Benevento und Tarent bis Brindisi verlängert. Eine Art Nebenstrecke über Bari ließ Kaiser Trajan ab 113 n. Chr. anlegen.

Noch heute ist die aus Basalt erbaute 540 km lange Straße befahrbar und gilt als »längstes Museum der Welt«, denn sie wird von einer Unzahl antiker Grabmäler, Tempel, Villen und frühchristliche Katakomben gesäumt.

Statue des Kaisers Marc Aurel in Rom

Zunächst führt die Straße von Rom hinaus in das Hügelland der Colli Albani, wo sich im Mittelalter Päpste und römische Adelige Villen und Burgen bauen ließen – die berühmten Castelli Romani. Ab Velletri führt die Via Appia fast schnurgerade bis zum heutigen Terracina am Tyrrhenischen Meer und über Gaeta nach Capua ins Landesinnere.

Von dort aus gab und gibt es eine Art Stichstraße zur einstigen griechischen Stadt Neapolis, dem heutigen Neapel. Dort faucht noch immer der Vesuv, der Pompeij und Herculaneum zerstört hat und dessen nächsten Ausbruch so mancher Geologe befürchtet. Aber bis auf weiteres hat man vom Kraterrand aus ei-

Rom: Die Engelsbrücke über den Tiber führt zur Engelsburg (Castel Sant'Angelo). Die Burg wurde im Jahr 139 n. Chr. erbaut und diente als Zidatelle, Gefängnis und Papstresidenz.

Die Kathedrale von Matera (Apulien) aus dem 13. Jh. ist im späten romanischen Stil gehalten.

nen herrlichen Blick über den Golf von Neapel bis hinüber zur Insel Ischia und auf die brodelnde Weltstadt Neapel mit all ihrem Charme und Chaos.
Ab Neapel bewegt man sich rund um den Golf stets am Meer entlang bis nach Sorrent. Seit der römischen Kaiserzeit ist der malerisch gelegene Ort Treffpunkt der Oberen Zehntausend. Auf der südlichen Seite der Halbinsel Sorrent beginnt die felsige und steile Amalfiküste mit ihren pastellfarbenen Bilderbuchdörfern zwischen dem azurblauen Meer und den gelb leuchtenden Zitronenbäumen. Ende der berühmten Küstenstraße Amalfitana ist Salerno, wo der eigentliche Mezzogiorno beginnt.
Die Küstenstraße führt nach Paestum mit seinen goldgelben griechisch-antiken Tempeln, die zu den schönsten Europas zählen. Die Griechen waren schon längst vor den Römern in Süditalien präsent – zu den nördlichsten Siedlungen gehört Neapel. Hinter Sapri verlässt die Route die Küstenstraße, die Fahrt führt Richtung Osten quer durch das Landesinnere und die Provinz Basilicata hinüber zum Golf von Tarent.
Von Metaponto aus macht die Route einen Schlenker ins Landesinnere nach Matera, dessen »Sassi« – ehemalige uralte Höhlenbehausungen – heute UNESCO-Weltkulturerbe sind.
Tarent ist der Ausgangspunkt für die Fahrt durch das »Land der Trulli«, dessen Hauptstadt die Ortschaft Alberobello ist. Auf dem anschließenden Weg über Ostuni kommt man schließlich nach Brindisi, wo noch heute eine der beiden antiken Hafensäulen an die Bedeutung erinnert, die die Stadt einst als Endpunkt der Via Appia für die Römer hatte.

Überreste der Kolossalstatue Kaiser Konstantins des Großen am Konservatorenpalast in Rom

Das Imperium Romanum

»Im Jahr 753 kroch Rom aus dem Ei«, erzählen die Geschichtslehrer jeder Schülergeneration. Wahrscheinlich lag die Geburtsstunde Roms aber erst um die Wende vom 7. zum 6. Jh. v. Chr. Ausgangspunkt war der Zusammenschluss mehrerer Orte zu einer Stadtgemeinde unter (noch) etruskischer Königsherrschaft. 510 v. Chr. verjagten die Stadtbewohner ihren etruskischen König Tarquinius Superbus und errichteten eine Adelsherrschaft, aus der die römische Republik hervorging, die zumindest formell bis 31 v. Chr. – bis zur Herrschaft von Kaiser Augustus – Bestand hatte.

Zunächst verlief die römische Expansion relativ langsam, von den griechischen Kolonisten in Süditalien und den Karthagern in Nordafrika kaum bemerkt. Aber nach den drei Punischen Kriegen (264–241 v. Chr., 218–201 v. Chr., 149–146 v. Chr.) stand fast ganz Italien einschließlich der umliegenden Inseln unter römischer Herrschaft. Die Siege über die Etrusker, Griechen und Karthager sicherten darüber hinaus die römische Vorherrschaft im westlichen Mittelmeer: Das Imperium Romanum war geboren.

Fast in ganz Europa war der Vormarsch römischer Legionäre unübersehbar, auch in Nordafrika und im Nahen Osten. Seine größte Ausdehnung erreichte das Imperium Romanum unter Kaiser Trajan (98–117 n. Chr.), dessen Macht sich von der Britischen Insel bis zum Persischen Golf erstreckte. Der Zenit war erreicht, aber damit auch der Anfang vom Ende.

Im Jahr 395 n. Chr. wurde das nicht mehr regierbare Imperium in das West- und das Oströmische Reich mit Byzanz als Hauptstadt geteilt. Aber germanische Völker überrannten das Weströmische Reich, und 476 n. Chr. setzte der germanische Heerführer Odoaker den letzten weströmischen Kaiser Romulus Augustulus ab.

Aufgang zum Palazzo Senatorio

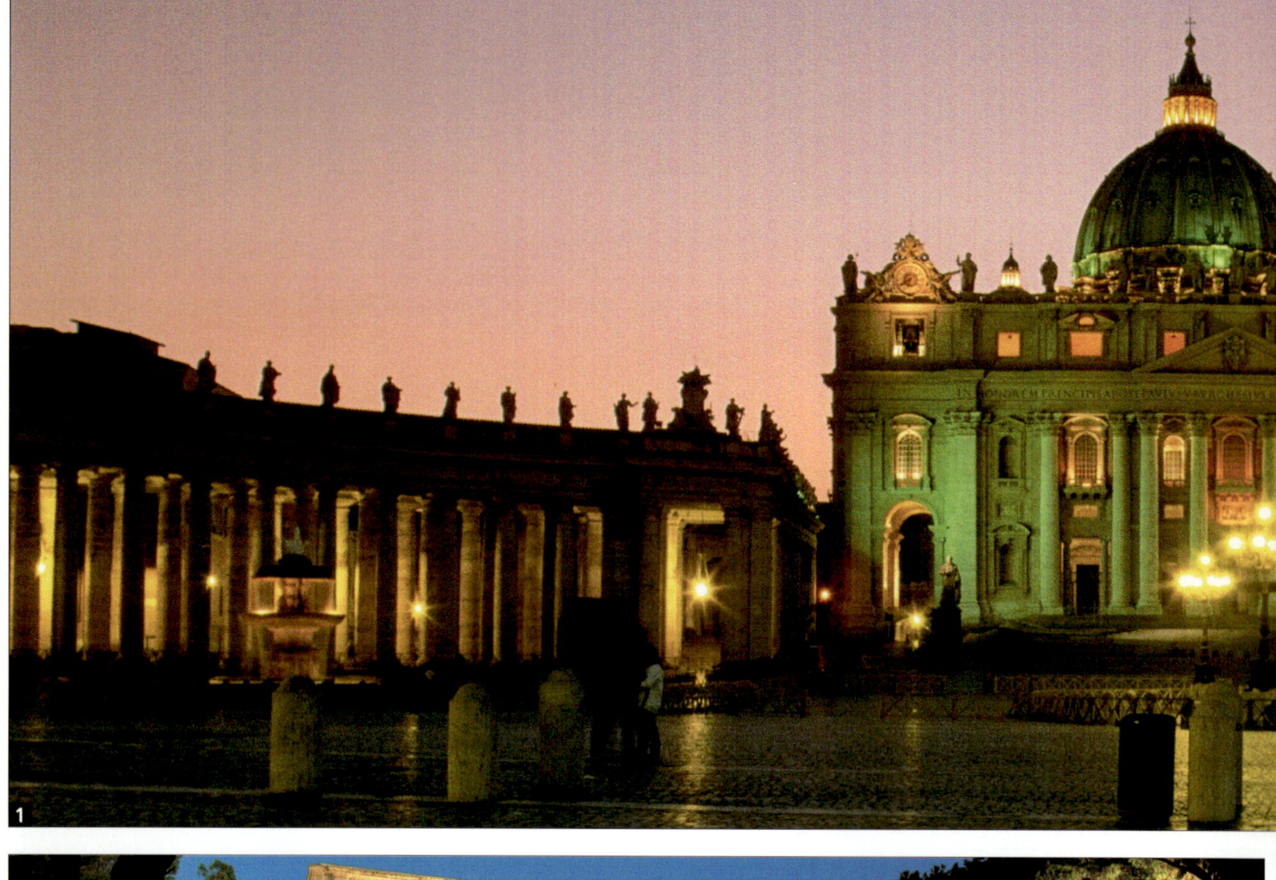

1

2

Auf den Spuren der antiken Via Appia: Diese Route beginnt in Rom und folgt der berühmten Fernstraße des klassischen Altertums bis Cápua, von wo aus letztere später bis Brundisium (Brindisi) fortgeführt wurde. Die Stationen erinnern an wichtige historische Epochen des Landes.

1 Rom Detaillierte Beschreibung der Sehenswürdigkeiten siehe Seite 284–285.

Früher hieß die Porta Sebastiano Porta Appia, denn das antike Stadttor markierte den Beginn der Via Appia. Im Umfeld liegen u. a. die Grabstätte der Scipionen, der berühmte Marstempel und das Grab der Cecilia Metella auf dem zypressengesäumten Weg hinaus nach Frascati.

2 Frascati Das bekannteste der Castelli Romani ist berühmt für seine herrliche Lage, die zahlreichen Patriziervillen (z. B. Villa Aldobrandini aus dem 17. Jh.), seinen hervorragenden Weißwein und die *porchetta*, knuspriges Spanferkel vom Grill. All das hat schon den Päpsten gemundet, weshalb Frascati bis zum Umzug nach Castel Gandolfo lange Zeit ihre Sommerresidenz war. 5 km östlich der Stadt liegen die Reste des antiken Tusculum, des Lieblingsaufenthalts Ciceros.

Einige kleinere Orte in der Umgebung Frascatis lohnen ebenfalls einen Besuch. Die Hauptattraktion des 3 km südlich von Frascati gelegenen Grottaferrata ist das burgartige Kloster San Nilo mit Fresken von Domenichio (17. Jh.), es wurde schon 1004 gegründet. Einen kleinen Abstecher in die 620–720 m ho-

Reiseinformationen

Routen-Steckbrief
Routenlänge: ca. 650 km
Zeitbedarf: 10–12 Tage
Start: Rom
Ziel: Bríndisi
Routenverlauf: Rom, Frascati, Velletri, Latina, Terracina, Gaeta, Cápua, Neapel, Sorrento, Salerno, Paestum, Rotondella, Metaponto, Matera, Tarent, Martina Franca, Bríndisi.

Reisezeit:
Beste Reisezeit sind Frühjahr und Herbst, da dann angenehme Reisetemperaturen herrschen. Im Sommer können die Temperaturen auf über 40 °C steigen, am Meer kühlt die Meeresbrise jedoch die hohen Temperaturen. Das aktuelle Wetter für viele Urlaubsorte: *www.wetteronline.de/Italien.htm*

Auskünfte:
ENIT– Ente Nazionale Italiano per il Turismo – Italienisches Fremdenverkehrsamt Frankfurt *(Tel. 069/23 74 34)*, Berlin *(Tel. 030/2 47 83 98)*, München *(Tel. 089/53 13 17); www.enit.de*
Italienische Botschaft Berlin: *www.botschaft-italien.de*
Konsularische Vertretungen der Deutschen Botschaft: Rom *(Tel. 06/49 21 31, www.ambgermania.it)*, Caserta *(Tel. 0823/32 22 33)*, Neapel *(Tel. 081/40 53 11)*, Salerno *(Tel. 089/23 04 11)*
Allgemeine Auskünfte: *www.italientipps.de*
Wanderinformationen: *www.italienwandern.de*

Petersdom

Bis zum Bau der noch größeren Kopie in Côte d'Ivoire in den 1990er-Jahren war San Pietro in Vaticano die größte Kirche der Christenheit. Die Kirche überragt den Petersplatz (Piazza San Pietro), den Bernini 1656–1667 anlegen ließ: Er ist 340 m lang und 240 m breit und wird von vierfachen, halbkreisförmigen Kolonnaden mit 284 Säulen und 88 Pfeilern gesäumt. In der Mitte des Platzes steht ein 25,5 m hoher ägyptischer Obelisk, dem 1613 und 1675 zwei Brunnen beigestellt wurden. Der Petersdom wurde ab 1506 an jener Stelle errichtet, an der Konstantin der Große schon ab 320 über dem Grab des hl. Petrus eine Basilika hatte bauen lassen. Die bedeutendsten Baumeister und Künstler der Renaissance wirkten am Kirchenbau mit, darunter Bramante, Raffael, Michelangelo und Bernini. 132 m hoch ist die von Bramante konzipierte und von Michelangelo vollendete riesige, zweischalige Kuppel. Von Michelangelo stammt auch die berühmte Statue der Pietá im rechten Seitenschiff.

Die Kirche selbst ist insgesamt 186 m lang und 136 m breit, das Hauptschiff 45 m hoch. Bis zu 60 000 Menschen finden hier Platz. Über dem Petrusgrab unterhalb der Confessio steht der Papstaltar, überwölbt vom 29 m hohen Bronzebaldachin von Bernini. Den rechten Fuß der Bronzestatue von Petrus am Longinuspfeiler haben Gläubige im Lauf der Jh. »blank geküsst«. In der Apsis liegt die *Cathedra Petri* von Bernini. Links vor dem Hauptaltar gelangt man zur päpstlichen Schatzkammer und zur Grotte Vaticane, einer Krypta mit vielen Papstgräbern.

Der lichtdurchflutete Altarraum mit dem Altarbaldachin von Bernini

hen Albaner Berge (Colli Albani) lohnt das Örtchen Rocca di Papa etwa 8 km südöstlich von Frascati. Vom Monte Cavo (949 m) hat man einen herrlichen Blick über die Provinz Latium.
Marino liegt 8 km südlich von Frascati. Während des Weinfestes am ersten Oktoberwochenende spendet die Fontana dei Mori statt Wasser Wein!

3 Castel Gandolfo Seit 1604 ist das idyllisch am Albaner See (Lago di Albano) gelegene Städtchen Sommerresidenz der Päpste. Der Papstpalast (1629–1669) und eindrucksvolle Villen wie die Villa Barberini und die Villa Cyco prägen den Ort. Sehenswert ist aber auch die Piazza mit der Kirche San Tommaso von Bernini, der auch den Brunnen schuf.

4 Albano Laziale Hier, hoch über dem Albaner See, soll einst das legendäre latinische Alba Longa gelegen haben, ehe der Aufstieg Roms begann. Die Reste einer Villa des Pompeius sind noch zu besichtigen. In Arricia, dem benachbarten und von Bernini geprägten Ort, lohnen der Palazzo Chigi und die Kirche Santa Maria dell'Assunzione (1665) an der Piazza della Repubblica einen Besuch.

5 Genzano Das Städtchen zwischen Via Appia Antica und dem Lago di Nemi ist berühmt für seine alljährliche »Infiorata« am Sonntag nach Fronleichnam, wenn ein Bilderteppich aus Blumen die Via Italo Belardi bis hinauf zur Kirche Maria della Cima schmückt. Die Blumen stammen allerdings aus dem benachbarten Ort Nemi, der auch als Erdbeerzentrum gilt.

6 Velletri Das südlichste der Castelli Romani am Rand der Via Appia Antica ist bekannt für seine hervorragenden Weine. Sehenswert sind u. a. die Piazza Cairoli mit dem 50 m hohen Torre del Trivio (1353), dem Palazzo Communale (1590) und der Kathedrale (1659–1662).
Von Velletri führt die Via Appia Antica weiter nach Latina.

7 Latina Die Ortschaft ist ein guter Ausgangspunkt für einen Ausflug in den wald- und seenreichen Naturpark Circeo, der sich über die bergige Landzunge Monte Circeo erstreckt, an deren Spitze die angeblich Grotte der Zauberin Circe aus Homers *Odyssee* liegt.
Von Latina führt der Weg in die Küstenstadt Terracina.

8 Terracina Die Stadt – heute ein bekannter Badeort – war einst eine bedeutende römische Handelsstadt, von der noch einige Zeugnisse erhalten sind. Die verheerenden Bombenangriffe des Zweiten Weltkrieges hatten den Nebeneffekt, dass viele der antiken Stätten freigelegt wurden, darunter auch ein Teil der Via Appia sowie das Originalpflaster des römischen Forums. Aus dem Mittelalter stammt der Dom, an dessen Stelle sich einst

1 Die eindrucksvolle Anlage des Petersplatzes, ein 1656 bis 1667 von Bernini geschaffenes Meisterwerk. Der Obelisk in der Mitte des Platzes wurde 1586 mit Hilfe von Pferden und Seilwinden aufgestellt.

2 Rom: Der 315 n. Chr. eingeweihte Konstantinsbogen steht neben dem Kolosseum, Schauplatz unzähliger Gladiatoren- und Tierkämpfe im größten Amphitheater der Antike.

3 Wahrzeichen und beliebter Treffpunkt in Rom: Die Spanische Treppe erhielt ihren Namen nach der Piazza di Spagna.

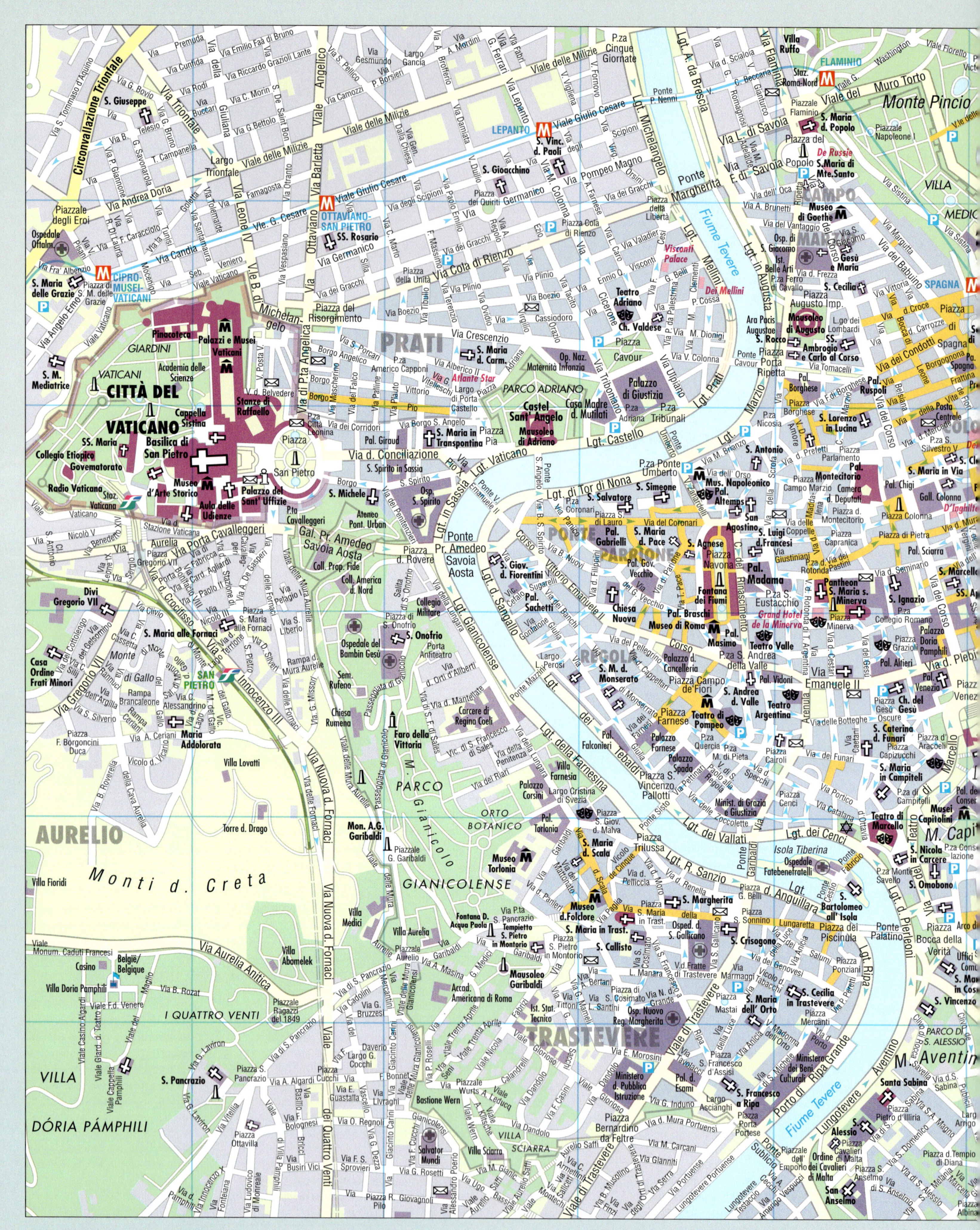
Monte Pincio
VILLA
PRATI
CITTÀ DEL VATICANO
VATICANO
GIARDINI
Basilica di San Pietro
Piazza San Pietro
Musei Vaticani
Palazzi e Musei Vaticani
Stanze di Raffaello
Cappella Sistina
Pinacoteca
Radio Vaticana
Castel Sant' Angelo
Mausoleo di Adriano
PARCO ADRIANO
Palazzo di Giustizia
Piazza Cavour
Piazza del Risorgimento
Piazza del Popolo
S. Maria d. Popolo
Mausoleo di Augusto
Ara Pacis Augustae
Piazza Augusto Imp.
Via dei Condotti
Piazza di Spagna
Piazza Colonna
Montecitorio
Pantheon
Piazza Navona
Pal. Madama
PARIONE
PONTE
REGOLA
Campo de' Fiori
Piazza Farnese
Teatro di Pompeo
Isola Tiberina
TRASTEVERE
S. Maria in Trast.
Piazza S. Cosimato
GIANICOLENSE
Gianicolo
PARCO
ORTO BOTANICO
Villa Farnesina
Pal. Corsini
Mon. A.G. Garibaldi
Faro della Vittoria
Carcere di Regina Coeli
AURELIO
Monti d. Creta
I QUATTRO VENTI
VILLA DÓRIA PÁMPHILI
Villa Doria Pamphili
Via Aurelia Antica
Viale di Trastevere
Porta Portese
Fiume Tevere
Lgt. Castello
Lgt. dei Vallati
Lgt. della Farnesina
Lungotevere Aventino
M. Aventino
M. Capitolino
Teatro di Marcello
Via d. Conciliazione
Via Cola di Rienzo
Viale Giulio Cesare
Viale delle Milizie
Via Crescenzio
Via Ottaviano
Via Gregorio VII
Circonvallazione Trionfale
Via Emanuele II
Corso Vittorio Emanuele II
Via del Corso
Ponte Margherita
Ponte Umberto
Ponte Sisto
Ponte Garibaldi
Ponte Palatino
LEPANTO
OTTAVIANO-SAN PIETRO
CIPRO-MUSEI VATICANI
FLAMINIO
SPAGNA
SAN PIETRO

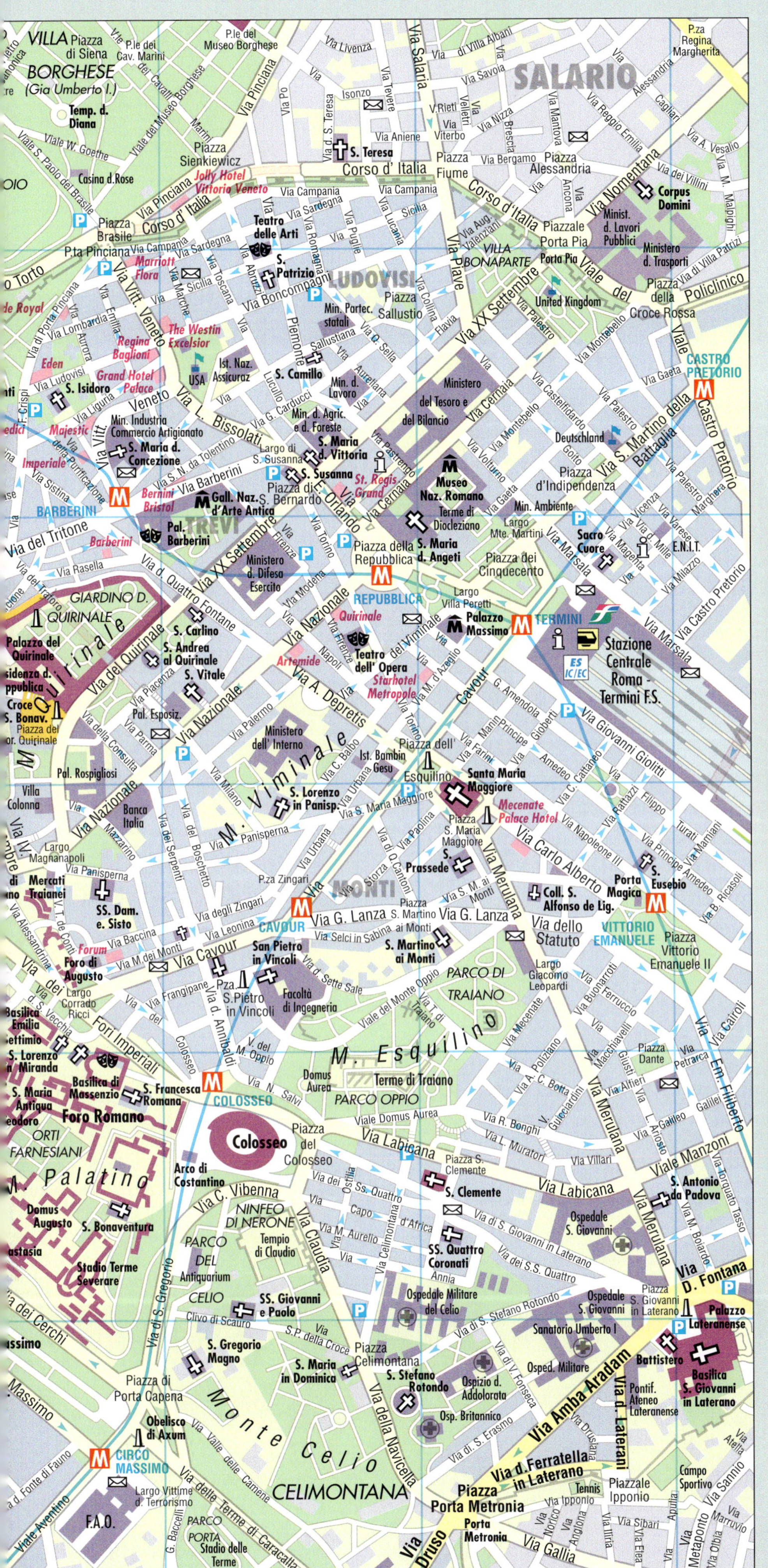

Rom

Die ewige Stadt, mit unvergleichlichen Kunstschätzen und Architekturdenkmälern aus allen Epochen abendländischer Kultur, Zentrum der katholischen Welt, gleichzeitig lebhafte und quirlige Hauptstadt Italiens – Rom muss man ganz einfach gesehen haben!

Die Stadt am Tiber – erbaut auf sieben Hügeln – blickt auf eine lange, bewegte Geschichte zurück, die ihre Spuren in Stadtvierteln, Plätzen, Straßenzügen, Baudenkmälern und Kunstschätzen hinterlassen hat, die in allen nur denkbaren Baustile und Kunstrichtungen ausgeführt wurden. Heute sind nicht mehr alle antiken sieben Hügel im Häusermeer auszumachen, aber von der Piazza del Quirinale auf dem Quirinal, dem höchsten unter ihnen, hat man eine herrliche Aussicht auf die Stadt. Als Gründungsjahr Roms wird 753 v. Chr. angegeben, wobei die ersten Siedlungsspuren deutlich älter sind. Einschneidend war das Jahr 509 v. Chr., als die Zeit der römischen Republik begann, einer Republik, die vor allem auf Expansion ausgerichtet war. Rom wurde die Herrin des Mittelmeers, schließlich in der Kaiserzeit die Herrscherin über die damals bekannte Welt. Nach dem Zerfall des Römischen Reiches begann im Mittelalter das Zeitalter der Päpste – diesmal war Rom vor allem geistliches Zentrum.

Politische Bedeutung erhielt die Stadt aber erst wieder im 19. Jh., als Italien vereint und Rom Hauptstadt des Königreichs Italien wurde.

Sehenswürdigkeiten im antiken Rom: Forum Romanum, der zentrale Platz der alten Stadt; Kolosseum mit viergeschossiger Arena; Pantheon, das kuppelgekrönte Meisterwerk antiker Architektur.

Vatikanstadt: Petersdom, kuppelgekrönter Monumentalbau im Renaissancestil; Vatikanische Museen und Galerien, die wohl weltweit größte Kunstsammlung; Sixtinische Kapelle; Santa Maria Maggiore mit Originalmosaiken des 5. Jh. (Exklave des Vatikans). Beim Park und der Villa Borghese: Villa Giulia, einst päpstliche Sommerresidenz, mit Etruskischem Nationalmuseum.

Treffpunkte: Barockplatz Piazza Navona, Barockbrunnen Fontana di Trevi, Spanische Treppe. Ausflüge: Via Appia Antica zu den frühchristlichen Katakomben von San Callisto und Katakomben von San Debastiano; Tivoli.

Oben: Die Fontana di Trevi von Nicola Salvis wurde 1762 fertig gestellt.
Unten: Blick auf Ponte Sant`Angelo und die Engelsburg

Rom, die »Ewige Stadt«, war das Zentrum der alten Römer und später des christlichen Abendlandes. Eindrucksvolle Ruinen zeugen von der einstigen Macht des Imperium Romanum, die zahlreichen Sakralbauten von der früheren Bedeutung der Päpste. Das Pantheon – hier der von Granitsäulen gesäumte Portikus –

wurde um 25 v. Chr. »der Gesamtheit der Götter« gewidmet. Unter Kaiser Hadrian erhielt es seine heutige Form, dessen Einzigartigkeit sich im Inneren erschließt: eine einzige Lichtöffnung (oculus) in der Kuppelmitte beleuchtet den 43,3 m hohen Rundbau, dessen Durchmesser ebenfalls 43,3 m beträgt

Die Fresken Pompejis

Es war der 24. August 79 n. Chr., als plötzlich der riesige Stöpsel, der jahrhundertelang den Schlund des Vesuv verschlossen hatte, in die Luft flog: Eine riesige Wolke aus Schlacke, Steinen und Asche verdunkelte die Sonne, rotglühendes Magma wälzte sich über den Kraterrand zu Tal und begrub die römischen Städte Pompeji und Herculaneum unter sich. Alles ging so schnell, dass die Menschen teilweise nicht einmal mehr flüchten konnten und deshalb ebenso wie ihre Stadt unter einer bis zu 6 m dicken Asche-, Lava- und Schlackeschicht begraben und von dem Naturereignis quasi mumifiziert wurden. Dieser Tatsache verdanken wir vieles, was wir heute über das römisch-antike Alltagsleben wissen. Bis zum 16. Jh. war Pompeji vergessen, die Ausgrabungen begannen erst 1748 und förderten im Lauf der Zeit eine

Porträt von Terentius Nero und seiner Frau (1. Jh. vor Chr.)

fast komplett erhaltene antike Stadt zu Tage – nicht nur Tempel, Theater und Foren, sondern auch Wohnhäuser und viele Dinge aus dem römischen Alltag: Läden, Küchen, Herbergen, Latrinen, Werkzeuge, Bordelle und natürlich die berühmten Fresken, meist im so genannten Pompeji-Rot gehalten.
Die schönsten und am besten erhaltenen findet man in der Casa del Menandro, in der Casa dei Vettii und in der Villa dei Misteri, u. a. mit einem 17 m breiten Bilderzyklus, der die Mysterien des Dionysos-Kultes darstellt. Keine Frage, dass Pompeji längst zum UNESCO-Weltkulturerbe gehört. Allerdings haben die Besucherströme und Wandalismus inzwischen zu einem desaströsen Zustand der Ausgrabungsstätte geführt.

1

ein Tempel befunden hat, zu seinen Schätzen gehört ein Mosaikfußboden aus dem 13. Jh. Eine landschaftlich schöne Küstenstraße führt zum nächsten Küstenort:

9 Gaeta Die Altstadt, deren Silhouette von dem aragonischen Kastell und der Kirche San Francesco geprägt wird, liegt malerisch auf einer Halbinsel. Die Stadt lohnt aber vor allem wegen des einzigartigen Glockenturms des Doms (12. Jh.) einen Besuch: Die Ziegel sind bunt gebrannt. Eine Kuriosität hat die kleine Kirche San Giovanni a Mare (10. Jh.) vorzuweisen: Ihr Fußboden wurde von seinen Erbauern in weiser Voraussicht schräg konzipiert, damit das Meerwasser bei Hochwasser wieder abfließen kann. Gaeta war eine Festung des Königreichs Neapel.
Schon nach wenigen Kilometern verlässt die Straße die Küste und führt ostwärts ins Landesinnere nach Cápua.

10 Cápua Hier endete einst der erste »Bauabschnitt« der Via Appia. Die nach dem Untergang des Weströmischen Reiches zerstörte einstige etruskische Stadt mit ihrem riesigen Amphitheater (1. Jh. n. Chr.) wurde im 9. Jh. von den Langobarden wiederaufgebaut. Der Glockenturm des Domes stammt aus dieser Zeit.

2

Die antike Via Appia

Die berühmteste römische Straße wurde nach ihrem Erbauer Appius Claudius Caecus benannt. Zunächst als Militärstraße konzipiert, wurde sie später immer mehr auch als Handelsstraße genutzt. Von der Porta Sebastiano in Rom führte sie ursprünglich nur bis Cápua, erst 190 v. Chr. wurde sie über Benevento und Tarent bis Brindisi verlängert. Da die römischen Straßenbauer meist die Gerade wählten, verläuft die Straße trotz großer Steigungen in den Albaner Bergen und in den Pontinischen Sümpfen »schnurgerade«. Die 4,10 m breite Straße, auf der einst zwei Schwertransporte aneinander vorbeifahren konnten, ist noch heute auf ihrer vollen Länge von etwa 540 km befahrbar. Hexagonale große Blöcke liegen auf einem festen Fundament.

Im nahegelegenen Palazzo Antignano ist das Museo Campagna mit zahlreichen Fundstücken aus den Grabungsstätten untergebracht.
Die Tour verlässt die Landschaft Latium und führt weiter nach Kampanien.

11 Caserta Von Cápua ist es nur ein Katzensprung nach Caserta, das manchmal großspurig »Versailles des Südens« genannt wird: Bourbonenkönig Karl III. ließ sich hier 1752–1774 nach französischem Vorbild den monumentalen Palazzo Reale erbauen, der sich um vier große Innenhöfe gruppiert und über fünf Stockwerke verfügt. Der ganze Komplex – von der UNESCO zum Weltkulturerbe erklärt – ist 247 m lang und 184 m breit und hat 1200 Zimmer mit 1800 Fenstern. Nicht minder eindrucksvoll ist der dazugehörige 120 ha große Barockgarten mit seinen Skulpturengruppen und Wasserspie-

Der Vesuv

1944 ist er zum (bisher) letzten Mal ausgebrochen, der 15 km von Neapel entfernt liegende Vesuv, mit rund 12 000 Jahren der jüngste und einzig noch aktive Vulkan auf dem europäischen Festland. Niemand weiß, wie lange er noch »schläft«. Fest steht, dass im Inneren der Druck steigt. Ein 3 km tiefer Propfen verstopft den Schlot, in 5–7 km Tiefe brodelt das Magma weiter. Falls es zu einem neuerlichen Ausbruch kommt, sind mehr als 600 000 Menschen, die rund um den Vesuv leben, gefährdet. Seit dem letzten Ausbruch hat der Vulkan zwei Gipfel: Der eigentliche Vesuv ist 1281 m hoch, der Nebengipfel (Monte Somma) 1132 m. Der Hauptkrater hat eine Tiefe von is zu 300 m und einen Durchmesser von 600 m. Schön ist der Blick vom Kraterrand über den Golf von Neapel. Der Aschekegel und die jüngsten

Der Gipfelkrater des Vesuv

Lavaschichten sind zwar fast vegetationslos, doch schon in mittlerer Höhe wachsen Eichen und Kastanien, unterhalb von 500 m sogar Oleander, Ginster, Silberflechte, Oliven- und Obstbäume sowie die Rebstöcke der Weinsorte »Lacrimae Christi«. Der fruchtbare vulkanische Boden bewegt die Menschen nach jedem Ausbruch zur Rückkehr an die Hänge des Vesuvs.

Um den Vesuv aus nächster Nähe in Augenschein zu nehmen, gibt es unterschiedliche Möglichkeiten. Am unkompliziertesten ist eine Fahrt mit der Circumvesuviana, einer Bahnlinie die in zwei Stunden um den Vulkan führt. Als Alternative bietet sich die Busfahrt von Ercolano aus an, die bis zur ehemaligen Sesselliftstation führt. Von dort dauert der Aufstieg bis zum Gipfel eine runde halbe Stunde.

len – der Große Wasserfall alleine ist 78 m hoch!

Anders hingegen ist das 10 km nordöstlich gelegene mittelalterlich wirkende Bergstädtchen Caserta Vecchia mit seinem 1153 geweihten normannischen Dom. Von Caserta sind es 40 km nach Neapel, dem ursprünglich griechischen Neapolis (7./6. Jh. v. Chr.).

⓬ **Neapel** Die drittgrößte Stadt Italiens ist in gewisser Weise die »italienischste« des Landes. Es ist wahrscheinlich die lauteste, hektischste, aber auch liebenswerteste unter den italienischen Großstädten, über deren engen Gassen noch immer die Wäscheleinen gespannt sind und wo sich Reichtum und Armut als eine faszinierende Mischung präsentieren. Die Spaccianapoli (»spaltet Neapel«) zieht sich quer durch die Stadt, an der Abzweigung zur Süd-Nord-Achse Via Toledo weitet sie sich zur Piazza del Gesù Nuovo, in deren Mitte eine 34 m hohe barocke Pestsäule steht, die an die Pesttoten des 17. Jh. erinnert. Ihr gegenüber steht die Kirche Gesù Nuovo (16. Jh.).

Seit 1995 ist die Altstadt mit ihren fast 300 Kirchen, Burgen und Stadthäusern von der UNESCO zum Weltkulturerbe erhoben worden. Gleich drei Kastelle finden sich in Neapels Zentrum: Castel dell'Ovo (1154, normannische und staufische Residenz), Castel Nuovo (1279–1282) im Hafenbereich sowie das sternförmige Castel Sant'Elmo (14.–16. Jh.) auf dem Vomero-Hügel, dem das ehemalige Kartäuserkloster Certosa di San Martino gegenüberliegt. Einen Besuch lohnen auch der Palazzo Reale und das Teatro San Carlo (1737).

Neben dem gotischen Duomo San Gennaro (13. Jh.) lohnt die ebenfalls gotische Kirche Santa Chiara (14. Jh.), die Grablege der Anjou-Könige mit einem sehenswerten Kreuzgang, einen Blick. Hinter der Kirche Della Madre de Buon Consiglio kann man hinabsteigen in die mit Fresken geschmückten frühchristlichen Katakomben aus dem 2. Jh. Luftiger geht es zu in den Funicolari, den in höher gelegene Stadtteile führenden Zahnradbahnen. Von unschätzbarem Wert sind die Funde im Museo Archeologico Nazionale, zu dessen Schätzen der »Farnesische Stier« aus den Caracalla-Thermen in Rom und das Mosaik der Alexanderschlacht aus Pompeij zählen.

1 **Blick auf die Bucht von Neapel, den Yachthafen und den Vesuv im Hintergrund**

2 **Eine der bedeutenden Landvillen der antiken Stadt Pompeji ist die Villa dei Misteri mit ihren farbenprächtigen herrlichen Malereien (80–30 v. Chr), auf denen Mysterienfeiern dargestellt sind.**

3 **Die Kirche San Francesco di Paola in Neapel wurde nach dem Vorbild des römischen Pantheons als Rundbau angelegt. Die Kuppel ist 53 m hoch.**

Traumhafte Ausblicke auf das blaue Mittelmeer, auf herrliche Buchten, malerische Orte und die Insel Capri erlaubt die Straße entlang der amalfitanischen Küste, einer der schönsten Steilküsten Italiens. Hier ist Italien tatsächlich das Land, wo die Zitronen blühen! Von der Sonne verwöhnt, zeigt sich die steil abfal-

lende Küste als wahres Paradies mit üppiger Vegetation. Höhepunkte der Reise sind Positano und Amalfi. Der Tourismus hat die einstigen Fischerdörfer früh entdeckt, und so umgibt die weltbekannten Ferienorte heute ein gewisses nostalgisches Flair, dessen Zauber sich keiner entziehen kann.

Abstecher

Capri

Schon Kaiser Augustus und sein Nachfolger Tiberius haben den legendären Sonnenuntergang genossen. Von Tiberius' Villa Iovis sind noch Reste erhalten.
Die Insel ist mit 6,25 km Länge und nur 2,5 km Breite relativ klein; die schroffen und teilweise bizarren Kalksteinklippen ragen bis zu 589 m hoch aus dem Golf von Neapel auf.

Oben: »Faraglioni«-Felsen an der Südostküste der Insel
Unten: Blick auf die Marina Grande

An der Küste finden sich eine Reihe von Höhlen und Grotten, die durch das Absinken der Insel (etwa 15 m) in den letzten 2000 Jahren entstanden sind. Der Eingang der 54 m langen, 15 m breiten und bis zu 30 m hohen Blauen Grotte, einer Karsthöhle, liegt nur 1 m über dem Wasserspiegel. Ihren Namen verdankt die Grotta Azzurra dem mystischblauen Licht, in das sie die Sonneneinstrahlung am späten Vormittag taucht.
In Marina Grande legen die Fähren vom Festland an. Inselziele sind die Ortschaften Capri und Anacapri an den Hängen des Monte Solaro sowie die Felsklippen des Arco Naturale im Osten und die drei markanten Felsklippen »I Faraglioni« im Südosten der Insel.

1

Ein unabdingbarer Halt auf dem Weg nach Sorrento ist Pompeji, das wie kein anderer Ort die verheerenden Kräfte des nahen Vesuvs dokumentiert.

2

13 Sorrento Rund um den Golf von Neapel führt eine wunderschöne Küstenstraße mit grandiosen Blicken auf den Golf nach Sorrento, das vis-à-vis von Capri auf einer Halbinsel liegt. Schon die römischen Kaiser ließen sich in dem auf hohen, steilen Felswänden wie auf einer Naturbühne thronenden Städtchen Villen und Tempel bauen.
Im 18. Jh. erlebte der Ort eine Renaissance, als ihn vor allem Künstler für sich entdeckten. Heute ist Sorrento, in dem übrigens der Dichter Torquato Tasso 1544 geboren wurde, einer der beliebtesten Bade- und Luftkurorte Italiens. An den Dichter erinnert eine Marmorstatue auf der Piazza Torquato Tasso. Der Dom (ab 14. Jh.) ist allein schon wegen seiner Intarsienarbeiten sehenswert, für die Sorrento berühmt ist. Von der Villa Communale aus bietet sich ein herrlicher Blick über den Golf von Neapel. Ein ebenfalls viel besuchter Ferienort ist das südlich von Sorrento gelegene Massa Lubrense mit seinem mittelalterlichen Stadtkern.

14 Positano Einer der schönsten Flecken der Amalfiküste liegt am Beginn der Amalfitana. Der Ort ist berühmt für seine malerische Lage an zwei Hängen des Monte Angelo a Tre Pizzi (1443 m). Das einstige Fischerstädtchen mit seinen engen Gassen ist heute ein mondäner Badeort, über dessen Strand Spaggia Grande die majolikaverkleidete Kuppel der Kirche Santa Maria Assunta aufragt.

15 Amalfi Die von der UNESCO zum Weltkulturerbe erklärte Kulturlandschaft Costiera Amalfi umfasst die Südseite der Halbinsel von Sorrent. Amalfi, heute ein hübscher Badeort mit 6000 Einwohnern, war vom 9. bis zum 11. Jh. eine bedeutende Seerepublik und stand in Konkurrenz mit Genua, Pisa und Venedig – damals zählte sie 50 000 Einwohner. An den einstigen Glanz erinnert heute nur noch die alle vier Jahre ausgetragene Ruderregatta gemeinsam mit den einstigen Rivalen. Im 14. Jh. wurde Amalfi durch eine Sturmflut weitgehend zerstört, weshalb wenig Historisches erhalten ist. Mitten im Gassengewirr mit seinen zahlreichen Treppen steht der monumentale Dom, der bis auf das 9. Jh. zurückgeht und 1203 im arabisch-normannischen sizilianischen Stil umgebaut wurde.
Zwei ehemalige, herrlich gelegene Klöster beherbergen heute Luxushotels, wo schon Henrik Ibsen und Ingrid Bergmann genächtigt haben.
Ein lohnenswerter Ausflug führt von Amalfi ins Tal der Mühlen: Hier siedelten sich dank des reichlich fließenden Wassers zahlreiche Papierfabriken an, die zu den ältesten Europas zählen. Sehenswert sind auch die wilden Kastanienwälder der Monte Lattari, die das eindrucksvolle Hinterland der Amalfiküste bilden.

16 Salerno Die Hauptstadt der gleichnamigen Provinz hat auch dem gleichnamigen Golf seinen Namen gegeben. Ihre Blütezeit erlebte sie unter normannischer Herrschaft im 11./12. Jh., als es

hier noch die Scuola Medica gab, die erste medizinische Ausbildungsstätte in Europa. Aus dieser Zeit stammt auch der Duomo San Matteo mit seinem 56 m hohen Campanile. Durch das romanische Löwenportal gelangt man in einen 36 x 33 m großen Vorhof, dessen Arkaden von 28 antiken Säulen aus Paestum getragen werden.
Ein Kleinod barocker Marmorintarsienkunst ist die Krypta. Überragt wird die Stadt vom Castello di Arechi.

17 Paestum Erst 1752 stießen Straßenbauarbeiter am südlichen Bogen des Golfs von Salerno auf die Ruinen der antiken Stadt Poseidonia, die von den Griechen 600 v. Chr. gegründet wurde und später unter den Römern Paestum hieß. Im 9. Jh. wurde sie von den Sarazenen weitgehend zerstört und anschließend vergessen. Erhalten geblieben sind jedoch drei imposante Tempelanlagen (Tempel des Neptun, Tempel des Ceres, Tempel der Hera). Weitere Sehenswürdigkeiten sind eine fünfeckige, 4750 m lange Stadtmauer, ein Forum, die Via Sacra und ein Amphitheater aus römischer Zeit. Dazwischen grasen seelenruhig Büffelherden und liefern die Milch für den angeblich besten Mozzarella der Welt.

18 Agrópoli Südlich von Paestum folgt Agrópoli, ein auf einem Felskap eng gedrängt liegendes Fischerstädtchen mit pittoresken Gassen, Treppen, Sarazenen-Kastell und weiten Ausblicken über den Golf. Östlich von Agropóli erstreckt sich der hügelige Parco Nazionale Del Cilento rund um den Monte Cervati (1898 m). Hier kann man wandern, die Stille im idyllischen Bergdorf Castellabate genießen oder am Capo Palinuro in türkisblauen Buchten baden. Wenn man schließlich in Sapri ankommt, hat man den Landvorsprung, der den Golf von Salerno und den Golf von Policastro trennt, bereits umrundet. Ab Sapri führt die Route dann nicht mehr die Küste entlang Richtung Süden, sondern landeinwärts in Richtung Osten bis Brindisi, dem historischen Endpunkt der Via Appia.
Auf knapp halbem Weg nach Metroponte, ca. 30 km nach Sapri, lohnt bei Lauría ein Abstecher südwärts in den Parco Nazionale del Pollina. Die raue Bergwelt der Basilicata lockt mit Gipfeln wie dem Monte Pollina (2248 m) und prächtigen Laubwäldern. Zwei Spezialitäten, die hier anzutreffen sind: die seltene Schuppenpinie und der Apenninenwolf.

19 Metaponto Metapontion hieß die von den Griechen gegründete antike Stadt am Golf von Tarent, in der der Philosoph Pythagoras 496/97 starb, ehe die Stadt den Römern anheimfiel. Im Museo Nazionale sind zahlreiche Grabungsfunde aus der Umgebung ausgestellt. Im Parco Archeologico stehen die Reste von vier Tempelanlagen, Agora und Amphitheater. Wer will, kann anschließend zum Baden an den Lido di Metaponto fahren.

20 Matera Seinen Bekanntheitsgrad verdankte Matera seinen »Sassi« – Höhlenbehausungen, die seit dem Frühmittelalter in die steilen Tuffsteinwände der Gravina (Kluft) gehauen wurden. Unentwirrbar miteinander verschachtelt, ziehen sich später vorgebaute Häuser den Westhang empor. Zunächst lebten Benediktiner und griechische Mönche in den Höhlen, sie bauten Kapellen, Säle und Altäre und malten wertvolle Fresken, später folgten ihnen Bauern. Fast 20 000 Menschen lebten hier

Amalfitana

Die an der Halbinsel Sorrent verlaufende Küstenstraße gilt vielen als die schönste Italiens: Die 45 km lange in den Fels geschlagene Straße zieht sich in engen Serpentinen steil über dem Meer entlang und bietet immer wieder neue Panoramablicke auf das azurblaue Meer und die Costiera Amalfitana. Wie Perlen reihen sich die Orte aneinander, dazwischen liegen Zitronenhaine und Weinberge. Die Häuser sind kühn in die Steilhänge hineingebaut worden und ziehen sich malerisch die Hänge hoch. Die Straße verbindet die Dörfer zwischen Nerano und Salerno.

1 Der Duomo di Sant'Andrea in Amalfi wurde ab dem 11. Jh. in romanischem Stil neu errichtet bzw. umgebaut. Eine eindrucksvolle Freitreppe führt von der Piazza Duomo zur Kirche hinauf.

2 Die Costiera Amalfitana bei Positano: Terrassenförmig ziehen sich die pastellfarbenen Häuser den steilen Hang hinauf.

3 Der Tempel des Neptun in Paestum wurde 450 v. Chr. erbaut und zählt zu den am besten erhaltenen griechischen Tempeln Europas.

Die Griechen in Unteritalien

Lange vor den Römern gingen seit Mitte des 8. Jh. v. Chr. griechische Seefahrer in Unteritalien und Sizilien an Land. Auf der Insel gründeten sie Syracus, das in seiner Blütezeit im 4. Jh. v. Chr. der wichtigste griechische Stadtstaat außerhalb Griechenlands und eine Art Metropole der antiken Welt war. Frühe griechische Kolonien gab es auch auf Ischia, ebenso war das später römische Cumae eine griechische Kolonie. Die Kolonien wurden unter dem Begriff Magna Graecia zusammengefasst. Heute findet man in Süditalien einige der schönsten griechischen Ruinen: Auf dem Festland sind es die Tempel von Paestum und die antiken Stätten in Metaponto, auf Sizilien das Amphitheater und der Tempel von Segesta, das Tal der Tempel bei Agrigent, der Tempel von Tyndaris und das Theater von Taormina.

Die Tavole Palatine aus dem 6. Jh. v. Chr. in Metaponto.

Trulli

Es gibt sie nur in der Region Apulien, genauer gesagt in der hügeligen Murge dei Trulli, einer bis zu 700 m ansteigenden Karstfläche in Mittelapulien, wo die karge Landschaft von Olivenhainen, Weingärten und einigen Obstwiesen geprägt wird.
Dort stehen Tausende der eigenartigen kleinen, runden, oft miteinander verbundenen Steinhäuser mit einem kegelförmigem Dach, das von einem »cippo« oder »pinnacolo« genannten Schlussstein gekrönt wird.
Bis in die 1930er-Jahre hatte sich noch keiner für die weiß getünchten Rundhäuser der armen Bauern im Hinterland Apuliens interessiert, heute sind sie ein nationales Erbe und von der UNESCO zum Weltkulturerbe erklärt worden.
Die Bauern lagerten früher in den hohen Kegeldächern ihr Getreide. Viele der Trulli wurden mit jedem neuen Kind durch einen weiteren Trullo ergänzt, indem eine Wand durchgebrochen wurde. So entstanden eigenartige, skurrile Baukörper, deren Größe auf den Reichtum des Besitzers Rückschlüsse zuließ.

Weiß getüncht und mit dem klassischen Kegeldach: Trulli in Alberobello

Erfunden hat sie angeblich der pfiffige Graf Gian Girolamo II. im Jahr 1635, um Steuern zu sparen. Zu dieser Zeit waren gemauerte Häuser steuerpflichtig, also ließ er seine darbenden Landarbeiter Bruchsteinplatte für Bruchsteinplatte überkragend und mörtellos zu soliden Rundbauten mit Kegeldächern aufschichten und anschließend mit Lehm abdichten: so entstand ein Trullo, ein nicht gemauertes Gebäude.
Ursprünglich standen die Trulli auf Feldern, später entstanden ganze Trulli-Siedlungen. Alberobello ist mit seinen etwa 1000 Trulli der Hauptort der Murge dei Trulli, es liegt wenige Kilometer im Nordosten von Martina Franca.

bis Anfang der 1950er-Jahre unter primitivsten Bedingungen, teilweise auf engstem Raum mit ihren Tieren.
Um die »nationale Schande« zu tilgen, wurden die Sassi-Bewohner schlussendlich umgesiedelt. Seit den 1970er-Jahren werden die Sassi nun restauriert und sind heute eine viel besuchte Touristenattraktion. Zu den weiteren Sehenswürdigkeiten der Stadt zählen der normannisch-romanische Dom (13. Jh.), das Castello Tramontano (1515) und die Chiesa del Purgatorio (1770) mit makabren Darstellungen des Fegefeuers. Die UNESCO verlieh der Stadt mit ihren zwei Sassi-Bezirken 1993 den Status des Weltkulturerbes.
Über Castellanetta führt die Straße zurück zur Küste, die bei Chiatona erreicht wird. Nächster Haltepunkt ist Tarent.

21 Tarent Ebenfalls eine griechische Siedlung (Taras), wurde die Stadt im 4. Jh. v. Chr. durch ihre Farbproduktion aus Purpurschnecken eine der reichsten und mächtigsten Städte in Magna Graecia. Noch zur Zeit von Kaiser Augustus waren die meisten der Einwohner Griechen.
Tarent (Táranto) ist dreigeteilt und durch zwei Brücken miteinander verbunden. Auf einer kleinen Felsinsel liegt die eigentlich reizvolle, aber dem Verfall preisgegebene Altstadt, die vom Castello Aragonese (15. Jh.) überragt wird. Wirklich sehenswert ist das Museo Archeologico Nazionale mit seinen wertvollen Gold- und Silberschätzen. Ebenfalls in der Città Vecchia steht der Dom. Er wurde im 12. Jh. erbaut, aber später immer wieder verändert; sehenswert sind seine höhlenartige Krypta und antike Marmorsäulen im Mittelschiff.

22 Martina Franca Auf der Weiterfahrt durchquert man die Zona dei Trulli und erreicht schließlich die Stadt Martina Franca. Die autofreie Altstadt wird in erstaunlichem Kontrast zu den umliegenden Trulli von Barock- und Rokokobauten geprägt, etwa dem mächtigen Palazzo Ducale (1668–1742). Am schönen Corso Vittorio Emanuele steht die Kirche San Martino, die in den Jahren 1747–1775 entstand, mit einem herrlichen Altar. Sehr lohnenswert ist ein Abstecher zu den Trulli nach Alberobello.

23 Ostuni Die »weiße« Stadt liegt am Ostrand der Zona dei Trulli nur 6 km vom Meer entfernt. Das malerische Städtchen mit seinen verwinkelten Gassen und den orientalisch wirkenden, terrassenförmig gestaffelten weißen Häusern zieht sich an drei Hügeln hinauf. Sehenswert ist auch die spätgotische Kathedrale (15. Jh.) und das Rathaus an der Piazza della Liberta (14. Jh.).

24 Bríndisi Seit 190 v. Chr. ist das antike Brundisium Endpunkt der Via Appia, damals symbolisiert durch zwei 19 m hohe Marmorsäulen. Nicht nur heute, sondern schon in der Antike bildete Bríndisi eine Art Tor zum östlichen Mittelmeer, von hier war es nicht mehr weit nach Griechenland und Kleinasien.
Eine Gedenktafel an der Colonna Romana erinnert an den Dichter Vergil, der hier 19 v. Chr. starb. Unweit der Colonna Romana liegt das sehenswerte Ensemble des Domplatzes. Der aus dem 12. Jh. stammende Dom wurde ab 1743 barockisiert. Weitere Kirchen sind die Templerkirche San Giovanni al Sepolcro (12. Jh.) und weiter westlich die gleichnamige Kirche mit einem Kreuzgang aus normannischer Zeit sowie die Kirche Santa Maria del Casale mit bemerkenswerten Fresken. Das Kastell am Seno di Ponte wurde unter Friedrich II. ab 1227 erbaut.

1 Die Höhlenwohnungen in Matera teilen sich in einen oberen und unteren Bezirk, der seinerseits aus Sasso Barisano und Sasso Cavoso besteht. In zwei trichterförmigen Felsschluchten wurden im Laufe der Jahrtausende immer wieder neue Höhlen und Häuser in den Tuffstein geschlagen; darunter sind etwa 150 Felsenkirchen erhalten.

2 In Apulien wurden die Trulli errichtet – einzigartige weiße Rundhäuser aus Stein mit einem kuppelförmigen Scheingewölbe.

Rom Früher bezeichnete man das Stadttor Porta Sebastiano, das den Beginn der um 312 v. Chr. angelegten Via Appia markierte, als Porta Appia. Im Umfeld des antiken Stadttores liegen u. a. die Grabstätte der Scipionen, der berühmte Marstempel und das Grab der Cecilia Metella auf dem zypressengesäumten Weg hinaus nach Frascati.

Vatikanstadt Die »Stadt in der Stadt« hat eine Fläche von 0,44 km^2 und 400 ständige Einwohner. Oberster Verwalter ist der Papst, dessen Hoheitsgebiet den »eigentlichen« Vatikan, die päpstlichen Gärten, die Peterskirche und den Petersplatz sowie einige außervatikanische Basiliken und die Sommerresidenz Castel Gandolfo umfasst.

Frascati Herrlich gelegene Villen und der Weißwein gleichen Namens haben die ehemalige Papst-Sommerresidenz bekannt gemacht.

Castel Gandolfo Seit 300 Jahren ist das Städtchen am Albaner See die päpstliche Sommerresidenz. Der Papstpalast (1629–1669) und Prachtanwesen wie die Villa Barberini und die Villa Cyco prägen den Ort. Sehenswert ist die Piazza del Plebiscito mit der von Bernini erbauten Kirche San Tommaso.

Genzano Das Städtchen am Lago di Nemi ist berühmt für seine »Infiorata«: Alljährlich am Sonntag nach Fronleichnam verwandelt sich die Via Italo Belardi in einen Blumen-Bildteppich.

Gaeta Sehenswert in der auf einer Halbinsel liegenden Altstadt sind der bunte Turm des Doms (12. Jh.) und die Kirche San Giovanni a Mare (10. Jh.).

Cápua In der nach dem Untergang des Weströmischen Reiches zerstörten Stadt gibt es einen riesiges Amphitheater (1. Jh. n. Chr.) und ein interessantes Museum.

Caserta Der Palazzo Reale (1752 bis 1774) hat 1200 Zimmer mit 1800 Fenstern. Zu Recht wird er manchmal »Versailles des Südens« genannt. Nicht minder beeindruckend ist der 78 m hohe Wasserfall im Palastgarten.

Neapel »Italiens italienischste Stadt« ist laut und hektisch. Ihre Lage am gleichnamigen Golf, die engen Gassen und Treppchen der Altstadt und Neapels Reichtum an Kunstschätzen machen dies wett.

Pompeji Bei einem Vesuvausbruch im Jahre 79 n. Chr. versank die damalige Provinzhauptstadt unter einer meterdicken Bims- und Ascheschicht. Etwa drei Fünftel der Ruinen sind seit dem 18. Jh. freigelegt worden. Nirgendwo sonst ist römische Wohnkultur so anschaulich zu erfahren.

Matera »Sassi« genannte Wohnhöhlen mit später vorgebauten Fassaden und zahlreiche in den Tuffhang gegrabene Kapellen und Säle aus dem frühen Mittelalter haben den pittoresken Ort bekannt gemacht.

Alberobello Tausende Trulli – darunter eine Kirche und ein zweigeschossiges Steinhaus in der für Apulien so typischen Bauart – bestimmen das Ortsbild.

Capri Die viel besungene Insel im Golf von Neapel ist nur 6 km lang und 2,5 km breit, doch dank ihrer Lage und der Blauen Grotte eine der bekanntesten im Mittelmeer.

Amalfiküste Die 45 km lange Straße längs der Südküste von Sorrent gilt als Italiens schönste Küstenstrecke. Spektakulär wie die serpentinenreiche Straße sind auch die Panoramaaussichten.

Amalfi Inmitten der Altstadt steht der Dom (9. Jh.). An Amalfis Vergangenheit als bedeutende Seerepublik (9.–11. Jh.) erinnert eine alle vier Jahre ausgetragene Ruderregatta.

Paestum Die Ruinen aus dem 5. Jh. v. Chr. in der von Griechen gegründeten und im 9. Jh. von Sarazenen zerstörten Stadt sind die bedeutendsten hellenistischen Bauten auf dem italienischen Festland.

Das in die Adria vorgeschobene Piran ist ein Segelhafen mit Bausubstanz aus venezianischer Zeit.

Route 24

Rund um die Adria

Im Reich des geflügelten Löwen

Mal karge, mal üppig-mediterrane Vegetation – und immer der Blick auf das Meer: Entlang der Adria begegnen dem Reisenden auf dem Weg durch Kroatien und Italien mittelalterliche Städte, Kunst und Kultur – winzige Felsbuchten und kilometerlange Strände inklusive.

Ursprünglich ist das nördliche Nebenmeer des Mittelmeeres nach der antiken Stadt Adria im Podelta benannt, die heute jedoch gut 40 km landeinwärts südwestlich von Chioggia liegt und nur noch über einen Kanal mit dem Meer verbunden ist. Seit der griechischen Gründung hat sich die Pomündung jährlich bis zu 150 m ostwärts versetzt. Die Adria ist ein flaches Nebenmeer, nur zwischen Bari und Albanien erreicht sie Tiefen bis 1645 m. Gondeln, Paläste, einzigartige Kulturdenkmäler – Venedig, die erste Station entlang der Adriaküste, ist allein schon eine Reise wert. Ab dem 13. Jh. wurde die Lagunenstadt zum Zentrum der Macht, einflussreiche Mäzene zogen die größten Künstler ihrer Zeit an. Vor allem die Renaissance prägte nicht nur das Gesicht der Stadt, sondern des gesamten Küstenstrichs: Auf venezianisch anmutende Städte trifft der Reisende nicht nur zu Beginn der Fahrt durch die autonome Region Friaul-Julisch Venetien, auch an dem sich anschließenden Küstenstreifen der Halbinsel Istrien sowie entlang der kroatischen Küste finden sich kleine Schmuckstücke venezianischer Baukunst. Aufgrund seiner geografischen Lage wurde Istrien über die Jahrhunderte von

Fresko in der Capella degli Scrovegni in Padua

fremden Kulturen beansprucht. Mit seiner 242 km langen Küste und den stimmungsvollen mittelalterlichen Städten hat sich die Halbinsel zu einem beliebten Ferienziel entwickelt, der Tourismus bietet den Küstenbewohner eine einträgliche Lebensgrundlage.

An die Region Istrien schließt sich der Kvarner Golf an, zu dem die Inseln Cres, Lošinj, Krk, Pag und Rab gehören. Die lebhafte Hafenstadt Rijeka bildet nun den Auftakt der Fahrt entlang der kroatischen Küste: Karg und rau erstreckt sich die Landschaft an der Küstenstraße, eine leidenschaftliche Komposition aus Licht, Meer und Karst. Um so überraschender sind die fruchtbaren Täler, die versteckt hinter Felszügen liegen, geschützt vor der berüchtigten Bora, dem eisigen Fallwind. Weinfelder und mediterrane Vegetation verzaubern das Auge und schaffen einen

Die 1559 bis 1580 nach Entwürfen von Andrea Palladio erbaute Klosterkirche San Giorgio Maggiore in Venedig

Die Hafenstadt Vieste im Nordosten der Halbinsel Gargano im süditalienischen Apulien

überwältigenden Kontrast zur Mondlandschaft der Karstfelsen. Die Adria-Magistrale mit ihrer Steilküste gilt als eine der gefährlichsten Strecken Europas; doch andererseits können viele interessante Ziele und Sehenswürdigkeiten nur auf diesem Wege erreicht werden. An der Küste hinterließ der serbisch-kroatische Krieg so gut wie keine Spuren, sodass der Tourismus in den letzten Jahren einen neuen Aufschwung erlebte.
Inzwischen ist der Dienstleistungsbereich durch den Tourismus zum wichtigsten Wirtschaftszweig der gesamten Küstenregion geworden.
Die Fähre von Dubrovnik nach Bari verbindet die beiden Küstenstriche Kroatiens und Italiens – die so ähnlich und zugleich gänzlich verschieden sind – miteinander. Insgesamt fünf Regionen durchquert die Strecke auf der westlichen Seite der Adria: Apulien, die Abruzzen, die Marken, die Emilia-Romagna und das Veneto; entsprechend vielschichtig sind Kultur und Landschaftsbild. Die Besiedlung des Landes reicht weit zurück: Schon Griechen, Etrusker, Veneter und Römer gründeten erste Städte entlang der Küstenregion. Auch die Küste zeigt sich so facettenreich wie das Land selbst: Dramatisch ragen die Felsen der Halbinsel Gargano in die Höhe, südlich von Ancona drängen sich die Ausläufer der Apenninen bis ans Meer.
Ganz anders dagegen die touristischen Hochburgen ab Rimini: Kilometerlange Sandstrände mutierten hier zu Zentren der Massenerholung.
Der Veneto zeigt wiederum ein völlig anderes Gesicht mit Kanälen, Lagunen und vorgelagerten Inselchen auf der Höhe der Universitätsstadt Padua.

Das trutzige Kloster St. Nikolas auf der Insel Korčula vor der Dalmatinischen Küste

Adria-Rundreise: Eine unvergleichliche landschaftliche und kulturelle Vielfalt kennzeichnet diese Tour, die durch die Länder Italien, Slowenien und Kroatien führt. Nur eines bleibt während der ganzen Strecke gleich: der traumhafte Blick auf Küste und Meer, auf atemberaubende Steilküsten, in sanfte Täler und einladende Badebuchten mit herrlichen Stränden.

Murano und Burano

Jahrhundertelang galt das Glas aus Murano als das wertvollste der Welt. Seit dem 13. Jh. befindet sich der Hauptsitz der venezianischen Glasindustrie auf der kleinen Insel. Ein Museum gewährt interessante Einblicke in die Glasbläserkunst. Neben den edlen Glasprodukten ist die dreischiffige Basilica SS. Maria e Donato aus dem 12. Jh. sehenswert. Das Bauwerk mit seiner wunderbar gestalteten Apsis zeigt eine Mischung aus venezianisch-byzantinischen und frühromanischen Elementen und hat einen fein gearbeiteten Mosaikfußboden aus dem Jahre 1140. Im 16. Jh. entdeckte der venezianische Adel die Insel und verbrachte fortan hier die Sommerfrische; elegante Villen und Gartenanlagen zeugen von dieser glanzvollen Epoche.

Der hohe Kirchturm ist das Wahrzeichen von Burano.

Ganz anders präsentiert sich Burano: Die heitere kleine Fischerinsel mit ihren herrlich bunten Häuschen ist das Zentrum der venezianischen Klöppelspitzenindustrie. Ein kleines Museum präsentiert stolz eine Sammlung feinster Arbeiten aus zwei Jahrhunderten, darunter Schleier, Kleider und Fächer.

1 Venedig siehe Seite 299
Nach einem der unbestrittenen Höhepunkte der Rundfahrt, der Besichtigung Venedigs gleich zu Beginn geht die Fahrt weiter auf der B 14 bis zur Einmündung der B 352.

2 Aquiléia Unter Kaiser Augustus gehörte Aquiléia zu den größten Städten des Reiches, heute leben hier nur noch 3400 Einwohner. Die Überreste der römischen Stadt sowie die romanische Basilika S. Maria mit einem herrlich gearbeiteten Mosaikfußboden aus dem 4. Jh. wurden von der UNESCO zum Weltkulturerbe erklärt.

3 Údine Erst im Hochmittelalter entwickelte sich die einstige römische Siedlung zum Zentrum der Region. Der Einfluss Venedigs spiegelt sich im gesamten Stadtbild – und in der Piazza Libertà: Mit ihren Loggias und dem prächtigen Uhrturm (1527) zählt sie zu den schönsten Plätzen der Welt. Hoch über der Stadt thront das Renaissanceschloss Castello di Údine; sehenswert ist auch der Dom S. Maria Annunziata (14. Jh.) mit meisterhaften Altarbildern und Fresken von Giambattista Tiepolo.
Hohe, steil zum Meer abfallende Karstfelsen: Nur wenig hat die Riviera Triestina mit der italienischen Adria gemeinsam. Auf der Weiterfahrt von Údine über Monfalcone nach Triest entlang der B14 bekommt der Reisende einen Vorgeschmack auf die zerklüftete und bizarre Landschaft der Dalmatinischen Küste.

4 Triest Über 500 Jahre gehörte dieser wichtigste Mittelmeer-

1 Die mächtige Barockkirche Santa Maria della Salute am Canal Grande ruht auf über einer Million Pfählen.

2 Spektakulärer Sonnenuntergang über dem Golf von Triest unweit von Grado.

Reiseinformationen

Routen-Steckbrief
Routenlänge: ca. 2125 km
Zeitbedarf: mind. 3 Wochen
Start und Ziel: Venedig
Streckenverlauf: Venedig, Triest, Pula, Rijeka, Split, Dubrovnik, Bari, Pescara, Ancona, Ravenna, Padua, Venedig

Verkehrshinweise:
Gebührenpflichtige Autobahnen in Österreich (Vignette), der Schweiz (Vignette) und Italien (streckenabhängige Maut).
Zudem muss die grüne Versicherungskarte mitgeführt werden.
Vor scharfen Landminen in Kroatien wird gewarnt; dies sollte bei Ausflügen ins Küstenhinterland von Senj bis Split sowie in den Bergen südöstlich von Dubrovnik unbedingt beachtet werden!
Informationen über die Fähren nach Cres und Rab: *www.adriareisen.at*
Überfahrt nach Bari: *0043/01/52 636 30* oder *bz@adria_reisen.at*

Einreisebestimmungen:
Slowenien, Kroatien, Bosnien-Herzegowina: gültiger Personalausweis oder Reisepass. Bosnien-Herzegowina: nach 24-stündigem Aufenthalt polizeiliche Anmeldung notwendig.

Auskünfte:
Zentrale für Tourismus, *Tel. 069/25 20 45* oder *www.Croatia.hr*
Italienisches Fremdenverkehrsamt ENIT, *Tel. 030/247 83 98* oder *www.enit.it*

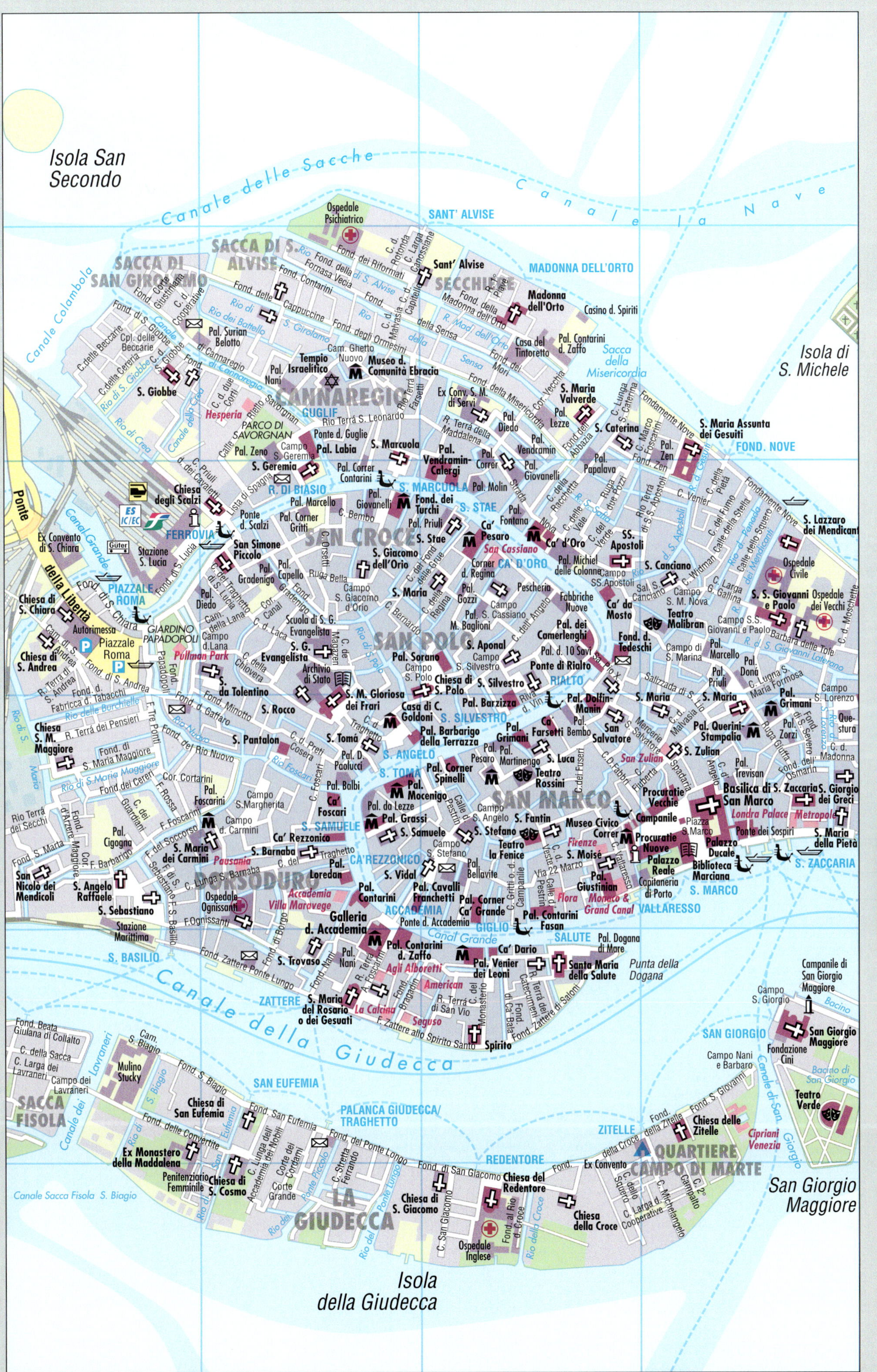

Venedig

Ein Besuch der herrlichen, alten Lagunenstadt ist zu jeder Jahreszeit ein unvergessliches Erlebnis.

Wer sich nicht gerade in der Hauptsaison mit Tausenden anderer Touristen in den engen Gassen rund um die Piazza San Marco drängt, wird von Venedig (UNESCO-Weltkulturerbe) begeistert sein. Die traumhaft schöne Stadt im Meer – als Seemacht einst die Herrin des östlichen Mittelmeers – ist nicht zuletzt dank ihrer eigenständigen mittelalterlichen Architektursprache, einer Verschmelzung von byzantinischen, arabischen und gotischen Elementen, schlicht einzigartig.

Die Hauptstadt der oberitalienischen Provinz Venezia liegt auf etwa 120 Inseln in einer Lagune, einem großen Strandsee der Adria. Mit dem Festland ist Venedig über Dämme und Brücken verbunden. Errichtet wurde die Stadt auf Pfahlrosten, sie hat 150 Brücken und 400 Kanäle. Ursprünglich war die Siedlung eine Fluchtstätte, die nach dem Einfall der Hunnen angelegt wurde. Die Lagunenbewohner blieben in der anfangs abgeschiedenen Lage über die Jahrhunderte unabhängig. Es gelang ihnen im 8. Jh. das Erbe Ravennas anzutreten. Im 15. Jh. verlagerte sich der Welthandel, und die Seemacht verlor ihre Grundlage, sodass Venedig im frühen Stadium einer Metropole stehen geblieben ist.

Der Dogenpalast in Venedig war seit dem 9. Jh. die Residenz der Dogen und zugleich Sitz der venezianischen Regierung.

Besonders sehenswert: Markusplatz, seit 1000 Jahren Zentrum der Stadt; orientalisch inspirierte, kostbar ausgestattete Markusbasilika (11. Jh.); Dogenpalast, ein Hauptwerk der venezianischen Gotik, Canal Grande mit Rialtobrücke; Kirche Santa Maria Gloriosa dei Frari, Scuola Grande di San Rocco, Galleria dell' Accademia mit umfassenden Sammlungen zur venezianischen Malerei des 14.–18. Jh.; lohnend ist der Besuch der Laguneninseln Murano, Burano und Torcello.

Der Löwe von San Marco wacht an der Molo San Marco über den Canal Grande. Auf der anderen Kanalseite steht Santa Maria della Salute, einer der eindrucksvollsten Kirchenbauten der Lagunenstadt, an der Einmündung des Canal Grande in den Canale di San Marco.

Von oben nach unten: Gondeln schaukeln in den Wellen des Canale di San Marco vor der Kulisse der Klosterinsel San Giorgio Maggiore. Prächtige Paläste säumen den 3800 m langen Canal Grande. Markusplatz und Markusbasilika präsentieren sich in Abendstimmung. Sonnenlicht fällt durch die Loggia des Dogenpalastes.

Abstecher

Rab und Cres

Ob Kulturfreund oder Badefan – die Insel Rab begeistert jeden Besucher. Hinter einem schützenden Felszug entfaltet die Insel ihren ganzen Zauber: eine Oase mit Wäldern und reicher Landwirtschaft. Die einstige römische Kolonie geriet unter kroatische und venezianische, schließlich österreichische Herrschaft. Die malerische Altstadt von Rab mit der unverwechselbaren Silhouette ihrer

Die Altstadt von Rab

vier Glockentürme ist winzig. Dort laden eine Uferpromenade und mittelalterliche Gassen zum Bummeln ein. Badeurlauber führt der Weg nach Suha Punta mit Eichen- und Pinienwäldern und vielen kleinen Buchten.

Die Insel Cres verfügt über einen ganz eigenen, schrofferen Charme. Auf der Hauptstraße hat der Reisende den Eindruck, sich im Hochgebirge zu befinden; immer wieder eröffnen sich überwältigende Ausbli-

Oben: Küstenlandschaft von Cres
Unten: der idyllische Hafen

cke auf das Meer. Cres ist mit der Nachbarinsel Lošinj (75 km²) verbunden. Weithin bekannt ist die Hafenstadt Mali Lošinj mit ihrem Hafen und den bunten spätbarocken Häusern, vor denen prächtige Yachten aus aller Welt ankern.

1

hafen zu Österreich. Weite Plätze und gemütliche Kaffeehäuser zeugen von der einstigen Gegenwart und dem Einfluss der österreichisch-ungarischen Monarchie. Der stimmungsvolle Canal Grande mit seinen kleinen Booten wird gänzlich von der imposanten Kirche Sant' Antonio (1849) beherrscht.

2

5 Koper und Piran Die slowenische Küste ist nur 40 km lang und doch findet sich hier in drei Städten alles versammelt, was zum Meer und zur Seefahrt gehört: Koper ist der Handelshafen des Landes, Izola der Fischereihafen, und in Piran sonnen sich die Strandurlauber.

Die ehemalige Insel Koper wurde durch einen Damm mit dem Festland verbunden. Zentrum der historischen Altstadt mit ihrem venezianischen Flair ist der Titov trg mit dem Prätorenpalast, der Kathedrale und dem Glockenturm – und einer Loggia, die zu einem charmanten Kaffeehaus umfunktioniert wurde. Auch Izola wurde auf einer Insel erbaut und später mit dem Festland verbunden. Obwohl die Zeugnisse der venezianischen Vergangenheit hier ebenfalls zahlreich sind, ist Izola doch in erster Linie ein Fischereihafen.

Piran, eine der schönsten Städte der Adria, lebt hingegen vom Tourismus. Mittelpunkt der Stadt ist der Tartiniplatz: Ein Halbrund aus alten Gebäuden säumt die eine Seite des Platzes und blickt auf den kleinen Fischerhafen gegenüber. In Piran sollte man sich einfach treiben und von den verträumten Details an Loggien, Brunnen und Zisternen verzaubern lassen. Auf der Weiterfahrt betritt der Reisende nun kroatischen Boden.

6 Umag Die zerklüftete Westküste Istriens von Savudrija bis Rovinj mit ihren belebten Badezentren, Fischerdörfern und den venezianisch anmutenden Städtchen am Meer hat ein abwechslungsreiches landschaftliches Gesicht. Der Weg führt zunächst durch rotes, weites Land: Die Traumstraße erreicht die »Kornkammer« Istriens, deren Mittelpunkt die schöne Stadt Umag bildet. Der einstige venezianische Hafen mit seiner historischen Altstadt ist beinahe vollständig vom Meer umschlossen. Im Mittelalter gehörte die Stadt – damals noch eine vom Festland getrennte Insel – dem Bischof von Triest. Auf kleinen, landschaftlich sehr schönen Straßen immer in Küstennähe geht es weiter nach Poreč.

7 Poreč Von Pinien gesäumte Landzungen, Lagunen mit glasklarem Wasser und zerklüftete Marmorklippen sind die Markenzeichen der 70 km langen Riviera zwischen Poreč und Vrsar – es überrascht nicht, dass sich das bereits von den Römern besiedelte Städtchen Poreč zum touristischen Zentrum Istriens entwickelt hat. Sehenswert sind u. a. die Türme der einstigen Stadtmauern sowie die Eufrasius-Basilika mit reichen Verzierungen und fein gearbeiteten Mosaiken – das bedeutendste Monument byzantinischer Sakralbaukunst (3.–6. Jh.) sowie der Glockenturm aus dem 15. Jh.

Um zur Küstenstadt Rovinj zu gelangen, müssen Autofahrer die Bucht Limski zaljev auf der E 751 umgehen; nach einer recht kurzen Fahrt durchs Landesinnere führt eine Abzweigung in den Westen der Halbinsel zur mittelalterlichen Stadt am Meer.

8 Rovinj Kennern gilt die Küstenstadt mit ihrem venezianischen Glockenturm, den zahlreichen bunten Häusern und verträumten Gassen sowie unzähligen Bademöglichkeiten als eine der schönsten Küstenstädte des Landes. Seit der Antike ist die Felseninsel bereits besiedelt; unter der venezianischen Herrschaft galt Rovinj als ein blühendes Zentrum für Fischerei und Handel.
Beginnen sollte der Altstadtbummel bei der Hafenpromenade mit ihren schönen Ausblicken. Zentrum Rovinjs ist der Platz Trg Tita, der sich zur Hafenpromenade hin öffnet, hier sorgen gemütliche Cafés, das Stadtmuseum und der prachtvolle Uhrturm aus der Spätrenaissance für ein einzigartiges Flair. Sehenswert ist auch die alles überragende Barockkirche Sv. Eufemija (1736) mit ihrem Glockenturm.
Um die nächste Station zu erreichen, geht die Fahrt zurück auf die E 751. Nach Durchfahren einer sehr eindrucksvollen Karstlandschaft erreicht man schließlich über ein von Trockenmauern durchzogenes Weinanbaugebiet den Süden von Istrien.

9 Pula Am Südende der Halbinsel befindet sich die Hafen- und Industriestadt mit ihrer imposanten römischen Arena. Pula entwickelte sich bereits zu Zeiten von Kaiser Augustus zu einer blühenden Provinzhauptstadt. Mit ihren 62 400 Einwohnern bildet sie auch heute das kulturelle und wirtschaftliche Zentrum der Halbinsel. Museen und ein ringförmig um den Kastellhügel angelegter Altstadtkern laden zur Besichtigung ein – am beeindruckendsten bleibt jedoch das gigantische Amphitheater mit seinen 33 m hohen Arkadenbögen, das unbestrittene Wahrzeichen Pulas und zudem UNESCO-Weltkulturerbe.

10 Labin Die Fahrt führt nun entlang der Ostküste Istriens nach Norden.
Die E 751 überquert das zum Teil schluchtartige Rašatal und führt danach rasch aufwärts in die überaus reizvolle mittelalterliche Stadt Labin hoch über dem Meer. Der Streckenabschnitt entlang der gewundenen Ostküste wird nun vom Ucka beherrscht, dem höchsten Berg in Istrien (1400 m): Hier liegt die Opatijska Riviera mit den charmanten Seebädern Lovran und Opatija aus dem 19. Jh. Mit Brestova endet die Region Istrien und geht in die Kvarner Bucht über.

11 Opatija Belle Époque, blühende Gärten und Kaffeehäuser – in Opatija sind noch heute allerorts die Spuren der österreichisch-ungarischen Monarchie zu finden: Seit seiner Ernennung zum Kurort 1889 entwickelte sich das Seebad zu einem urbanen Gesamtkunstwerk. Neben mondänem Strandleben bietet Opatija herrliche Spazierwege auf der 8 km langen Uferpromenade. Im Herzen der Stadt im Angiolina-Park (1885) traf sich

1 Segelyachten vor der Kulisse der historischen Stadt Trogir. Eine Stadtmauer umschließt die mittelalterliche Altstadt.

2 Ein 60 m hoher Campanile überragt die Altstadt von Rovinj.

3 Der Hafen von Piran mit eindrucksvollen Stadthäusern aus der venezianischen Epoche der Stadt

Abstecher

Plitvicer Seen

Ein unvergessliches Naturschauspiel erwartet den Reisenden im Nationalpark Plitvička jezera im norddalmatinischen Hinterland: Insgesamt 156 Höhenmeter fällt das Wasser des Flusses Korona in treppenförmig aneinandergereihten Seen und Kaskaden über Dolomit- und Kalksinterterrassen hinab. Die insgesamt 16 Seen schimmern tiefblau bis grün; die unverwechselbare Färbung erhält das Wasser durch das hier vorherrschende Kalkgestein. Die insgesamt 90 Wasserfälle und Kaskaden liegen in einem weitgehend noch urtümlichen Mischwald, dessen besondere Reize sich vor allem im Herbst entfalten.
Der eindrucksvollste der Wasserfälle des Nationalparks ist der Plitvica-Fall: Über 72 Höhenmeter stürzt dort das Wasser der Plitvica in eine Schlucht hinab. In der Nähe des Falls befindet sich ein Zugang, ein weiteres Tor zum Park öffnet sich beim

Über 90 Wasserfälle liegen innerhalb der Nationalparkgrenzen.

größten der Plitvicer Seen, dem Kozjak jezero. Die Traumlandschaft ist durch viele Kilometer Holzstege und 40 km Wanderweg gut erschlossen – Elektroboote und eine kleine Touristenbahn helfen, weite Entfernungen bequem zu bewältigen. Durch die Wälder und Schluchten streunen Braunbären, Wölfe, Wildkatzen, in den Seen leben Fischotter.
In Deutschland erlangte die Seenlandschaft mit ihren unzähligen Stromschnellen und tosenden Wasserfällen Berühmtheit als Drehort der legendären Winnetou-Filme. Bereits 1928 wurde die wilde Landschaft um die Plitviäka jezera mit einer Fläche von 295 km² zum Nationalpark erklärt, 1979 schließlich zum UNESCO-Weltnaturerbe.

Abstecher

Korčula

Nur an wenigen Punkten der Adria liegen Insel und Festland in solch unmittelbarer Nähe wie Korčula und die Halbinsel Pelješač. Die 276 km² umfassende, gebirgige Insel Korčula

Oben: Venezianische Festungsanlage der Inselhauptstadt
Unten: Blick auf das pittoreske Korčula

mit ihrer üppigen Vegetation hat dem Besucher so manche Abwechslung zu bieten. Die berühmten Moreška-Schwerttänze, die nur an bestimmten Feiertagen aufgeführt werden, haben der Sage nach ihren Ursprung in der Bedrohung durch das osmanische Reich. Ein architektonisches Juwel ist die gleichnamige, venezianisch geprägte Inselhauptstadt mit ihrem von Mauern umgebenen mittelalterlichen Stadtkern, dem Triumphbogen, der Kathedrale Sv. Marko und dem Bischofspalast.

einst die europäische Oberschicht, und noch heute wird auf einem Spaziergang unter Akazien, Zedern und Zitronenbäumen die überaus glanzvolle Vergangenheit wieder lebendig.

⑫ Rijeka Oft dient die Hafen- und Industriestadt Rijeka nur als Ausgangspunkt für die Reise entlang der Küstenstraße – zu Unrecht. Sehenswert sind nicht nur der 33 m hohe Glockenturm des Doms Sv. Marija (13. Jh., Fassade 19. Jh.), der wegen seiner Neigung der »Schiefe Turm von Rijeka« genannt wird, sondern auch die zahlreichen Museen und der Korzo mit Boutiquen und Buchhandlungen. Pflicht ist der Besuch der Festung Trsat (13. Jh.), die sich hoch über der Stadt erhebt und einen herrlichen Rundblick auf Berge und Meer bietet.
Weiter geht es entlang der kroatischen Küste auf der E 65: die 600 km lange Adria-Magistrale zwischen Rijeka und Dubrovnik führt fast ausnahmslos am Meer entlang, durch eine einzigartige Landschaft aus Kastgebirge, tiefblau funkelndem Wasser und gleißendem Licht.
Wer Zeit hat für einen längeren Abstecher, der sollte bei Kraljevica nach Krk fahren und von Valbiska auf die Insel Cres mit ihrer eindrucksvollen, kargen Mondlandschaft übersetzen.

⑬ Crikvenica Das 30 km von Rijeka entfernte Crikvenica ist ein Seebad der Jahrhundertwende. Mit einem weiten Sandstrand und der 8 km langen Uferpromenade, die bis nach Selce reicht, lockt es im Sommer zahlreiche Touristen an. Lohnend ist auch ein Besuch des

Aquariums, das einen Einblick in die reiche Fisch- und Pflanzenwelt des Mittelmeers gibt. 30 km weiter liegt Senj, von hier lohnt sich der Abstecher zu den 90 km entfernten Plitvicer Seen.
Wieder zurück auf der Küstenstraße, säumen kleine Orte den Weg, die immer wieder zu kurzen Zwischenstopps einladen. Auf halber Strecke zwischen Rijeka und Šibenik befindet sich der Fährhafen Jablanac. Von hier lohnt ein Abstecher auf die malerische Insel Rab – die Überfahrt dauert nur zehn Minuten.

⑭ Zadar Die Hauptstadt Dalmatiens hat bedeutende Bauten aus venezianischer Zeit, wie etwa den Rundbau der Donat-Kirche und den Campanile der Anastasia-Kathedrale aus dem 12. und 13. Jh. Sehenswert sind auch die Reste der mittelalterlichen Stadtbefestigung und des römischen Forums.

⑮ Šibenik Die reizvolle Hafenstadt wird von der leuchtend weißen Kathedrale Jura Dalmatinács (1441) geprägt. Der begabte Baumeister arbeitete den Großteil seines Lebens an seinem Meisterwerk, das auf einzigartige Weise den Übergang von der Gotik zur Renaissance verkörpert. Herausragend sind vor allem die Apsiden mit ihrem Band aus 74 Köpfen, von denen jeder in seiner Lebendigkeit ein Unikat ist.
Die Landschaft des Umlands ist freundlicher als im nördlichen Teil der Küstenstraße, auch die Vegetation mutet nun viel mediterraner an.
Nahe Šibenik beginnt der Krka-Nationalpark; eine einzigartige Landschaft mit Quellen, rauschenden Bächen und Wasserfällen – das Reich der kroatischen Feen und Wassermänner. Weiter führt die Strecke über Primošten.
Im Umland wird seit Jahrhunderten Wein kultiviert. Um die Pflanzen vor der Bora zu schützen, wurden kunstvolle Mauern aus weißem Stein errichtet.

⑯ Trogir Auf einer kleinen Insel liegt die stimmungsvolle Altstadt von Trogir: Verwinkelte Gassen und ein Dom des berühmten Baumeisters Radoan entführen den Besucher unversehens ins Mittelalter. Die Stadt (7000 Einw.) war einst griechische, schließlich römische Kolonie und entwickelte sich im 9.–11. Jh. zum politischen und kulturellen Zentrum Kroatiens. Von dieser Stellung zeugen nicht nur der eindrucksvolle Dom (13.–16. Jh.), sondern auch die zahlreichen prächtigen Kirchen und Paläste. Die grandiose Altstadt wurde mittlerweile in die Liste des UNESCO-Weltkulturerbes aufgenommen.

⑰ Split Auf einer Halbinsel an der Küste, überragt vom Marjanberg, liegt die Hafenstadt Split (188 700 Einw.), die mit ihren zahlreichen Museen und Theatern das kulturelle und wirtschaftliche Zentrum Dalmatiens bildet. Die Altstadt mit ihrer kuriosen Mischung aus römi-

schen, mittelalterlichen und modernen Bauten, dem beeindruckenden Diokletian-Palast, der zwischen 295–305 erbaut wurde, und dem Dom aus dem 13. Jh. wurde von der UNESCO zum Weltkulturerbe erklärt, erlitt jedoch im serbisch-kroatischen Krieg erhebliche Schäden.

18 Makarska-Riviera Immer schmaler wird der zu Kroatien gehörige Küstenstrich auf der Weiterfahrt; nur noch der Gebirgszug des Biokovo trennt die Küste von Bosnien-Herzegowina. Hier liegt das einstmals als Makarska-Riviera bekannt gewordene, beliebte Badegebiet, das bereits im 19. Jh. von Passagierdampfern angelaufen wurde. Leider zerstörte ein Erdbeben 1962 einen Großteil der Prachtbauten. Aufgrund des hohen Gebirgszugs im Rücken herrscht mildes Klima, sodass Wein und Olivenbäume kultiviert werden können. Malerische Fischerdörfer, Kiesstrände und Pinienwälder laden zu einer Pause ein.

Einige Kilometer vor Donta Deli führt eine Abzweigung zur Halbinsel Pelješac; von hier kann man zur Insel Korčula übersetzen. Um Bosnien-Herzegowina den Zugang zum Meer zu sichern, musste Kroatien ein Stück der Küste abtreten; der Weg nach Dubrovnik führt daher über eine weitere Grenzkontrolle.

19 Dubrovnik Aus der Luft betrachtet sieht es aus, als klammere sich die Stadt wie eine Muschel an den Felsen: Dubrovnik, im Mittelalter bekannt als Seefahrerrepublik Ragusa. Die Altstadt mit ihrer Mischung aus Renaissance- und Barockbauten, verwinkelten Gassen und der weiten, von Cafés gesäumten Hauptstraße ist von mächtigen Mauern umgeben, die sich nur zum Meer hin leicht öffnen. Über Jahrhunderte uneinnehmbar, stand die Stadt dennoch zweimal vor der völligen Zerstörung: 1667 durch ein schweres Erdbeben, 1991 durch den Beschuss der jugoslawischen Armee. In einer aufwändigen Aktion wurden die zerbombten Dächer der Bürgerhäuser erneuert, sodass das Stadtbild heute wieder weitgehend hergestellt ist. Sehenswert sind u. a. die Zeugnisse der glanzvollen Epoche im 15. Jh., als Ragusa mit Venedig um die Macht wetteiferte. Aus jener Zeit stammt der Rektorenpalast mit seinen Arkaden, harmonischen Rundbogenfenstern und einem barocken Treppenhof, sowie die vollständig erhaltene Stadtmauer mit insgesamt 1940 m Länge.

90 km von Dubrovnik entfernt liegt Kotor, das mittelalterliche Städtchen lohnt den 90 km langen Abstecher nach Serbien-Montenegro. Mit der Fähre geht es von Dubrovnik in 16 Stunden nach Bari im südlichen Italien.

20 Bari Die Hauptstadt Apuliens (331 600 Einw.) geht auf eine römische Gründung zurück und befand sich lange Zeit unter wechselnder Herrschaft. Bari gelangte durch den Fernhandel mit Venedig und dem Orient zu Reichtum; noch heute verfügt die Stadt über einen historischen Kern byzantinischen Ursprungs. Weite Teile des Umlands von Bari werden intensiv landwirtschaftlich genutzt, Olivenhaine prägen das Landschaftsbild.

Für wenige Kilometer geht es auf der Autostrada 98 weiter, dann führt die Route ab Ruvo di Púglia auf schmaler Straße Richtung Castel del Monte.

21 Castel del Monte Weithin sichtbar ragt das Jagdschloss (1240) – auch die »Krone Apuliens« genannt – aus der Ebene auf. Der legendäre Stauferkaiser Friedrich II. (1194–1250) mit seinem leidenschaftlichen Interesse für Wissenschaft und Magie ließ die Burg nach den Gesetzen einer Zahlenmystik errichten. Der vollkommen symmetrische, achteckige Bau mit einem Kranz achteckiger Türme ist von einzigartiger Symmetrie, sodass nur das wechselnde Tageslicht für Veränderung sorgt und zum zutiefst beeindruckenden, aktiven Gestalter des Bauwerks wird. Auf

1 Segelyachten in einem der Küstenorte der Makarska-Riviera, im Hintergrund das Biokovogebirge

2 Blick vom Hafen auf die Altstadt von Split

3 Die Festung Sveti Ivan ist ein beliebtes Fotomotiv Dubrovniks. Die Altstadt und der Segelhafen bilden zusammen eine malerische Kulisse.

4 Blick über das Häusermeer der Altstadt von Dubrovnik auf die Festung Lovrijenac

Abstecher

Kotor, Budva und Sveti Stefan

Ein interessanter Abstecher führt den Reisenden von Dubrovnik aus nach Serbien-Montenegro. Verwinkelte Gassen, kleine, verträumte Plätze und zahlreiche mittelalterliche Bauwerke erwarten den Besucher in Kotor. Die Befestigungsanlage, die vor Angriffen vom Meer aus schützen sollte, besteht aus einer 4,5 km langen und 20 m hohen Mauer. Von den drei noch bestehenden Stadttoren ist das Südtor aus dem 9. Jh. das älteste. Die Kathedrale St. Tiphun (1166) mit ihren wunderbaren Fresken aus dem 14. Jh. ist ein bedeutendes Zeugnis romanischer Architektur. Kotor zählt zu den am besten erhaltenen mittelalterlichen Städten der Region.

Auch in Budva, das auf einer kleinen, durch einen Damm mit dem Festland verbundenen Insel gelegen ist, taucht der Besucher ins Mittelalter ein: Die historische Altstadt mit ihren engen Gassen und wertvollen Kulturdenkmälern wie der Kirche St. Ivan (17. Jh.) sowie der Kirche St. Sava (14. Jh.) wird von einer Befestigungsanlage mit Toren und Türmen umgeben.

Sveti Stefan liegt im Mittelteil der Budvanska-Riviera. Heute ist das mittelalterliche Fischerdorf (15. Jh.), das einst zum Schutz vor Piraten auf einer Insel erbaut wurde, eine komfortable Hotelstadt.

Oben: die Altstadt von Budva
Unten: Luxuriöse Erholung findet man auf Sveti Stefan.

Abstecher

Urbino

Inmitten einer anmutigen Hügellandschaft mit Wiesen und Wäldern liegt Urbino, Wiege des Humanismus und Geburtsstadt Raffaels. Hier lebte Herzog Federico di Montefeltro (1444–1482), Förderer der Künste und Wissenschaften, der die Stadt zu einem Zentrum des humanistischen Weltanschauung machte. Die prachtvolle Altstadt aus Backstein ist von einer Stadtmauer geschützt und wird vollständig von dem gigantischen Palazzo Ducale beherrscht. Das imposante Bauwerk steht auf der Liste des UNESCO-Weltkulturerbes. Alle Hauptgassen führen zur Piazza della Repubblica; von dort verläuft die Via Vittorio

Oben: Palazza Ducale (1444–1482)
Unten: Piero della Francesca malte das Bildnis von Federico da Montefeltro, dem Bauherrn des Palazzos.

Veneto hügelan zum Palazzo Ducale. Der Herzogspalast gilt als eines der wichtigsten Bauwerke der italienischen Renaissance und ist mit seinem eleganten, von Rundbogenarkaden gesäumten Ehrenhof ein absoluter Höhepunkt der Architekturgeschichte.

1

ebenfalls schmaler Straße führt der Weg nach Barletta und von hier 39 km entlang der Küste bis Manfredónia; wenige Kilometer danach geht es Richtung Inland auf kurvenreicher Straße hinauf nach Monte S. Angelo.
Die Fahrt führt weiter entlang der Küste, vorbei an den beiden Lagunen Verano und Lesina. Ab Térmoli trifft die Route auf die Staatsstraße (SS) 16. Térmoli selbst ist wenig reizvoll. Zwischen Meer und Hügelland schlängelt sich die Straße nun dahin und eröffnet immer wieder schöne Ausblicke. Badebuchten und malerische Orte wie Vasto oder das auf einem Felsen thronende Ortona laden zu einer Rast ein.

2

22 Vieste und die Halbinsel Gargano Der markante Sporn des italienischen Stiefels besteht aus einem verkarsteten Gebirgsmassiv (1000 m) und zeigt ein wildes, zerklüftetes Gesicht. Monte San Angelo ist die höchste Stadt des Gargano (850 m): Von hier oben hat man einen herrlichen Blick auf die Ebene und den Golf von Manfredónia. Seit Ende des 5. Jh. ist die Stadt nach der Erscheinung des Erzengels Michael in einer nahe gelegenen Grotte eine bedeutende süditalienische Pilgerstätte. Ein Bischofsthron aus dem 12. Jh. und andere Kostbarkeiten schmücken die Grotte, die von Bronzetüren aus Konstantinopel (1076) geschützt wird. An der Ostspitze der Halbinsel liegt Vieste mit herrlichen Stränden und einer schönen mittelalterlichen Altstadt, deren Häuser mit ihren typischen, außen angebauten Treppen (mignali) oft durch schmale Bögen verbunden sind.

23 Pescara In der größten Stadt der Abruzzen herrscht täglich lebhaftes Treiben. Im Zweiten Weltkrieg wurden große Teile der Stadt zerstört und in heller, großzügiger Architektur wieder aufgebaut; nur noch ein sehr kleiner historischer Kern existiert an der Piazza Unione. Der Ort lockt mit feinen Sandstränden – und alljährlich mit einem Jazzfestival im Juli, an dem schon legendäre Musiker wie Louis Armstrong teilnahmen. Pescara liegt an der Mündung des gleichnamigen Flusses.

24 S. Benedetto del Tronto Bunt und lebhaft geht es auch im größten Fischereihafen Italiens zu. Markenzeichen der Stadt sind die herrliche, von Palmen gesäumte Promenade sowie die eleganten Villen und ein langer Sandstrand. Auch ein Besuch des Fischereimuseums und des Fischmarkts bietet sich an. Die Riviera del Conero mit dem Monte Conero ist steil: Kalkfelsen, Wälder und schmale Kiesstrände prägen die Landschaft. Kleine Abstecher ins Umland bieten sich an, beispielsweise nach Loreto, das festungsartig auf einem Hügel oberhalb von Porto Recanati thront.

25 Ancona Stufenförmig fallen die Vorberge des imposanten Monte Conero zum Meer hin ab; an diesem natürlichen Hafenrund liegt die sehr sehenswerte Regionshauptstadt der Marken: Ancona. Obwohl die Hafen- und Industriestadt (98 400 Einw.) auf eine griechische Gründung zurückgeht und eine lange Geschichte als Seerepublik hat, sind historische Monumente eher zweitrangig. In Ancona sollte man ganz in die Stimmung der Hafenstadt eintauchen – eine gelungene Abwechslung zu Strand und den mittelalterlichen Städten. Hoch über der Stadt thront der Dom San Ciriaco (aus dem 11.–14. Jh.); das byzantinisch beeinflusste Bauwerk zählt zu den beeindruckendsten romanischen Kirchen Italiens. Auf

Abstecher

San Marino

Am Ostrand der Apenninen ragt der Monte Titano auf, auf dessen Gipfeln Burgen zur Bewachung der kleinsten Republik der Welt – San Marino mit seiner gleichnamigen Hauptstadt und acht Dörfern – erbaut wurden. 301 n. Chr. zog sich der Steinmetz Marinus auf der Flucht vor der Christenverfolgung hierher zurück. Im 13. Jh. gaben sich die Bewohner eine eigene Verfassung und erklärten sich zur unabhängigen Kommune – und dabei blieb es bis heute. San Marino lebt von seinen Briefmarken und Münzen sowie von Kunsthandwerk, der

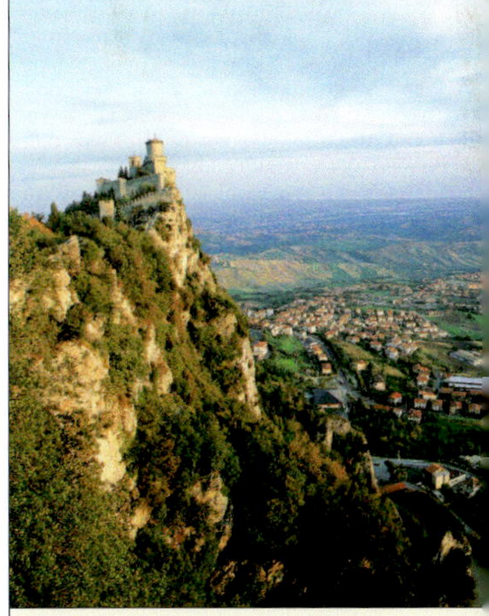

Die Burg La Guaita auf dem Monte Titano stammt aus dem 10./11. Jh.

Landwirtschaft und dem Tourismus. Geparkt wird in der Unterstadt Borgo Maggiore. Von hier geht es entweder zu Fuß oder mit der Funivia, einer Seilbahn mit herrlichen Ausblicken, weiter. Der historische Stadtkern mit seinen verwinkelten Gassen ist von einer Mauer umgeben. Von der Piazza della Libertà und dem Palazzo del Governo aus hat man einen grandiosen Rundblick. Neben der Besichtigung der Altstadt lohnt u. a. die Kirche San Francesco (1361) mit der Pinakothek einen Besuch. Sehenswert sind auch die drei Festungen auf den Gipfeln des Monte Titano, die man über den Treppenweg Salita alla Rocca erreicht.

3

4

dem Weg nach Pésaro laden einige geschichtsträchtige Orte zum Verweilen ein, darunter Senigallia, die erste römische Kolonie an der Adria mit einer Altstadt, die von der Burg Rocca Roveresca beherrscht wird.

26 Pésaro Am Ausgang des Fogliatales liegt die Industrie- und Hafenstadt Pésaro. Sehenswert ist der Altstadtkern mit seinem Palazzo Ducale (15.–16. Jh.) an der Piazza del Popolo. Auf der Weiterfahrt nach Rímini wird der Küstenstreifen merklich schmaler, das Hinterland gebirgig. Von Pésaro lohnt ein Ausflug in die 35 km südwestlich gelegene Altstadt von Urbino.

27 Cattólica bis Rímini Hier liegen die touristischen Adria-Hochburgen – Badeorte, die mit ihren kilometerlangen Sandstränden, einem vielfältigen Sportangebot und schrillem Nachtleben auf Massenerholung eingestellt sind. Rímini blickt auf eine lange Geschichte zurück: Bereits als etruskischer Hafen erlangte die Stadt große Bedeutung. Die Stadt untergliedert

1 Castel del Monte erhebt sich weithin sichtbar aus der Ebene. Die 1240 von Stauferkönig Friedrich II. erbaute zweistöckige Burg zählt zu den faszinierendsten Bauten des Mittelalters.

2 Blick auf die Altstadt von Vieste. In der verwinkelten Altstadt dominiert – typisch für Apulien – die Farbe Weiß.

3 Der Nationalpark Gargano schützt auch die hohen und felsigen Küsten der gleichnamigen Halbinsel. Eine Reihe von Grotten und Höhlen können besichtigt werden.

4 Cervia, rund 15 km südlich von Ravenna, ist ein kleines Fischerdorf (18. Jh.). Schöne Häuser der Arbeiter aus der nahe gelegenen Saline säumen das Hafenbecken.

sich in zwei Bezirke, die unterschiedlicher kaum sein könnten. Während in der Altstadt noch die Anlage der römischen Stadt erkennbar ist, befindet sich direkt am Meer das lebhafteste Seebad der Adria.
Nach San Marino führt hinter Rímini eine winzige, landschaftlich schöne Straße (20 km), alternativ dazu kann man auch die SS 72 wählen.

28 Ravenna Kunstmetropole und Industriestadt, umrahmt von Naturschutzgebieten im Umland des Podeltas – Ravenna hat viele Gesichter.
Einst lag die antike Kaiserstadt am Meer; als der Hafen versandete, verlor Ravenna an Bedeutung. Erst mit der Trockenlegung des Sumpflandes im 19. Jh. begann der Wirtschaftsaufschwung, der 1952 durch die Entdeckung von Erdgasvorkommen einen neuen Impuls erhielt.
Ravenna wird wegen der in aller Welt berühmten frühchristlichen Kirchen besucht, doch auch die stimmungsvolle Altstadt ist einen Besuch wert.
Von den zahlreichen Kunstdenkmälern seien genannt: die Kirchen San Vitale, Sant' Apollinaire Nuovo, die Basilika Sant' Apollinaire in Classe mit den Mosaiken, das Baptisterium der Orthodoxen, das Baptisterium der Arianer, das Mausoleum der Galla Placidia und das Grabmal des Ostgotenkönigs Theoderich.
Aus relativ neuer Zeit stammen Santa Maria in Porto fuori, der Dom Sant' Orso und das Grabmal Dantes. Von Ravenna führt der Weg nach Chióggia: Die Küstenzone südlich der Hauptmündung des Po wurde wegen ihrer landschaftlichen Einzigartigkeit unter Naturschutz gestellt.
Die Lagunen und versteckten Seitenarme, die weiten Felder der flachen Ebene schaffen eine Landschaft von besonderem Reiz. Angler können an den Flussdämmen auf die legendären Po-Welse hoffen.

29 Chióggia Anmutige Paläste mit den »Füßen im Wasser«, drei Kanäle mit Booten und verträumten Brücken: Die barocke Lagunenstadt wird zu Recht »Klein-Venedig« genannt. Einst verfügte die römische Gründung über große Macht, stand jedoch schließlich über viele Jahrhunderte im Schatten der Serenissima. Neben dem stimmungsvollen venezianischen Ambiente lohnt die Besichtigung des barocken Doms S. Maria Assunta. Schöne Strände gibt es bei Sottomarina und Isola Verde.

30 Padua Die alte Universitätsstadt am Rande der Euganeischen Hügel ist die letzte Station der Adria-Rundreise. lange Arkadengänge und alte Bauwerke prägen das Bild: Padua kann mit einer der schönsten Altstädte Italiens aufwarten. Hauptattraktionen sind die Cappella degli Scrovegni – hier malte Giotto in einer schlichten Kapelle seinen bedeutendsten Freskenzyklus (1305) – sowie die prachtvoll ausgestattete Basilica di Sant' Antonio aus dem 15./16. Jh., die noch heute zu den wichtigsten Pilgerstätten des Landes zählt.
Weitere kunsthistorisch interessante Bauwerke, die man besichtigen sollte, sind der Palazzo della Ragione aus dem 12. Jh., die ehemalige Augustinerkirche Eremitani (13. Jh.) mit Fresken von Mantegna, die Kirche Santa Giustina (16. Jh.) und das Denkmal des Truppenführers Gattamelata, ein Reiterstandbild Donatellos, der sonst überwiegend in Florenz wirkte. Als Abstecher lohnt eine Fahrt in die südwestlich gelegenen Thermalbäder Abano Terme und Montegrotto Terme mit seinen über 80 °C heißen, radioaktiven Quellen.

1 Die Mosaiken in der Apsis von San Vitale in Ravenna stammen aus der ersten Hälfte des 6. Jh.

2 Der berühmte Freskenzyklus von Giotto in der Capella degli Scrovegni (1305) in Padua zeigt Szenen aus dem Leben Christi.

Frühchristlich-byzantinische Kirchen in Ravenna

Der Stern des römischen Imperiums war schon im Sinken begriffen, als Ravenna seine Blütezeit erlebte: 395 wählte Honorius Ravenna zur Hauptstadt. Er und seine Schwester Galla Placidia ließen Ravenna zur Kaiserstadt ausbauen; ab 476 übernahm der germanische Heerführer Odoaker die Macht und regierte von Ravenna aus sein Reich. Aus dieser glanzvollen Ära sind zahlreiche frühchristliche Kirchen erhalten. Unbekannte Künstler schufen hier Mosaikzyklen, die von unglaublicher handwerklicher Perfektion zeugen. Aufgrund stilistischer Ähnlichkeiten wird vermutet, dass römische Handwerker die Mosaiken anfertigten oder die Künstler Ravennas zumindest bei Meistern aus Rom in die Schule gingen. Die Leuchtkraft der Mosaiken liegt in ihrem Material begründet: Die einzelnen Teilchen (Tesserae) wurden aus Glas gefertigt und effektvoll platziert, sodass sie das Licht reflektieren und eine ungeheure Wirkung entfalten können. Am sehenswertesten ist die Kirche San Vitale (526), die nach dem Vorbild der Hagia Sophia in Konstantinopel errichtet wurde und deren größter Schatz die reichen Mosaiken im byzantinischen Stil sind. Dahinter befindet sich das Mausoleum der Galla Placidia, ein von außen unscheinbarer Ziegelbau, der jedoch im Inneren ebenfalls mit außergewöhnlich prachtvollen Mosaiken verziert ist. Die Mosaiken bedecken die Kuppel und die Tonnengewölbe und sind noch älteren Datums als die Mosaiken von San Vitale.

Oben: Sant' Appolinare in Classe
Unten: Ein Madonnen-Mosaik

Padua Die Universitätsstadt schmückt eine der schönsten Altstädte Italiens. Besondere Attraktionen sind die Cappella degli Scrovegni mit einem Giotto-Freskenzyklus (1305) und die jährlich von Millionen Pilgern besuchte Basilica di Sant'Antonio (15./16. Jh.).

Venedig Die »Königin der Meere« ist eine Mischung aus Pracht und Verfall, aus Land und Wasser, aus Gotik, Barock und Renaissance. Auf der Liste sehenswerter Attraktionen stehen unter anderem: Canal Grande, Piazza San Marco, Seufzerbrücke, Accademia und Palazzo Ducale.

Piran An Sloweniens 40 km langer Küste liegt eine der schönsten Adriastädte, die wie ein Venedig »en miniature« wirkt. Besonders prächtig ist der Tartiniplatz mit dem Denkmal des Komponisten Giuseppe Tartini und der Blick vom Hügel der Georgskirche über das Dächergewirr.

Opatija Einiges in dem Kurort erinnert an die vergangenen Zeiten der k.u.k.-Monarchie: blühende Gärten, Kaffeehäuser und eine Strandpromenade.

Murano und Burano Unter den Inseln innerhalb der Lagune von Venedig sind zwei besonders bemerkenswert: Burano, eine Fischerinsel mit bunten Häusern und kleinen Klöppelbetrieben, sowie Murano, seit dem 13. Jh. der Inbegriff für erlesenes Glashandwerk, mit einer frühromanisch-byzantinischen Basilika.

Rovinji Den besten Blick auf die istrische Hafenstadt hat man vom Wasser aus. Bauten wie der Campanile, der prachtvolle Rote Uhrturm aus der Spätrenaissance, die Hafenpromenade, die Kirche der hl. Euphemia und unzählige Cafés lassen den venezianischen Einfluss erkennen.

Plitvicer Seen Ein Naturschauspiel ersten Ranges bieten hier 16 türkis schimmernde Seen und über 90 Wasserfälle.

Split Die Hafenstadt ist Dalmatiens wirtschaftlich-kulturelles Zentrum. Ihr Stadtzentrum schmücken Römeranlagen wie der Diokletian-Palast (um 300 n. Chr.) und mittelalterliche Bauten wie der Dom.

Pésaro, Cattólica, Rímini Sehenswert in Pésaro ist der Altstadtkern mit dem Palazzo Ducale. Cattólica lockt dagegen mit kilometerlangen Badestränden. Das nahe Rímini – einst ein etruskischer Hafen – zählt zu den bekanntesten italienischen Seebädern. Die Altstadt lockt mit römischen Ruinen und guter Gastronomie.

Villach
Vittorio Véneto
Údine
Ljubljana
SLOWENIEN
Treviso
Mestre
Mailand
Padua
Venedig
Chióggia
Aquiléia
Piran
Triest
Koper
Umag
Poreč
Rovinj
Pula
N.P. Risnjak
Zagreb
Rijeka
KROATIEN
Crikvenica
Opatija
Krk
Senj
N.P. Plitvicer Seen
Plitvička Jezera
Labin
Čres
Rab
Jablanac
N.P. Sjeverni Velebit
Mali Lošinj
Pag
N.P. Paklenica
Ferrara
Po Delta
Ravenna
Bologna
Rímini
Florenz
San Marino
Cattólica
Pésaro
P.N. Casentinesi-M. Falterona-Campigna
Perúgia
Urbino
Ancona
ITALIEN
Zadar
Nacionalni park Krka
Šibenik
Banja Luka
Split
BOSNIEN-HERZEGOWINA
Trogir
Makarska
Mostar
Sarajevo
SERBIEN UND MONTENEGRO
P.N. dei Monti Sibillini
San Benedetto del Tronto
Korčula
Dubrovnik
Kotor
Podgorica
Rom
P.N. del Gran Sasso e Monti della Laga
Pescara
Herceg-Novi
Budva
N.P. Skadarsko jezero
Skutarisee
Sveti Stefan
ALBANIEN
Tirana
Vasto
P.N.d. Maiella
Térmoli
Vieste
Campobasso
P.N. del Gargano
Manfredónia
Fóggia
Barletta
Bari
Neapel
Castel del Monte
Bríndisi
Táranto
Potenza
Adriatisches Meer

Ravenna Die einstige Hauptstadt des ostgotischen Königs Theoderich des Großen ist vor allem wegen ihrer frühchristlich-byzantinischen Kirchen bekannt.

Gargano Der Sporn des italienischen Stiefels ist ein Karstgebirge mit bis zu 1000 m Höhe. Monte Sant' Angelo ist die höchst gelegene Stadt (850 m).

Trogir Verwinkelte Gassen und ein Dom (13.–16. Jh.) prägen die denkmalgeschützte Altstadt, die auf einer Insel liegt. Zahlreiche Kirchen und Paläste machen das dalmatische Städtchen – vom 9.–11. Jh. Kroatiens politisch-kulturelles Zentrum – sehenswert.

Castel del Monte Das weithin sichtbare Jagdschloss des Staufferkaisers Friedrich II. (1194–1250) besticht durch eine perfekte Achteck-Symmetrie und strenge Schlichtheit.

Dubrovnik Wenige Jahre nach den schweren Kriegszerstörungen bietet die einstige Seefahrerrepublik wieder ein intaktes Stadtidyll: Renaissance- und Barockbauten, Cafés und das Meer, vor allem aber die mächtigen Befestigungsmauern verleihen »Venedigs Konkurrentin« ihren einzigartigen Zauber.

Kotor Die mittelalterliche Stadt wird von einer 4,5 km langen und 20 m hohen Mauer umschlossen. Eines der drei Stadttore stammt aus dem 9. Jh.; die Kathedrale zieren kostbare Fresken (14. Jh.).

Korčula Die gebirgige Insel ist für ihre Schwerttänzer und üppige Vegetation berühmt. In der gleichnamigen Hauptstadt befinden sich u. a. der Dom und die Allerheiligenkirche.

Relikt antiker Zivilisation: das Amphitheater von Taormina

Route 25

Sizilien

Auf den Spuren der Griechen und Normannen, Araber und Staufer

Die größte Insel Italiens kommt in ihrer kulturellen Vielfalt einem ganzen Kontinent gleich. Klassische griechische Tempel, normannische Kathedralen und barocke Paläste machen aus der Insel eine Art überdimensionales Stilkundemuseum. Einen kraftvollen Kontrapunkt setzt die Natur mit dramatischen Felsküsten und Superlativen wie Europas höchstem Vulkan.

Am Rande Europas, aber im Zentrum der mediterranen Welt: Prägnanter lässt sich die Rolle Siziliens in Geschichte und Gegenwart wohl kaum beschreiben. Für Bewunderer der Antike ist diese 26 000 km² große, vom Ionischen und vom Tyrrhenischen Meer umspülte Insel ein Stück Griechenland. Für Mailänder und Turiner ist sie ein von dunklen Mächten beherrschter Stolperstein vor der Spitze des italienischen Stiefels, der den flotten Schritt Richtung Zukunft hemmt. Für die Sizilianer hingegen bleibt sie, auch wenn viele unter den feudalen Verhältnissen leiden und aus Armut fortgehen mussten, immer noch *terra santa* – ihre vom Stiefel Italien allzu oft getretene heilige Heimat. Solange die Weltpolitik mehr oder weniger um das Mittelmeer kreiste, lag Sizilien als strategisches Kronjuwel im Brennpunkt des Kampfes der Großmächte um Einfluss. In der Frühantike waren es die Griechen, die gleichsam im Schlepptau der Phönizier die Insel kolonisierten und Syrakus zu einem Zentrum des vorrömischen Altertums machten. Ihnen folgten

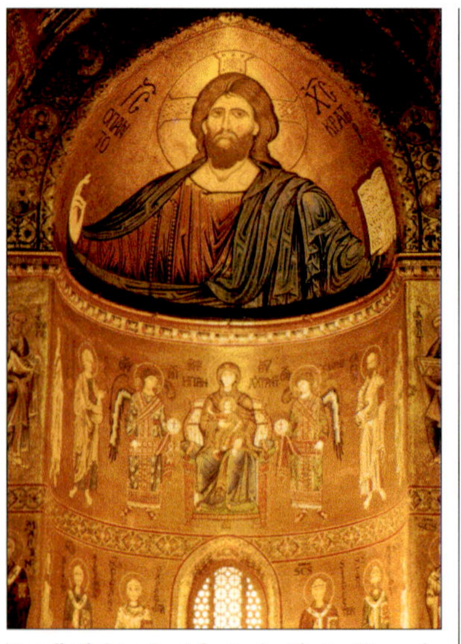

Mosaik Christus Pantokrator im Kloster Monreale

die Römer, Wandalen, Byzantiner, Araber, Normannen, Staufer, Aragonesen und Neapolitaner. Viele dieser Besatzer plünderten das Land erbarmungslos und fochten auf seinem Boden blutige Kriege. Manche befruchteten seine Kultur, wie etwa die Araber, die vom 9. bis zum 11. Jh. Zitrus- und Maulbeerbäume, Zuckerrohr und Dattelpalmen pflanzten und die Insel zum Einfallstor ihrer überlegenen Zivilisation für Europa machten. Fast alle aber hinterließen steinerne Zeugnisse ihrer Anwesenheit. So kommt es, dass sich Sizilien in kultur- und kunsthistorischer Hinsicht nicht als Insel, sondern als Kontinent präsentiert. Sei es die griechische Klassik mit den Tempeln in Agrigento, Segesta und Selinunt, sei es die Ära der Normannen mit den Domen von Monreale, Palermo und Cefalù oder der Barock mit den Stadtensembles von Noto,

Der Ätna zählt heute zu den aktivsten Vulkanen der Erde. Er hat über 1000 Nebenkrater und kleinere Ausbruchstellen, die auch Lava ausschütten, und wird in einem eigenen Observatorium beobachtet.

Der Concordia-Tempel im Valle dei Templi bei Agrigento stammt aus dem 5. Jh. v. Chr.

Ragusa und Modica: Auf Sizilien fanden all diese kunstgeschichtlichen Epochen zu vollendetem Ausdruck.
Es sind freilich nicht nur solche und andere Hochkulturen, die den heutigen Reisenden bei der Fahrt rund um den »Continente Sicilia« faszinieren. Mindestens ebenso tief gräbt sich die Intensität von Landschaft und Leuten ins Gedächtnis. Ob im Frühjahr, wenn ein paradiesisches Blütenmeer die ganze Insel duftend umhüllt; ob im Sommer, wenn höllische Hitze ihre Erde ausdörrt – stets bezaubert Sizilien seine Gäste mit einer archaischen Schönheit, der weder Erdbeben und Vulkaneruptionen noch menschliche Gewaltausbrüche dauerhaft etwas anhaben konnten.
Dieses Nebeneinander von Kontrasten, Leidenschaftlichkeit und fast fatalistischer Lethargie, dieses Entweder-Oder, Freund oder Feind, Liebe oder Hass, Leben oder Tod offenbaren sich auch im Temperament der Einheimischen. Auf den Plätzen Palermos oder Catanias pulsiert das pralle Leben, laut, kraftvoll, ziemlich chaotisch und schick. Die Kehrseite der Medaille zeigt sich in Wirtschaft und Politik: der Geist des Mezzogiorno, der Mafia, Bürokratie und Korruption zu einer unheiligen Allianz verschmilzt und vielerorts auch im Umgang mit der Natur die Behutsamkeit noch schmerzlich vermissen lässt.
Eines ist gewiss: Dieser kleine Zwischenerdteil, der von Afrika nicht viel weiter als von Europa entfernt liegt, öffnet jedem Gast aus dem Norden unweigerlich die Sinne, bezirzt ihn mit seinen exotischen Düften, den starken Farben, dem Licht, und weckt noch während der Reise den Wunsch nach baldiger Wiederkehr über die Straße von Messina.

Einsamkeit findet man noch auf der Isola Salina, der zweitgrößten der Liparischen Inseln.

Abstecher

Liparische Inseln

Ein lohnender Ausflug führt vom Fährhafen Milazzo (40 km nordwestlich von Messina) oder auch von Cefalù auf die Liparischen Inseln. Der aus erstarrter Lava und vulkanischem Tuff bestehende Archipel ist das mythische Reich von Äolus, dem Windgott und Erfinder der Segelschifffahrt. Seine fast durchwegs steilen, von Menschenhand unversehrten Küsten locken mit winzigen Buchten, die oft nur mit Booten zu erreichen sind. Touristisch am dichtesten erschlossen ist die Hauptinsel Lípari (4500 Einw.). Wegen zweier Strandbuchten und der Heilkraft der schwefelhaltigen Schlammbäder viel besucht ist auch Vulcano. Agrarisch geprägt zeigt sich Salina, wo insbesondere Kapern und der süße Malvasier gedeihen. Abseits

Isola Filicudi

der großen Touristenströme liegen Filicudi, Alicudi und Strómboli. Der aktive Vulkan auf Strómboli fasziniert mit seinen regelmäßigen Auswürfen von glühendem Magma. Mit Abstand größte kulturelle Attraktion der Inselgruppe ist das in der Akropolis von Lipari eingerichtete, mit antiken Funden gut bestückte Nationalmuseum.

Sizilienrundfahrt: Wer die größte Insel des Mittelmeers auf der etwa 850 km langen Küstenstraße umrundet, erhält einen umfassenden Eindruck von ihrer Geschichte und dem Reichtum an Baudenkmälern und Landschaften. Ergänzt wird er durch Abstecher ins Landesinnere und auf die vorgelagerten Inseln.

1 Messina So wie diese nur knapp 3 km vom italienischen Festland entfernt gelegene Hafenstadt seit ihrer Gründung durch die Griechen im 8. Jh. v. Chr. den meisten Eroberern als erster Stützpunkt fungierte, so dient sie auch heute als »Tor zur Insel«. Die Stadt wurde mehrmals zerstört: 1783 und 1908 durch Erdbeben und 1943 durch Bombenangriffe.
Aus alter Zeit herübergerettet hat sich die kleine Normannenkirche Santa Annunziata dei Catalani. Sehr schön ist das Panorama von den höhergelegenen Stadtbezirken über die schachbrettartigen Straßen und die Hafenanlagen hinweg auf die berühmt-berüchtigte Meerenge und die nahen, bewaldeten Hügel Kalabriens.
Über die so kurven- wie aussichtsreiche Uferstraße erreicht man die Nordküste und nach insgesamt 80 km eines der berühmtesten Wallfahrtsziele Siziliens.

2 Tindari Von der 260 m hohen Felsklippe, auf der das moderne Heiligtum mit der wundertätigen schwarzen Madonna thront, genießt man einen herrlichen Blick hinab auf die Sandbänke und hinüber zu den Liparischen Inseln. Nicht minder prachtvoll ist die Aussicht vom benachbarten Ruinenfeld des antiken Tyndaris, von dem noch Reste des Theaters, der römischen Basilika, der Wohnbezirke und der Stadtmauern erhalten sind.
Auf der viel befahrenen SS 113 weiter Richtung Westen passiert man abwechselnd Sandstrände, Felsklippen, Badeorte, Industrieanlagen und erreicht nach 130 km das auf einer schmalen Landzunge liegende Cefalù.

3 Cefalù Das unter einem mächtigen Kalkfelsen geduckte Fischerstädtchen wäre allein wegen seiner orientalisch anmutenden Altstadt und dem Sandstrand einen Zwischenstopp wert. Immerhin wartet es mit der Ruine eines antiken Heiligtums, mit arabischen Waschhäusern und – im Museo Comunal Mandralisca – einer reizvollen, privaten Kunstsammlung auf.
All dies wird aber im wahrsten Sinne des Wortes vom Dom in den Schatten gestellt. Den Grundstein für diesen ältesten Sakralbau Siziliens aus der Normannenzeit ließ König Roger II. im Jahr 1131 legen. Allein der Anblick der Fassade mit ihrem romanisch strengen Bogenportal und den beiden wuchtigen Wehrtürmen gräbt sich tief ins Gedächtnis. Absolut überwältigend ist der hohe, schlanke Innenraum. Meister aus Konstantinopel schufen im Chorbereich noch zu Lebzeiten des Stifters

Reiseinformationen

Routen-Steckbrief
Routenlänge: ca. 850 km (ohne Abstecher)
Zeitbedarf: mind. 8–10 Tage
Start- und Zielort: Messina
Routenverlauf: Cefalù, Palermo, Segesta, Trápani, Selinunt, Agrigento, Ragusa, Noto, Syrakus, Catania, Taormina

Verkehrshinweise:
Die Höchstgeschwindigkeit beträgt in Orten 50 km/h, auf Landstraßen 90 km/h und auf Autobahnen 110 bzw. 130 km/h. Es besteht Gurtpflicht für die Vordersitze. Die Promillegrenze ist 0,8.

Beste Reisezeit:
Frühling und Herbst. April bis Mitte Mai steht das Land in Blüte (20–25 °C). Der Sommer ist heiß, im Herbst liegen Wasser- und Lufttemperaturen bis November bei 20° C. Die Winter sind kurz, mild und nur mäßig regenreich.

Auskünfte
Italienische Fremdenverkehrsämter: Berlin, *Friedrichstr. 187, Tel. 030/247 83 97;* München, *Lenbachplatz 2, Tel. 089/53 13 17;* Servicenummer: *00/800 00/ 48 25 42; www.enit.de*

Ätna-Card: Ermäßigungen rund um den Ätna und in der Provinz Catania. Infos unter *www.scopricatania.it.*

1 Den Hafen von Cefalù, der an das malerische Fischerviertel grenzt, säumen mittelalterliche Fischerhäuser.

2 Tindari: Die Ruinen des antiken Theaters, des Teatro Greco, liegen hoch über der felsigen Steilküste am Tyrrhenischen Meer im Nordosten von Sizilien.

Palermo

Palermo war im Ersten Punischen Krieg Hauptstützpunkt der karthagischen Flotte und erlebte in der Folge unter Arabern, Normannen und Staufern kulturelle Blütezeiten sondergleichen. Aus all diesen Epochen hat sich ein immenser Schatz an Baudenkmälern erhalten.

In der Altstadt stehen byzantinische Kirchen neben Moscheen, barocke und katalanische Paläste neben klassizistischen Kasernen und arabischen Lustschlössern. Glanzstücke sind die gewaltige Kathedrale und der Normannenpalast mit der mosaikgeschmückten Cappella Palatina, sehenswert sind auch die Kirchen San Cataldo, La Martorana, San Giovanni degli Eremiti, der Palast La Zisa, das Teatro Massimo, die Katakomben des Kapuzinerkonvents sowie Nationalgalerie und Archäologisches Museum. Vor 200 Jahren noch eine der prächtigsten Residenzstädte Europas, schien

Oben: die 1184 erbaute Kathedrale
Mitte: der Hafen von Palermo
Unten: der lebhafte Vucciria-Markt auf der Piazza Caracciolo

Palermo nach dem letzten Krieg dem Verfall preisgegeben. In den 1990er-Jahren streifte »die Schöne« das Stigma mafiöser Dekadenz ab. In ihrem lange Zeit vor sich hin siechenden Herz wird seither emsig renoviert. Bester Beweis: die exotisch bunten Märkte sowie die Flaniermeilen und Plätze.

Eindrucksvoll und fast mystisch wirkt der einsam gelegene Tempel von Segesta. Er befindet sich gegenüber des Monte Barbaro, auf dem die Ruinenreste der antiken Stadt Segesta und das Theater stehen, von dem aus man auf den Tempel schaut. Der klassische griechische Ringhallentempel, der schon im 5. Jh. v. Chr.

erbaut wurde, hat 36 gut erhaltene dorische Säulen: 6 an den Schmalseiten und 14 an den Längsseiten. Die Grundfläche beträgt 61,15 x 26,25 m. Der Tempel wurde nie fertig gestellt, auch fehlt die sonst typische Cella in der Mitte des Tempelinneren.

1

Abstecher

Erice und San Vito lo Capo

Zwei Ausflüge von Trápani aus: Auf einem Bergkegel thront das mittelalterliche Städtchen Erice, in dem einst die Elymer und Punier die

Oben: San Vito lo Capo
Unten: Erice, Monte San Giuliano

Fruchtbarkeitsgöttin Astarte/Aphrodite verehrten. An der Stelle eines römischen Venusheiligtums steht heute eine Normannenfestung. Im Ort, von dem man schöne Blicke auf die Küstenebene genießt, haben sich Reste antiker Tempel- und Verteidigungsmauern erhalten. Eindrucksvoll ist die Fahrt entlang der Küste nach San Vito lo Capo. Nach 40 km warten am Rand einer flachen Sandbucht ein Kap samt Leuchtturm und dahinter das Naturschutzgebiet Zingaro.

herrliche, golden gleißende Mosaike.

4 Bagheria Der Ort war im 17. und 18. Jh. die bevorzugte Sommerfrische der Adelsfamilien aus der nahen Stadt. Hier, wo eine Meeresbrise Kühlung versprach, entstanden inmitten idyllischer Zitronen- und Olivenhaine zahlreiche barocke Landpaläste. Einige der Residenzen sind nach wie vor zu besichtigen, darunter die Villa Palagonia mit ihrem herrlich manierierten Skulpturenschmuck.
Von Bagheria sind es noch weitere 14 km bis Palermo.

5 Palermo siehe Seite 313

6 Monreale Kein Aufenthalt in Palermo ist denkbar ohne die Fahrt hinauf in das 8 km entfernte Bischofsstädtchen. Von der Anhöhe des Monte Caputo hat man die sizilianische Hauptstadt mit ihrer wie mit dem Zirkel gezogenen Bucht, der Conca d'Oro, unvergleichlich schön vor sich liegen.
Hauptsehenswürdigkeit aber ist die weltberühmte Kathedrale. 1172 hatte Wilhelm II. hier in luftiger Höhe eine Benediktinerabtei gestiftet, um die sich alsbald eine Stadt bildete. In ihrem Zentrum ließ er einen Dom bauen – eine dreischiffige Basilika, die den Triumph des Christentums über den Islam symbolisieren sollte. Diese mit einer Länge von 102 m und Breite von 40 m größte Kirche Siziliens ruht auf 18 antiken Säulen. Sie enthält die Sarkophage der Könige Wilhelm I. und II. sowie herrliche Bronzeportale und Marmorfußböden. Die große Sensation sind freilich ihre einzigartigen Mosaike, die auf einer Fläche von 6300 m^2 mit

2

beispielloser Pracht biblische Geschichten erzählen. Sehenswert ist auch der Kreuzgang mit seinen 216 Säulenpaaren.
Westlich von Palermo gerät das Tyrrhenische Meer teilweise außer Sicht. Die SS 113 führt ins Landesinnere nach Segesta.

7 Segesta In der heute unbewohnten Hügellandschaft hatten sich in der Antike die Elymer, angebliche Nachkommen der Trojaner, niedergelassen. Von der Stadt dieses Volkes sind ein majestätischer, jedoch unvollendet gebliebener dorischer Tempel und ein prachtvoll gelegenes Amphitheater erhalten.

8 Trápani Die auf einer Landzunge gelegene Provinzhauptstadt bildet den westlichen Endpunkt der SS 113 und auch der A29. Drepanon, so der Name ihrer antiken Vorgängerin, diente den Karthagern und Römern als Flottenstützpunkt. Unter normannisch-staufischer Herrschaft stand sie als religiöse Freistatt für alle Mittelmeervölker und als Haupthandelshafen für Salz, Fisch und Wein in höchster Blüte. Vom alten Wohlstand zeugen in der vom Barock geprägten Altstadt zahlreiche Prachtbauten.

Via del Sale

Für die Fahrt von Trápani nach Marsala empfiehlt sich die 55 km lange »Salzstraße« längs der Küste, an der Lagunen, Himmel und Land scheinbar ineinander übergehen. Hauptattraktion der unter Naturschutz gestellten Landschaft sind die Salzgärten mit ihren Windmühlen. Sehenswert auch die zwei Museen zur Geschichte der Salinen und die Insel Mozia mit den Überresten eines phönizischen Hafens.

Mit archäologischen Exponaten und Kunstschätzen gut bestückt ist das Museo Regionale Pepoli. Einen Besuch lohnt auch die sehenswerte Wallfahrtskirche Santuario dell' Annunziata, ein wuchtiger Kolossalbau im katalanischen-gotischem Stil sowie ein Ausflug nach Erice oder San Vito lo Capo.

9 Ísole Égadi (Ägadische Inseln) Diese drei einstmals als Piratennester berühmt-berüchtigten Inseln vor der Westspitze Siziliens lohnen einen Tagesausflug von Trápani aus. Die Insel Maréttimo ist ein unberührtes Wandergebiet. Auf der Insel Lévanzo harrt die Grotta del Genovese mit steinzeitlichen Höhlenmalereien der Bewunderung. Favignana ist für die im Frühjahr veranstaltete Mattanza, eine Tunfischjagd, berühmt.

10 Marsala Die Stadt gab dem Dessertwein ihren Namen, doch

der nahe dem Capo Lilibeo, Siziliens westlichstem Punkt, von den Phöniziern angelegte Hafen hält mehr bereit: einen schönen, barocken Kern mit einer repräsentativen Piazza, einen ursprünglich normannischen Dom, ein mit flämischen Gobelins bestücktes Museum und eine archäologische Fundstätte aus der Römerzeit. Sein orientalisch anmutendes Stadtbild verdankt es dem 827 von Arabern neu gegründeten Mars al-Allah, dem »Hafen Gottes«.

⓫ **Mazara del Vallo** Die einstige Verwaltungshauptstadt des Val di Mazara, einem mehrheitlich von Muslimen bewohnten Emirat, hat zwei Seiten: eine ziemlich abweisende in Form eines riesigen Fischereihafens und eine schöne in Form einer barock geprägten Innenstadt mit einer idyllischen Piazza samt üppig dekoriertem Dom. Ein architektonisches Juwel erhebt sich 3,5 km westlich des Städtchens Castelvetrano: das über 900 Jahre alte, von den Normannen errichtete Kuppelkirchlein Santa Trinità.

⓬ **Selinunte** Die Stadt, die einst dank dem Handel mit Weizen zu den wichtigsten griechischen Orten auf Sizilien zählte, wurde im 7. Jh. v. Chr. von Dorern gegründet und 250 v. Chr. von den Karthagern zerstört. Trotz etlicher Erdbeben und dem Missbrauch als Steinbruch haben sich auf dem riesigen Ruinengelände imposante Relikte erhalten. Auf der Akropolis und zwei Hügeln wurden insgesamt neun Tempelanlagen freigelegt. Einige sind wieder hergestellt und bilden, direkt am Meer gelegen, Paradebeispiele für monumentale Heiligtümer der klassisch-griechischen Zeit. Auf der landschaftlich reizvollen Nebenstraße nimmt man nun, der Küste folgend, Kurs Richtung Südost. Nächste Stationen sind Sciacca, aus dessen Boden eine schon von den Römern geschätzte Thermalquelle sprudelt und – über einen kurzen Umweg ins Landesinnere – Caltabellotta, ein spektakulär auf einem fast 1000 m hohen Felsen klebendes »Falkennest«, von dessen normannischer Burgruine man einen atemberaubenden Panoramablick über weite Teile der Insel hat.
Zurück an der Küste, wartet nach ca. 12 km die nächste antike Sehenswürdigkeit.

⓭ **Eraclea Minoa** Die spärlichen Grundmauern und das schöne Theater dieser im 6. Jh. v. Chr. gegründeten Stadt liegen auf einem Plateau, das mit schneeweißen, 80 m hohen Kreideklippen senkrecht zum Meer abbricht.

⓮ **Agrigento** Die 30 km weiter gelegene Provinzhauptstadt hinterlässt anfangs einen zwiespältigen Eindruck. Allzu unschön haben Hochhäuser und Industrie den breiten Abhang überwuchert. In der überwiegend barocken Altstadt verbirgt sich jedoch so manches gemütliche Plätzchen und bauliches Juwel, allen voran der im Kern normannische Dom, zum anderen erweist sich die Stadt als wohltuend wenig vom modernen Wildwuchs überformt.

⓯ **Valle dei Templi** Das »Tal der Tempel«, genau genommen ein langgestreckter Bergrücken, fasziniert durch die harmonische Verschmelzung von klassischer Architektur und mediterraner Landschaft. Wie Perlen sind die Kultbauten des antiken Akragas, das im 5. Jh. v. Chr. neben Syrakus zur stärksten Macht Siziliens aufgestiegen war, aneinander gereiht – monumentale Tempel im klassisch-dorischen Stil.
Über die Hafen- und Industriestadt Gela, die wegen der altgriechischen Wehrmauern und des gut bestückten Archäologischen Museums einen Zwischenstopp lohnt, gelangt man in den Südosten Siziliens, das Land der kargen Karstgebirge und des üppigen Barock. Vittoria und Comiso heißen die beiden ersten Städte entlang der Strecke ins Landesinnere (SS 115). Sie geben einen Vorgeschmack auf die schwelgerischen Formen der hiesigen Architektur.

1 Wolken verdunkeln den Himmel über der Akropolis von Selinunte.

2 Innenansicht des Doms von Monreale südwestlich von Palermo

3 Der 490–480 v. Chr. erbaute dorische Tempel in Selinunte war vermutlich der Hera geweiht.

4 Caltabellotta liegt auf einem fast 1000 m hohen Felskamm.

Abstecher

Villa Romana del Casale

Eine Tagesfahrt von Catania westwärts in das Innere Siziliens vermittelt einen guten Eindruck von den Reizen jenes Hügel- und Berglandes, das den Römern einst als Kornkammer diente. Auf der 250 km langen Rundroute macht man mit Caltagirone, der malerischen Hauptstadt der Keramikherstellung, und mit Enna, dem mächtig befestigten »Belvedere Siziliens«, Bekanntschaft. Höhepunkt ist freilich die spätantike Villa Romana del Casale. Als man vor gut 70 Jahren 6 km südlich des Städtchens Piazza Armerina erstmals auf die Grundmauern eines Landsitzes stieß, konnte man noch nicht ahnen, welche Kostbarkeiten zum Vorschein kommen würden: 42 Räume mit Mosaikfußböden aus dem 4. Jh., die zum Besten gehören, was aus der Antike erhalten ist.

Prächtiger Mosaikfußboden in der Villa Romana in Casale

Abstecher

Der Ätna

Mongibello (vom italienischen monte und vom arabischen gebel, die beide »Berg« bedeuten) nennen ihn die Sizilianer im Wissen um seine bedrohliche Launenhaftigkeit. Doch so

Ausbruch des Ätna im Jahr 2001

heikel das Leben im Schatten des größten Vulkans Europas sein mag: Ein Ausflug auf den 3323 m hohen Gipfel ist, wenn man auf den vorgegebenen Pfaden bleibt, ungefährlich und ein unvergessliches Erlebnis. Von Nicolosi oder Zafferana führt die Strada dell' Etna in vielen Kurven bis zum Schutzhaus Sapienza auf 1910 m. Weiter geht's per Seilbahn auf 2600 m und zuletzt mit Führer im Allradfahrzeug bis zum Kraterrand. Wer etwas mehr Abstand halten will, kann an seinen Hängen wunderbar wandern. Das landschaftlich reizvolle Gebiet wurde 1981 zum Nationalpark erklärt. Eine bequeme Alternative bietet die Ferrovia Circumetnea, eine Schmalspurbahn, die in etwa 3,5 Stunden einmal rund um den Koloss zuckelt, von Catania durch Obst- und Weingärten und Lavafelder bis in das 114 km entfernte Giarre-Riposto.

16 Ragusa Die Stadt bildete schon unter den Sikulern, den antiken Bewohnern Ostsiziliens, ein wichtiges Zentrum. Nach dem verheerenden Erdbeben von 1693 wurde sie komplett neu erbaut. Ihr östlicher Teil, Ragusa-Ibla, drängt sich mit seinen winkeligen Gassen auf einem schmalen Felssporn und wird von der Basilika San Giorgio überragt. In der westlichen, 100 Jahre jüngeren Stadthälfte finden sich die Kathedrale, repräsentative Palazzi und das Museo Archeologico Ibleo. Beide Bezirke bieten ein barockes Stadtbild par excellence.

17 Módica Fast noch malerischer an die Steilhänge zweier Karstschluchten geschmiegt und ebenso einheitlich dem Barockstil verschrieben präsentiert sich das altehrwürdige Städtchen Módica. Seine Hauptattraktion: der Dom San Giorgio. Alle bisherigen Stationen waren allerdings nur eine Art Vorspiel für das, was 50 km östlich die Sinne erwartet.

18 Noto Das auf einem flachen Ausläufer der Iblei-Berge erbaute Städtchen gilt als schönstes urbanes Gesamtkunstwerk im Stil des sizilianischen »Nach-Beben-Barock«. Die Hauptachse des rechtwinkeligen Straßenrasters, das, in Terrassen abgestuft, den Hang überzieht, bildet der Corso Vittorio Emanuele. Franziskanerkirche, Kapuzinerkonvent, Dom San Nicolò, Rathaus, Erzbischöfliches Palais: Die reich stuckierten Fassadenfronten schaffen hier im Verbund mit Freitreppen, Parks und Plätzen eine

Kulisse von kaum überbietbarer Theatralik. Und von reizvoller Morbidität: Denn die ganze vornehm goldgelb getönte Pracht ist akut vom Verfall bedroht, Sandstein und Gips sind mürbe, zerbröseln. Die Denkmalschützer kommen mit dem Restaurieren nicht mehr nach.

19 Siracusa (Syrakus) Beim ersten Blick auf die gesichtslosen Neubauten von Syrakus mag man kaum glauben, dass diese Provinzhauptstadt vor 2300 Jahren 1 Mio. Einwohner zählte, und dass sie einst die mächtigste der griechischen Städte in Süditalien war, ein Brennpunkt des Handels, aber auch der Philosophie und Wissenschaft. Doch ein Gang durch die malerische Altstadt öffnet die Augen. Denn jene Insel namens Ortigia, auf der von der Gründung durch die Korinther (um 740 v. Chr.) bis heute das historische Herz von Syrakus schlägt, besitzt etliche Relikte der frühen Blüte – einen Apollo-Tempel zum Beispiel, die Arethusa-Quelle und auch einen dorischen Tempel, den man im 7. Jh. n. Chr. zum heutigen Dom ausgebaut hat. Von der antiken Neapolis auf dem Festland ist ebenfalls einiges erhalten geblieben. Der archäologische Park auf ihrem Gelände umfasst u. a. ein römisches und ein griechisches Theater, eine Vielzahl von Katakomben, den riesigen, aus dem weichen Kalkstein gemeißelten Altar Hierons II. und eine große Grotte, genannt »Ohr des Dionysios«. Neben den Überresten des Altertums lohnen auch Attraktionen aus Mittelalter und Neuzeit, die Regionalgalerie und das unter dem Stauferkönig Friedrich II. erbaute Castello Maniace, einen Besuch.

20 Catánia Siziliens zweitgrößte Stadt liegt keine 30 km Luftlinie vom Hauptgipfel des Ätna entfernt und hatte unter dieser engen Nachbarschaft oft zu leiden. Im Verlauf ihrer fast 3000-jährigen Geschichte haben Lavaströme und Erdbeben sie wiederholt zerstört. Ende des 17. Jh. wurde sie nach einem verheerenden Beben streng nach Plan aus dunklem Lavagestein in spätbarockem Stil wieder aufgebaut. Aus der Vielzahl pompöser Paläste und Kirchen ragt der Dom heraus. Ebenfalls besuchenswert ist das Städtische Museum im Castello Ursino, und das Römische Theater, Bellinis Geburtshaus, das nach ihm benannte Teatro und die kolossale Barockkirche San Nicolò.
Von Catánia aus lohnt sich ein Abstecher über Nicolosi zum Ätna.

21 Taormina Zum Grande Finale geht's, auf halbem Weg von Catánia nach Messina, hinauf in den meistbesuchten Ort der Insel. Seine traumhafte Hanglage auf einem Felsen hoch über dem Meer und das antike Amphitheater bescherten ihm bereits im 19. Jh. einen Gästeboom.

1 Die verwinkelte Altstadt Ragusa-Ibla mit ihren Barockbauten und der ehemals byzantinischen Festung

2 Die Ruinen des griechischen Theaters von Taormina mit Ätna und Steilküste im Hintergrund

Segesta In der einsamen Hügellandschaft hatten sich in der Antike die Elymer, angeblich Nachkommen der Trojaner, niedergelassen. Von der einstigen Stadt dieses Volkes sind ein unvollendeter dorischer Tempel und das Halbrund eines Theaters erhalten.

Cefalù Der Dom des Fischerstädtchens ist der älteste normannische Sakralbau Siziliens (1131). Weitere Attraktionen sind ein arabisches Waschhaus, die Ruinen eines antiken Heiligtums sowie die Kunstsammlung im Museo Comunal Mandralisca.

Taormina Beeindruckende Kirchen, Klöster, Paläste, Gässchen und Plätze, dazu das weltbekannte antike Theater mit der Küste und dem Ätna als Kulisse: Siziliens meist besuchter Ort hat schon Goethe fasziniert.

Palermo Bauten der Normannen, Araber und Staufer, berühmte Museen und die schaurlichen Katakomben machen die Hauptstadt Siziliens einzigartig.

Monreale Der mit Mosaiken reich verzierte Dom der kleinen Bischofsstadt ist Siziliens größtes Gotteshaus. Gestiftet wurde es 1172. Vom Monte Caputo bietet sich ein unvergleichlich schöner Blick auf Palermo.

Liparische Inseln Highlight des vulkanisch entstandenen Archipels ist der aktive Stromboli. Im Bild: die Insel Filicudi.

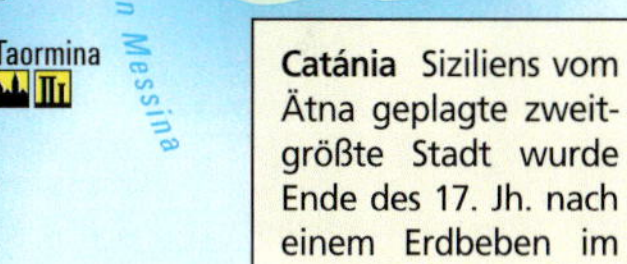

Catánia Siziliens vom Ätna geplagte zweitgrößte Stadt wurde Ende des 17. Jh. nach einem Erdbeben im Barockstil neu aufgebaut.

Syrakus Bauten im Archäologischen Park und auf der Insel Ortigia geben einen Eindruck von der einst so mächtigen antiken griechischen Stadt.

Ägadische Inseln Jedes der ehemaligen Piratennester ist bemerkenswert: Maréttimo als ein wunderbar unberührtes Wandergebiet, Lévanzo wegen seiner steinzeitlichen Höhlenmalereien, Favignana aufgrund der Thunfischjagd, Mattanza genannt.

Selinunte Weite Teil der antiken Stadt sind bislang nicht freigelegt worden, doch die wieder errichtete Akropolis und die weit verstreuten Trümmerhaufen lassen die einst enorme Größe der Stadt erahnen.

Valle dei Templi Das Tal der Tempel ist eigentlich ein Bergrücken, auf dem sich die Kultbauten von Akragas – der im 5. Jh. v. Chr. neben Syrakus mächtigsten Stadt Siziliens – mit der Landschaft hervorragend verbinden.

Noto Das Spätbarockstädtchen hat ein auffallendes Straßenraster und ist für seine herrlichen stuckverzierten Fassaden bekannt.

Caltabellotta In dem kleinen Örtchen ragen zahlreiche mit Burgen oder Kirchen bebaute Felszinnen auf. Von einigen hat man einen fantastischen Blick über die Insel, zum Ätna und auf den spektakulär gelegenen sizilianischen Ort.

Ragusa Nach einem Erdbeben wurde die Stadt im Barockstil neu erbaut. Eine Basilika überragt das Viertel Ragusa-Ibla; Kathedrale und Archäologisches Museum befinden sich in der jüngeren Stadthälfte.

Ätna Da er mit schöner Regelmäßigkeit ausbricht, ist der 3323 m hohe und somit höchste Vulkan Europas für Menschen eher ungefährlich. Die Lavaströme haben einige der fruchtbaren Anbauflächen sowie Wintersport- und Schutzanlagen an den Kraterflanken zerstört.

Der Parthenon auf der Akropolis wurde unter Leitung von Kallikrates und Iktinos 447 v. Chr. erbaut.

Route 26

Griechenland

Klassische Antike aus erster Hand

Griechenland ist die Wiege der abendländischen Kultur. Wen wundert es da, dass sich die Begeisterung für das Land vor allem am Erbe der altgriechischen Kultur und der klassischen Antike entzündete. Und doch ist ein Abstecher nach Hellas mehr als nur eine Reise in die Vergangenheit: Griechenland ist auch ein Naturraum mit eindrucksvollen Hochgebirgslandschaften, wilden Küsten und wunderbaren Stränden.

Ein Fünftel der 132 000 km² großen Landesfläche Griechenlands nehmen Inseln ein: Kein Ort ist mehr als 140 km vom Meer entfernt, die 14 000 km lange abwechslungsreiche Küste bietet unendlich viele Bademöglichkeiten.

Gebirge und Meer bestimmten schon in der Antike das griechische Leben. Auf dem Festland und dem Peloponnes sind weniger als ein Drittel der Gesamtfläche des Landes ackerbaulich nutzbar; der Anbau konzentriert sich auf die Beckenlandschaften im Nordosten des Landes. Der Ölbaum, der Charakterbaum des Landes, gedeiht bis in Höhen von etwa 800 m sowohl auf dem Festland als auch auf den Inseln. Der Gebirgscharakter des Festlandes und der Inselwelt hat in der langen Geschichte des Landes die Ausbildung einer Zentralgewalt verhindert, stattdessen bestanden seit der Antike viele kleine Stadtstaaten, die jedoch leichter von fremden Mächten erobert und beherrscht werden konnten als ein mächtiges Staatsgebilde.

Marienikone in einem Meteora-Kloster

Seit der Teilung des Römischen Reichs (395 n. Chr.) gehörte Griechenland dem Oströmischen Reich (Byzanz) an und wurde früh christianisiert. Weite Teile Griechenlands standen nach den Kreuzzügen (11.–13. Jh.) zum Teil bis ins 16. Jh. unter venezianischer Herrschaft, deren Regentschaft sich noch in einer Reihe von Ortsnamen nachvollziehen und mancherorts an der Architektur erkennen lässt. 1453 nahmen die Osmanen Konstantinopel und bald auch weite Teile Griechenlands ein. In Glaubensfragen waren sie tolerant, ihre griechischen Untertanen genossen Religionsfreiheit. So war es dann auch die orthodoxe Kirche, die für alle Griechen die einende und bewahrende Kraft während der Türkenherrschaft war. Isoliert von al-

Der spektakuläre »Schiffswrackstrand« an der Nordwestküste von Zákinthos – die südlichste Insel im Ionischen Meer wurde von den Venezianern »Blume der Levante« genannt.

Die Inselfestung Bourtzi sicherte Nauplia vor angreifenden Feinden aus dem Süden.

len bedeutenden geistigen und kulturellen Strömungen Europas, blieben Renaissance, Reformation und Aufklärung ohne Einfluss auf die griechische Kultur- und Geistesgeschichte.
Das im späten 18. Jahrhundert aufkeimende Nationalbewusstsein führte schließlich 1821 zum griechischen Aufstand, der jedoch von den Türken niedergeschlagen wurde. Erst ab 1827 gelang es den Griechen mit britischer, französischer und russischer Hilfe, die Türkenherrschaft abzuschütteln und einen souveränen Staat auszurufen. Nach ihrer Unabhängigkeit 1830 beriefen die Griechen 1832 den bayerischen Prinzen Otto von Wittelsbach, als Otto I., zum König ihres Landes. Zahlreiche deutsche Architekten wirkten daraufhin in Athen, das nach Jahrhunderten des Niedergangs zur Kapitale des neuen Griechenlands umgestaltet werden sollte.

Da sich weiterhin noch griechische Siedlungsgebiete in türkischer Hand befanden, führte die Griechen einige Male, mit wechselndem Erfolg, Krieg gegen die Türken. So kamen Kreta und viele der Ägäischen Inseln erst im frühen 20. Jahrhundert wieder in griechischen Besitz.
Mit Griechenland als Reiseziel werden oft tiefblauer Himmel über türkisfarbenem Meer und weiße Häuser mit Kuppeln an Berghängen über einem malerischen Hafen verbunden. Egal ob man von Insel zu Insel reist (davon gibt es über 2000) oder auf dem Festland auf Entdeckungstour geht: Stets begegnet der Reisende einem überaus gastfreundlichen Volk. Die Fahrkünste der Einheimischen sind allerdings zuweilen abenteuerlich. Manche halten die Straßenmitte, gerade in Kurven, für ihr Revier. Vorsicht ist angebracht, dann steht einer Griechenlandtour nichts im Wege.

Typisch für viele griechische Hafenorte sind die bunt angestrichenen Fischerboote.

Rundreise durch das klassische Griechenland: Die reizvolle Tour führt durch grandiose Berg- und Küstenlandschaften zu den wichtigsten Zeugnissen der griechischen Antike sowie der römischen, byzantinischen und venezianischen Epoche im südlichen Festlandsgriechenland, auf Attika und dem Peloponnes.

1 Athen siehe Seite 324–325

2 Kap Sounion Die Fahrt führt von Athen zunächst auf der Schnellstraße 91 rund 70 km nach Süden bis zur äußersten Spitze der Halbinsel. Für einen Halt entlang der Attischen Küste zwischen Piréas (Piräus) und Soúnio empfehlen sich die schönen Strände bei Voúla und Vouliagméni. Am Fuß des Kaps befindet sich der dem Meeresgott Poseidon geweihte Tempel (444 v. Chr.), von dem aus sich herrliche Ausblicke auf den Saronischen Golf bieten.
Von Kap Sounion verläuft die Strecke auf der Ostseite der Halbinsel nach Norden, östlich von Athen führt die Fernstraße 54 nach Marathón. In der Marathón-Ebene schlugen die Griechen 490 v. Chr. ein großes Perserheer.
Ein Bote in voller Rüstung trug die Siegeskunde nach Athen – die 42 km lange Strecke ist die Referenzstrecke für die klassische Marathonstrecke der Moderne. Der Küstenstraße nach Norden folgend, bietet sich bei Halkída ein Abstecher zur Insel Évia (Euböa) an.

3 Theben Von Halkída führt die Fernstraße 44 nach Thíva, dem antiken Theben, das heute ein unbedeutendes Provinzstädtchen ist. Die wenigen Funde aus der berühmten Geschichte der einst mächtigsten Stadt Griechenlands (4. Jh.) zeigt das Archäologische Museum der Stadt. Bei der Weiterfahrt nach Nordwesten fährt man am Turm einer fränkischen Kreuzritterburg aus dem 13. Jh. vorbei.
Richtung Delphi nimmt man zunächst die Fernstraße 3 und biegt dann auf die 48 ab. Die Stadt Livádia liegt inmitten großer Baumwollfelder, nach Verlassen der Stadt eröffnen sich nach Nordwesten schöne Blicke auf den Parnassós (Parnass).

4 Ósios Loukás Nach etwa 13 km zweigt eine Straße nach Süden Richtung Distomo ab, eine 13 km lange Straße führt zum Kloster Ósios Loukás, das als das schönste griechisch-orthodoxe Kloster aus byzantinischer Zeit

Abstecher

Euböa

Eine Brücke verbindet das Festland mit der zweitgrößten Insel Griechenlands, die bisher weitgehend vom Massentourismus unberührt blieb. Die zwei Hauptstraßen in den Norden und Süden führen über weite Strecken entlang der teils felsigen, teils sandigen Küste, vorbei an malerischen Fischerdörfern oder kleinen Badeorten. Von den Gebirgsstraßen und einsamen Bergdörfern bieten sich herrliche Ausblicke über die Insel.
Halkida ist die Inselhauptstadt Euböas. Zu den Hauptsehenswürdigkeiten zählen dort das türkisch-venezianische Kastro-Viertel mit imposanter Moschee, einem Aquädukt und einer Festung.
Richtung Norden führt die Straße 77 zunächst entlang der Westküste. Ab Psahná wird es dann gebirgiger, Olivenhaine und Kiefernwälder prägen die Landschaft, die Straße verläuft später in der engen Kleisoura-Schlucht. Das Bergdorf Prokópí liegt am Fuß des höchsten Berges der Inselnordhälfte, des 1246 m hohen Kandilio. Wer auch auf Euböa auf Sandstrände nicht verzichten will, fährt weiter nach Agriovótano an der Nordspitze.
Auch das Zentrum Euböas ist gebirgig, den Gipfel des höchsten Berges (Dírfis, 1745 m) kann man von Sténi Dírfios aus besteigen (4 Std.).
Den Süden Euböas erschließt die Schnellstraße 44, die entlang der Westküste nach Erétria führt. Zu den wenigen Ruinen der antiken Stadt zählen das Theater, die Akropolis und ein Apollon-Tempel. Entlang des Golfs von Euböa erreicht man Alivéri mit einem sehenswerten venezianischen Turm. Das Bergdorf Stira ist für seine Drachenhäuser bekannt ist. Die Fahrt endet in Káristos, das von der mächtigen venezianischen Festung Castello Rosso beherrscht wird.

Kloster auf einer Insel zwischen dem Fährhafen Skala und Euböa

Reiseinformationen

Routen-Steckbrief
Reiselänge: ca. 1500 km
Zeitbedarf: 3 Wochen
Start und Ziel: Athen
Reiseverlauf: Athen, Kap Sounion, Theben, Delphí, Korinth, Nauplia, Sparta, Máni, Methóni, Olympia, Patras, Korinth, Athen

Verkehrshinweise:
Das Straßennetz ist gut. Die grüne Versicherungskarte ist mitzunehmen.
Höchstgeschwindigkeiten:
Autobahnen 110 oder 120 km/h, Landstraßen 90 km/h, Ortschaften 50 km/h.

Wetter:
Beste Jahreszeiten sind der Frühling zwischen März und Mai sowie der Herbst von Oktober bis November. Die Sommer sind heiß und trocken. Info: *wetter.griechenland.web.de*

Unterkünfte:
Griechenland bietet eine Vielfalt an Übernachtungsmöglichkeiten, die von domátias (Gästezimmer) bis zu teuren Luxushotels reichen.
Info unter: *www.gnto.gr; www.griechenland.direkt.de*

Auskünfte:
Fremdenverkehrsamt Griechenland, *Neue Mainzer Str. 22, 60311 Frankfurt, Tel. 069/236561; www.gnto.gr; www.griechenland.de; www.griechische-botschaft.de*

Orakel von Delphí

Das Orakel von Delphí nahm seit dem 8. Jh. v. Chr. bedeutenden Einfluss auf das Schicksal vieler griechischer Stadtstaaten. Ihre Fragen richteten die Herrschenden an Apollon, für den die Priesterin Pythia sprach. Diese saß über einer Felsspalte, aus der heiße Dämpfe aufstiegen, die die Priesterin wahrscheinlich in Trance versetzten. Die

Die Ruinen des Apollon-Tempels im antiken Delphí

Orakelsprüche waren oft mehrdeutig und bedurften daher der Interpretation eines Priesters. Römische Kaiser versuchten im 2. Jh. eine Wiederbelebung des Kults, doch 393 verstummte das Orakel, und das Heiligtum wurde endgültig geschlossen.

(10. Jh.) gilt. Das Kloster besitzt prachtvolle Mosaiken aus dem 11. Jh. Zurück auf der Fernstraße 48 erreicht man nach weiteren 24 km über zum Teil steile Bergstraßen Delphí.

5 Delphí Der Zauber Delphís liegt sowohl in der Mythologie als auch in seiner landschaftlich schönen Lage begründet: Malerisch im Gebirge (540 m) am steilen Berghang des Parnassós gelegen, galt der Ort den alten Griechen als der Mittelpunkt der Welt. Das Orakel von Delphí im Apollon-Heiligtum wurde zwischen dem 8. Jh. v. Chr. und 393 n. Chr. regelmäßig befragt.

Zu den bedeutendsten Stätten des antiken Delphí zählen das Amphitheater (2. Jh. v. Chr.), von dem man einen herrlichen Blick auf den Apollon-Tempel (4. Jh. v. Chr.) hat, die Heilige Straße und das Heiligtum der Athena Pronaia mit der Tholos, dem berühmten Rundtempel. Zu empfehlen ist auch ein Besuch des Archäologischen Museums mit seinen Skulpturen sowie einer Rekonstruktion des Heiligtums. Prunkstück ist der lebensgroße bronzene Wagenlenker, der Apollon zum Dank für ein gewonnenes Wagenrennen geweiht worden war (478 v. Chr.). Von Delphí aus empfiehlt sich ein 220 km langer Abstecher zu den Metéora-Klöstern im gebirgigen Zentrum Nordgriechenlands.

Wer den Abstecher nach Norden auslässt, der nimmt zunächst den gleichen Weg zurück nach Thíva,

1 Wahrzeichen Athens: Blick von Süden auf die Akropolis mit dem gewaltigen Parthenon im Zentrum der Anlage, rechts im Hintergrund der Hügel Lykabettos

2 Die Korenhalle am Erechtheion auf der Akropolis: Das Dach wird von Säulen in Gestalt junger Mädchen getragen, so genannten Karyatiden.

3 Von den 20 Säulen der Tholos, eines Rundbaus beim Heiligtum der Athena Pronaia in Delphí, wurden drei wieder aufgerichtet.

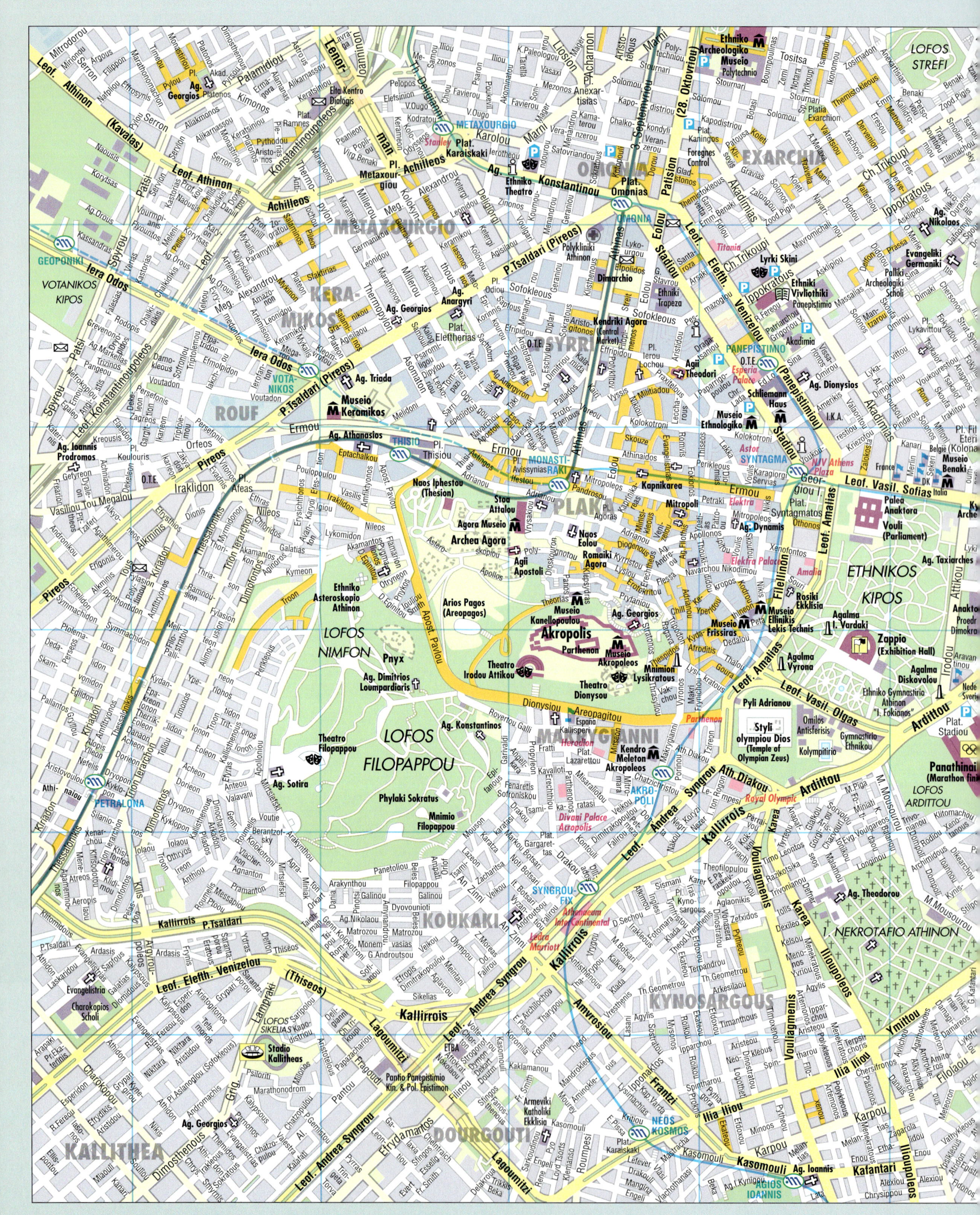

LOFOS STREFI
EXARCHIA
Ethniko Archeologiko Museio
Polytechnio
METAXOURGIO
OMONIA
Plat. Omonias
Pl. Karaiskaki
Leof. Athinon
VOTANIKOS KIPOS
GEOPONIKI
KERAMIKOS
Museio Keramikos
ROUF
THISIO
MONASTIRAKI
PSYRRI
Kendriki Agora (Central Market)
Ag. Theodori
Schliemann Haus
PANEPISTIMIO
SYNTAGMA
Plat. Syntagmatos
Vouli (Parliament)
Palea Anaktora
ETHNIKOS KIPOS
Zappio (Exhibition Hall)
Naos Iphestou (Thesion)
Stoa Attalou
Agora Museio
Archea Agora
PLAKA
Naos Eolou
Romaiki Agora
Areios Pagos (Areopagos)
Akropolis
Parthenon
Museio Akropoleos
Theatro Irodou Attikou
Theatro Dionysou
Mnimion Lysikratous
Ethniko Asteroskopio Athinon
LOFOS NIMFON
Pnyx
Ag. Dimitrios Loumpardiaris
LOFOS FILOPAPPOU
Theatro Filopappou
Phylaki Sokratus
Mnimio Filopappou
Ag. Sotira
Styli olympiou Dios (Temple of Olympian Zeus)
Pyli Adrianou
MAKRIGIANNI
AKROPOLI
Panathinaiko (Marathon finish)
LOFOS ARDITTOU
PETRALONA
KOUKAKI
SYNGROU-FIX
Leof. Andrea Syngrou
KYNOSARGOUS
1. NEKROTAFIO ATHINON
Ag. Theodorou
Stadio Kallitheas
LOFOS SIKELIAS
KALLITHEA
DOURGOUTI
NEOS KOSMOS
AGIOS IOANNIS
Leof. Vasil. Sofias
Leof. Vasil. Olgas
Leof. Amalias
Ermou
Pireos
Leof. Eleft. Venizelou
Dionysiou Areopagitou
Apost. Pavlou

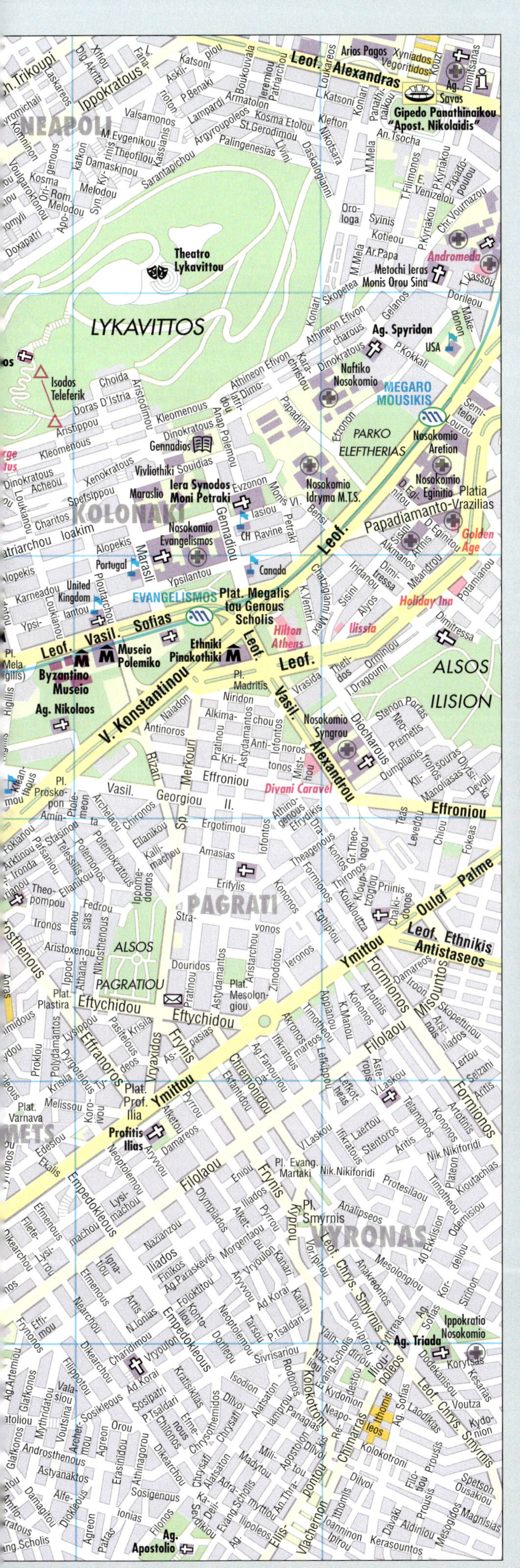

Athen

Die griechische Hauptstadt ist eine pulsierende, moderne Metropole mit drei Millionen Einwohnern. Im Großraum von Athen lebt etwa ein Drittel der griechischen Bevölkerung. Athens weithin sichtbares Wahrzeichen ist die Akropolis, der Inbegriff des klassischen Griechenlands.

Athen ist eine Stadt der Gegensätze: Verkehrschaos mit täglichen Staus und massive Umweltprobleme, besonders der Smog, prägen und belasten das Zentrum. Die großartigsten Zeugnisse der Antike, allen voran die Akropolis, konzentrieren sich in der südlichen Innenstadt.

Besonders sehenswert ist die weltberühmte Akropolis (UNESCO-Weltkulturerbe), der Burgberg der antiken Stadt, der um 800 v. Chr. zum heiligen Bezirk umgestaltet wurde und vor allem der Verehrung der Göttin Athene, der Schutzpatronin der Stadt, diente. Die Akropolis steht auf einem schroff abfallenden, 156 m hohen Tafelberg aus hellem Kalkstein und war für die Bevölkerung in Notzeiten ein wichtiger Zufluchtsort. Erste Anfänge einer Burgmauer sind bereits für das 13. Jh. v. Chr. nachgewiesen. Nach der Zerstörung der archaischen Tempel durch die Perser 480 v.Chr. entstand in der ersten Hälfte des 5. Jh. v. Chr., dem Zeitalter des Perikles, das Ensemble monumentaler Marmorbauten mit dem Torbau der Propyläen, dem kleinen Nike-Tempel, dem gewaltigen dorischen Parthenon (447–432 v.Chr.) und dem ionischen Erechtheion mit seiner Korenhalle; bedeutende Skulpturen und Reliefs sind im Akropolismuseum ausgestellt. Die starken Zerstörungen am Parthenon stammen aus dem 17. Jh., als eine Granate der Venezianer das türkische Pulvermagazin im Parthenon traf und die Decke in die Luft sprengte. Hauptsehenswürdigkeiten unterhalb der Akropolis sind das Dionysostheater, in dem vor 17 000 Zuschauern die Dramen von Aischylos, Euripides und Sophokles uraufgeführt wurden, sowie das römische Odeion (160 n. Chr.), der Bau des reichen Athener Bürgers Herodes Attikus.

Die gesamte Akropolis hat den Steuerzahlern von Athen einst ein riesiges Opfer abverlangt, denn die Gesamtkosten betrugen mehr als 2000 antike Talente Gold. Für einen Stadtstaat von der Größe Athens war das eine enorm große Summe.

Um die Agora, seit 600 v. Chr. der antike Marktplatz und Jahrhunderte lang Zentrum des öffentlichen Lebens, gruppieren sich der dorische Hephaistos-Tempel oder Theseion (449–440 v. Chr); die als Museum wiederaufgebaute Säulenhalle Attalos Stoa, einst ein Zentrum der Handwerker (mit Funden von der antiken Agora); der achteckige Turm der Winde (1. Jh. v. Chr.), ehemals Wasser- und Sonnenuhr mit einer Wetterfahne; die römische Agora aus der Zeit um Christi Geburt und die benachbarte Fethiye-Moschee (Ende des 15. Jh.). In der Plaka, der malerischen Altstadt mit engen Gassen, kleinen Läden, Cafés und Tavernen, stehen mehrere byzantinische Kirchen, etwa die schöne Kleine Mitropolis (12. Jh.) und die älteste christliche Kirche der Stadt, die Kreuzkuppelkirche Kapnikarea aus dem 11. Jh. an der Geschäftsstraße Ermou. Sehenswert sind auch die Kreuzkuppelkirche Panagía Geogoepíkoös (12. Jh.) an der Plateía Mitropóleos); am Monastirakiplatz eine kleine Basarmoschee und die Reste der römischen Hadriansbibliothek.

Im modernen Athen rund um den verkehrsreichen Sintagmaplatz: das Parlamentsgebäude (Vouli), 1842 durch den Architekten Friedrich von Gärtner erbaut; der 1836 angelegte Nationalgarten mit exotischen Gewächsen; das Numismatische Museum im Wohnhaus Heinrich Schliemanns; aus römischer Zeit Reste des Hadriantors und des Zeustempels Olympieion; das für die ersten Olympischen Spiele der Neuzeit 1896 rekonstruierte antike Kallimármaro-Stadion; das Archäologische Nationalmuseum mit seiner einzigartigen Sammlung griechischer Kunst der Antike; das Museum für Kykladische Kunst, das Byzantinische Museum und das Benáki-Museum (byzantinisches Kunsthandwerk, koptische Textilien).

In der Umgebung: Byzantinische Klöster Kaisariani mit der um 1000 erbauten Marienkirche und Dafni aus dem 11. Jh. mit überaus kunstvollen Blattgoldmosaiken in der Hauptkirche (UNESCO-Weltkulturerbe).

Empfehlenswert sind Ausflüge nach Piräus, seit antiker Zeit Hafen von Athen, mit Fischerhafen Mikrolimano, Hellenischem Marinemuseum und Archäologischem Museum; Fahrten zum Poseidontempel am 67 km entfernten Kap Sounion und zu den Inseln im Saronischen Golf: Ägina mit Apollon-Tempel und Aphaia-Tempel, die landschaftlich reizvolle Insel Poros und die Künstlerinsel Hydra.

Im 5. Jh. v. Chr. konnte Perikles die Athener Bürgerschaft für das ehrgeizigste Bauprogramm der Stadt gewinnen: die Errichtung der Akropolis mit zunächst drei Tempeln.

Abstecher

Meteóra-Klöster

Der Name Meteóra bedeutet »schwebende Felsen« – der Wortsinn erschließt sich jedem Besucher schon bei der Anfahrt zur weitläufigen Klosteranlage. Die Meteóra-Klöster gehören zu den schönsten und eindrucksvollsten Sehenswürdigkeiten Griechenlands. Von Delphí führt die Straße zunächst nach Westen bis Ámfissa, dort biegt man auf die Fernstraße 48 Richtung Brálos. Ab dort führt die Fernstraße 3 über Lamía nach Néo Monastíri, weiter geht es auf der Schnellstraße 30 über Tríkala nach Kalambáka.

Schon von weitem werden die ersten Sandsteintürme am Horizont sichtbar: Die Klostergebäude stehen auf hohen, glatten Felsen, die bis zu 300 m senkrecht aus der Ebene von Thessalien aufragen. Die rund 1000 Sandsteinfelsen sind Ablagerungen eines großen Binnenmeeres, Wellen haben die Säulen herauserodiert, bevor der Meeresspiegel sank.

Seit dem 9. Jh., als fremde Völker in diese Gegend einfielen, zogen sich einzelne Eremiten in die abgeschiedene Welt der Felstürme zurück. Zu den Männern gehörte auch ein Einsiedler namens Barnabas, der sich hier Ende des 10. Jh. niederließ, weitere folgten ihm auf die umliegenden Felsen. Die Klöster selbst wurden erst im 14. Jh. und 15. Jh. gebaut, als Serben das Land bedrohten. 1336 gründete der aus Athos kommende Mönch Athanásios hier ein erstes Kloster, dem weitere 23 folgten. Die Gebäude auf den Felsen dienten den Einsiedlern sowohl als Zufluchtsstätten vor fremden Eindringlingen als auch als Andachtsorte. Finanziert wurden die Gründungen von wohlhabenden Privatleuten, die sich damit einen Platz im Himmel sichern wollten, einige Klöster tragen bis heute die Namen ihrer Stifter. Die Mönche lebten nach strengen Klosterregeln, die Frauen das Betreten der Klöster grundsätzlich untersagten. Selbst in Notzeiten durften die Klosterbrüder von Frauen keine Nahrung annehmen.

Die Klöster entstanden an militärisch uneinnehmbaren Stellen und waren nur umständlich über Strickleitern oder andere Aufstiegshilfen erreichbar. Erschien die Lage unsicher, zogen die Mönche ihre Leitern ein, empfingen sie willkommene Gäste, ließen sie einen Korb oder ein Netz hinab und zogen die Besucher damit nach oben. Jedem, der zum ersten Mal nach Meteóra kommt, stellt sich beim Anblick der steilen Felsen unwillkürlich die Frage, wie die ersten Eremiten diese bis heute nur von Sportkletterern bezwingbaren Felsnadeln im Mittelalter bestiegen haben.

Man vermutet, dass sie Pflöcke in schmale Felsspalten schlugen und sich nach oben gearbeitet haben. Die in den Felsen gehauenen Pfade wurden erst in jüngerer Zeit angelegt.

Der architektonische Aufbau der einzelnen Klöster erklärt sich zumeist aus ihrer unterschiedlichen Lage auf einer Felsspitze oder in einer Felskluft. Innen sind die Klöster relativ einheitlich aufgebaut und besitzen alle wichtigen Einrichtungen, die vom abendländischen Mönchstum verlangt wurden: eine Kapelle zum Gebet, eine Küche und ein Refektorium (Speisesaal), eine Zisterne, Mönchszellen, eine Biblio-

Die Fresken der Metéora-Klöster

Schon in der Antike war es üblich, Wände farbig zu bemalen. Solche Wandmalereien erfüllten im Byzantinischen Reich eine wichtige Funktion, ihre Blütezeit hatten sie im 9. Jh. Fresken (von ital. »fresco«, d. h. frisch) wurden angefertigt, indem man Wasserfarben auf die noch feuchte, frische Kalkfläche aufbrachte. Die Farbstoffe mineralischen Ursprungs drangen in den frischen Mörtel ein und verbanden sich chemisch mit dem Kalk und Sand zu einer festen Oberfläche. Einige der Metéora-Klöster weisen reiche Wandmalereien aus dem 14. bis 16. Jh. auf. Viele Fresken sind noch gut erhalten, z. B. in der kleinen Stéfanos-Kapelle aus dem frühen 16. Jh. Auch das Kloster Ágios Nikólaos, das im späten 14. Jh. errichtet und 1628 vergrößert wurde, beherbergt einen reichen Schatz an Fresken. Ein Mönch namens Theophanes hat hier um 1527 einige der schönsten Fresken gemalt.
Die Nonnen von Kloster Ágios Stéfanos betreiben heute noch eine Ikonen-Werkstatt.

Oben: Kloster Agíos Stephanos
Unten: Fresko mit Jesus und Heiligen

thek und auch eine Schatzkammer. Seit 1490 waren alle Klöster dem Abt des Klosters Metamórfosis unterstellt, das zu den ältesten Klöstern Metéoras zählt und zwischen 1356 und 1372 erbaut wurde. Auch nach der türkischen Eroberung Nordgriechenlands verblieben die Mönche in ihren Klöstern; noch im späten 15. Jh. wurden in Metéora neue Klöster gegründet. Einige der Klöster hatten großen Grundbesitz, und waren für diesen den türkischen Herren tributpflichtig.
Das 16. Jh. war die Blütezeit des klösterlichen Lebens in Metéora, zugleich aber auch eine Epoche heftiger Streitigkeiten zwischen den verschiedenen Klöstern. Gegen Ende des 18. Jh. waren die ersten Klosteranlagen wegen der schwierigen Unterhaltung der Bausubstanz bereits wieder verfallen. Heute gibt es noch 13, teilweise völlig verarmte und zu einem Großteil verfallene Klöster, von denen einige aber immer noch kostbare Bibliotheken besitzen. Insgesamt können noch sechs Klöster besichtigt werden. Zu den spektakulärsten gehört zweifelsohne das auf einer Felsspitze liegende kleine Kloster Moní Rousánou, das zwei Brüder aus Epirus im Jahr 1545 stifteten. Es war lange Zeit nur über Strickleitern erreichbar und wurde von der Bevölkerung des Umlandes oft als Fluchtort genutzt.
Das älteste erhaltene Metéora-Kloster trägt den Namen Moní Hypapante. Drei Klöster sind besonders sehenswert: Várlaam wurde 1518 gegründet, in seiner Kirche (Katholikón) finden sich schöne Fresken. Megálo Metéoro ist das mit 623 m am höchsten gelegene und größte Kloster, die Eremitenhöhle seines Gründers ist noch zu besichtigen. Ágios Stéfanos ist ein Nonnenkloster und wurde vom byzantinischen Kaiser Andronikos III. im Jahr 1332 gegründet.

1 Weit reicht der Blick von den Metéora-Klöstern in die Ebene von Thessalien.

2 Auf Felsspitzen gebaut, waren die Metéora-Klöster uneinnehmbar.

3 Eindrucksvolles Fresko im 1518 gegründeten Kloster Várlaam

Der ideale Standort für ein Heiligtum zu Ehren des Meeresgottes Poseidon: Weithin sichtbar leuchten die 15 weißen Säulen des im Jahr 444 v. Chr. errichteten Tempels am Kap Sounion über dem Saronischen Golf. Der Tempel auf einem 60 m hoch über dem Meer aufragenden Felsen diente schon in der Antike als

Orientierungspunkt für Seefahrer. Aufgrund seiner strategisch günstigen Lage wurde der Tempelbezirk schon um 431 v. Chr. zu einer Befestigungsanlage

Mykene

Im heutigen Dorf Mikínes steht das Gasthaus Orea Eleni, in dem der Hobbyarchäologe Heinrich Schliemann während seiner Ausgrabungen ab 1874 gewohnt hat. Die Entdeckung der mykenischen Kultur aus der späten griechischen Bronzezeit (1100 v. Chr.) ist vor allem sein Verdienst.
Vom modernen Dorf führt eine 2 km lange Straße zum befestigten Palastareal. Als Begründer des antiken Mykene gilt, einer Sage zufolge, Perseus. Die erste Blütezeit Mykenes lag zwischen 1600 und 1500 v. Chr., die zweite zwischen 1400 bis 1200 v. Chr.
Das mörtellos gebaute Schatzhaus des Atreus ist ein monumentales Kuppelgrab. Durch einen 9 m langen und 120 t schweren Sturz betritt man das bedeutendste Schachtgrab aus der mykenischen Frühzeit. Die »kyklopischen« Mauern des Palastes, in dem nur die Oberschicht Mykenes lebte, sind aus mächtigen Steinblöcken zusammengefügt; den Zugang bildet das berühmte Löwentor mit dem Löwenrelief.
Gleich dahinter fand Schliemann einen Goldschatz und eine Maske, die man seither als die »Maske des Agamemnon« bezeichnet. Unter den weiteren sieben großen Kuppelgräbern ist das Grab der Klytemnestra, Agamemmnons Gattin, das besterhaltene.

Die Goldmaske des Agamemnon

folgt der Fernstraße 3 Richtung Athen bis Asprópirgos und biegt anschließend Richtung Westen auf eine kleine, parallel zur Küste verlaufenden Straße ab. Die Strecke führt an der Bucht von Salamis entlang, in der die Griechen 480 v. Chr. die Perserflotte besiegten. Vorbei an Mégara bieten sich nun schöne Blicke auf den Golf von Ägina.

6 Korinth Nach etwa 25 km erscheint Korinth, dessen antike Vorläuferin im 2. Jh. n. Chr. unter Kaiser Hadrian als die schönste griechische Stadt galt. Zu den Hauptsehenswürdigkeiten zählen neben dem Kanal von Korinth der Apollon-Tempel (44 v. Chr.), der Octavia-Tempel und die Straße nach Lechaion. Einige Ausgrabungen dokumentieren die gewaltigen Ausmaße der durch ein Erdbeben zerstörten antiken Stadt. Von Korinth aus folgt man der Schnellstraße 70 entlang der Nordostküste des Peleponnes nach Epidauros.

7 Epidauros Das antike Epidaurus war ein Heiligtum des Asklepios, des Gottes der Heilkunst. Berühmt wurde die Stadt wegen ihres gewaltigen Amphitheaters (4. Jh. v. Chr.), das sehr gut erhalten und für seine einzigartige Akustik berühmt ist.

8 Nauplia 40 km weiter westlich liegt Nauplia. Nach dem Unabhängigkeitskrieg war Nauplia vorübergehend Hauptstadt des Königreichs Griechenland (1829–1834). Die Hafenstadt war über Jahrhunderte immer wieder Ziel von bewaffneten Angriffen. Zum Schutz der Stadt errichtete man deshalb die beiden Festungen Akronafplía und Palmídi im Norden sowie die Inselfestung Bourtzi im Süden. Das venezianische Viertel wurde Ende des 17. Jh. errichtet.

9 Tiryns Die Burg aus dem 14. oder 13. Jh. v. Chr. thront auf einem 18 m hohen Felsen über einer einstmals sumpfigen Ebene. Die mächtigen Mauern der Festung bestehen aus 2 bis 3 m langen Felsquadern, die bis zu 12 t wiegen. Homer zufolge konnten nur Riesen – Zyklopen – die etwa 700 m lange und bis zu 8 m dicke Ringmauer aufgeschichtet haben. Von hier sind es nur 13 km nach Árgos.
Ab dort lohnt ein Abstecher gen Norden nach Mykene, eine kleine Straße zweigt bei Fihtí ab. Zurück in Árgos, führt die Strecke westwärts durch Arkadien nach Trípoli und von dort durch die historische Landschaft Lakonien ins 60 km entfernte Sparta.

10 Sparta Das antike Sparta war ein Stadtstaat, der an Bedeutung einst Athen übertraf. Das moderne Spárti aus dem 19. Jh. hat dagegen wenig zu bieten: Neben der Akropolis (außerhalb des Stadtzentrums) lohnt ein Besuch des Archäologischen Museums mit römischen Mosaiken aus dem 4. und 5. Jh.

11 Mistrás Das benachbarte Mistrás am Fuß des 2404 m hohen Taygetos wurde 1249 in der Nähe des antiken Sparta gegründet und soll in seiner Blütezeit bereits 50 000 Einwohner gezählt haben (um 1700: 40 000). Die einzigartige byzantinische Ruinenstadt an einem steilen Hang zeigt eindrucksvolle Bauten aus dem 13.–15. Jh., darunter einige sehenswerte Kirchen, ein Kloster und den Despotenpalast. Oberhalb des Ortes liegt am Hang eine fränkische Burg der Kreuzritter aus dem 13. Jh. (Kástro).
Zurück in Sparta, folgt man der Fernstraße 39 bis zur Ortschaft Hania (ca. 47 km). Von dort sind es nur noch knapp 75 km nach Monemvassiá.

Von der Kreuzung geht es bergab nach Githio, dem Tor zur Halbinsel Mani, dem mittleren der drei Finger der Peloponnes.

⑫ **Halbinsel Máni** Die Halbinsel südlich einer Linie von Githiobis Areópoli wird auch als Tiefe oder Lakonische Máni bezeichnet. Die rund 90 km lange Rundfahrt über Máni führt zunächst vorbei an der Burg Passavá (13. Jh.) auf die weitgehend unbesiedelte gebirgige Ostseite. Die Halbinsel selbst hat sich viel von ihrer Ursprünglichkeit bewahren können, doch sind heute viele Dörfer verlassen. Von Páliros an der Südspitze geht es nordwärts nach Vathia mit seinen Turmhäusern. Das Dorf ist das am spektakulärsten gelegene entlang der Westküste. Der 17 km lange Küstenabschnitt zwischen Geroliménas und Pígros Diroú ist für seine byzantinischen Kirchen aus dem 10. bis 14. Jh. berühmt.

Im Nordwesten liegen bei Kíta und Mamína einige sehenswerte Tropfsteinhöhlen. Zu den eindrucksvollsten zählt die von Pírgos Diroú, die man mit dem Boot erkunden kann. In Areópoli sind alte Wohntürme zu Pensionen umfunktioniert worden.

⑬ **Westküste des Peloponnes** Von Areópoli geht es weiter nordwärts entlang der Küste bis nach Kalamáta. Die Stadt liegt an der Bucht von Navarino, in dessen nördlichem Teil eine vereinigte englisch-französische und russische Flotte 1827 die Türken schlug. An der Westseite des westlichen Fingers des Peloponnes ziehen sich von Dünen gesäumte Strände entlang. Ein kleiner Abstecher zweigt von hier zur Hafenstadt Methóni (13 km) ab. Entlang der Küste führt die Strecke nach Norden, bis etwa 15 km vor Pírgos eine landschaftlich schöne, aber kurvenreiche Straße (76) abbiegt, die durch das bergige Arkadien nach Andrítsena (Tempel von Bassae, 5. Jh.) und Karitena (Brücke über den Alfíos, 15. Jh.) führt. Auf der gleichen Straße geht es zurück nach Kréstena und über den Fluss Alfioó weiter nach Olimbía (Olympia).

⑭ **Olympia** Spuren früher Besiedlung gehen bereits auf das

1 **Die Turmhäuser von Vátheia unweit des Kap Ténaro auf Máni**

2 **Eine der byzantinischen Kirchen von Mistrás**

3 **Limeni, der Hafen von Areópoli auf Máni**

Abstecher

Monemvassíá

Eine befestigte, scheinbar uneinnehmbare Stadt, die seit einem Erdbeben 375 n. Chr. eine Insel ist: So präsentiert sich Monemvassíá, das »Gibraltar Griechenlands«, auch heute noch. Der Name – monem vassia bedeutet auf griechisch »ein Weg« – geht auf die Lage der Stadt zurück: Den einzigen Zugang zum Festland ermöglicht ein Damm. Auch heute noch ist die Insel autofrei und nur zu Fuß zu erreichen. Monemvassíá wurde lange Zeit von den Venezianern beherrscht. Diese errichteten hier in den Jahrzehnten nach 1464 eine Burg, an der sie um 1700 beträchtliche Veränderungen vornahmen. In der Blütezeit der Stadt lebten im 15. Jh. 50 000 Menschen auf der Insel, heute sind es noch ungefähr 50. Vom Hafen kontrollierten die Bewohner einst den Seehandel zwischen Italien und Konstantinopel und die See rund um den südlichen Peleponnes.

Das Kirchlein Agía Sophia ist das einzige erhaltene Gebäude der Oberstadt.

Eine 900 m lange und bis zu 16 m hohe Mauer aus dem 16. Jh. schützte die Stadt auf den beiden Land- und der Meerseite. Eine Felstreppe führt von der Unterstadt in die heute zerstörte Oberstadt. Diese war im 6. Jh. als Fluchtburg entstanden und im Mittelalter der am dichtesten besiedelte Teil der Insel. Wahrzeichen Monemvassíás ist die kleine Kirche Agía Sofia (1282–1328). Aus dem 13. Jh. sind noch die Reste der einstigen Festung und eine große Zisterne erhalten.
In der restaurierten Unterstadt stehen einige schöne Kirchen, darunter Panagía Myrtidiótissa (18. Jh.), Christós Elkómenos (13. Jh.), Agíos Nikólaos (1703) und Panagía Chrysafítissa, deren Kirchenglocke in einem Baum hängt.
Monemvassíá ist ein beliebtes Ausflugsziel der Einheimischen – und gerade dies macht ihren besonderen Reiz aus: Man trifft hier nur wenige Touristen.

Kanal von Korinth

Korinth war dank seiner Zugänge zur Ägäis und zum Ionischen Meer im Altertum die wichtigste Handelsstadt Griechenlands. Um die Umseglung des stürmischen Südkaps des Peloponnes

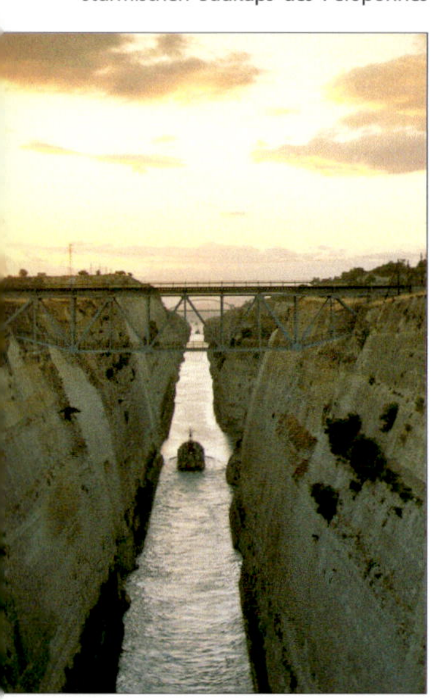

Der 6 km lange Kanal von Korinth

zu vermeiden, suchte man schon früh nach einer Möglichkeit, die schmale Landenge zu queren. Teils wurden die Schiffe über eine 6 km lange gepflasterte Trasse geschleppt. Mit einem Durchstich wurde an der engsten Stelle schon im Altertum begonnen, doch endgültig fertig gebaut wurde der Kanal erst 1893. Die 23 m breite Wasserstraße hat eine 8 m tiefe Fahrrinne und wird von 52 m hohen Seitenwänden eingefasst.

2. Jahrtausend v. Chr. zurück. Der Ort war in der Antike eine religiöse (Zeus-Heiligtum) und sportliche Kultstätte. Spätestens 776 v. Chr. fanden hier erstmals Olympische Spiele statt. Alle bedeutenden Kultstätten Olympias befinden sich innerhalb der »Altis«, eines ummauerten heiligen Bezirks. Die sportlichen Wettkämpfe fanden außerhalb der Altis statt, zu den Spielstätten zählen ein Stadion für die Läufer, das Hippodrom (für Wagenrennen) und die Übungsstätten Gymnasion und Palaestra. Weitere Sehenswürdigkeiten sind das Pryentaion, in dem das olympische Feuer bewacht wurde, und das Heraion, ein der Göttin Hera geweihter Tempel. Vor diesem Tempel wird vor allen Olympischen Spielen das olympische Feuer entzündet. Die Echohalle, eine zweischiffige Wandelhalle, war für ihr siebenfaches Echo berühmt. Beim Tempel des Zeus (um 450 v. Chr.) zeugen Säulenreste von der Größe des einstigen Baus. Das Archäologische Museum von Olympia soll ab Mitte 2004 für Besucher geöffnet sein.

Nördlich von Pírgos fährt man auf einer von Ölbäumen, Weinfeldern und Zuckerrohrplantagen gesäumten Straße.

15 Zákinthos Vom Hafenort Kilíni an der Nordwestküste des Peleponnes verkehren Fähren nach Zákinthos, der südlichsten der Ionischen Inseln. Die Insel lässt sich mit dem Auto bequem in einem Tag umrunden. Die venezianischen Bauten wurden 1953 bei einem Erdbeben fast alle zerstört, sehenswert sind aber die schöne Kirche Agios Dionísos (1925) und die traditionellen Arkadenhäuser. Von Agios Nikólaos steuern Boote die Blauen Höhlen am Nordkap an. Eine weitere Attraktion der Insel ist das gestrandete Schiffswrack an der Nordwestküste der Insel. Im Inselsüden hat in der Bucht von Laganás die Unechte Karettschildkröte einen Eiablageplatz.

16 Patras Von Lehená geht es auf der Fernstraße 9 nach Patras. Ein lohnender Abstecher führt zur lagunenreichen Küste zwischen der Araxos-Mündung und der Kotchi-Lagune: Hier erstreckt sich eines der größten europäischen Feuchtgebiete, in dessen Sümpfen, Pinienbeständen und Dünen Tausende von Zugvögeln einen Zwischenstopp einlegen. Ein Besucherzentrum befindet sich bei Lápas.

In der Meerenge nordöstlich von Patras, der drittgrößten Stadt Griechenlands ohne nennenswerte Sehenswürdigkeiten, fand die Seeschlacht von Lepanto statt. 1571 schlug hier Don Juan d'Austria die türkische Flotte.

17 Diakoftó Statt der Schnellstraße 8 empfiehlt sich die an der Küste verlaufende kleine Landstraße. Eine Abwechslung bietet unterwegs eine Fahrt mit der Zahnradbahn von Diakoftó (etwa 40 km östlich von Patras) nach Kalávrita in 700 m Höhe. Für diese 22 km lange Strecke mit 14 Tunneln und vielen Brücken braucht die Bahn etwa eine Stunde, man durchquert dabei überaus malerische und imposante Gebirgslandschaften. Fährt man mit dem Auto zwischen diesen beiden Orten, dann sieht man oben in den Bergen das Kloster Méga Spíleo wie an einer Felswand kleben. In dem angeblich ältesten Kloster des Landes nahm die Erhebung der Griechen gegen die Osmanen ihren Anfang. Von Diakoftó führt die parallel zum Golf von Korinth verlaufende Straße zurück nach Korinth und weiter nach Athen.

1 Die Festungsinsel Boúrtzi vor Methóni: Der achteckige Turm stammt aus dem 16. Jh.

2 Ruinen der ehemaligen Sportstätten im antiken Olympia

3 Einige wenige dorische Säulen sind vom einstigen Apollon-Tempel in Korinth stehen geblieben.

Meteora Die auf bis zu 300 m hohen Felsnadeln und -blöcken aufsitzenden 24 Klosterbauten stammen aus dem 14./15. Jh. und machen ihrem Namen (»Schwebende Felsen«) alle Ehre. Fünf der Klöster werden noch bewohnt.

Delphí Der Ort des Orakels liegt am Steilhang des Parnassós. Amphitheater, Apollon-Tempel und Archäologisches Museum sind die Hauptattraktionen.

Aráchova Im Sommer lockt das nahe Theben und Delphí gelegene Dorf mit Wein, Käse und Webereiprodukten Besucherscharen an.

Pindos-Gebirge Der einmalige Gebirgsstock beeindruckt mit zwei Nationalparks, in denen Silberwölfe und Braunbären leben, dazu Griechenlands zweithöchstem Berg (Oros Smólikas 2640 m) und Europas tiefster Schlucht, der Vikos-Schlucht (900 m tief).

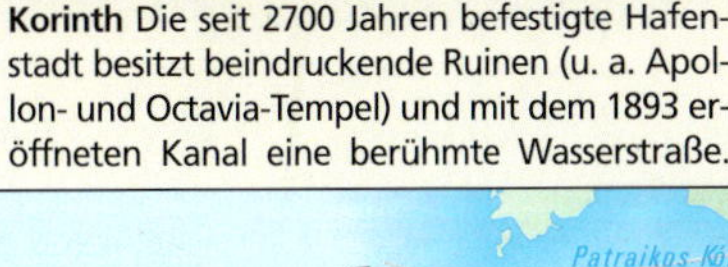

Korinth Die seit 2700 Jahren befestigte Hafenstadt besitzt beindruckende Ruinen (u. a. Apollon- und Octavia-Tempel) und mit dem 1893 eröffneten Kanal eine berühmte Wasserstraße.

Athen Ein Drittel aller Griechen lebt im Ballungsraum ihrer Hauptstadt (seit 1834) – 2004 Austragungsort der Olympischen Spiele. Zahllose Altertümer auf dem Akropolisfelsen und im Archäologischen Nationalmuseum zeugen von der einstigen Bedeutung Athens.

Euböa Eine vielfältige Küste und ein schluchtenreiches, gebirgiges Inselinneres kennzeichnen Griechenlands zweitgrößte Insel, die in weiten Teilen noch kaum vom Tourismus entdeckt ist. In der geschäftigen Inselhauptstadt Halkida (Chálkis) steht eine Moschee aus dem 15. Jh.

Marathon An die berühmte antike Schlacht (490 v. Chr.) zwischen den siegreichen Griechen und dem persischen Heer erinnern ein Museum und der Grabhügel der gefallenen Athener.

Zákinthos Höhlen und Brutplätze Unechter Karettschildkröten in der Bucht von Laganás sind eine Attraktion der Insel.

Poseidon-Tempel Eine der bekanntesten Landmarken an der Ägäis ist das seit 445 v. Chr. mit einem Heiligtum für den Gott der Meere gekrönte Kap Sounion.

Epidaurus Highlight des antiken Kult- und Heilortes ist das besterhaltene Amphitheater Griechenlands (3. Jh. v. Chr.). Es bot 12 000 Zuschauern Platz.

Methoni Die Festung der einstigen venezianischen Hafenstadt zählt zu den größten auf dem Peloponnes.

Halbinsel Máni Die Halbinsel Máni ist eine schroffe Gebirgsgegend ohne nennenswerte Häfen oder Strände. Interessante Wehrtürme prägen viele der alten Dörfer der Region (im Bild der Ort Váthia).

Mistras Zahlreiche Klöster, Mauern, Häuser und Paläste in wildromantischer Landschaft machen die Ruinenstätte zu einem Höhepunkt einer Reise auf den Peloponnes. Die im Mittelalter bedeutendste Stadt der Halbinsel, die 5 km westlich des antiken Sparta entstanden ist, wurde am Fuß des 2404 m hohen Taygetos errichtet.

Monemvassia Das »Gibraltar Griechenlands«, eine stark befestigte, mittelalterliche und venezianisch geprägte Inselstadt, ist per Brücke gut erreichbar.

Register

BILDNACHWEIS

Abkürzungen:
C: Corbis
P: Premium
Mau: Mauritius
DFA: Das FotoArchiv

Einleitung: 2–3 oben: ifa_Panstock; unten: ifa_J.ArnoldImages; 4–5: ifa_Sonderegger; 6–7: ifa_Panstock.
Tour 1: 10 gr. Bild: Getty; M.: C_M.Everton; u.: C_B.Vikander; **11** M.: C_M.Everton; u.: C_WildCountry; **12.**1: C_K.Schafer; 2: C_B.Vikander; Rand: C_C.Karnow; **13.**3: C_ I.Yspeert; 4: C_C.Karnow; 5: ifa_F.Aberham; Rand o.: C_H.Stadler; u.: C_K.Schafer; **14–15:** C_W.Kaehler; **16.**1: C_B.Krist; 2+3: C_K.Schafer; Rand o.: C_Y.Artus-Bertrand; M.: C_W.Kaehler; u.: ifa_BCI; **17** Karte (v.li.n.re., v.o.n.u.): C_I.Yspeert; 2 x C_B.Vikander; C_H.Stadler; C_B.Krist; P; laif_Neuendorf; N.N.; P; C_K.Schafer.
Tour 2: 18 gr.Bild: P_ImageState; M.: P; u+**19** M.: P_Slide File; u.: P_Nägele; **20.**1: P_Pan.Images; Rand: laif_Krinitz; **21** o.: P; u.: laif_Krinitz; **22.**1: P; 2: P_ImageState/E.Collacott; 3: P_MonTresor/P.Adams; 4: P_Images Colour; Rand: DFA_Riedmiller; **23.**5+6: P; Rand o.+u.: P; **24–25** o.: P_ImagesColour; u.: P; **26.**1: ifa_Harris; 2: P_Mon Tresor/C.Blake; 3: P_Pan.Images; Rand: P_Japack; **27** Karte (v.li.o. im UZS): C_R.Cummins; C_ T.Thomson; P; C_T.Thomson; P_Pan.Images; P_Slide File; P, 2 x C_B.Krist.
Tour 3: 28 gr.Bild+M.: P; u.: Getty; **29** M.: P_StockImage/B.Ancelot; u.: ifa_Nägele; **30.**1: P_Pan.Images/K.Collins; 2: P_Pan.Images; 3: P_StockImage/Shankar; Rand: ifa_TravelPixs; **31:** Huber; **32.**1: P_ImageState; 2+3: ifa_ J.Arnold Images; Rand o.: C_R.Antrobus; u.: C_RM; **33.**4: C_ WildCountry; Bild im Kasten: C_A.Gyori; Rand o.: C_J.Richardson; M.: DFA_Babovic; u.: C_J.Richardson; **34.**1+2+4: ifa_ Panstock; 3: P_ImageState; **35.**1: ifa_J.ArnoldImages; 2+3+Rand o.: P_ImageState; M.: C_C.Perry; u.: C_Wild Country; **36–37** o.: ifa_TravelPix; u.+**38.**1+2: P_Image State; 3: ifa_J.ArnoldImages; Rand: ifa_Walsh; **39** Karte (v.li.o. im UZS): C_WildCountry; P_FirstLight/M.McQuay; C_M.Everton; C_S.Vannini; ifa_ J.ArnoldImages; C_M.Lewis; C_D.Croucher; P; C_Wild Country; C_T.Svensson; P_Brown.
Tour 4: 40 gr.Bild: P_ImageState; M.: P; u.: P_Nägele/Klammet; **41** M.: C_M.Everton; u.: P_ImageState; **42.**1: P_ImageState/A.Glass; 2: P_Warren; Rand o.: C_A.Woolfitt; u.: C_M.Listri; **43.**3: C_R.Antrobus; 4: C_J.Hawkes; 5: P_ImageState/P.Prestidge; Rand o.: C_J.Hawkes; u.: C_C. Cormak; **45** o.: P_Pan.Images/S.Tarlan; M.+u.: P_Pan.Images; **47** o.: ifa_IT/tpl; u.: P_Stock/S.Vidler; **48.**1: P_Image State; 2: P_Pan.Images; 3: P_Image State; 4: P_Mon Tresor/P.Adams; Rand: C_A.Brown; **49.**5: C_A.Brown/Ecoscene; 6: C_A.Towse; Rand: P; **50.**1: C_N.Wheeler; 2: C_M.Freeman; **51.**3: C_R.Matheson; **50–51** Karte (v.li.o. im UZS): C_A.Hornak; ifa_Nägele; C_M.Dillon; C_A.Hornak; P_Pan. Images; C_P.Libera; P; C_D.Croucher; P_ImageState; P_Images; 2 x ifa_Nägele; ifa_Gottschalk; C_CordaiyPhoto LibraryLtd.; P_ImagesColour.
Tour 5: 52 gr.Bild: ifa_J.ArnoldImages; M.: C_F.Grehan; u.: P_Loken; **53** M.: P_ImageState; u.: ifa_J.ArnoldImages; **54.**1+2: ifa_Panstock; Rand o.: P; u.: ifa_J.ArnoldImages; **55.**3: P_Loken; 4+Rand o.+u.+**56–57**: ifa_J.ArnoldImages; **58.**1: Klammet; 2: P; Bild im Kasten: C_B.Vikander; Rand o.+u.: P_Delphoto; **59.**3: P_Woike; 4: C_C.Lisle; Rand: Getty; **60.**1: Mau_Sipa; 2: ifa_Panstock; **61.**3: N.N.; 4: ifa_Aberham; 5: N.N.; **62–63:** ifa_Everts; **64.**1: P_Sittig; 2: C_F.Grehan; 3: ifa_Rose; Rand o.: ifa_Aberham; u.: P_Woike; **65** Karte (v.o.n.u., v.li.n.re.): ifa_IndexStock; ifa_Aberham; Getty; P; ifa_J.ArnoldImages; C_F.Grehan; ifa_Harris; Getty; 2x P; P_Delphoto; ifa_J.ArnoldImages; ifa_Opitz.
Tour 6: 66 gr.Bild: ifa_F.Chmura; M.: ifa_Panstock; u.: ifa_Lahallcomp.; **67** M.: digitalvision_J.Woodhouse; u.: P_MonTresor/K.Yamashita; **68.**1: Klammet; 2: C_H.Stadler; 3: C_M.Everton; Rand: laif_Huber; **69** o.: DFA_Schmid; M.: laif_Huber; u.: laif_Zanetti; **70.**1: ifa_K.Welsh; 2: ifa_Panstock; 3: ifa_Lahall; Rand o.: C_M.Everton; M.: C_C.Lisle; u.: ifa_J.ArnoldImages; **71** o.: C_H.Strand; u.: C_B.Krist; **72.**1: Pix_Kotoh; 2: Klammet; 3: Nordis_Trobitzsch; 4: Klammet; Rand o.: ifa_Lahall; u.: C_M.Everton; **73** Karte (v.o.n.u., v.li.n.re.): ifa_F.Chmura; P_StockImage/K.Stimpson; ifa_K.Welsh; C_M.everton; ifa_Nowitz; P_Pan.Images; Klammet; ifa_F.Chmura; C_B.Krist; DFA_Meyer; ifa_Panstock; laif_Huber; C_M.Everton.
Tour 7: 74 gr.Bild: DFA_Schmid; M.: ifa_J.ArnoldImages; u.: C_C.Lisle; **75** M.: ifa_J.ArnoldImages; u.: ifa_P.Grüner; **76.**1: C_J.Rogers; 2: C_C.Lisle; Rand o.+M.: DFA_Mayer/Bauer; u.: C_C.Lisle; **77**: ifa_Lecom; **78.**1: P; 2: ifa_J.ArnoldImages; **79.**3+4: P; **80.**1: Nordis_Trobiztsch; 2: C_D.Houser; Rand: C_C.Lisle; **81+82.**1: C_H.Stadler; 2+3: C_S.Widstand, Rand: C_D.Houser; **83** Karte (v.o.n.u., v.li.n.re.): P_Jämsen; P; C_M.Yamashita; C_C.Lisle; 2x C_H.Stadler; Nordis_Trobizstch; DFA_Schmid; C_B.Mays; 3x P.
Tour 8: 84 gr.Bild: ifa_J.ArnoldImages; M.: C_G.Schmid; u.: ifa_J.ArnoldImages; **85** M.: ifa_Russia; u.: C_G.Schmid; **86.**1: ifa_J.ArnoldImages; Rand: P; **87.**2: C_M.Beebe; 3: P; 4: P_Buss; Rand o.+u.: AKG; **89** o.: P_Hilger; u.: ifa_Hollweck; **80.**1: Hub_Gräfenhain; 2+Rand: C_G.Schmid; **91** Karte (v.o.n.u., v.li.n.re.): P_Buss; C_W.Kaehler; C_B.Mays; C_T.&G.Baldizzone; C_G.Schmid; P; C_M,Beebe; C_P.Turnley; Hub_Gräfenhain; ifa_J.ArnoldImages; P_Hilger; C_D.Orezzoli.
Tour 9: 92 gr.Bild: Dr.C.Zahn; M.: P_Hänel; u.: P_Hicks; **93** u.: C_S.Raymer; **94.**1: Mau; 2: Huber; Rand: Wandmacher; **95.**3+5+Rand o.: Huber; 4: DFA_Babovic; Rand M.+u.: Wandmacher; **96+97** o.+u.: Huber; **98.**1: Böttcher; 2: BAV_Otto; 3+Rand o.: Huber; u.: ifa_Aberham; **99.**4: ifa_E.Pott; Rand o.: DFA_Müller/Scheibner; u.: Hub_ Schmid; **100–101:** DFA_Vollmer; **102.**1: Hub_Schmid; 2: P; Rand o.+M.+u.: Freyer; **103.**3: DFA_Müller; Rand o.: laif; M.: P; u.: ifa_Tschanz; **104–105:** P; **106.**1: laif_Kirchner; 2: N.N.; 3: Mau_Vidler; Rand: C_P.Giraud; **107.**4: ifa_J.ArnoldImages; 5: Mau; Rand o.: C_L.Kennedy; u.: C_J.Marshall; **108.**1: P; 2: Huber; **109.**3:C_T.Bognár; **108–109** Karte (v.li.o. im UZS): P_Hänel; Huber; DFA_Vollmer; Dr.C.Zahn; Hub_Schmid; ifa_J.ArnoldImages; ifa_Aberham; N.N.; P; DFA_Müller; 2x P; 2x Huber.
Tour 10: 110 gr.Bild: P_Pan.Images; M.: ifa_Panstock; u.: Bieker; **111** M.: ifa_Comnet; u.: ifa_Harris; **112.**1+2: Huber; 3: ifa_Comnet; Rand o.: Monheim; u.: P_Otto; **113.**4: Getty; 5+Rand: Huber; **114–115:** Getty; **116.**1: P_Hänel; 2: Hub_Gräfenhain; Rand: Hub_Schmid; **117.**3: C_D.Croucher; Rand: Mau_Schuster; **118.**1: ifa_J.ArnoldImages; 2: Monheim; 3: Huber; Rand o.+u.: Herzig; **119.**4: Romeis; 5: Bieker; Rand o.+u.: Huber; **121**: Huber; **122.**1: Mau; 2: Romeis; Rand o.: Freyer; M.: Huber; u.: P_Roda; 123 Karte (v.o.n.u., v.li.n.re.): Huber; 2x Getty; ifa_Panstock; 2x Huber; ifa_J.ArnoldImages, Mau_Schuster; ifa_Krämer; P_Pan.Images; Schilgen; Huber; Romeis; Freyer.
Tour 11: 124 gr.Bild: Huber; M.: Bieker; u.: Huber; **125** M.: P; u.: DFA; **126.**1: Romeis; 2: Huber; Rand o.: Hub_ Schmid; u.: Wackenhut; **127.**3: ifa_J.ArnoldImages, Rand o.: Freyer; u.: Romeis; **128–129:** Freyer; **130.**1+2+Rand: Romeis; 3: Hub_Schmid; **131** o.+u.: Romeis; **132.**1: Klammet; 2: Romeis; Rand: DFA; **133.**3+Rand: Freyer; **134.**1: Klaes; 2: Romeis; 3: Huber; Rand o.: ifa_P.Grüner; u.: ifa_K.Amthor; **135** Karte (v.li.n.re., v.o.n.u.): Romeis; Hub_Schmid; Huber; Romeis; 2 x Huber; Bieker; ifa_Panstock; Huber; Freyer; ifa_Fufy; P_S.Bunka; Klammet; P_Buss.
Tour 12: 136 gr.Bild: laif_Celetano; M.: ifa_Panstock; u.: P_Wolf; **137** M.: ifa_Panstock; u.: P; **138.**1: Huber; 2: C_©Royalty-Free; Rand: Hub_Damm; **139.**3: Wackenhut; Rand o.: Herzig; M.+u.: Schilgen; **141**: Böttcher; **142.**1: ifa_J.ArnoldImages; 2: P; Rand o.: ifa_P.Grüner; u.: ifa_Horinek; **143**: ifa_J.ArnoldImages; **144.**1: ifa_Chmura; 2: Huber; Rand: ifa_IndexStock; **145.**3: P_Handl; **146.**1: DFA_Riedmiller; 2: ifa_J.ArnoldImages; Rand: P; **147.**3: Westermann; 4: ifa_Lecom; Rand o.: ifa_Geiersperger; u.: P; **148.**1: stone_Armand; 2: laif; 3: C_V.Rastelli; Rand o.: Klammet; u.: ifa_Lecom; **149** o.: Mau; u.: P; **150–151:** Huber; **152.**1: ifa_PictureFinders; 2: ifa_ISIFA; Rand o.: Mau; M.: Huber; u.: ifa_Kanzler; **153** Karte (v.li.n.re., v.o.n.u.): C_©RoyaltyFree; ifa_Panstock; ifa_Glück; Huber; Wandmacher; FAN_Rufenbach; Huber; ifa_P.Grüner; ifa_Chmura; Westermann; DFA_Riedmiller; stone_Armand; C_V.Rastelli; ifa_ISIFA.
Tour 13: 154 gr.Bild: ifa_vision; M.: P; u.: Huber; **155** M.: P_Pan.Images/T.Winz; u.: mediacolors; **156.**1: P_Pan.Images; 2: ifa_J.ArnoldImages; Rand: ifa_Harris; **157.**3: mediacolors; 4: P_MonTresor/K.Yamashita; Rand: P_Prisma/Held; **158.**1: P_S.Bunka; 2: ifa_J.ArnoldImages; 3: ifa_Sonderegger; Rand: P; **159.**4 + Rand o.: ifa_Sonderegger; Rand u.: ifa_J.ArnoldImages; **160–161:** ifa_Lecom; **162.**1: ifa_Aberham; 2: ifa_Lecom; Rand: Monheim; **163.**3+Rand: ifa_U.Siebig; **164.**1: P_Pan.Images/W.Marr; 2: ifa_Rose; Rand: B.vonGirard; **165** Rand: P; **164–165** Karte (v.li.o. im UZS): ifa_Harris; P_Prisma/Held; P_MonTresor/K.Yamashita; ifa_Sonderegger; Monheim; ifa_Siebig; P; ifa_vision; ifa_Lecom; Klammet; 2x mediacolors; Getty; ifa_J.ArnoldImages.
Tour 14: 166 gr.Bild: P_Maywald; M.: ifa_J.ArnoldImages; u.: C_F.Mayer; **167** M.: P_Meer; u.: ifa_P.Graf; **168.**1: P_Pan.Images/T.Winz; 2: Monheim_Helle; 3: P_Maywald; Rand o.: P_Pan.Images/Vladpans; u.: ifa_J.ArnoldImages; **169.**4: P_Martens; 5: P_Pan.Images/Vladpans; 6: P_S.Bunka; Rand o.: P_Roda; u.: C_C.vanLeeuwen; **171** o.+u.+**172.**1: ifa_Panstock; 2: Monheim; 3: C_R.Klune; Rand: C_D. Bartruff; **173.**4: N.N.; 5: P; Rand: C_D.Bartruff; **174–175** o.+u.: P; **177** o.: ifa_Stadler; u.: P; **178.**1: C_T.Bognar; 2: Klammet; Rand: C_F.Grehan; 179 Karte (v.li.o. im UZS): Monheim; 2x ifa_J.ArnoldImages, P_Roda; C_D.Bartruff; P_ Maywald; N.N.; ifa_Stadler; P_Meer; P; Monheim; P_Martens; P; C_B.Ross.
Tour 15: 180 gr.Bild: ifa_Panstock; M.: DFA_Mayer; u. + **181** u.: ifa_J.ArnoldImages; **182.**1+2: ifa_Panstock; Rand: ifa_Lescourret; **183.**3: ifa_ J.ArnoldImages; Rand o.: C_R.Klune; u.: C_L.Snider; **184–185:** ifa_ J.ArnoldImages; **186.**1: C_Y.Arthus-Bertrand; 2: C_N.Wheeler; Rand: laif_Linke; **187.**3+4: ifa_Diaf; 5: C_R.Bickel; **188.**1: C_R.Estall; 2: C_L.Snider; Rand: ifa_Diaf; **189.**3+Rand: ifa_J.ArnoldImages; **188–189** Karte (v.o.n.u., v.li.n.re.): C_H.Stadler; ifa_Diaf; ifa_J.ArnoldImages; 2x ifa_Panstock; ifa_Diaf; ifa_J.ArnoldImages; ifa_Haigh; P; C_H.Stadler; C_R.Estall; Hartmann; C_R.Klune; ifa_J.ArnoldImages; P.
Tour 16: 190 gr.Bild: Monheim; M.: ifa_Panstock; u.: C_Archivo Iconografico S.A.; **191** M.: P_Pan.Images/O.Cajko; u.: C_O.Franken; **192.**1: P; Rand: C_C.Aurness; **193.**2+3: Herzig; 4: P_Pictor; Rand: AKG; **195** o.+M.: P; u.: Hub_Radelt; **197** o.: P; u.: Hub_Giovanni; **198.**1: ifa_Panstock; 2: C_A.Woolfitt; Rand; C_B.Krist; **199.**3: C_ArchivoIconografico S.A.; 4: laif_Linke; Rand o.+u.: C_C.Loviny; **200.**1: C_D.Marsico; 2: P; Rand o.: C_Y.Arthus-Bertrand; u.: C_N.Wheeler; **201** Rand o.: C_R.Holmes; u.: C_O.Franken; **202.**1: C_C.O'Rear; 2: C_G.Mooney; Rand: C_FM.Frei; **203** Karte (v.o.n.u., v.li.n.re.): Hub_Radelt; Herz; C_A.Woolfitt; P; P_Buss; C_M.Busselle; Getty_Waite; C_C.Loviny; C_C.O'Rear; C_H.Stadler; C_M.Setboum.
Tour 17: 204 gr.Bild+M.: ifa_Panstock; u.: ifa_ J.ArnoldImages; **205** M.: ifa_TPC; u.: ifa_J.ArnoldImages; **206.**1: P_SixtySix; 2: ifa_Panstock: 3: Hub_Gräfenhain; Rand: Hub_Radelt; **207.**4: ifa_Harris; 5: Hub_Giovanni; 6: Mau; Rand: DFA; **208.**1: Hub_Giovanni; 2: ifa_Panstock; Rand: ifa_J.ArnoldImages; **209**: ifa_Diaf; **210+211.**1: P; 2+3+4+**212** o.+u.: ifa_Panstock; **214.**1: ifa_Harris; 2: P; Rand: ifa_R.Maier; **215.**3: ifa_Harris; Rand: P_Barnes; **217** o.: Huber_Schmid; M.: G.Schmid; u.: Mau_Mattes; **218.**1: P_Hicks; Rand: ifa_Held; **218–219** Karte (v.o.n.u., v.li.n.re.): ifa_Stockshooter; ifa_TPC; Hub_Giovanni; ifa_Panstock; ifa_TPC; 2x ifa_J.ArnoldImages; ifa_Harris; ifa_J.Arnold Images; P_Barnes; ifa_J.ArnoldImages; ifa_Harris; ifa_J.ArnoldImages; ifa_R.Maier; ifa_Diaf; ifa_Panstock; ifa_TPC.
Tour 18: 220 gr.Bild: C_J.Hicks; M.: ifa_Aberham; u.: C_B.Harrington; **221** M.: C_H.Stadler; u.: ifa_Barnes; **222.**1: ifa_Hauck; 2: C_A.Jemolo; Rand o.: Hub_Giovanni; u.: C_O.Franken; **223.**3: C_J.Hicks; 4: C_A.Jemolo; Rand o.: C_V.Noticias; u.: C_M.Bellver; **224.**1: C_J.Hicks; 2: C_M.Bellver; 3: C_F.Muntada; Rand: C_V.Noticias; **225.**4: C_J.Hicks; 5: laif_Gonzales; 6: ifa_Barnes; Rand: ifa_Fried; **226–227:** C_J.Rogers; **228.**1+2: C_H.Stadler; 3: ifa_Tschanz; Rand o.: C_O.Alamany+E.Vicens; M.: C_O.Alamany; u.: C_M.Busselle; **229.**4: C_H.Stadler; Rand: Getty_Frerck; **230.**1: P_SixtySix; Rand: ifa_J.ArnoldImages; **231.**2: P.; **230–231** Karte (v.li.o. im UZS): 2x ifa_Tschanz; C_O.Alamany+E.Vicens; Getty_ Frerck; C_H.Stadler; ifa_Harris; Hub_Giovanni; ifa_Hauck; C_V.Noticias; 2x C_J.Hicks; C_H.Roth; laif_Gonzales; C_V.Noticias; J.Bradley.
Tour 19: 232 gr.Bild: P_ImageState; M.: C_A.Lope; u.: C_S.Maze; **233** M.: ifa_Panstock; u.: ifa_K.Welsh; **234.**1: P_Pan.Images/T.Thompson; 2: C_J.Hicks; Rand o.: C_A.Woolfitt; u.: C_N.Wheeler; **235.**3: Pix_Silberbauer; **237** o.: P; u.: P_Pan.Images; **238.**1: P_SixtySix; 2: C_C.+A.Purcell; Rand o.: C_ArchivoIconografico,S.A.; u.: ifa_TPC; **240–241:** ifa_K.Welsh; **242.**1: P_SixtySix; 2: C_P.Wilson; Rand: P_Nägele; **243** Karte (v.li.o. im UZS): Getty_Cornish; C_A.Lope; C_ArchivoIconografico S.A.; ifa_Harris; ifa_Int.Stock; C_M.Busselle; C_J.Raga; ifa_Aberham; P; C_A.Lope; C_F.Muntada; P.
Tour 20: 244 gr.Bild: P_ImageState; M.: ifa_F.Chmura; u.: ifa_Kanzler; **245** M.: P_Vidler/Smith; u.: P_Otto; **246.**1+2: P; Rand: C_N.Wheeler; **247:** P; **248–249:** ifa_Aberham; **250.**1: ifa_Kanzler; 2: P; Rand o.: DFA_Schwerberger; M.: P; u.: ifa; **251.**3: ifa_J.ArnoldImages; Rand: ifa_Baier; **252.**1: ifa_Held; 2+3: ifa_Harris; Rand: N.N.; **253.**4: ifa_Harris; 5: ifa_F.Hollweck; 6: ifa_P.Grüner; Rand: ifa_K.Welsh; **254.**1: ifa_J.ArnoldImages; 2: ifa_Kanzler; Rand o.: Mau_AGE; u.: P; **255** Karte (v.o.n.u., v.li.n.re.): P_MonTresor/K.Yamashita; ifa_Nägele; C_M.Chaplow; ifa_J.ArnoldImages; C_O.Alamany&E.Vicens; C_M.Everton; 2x ifa_J.ArnoldImages; P_SixtySix; C_M.Stephenson; ifa_J.Arnold Images; ifa_K.Welsh; ifa_J.ArnoldImages; ifa_K.Welsh.
Tour 21: 256 gr.Bild: P_SixtySix; M.: ifa_Panstock; u.: ifa_Eich; **257** M.: P_SixtySix; u.: P_Buss; **258.**1: P_Pan.Images/T.Winz; 2: P_Pan.Images/Vladpans; 3: P_MonTresor/K.Yamashita; Rand: ifa_Arakaki; **259** o.: P_Pan.Images/J.Millan, M.: P_Pan.Images; u.: P_MonTresor/K.Yamashita; **260.**1:P _Pan.Images/R.Frerck; 2: P_Pan.Images/S.Tarlan; Rand: C_T.Arruza; **261.**3: ifa_J.ArnoldImages; 4: C_D.&J.Heaton; Rand: P_Roda; **262.**1: C_D.Marsico; 2: ifa_Panstock; Rand: P_Wackenhut; **263.**3: P_Jessel; 4+5: C_C.O'Rear; Rand: C_RoyaltyFree; **264.**1: P_SixtySix; 2: ifa_J.ArnoldImages; 3: C_U.Schmid; Rand: P_Coleman/J.Clark; 265 Karte (v.o.n.u., v.li.n.re.): P_Yamashita; P_Roda; C_D.&J.Heaton; ifa_J.ArnoldImages; P_Wackenhut; P_Pan.Images/R.Frerck; C_D.Marsico; P_Yamashita; ifa_Panstock; ifa_Arakaki; P_Jessel; ifa_Panstock;P_SixtySix; C_C.O'Rear.
Tour 22: 266 gr.Bild: P_Winz; M.: P; u.: Klammet_Nägele; **267** M.: P; u.: laif; **268.**1: P_Winz; 2+Rand: C_D.Marsico; **269** o.: Klammet; u.: Hub_Giovanni; **270–271:** P_Pan.Images/K.Stimpson; **272.**1: C_D.Marsico; 2: laif; 3: Getty; Rand: Klammet_GK; **273.**4: P_SixtySix; Rand: Janke; **274.**1: P_ImageState; 2: C_E.&P.Ragazzini; Rand: ifa_Amadeus; **275** Rand: P_Roda; **276–277:** ifa_Aberham; **278.**1+2: P_ImageState; 3: P_NawrockiStock/M.Brohm; Rand: P; **279** Karte (v.li.o. im UZS): C_D.Marsico; laif; ifa_J.ArnoldImages; C_D.Marsico; P_Pan.Images/K.Stimpson; P; P_ImageState; 3x P; Janke; P; Klammet_GK.
Tour 23: 280 gr.Bild: ifa_Panstock; M.: C_Vanni; u.: Getty_Frerck; **281** M.: C_S.Vannini; u.: Mau_AGE; **282.**1: ifa_Alastor Photo; 2: P_Pan.Images/Cajko; Rand: P_Roda; **283.**3: Getty_TCL/Layda; Rand: P; **285** o.+u. + **286–287:** P; **288.**1: ifa_Panstock; 2: Mau_Torino; Bild im Kasten: ifa_PictureFinders; Rand: C_Jodice; **289.**3: ifa_J.ArnoldImages; Rand: C_R.Ressmeyer; **290–291:** P; **292.**1+2: ifa_Harris; Rand o.: ifa_J.ArnoldImages; u.: ifa_Keribar; **293.**3: C_Heaton; Bild im Kasten: P; Rand: C_Orti; **294.**1+Rand: C_S.Vannini; 2: Mau_Pigneter; **295** Karte (v.o.n.u., v.li.n.re.): P_Pan.Images/Cajko; Getty_TCL/Layda; C_FM.Frei; C_Bettmann; C_J.Heseltine; C_M.Jodice; C_A.deLuca; ifa_Panstock; Mau_Torino; C_S.Vannini; C_D.Ball; ifa_J.ArnoldImages; P; ifa_Harris; C_Heaton.
Tour 24: 296 gr.Bild: P; M.: C_J.Hicks; u.: ifa_G.Aigner; **297** M.: ifa_F.Aberham; u.: laif; **298.**1: P_ImageState; 2: Klammet; Rand: P_Hicks; **299:** P; **300:** Huber_Giovanni; **301** alle: P; **302.**1: C_J.Raga; 2: P_SixtySix; Rand o.: ifa_Rölle; M.: ifa_Aberham; u.: ifa_Strobl; **303.**3: C_J.Hicks; Rand: Huber; **304.**1: C_J.Hicks; 2: Hub_Simeone; Rand o.: laif_Amme; u.: P; **305.**3: ifa_Aberham; 4: Hub_Puntschuh; Rand o.: C_B.Brecelj; u.: ifa_Aberham; **306.**1: ifa_Aigner; 2: ifa_Kanzler; Rand o.: C_M.Everton; u.: C_M.Listri; **307.**3: ifa_Aberham; 4: ifa_Amadeus; Rand: ifa_Arakaki; **308.**1: P; 2: C_ArchivoIconografico S.A.; Rand o.+u.: Getty; **309** Karte (v.li.n.re., v.o.n.u.): C_D.Marsico; P_ImageState; C_N.Wheeler; P; ifa_Aberham; Huber; ifa_J.ArnoldImages; C_J.Heseltine; Huber_Mehlig; Mau_fm; ifa_Aberham; Getty_Rauch; P.
Tour 25: 310 gr.Bild: ifa_Aberham; M.: ifa_Panstock; u.: ifa_Alexandre; **311** M.: C_M.Everton; u.: C_J.Dickman; **312.**1: ifa_Aberham; 2: C_K.Westermann; Rand: C_J.Dickman; **313** o.+u.: C_H.Stadler; M.: C_N.Wheeler; **314–315:** P_NGS/S.Brimberg; **316.**1+2: C_M.Everton; Rand o.: ifa_ Strobl; u.: C_H.Stadler; **317.**3: ifa_Tschanz; 4: ifa_Aberham; Rand: C_deSelva; **318.**1+2: C_H.Stadler; Rand: C; **319** Karte (v.o.n.u., v.li.n.re.): C_H.Stadler; ifa_Aberham; C_L.Nelson; C_N.Wheeler; C_M.Everton; C_J.Dickman; ifa_ Tschanz; C_M.Everton; 2x ifa_Aberham; C_H.Stadler; ifa_Aberham.
Tour 26: 320 gr.Bild: P_S.Bunka; M.: C_P.Souders; u.: ifa_Index Stock; **321** M.: ifa_Panstock; u.: P_ImageState; **322.**1: C_P.Saloutos; 2: ifa_Thouvenin; Rand: C_Y.Arthus-Bertrand; **323.**3: C_J.Hicks; Rand: C_P.Souders; **325:** C_C.Perry; **326.**1: C_J.Hicks; 2: P_Brown; **327.**3 + Rand o.+u.: C_P.Souders; **328–329:** ifa_J.ArnoldImages; **330.**1: C_I.Yspeert; 2+ Rand: C_ArchivoIconografico S.A.; **331.**3: ifa_Aberham; Rand: laif_on location; **332.**1: laif_Harscher; 2: look_K.Kreder; 3: ifa_W.Otto; Rand: laif_Tophoven; **333** Karte (v.li.o. im UZS): P; ifa_Aberham; C_P.Souders; ifa_Panstock; ifa_PictureFinders; ifa_W.Otto; Huber_Mehlig; laif_Caputo; Huber; P_ImageState; ifa_J.ArnoldImages.

IMPRESSUM

Innere Wiener Straße 13
81667 München
Telefon +49.89.45 80 20-0
Fax +49.89.45 80 20-21
www.geographicmedia.de

ISBN 3-89944-093-5

Texte: Gerhard Bruschke, Hanna Egghardt, Christiane Gsänger, Waltraud Horbas, Rudolf Ites, Dr. Dieter Maier, Raphaela Moczynski, Manuela Schomann, Dr. Manfred Vasold, Dr. Heinz Vestner, Walter M. Weiss

Redaktion: CLP • Carlo Lauer & Partner, Michael Kaiser
Schlusskorrektur: Eckard Schuster, Christiane Gsänger, Dr. Horst Leisering
Tourenkarten: J.Ewers, GeoKarta, Stuttgart
Bildredaktion: Wolfgang Kunth
Umschlag: Christopher Kunth
Layout und Reinzeichnung: Dorothea Happ
Litho: Fotolito Varesco, Auer (Italien)
Printed in Spain